제5판 한국채택국제회계기준(K-IFRS) 반영 **회계원론**

회계원론

한국채택국제회계기준(K-IFRS) 반영

Korean International Financial Reporting Standards

5판

고완석 · 김흥식 · 홍용식 지음

율곡출판사

제5판

출간에 부쳐

Fundamental Accounting

fifth edition

Preface

2008년 국제적 금융위기와 그 후속 조치에 따라 국제회계기준위원회(IASB)가 미국 재무회계기준위원회(FASB)와 공동노력한 IFRS의 대폭 개정작업의 일부가 최근 결실을 맺어, K-IFRS 제1115호 '고객과의 계약에서 생기는 수익', K-IFRS 제1109호 '금융상품' 등 여러 기준서들이 개정되어 2018년 1월 1일 또는 가까운 시일 내에 시행될 예정으로 있다. 또한 회계기준서의 제·개정에서 지침이 되는 '개념체계' 도 대폭적인 개정작업이 진행 중이다.

이러한 개정 완료된 기준서는 곧 시행될 예정이므로, 독자들이 향후 공인회계사 시험을 비롯한 각종 시험, 진학 등의 준비에 도움이 되도록, 이번 본서 제5판은 그 개정 내용을 모두 반영하였다. 즉, 획기적으로 변화된 수익인식 모형의 도입과 금융상품 범주와 그 분류기준의 변경, 금융자산의 손상모형 변화 등 대폭적인 개정사항을 본서 전반에 걸쳐 반영하였다.

제1장에서는 각종 자본시장 관련 자료 및 통계내용을 갱신하였고, 제5장에서는 수익기준서의 변경내용을 간결하게 요약·정리하였으며, 제6장, 8장, 9장에서는 '금융상품' 기준서의 개정에 따른 변화내용을 정교하게 반영하였다. 특히 제6장에서는 금융상품 손상(종전의 대손)의 인식모형이 기존의 '발생손실 모형' 에서 '기대신용손실 모형' 으로 변하게 됨에 따라 그 내용 및 변경 용어를 중점적으로 반영하였다. 그리고 이러한 변화로 영향을 받는 나머지 모든 장에서도 부분부분 섬세하게 반영하고 연습문제도 수정하였다.

끝으로 제5판의 개정과정에 도움을 주신 주위의 여러 교수님, 본서를 이용하며 피드백을 주셔온 강의자님, 기준서 재·개정에 직접 관여하시며 여러 질의에 성심껏 응답해주신 실무 회계전문가님, 학부 및 대학원 학생들에게 깊은 감사를 드리고, 편집, 디자인, 출판에 많이 수고해주신 율곡출판사 박기남 사장님, 차은지님 등 직원 여러분께도 감사의 마음을 전한다.

2017년 2월, 달라질 새 봄을 맞으며
저자 일동

초판

들어가는 글

Fundamental Accounting

first edition
Preface

이 책은 회계에 입문하거나 회계의 기본을 더 충실히 하고자 하는 열정을 가진 학도들을 위해 저술하였다. 저술의 목표는 회계학 전공을 희망하는 대학생뿐 아니라, 경영학이나 회계학을 전공하지 않는 학생이나 또는 일반 교양인, 직장인이라 하더라도 회계전반에 대한 지적(知的) 욕구나 진지한 관심을 가지는 독자들에게 있다. 저자들은 이러한 잠재적 독자들의 회계소양 학습에 적합하도록 내용의 폭과 깊이를 조절하는 데 세심한 주의를 하였다고 자부한다. 이에는 그간 저자들이 오프라인 및 온라인 강의, 연구 및 저술 활동, 금융계의 실무경험, 각종 자격시험 출제를 통해 얻은 경험이 밑거름이 되었다.

때마침, 주지하다시피, 우리나라는 기업회계의 국제화와 투명성 제고를 위해 최근 국제회계기준(IFRS : International Financial Reporting Standards)을 도입하여 한국채택국제회계기준(K-IFRS : Korean IFRS)을 제정하였다. 이로써 상장기업들은 2009년에는 선택에 의해, 2011년부터는 의무적으로 K-IFRS를 적용해야 하며, 한국공인회계사 시험도 2010년부터는 K-IFRS를 반영해야 하는 상황이 되었고, 이러한 변혁은 이 책의 잠재독자들의 지적(知的) 욕구를 충족시켜야 한다는 사명감을 더욱 확고하게 하였다.

회계학은 재무회계(financial accounting)뿐 아니라 경영(원가 및 관리)회계(management accounting), 세무회계(tax accounting), 회계감사(auditing) 등을 망라하고 있다. 그럼에도 불구하고 많은 원리 또는 원론 수준의 회계교재들이 재무회계 분야만 다루고 있다. 물론 재무회계가 회계에서 가장 중심이 되어야 한다고 믿지만, 그러한 교재만을 보게 되면 회계 또는 회계학에 대한 불충분한 이해 또는 편향적 시각을 가져올 수 있다는 데 저자들은 상당한 안타까움을 느껴왔다. 따라서 이 책을 다음과 같은 장(章)을 가진 구조로 저술하였다.

제1장에서는 회계정보의 필요성(회계공부의 목적이기도 함)을 다루면서 이와 필수불가결한 관계를 가진 자본시장 내용(회계기준과 회계감사의 의의 포함)을 포함하였다. 그 이

유는 많은 회계 관련 저서들이 자본시장에 대해 독자가 어느 정도 이해하고 있음을 전제로 하여 기술되었는데, 저자들의 강의경험이나 실무현장의 경험에 따르면 그러한 전제는 상당히 비현실적이라고 판단했기 때문이다. 따라서 제1장의 분량이 다소 많게 되었는데 이는 형식보다 실질을 우선하는 불가피한 것이었음을 이해해주기 바란다.

제2장~제4장은 기업에서 전형적으로 발생하는 거래에 대한 인식으로부터 재무제표가 작성되기까지의 회계순환과정을 서비스 및 상품매매 기업을 중심으로 하여 살펴보고, 이러한 바탕 위에서 재무제표에 적용되는 인식과 측정, 그리고 분류와 표시 등에 관한 기준에 대해 설명하였다. 여기까지를 제1부 '총론'으로 하여 엮었다.

제2부는 '각론'에 해당하는 것으로서, 재무상태표 요소별로 각종 거래에 대한 인식·측정과 관련한 회계처리 및 재무제표 표시를 다루었는데, 구체적으로 제6장에서 유동자산과 유동부채를, 제7장~제9장에서 비유동자산과 비유동부채, 그리고 제10장에서 자본을 다루었다. 여기서 편제 상 가장 어렵게 느낀 부분이 K-IFRS의 도입으로 주목을 받게 된 '금융상품'(financial instruments), 그리고 다루어야 할 내용이 상당히 증가된 유형자산과 무형자산에 대한 엮음이었다. K-IFRS는 종전처럼 유동/비유동 구분을 원칙으로는 하고 있으나 강제하지도 않고 재무제표에 표시해야 할 구체적 항목(또는 계정과목)을 최소항목(minimum line items) 이외에는 열거하지도 않음으로써, 우선 금융상품의 범주(6개)와 관련된 회계를 어디에서 어떻게 편성해야 하는지 판단하기 쉽지 않았다.

저자들은 깊이 숙고한 끝에, 당기손익인식금융자산은 자연히 제6장에서 다루되 유동자산으로도 분류할 수 있는 매도가능금융자산은 다른 유형의 투자자산과 함께 제8장에서, 만기보유금융자산은 현가개념이 필요한 금융부채를 다루는 제9장에서 다루기로 하였다. 이에 따라 유동항목을 다루는 제6장의 분량이 다소 많게 되었다. 한편, 유형자산과 무형자산은 각각의 장으로 다루기에는 그 분량이나 깊이 면에서 좀 부족하고 서로 불균형적이어서 자산의 성격이나 그간의 편제관례에 따라 한 묶음으로 다룰 수는 있으나 그렇게 하면 전체 분량이 한 개 장에서 다루기에는 과다하여, 유형자산은 독립된 제7장으로 하되, 무형자산은 성격 상 약간 다르지만 분량을 고려하는 등 고심한 끝에 투자자산과 함께 제8장으로 편제하였다.

마지막으로 제3부는 '회계정보의 분석과 활용'으로서, 전통적인 회계정보의 공급자(작성자) 중심의 시각을 보완하여 회계정보의 이용자 시각에서 다루기 위해 엮었다. 우선, 제10장까지 습득한 이해를 바탕으로 재무제표를 기업가치와 신용의 분석에 활용하는 방법론을 제11장에서 다루었고, 재무회계와 함께 회계의 또다른 중요한 축을 이루고 있는 경영(관리)회계의 기본적 내용을 제12장에서 살펴보았다. 특히 경영(관리)회계는 회계학 과목을 많이 접하지 않는 독자들에게도 꼭 필요한 부분이므로 이러한 내용은 최소한 기본적 내용의 소개를 원하는 강사 등의 독자들의 욕구도 충족시키리라고 본다. 그러한 의도를 반영하다보니 양적으로는 다른 장에 비해 좀 많게 되었으나 역시 형식보다 실질을 우선한 의욕의 발로임을 이해해주기 바란다. 마지막으로, 제13장은 법인세와 소득세를 중심으로 하여 세금에 대한 이해를 높이고자 엮었다. 대다수의 일반인들은 세금 문제는 당연히 회계의 중요부분으로 알고 있음에도 불구하고, 회계를 좀 배웠다고 하면서도 세금에 대해서는, 특히 자기의 소득에 대한 연말정산에 대해서도 잘 모르는 것은 모순이라 여겨져 일상생활에 필요한 상식을 약간 넘는 수준의 법인세와 소득세 내용을 담고자 하였다.

위와 같은 총 13개 장의 구조는 대학에서 일주일에 세 시간씩 15주(두 주일의 중간고사와 기말고사 포함) 강의를 전제로 할 때, 평균적으로 한 주일에 한 개 장을 학습하는 데 적절할 것으로 판단된다. 물론, 본서를 채택한 강사가 별도의 계획이 있다면 각 장의 본문이나 보론의 내용을 적절히 조절하여 신축적으로 이용할 수 있을 것이다. 특히, 국제회계기준의 도입이라는 일대 전환기에 새로운 개념과 회계처리 방법, 그리고 표시방법 등을 반영하는 데 꼭 필요하다면 이 책은 원론수준에서 다소 어렵다고 생각되더라도 가능한 한 쉽게 소화해 담아내려 노력하였고, 따라서 일반 재무회계 강의에서도 사용할 수 있을 것이라고 본다.

한편, K-IFRS의 특징은 회계처리 방법을 원칙 위주로 규정하고 있는 부분이 많아서 여러 대체적 회계처리 방법을 포용하고 있다. 따라서 회계전문가들이라면 가능한 한 여러 대체적 회계처리 방법을 알 필요가 있지만, 회계의 배움 초기에 있는 독자들에게는 오히려 혼동의 가능성이 있기 때문에, 이 책에서는 K-IFRS에 어긋나지 않는다면 가능한 한, 가장 대표적이고 익숙해진 회계처리 방법 위주로 제시하였다. 따라서 이 책으로 배우는 학도들의 수준에 맞추어 이 책의 내용을 어느 정도 범위와 깊이로 이용할 것인가의 결정은 교재로 채택하시는 교수님들의 몫이 될 것으로 본다.

끝으로, 독자가 회계학을 비교적 쉽게 접근하여 흥미를 가지고 이해할 수 있도록 경제신문이나 전문지 등의 매체에서 흥미와 관심을 불러일으킬 수 있는 일화(逸話)나 기사 등을 엄선하여 "회계카페"나 "회계세상"으로 엮고 통계자료도 반영하여 회계문제에 현장감과 시사성을 가미하도록 노력하였다. 또한 독자들에게 부담스러울 수 있는, 그러나 논의의 범위 및 내용의 적절한 완전성을 위해 필요한 내용은 보론 또는 부록으로 엮어 관심 있는 독자의 잠재적 지적(知的) 갈증에 부응하고자 하였다.

이렇게 해서 이 책이 엮어졌지만 보완할 부분들이 있을 것이다. 보다 나은 책이 될 수 있도록 앞으로도 독자 여러분의 충고와 건설적 비판을 기대해본다. 이 책을 내면서, IFRS 반영이라는 작업이 관련 문단을 전통적인 내용에 바로 추가만 하면 되는 것이 아니고, 여러 주제에 걸쳐 문맥 등을 고려하여 기존의 체제를 리모델링하는 것이어서 예정보다 편찬 작업이 상당히 지체되었다. 이 책을 기다려주신 분들께 송구한 마음과 아울러 감사를 드린다.

모쪼록 이 책 출간으로 저자들의 보람이 독자에게 나누어져 모두의 것으로 열매 맺게 된다면 바랄 것이 없겠다. 그리고 이 책을 빛 보게 해주신 율곡출판사 박기남 사장님과 직원 여러분, 특히 내용 보완에 많은 의견을 주신 한국외국어대학교의 조장연, 남기석, 김문현 동료교수, 그리고 현직의 회계사님들, 편집과 교열에 수고를 아끼지 않은 박지혜, 고영아 등의 학도에게 감사를 표한다. 또 누구보다도 이 저작으로 2008년 하반기부터 오늘까지의 생활주기에 미친 비정상적 영향을 감내해온 저자들의 가족에게 감사의 마음을 전한다.

2009년 3월 새봄을 맞으며
저자들 씀

차례

Fundamental Accounting
fifth edition
Contents

제5판 **출간에 부쳐**/iv
초 판 **들어가는 글**/vi

I 총론 : 회계시스템과 재무제표

Fundamental Accounting part one

제1장 경제사회와 회계정보

제1절 **기업환경과 회계정보** 4
1. 기업의 의의와 유형/4
2. 기업의 이해관계자와 회계정보/8

제2절 **자본시장의 이해** 15
1. 자본시장과 회계정보의 경제사회적 기능/15
2. 자본의 개념과 자본조달/16
3. 자본시장/28

제3절 **재무정보의 질적 특성과 회계기준** 30
1. 유용한 재무정보의 질적 특성/31
2. 회계기준과 외부감사제도의 필요성/35
3. 회계의 분야/45

요　약/49
연습문제/50

제2장 회계시스템의 원리와 회계순환 : 기중 회계

제1절 **회계시스템의 산출물** 56
1. 재무상태표 /56
2. 포괄손익계산서 /59

제2절 회계시스템의 기본원리 ······ 63
1. 복식회계제도/63
2. 회계의 기본등식과 분개/63

제3절 회계순환과정 : 기중거래의 회계 ······ 74
1. 회계순환과정 : 거래의 기록 및 요약 과정/74
2. 회계순환과정 : 서비스기업/76

요　약/92
연습문제/93

제3장 회계순환 : 기말 결산회계

제1절 수정전시산표 작성 ······ 102
1. 계정잔액의 산출/102
2. 시산표의 작성 : 수정전시산표/102

제2절 수정 : 수정분개 및 전기 ······ 104
1. 수정사항의 파악/104
2. 수정분개/105
3. 수정분개의 전기/110

제3절 재무제표의 작성 및 마감 ······ 112
1. 포괄손익계산서의 작성/113
2. 재무상태표의 작성/114
3. 자본변동표와 현금흐름표의 작성/116
4. 마감/116
5. 정산표/119

요　약/126
연습문제/127

제4장 상기업의 회계

제1절 상기업 재무제표의 특징 ······ 140
1. 상기업 및 제조기업 재무제표의 일반적 특성/140
2. 상기업 재무제표와 제조기업 재무제표의 주요 차이/142

제2절 상품매매거래의 분석 및 기록 ······ 143

제3절 부수적 상거래와 그 회계처리 ······ 152
1. 매입부대비용/152
2. 매입환출 및 매입에누리/153
3. 매출환입 및 매출에누리/154
4. 매입할인, 매출할인/154

핵심요약/161

보 론 실지재고조사법(기간법)의 경우 여러 방식의 수정분개 163

연습문제/169

제5장 재무제표의 작성과 표시

제1절 재무제표 요소의 인식과 측정 178

1. 재무제표 요소의 인식/178
2. 재무제표 요소의 측정/179
3. 자산과 부채의 인식기준/181
4. 수익과 비용의 인식기준/182

제2절 재무제표의 구분과 표시 187

1. 재무제표의 표시기준/187
2. 개별 및 연결 재무제표의 표시/190
3. 재무상태표의 구분과 표시/193
4. 포괄손익계산서의 표시와 분류/202
5. 자본변동표/209
6. 현금흐름표/210
7. 주석/214

제3절 재무제표의 연계관계 215

1. 재무상태표와 포괄손익계산서의 연계/215
2. 재무상태표, 포괄손익계산서 및 자본변동표의 연계/217

요 약/219

연습문제/221

II 각론 : 재무제표 요소의 회계

Fundamental Accounting part two

제6장 유동자산·유동부채

제1절 금융자산 : 현금과 유가증권 230

1. 금융상품의 정의 및 분류/230
2. 현금 및 현금성자산/235
3. 당기손익-공정가치측정(FVPL) 금융자산/240

제2절 **매출채권**(매입채무)**과 대여금**(차입금) ········ 245

1. 기업활동의 영업주기/246
2. 매출채권·매입채무/247
3. 대여금과 차입금/264

제3절 **재고자산**(상품) ········ 265

1. 재고자산 측정의 의의/266
2. 재고자산의 원가결정/267
3. 재고자산의 원가결정 사례/269
4. 상품 거래의 분개/273
5. 저가법 적용과 재고자산 평가손실 및 평가충당금/274

요 약/280

연습문제/282

제7장 유형자산

제1절 **유형자산의 정의와 인식** ········ 296

1. 유형자산의 정의/296
2. 유형자산의 회계처리 문제/297
3. 유형자산의 인식과 원가측정/297

제2절 **유형자산의 인식 후 회계** ········ 300

1. 유형자산의 후속 원가/300
2. 감가상각/301

제3절 **유형자산의 손상과 재평가** ········ 311

1. 유형자산의 손상/311
2. 유형자산의 재평가모형 선택 시 회계처리/314

제4절 **유형자산의 제거** ········ 317

보 론 ········ 320

보론 A | 자산의 교환(exchange of assets)에 의한 취득 및 처분/320

보론 B | 감가상각누계액의 재평가시점에서의 조정 및 재평가 후 대체/322

요 약/327

연습문제/328

제8장 무형자산과 투자자산

제1절 영업권 ······ 338

1. 영업권의 개념/338
2. 영업권의 측정/339
3. 영업권의 상각(무상각)과 손상검사/342

제2절 영업권 외의 무형자산 ······ 343

1. 무형자산의 개념/343
2. 무형자산의 종류/345
3. 무형자산의 회계처리/347

제3절 투자자산 ······ 356

1. 투자자산의 의의와 종류/356
2. 기타포괄손익-공정가치측정(FVOCI) 금융자산금융자산/357
3. 관계기업투자/361
4. 투자부동산/366

요 약/370

연습문제/372

제9장 비유동부채

제1절 화폐의 시간가치 : 개념과 적용 ······ 384

1. 화폐의 시간가치와 현가/384
2. 현재가치표와 미래가치표/387
3. 현가 개념의 적용 : 사채(社債)/388

제2절 사채(상각후원가측정(AC) 금융부채) 회계 ······ 391

1. 사채의 의의 및 종류/391
2. 상각후원가측정(AC)의 금융부채(사채)와 금융자산(투자사채) 회계/392
3. 기타 비유동부채/402

제3절 충당부채 회계 ······ 406

1. 충당부채란 무엇인가?/406
2. 충당부채와 우발부채/408
3. 충당부채의 측정, 변동 및 사용/409

요 약/418

연습문제/419

제10장 자 본

제1절 **자본의 구성 : 자본금과 잉여금** ······ 430

1. 주식 : 보통주와 우선주/431
2. 자본금과 주식발행/432
3. 잉여금/434

제2절 **자본금 변동과 자기주식** ······ 439

1. 자본금 변동 : 증자와 감자/439
2. 자기주식/444
3. 주식분할과 주식병합/446

제3절 **이익잉여금과 주당이익** ······ 447

1. 이익잉여금/447
2. 결손금/451
3. 주당이익/452

제4절 **기타자본구성요소와 자본변동표** ······ 455

1. 기타자본구성요소/455
2. 자본변동표/456

보 론 **이익잉여금처분계산서** ······ 459

1. 이익잉여금처분계산서의 기본구조와 구성항목/459
2. 이익잉여금처분계산서(예시)/460

요 약/461

연습문제/463

III 회계정보의 분석과 활용

Fundamental Accounting
part three

제11장 기업가치 분석과 신용분석

제1절 **기본적 분석** ······ 478

1. 기본적 분석의 의의/478
2. 기본적 분석의 절차/479
3. 일반정보 분석(사례 중심)/481

제2절 **기업가치 평가를 위한 재무제표 분석** ······ 483

1. 재무제표 분석의 개요/483
2. 재무비율/483
3. 주가(株價) 추정/496

제3절 신용분석 ······ 498
1. 신용분석의 의의와 절차/498
2. 재무제표 분석/502
3. 비재무적 요소 분석/509
4. 평가의 종합과 최종분석/510

요　약/514
부록 1 | 한 떡볶이집의 재무제표의 수직분석/515
부록 2 | 한 떡볶이집의 재무제표의 수평분석/518
연습문제/521

제12장 경영회계의 기초

제1절 원가의 개념과 제조원가시스템 ······ 530
1. 원가와 원가대상/530
2. 원가의 분류/532
3. 원가시스템의 구성요소와 원가계산/533

제2절 제조원가, 제조간접원가 배부 및 활동기준원가(ABC) ······ 536
1. 제품제조원가와 재공품 원가/536
2. 제조간접원가의 배부/540

제3절 경영의사결정과 회계정보 활용 ······ 551
1. 경영의사결정/551
2. 원가-조업도-이익(CVP) 분석/552
3. 회피불가능원가와 의사결정 : 자체제작·외부구입/557
4. 회계정보와 성과평가/559

요　약/565
연습문제/567

제13장 세무회계의 기초

제1절 조세의 체계와 법인세 산정 ······ 584
1. 조세의 체계(분류)/584
2. 법인세의 의미/588
3. 법인세의 계산 절차/588

제2절 법인세 세무조정 ······ 592
1. 세무조정의 의의/592
2. 세무조정의 항목/592

제3절 소득세 구조와 소득세 산정 ········ 596

1. 소득세/596
2. 소득세의 구조/597
3. 소득세의 계산 과정/597
4. 종합소득의 구성 및 구성소득별 소득금액 산정/599
5. 종합소득공제와 그 밖의 공제/604
6. 소득세의 산출/607

요 약/610

연습문제/611

부 록/615

찾아보기/652

I부

총론 :
회계시스템과
재무제표

제 1 장 경제사회와 회계정보

제 1 절 기업환경과 회계정보
제 2 절 자본시장의 이해
제 3 절 재무정보의 질적 특성과 회계기준

이 장에서 우리는 회계정보가 경제사회에서 왜 중요한지를 배운다. 경제사회에서 재화 생산의 주체인 기업은 회계정보 생산의 주체이므로, 기업의 역할, 소유주 특성 및 이에 따른 기업의 유형에 대한 지식은 회계정보 이해를 위한 전제로서 우리가 알아야 할 필요가 있다. 기업 안팎에는 기업과 긴밀한 관계를 가지는 이해관계자들이 있는데, 이들은 누구이고 회계정보를 왜 필요로 하는지 알아본다. 이어서, 자본시장은 회계정보와 불가분의 관계를 가지므로 자본시장의 기본적 내용에 대해 알아보고, 경제사회에서의 회계정보의 역할을 살펴본다. 다음에는 이상에서 이해한 회계정보에 대해 그 유용성, 그리고 유용성을 위한 회계정보의 질적 특성과 이를 확보하기 위한 제도적 장치인 회계기준과 외부감사에 대해 설명한다.

제1절 기업환경과 회계정보

1. 기업의 의의와 유형

기업은 재화(goods)나 용역(services)을 생산하고 유통시켜 가계(家計)나 정부(政府)의 소비수요를 충족시켜주는 역할을 한다. 기업의 궁극적인 목표는 이러한 생산과 유통활동을 통하여 이익을 창출하고 최대화하는 것이다.

기업은 영업의 성격에 따라 다음과 같이 분류할 수 있다.

서비스기업(service firms) : 고객에게 용역을 제공하고 수익을 얻는 기업(예 : 법률, 회계, 투자자문, 의료 등의 서비스 분야).

상품매매기업(merchandising firms) : 물리적 실체가 있는 상품을 공급업자로부터 매입, 보유하면서 이를 다시 타기업이나 소비자에게 판매하여 매출수익을 얻는 기업(예 : 컴퓨터부품 판매기업, 백화점, 할인점).

제조기업(manufacturing firms) : 상품을 직접 생산, 판매하여 매출수익을 얻는 기업(예 : 자동차, 조선, 반도체, 철강, 정유 등의 생산기업).

기업의 소유주(owners)는 투자한 금액(investment)에 대한 이익(return) 수준에 대해 높은 관심을 가지고 있고, 기본적으로 이에 관련한 목표를 세우고 사업을 추진하고 있다. 이들은 기업경영에 어떻게 참여하고, 사업에 대한 위험을 어느 정도로 부담하는가에 따라 여러 유형으로 분류되고, 기업의 유형도 그에 따라 결정된다. 기업은 소유구조에 따라 일반적으로 개인기업, 합명회사, 합자회사, 유한회사, 주식회사의 유형으로 분류된다. 특히 회사의 유형별 특징은 상법 분야에서 자세히 다루는 내용이기도 하다.

◉ 기업의 유형

1) 개인기업

개인기업(sole proprietorship)은 한 개인이 소유는 물론 경영까지 전담하는 기업이다. 이 경우, 소유주의 개인적인 특성(신용도, 재산정도, 나이, 성격, 성장배경 등)이 각종 사업활동에 상당한 영향을 미친다. 따라서 사업의 홍망에 대한 결과도 그 소유주가 무한적으로 부담한다. 즉, 사업이 크게 성공하면 큰 이익을 얻게 되지만, 실패하면 회사에 투자한 원금을 회수하지 못하게 됨은 물론, 개인의 사적(私的)인 재산까지도 회사채무의 변제에 써야 할 수도 있다. 소유주의 이러한 책임을 무한책임(unlimited liability)이라 한다.

2) 합명회사

개인기업의 소유주처럼 무한책임을 지는 무한책임사원(無限責任社員 general partner) 2인 이상이 모여 조직된 회사가 합명회사(合名會社 general partnership)이다. 소유자일 뿐 아니라 경영자로서 직접 사업도 경영하는 이 무한책임사원들은 자기 자신의 행위뿐만 아니라 특히 다른 무한책임사원이 회사의 이름으로 행한 활동에 대해서도 책임을 진다. 즉, 그들의 활동으로 인한 채무에 대해서는 회사가 일차적으로 책임을 지지만, 만일 회사의 재산으로 채무를 변제할 수 없을 때에는 각 사원이 연대하여 책임을 진다.

합명회사의 사원(社員)은 이렇게 위험부담이 크기 때문에 뛰어난 경영능력 또는 사업에 대한 전문적 능력이나 일정 자격을 갖춘 사람들(회계사, 변호사, 의사, 감정사 등)로 구성되고, 회사의 규모도 비교적 작은 것이 보통이다.

3) 합자회사

경영활동에는 직접 참여할 의도가 없이 투자만 하고 그에 대한 과실(果實), 즉 투자이익만을 기대하는 사람들도 있다(하지만 회계장부, 재무상태표, 기타의 서류에 대한 열람이나 업무·재산상대의 김사 등 감시권을 행사할 수 있음을 전제로 할 것이다). 이들은 합명회사의 사원들처럼 큰 위험을 부담하지 않고 자기가 투자한 금액 한도 내에서만(즉, 사업이 실패하면 최악의 경우 자기가 낸 투자액만 잃게 됨) 책임지고자 할 것이다. 이러한 책임을 유한책임이라 하며, 이러한 책임을 지는 1인 이상의 유한책임사원(limited partner)이 1인 이상의 무한책임사원과 함께 소유하는 회사가 합자회사(合資會社 limited partnership)이다.

합자회사에서 무한책임사원은 합명회사의 무한책임사원처럼 업무집행과 대표행위 등 경영을 담당하고, 유한책임사원은 경영활동에는 직접 참여하지 않고 투자만 하고, 그에 대한 과실(果實), 즉 투자이익의 획득을 기대한다.

4) 유한회사

유한책임사원만이 소유하는 회사가 유한회사(有限會社)이다. 이들은 각자의 출자좌수에 따라 회사의 지분(持分)을 가지고, 이들로 구성되는 사원총회에서 선임된 이사(理事)만이 업무집행이나 대표행위를 한다. 상법상, 유한회사의 사원의 수는 50인 이내로 제한되고 주식회사의 주식과 달리 지분을 유가증권화하여 유통시킬 수 없기 때문에 그만큼 소유권 이전(따라서, 투자액의 현금전환)이 쉽지 않다.

5) 주식회사

주식회사(株式會社 corporation)는 소유지분을 나타내는 주식(stock, share)의 보유자, 즉 주주(株主 stockholder, shareholder)가 소유하는 회사이다. 주식은 양도가 비교적 자유롭고, 특히 한국거래소(KRX : Korea Exchange)에 상장된 상장회사(listed company)의 경우에는 주식시장에서 매우 쉽게 거래될 수 있는 것이 특징이다(이러한 특성을 시장성 marketability이라고 함). 따라서 주식회사는 주식에 투자한 한도 내에서만 위험을 부담하려는(즉, 유한책임만 지려는) 투자자(주주)를 널리 모집하여 주식발행을 통해 거액의 자금을 조달하는 목적에 가장 알맞은 회사형태라 할 수 있다(그런데 유한회사의 경우에는 사원의 수가 상법상 50인 이내로 제한되어 광범위한 자금조달이 어렵다).

주주는 주주총회(최고 의사결정기구)에서 의결권을 행사함으로써 경영에 참여할 수 있다. 주주총회의 결의사항으로서 일반적으로 중요한 것으로는 정관개정, 이사와 감사의 선임, 배당액의 결정을 포함한 재무제표의 승인 등이 있다. 주식회사에서 업무집행 등의 경영은 이사가 담당하며, 신주(新株)와 사채(社債)의 발행 등 중요한 의사결정은 이사회의 결의에 의해 이루어진다.

그런데 주주는 회사의 경영을 담당하는 이사회의 구성원(즉, 이사), 또는 사실상 지배하는 대주주(大株主)가 되지 않는 한, 소유주이면서도 경영에 관한 권한은 매우 제한되어 있다. 즉, 주주는 일정비율(현재 상법상 5% ; 증권거래법상 상장기업은 경우에 따라 1% 또는 3%) 이상의 주식을 가지면 회계장부를 열람하거나 업무 및 재산상태를 검사할 수 있으나, 주주총회에 참석하여 주식소유 비율에 따른 의결권을 행사하는 것이 사실상 거의 유일무이(唯一無二)한 권한이다.

오늘날 기업 하면, 보통 다섯 가지 기업 유형 중에서 주식회사를 연상하게 된다. 그 이유는 〈표 1-1〉에서 보는 바와 같이 개인기업을 제외한 기업(즉, 회사) 중 대다수인 약 95%가 주식회사이기 때문이다. 또한 우리가 알고 있는 거의 모든 대형 기업이 주식회사이며, 그중 많은 우량기업들이, 이를테면 삼성전자, 포스코, 현대자동차, 네이버, 국민은행 등이 상장되어 그 주식이 주식시장에서 거래되고 언론매체 등을 통하여 우리에게 비교적 친숙해져 있기 때문이다. 〈표 1-1〉에서 보듯이, 2019년도 법인세 신고에 나타난 주식회사의 평균매출액이 약 58억원으로서, 비주식회사 약 22억원의 3배 가까이 차지하고 있고, 회사당 평균 당기순이익도 주식회사가 4억2천만원으로서, 비주식회사의 2억2.5천만의 약 2배가 됨을 보여주고 있다. 이 책에서 특별한 경우 이외에는 기업이란 주식회사를 말한다.

이상 기업의 유형에 대한 내용을 요약하면 〈표 1-2〉와 같다.

표 1-1 유형별 회사의 수

	회사의 수(비율)			
	1990년 말	2000년 말	2010년 말	2020년 말
주식회사	61,354 (92.2%)	214,248 (94.0%)	401,026 (95.0%)	747,438 (95.0%)
비(非)주식회사	5,191 (7.8%)	13,725 (6.0%)	20,912 (5.0%)	39,556 (5.0%)
유한회사	2,154 (4.0%)	7,697 (3.4%)	16,225 (3.9%)	35,519 (4.5%)
합자회사	2,644 (4.0%)	5,008 (2.2%)	3,834 (0.9%)	3,122 (0.4%)
합명회사	393 (0.6%)	1,020 (0.4%)	853 (0.2%)	915 (0.1%)
합 계	66,545 (100%)	227,973 (100%)	421,938 (100%)	747,882 (100%)

유형별 : 회사당 평균 매출액 및 순이익(2019년) (단위 : 백만원)

	주식회사	비(非)주식 회사	유한회사	합자회사	합명회사	전체회사평균
매출액	₩5,794	₩2,171	₩2,233	₩1,355	₩2,528	₩5,612
당기순이익	₩415	₩225	₩234	₩152	₩113	₩405

* 자료출처 : 2000~2020 국세통계연보, 대한민국 국세청

표 1-2 소유구조에 따른 기업의 유형별 특성

	개인(자연인)기업 (sole proprietorship)	법인(회사)기업			
		비주식회사(partnership)			주식회사 (corporation, Corp., Ltd.)
		합명회사	합자회사	유한회사	
소유주	한 명의 소유주	둘 이상의 무한책임사원 (general partners)	무한책임사원과 유한책임사원	둘 이상의 유한책임사원 (limited partners)	주주 (일반적으로 다수의 소유주)
기업의 수명	소유주의 선택 또는 사망 시	사원(파트너)의 결의 또는 사망 시	사원(파트너)의 결의 또는 사망 시	사원총회의 결의	주주총회의 결의 또는 무한함
경영책임자	소유주가 곧 경영자	무한책임사원	무한책임사원	사원총회에서 선임된 이사	주주총회에서 선임된 이사
기업채무에 대한 개인의 사적 책임	소유주의 사적 책임 있음	무한책임사원의 사적 책임 있음	무한책임사원의 사적 책임 있음	유한책임사원의 사적 책임 없음	주주의 사적 책임 없음
회계실체와 소유주 관계	회계실체는 소유주와 분리	회계실체는 사원(파트너)과 분리			회계실체는 주주와 분리

2. 기업의 이해관계자와 회계정보

2.1 기업의 이해관계자와 회계정보의 이용

기업의 외부 및 내부에는 여러 **이해관계자**들(stakeholders)이 있는 바, 이들은 서로 다른 다양한 정보수요를 충족하기 위하여 회계정보를 이용한다.

1) 외부이해관계자

회사의 소유주(특히 주식회사의 주주, 이하에서는 투자자라고 함)는 장래의 재무적 이익을 거둘 것을 기대하여 투자위험을 감수하고 회사에 (주식매입 등을 통하여) 투자한다. 회사는 이렇게 투자된 자금을 운용하여 수익활동을 하게 되는데, 그 운용은 일정한 보수를 받고 일하는 경영자에게 맡겨져 있다. 따라서 경영자는 자금을 공여한 투자자의 이익에 부합되도록 운용하여야 한다. 즉, 투자자들은 경영자가 성실히 일하면서 영업기회를 발굴하고 최적의 의사결정을 내려주기를 기대하고 있다.

자본제공자인 투자자들과 그들의 투자자문가 역할을 하는 재무분석가들(financial analysts)은 투자에 내재된 위험과 투자수익에 대한 회계정보에 관심을 가지면서, 회사 주식의 매수, 보유 또는 매도에 관한 의사결정과 기업의 배당능력 평가를 위한 회계정보도 필요로 한다. 투자자의 범위에는 방금 설명한 현재적(顯在的) 투자자뿐 아니라 잠재적(潛在的) 투자자도 포함된다는 것을 기억해 두자. 한편, 회사에 대한 자금대여자들과 그들의 자문역할을 하는 신용평가기관은 대여금에 대한 이자가 지급기일에 적절히 지급되는지를 결정하는 데 도움을 줄 수 있는 회계정보를 필요로 한다.

이렇게 볼 때, 기업은 정보생성자이고, 투자자와 채권자 등은 정보수요자이며, 재무분석가 및 신용평가기관은 정보중개인(information intermediaries)이다.

① 투자자(주주)

오늘날의 주식회사는 일반적으로 그 규모가 매우 크기 때문에 수많은 주주를 가지고 있다. 예를 들면, 2010년 말 현재 삼성전자(주)의 주주 수는 약 14만 명, 현대중공업(주)의 주주 수는 8만 명에 달한다(〈표 1-3〉 참조). 이 주주들 중에는 상당한 지분을 가지고 기업운영책임을 지는 사람들도 있지만, 발행주식의 1%가 안 되는 주식을 소유하고 있는 **소액주주**가 거의 대부분이다. 예를 들면, 삼성전자나 현대중공업의 경우 이러한 소액주주들이 전체 주주의 99.9% 이상을 차지하는데, 그 지분율은 40～60% 수준에 머무르고 있다.

소액주주들은 주식을 발행한 회사에 대해서 외부이해관계자의 입장이 된다. 이들의 부(富 wealth)는 기업경영의 성과와 재무적 상태의 영향을 받는데, 이것은 그들이 가진 주식의 가격(주가)과 배당금이 영향을 받기 때문이다. 그런데 대주주가 아닌 이런 일반 소액주주들은 기업의 재무성과(경영성과의 재무적 측정치)와 재무상태(기업이 가진 자원과 진 빚의 내역 및 금액) 등 경영 내용과 앞으로의 사업전망 등에 대해 구체적이고 적시적인 정보에 접근할 수 없다. 왜냐하면, 앞서 언급했듯이, 현행 법규상, 이들이 일정 비율(예 : 3%) 이상의 지분을 갖고 있지 못하면 회계장부를 열람하거나 업무 및 재산상태를 검사할 수 있는 권한이 없으며, 설사 그 권한이 있더라도 그 권한의 행사에는 상당한 수준의 전문적 능력과 많은 시간과 노력이 요구되기 때문이다. 따라서 기업은 투자자의 투자의사결정에 도움이 되도록 최소한 일정수준의 정보를 공시(公示 disclose)해야 할 필요가 생겼고, 이 최소한의 정보가 회계정보이며 이는 **재무제표**(財務諸表 financial statements)를 통하여 전달되고 있다.

재무제표는 기업의 경영자가 투자자나 채권자 등 기업의 외부이해관계자에게 기업의 재무정보, 즉 기업의 재무상태와 재무성과 등에 대한 정보를 알려 주기 위해 작성하는 재무보고서의 핵심이다. 여기서 **재무상태**(financial position)는 일정시점에서의 기업의 자산, 부채, 자본의 상태를 의미하고, **재무성과**(financial performance)는 일정기간 동안 기업이 얼마를 벌어(수익), 얼마를 써서(비용), 얼마를 남겼고(순이익), 남긴 것을 어떻게 처분하였는지, 그리고 얼마의 현금 변화가 이루어졌는지(현금흐름)를 뜻한다. 이러한 정보는 재무상태표, 포괄손익계산서, 자본변동표, 현금흐름표를 통해 구체적으로 제공된다. 재무제표는 이 책에서 대부분의 내용을 관류하는 주제이다.

일부 독자들은 앞서 언급한 장부열람 또는 재산상태 검사를 통해 재무정보를 얻기 위한 소액주주의 최소 지분율인 1%나 3%가 대단찮은 숫자라고 생각할지 모르지만 그렇지 아니하다. 〈표 1-3〉에서 보듯이, 2020년 말 현재, 대기업인 삼성전자(주)의 보통주식 수(유통주식)는 약 60억 주(2018년에 약 1.28억 주의 보통주는 액면 5,000원에서 100원으로 50 : 1 액면분할됨으로써 50배로 증가)인데, 여기에 당시 주가 81,000원을 적용한 총주식가치(일반적으로 시가(時價)총액 market capitalization이라 함)는 거의 500조원에 달하고, 그 1%는 5조원이나 된다. 네이버(NAVER)의 경우에도 보통주식(유통주식) 1.6억 주에 당시 주가 292,500원을 적용한 시가총액은 약 47조원이고 그 1%는 4.7천억원이다. 이에 비해 중규모라 할 수 있는 식품제조·판매업 중심의 풀무원(주)의 경우에도 1%의 가치가 38억원이 넘는다(보통주식 수 2,300만 주에 2020년 말 주가 16,550을 적용한 시가총액은 약 3,807억원).

표 1-3 **일부 대기업의 주식소유 분포**

기 업	구 분	주주 수 (2020년 12월 말)		유통 보통주식 (2020년 12월 말)		주식총수에 대한 100주의 비중
삼성전자	총수*	2,154,001	100%	5,969,782,550주	100%	0.00000147218%
	최대 및 특수 주주	15	0.00%	1,264,816,055주	21.19%	
	지분율 5% 이상 주주	17	0.00%	878,743,408주	14.72%	
	소액주주 (지분율 1% 미만)	2,153,969	99.99%	3,826,033,636주	64.09%	
네이버 (NAVER)	총수*	426,870	100%	164,263,395주	100%	0.000060 9%
	최대 및 특수 주주	1	11.56%	18,985,923주	11.56%	
	지분율 5% 이상 주주	1	5.04%	8,283,195주	5.04%	
	소액주주 (지분율 1% 미만)	426,807	99.99%	104,842,681주	63.83%	

*참고 : 2020년 12월 말 주가 : 삼성전자 ₩81,000, 네이버(NAVER) ₩292,500.

우리는 여기서 소액을 투자한 대다수의 투자자는 그 지분이 1%에 훨씬 미달할 것이므로, 기업경영에 대한 약간의 상세 재무정보조차 얻기가 거의 불가능하다는 것을 알 수 있다.

투자자(소유주)의 회계정보에 대한 필요성은 **대리이론**(agency theory)의 관점에서 접근해보면 더 명확해진다. 기업의 소유주인 투자자(投資者 investors)는 자신의 부(富)의 증식을 위해 전문 경영자를 고용하여 일을 시키고 보수를 준다. 이러한 관계를 **대리관계**라 하는데, 이 관계에서 투자자(소유주)는 **본인**(本人 principal)이 되고, 경영자는 **대리인**(代理人 agent)이 된다. 그런데 과연 경영자는 본인인 투자자의 이익을 위해 언제나 최대의 노력을 기울이게 될까?

경영자의 노력(effort)에는 그가 개인적으로 쓸 수 있는 시간과 에너지 등의 희생이 따르므로, 소유주가 기대하는 것만큼 경영자가 노력해 줄 가능성은 높지 않다. 물론 경영자의 노력이나 일거수일투족(一擧手一投足)이 모두 소유주의 눈에 보인다면(observable), 즉 경영자가 가진 정보를 소유주가 모두 알고 있다면(이러한 상황을 정보의 대칭 information symmetry이라 함) 계약으로써 경영자의 노력수준을 결정할 수 있겠지만, 그렇지 않고 정보의 **비대칭** 혹은 **편재**(偏在 information asymmetry)가 있는 일반적 상황에서는 경영자는 소유주의 이익보다 자신의 이익을 우선할 가능성이 있는 것이다. 경영자가 자기 사무실의 인테리어를 고급화한다거나, 과도한 비서진의 보좌를 받는다거나, 기업활동과 관계없는 용도에 공금을 자의적으로 지출한다거나 하는 것 등이 그 예에 속한다.

이러한 문제를 **대리문제**(agency problem) 또는 **도덕적 위험**(moral hazard, **도덕적 해이**라고도 함)이라고 한다. 대리문제를 최소화하기 위해서는, 창의적인 착상이나 꾸준한 노력으로 좋은 성과를 내는 경영자에게는 높은 보수를 주는 방향으로 보상체계가 이루어져야 한다. 이 경우 경영자에게 여러 형태의 성과에 연계한 보상(performance-based compensation)을 주는데, 보상의 근거가 되는 성과에 대한 정보는 재무제표 등의 회계정보를 통해서 파악된다.

일반적으로, 도덕적 위험 현상은 관련 정보를 가진 자와 갖지 못한 자 사이에, 특히 기업의 경우에는 기업에 대한 정보를 잘 알고 있는 기업의 내부 경영자와 정보에 접근이 어려운 외부의 **이해관계자**(stakeholders), 즉 투자자(주주), 채권자(creditors), 공급자(suppliers), 구매자(customers), 정부(국세청, 규제기관 등) 사이에, 정보의 편재 현상이 있는 곳에서 흔히 관찰되고 있다.

회계카페 연예계 주식 투자 '넘버원'은 보아? BTS도 따라갈까

BTS 멤버들의 하이브 주식 매각이 공시를 통해 드러나면서 여의도에선 '아티스트의 매도 시점과 소속사 주가' 간 상관관계가 다시금 회자되고 있는데, 그중 흥미로운 일화는 단연 보아(권보아 씨)와 SM엔터 주가 간 움직임이다.

보아의 주식 매매 내역이 본격적으로 전자공시를 통해 공개되기 시작한 건 SM엔터 비등기 임원으로 선임된 2014년부터다. 출발은 좋지만 않았다. 보아는 2014년 3월 등기임원 선임 이후 처음으로 8,000주의 스톡옵션을 부여받았다. 2018년 3월 27일부터 1년여간, 주당 4만8,334원에 행사가 가능했었다.

공교롭게도 SM엔터 주가는 스톡옵션 부여 직후인 2014년 3월 단기 고점을 기록한 후 2015년 상반기 주당 2만원 초반 수준까지 급락했다. 2015년 하반기부터 반등을 보였지만, 정작 보아의 스톡옵션 행사 시기인 2018년 3월 다시 하락해 2만~3만원 수준에 그쳤다. 주가가 해당 기간 단 한번도 행사가 수준인 4만원대로 회복하지 못했다. 보아는 물론 해당 옵션을 행사하지 않았다.

보아는 이후 2015년 3월엔 SM엔터 주식 1만주를 스톡옵션을 통해 교부받았다. 보아는 이 스톡옵션을 2018년 4월 행사해 SM엔터 주식 1만 주를 확보한 후, 그해 8월 이 중 9천 주를 주당 4만9천원에, 11월에는 나머지 중 500주를 주당 5만3,500원에 매각했다. 당시 여의도인들을 놀라게 한 건 매도 '타이밍'이었다. 보아의 마지막 매도 시 5만원대를 기록했던 SM엔터 주식은 이후 수직 낙하, 그 후 3년이 넘은 올해 6월에서야 당시 가격을 회복하게 됐다.

보아는 이후 2017년과 2018년에도 각각 7천 주, 6천 주의 SM엔터 스톡옵션을 교부받았다. 2017년 교부받은 스톡옵션 7천 주는 2019년 4월 2만3,251원에 행사해서 6월에 세 차례에 걸쳐 그중 대부분인 총 6,027주를 평균 4만3,875원에 팔았다. 투자 차익은 약 1억2천여만원. 또다시 SM엔터 주식은 매도시점 이후 지속적으로 하락해 올해 들어서야 해당 가격대를 회복했다. 펀드매니저들은 "보아도 잘 잡는 고점을 왜 못 잡냐"는 원성(?)에 시달려야 했다.

BTS 멤버들은 방시혁 씨로부터 증여받은 주식을 매도했다. 그러다 보니 스톡옵션을 행사한 보아의 사례처럼 행사가와 매도가 간 차익이 아니라, 주식매각대금을 고스란히 모두 수익으로 거둔다는 차이가 있다. BTS 멤버 진(김석진), 제이홉(정호석), RM(김남준) 등은 지난 10월부터 11월 초까지 하이브 주식 일부를 장내에 팔아 총 99억5천만원을 챙겼다.

진은 하이브 주식 16,000주를, 제이홉은 5,601주를 각각 장내매도했다. 총 매도 금액은 진이 약 48억원, 제이홉은 18.6억원가량이다. RM은 일곱 차례에 걸쳐 10,385주를 장내에서 팔아 총 32억원을 현금화했다. 이후 하이브의 주가는 11월 17일 421,500원으로 고점을 기록한 후 하락세를 보이고 있다.

(한국경제 2021년 12월 6일 보도 일부 편집)

② 채권자

기업에 자금을 공급하는 자들에는 투자자 외에 채권자가 있다. 채권자(債權者 creditors)들은 자금을 대여한 자들로서, 이들이 자금대여결정(신용의사결정)을 하려면 채권의 원금과 이자의 회수 가능성에 관심을 가지게 되는데, 이들 역시 재무제표 등을 통해 기업의 재무상태와 재무성과 등에 대한 정보를 알아야 할 필요가 있다. 채권자들은 일반적으로 회사경영에 참여할 수가 없기 때문이다.

③ 기타의 외부이해관계자

기업과 직·간접으로 이해관계를 맺고 있는 외부의 주요 이해관계자들에는 그 기업에서 일하는 종업원, 원자재·설비·비품 등을 공급하는 공급자, 해당 기업의 상품·제품·서비스를 구매하는 고객, 조세 징수·금융시장 감독·공정거래 유지 등을 하는 정부기관이 있다. 기업의 재무상태와 경영성과는 다음에서 보듯이 이들의 이해관계나 업무 등과도 밀접한 관계를 가지고 있으므로 이들의 의사결정에 회계정보는 필수불가결한 정보가 된다.

종업원 : 종업원과 이들을 대표하는 기구인 노동조합은 종업원들의 보수와 퇴직급여 및 고용기회 제공능력을 평가하기 위해, 고용주인 기업의 안정성과 수익성에 대한 정보를 필요로 한다.

공급자 등 기타 거래자 : 공급자 등 기타 거래자는 당해 기업을 주거래처로 하여 수익을 얻고 때로는 신용거래 등을 통해 채권자 지위를 가지므로 장·단기적인 관계를 유지할 목적에서 당해 기업의 안정성과 수익성에 대해 관심을 가지며 이를 평가하기 위한 정보를 필요로 한다.

고객 : 일부 고객들은, 특히 특정기업과 장기간 거래관계를 유지하고 있거나 의존도가 높은 경우에, 그 기업의 존속가능성에 대한 정보에 관심을 가진다.

정부기관 : 정부는 국가의 자원의 배분과 기업 활동에 관심을 가지며, 공정한 거래와 시장의 안정을 도모하고 국세수입의 확보를 목적으로 기업활동을 규제하고 조세정책을 결정한다. 이를 위해 정부(경제정책기구, 국세청, 금융위원회, 공정거래위원회 등)는 국민소득, 개별기업(금융기업 포함)의 수익활동 등에 대한 정보를 필요로 한다.

지역사회와 일반대중 : 기업은 특정지역 내 종업원의 고용 및 관련 산업체의 양성과 같은 다양한 방법으로 지역경제에 상당한 영향을 미치므로 지역사회 등 일반대중은 관련 기업의 성장과 활동범위에 관한 추세와 현황에 대한 정보를 얻고자 한다.

2) 내부이해관계자

기업 내부에서 이해관계를 가지고 있는 사람들은 경영자이다. 기업의 존속 및 발전에 있어서 종업원들도 중요한 역할을 하지만, 기업의 목표를 설정하고 그 목표를 달성하기 위해 물적·인적 자원을 동원하는 권한과 책임은 경영자에게 주어져 있기 때문에 경영자의 역할은 막중하다 할 것이다.

경영자는 계획, 실행, 통제의 책임을 수행하는 데 도움이 되는 여러 주요정보에 어느 이해관계자보다 쉽게 접근할 수 있다. 그중 재무제표에 포함된 정보에 매우 많은 관심을 가진다. 경영자는 회계정보를 공급하는 주체이지만, 다른 한편으로는 효율적이고 효과적인 기업운영을 위한 회계정보의 수요자이기도 하다.

경영자는 기업이 사업을 계획하고 통제하여 원하는 결과를 낳도록 하는 책임을 가지고 있다. 그 원하는 결과 중 으뜸으로 꼽히는 것이 이익과 최적 현금수준이다. 여기서 최적 현금수준이 뜻하는 바는 조직의 현금수요가 충족되고 있고 동시에 필요 이상의 유휴자금은 적절한 용도에 쓰이고 있다는 것이다.

경영자는 이러한 목적을 달성하기 위해 기업을 전후좌우로 항진(航進)시키면서 끊임없이 결정을 내리고 있다. 의사결정자(decision-maker)로서 그가 수시로 부딪히는 수많은 중요한 의사결정문제들, 예를 들어 가격결정, 설비와 인력의 운용, 자금의 조달·운용, 투자안의 수익성 및 내재(內在) 위험 평가 등은 각종 회계정보의 수집 및 처리를 필요로 한다.

2.2 회계정보의 의의

지금까지 설명한 회계정보는 회계에 의해 제공되는 정보이다. 회계는 거래·사상을 기록·분류·요약하고 그 결과를 해석하는 기술[1]로 정의되기도 했으나, 재무제표 작성의 기술적 측면만을 강조한 그러한 정의보다 오늘날은 '경제적 정보를 측정·전달하는 과정으로서 정보이용자의 의사결정에 **유용한**(useful) 정보를 제공하는 것[2]이라는 정의를 수용하고 있다.

우리나라 기업회계기준도 전통적으로 이러한 정의를 받아들여 왔다. 최근에는 이러한 개념이 반영된[3] 일반목적 재무보고의 목적을 "주요 이용자(primary users)인 현재 및

1. 미국공인회계사회의 회계용어공보(ATB : According Terminology Bulletin) No.1(1941년)에서의 정의.
2. 미국회계학회의 '기초적 회계이론에 관한 보고서' (ASOBAT : A Statement Of Basic Accounting Theory) 에서 제시된 정의(1961년).

잠재적 투자자, 대여자 등 채권자에게 기업에 자원을 제공하는 것과 관련된 의사결정 시 유용한, 보고기업에 대한 재무정보를 제공하는 것" 이라 하고 있다.

여기서 '의사결정 시 유용한' 재무정보란, 정보이용자가 자원 제공에 대한 의사결정(지분상품·채무상품의 매수, 매도 또는 보유, 그리고 대여 등 신용의 제공 및 결제를 포함)을 할 때 기업에 들어올 미래 순현금유입(future net cash inflows)에 대한 전망(prospects), 즉 그 금액, 시기 및 불확실성을 평가하는 데 도움을 주는 정보를 말한다. 왜냐하면, 이들의 의사결정은 금융상품 투자에서 그들이 기대하는 이익(returns), 예를 들어, 배당, 원금 및 이자의 지급 또는 시장가격의 상승에 의존하고, 이들의 이익에 대한 기대는 기업에 유입될 미래 순현금유입의 전망에 대한 그들의 평가에 달려 있기 때문이다.

회계정보는 일반적으로 재무보고서(financial report)를 통해 제공된다. 그중에서 재무제표가 핵심을 차지한다. 재무제표(financial statements)란 재무상태표, 포괄손익계산서, 자본변동표, 현금흐름표, 주석을 모두 포함한다.

경영자는 재무제표의 작성과 표시에 대한 일차적 책임을 진다. 즉, 경영자는 기업의 외부이해관계자들에게 기업에 대한 재무제표를 작성하여 제공하는 것이다.

모든 외부이해관계자의 정보수요를 충족시킬 수는 없지만, 모든 정보이용자에게 공통으로 필요한 회계정보수요가 존재하는 것을 전제로 고안된 것이 재무제표이다. 재무제표의 유형과 구체적 형태는 제4장과 제5장에서 구체적으로 설명될 것이다.

제2절 자본시장의 이해

1. 자본시장과 회계정보의 경제사회적 기능

앞에서 기업의 대표적 외부이해관계자인 투자자·채권자를 중심으로 그들의 의사결정과 회계정보의 역할에 대하여 살펴보았다. 이들은 자본시장에서 기업에 자본(capital), 즉 장기자금을 공급하는 주체들이다. **자본시장**(capital market)이란 자본수요자(기업)와

---

3. '재무보고를 위한 개념체계' (Framework for Financial Reporting). 이 '개념체계' 의 의의에 대해서는 제3절 참조.

자본공급자(투자자·채권자)가 만나서 자본의 공급이 이루어지는 시장을 말한다. 예를 들면, 주식시장, 채권시장 등이 자본시장에 해당된다.

개개의 투자자·채권자 입장에서 보면, 자본공급은 투자수익(이익배당, 이자 등)을 얻기 위한 행위이다. 그런데 개별 투자자·채권자의 자본공급에 대한 의사결정이 적절하게 이루어지기 위해서는 기업에 대해 정확한 정보, 특히 회계정보가 필요하다. 이러한 개별 기업에 대한 자본공급 결정은 사회적으로 재화·용역 생산에 투입할 수 있는 자본이 한정되어 있는 상황에서 **효율적인 자원배분**(resource allocation)에 기여한다.

즉, 경제사회에는 고객만족을 통해 수요를 많이 창출하여 생산시설을 높은 수준으로 가동하는 기업과 반대로 그렇지 못한 기업이 있다. 이 경우 전자의 기업이 미래 수익성이나 성장가능성이 높은 기업으로, 특히 자본시장에서, 평가받고 투자자·채권자들로부터 더 많은 자본을 공급받게 될 것이다. 경제사회 전체적으로도 이것이 바람직하다. 왜냐하면, 재화·용역의 생산이 확대되어 소비자의 수요충족, 타기업의 생산유발, 고용증대 등을 통해 많은 사회구성원들이 혜택을 받을 수 있고, 자본을 공급한 투자자·채권자들은 투자수익을 극대화할 수 있기 때문이다.

회계정보는 위와 같이 개별기업에 대한 자본공급자들의 최적의사결정을 통해 경제사회 전체적으로 한정된 자원이 효율적으로 배분되도록 하는 **경제사회적 기능**을 하는 것이다. 회계정보의 이같이 중대한 경제사회적 기능은 바로 자본시장으로부터 비롯되므로 이 절에서 자본시장의 이해를 위한 기본적 내용을 소개하고자 한다.

2. 자본의 개념과 자본조달

2.1 자본의 개념

기업이 새로운 사업을 시작하려면 자금이 필요하다. 대부분의 기업에서는 창업자가 사업에 대한 아이디어를 내고 목표와 계획을 주도적으로 세울 뿐 아니라 창업자본도 마련한다. 그러나 그 기업이 어느 정도 커져서 더 많은 자금이 필요하게 되면 외부의 자금을 찾게 된다. 이에는 두 가지 방법이 있다. 하나는 돈을 빌리는 것이고, 다른 하나는 지분(持分 : 주식회사의 경우 주식)을 발행하는 것이다. 돈을 빌릴 경우, 돈을 빌려주는 자를 채권자(creditor)라 하고, 그의 청구권은 **부채자본**(debt capital), 또는 단순히 부채라 한다. 지분

그림 1-1 재무상태표 : 타인자본, 자기자본, 장기금융자산, 단기금융자산 등

재 무 상 태 표

제×2기 20×2년 ×월 ×일
제×1기 20×1년 ×월 ×일

회사명

(단위 : 원)

	제×(당)기	제×(전)기		제×(당)기	제×(전)기
자 산			**부 채**		
I. 유 동 자 산	×××	×××	I. 유 동 부 채	×××	×××
(1) 당 좌 자 산	××	××	1. 단 기 금 융 부 채	××	××
1. 현금및현금성자산	××	××	2. 매 입 채 무	××	××
2. 단 기 금 융 자 산	××	××	3. 기 타 채 무	××	××
3. 매 출 채 권	××	××	4. 미 지 급 법 인 세	××	××
4. 기 타 채 권	××	××	5. 매 각 예 정 부 채	××	××
5. 선 급 법 인 세	××	××	6. … … … … …		
6. … … … … …			II. 비 유 동 부 채	×××	×××
(2) 재 고 자 산	××	××	1. 장 기 금 융 부 채	××	××
(3) 매 각 예 정 자 산	××	××	2. 장 기 충 당 부 채	××	××
II. 비 유 동 자 산	×××	×××	3. 이 연 법 인 세 부 채	××	××
(1) 투 자 자 산	××	××	4. … … … … …		
1. 장 기 금 융 자 산	××	××	**부 채 총 계**	×××	×××
2. 투 자 부 동 산	××	××	**자 본**	××	××
3. … … … … …			I. 지배기업의 주주 지분	×××	×××
(2) 유 형 자 산	××	××	(1) 자 본 금	×××	×××
1. 토 지	××	××	(2) 자 본 잉 여 금	×××	×××
2. 건 물	××	××	(3) 기타자본구성요소	×××	×××
3. 기 계 장 치	××	××	1. 자본조정	××	××
(-) 감가상각누계액	(×)	(×)	2. 기타포괄손익누계액	××	××
4. 건 설 중 인 자 산	××	××	(4) 이 익 잉 여 금	×××	×××
5. … … … … …			(또는 결 손 금)		
(3) 무 형 자 산	××	××	II. 비 지 배 지 분	×××	×××
(4) 기타비유동자산	××	××			
1. 이 연 법 인 세 자 산	××	××	**자 본 총 계**	×××	×××
자 산 총 계	×××	×××	**부 채 와 자 본 총 계**	×××	×××

을 발행하는 경우 그 지분을 사는 자를 투자자(investor)라 하며, 그의 청구권은 **지분자본**(equity capital), 또는 단순히 지분이라 한다.

이렇게 자본은 크게 부채자본과 지분자본으로 나누어지는데, 부채자본은 그 청구권자가 소유주가 아닌 남이므로 **타인자본**(他人資本)이라 하기도 하고, 지분자본은 소유주 자신이 청구권을 가지므로 **자기자본**(自己資本)이라 하기도 한다.

이러한 분류는 자본이 필요하여 자본을 조달받는 입장에서 본 것이다. 〈그림 1-1〉에서 보는 바의 재무상태표에서 오른쪽의 「부채」와 「자본」은 바로 이러한 개념을 반영하고 있는 것이다.

한편, 자본을 제공해주는 입장(투자자 또는 채권자의 지위)에서는 제공된 자본이 「자산」이 된다. 〈그림 1-1〉의 재무상태표에서 「자산」 과목 내에 열거된 단기금융자산, 장기금융자산 등이 이에 포함된다.

2.2 부채자본과 그 조달

1) 부채자본의 조달방식

돈을 빌려주고 꾸는 행위, 즉 대차(貸借) 행위는 대부분 대여자와 차입자 사이의 법적 계약에 따라 문서를 통해 이루어진다. 이러한 대차(貸借)계약에는 여러 가지 내용이 포함될 수 있겠지만, 적어도 원금(元金), 만기일, 이자율, 대여조건의 네 가지 사항에 대해서는 명확히 정하게 된다. 가령 한 회사가 ₩5천만을 은행으로부터 빌리면서 그 돈을 2년 후에 갚고 그간 10%(보통 연간이자율로 표시)의 이자를 지급하기로 약속했다고 하자. 이 경우 애초에 빌린 금액인 ₩5천만(**원금** principal)은 2년 후인 **만기일**(maturity date)에 갚아야 한다. 원금을 갚기 전까지는(즉, 채무로 남아 있는 동안), 채무자가 그 돈의 사용에 대한 대가로서 **이자**(interest)를 지급해야 한다. 이때 이자액은 갚을 원금(₩5천만), 즉 미상환 잔액(outstanding balance)에 (해당 기간에 대응하는) 이자율(연 10%)을 곱해서 계산한다.

이자	=	원금	×	이자율	×	기간
(₩1,000만)		(₩5,000만)		(10%)		(2년)

한편, 이때 대여자는 차입자에게 차입기간 동안 일정한 수준의 **순자본**(총자산에서

총부채를 차감한 금액)을 유지하게 하거나, 대여자의 동의 없이 특정장비나 다른 사업체를 매입하지 못하게 할 수 있다. 이렇게 차입기간 동안 차입자가 해야 할 일과 할 수 없는 일을 정한 것이 **대여조건**(lending conditions) 또는 **제한적 약정**(restrictive covenants)이다. 일반적으로 이러한 약정은 차입자(기업)의 임원에 지급하는 보수에 한도를 정하거나 주주에 지급하는 배당금에 제한을 가하는 것을 포함하는데, 이는 차입자가 이자나 원금을 약속한 대로 주지 못하게 될 가능성, 즉 **신용위험**(信用危險 credit loss risk) 혹은 **대손위험**(貸損危險 default risk)의 부담을 대여자가 줄이고자 고안된 것이다.

만일 차입자가 그 약정을 위반하면, 대여자는 대여금의 즉각적인 상환을 요구할 수 있다. 이렇게 함으로써 차입자의 재무상황이 더 악화되기 전에 대여금의 회수를 강요할 수 있게 되는 것이다. 대여자는 신용위험(대손위험)을 최소화하려고 하지만 이는 완전히 제거할 수 있는 것이 아니다. 그 위험을 어느 정도 받아들이고 그 대신 그에 상응하는 적절한 이익(즉, 이자)을 기대하며 보상받고자 한다. 그래서 이런 말이 있다. "위험 없이 이익 보려는 것, 위험 없이 경험 쌓고자 하는 것, 일하지 않고 보수를 받고자 하는 것은 태어나지도 않고 살려는 것과도 같다." 더 큰 위험을 부담하는 대여자는 더 큰 이익을 기대할 것이다(이것은 지분투자자의 경우에도 마찬가지다). 이러한 상황을 **위험-이익 상충관계**(risk-return trade-off)라 하는데, 이 관계는 지분투자의 경우에 더 극명하게 나타나게 된다(〈그림 1-2〉 참조). 즉, 지분투자(지분증권의 매입)는 일반적으로 대여나 채권 투자(부채증권의 매입)보다 위험도(투자회수와 관련된 불확실성의 정도)가 큰데, 이 위험도가 높은 투자일수록 그 대가로 기대되는 이익, 즉 기대이익률은 높게 된다.

그림 1-2 위험-이익의 상충

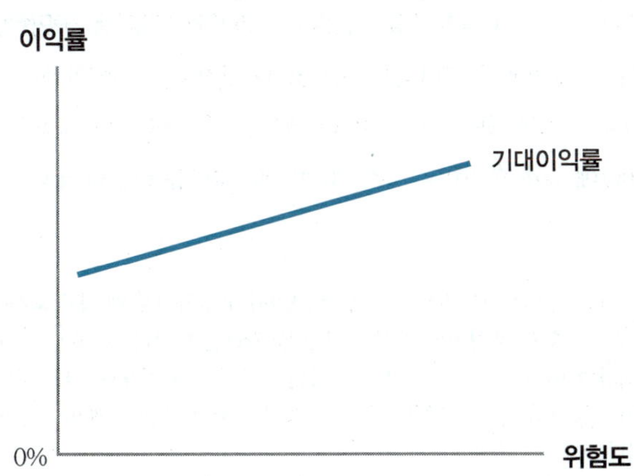

부채자본(debt capital)의 조달은 개별적 대차계약 방식을 통한 금융기관으로부터의 차입을 주로 이용하고 있지만, 그 외에, 불특정 다수를 대상으로 하는 **공모**(公募 public offering) 방식도 이용한다. 즉, 공개된 증권거래소에서 사채(社債)[4]등의 채무증권을 일반 대중을 대상으로 발행하여 필요한 자금을 조달받는 것이다.

2) 채무증권(채권 債券)의 종류

① 사채(社債)

사채(corporate bond)는 다른 채무(예 : 은행 차입금)와 달리 여러 채권자를 대상으로 거액을 분할하여 자금을 조달할 수 있기 때문에, 주식발행의 경우처럼 공개적인 자금조달 방식을 통하여, 공장 기계의 자동화를 위한 시설자금이나 건축·토목 등의 건설자금, 선박 등 중공업제품의 생산자금, 거액채무의 상환자금 등 장기적으로 거액의 돈이 필요할 때 이용된다(〈그림 1-3〉 참조[5]). 사채에는 이자율과 만기일이 확정되어 있는 단순한 사채로부터 사채보유자의 뜻에 따라 주식으로 전환할 수 있는 좀 복잡한 **전환사채**(CB :

전환사채(CB : convertible bond)

전환사채(CB)는 채권발행 후 일정기한(전환청구기간) 내에 일정한 조건(전환조건)으로 발행회사의 주식 등 다른 유가증권으로 전환할 수 있는 권리가 부여된 채권을 의미한다. 일반적으로 전환대상은 '보통주식'이다. 전환사채는 고정금리채로서의 안정성과 주가 상승에 따르는 이익을 기대할 수 있다는 특징이 있으므로 발행회사는 비교적 낮은 금리로 발행이 가능하다. 채권 하나가 전환될 수 있는 주식의 수를 전환비율(conversion ratio)이라 하며, 그 채권의 액면금액을 전환비율로 나눈 값을 전환가격(conversion price)이라 한다.

전환사채는 기대 이상의 이익을 거둘 수 있다. 이를테면 지금은 국민은행에 흡수합병된 장기신용은행은 과거 1990년대 초 데이콤(주)이 사모(私募)발행한 CB(연리 8%, 액면금액 ₩10,000, 전환가격 ₩12,000)를 매입했었는데, 4년 후에 이것을 주식전환하여 LG그룹에 경쟁입찰로 ₩3,615억(주당 ₩280,100)에 일괄 매각하여 ₩3,376억의 이익을 실현한 바 있다.

---

4. 언론매체 등에서는 私債(사적인 채무를 통한 자금조달)와 구별하기 위해 자주 회사채(會社債)라고 표현한다.
5. 한국거래소에 상장되어 있는 채권이나 주식의 발행 및 거래는 더 이상 〈그림 1-3〉이나 〈그림 1-5〉에서 보는 바의 증서 형태가 아니라 증권회사 등에 개설되는 계좌를 통해 이루어진다. 증서를 통한 거래가 실제로 잘 안 이루어지는 데다, 증서의 발행·관리에 따른 불필요한 비용의 절감, 거래의 투명성 제고 등 목적에서 이루어진 제도적 변화이다.

convertible bond)에 이르기까지, 여러 유형이 있다.

그림 1-3 **채무증권**(채권) **: 국채와 사채**

② 공채(公債) : 국채(國債), 지방채(地方債) 등

채무증권은 기업만이 발행하는 것이 아니다. 정부와 지방자치단체도 발행한다. 중앙정부는 주택을 안정된 가격으로 많이 공급하기 위한 돈을 마련하려고, 또는 물가안정을 위해 시중의 돈을 흡수하려는 목적으로 **국채**(國債)를 발행한다(〈그림 1-3〉 참조). 2016년 말 현재 중앙정부는 국민주택채권(₩64조, 전 4년간 ₩15조 증가), 국고채권(₩517조, 전 4년간 ₩152조 증가) 등 총 ₩581조(전 4년간 ₩169조 증가)의 국채를 발행한 상태이다. 또한 지방자치단체도 지방의 각종 개발사업이나 교통시설을 하기 위한 거액의 자금을 마련하기 위해 지방채(地方債)인 **공채**(公債)를 발행하는데, 서울시는 서울지하철 사업을 지원하기 위해 서울도시철도 공채를 2016년 말 현재 ₩4.5조(전 4년간 ₩0.8조 증가)를 발행한 상태이다.

채권시장에서 거래되는 국채, 지방채, 특수채, 금융채, 회사채의 발행조건과 매매상황에 대한 정보는 한국거래소(Korea Exchange)가 매 거래일 발행하고 있는 증권시장지(紙)[6] 또는 증권회사의 웹사이트 등에서 알아볼 수 있다.

참고로 미국의 경우, 국채는 재무부(Department of Treasury)가 단기증권(13, 26, 52주 만기)인 T-bill(treasury bill), 장기증권인 treasury note(1~10년 만기)와 treasury bond(10년 이상 만기)의 세 유형을 발행하고 있다. 한편, 주(州)정부 등 지방정부가 발행하는 채무증권은 연방정부와 주정부가 부과하는 소득세가 면제되기 때문에 비교적 낮은 이자율로 발행된다.

3) 채무증권(채권)의 특성

채무증권의 특성을 채무증권 중 대표적인 단순한 채권(債券)을 보며 알아보자(〈그림 1-3〉 참조). 국채든 사채든 채권에는 만기일과 그날 상환해야 할 금액인 액면금액(face value 또는 par value)과 **표시이자율**(stated interest rate, 표면이자율 또는 발행이자율이라고도 함)이 표기되어 있다. 표시이자율은 액면금액에 곱해져서 채권이자의 금액을 결정하는 것으로서, 채권기간 동안 확정률로서 변동이 없다.

한편, 시장에서 형성되는 **시장이자율**(market interest rate)은 제반 경제상황에 따라 오르내린다. 그러므로 일정시점에 시장이자율(더 정확하게 표현하면, 해당 채권과 동일한 수

6. '증권시장지'는 http://www.krx.co.kr에 들어가 '시장정보' 메뉴에서 볼 수 있다. 다시 '채권'으로 들어가면 각종 채권 관련 정보를 얻을 수 있다.

준의 위험을 가진 다른 채권에 형성되어 있는 이자율 ; 앞으로 '시장이자율'은 이것을 말함)은 표시이자율과 괴리가 생길 수 있다. 이 차이가 시장에서 채권의 가격에 반영되어, 채권기간 동안 채권의 계약조건은 달라지지 않아도, 시장이자율의 변동에 따라 채권가격이 달라지는 것이다.

이 관계를 구체적으로 살펴보자. 채권의 표시이자율이 시장이자율과 같다면, 채권은 액면가에 팔리게 된다. 우리나라에서는 액면금액과 동일한 이 가격을 증권시장지 등에 ₩10,000으로(미국의 경우에는 100%를 의미하는 100으로) 표기하고 있다. 만일 채권이 시장이자율보다 높은 표시이자율을 제시한다면 잠재적 투자자들에게 매력적으로 보이지 않을까? 다른 말로 표현해보자. 채권발행자(정부 또는 기업)가 남(시장이자율)보다 더 높은 이자를 준다고(채권에 인쇄·표시하여) 약속하면 투자자들(이 경우 투자자는 **지분투자자**(좁은 의미의 투자자)뿐 아니라 채권 등에 투자하는 채권자도 포함하는 넓은 의미의 투자자를 말함)은 이왕이면 이 채권을 사려 들지 않을까? 그렇다. 이 경우 채권은 투자자를 끌어들이게 되고 결국 이 수요증가는 채권가격을 액면가보다 높게 올릴 것이다. 즉, 채권은 **할증**(割增) **발행**(issue at a premium)된다. 발행 후 유통시장에서 액면가보다 높은 가격으로 채권이 거래되면 **할증거래**(sell at a premium)된다고 한다. 경제신문 등에 ₩10,000보다 높게 나와 있는 채권가격이 있다면 이 경우에 해당한다(이를테면, ₩10,800은 액면가보다 8% 높은 것임). 반대로 채권의 표시이자율이 시장이자율보다 낮다면, 채권은 액면가보다 낮은 가

그림 1-4 이자율과 채권가격의 관계

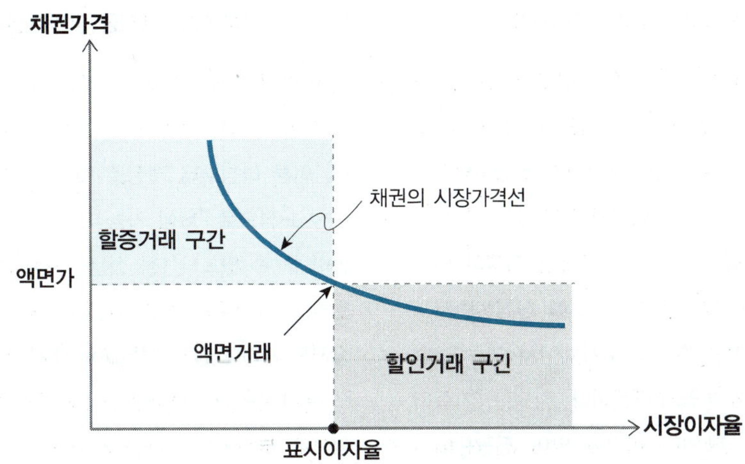

격에, 즉 **할인**(割引)**발행** 또는 **할인거래**(issue or sell at a discount)될 것이다. 이러한 이자율과 채권가격의 관계를 〈그림 1-4〉가 보여주고 있다. 이러한 관계는 제9장을 공부하고 나면 더욱 확실히 이해할 것이다.

그런데 여기서 독자의 주의를 환기시키고자 다음과 같은 점을 강조하고자 한다. 채권의 매수자가 액면가격, 할증가격, 할인가격 중 어느 가격을 지급하게 되든지, 채권발행자는 만기일에 채권의 액면금액만을 지급한다. 또한 채권기간 중 발행회사가 지급하는 채권이자도, 그동안의 시장이자율이 어떻게 변하든 일정하다. 채권이자 지급액은 액면금액에 표시이자율을 곱한 것이기 때문이다. 그리고 발행 후 채권의 시장가격은 시장이자율이 오르내림에 따라, 앞서 말한 논리에 의해, 그 방향과 반대로 떨어지고 올라가게 된다.

부채증권 또는 **채무증권**(debt securities)의 원래 매수자(즉, 발행시장에서 채무증권을 매입한 개인이나 기업)는 채권만기일까지 채권자로 계속 남아 있을 필요는 없다. 만기 전에 채무증권(채권)을 다른 사람에게 양도할 수 있는데 이것이 **유통시장거래**(secondary market trade)이다. 유통시장에서의 거래대금은 거래당사자가 아닌 발행기업(issuing firm)과는 아무 관계없이, 기존의 채권보유자로부터 채권매입자로 건네진다. 발행기업 입장에서 보면 일정기간마다 이자(그리고, 만기에 원금)를 지급할 대상인 채권보유자의 이름만 변했을 뿐이다. 이러한 시장에서 채권의 잠재적 거래인들(potential traders)은 정보를 이용하여 관심 있는 채권을 평가하고, 그 평가한 결과는 채권의 시장가격이나 해당 이자율에 반영된다.

회계카페 **업무 마비된 증권사 "회사채 · CP에도 투자했는데…" 객장 찾은 고객들 망연자실**

"웅진코웨이를 팔아 자금이 들어오면 그룹이 금방 정상화될 줄 알았지, 설마 기업회생절차(법정관리)까지 갈 거라고는 꿈에도 생각하지 못했어요."

27일 서울 여의도 한 증권사 객장에서 만난 김형식(41 · 가명) 씨의 얼굴에는 당황한 기색이 역력했다. 전날 웅진홀딩스가 법정관리를 신청하면서 4개월 전에 투자했던 주식과 회사채에서 대규모 손실을 입을 처지에 놓였기 때문이다. 김씨는 "가족이 거리로 내몰릴 상황인데 여기에 앉아 전광판에서 멈춰버린 웅진홀딩스 주가만 바라봐야 하는 내 자신이 한심스러울 뿐"이라고 울먹였다.

이날 증권사 객장 안은 마치 전쟁터를 방불케 했다. 이른 아침부터 객장을 찾은 투자자들은 망연자실한 표정으로 "회생 가능성은 있느냐", "채권을 좀 팔아 줄 수 있느냐" 등 질문을 쏟아냈다. 증권사 직원들도 고객들의 하소연과 빗발치는 전화 때문에 잠시도 자리에 앉을 엄두조차 내지 못했다.

특히 주식매도보다는 회사채 등 채권 문제가 핵심으로 부상했다. 개인투자자들이 최근 "계열회사 매각으로 재무구조가 좋아질 수 있다"는 기대감에 웅진그룹이 최근 쏟아낸 회사채를 상당수 사들였기 때문이다. 여기에 일부 웅진그룹 기업어음(CP)에 투자했던 투자자들은 미처 보유 CP를 처분하지 못해 어렵게 투자한 목돈이 휴지조각이 되는 처지에 몰렸다.

웅진그룹 종목들을 담아 펀드를 운용하는 자산운용회사들도 이날 투자자들의 항의성 전화가 쇄도하자 업무를 거의 볼 수 없는 지경이었다. 기관을 비롯한 개인투자자들은 "펀드가 혹시 손실 나지 않는지", "지금이라도 환매를 해야 하는지" 등에 대한 질문을 쏟아냈다.

예상하지 못한 사태를 맞아 이날 증권 관련 사이트는 '웅진 성토장'이 됐다. 사이트 게시판에는 "주식이 휴지가 됐다"는 울분 섞인 글들도 눈에 띄었다. 한 투자자는 "교육과 정수기 등 생활 집약적 기업집단인 웅진그룹은 단 한 번의 잘못된 투자로 회사 내리막길을 걷게 됐다"며 "태양광 투자까지는 미래 성장동력 확보라 할 수 있었으나 건설회사 인수는 경영진의 무리한 욕심에서 비롯된 잘못된 선택"이라고 지적했다. "과유불급이라고 그룹 가운데 그나마 실적이 좋았던 웅진코웨이를 팔아 얻은 자금을 태양광이나 건설에 쏟는다는 발상 자체가 무리였다"며 "윤 회장 등 경영진의 잘못된 투자 판단이 현재의 사태까지 오게 해 투자자들의 눈에서 피눈물이 나게 하고 있다"고 지적했다.

(서울경제 2012년 9월 28일)

2.3 지분자본과 그 조달

주식회사는 외부의 투자자들에게 주식을 발행하여, 장기자금을 조달할 수 있다. 기업이 이렇게 주식이나 기타 지분[7]을 발행하여 조달하거나 영업활동을 통해 이익으로 벌어들여 구성하게 된 자본을 **지분자본**(equity capital)이라 한다. 이 지분자본에 대해서는 앞서 설명한 부채자본의 경우와 달리 지분발행자가 원금을 갚아야 할 의무가 없고 따라서 만기일도 없고 이자를 때맞추어 지급할 의무도 없다.[8] 따라서 불특정한 기간 동안 영구적인 자본(permanent capital)이 필요하거나, 돈 빌려주는 조건(대출조건)이 너무 까다롭거나, 또는 사업이 급속도로 성장함에 따라 돈은 많이 필요한데 이를 지원할 수 있는 부채조달 여력이 소진된 경우에는 주식 등 **지분증권**(equity securities)이 발행된다. 자본조달을 받는 기업의 입장에서 부채자본은 그 청구권자가 소유주가 아닌 타인이라서 '**타인자본**'이라고도 하고, 지분자본은 그 청구권자가 소유주이므로 '**자기자본**' 이라고도 한다.

주식회사의 경우, 주식은 사채의 경우처럼 증권시장(한국증권선물거래소 등)에서 불특정 다수의 투자자를 대상으로 한 공모를 통해서 발행되기도 하고, 독자 또는 독자의 부모

7. 미국의 경우, 합자회사는 limited partnership units를 발행한다.
8. 이것은 굉장히 중요한 개념이므로 잘 기억해 두자.

그림 1-5 주식

님이나 선생님이 노후(老後)에 연금을 받기 위해 급여의 일부를 떼어 관리를 맡긴 연기금(pension fund)이나, 증권회사, 보험회사 등 기관투자가를 대상으로 한 사모(私募 private placements)를 통해 발행된다(〈그림 1-5〉 참조).

주식 투자자는 다음과 같은 두 가지 방법으로 투자에 대한 이익을 기대할 수 있다. 이 두 방법에서 보게 되듯이 투자자의 이익은 회사가 영업을 얼마나 잘하여 돈을 얼마나 버느냐에 달려 있으므로 주식과 같은 지분을 가진 투자자의 부(富)는 해당 회사의 부와 연계된다.

첫째, 투자자는 기업가치의 증가에 따른 주식의 가격 상승을 통해 이익을 실현할 수 있다. 즉, 기업 가치가 기업자산에 대한 채권자 청구권보다 증가하면 그 가치의 증가분은 채권자가 아니라 소유주로서 청구권을 가진 주식 투자자에게 귀속된다. 따라서 투자자의 몫은 증가하고 이것이 주가에 반영되어 주가가 오르는 것이다. 투자자는 주가가 취득가격 이상으로 충분히 올라 만족할 만한 수준까지 이르렀다고 판단하면 주식을 처분하여 이익을 실현하는 것이다.

둘째, 투자자는 배당을 받을 수 있다. 배당이란 회사가 최근까지 사업을 하여 번 이익(앞으로 배우겠지만 이익은 회계개념으로, 구체적인 현금형태로 남아 있는 것은 아님) 중의 일부를 주주들에게 그 소유주식 수에 비례하여 나누어 주는 것이다. 그런데 회사가 이익을 창출한다고 해서 항상 배당금이 지급되는 것은 아니다. 이익을 잘 내고 있는 첨단기술 업종의 회사가 장래 신제품 생산을 기대하여 기술개발에 현재의 이익을 재투자하는 경우에서 볼 수 있듯이, 잘 나가는 회사가 미래의 성장을 위해서 이익을 배당으로 지급하지 않고 앞날의 더 큰 이익을 위한 사업에 다시 이용(재투자)하는 것은 현명한 결정일 수 있다. 물론, 재투자 목적에서가 아니라 회사의 사업부진으로 돈이 없기 때문에 배당을 못할 수도 있다. 회사의 채권자에게는 회사의 사업성과에 관계없이 대여기간 동안 이자를 주어야 하지만, 주주에게는 회사의 사업성과가 좋지 않거나 사업성과가 좋아도 재투자 목적을 이유로 배당금을 지급하지 않을 수 있다.

순자산(net assets 또는 net worth)

회계주체(개인 또는 기업 등)가 가진 총자산 금액에서 빚지고 있는 금액을 빼고 남은 차액을 의미한다. 이를테면, 어느 개인 또는 기업이 소유하고 있는 재산이 시가 ₩2억의 아파트 한 채뿐인데, 은행에 ₩5천만 빚이 있다면 ₩1억5천만이 순자산이다. 따라서 총자산은 일정한데 소비가 많아지거나 사업에 손실이 나서 빚이 늘어나면 순자산은 줄어들게 된다. 앞으로 배울 개념을 이용하면, 순자산 = 총자산 – 총부채 = 자본.

회계카페 세계 최고가 주식 : 미국의 '버크셔 해서웨이'— 44만 달러(5억원)

한 주의 가격이 세계에서 가장 비싼 주식은 어느 것일까?

美 뉴욕 증권거래소(NYSE)에 등록된 워런 버핏(Warren Buffett) 소유의 버크셔 해서웨이(Berkshire Hathaway)의 주식이다. 이 주식(BRK.A)은 2021년 4월 초 1주의 가격이 무려 44만 달러(당시 환율로 약 5.3억원, 액면가는 5달러)로 당시 사상 최고치를 기록했다. 웬만한 회사원 연봉의 열 곱절이고, 아담한 아파트 1채 값에 달하는 액수였다. 1997년 1분기에 주당 3만3천 달러 수준에서 14년 만에 13배 이상 올랐던 것이다. 2008년 이 주식은 9월에 당시로서는 사상 최고 15만 달러 가까운 수준에 이르렀으나 11월에 미국의 금융위기가 발생하사 반 토막 수준(7.4만 달러)으로 폭락했었다. 그러나 오바마 정부가 들어선 2009년 1월에 9만 달러 수준으로 회복되었고, 이후 꾸준히 올라, 2021년 4월 이후 12월까지 사상 최고가 40만 달러~44만 달러(우리 돈 약 5억원) 사이에서 움직이고 있다(참고 : Class A의 1주당 가격이 너무 높은 탓에 버크셔 해서웨이는 그로부터 분리하여 Class B(BRK.B)를 발행하였고, 그 주가는 2021년 하반기에 270 ~ 290달러 수준이다).

한편 일본의 경우, 일본 장외주식시장에 등록된 인터넷 정보검색업체인 '야후 재팬'의 주가가 1999년 초 1천50만 엔(당시 외환시세로 약 1억 원)으로 사상최고치를 기록하여 세계 최고가를 보인 적이 있었다.

재일동포 3세인 손정의(孫正義) 사장의 소프트방크가 51% 출자한 이 회사는 미국 증시에서 인터넷 관련 주식이 큰 폭으로 오른 데 힘입어 1천만 엔대를 가뿐히 넘어섰던 것이다. 그러나 2000년 이후 미국을 중심으로 소위 기술주의 거품이 빠지면서 이 주식의 주가는 엄청나게 폭락했다.

배당, 배당성향

기업이 영업활동의 결과로 발생한 이익의 일부를 주주들에게 돌려주는 행위를 **배당**이라 하고 그 금액을 배당금이라고 한다. 그리고 이 **배당금**이 당기순이익에서 차지하는 비율을 **배당성향**이라 한다.

은행에 예금을 하면 이자라는 대가를 받는 것처럼, 주식투자를 하였을 경우 투자에 대한 대가를 기대한다. 기업이 그 투자에 대한 대가를 현금으로 지급하는 것을 '**현금배당**(cash dividend)'이라 하고, 주식으로 지급하는 것을 '**주식배당**(stock dividend)'이라고 한다.

3. 자본시장

자본시장(capital market)은 여느 시장처럼 판매자(또는 매도인)와 구매자(또는 매수인)를 모이게 하는 기능을 하면서, 개인이나 기업의 여유자금을, 채권투자(대여 포함)나 지분투자를 통해, 자금이 필요한 기업으로 유도하는 역할을 한다. 이러한 역할을 하기 위해서는 기본적으로 자금을 필요로 하는 기업이 채무증권(사채 등)이나 지분증권(주식)을 발행하고 그 대가로 자금을 조달할 수 있는 시장이 필요하다. 이러한 기능이 수행되는 시장을 **발행시장**(또는 **일차적 시장** primary market)이라 한다.

그런데 발행시장이 기업외부원천으로부터 더 많은 자금을 유인하여 활성화되기 위해서는, 채무증권이나 지분증권의 매수에 관심을 가진 사람들(잠재적 매수인)[9]이 실제로 매수행위를 하게 되어야 하는데, 이렇게 되려면 그들이 매수할 증권을 나중에 원하는 때 어려움 없이 매각할 수 있어야(즉, **시장성**이 있어야) 한다. 이렇게 일단 발행된 증권을 쉽게 사고팔 수 있도록 조성된 장(場)이 **유통시장**(또는 **이차적 시장** secondary market)이다.

일반적으로 자본시장은 장기자금(1년 이상 이용되는 자금)의 수요·공급이 이루어지는 시장을 말하고, 단기자금의 수요·공급이 이루어지는 시장은 **자금시장**(money market)이라 한다.

---

9. 앞에서 여러 번 설명했듯이, 사채 등 채무증권의 매수인은 채권자이고, 주식 등 지분증권의 매수인은 투자자(협의)라는 점을 상기하자.

회계카페 주식시장의 기원(起源)

주식시장(stock market)의 기원은 중세에 상인들이 상품거래를 위해 모여든 회합장소에서 시작된다. 그러한 시장들은 북유럽의 도시에 많이 세워졌는데, 그중 대표적인 것은 브뤼주(Bruges)라는 도시의 광장에 라 브르쓰(La Bourse) 가족이 큰 건물을 세워 상인들이 매일 거래할 수 있게 한 것이다. 그 후 프랑스에서는 스톡(stock)시장을 'La Bourse'로 불러왔고, 주식거래소(stock exchange)는 아직도 브르쓰(bourse)라 하고 있다. 영국의 런던증권거래소(London Stock Exchange)는 1801년에 세워져 200년이 넘는 역사를 가지고 있는데, 상품거래를 위해 16세기 중반 엘리자베스 1세 때 설립된 왕립거래소(Royal Exchange)에서부터 증권거래의 기원이 시작되었다고 할 수 있다.

월스트리트(Wall Street)도 유럽의 시장처럼 가축과 채소의 거래 장소로 시작되었다. 19세기 중엽에 상인들은 월스트리트에 와서 소, 돼지, 개, 양, 과일, 꽃 등을 거래하며 돈을 꾸고 갚고 하였다. 뉴욕 주식거래소(NYSE : New York Stock Exchange)는 1792년 5월 17일 칭립되었는데, 현재의 위치(월스트리트 11번지) 부근에서 20여 명의 중개인들(brokers)이 국채와 기업의 증권을 거래하였다.

거래규모 기준으로, 미국의 NYSE와 나스닥(Nasdaq)의 뒤를 상해증권교역소(上海證券交易所, SSE : 1990년 재개설)와 도쿄 주식거래소(TSE : 1878년 개장)가 세계 제3위, 제4위로 잇고 있다. 중국의 주식거래 자체는 1860년대부터 시작되었고, 중국인들이 거래하는 자체적 증권거래소는 1920년에 개설되었지만 여러 사정으로 운영이 중단되는 등 제 역할을 못하다가 1979년 덩샤오핑이 실시한 개혁개방 시행 후 주식거래가 다시 활성화되기 시작하자 1990년에 재개설되었다.

회계카페 한국 주식시장의 발전

우리나라에서 근대적 의미를 갖는 조직적 상설(常設)시장에서의 유가증권 매매는 곡물매매를 위주로 한 인천 미두취인소(米豆取引所) 및 곡물 현물시장의 역사와 밀접한 관련을 가지고 있다. 인천 미두취인소는 1899년 6월에 설립되어 1901년 6월 미곡류 1종류를 대상으로 하여 업무를 개시하였다.

1920년 5월 경성주식현물 취인시장(주식회사)이 설립되어 일본 회사의 주식들이 거래되었는데, 이 시장은 1931년 조선취인소가 설립되면서 본점으로 되어 증권시장(증권부)이 되고, 인천 미두취인소는 지점으로 되어 미두시장(期米部)으로 재편되었다. 이 조선취인소는 1943년에 발효한 일제(日帝)의 전시통제경제에 따른 증권시장의 체제개편 결과 다시 조선증권취인소에 흡수되었다.

해방을 맞이한 이후 우여곡절을 겪다가 1956년 2월 11일 대한증권거래소가 서울 명동에 설립(3월 3일에 개장)되었는데, 상장종목은 종래 증권업협회에서 매매되던 주식 10개 종목과 새로이 상장된 건국공채 등 3개 종목에 불과했다. 거래 첫해인 1956년 거래실적은 주식 약 39억 환과 국채 약 30억 환이 전부였다. 이후 1961년까지 주식 247억 환과 국채 814억 환어치가 거래된 데서 알 수 있듯이 국채 중심(약 77%)으로 거래되었다.

이후 경제성장과 더불어 기업의 수와 크기가 증가하고 관계 법령 등 제도가 정비됨에 따라 증권시장은 급속도로 발전하여, 다음 표에서 보듯이 2020

년 말 현재 상장회사(코스닥 회사 제외) 수는 800개로 늘었고, 2020년도의 거래대금 총액은 약 3,026조로, 1980년 이후 40년간 약 3,000배로 증가하였다. 상장회사의 자본금(주식의 액면가 총액)도 약 50배, 시가총액은 800배 이상 성장하였다(따라서 자본금 대비 시가총액 비율도 1.0배에서 16.9배로 증가).

한국의 증권거래소는 서울 명동에서 약 23년간, 1979년부터는 여의도에서 약 26년간 운영되다가, 2005년에 코스닥시장(1995년 서울에 설립) 및 선물거래소(1998년 부산에 설립)와 함께 한국증권선물거래소로 통합 · 합병되면서 국토균형발전정책에 따라 부산의 현 위치로 이전하였고, 4년 후 2009년 2월에는 한국거래소(KRX : Korea Exchange)로 명칭을 변경하였다.

연 도 (연말 기준)	주가지수	상장 회사 수	주주 수	상장주식 수 (십억 주)	상장자본금 (조원)	시가총액 (조원)	거래실적(연중)	
							거래량 (십억 주)	거래대금 (조원)
1980년	106.87	352	753,290	3.9	2.4	2.5	1.6	1.1
1997년	376.31	776	1,329,391	9.0	45.2	71	12	162
2000년	504.62	704	2,700,948	19.6	84.9	188	74	627
2005년	1,379.37	702	3,536,872	23.2	80.6	655	116	786
2010년	2,051.00	777	4,787,068	33.7	98.4	1,142	96	1,411
2020년	2,873.47	800	–	56.6	117.3	1,980	222	3,026

출처 : 한국증권거래소 30년사(1986, 한국증권거래소), 주식통계월보(2021년 11월, 한국거래소)

제3절 재무정보의 질적 특성과 회계기준

회계정보는 기본적으로 재무보고를 통해 제공되는데, 이것이 앞서 언급한 한정된 자원의 효율적 배분이라는 경제사회적 기능을 다하기 위해서는 정보이용자의 의사결정에 실제로 활용될 수 있어야 한다. 제2절에서 이미 언급했지만, 유용한 정보는 주요 이용자들이 기업의 미래 순현금유입의 금액, 시기 및 불확실성에 대한 평가를 하여, 이익(returns)을 기대하는 투자와 관련된 의사결정을 도와주는 정보이다.

그러면 여기서 재무정보가 어떠한 속성을 지녀야 유용하다고 할 수 있을지 생각해 보자.

1. 유용한 재무정보의 질적 특성

현재 또는 잠재적 투자자와 채권자들은 투자액에 대한 이익(ROI : return on investment)[10]에 관심을 갖는다. 그래서 추가로 더 투자해야 할지, 투자를 처분해야 할지, 아니면 계속 보유해야 할지 결정하고자 한다.

이 경우 이들의 의사결정을 도와줄 정보의 원천들이 많이 있다. 경제·경영을 다루는 신문 등의 매체, 회사의 경영자와의 직접 의사소통, 사적(私的)으로나 공개적으로 이용할 수 있는 데이터베이스 등이 그것이지만, 그보다는 재무제표 등 재무보고서에 포함된 정보(재무정보)가 가장 중요하다. 그런데 이러한 정보는 정보로서 유용해야 하는데, 그러기 위해서는 재무정보가 갖추어야 할 어떤 속성이 있어야 한다. 이러한 속성은 한국채택국제회계기준의 '재무보고를 위한 개념체계' (Framework for Financial Reporting)에서 **유용한 재무정보의 질적 특성**(qualitative characteristics of useful financial information)으로 제시되어 있다.[11] 이에 대해 구체적으로 살펴보자.

유용한 재무정보의 질적 특성은, 주요 이용자가 보고기업에 대한 의사결정을 할 때 가장 유용할 것으로 보이는 정보의 유형을 식별하게 해주는 것으로서, 재무제표 등에서 제공되는 재무정보에 적용된다. 그런데 재무정보의 측정, 요약, 보고에는 원가(cost)가 소요되므로 해당 정보 보고의 효익이 그 원가를 정당화한다(훨씬 능가한다)는 것이 중요하다. 이러한 점에서 원가는 **포괄적 제약요인**(pervasive constraint)이 된다.

재무정보가 유용하기 위해서는 근본적으로 목적적합하고, 나타내고자 하는 바를 충실하게 표현해야 한다. 이러한 특성을 근본적 질적 특성이라 한다. 그리고 재무정보의 유용성은 그 재무정보가 비교가능하고, 검증가능하며, 적시성 있고, 이해가능한 경우 보강되므로(enhanced), 이 특성을 보강적 질적 특성이라 한다.

---

10. ROI에 대해서는 제12장 제3절에서 상세히 설명하고 있다.

11. 이 '개념체계' 는 재무제표의 작성 · 표시 등 재무보고에 기초가 되는 개념을 정함으로써, 회계기준을 제 · 개정함에 있어 기본적 방향과 일관성 있는 지침을 제공하는 것이므로 회계기준 자체가 아니다. 따라서 '질적 특성' 도 회계기준은 아니다.

1.1 근본적 질적 특성(fundamental qualitative characteristics)

근본적 질적 특성은 목적적합성과 충실한 표현이다.

1) 목적적합성(relevance)[12]

목적적합한 재무정보는 정보이용자의 의사결정에 차이가 나도록 할 수 있다. 그 이유는 그러한 재무정보에 예측가치나 확인가치가 있기 때문이다. 정보이용자들이 미래 결과를 예측하기 위해 사용하는 절차의 투입요소로 사용될 수 있는 정보는 **예측가치**(predictive value)를 갖고, 과거 평가에 대해 피드백을 제공하는, 즉 과거 평가를 확인하거나 변경시키는 정보는 **확인가치**(confirmatory value)를 갖는다.

예측가치가 있는 정보는 확인가치도 있는 등, 재무정보의 예측가치와 확인가치는 상호 연관되어 있는 경우가 많다. 이를테면, 미래 연도 수익에 대한 예측 근거로 사용할 수 있는 올해의 수익 정보를 과거 연도에 행한 올해 수익 예측치와 비교하는 경우에 그 비교 결과는 정보이용자가 과거 예측에 사용한 절차를 수정, 개선하는 데 도움을 줄 수 있다.

2) 충실한 표현(faithful representation)

재무보고서는 경제적 현상을 글과 숫자로 나타내는 것이므로, 재무정보가 유용하기 위해서는 나타내야 하는 목적적합한 현상을 충실하게 표현해야 한다. 이를 위해서는 서술이 완전하고, 중립적이며, 오류가 없어야 한다. 물론 완벽함은 달성하기 어렵기 때문에 가능한 한 그 특성을 극대화해야 할 것이다.[13]

---

12. 개별기업 수준에서 적용하는 목적적합성의 한 측면으로 **중요성**(materiality) 개념이 있다. 특정 보고기업의 재무정보에서 누락되거나 잘못 표시된 정보로 인해, 이에 근거한 정보이용자의 의사결정이 영향을 받게 된다면 그 정보는 중요성이 있다.

13. 2010년에 개정된 개념체계는 과거 개념체계가 '신뢰성'(reliability)의 의미를 명확히 전달하지 못했다고 판단하여, 그 대신에 '충실한 표현' 용어를 채택하였다. 그리고 종래 신뢰성 특성 중, 형식보다 실질의 우선(substance over form)과 신중성(prudence)은 삭제되었고, 검증가능성은 보강적 질적 특성의 하나로 되었다. 충실한 표현은 재무정보가 단지 법적 형식만을 표현하는 것이 아닌 경제적 현상의 실질을 표현하는 것을 뜻하므로 '형식보다 실질의 우선'은 중복가능성이 있어 별개 구성요소가 아니라고 보았기 때문이다. 사실상 보수주의(conservatism)를 뜻하는 신중성은, 어느 한 기간에서의 자산의 과소평가나 부채의 과대평가는 일반적으로 이후 기간에 재무성과의 과대평가로 이어지는 비중립적 결과를 초래하므로, 중립성과 모순될 수 있기 때문이었다.

완전한 서술(complete depiction) : 필요한 기술과 설명을 포함하여 정보이용자가 서술되는 현상을 이해하는 데 필요한 모든 정보를 포함하는 것을 말한다.

중립적 서술(neutral depiction) : 재무정보의 선택이나 표시에 편의(bias)가 없는 것을 말한다. 즉, 정보이용자가 재무정보를 유리하게 또는 불리하게 받아들일 가능성을 높이기 위해 편파·편중·강조·경시 등의 방식으로 조작되지 않음을 말한다.

오류 없는 서술(depiction free from error) : 충실한 표현은 모든 면에서 정확한 것을 의미하지는 않고, 현상의 기술에 오류나 누락이 없고, 보고정보의 생산에 사용되는 절차를 선택·적용할 때 절차상 오류가 없음을 의미한다. 예를 들어, 추정치 금액을 명확하고 정확하게 기술하고, 추정 절차의 성격과 한계를 설명하며, 그 추정치를 도출하기 위한 적절한 절차를 선택·적용하는 데 오류가 없다면 그 추정치의 표현은 충실하다고 할 수 있다.

유용한 재무정보의 질적 특성

근본적 질적 특성(fundamental qualitative characteristics)

목적적합성 relevance	충실한 표현 faithful representation

보강적 질적 특성(enhancing qualitative characteristics)

비교가능성 comparability	검증가능성 verifiability
적시성 timeliness	이해가능성 understandability

1.2 보강적 질적 특성(enhancing qualitative characteristics)

보강적 질적 특성은 목적적합하고 충실하게 표현된 정보의 유용성을 향상시키는 질적 특성으로서, 비교가능성, 검증가능성, 적시성, 이해가능성이 있다. 어떤 두 방법이 똑같이 목적적합하고 충실하게 표현하고 있을 때, 어느 방법으로 현상을 서술할지 결정하는 데 보강적 질적 특성이 도움이 될 수 있다.

1) 비교가능성(comparability)

정보이용자의 의사결정은 여러 대안들 중 선택이므로, 보고기업에 대한 정보는 다른 기업에 대한 유사 정보 및 해당 기업에 대한 다른 기간이나 시점의 유사 정보와 비교할 수 있다면 더욱 유용하게 된다. 이러한 **비교가능성**은 정보이용자가 항목 간의 유사점과 차이점을 식별하고 이해할 수 있게 하는 질적 특성이다.[14] 이와 혼동될 수 있는 용어로 일관성(consistency)이 있는데, 이것은 (한 보고기업 내에서) 기간 간에, 또는 (동일 기간의) 기업 간에, 동일 항목에 대해 동일 방법을 적용하는 것을 말하므로, 비교가능성과 관련은 있지만 서로 같지는 않다. 비교가능성은 목표이고 일관성은 그 목표를 달성하는 데 도움을 주는 것이다.

2) 검증가능성(verifiability)

검증가능성은 합리적 판단력이 있고 독립적인 서로 다른 관찰자가 '어떤 서술이 충실한 표현이다'는 데 대체로 의견이 일치할 수 있다는 특성이다. 이 특성은 경제적 현상에 대한 정보의 충실한 표현 여부를 정보이용자가 확인하는 데 도움을 준다. 검증은 직접 또는 간접으로 이루어질 수 있다. 직접 검증은, 현금을 세는 것처럼, 직접 관찰을 통해 금액 등의 표현을 검증하는 것이고, 간접 검증은 동일한 원가흐름가정(예 : 선입선출법)으로 재고자산을 재계산하여 재고자산의 장부금액을 검증하는 것처럼, 모형, 공식 등의 기법에 투입요소를 확인하고 그 결과를 재계산하여 검증하는 것이다.

3) 적시성(timeliness)

적시성은 의사결정에 영향을 미칠 수 있도록 의사결정자가 정보를 제때에 이용가능하게 하는 것을 의미한다.[15] 일반적으로 정보는 오래될수록 유용성이 떨어지지만, 추세의 식별 및 평가가 필요한 경우처럼, 일부 정보는 보고기간 말 후에도 상당 기간 적시성이 있을 수 있다.

4) 이해가능성(understandability)

정보는 명확하고 간결하게 분류하고 특징지으며 표시하면 이해가능하게 된다. 그런데 일부 현상이 본질적으로 복잡하여 쉽게 이해시킬 수 없다고 하여 그 현상에 대한 정보

---

14. 과거에는 비교가능성을 목적적합과 같은 위상으로 중요하다고 보았지만, 새 개념체계(2010)에서는 쉽게 비교가능하지 않더라도 목적적합하고 충실하게 표현된 재무정보라면 여전히 유용하고, 비교가능한 정보라도 목적적합하지 않으면 유용하지 않고 충실하게 표현되지 않으면 오해를 부를 수 있기 때문에, '보강적' 으로 분류하였다.

15. 과거 개념체계(1989)에서는 적시성을 목적적합성을 훼손할 수 있는 제약요인으로 보았지만, 새 개념체계(2010)에서는 적시성을, 사실상 그 실질 내용은 같지만, 보강적 질적 특성으로 배치했다.

를 제외하면 곤란하다. 그러면 재무보고서의 정보를 더 쉽게 이해하게 할 수 있을지는 모르지만 그 보고서는 불완전하여 잠재적으로 오도할 수 있기 때문이다.[16] 재무보고서는 사업활동과 경제활동에 대해 합리적인 지식이 있고, 부지런히 정보를 검토하고 분석하는 정보이용자를 위해 작성되는 것이다.

2. 회계기준과 외부감사제도의 필요성

2.1 회계기준의 필요성

바로 앞서 언급했듯이, 회계정보가 유용하기 위해서는 목적적합성, 충실한 표현이라는 질적 특성을 만족시켜야 한다. 여기서 정보이용자가 단 한 사람(또는 비교적 동질적인 한 집단)뿐이라면, 그러한 특성을 만족시키기란 비교적 쉽다. 예를 들어, 동일한 기업내부의 경영자만이 이해할 수 있고 특정 경영목적에 적합하며 믿음을 줄 수 있는 보고서(정보)를 만들기는 어렵지 않을 수 있다. 그러나 정보이용자가 단 한 사람(또는 비교적 동질적인 한 집단)이 아니고 관심이 다양하고 서로 이해관계가 얽혀 있는 매우 많은 사람들로 구성되어 있다면, 그들의 정보욕구를 모두 만족시킬 수 있는 정보를 제공해주기란 매우 어려운 일이다. 더욱이 현재 및 잠재적(existing and potential) 투자자, 대여자 등 채권자인 **주요 이용자**(primary users)의 경우 정보를 제공하도록 보고기업에 직접 요구할 수 없는 게 현실이다.[17]

결국 불특정 다수의 이해관계자 모두를 만족시키기란 현실적으로 불가능하므로, 공통분모를 최대화하는 회계정보, 즉 **일반목적 재무제표**(general-purpose financial statements)를 생성해야 할 필요가 있고, 이를 위해 어떤 일정한 장치가 요구된다. 이러한 장치는 특히, 앞 절에서 살펴본 회계정보의 경제사회적 기능을 제대로 하도록 정보이용자

16. 과거 개념체계(1989)는 재무정보가 이해가능하기 위해서 정보이용자가 합리적 수준의 지식을 갖추고 그 정보를 분석하기 위하여 합리적 노력을 기울일 의지가 있어야 한다는 점을 기술하면서, 이해가능성을 질적 특성의 하나로 보았으나, 새 개념체계(2010)는 보강적 질적 특성으로 분류했다. 이는 정보가 이해하기 어렵다는 구실로 제외되어서는 안 되고, 이러한 정보도 가능한 한 명확히 표시되어야 하기 때문이다.

17. 보고기업의 경영진(the management of a reporting entity)은 필요로 하는 재무정보를 내부에서 구할 수 있기 때문에 일반목적재무보고서에 의존할 필요가 없고, 감독당국과 기타 일반대중도 일반목적재무보고서를 이용할 수 있지만 일반목적재무보고서는 이러한 집단을 주요 대상으로 하는 것이 아니다.

들에게 회계정보의 유용성을 높여준다. 만일 경영자가 자의적으로 회계정보의 생성방법을 결정하도록 허용된다면, 경영자는 기업의 수익성 분식(粉飾) 등, 의도적으로 회계정보를 왜곡시킬 수도 있고, 기업마다 회계정보생성방법에 차이가 생겨 기업간 비교가 힘들어질 수 있다.

위와 같은 목적과 필요에서 요청된 제도적 장치가 기업의 경제적 활동을 효과적으로 측정할 수 있는 정보생성방법을 체계화한 **회계기준**(accounting standards)이다. 이러한 회계기준들을 통틀어서 '**일반적으로 인정된 회계기준**'(GAAP, 갭 : generally accepted accounting principles)이라고 한다. 회계기준은 외부 이해관계자들을 위해 재무제표 등 재무정보의 유용성을 높여주기 위해 기업이 회계처리하고 그 결과를 보고할 때 준수해야 할 사항들을 포함하고 있다. 우리나라의 GAAP(회계기준)은 '주식회사의 외부감사에 관한 법률'(줄여서, 외감법 : 1980년대 말 제정)에 의해 적용받아야 하는 기업들뿐만 아니라 일

그림 1-6 회계기준과 재무제표

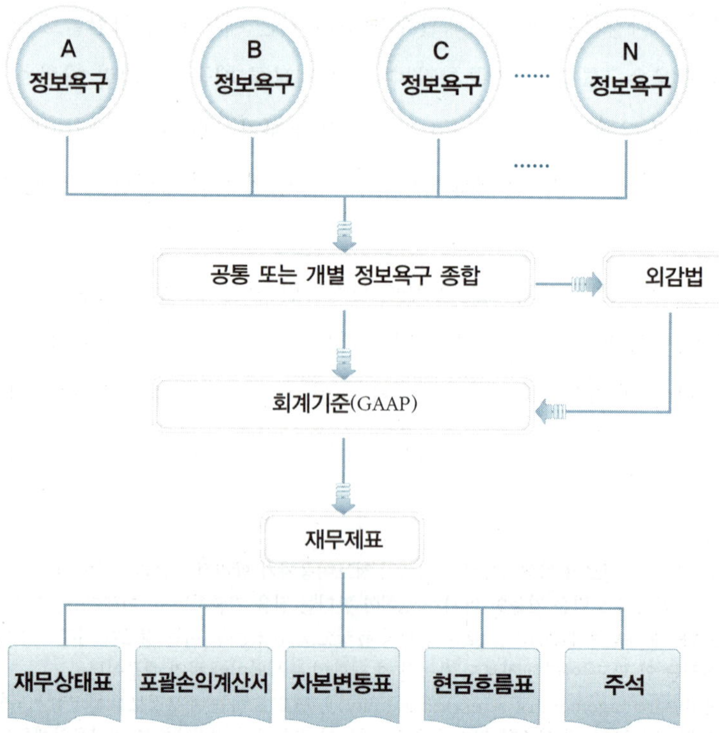

반 기업 또는 조직에 적용되어 왔다(〈그림 1-6〉 참조).

그동안 회계기준은 국가별로 제정되어 운영되어 왔는데, 우리나라는 미국의 회계기준을 주로 도입하여 한국회계기준위원회(KASB : Korean Accounting Standards Board)가 마련하고 금융위원회의 인준을 받아 제정되는 '기업회계기준서' 가 그 중심을 이루어 왔다.

그러다가 최근 세계적인 회계처리기준 단일화 추세에 적극 동참하고, 재무제표 간의 국제적 비교가능성 및 우리나라 회계투명성에 대한 대외 신뢰도를 제고할 목적으로 국제회계기준위원회(IASB : International Accounting Standards Board)가 제정한 국제회계기준(IFRS : International Financial Reporting Standards)을 도입, 한국회계기준위원회가 「한국채택국제회계기준」(K-IFRS)을 제정하여, 원칙적으로 상장기업들은 2011년부터 의무적으로 적용하게 되었다(모든 기업들은 2009년 이후부터 적용 가능).

오랫동안 회계기준은 명백한 이론에 근거하여 정해져 왔다기보다는 회계실무에서 관습적으로 사용되어 온 처리방법을 주로 수용해온 것이었다. 이러한 회계기준에 대해 이론적 토대를 제공하고 회계실무에 대한 이론적 지침을 주기 위해 마련된 것이 개념체계인데, 국제회계기준위원회는 우선 재무제표의 작성과 표시에 관한 기초개념을 정립하기 위해, '**재무제표의 작성과 표시를 위한 개념체계**' (Framework for the Preparation and Presentation of Financial Statements)를 제정(최근 이것은 '**재무보고를 위한 개념체계**' 로 개편됨)하였고, 우리나라도 이를 2007년 11월 채택하였다. 개념체계는 한국채택국제회계기준 그 자체는 아니지만, 회계기준을 제·개정함에 있어 기본적 방향과 일관적 지침을 제공하며, 회계기준에 따라 작성된 재무제표에 대한 이용자의 해석 시, 그리고 재무제표의 회계기준 준수여부에 대한 감사인의 의견형성 시 도와주는 역할을 하는 것이다.

2.2 외부감사(회계감사) 제도의 필요성

1) 개요

우리는 기업의 투자자나 채권자들이 그 기업에 관한 각종 정보를 필요로 하는데, 그 중에서도 재무제표라는 회계정보가 가장 중요하며, 이 정보는 유용성을 지니고 있어야 함을 알았다. 이러한 정보이용자들은 그 수가 많고 다양한 이해관계를 갖고 있기 때문에 기업이 제공하는 회계정보(재무제표)는 일정한 회계기준에 따라서 만들어져야 함도 알았다.

그런데 재무제표의 작성자는 당해 정보를 외부에 보고하는 기업의 경영자이다. 여기서, 앞에서 언급했던 도덕적 위험이 존재하는 상황(제1절 참조) 하에서 경영자는 재무제표를 자신의 사익(私益)의 극대화를 위해 작성할 가능성(예 : 회계분식 會計粉飾)이 상존한다. 수많은 정보이용자들은 이러한 가능성을 모를 리가 없다. 이러한 신뢰성 문제는 비단 경영자-주주 사이뿐 아니라 대주주-소액주주 사이, 주주-채권자 사이, 정부-일반국민 사이, 또는 교회, 병원, 자선단체 등 공익기관과 그 이해관계자들 사이에서도 일어날 수 있다.

만일 경영자가 과연 재무제표를 회계기준에 따라 적정하게 작성하여 공시하는지에 대해 다양한 이해관계자들이 믿음을 가지지 못한다면 그러한 정보는 정보로서의 의미가 없을 것이고 따라서 요구되지도 않을 것이다. 그렇다면 다양한 정보이용자들은 이를 과연 어떻게 확인할 것인가? 그들이 일일이 확인한다는 것은 전문성, 소요비용, 이해관계 등의 측면에서 불가능한 일이므로, 기업 외부의 회계전문가인 **공인회계사**(CPA : certified public accountant)로 하여금 경영자가 회계기준을 준수하여 재무제표를 작성하였는지 여부를 감사(audit)하게 한다. 즉, 회계감사는 회계기준과 함께 재무제표의 신뢰성을 확보해 줌으로써 본연의 경제사회적 기능을 수행할 수 있게 하기 위한 또 하나의 중요한 제도적 장치인 것이다.

외부감사의 감사실시는 투자자나 채권자와 해당기업과의 자유로운 계약에 의해서 이루어질 수도 있겠지만, 소액투자자들과 기타 불특정 다수의 이해관계자를 보호하여야 한다는 사회적 당위성에 따라 우리나라를 비롯한 대부분의 나라에서 법적으로 강제하고 있다. 현재, 우리나라에서는 '주식회사의 외부감사에 관한 법률' 에 의하여, 일정 규모(현재 규정으로는 직전사업연도 말 자산총액이 ₩120억 이상, 또는 자산과 부채가 각각 ₩70억 이상, 또는 종업원 300명 이상)의 주식회사는 재무제표를 작성하여 회사로부터 독립된 외부의 감사인(주로 공인회계사들로 구성된 회계법인)에 의한 회계감사를 받게 되어 있다.

2) 외부감사(회계감사)

① 경영자 주장 : 재무제표에서 주장되고 있는 것

회계감사는 재무제표를 감사하는 데 있어서 구체적으로 무엇에 대해 검토하여 그 진실성을 확인하려 할까? 그것은 재무제표의 이용자들이 재무제표에 대해 확인하고 싶어 하는 내용일 것이다.

그 내용들은 기업의 회계정보를 처리하여 공시하는 권한과 책임을 갖고 있는 경영자가 재무제표를 통하여 주장하려는 바, 즉 **경영자 주장**(management assertions)이다. 이러한 경영자 주장에는 여러 가지가 있지만, 여기서는 세 가지 정도에 대해서만 살펴본다.

첫째, 재무제표에 보고된 것들(자산, 부채, 자본, 수익, 비용항목들)은 모두가 사실이라는 것이다. 예를 들면, 재무상태표에 보고된 재고자산은 그 보고된 금액에 상응하는 실물(實物)이 재무상태표일(보고기간 말) 현재 실존한다는 것이다. 이를 **실재성**(existence)에 대한 주장이라 한다.

둘째, 재무제표에 보고해야 할 것은 모두 재무제표에 나타나 있다는 것이다. 이를 **완전성**(completeness)에 대한 주장이라 하는데, 위의 실재성 주장과 역(逆)의 관계에 있다. 즉, 실재성 주장은 보고된 금액의 근거가 되는 항목이 존재한다는 주장(즉, 가공 架空이 없다)인 데 반해, 완전성 주장은 보고된 항목 외에는 보고해야 할 항목이 전혀 없다는 주장(즉, 누락이 없다)이다. 예를 들면, 회사가 고객에게 보낸 상품이 운송중이라 회사 내에 없더라도 소유권이 아직 회사에 있다면, 이 상품은 재고자산으로서 재무상태표에 보고되어 있다는 것이다.

셋째, 재무제표에 보고된 항목들은 모두 적절한 화폐평가액으로 표시되어 있다는 것이다. 평가(評價 evaluation)는 개념상 아주 간단한 문제이다. 어떤 항목의 수량을 파악하여, 그 수량에 단위원가(unit cost)를 곱하면 된다. 그러나 그 단위원가를 실제 계산해내는 것은 그렇게 간단하지 않다. 예를 들어, 재고자산의 경우 재판매를 위해 외부에서 구입한 상품만이 아니라, 제조기업에는 직접 제조를 하여 완성한 제품도 있고 미완성된 상태의 재공품(在工品)도 있으며, 제조를 위해 구입해 놓은 원재료 등도 있어 다양한데다, 비록 동일한 재고라도 회계시스템에 들어오는 시점에 따라 그 원가가 다르기 때문이다. 이러한 경우의 원가산정 등을 포함한 평가를 위해 앞서 언급한 회계기준이 이용되고 있다.

② 감사인의 자격과 감사의견

이미 언급한 대로, 회계정보(재무제표)의 신뢰성을 높이기 위해 지금까지 고안된 가장 좋은 방법은 해당회사의 경영자와 관계없는 제3자인 외부 전문가에게 재무제표를 검토하게 하여 그 사람의 의견을 표명하게 하는 것인데, 그 사람이 다름 아닌 **감사인**(auditor)이고, 그 일이 **회계감사**(auditing)이다. 그러면 그러한 감사인은 아무나 할 수 있는 것일까? 그리고 그 감사인이 감사를 실시한 후 최종적으로 무엇을 하는 것일까? 이에 대해 알아보자.

i) 감사인의 자격

기업의 회계감사(외부감사)는 **공인회계사**(CPA) 자격을 가진 사람이 맡고 있다. 따라서 감사인의 자격과 자세는 매우 중요하다. 즉, 감사인은 전문직업인으로서 일정한 자격(전문지식과 실무경험 등)을 갖추어, 감사업무 전반을 수행하는 과정에서 감사인이 공정하고 불편(不偏 unbiased)한 입장에서, 정당한 주의(due care)를 다하여 감사를 실시하고 그 결과를 보고하여야 한다. 이러한 요건은 각각 **적격성**(適格性), **독립성**(獨立性)[18], **신의성실**(信義誠實)로 요약되는데, 감사실시 및 보고과정 전반에 걸쳐 적용되어야 한다.

ii) 감사의견

감사인은 감사를 실시하고 그 결과를 보고하는데 그 결과가 의견표명이라는 것이다. 감사인이 표명하는 **감사의견**(audit opinion)에는 네 가지 종류, 즉 **적정의견**(unqualified opinion), **한정의견**(qualified opinion), **부적정의견**(adverse opinion), **의견거절**(disclaimer of opinion)이 있는데, 이는 감사범위의 제한 정도, 경영자와의 의견불일치(회계기준 위배 정도)의 두 기준에 따라 결정된다.

감사범위의 제한이란, 감사인이 의견표명에 필요한 충분한 증거를 수집하지 못했음을 말한다. 이러한 경우는 경영자의 요구, 회계기록의 부실(不實), 재해와 같은 불가피한 환경요인 등 때문에 발생한다. 감사인은 감사실시과정에서 이러한 감사범위의 제약이 '**중요**하다(material)' 고 판단하면 한정의견을 표명하고, 그 제약이 재무제표 전체에 대한 의견을 내지 못할 정도로 심각하여 '**매우 중요**하다(highly material)' 고 판단하면 의견거절을 해야 한다.

감사범위의 중요한 제한이 없이 충분한 감사증거를 수집한 결과, 감사인은 회사의 회계처리방법 및 그 변경, 재무제표 표시방법 등이 감사인의 평가기준(일반적으로 회계기준을 의미)과 일치하지 않음을 발견할 경우도 있다. 이러한 사실을 발견하면 감사인은 일차

---

18. 감사인의 독립성은 외관적인 여건(감사대상 회사나 경영자에 대해 감사인이 혈연 또는 신분관계나 경제적 이해관계를 갖고 있는지 여부)을 고려할 때 의문을 낳게 할만한 여지가 없어야 확보될 것이다. 이러한 의미의 독립성을 **외관상 독립성**(independence in appearance)이라 하는데 이것은 **정신적(사실적) 독립성**(independence in fact)을 유지하기 위한 최소한의 요건이라 할 수 있다.

적으로 경영자에게 권고하여 수정하게 하고, 만약 경영자가 이를 수용하지 않을 경우에는, 그 불일치 사실이 정보이용자들을 오도할 가능성이 어느 정도 될 것인지 판단해야 한다. 그 불일치 정도가 '중요하다' 고 판단되면 한정의견을, '매우 중요하다' 고 판단되면 부적정의견을 표명한다.

감사범위의 중요한(material) 제한이 없으며, 경영자와의 의견불일치(회계기준의 위배) 정도도 중요하지 아니할 때 적정의견(unqualified opinion)이 표명된다. 이때 〈그림 1-8〉에서 보는 표준감사보고서가 작성된다.

감사의견의 종류와 그 판단기준에 대한 이상의 설명을 요약하면 〈표 1-4〉와 같다.

표 1-4 감사의견의 종류와 그 판단기준

판단기준 \ 감사의견 종류	적정	한정	부적정	의견거절
감사범위 제한	중요하지 아니함	중요함	–	매우 중요함
경영자와의 의견불일치	중요하지 아니함	중요함	매우 중요함	–

그림 1-7 감사의견의 예

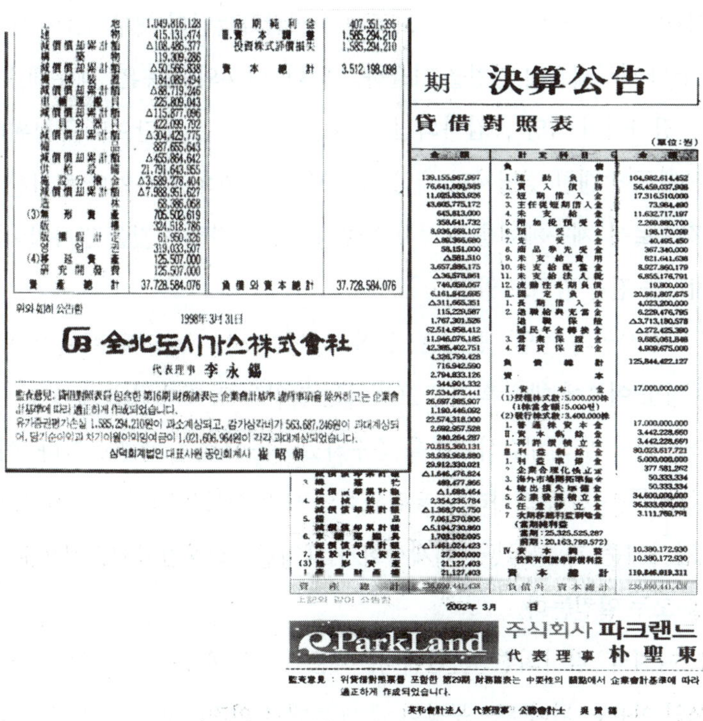
위와 如히 公告함
1998年 3月 31日
全北도시가스株式會社
代表理事 李永錫
監査意見: 貸借對照表를 包含한 第16期 財務諸表는 企業會計基準 違背事項을 除外하고는 企業會計基準에 따라 適正하게 作成되었습니다.
유가증권평가손실 1,585,294,210원이 과소계상되고, 감가상각비가 563,687,246원이 과대계상되어, 당기순이익과 차기이월이익잉여금이 1,021,606,964원이 각각 과대계상되었습니다.
삼덕회계법인 대표사원 공인회계사 崔昭朝

期 決算公告
貸借對照表
2002年 3月 日
ParkLand
주식회사 파크랜드
代表理事 朴聖東
監査意見 : 위貸借對照表를 포함한 第29期 財務諸表는 中要性의 觀點에서 企業會計基準에 따라 適正하게 作成되었습니다.
英和會計法人 代表理事 公認會計士 吳貫鎬

③ 감사보고서

감사인이 표명하는 의견은 어디에 나타나는 것일까? 어떠한 수단을 통해서 공시되는 것일까? 우리는 흔히 〈그림 1-7〉에서 보는 바와 같은 신문 지상의 결산공고를 보면서 감사의견을 알 수 있다. 그런데 여기에 나타난 감사의견에 대한 문구는 〈그림 1-8〉과 같은 감사보고서의 결론을 편의상 요약하여 공고한 것이다. 즉, 감사인의 의견은 감사인이 작성, 보고하는 감사보고서를 통해 표명되는 것이다.

그런데 〈그림 1-7〉과 같은 신문 지상의 결산공고에 나타난 의견 관련 문구에 대해 얼마나 많은 사람들이 그 뜻을 정확히 알고 있을까? 이를테면 적정의견인 경우, '적정' 하므로, 회사의 재무상태나 수익력이 적정하여 돈을 빌려 주거나, 투자하기에 적정하다는 말일까? 아니면 감사인이 감사를 철저히 한 결과 공시된 회계정보(재무제표)는 누락 또는 과장이나 허위 없이 틀림없으므로 정보로서 적정하다는 말일까? 재무제표의 이용자로서는 감사의견의 의미에 대해 정확히 이해할 필요가 있으므로 표준감사보고서인 〈그림 1-8〉의 내용을 간단히 분석해 보기로 한다.

우선, 보고서 상단 왼쪽의 '회사의 주주 및 이사회' 는 감사보고서의 수신인(受信人)으로서, 감사인은 이들과 별개임을 알려주고 있다.

그 아래 첫 두 문장 (a)는 감사보고서가 피감사법인의 재무제표에 대한 것임을 밝히면서, 그 구성 재무제표의 명칭을 기술하고 있다. 이후의 내용은 '재무제표에 대한 경영자의 책임', '감사인의 책임', '감사의견' 이라는 세 개의 큰 문단으로 구성된다.

'재무제표에 대한 경영자의 책임' 문단은 경영자와 감사인의 책임한계를 명확히 하기 위한 것으로서, 재무제표를 작성하고 공정하게 표시하는 것은 감사인이 아니라 경영자의 책임이라는 점을 밝히고 있다.

다음, '감사인의 책임' 문단은, 문장 (b)를 통해, 감사인은 독립적인 입장에서 재무제표의 공정성 여부에 대해 의견을 표명하는 것임을 명확히 하고, 문장 (c)를 통해 감사인이 감사를 수행할 때 회계감사기준을 준수하였다는 사실을 말하고 있다. 여기서 대한민국의 회계감사기준이란 우리나라 금융위원회의 사전 승인을 받아 한국공인회계사회가 제정한 '회계감사기준' 과 한국공인회계사회가 제정한 '회계감사기준적용준칙' 및 '회계감사지침' 을 모두 일컫는다.

다음, 마지막 '감사의견' 문단에서, 그 문단 제목과 문장 (d)에서 모두 '의견' 이라는 단어가 쓰인 이유는 뒤따르는 문장이 글자 그대로 의견(opinion)일 뿐, 절대적 사실을 증

그림 1-8 감사보고서(표준양식)

독립된 감사인의 감사보고서

×××주식회사
주주 및 이사회 귀중

우리는 별첨된 ×××주식회사의 재무제표를 감사하였습니다. 동 재무제표는 20×5년 12월 31일과 20×4년 12월 31일 현재의 재무상태표, 동일로 종료되는 양 보고기간의 손익계산서, 포괄손익계산서, 자본변동표 및 현금흐름표 그리고 유의적인 회계정책의 요약과 그 밖의 설명정보로 구성되어 있습니다.[a]

재무제표에 대한 경영진의 책임

경영진은 한국채택국제회계기준에 따라 이 재무제표를 작성하고 공정하게 표시할 책임이 있으며, 부정이나 오류로 인한 중요한 왜곡표시가 없는 재무제표를 작성하는 데 필요하다고 결정한 내부통제에 대해서도 책임이 있습니다.

감사인의 책임

우리의 책임은 우리가 수행한 감사를 근거로 해당 재무제표에 대하여 의견을 표명하는 데 있습니다.[b] 우리는 대한민국의 회계감사기준에 따라 감사를 수행하였습니다.[c] 이 기준은 우리가 윤리적 요구사항을 준수하며 재무제표에 중요한 왜곡표시가 없는지에 대한 합리적인 확신을 얻도록 감사를 계획하고 수행할 것을 요구하고 있습니다.

감사는 재무제표의 금액과 공시에 대한 감사증거를 입수하기 위한 절차의 수행을 포함합니다. 절차의 선택은 부정이나 오류로 인한 재무제표의 중요한 왜곡표시위험에 대한 평가 등 감사인의 판단에 따라 달라집니다. 감사인은 이러한 위험을 평가할 때, 상황에 적합한 감사절차를 설계하기 위하여 기업의 재무제표 작성 및 공정한 표시와 관련된 내부통제를 고려합니다. 그러나 이는 내부통제의 효과성에 대한 의견을 표명하기 위한 것이 아닙니다. 감사는 또한 재무제표의 전반적 표시에 대한 평가뿐 아니라, 재무제표를 작성하기 위하여 경영진이 적용한 회계정책의 적합성과 경영진이 도출한 회계추정치의 합리성에 대한 평가를 포함합니다.

우리가 입수한 감사증거가 감사의견을 위한 근거로서 충분하고 적합하다고 우리는 믿습니다.

감사의견

우리의 의견으로는[d] 회사의 재무제표는 ×××주식회사의 20×5년 12월 31일과 20×4년 12월 31일 현재의 재무상태, 동일로 종료되는 양 보고기간의 재무성과 및 현금흐름을 한국채택국제회계기준에 따라 중요성의 관점에서 공정하게 표시하고 있습니다.[e]

서울특별시 ××구 ××대로 2
×××회 계 법 인
대표이사 ×××

20×6년 2월 25일

명하거나 보증한다는 뜻이 아니기 때문이다. 즉, 감사인의 결론은 전문적 판단에 따른 확신에 바탕을 두고 있으나, 감사한 재무제표에 오류와 부정(errors and irregularities)이 모두 제거된 것은 아니라는 것이다. 재무제표의 이용자는 이 점에 유의해야 할 것이다. 따라서 감사의 목적도 회계처리에 있어서의 부정이나 변칙거래를 적발(detect)하는 데 있는 것이 아니라, 재무제표가 일반적으로 인정된 회계처리기준에 비추어 그 내용을 중요성 관점에서 적정하게 표시하고 있느냐를 확인하는 데 있다. 이 점이 마지막 문장 (e)가 뜻하는 바이다.

그리고 마지막 줄에 왼쪽의 날짜는 '감사보고서 일자' 로서 감사인이 의견을 형성하

회계카페 **감사인 감사의견 '거절'··· 거래소 "상폐절차 진행"**

용산개발 파산하면 자본잠식 불가피 ··· 회장 일가 경영권도 불안

한국거래소는 18일 감사의견 거절이 주권 상장폐지 기준에 해당한다며 주권 매매거래를 정지시키고 상장폐지 절차를 진행할 것이라고 밝혔다.

감사보고서에 따르면 감사인은 "롯데관광개발이 투자한 용산개발 시행사 드림허브 프로젝트금융투자회사(PFV)가 지난 12일 자산담보부기업어음(ABCP) 이자를 상환하지 못해 채무불이행(디폴트) 상황이 발생했고 15일 1대 주주 코레일(한국철도공사)이 정상화 방안을 민간출자사에 제출했다"며 "이 회사의 매도가능 금융자산의 자산성에 대한 충분한 감사 증거를 입수하지 못했고 대체 방법으로도 자산성에 대해 만족할 만한 결과를 얻지 못했다"고 설명했다. 감사인은 "이런 상황은 롯데관광개발의 계속기업으로서의 존속능력에 중대한 의문을 제기하고 있다"고 했다. 더구나 롯데관광개발은 이달 중 255억원의 신주인수권부사채(BW)와 256억원의 차입금 만기가 각각 도래한다. 오는 5월에 180억원, 내년 말까지 392억원의 차입금 만기가 돌아온다. 감사인은 또 "불확실성의 최종결과로 발생될 수도 있는 자산과 부채, 관련 손익항목 수정을 위해 합리적으로 추정할 수 있는 충분한 감사증거를 확보할 수 없었다"며 '의견거절'의 배경을 설명했다.

롯데관광개발은 용산사업 실패로 자본잠식과 경영권 위협 등 최악의 상황에 처해 있다.

1971년 5월 24일 설립된 롯데관광개발은 2006년 6월 8일 상장했고 김기병 회장 일가가 52.83%의 지분을 보유하고 있다.

롯데관광개발은 투자회사인 드림허브와 계열사로 편입한 용산역세권개발(주)의 지분을 각각 15.1%, 70.1% 보유하고 있다. 롯데관광개발은 2012년 연결회계기준으로 362억원의 당기순손실을 기록해 전년에 이어 적자를 이어갔다. 이 회사는 용산개발에 1천700억원 이상을 투자했다. 따라서 용산개발 사업이 파산하면 투자손실로 자본잠식이 불가피해져 회사 존립까지 위태로울 것으로 보인다. 작년 말 기준으로는 총부채와 자본금 총액(자본총계)이 각각 1천314억원과 508억원으로, 부채비율은 258.7%이다. 증권업계는 또 김 회장 보유 주식 중 상당수가 은행 대출을 위한 담보로 잡혀 있어 경영권도 위협을 받을 수 있다고 전망했다.

(연합뉴스 2013년 3월 18일)

는 데 필요한 증거들을 충분히 얻었다고 판단하여 사실상 감사를 종료한 날을 표시한다.

여러분은 이제 위의 표준감사보고서의 내용에 대한 학습을 통하여 적정의견의 의미에 대해 어느 정도 이해했을 줄 믿는다.

그런데, 감사인이 만일 감사기준을 위배하여 불성실한 감사를 하고 부당한 감사의견을 표명하게 되면 어떻게 될까? (이것은 감사인의 도덕적 위험 moral hazard이다.) 그렇게 되면, 아래의 보도사례에서 보듯이, 우선 감사의견을 믿고 해당 회사에 투자하거나 대여한 사람들이 엄청난 손실을 입는다. 감사인도 사안에 따라 형사적 처벌을 받거나 민사적 책임을 지고 손해배상을 해주어야 한다. 무엇보다도, 나중에 감사의 부실사실이 적발되고 안 되고에 관계없이, 회계정보에 대한 불신이 높아져 사람들이 회계정보를 믿고 이에 따라 합리적인 경제활동을 할 수 없게 된다.

3. 회계의 분야

여기에서는 회계의 세부적 분야를 설명한다. 앞서 설명한 대로 회계정보수요자는 기업외부의 정보이용자와 기업내부의 정보이용자(경영자)로 구분된다. 이러한 구분에 대응하여 회계는 재무회계와 관리회계로 구분된다. 이외 회계의 영역에 회계감사와 세무회계가 포함된다. 이를 구체적으로 살펴보자.

3.1 재무회계와 관리회계

회계는 보고목적과 보고대상에 따라 재무회계와 관리회계로 나눌 수 있다.

재무회계(financial accounting)는 앞서 자세히 언급했듯이, 기업외부의 정보이용자들이 기업과 관련된 경제적 의사결정에 유용한 정보를 제공하는 것을 목적으로 하는 회계로서, 학문으로서 재무회계는 이렇게 외부보고를 목적으로 하는 회계를 대상으로 탐구하는 분야이다. 재무제표의 종류와 표시, 각종 회계처리기준 등에 대한 논의를 주로 포함한다.

반면에, **관리회계**(managerial accounting)는 내부보고목적의 회계로서 기업내부의 경영자가 관리적 의사결정을 하는 데 유용한 정보를 제공하는 것을 목적으로 하는 회계를 다루는 분야이다. 경영자의 주요 임무는 각종 기업활동에 관한 계획을 수립하여 실행하면서 의사결정을 하고, 사후에 그 결과를 평가하여 차기의 계획에 반영하는 것이다. 이러한 과정에서 회계정보는 필수불가결하다.

경영계획 수립에는 미래 상황에 대한 예측정보가 요구된다. 예를 들면, 경영계획을 실현하기 위해서는 예산이 수립되어야 하고 이를 위해 매출액, 제조원가, 매출원가 등에 대한 예측정보가 활용된다. 현금예산을 통해 신규투자나 채무상환에 필요한 현금소요액을 파악하기도 한다. 또한 제품라인이나 유통채널을 평가하여 이에 대한 축소·확대를 결정하거나 특별주문이 들어와 이에 대해 수락여부를 결정하거나 할 때에도 예상 매출액이나 관련 원가에 대한 정보가 필수적이다. 이와 같은 경우에 의사결정을 위한 정보와 해결방법들을 다루는 분야가 관리회계이다.

관리회계는 경영자의 의사결정을 위한 회계이므로 당면한 상황에 따라 필요한 정보의 내용과 그 해결방법이 정해진다. 또한, 그러한 정보를 생성하고 방법을 적용하는 데 있어 재무회계에서처럼 모든 기업이 반드시 지켜야 할 기준이나 법규가 있는 것도 아니다. 경영자는 경영의사결정에 필요한 정보를 재량적으로 수집하고 가장 합리적이라고 판단되는 방법을 적용하면 된다.

대학에서의 회계교육도 보통 재무회계와 관리회계 과목이 중심이 되는데, 본서는 대부분 재무회계 분야를 다루되 관리회계의 기본적 내용도, 특히 제12장에서, 포함하고 있다.

아래 표는 재무회계와 관리회계의 특징과 차이점을 주요 측면에서 요약한 것이다.

표 1-5 재무회계와 관리회계의 특징과 차이점

구 분	재무회계	관리회계
정보제공의 주된 이용자와 목적	다양한 외부 정보이용자(현재 및 잠재 투자자·채권자)의 의사결정	내부 정보이용자(해당 기업의 경영자, 동질적)의 의사결정
회계기준의 존재와 강제성	회계기준이 존재하고 그 준수가 강제됨	강제적인 회계기준이 없고 불필요함
주요 정보제공 수단	재무제표(재무보고서)	일정한 형식이 없음
정보공시와 외부감사 강제성 여부	일정 규모 이상의 주식회사는 외부감사를 받은 재무제표를 공시해야 함	경영자의 의사결정 목적에 따라 정보를 수집해서 활용하므로, 그 정보의 공시나 외부감사가 강제되지 않음
정보의 주요 속성	객관적이어야 하고, 따라서 기업의 과거활동에 대한 정보 위주임	미래의사결정을 위해 합리적이어야 함. 따라서 미래 예측정보가 핵심이며 주관적 정보도 필연적으로 활용됨

3.2 회계감사와 세무회계

앞서 상술했듯이, 외부감사인(공인회계사)에 의해 기업의 재무제표가 회계기준을 준수하여 작성되었는지 여부를 확인하게 하는 것이 **회계감사**(auditing)이다. 회계감사는 재무제표에 표시되는 회계정보의 신뢰도를 높여서 자본시장이 원활히 작동되게 하는 중요한 기능을 갖고 있다. 학문분야로서 회계감사는 감사인의 적격성이나 의무, 감사의견의 표명 등과 관련된 감사기준, 감사증거, 합리적인 감사증거의 수집방법 등을 연구대상으로 한다.

세무회계(tax accounting)에서는 세법규정을 적용하여 기업의 과세대상소득을 측정하고 세액을 계산한다. 세법의 많은 규정들이 회계방법을 적용하고 있으므로 세무회계도 회계의 영역에 포함된다. 세무회계는 재무회계와도 관련이 있다. 재무회계에서 기업의 경제적 활동의 결과를 측정하고 있으므로 그러한 측정결과는 기업의 과세대상소득과 세액을 계산하는 데 관련이 있다. 그러므로 세무회계를 학습하고자 할 때에는 재무회계 지식을 갖추고 있어야 한다.

3.3 인접 학문분야

회계학은 기업활동에 대한 정보생성체계와 그러한 정보의 자본시장에서의 역할, 그리고 회계정보의 이용자인 경제주체들(투자자, 채권자, 경영자 등)의 경제적 의사결정에 대해 연구하는 분야이다.

따라서 회계학은 경제주체들의 경제적 의사결정을 다루는 경제학, 재무학 등 인접분야의 학문과 관련이 있다. 예를 들면, 미시경제학(micro-economics)은 재화의 시장수요에 대응한 기업의 공급량 결정 등의 문제를 다루고, 재무학(finance)은 개별기업 수준에서의 자본의 투자 및 조달 등에 대한 의사결정, 자본시장에서의 주식, 채권 등 금융자산의 가격결정 등을 다룬다. 이러한 내용들은 실물시장과 자본시장에 참여하는 경제주체들의 경제적 의사결정에 관한 것으로서 회계학의 관심 대상과 상당히 일치한다.

학문적 이론개발 측면에서도, 미시경제학과 재무학에서 정립된 여러 개념과 이론은 회계이론의 연구에 큰 영향을 미쳤고, 회계학 분야에서 이루어진 연구는 재무학 등에서의 이론개발에 이용되고 있다. 따라서 미시경제학과 재무학 등의 인접학문에 대한 지식은 회계학에 대한 심층적 이해에 중요한 역할을 한다.

회계세상

자본시장과 금융투자회사

- 금융투자회사(IB : investment bank)는 자본시장에서 신규로 유가증권(이하 증권)을 발행하는 기업이나 지방자치단체를 위해 인수인 또는 대리인으로 활동하는 기관임(개인도 있음). 투자은행이라고도 함. 대부분의 금융투자회사는 브로커/딜러업무를 수행하고, 유통시장에서 세일즈와 트레이딩 업무도 수행하며, 투자자들에게 자문서비스도 제공함. 또한 M&A 촉진, 사모펀드 소개 및 기업 구조조정에 있어 큰 역할을 수행함. 전통적인 은행(상업은행 commercial bank)들과 달리, 개인들로부터 예금을 받거나, 대출을 하지 않음.
- 금융투자회사는 기업으로부터 신규발행 증권을 일정한 가격으로 구입한 후 거래비용과 이윤을 보상하는 가격으로 일반 투자자에게 소액단위로 분산 판매하는 업무를 수행하는데, 일반 투자자에게 판매되는 증권의 가격은 주로 금융투자회사의 책임 하에 결정함. 금융투자회사가 시장 접근이 용이하고, 시장이자율과 수익률을 잘 파악하고 있으며, 해당 증권에 대한 수요를 가장 잘 예측할 수 있기 때문임.
- 금융투자회사들은 증권의 발행·인수·배분 시, 대부분 신디케이트를 형성하는데, 자본시장에서 증권 배분을 원활히 하기 위해 선별된 딜러들이 개입되는 것이 일반적(딜러에게는 증권이 할인가격으로 매각됨).

2009년부터 시행된 「자본시장과 금융투자업에 관한 법률」(일명 자본시장통합법 또는 자통법) **주요 내용**

- 자통법은 금융투자업, 금융상품, 투자자를 경제적 실질(economic substance)에 따라 분류하고 규제하는 기능별 규율체제를 도입. 이는 투자매매, 중개, 자산운용, 투자자문, 투자일임, 신탁업 등 금융투자업무의 상호 겸영을 허용한 것임. 또한 금융투자회사의 건전성이나 투자자보호에 문제가 있는 업무를 제외하고는 모든 부수업무*에의 진입을 개방하였음(* 부수업무 : 유가증권 평가, M&A중개, 구조조정 상담 등 금융업이 아닌 업무).
- 자통법은 아래 그림과 같이 은행법, 보험업법 등을 제외한 자본시장을 규율하는 6개 근거법률을 통합하고, 기존 법률에 근거하던 증권 관련 금융기업들을 단일 법안으로 일괄 규율함.
- 자통법 시행에 따라 금융투자회사가 그동안 여러 종류의 금융회사에서 이루어지던 업무를 취급할 수 있게 됨으로써 대형화가 가능해져 규모의 경제를 통해 경쟁력이 높아질 수 있음.

자통법 시행에 따른 금융업 체제 변화

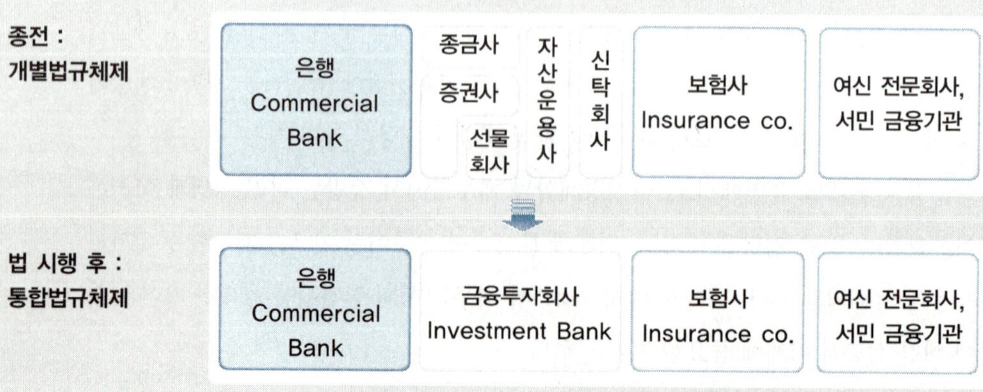

요약

제1절 기업환경과 회계정보

- 기업의 유형
  - 영업활동 성격에 따른 유형 : 서비스기업, 상품매매기업, 제조기업
  - 소유구조에 따른 유형 : 개인기업, 합명회사, 합자회사, 유한회사, 주식회사
- 기업의 내외의 이해관계자 : 회계정보 필요
  - 외부이해관계자(주주, 채권자 등) : 투자 등에 대한 의사결정을 합리적으로 하기 위해 정보, 특히 공시되는 회계정보가 도덕적 위험 상존 가능성 하에서 필요
  - 내부이해관계자(경영자) : 기업 목표를 효과적이고 효율적으로 달성하기 위한 여러 중요한 의사결정에 회계정보가 핵심
- 외부이해관계자의 의사결정을 위해 제공되는 회계정보 : 기업의 경영자가 재무제표를 주요 수단으로 하여 제공

제2절 자본시장의 이해

- 자본 : 크게 부채(채무)자본과 지분자본으로 구성

  부채(채무)자본 : 타인자본. 차입계약이나 채무증권(채권) 발행 등을 통하여 조달

  지분자본 : 자기자본. 주식과 같은 지분증권을 발행하여 조달
- 채권의 시장가격 : 시장이자율의 움직임과 반대의 방향으로 움직임

  표시이자율과 시장이자율의 차이에 따라 액면가 대비 할증 또는 할인가격으로 거래
  - 할증발행·거래 : 시장이자율 $<$ 표시이자율
  - 할인발행·거래 : 시장이자율 $>$ 표시이자율
- 자본시장 : 자본의 공급자(또는 매도인)와 수요자(또는 매수인)가 거래

  일차적(발행) 시장과 이차적(유통) 시장으로 구성

제3절 재무제표의 질적 특성과 회계기준

- 재무제표의 질적 특성 : 재무제표의 유용성 위한 속성
  - 근본적 : 목적적합성, 충실한 표현
  - 보강적 : 비교가능성, 검증가능성, 적시성, 이해가능성
- 다수의 이해관계자와 경영자의 도덕적 위험 하에서 재무제표의 유용성 제고를 위한 제도적 장치 : 회계기준(GAAP : 한국채택국제회계기준), 외부감사
- 재무제표(경영자 주장)에 대한 외부감사 : 공인회계사가 수행
- 감사의견 : 판단기준(감사범위, 회계기준위배 정도)에 따라 적정, 한정, 의견거절, 부적정 4가지 의견

연습문제

서술형

01. 기업의 유형에는 무엇이 있는지, 그리고 각 유형별 소유구조의 특징에 대해 설명하시오.

02. 주식회사의 자금조달 방법의 특징에 대해 설명하시오.

03. 기업의 이해관계자(stakeholders)들 중 투자자(investors)와 채권자(creditors)의 의사결정과 관련하여 왜 회계정보가 요구되는지 그 이유를 설명하시오.

04. 재무보고의 목적에 대해 간단히 설명하시오.

05. 회계정보의 경제사회적 기능을 효율적 자원배분 관점에서 설명하시오.

06. 기업이 필요로 하는 자금을 조달하기 위한 대표적인 방법 두 가지에 대해 설명하시오.

07. 투자자 또는 채권자의 투자의사결정과 관련하여 위험과 이익의 상충관계에 대해 설명하시오.

08. 채권은 어느 경우에 할인 또는 할인가격에 거래되는지 설명해보시오.

09. 자본시장에서 발행시장과 유통시장의 차이점 및 두 시장의 상호관계에 대해 설명해보시오.

10. 회계정보의 유용성을 충족시키기 위한 2가지의 근본적 질적 특성에 대해서 설명하시오.

11. '재무보고를 위한 개념체계'의 필요성과 이것과 한국채택국제회계기준의 관계에 대해 설명해보시오.

12. 외부감사의 필요성을 대리문제(agency problem) 관점에서 설명해보시오.

13. 경영자에게 나타날 수 있는 도덕적 위험 또는 해이(moral hazard)에 대해 설명해보시오.

14. 외부감사인이 표명하는 의견의 네 종류와 그 각각의 의견종류를 결정하는 기준들(criteria)에 대해 설명하시오.

15. 회계 또는 회계학의 분류에서 재무회계와 관리회계의 중요한 차이점에 대해 설명하시오.

객관식

01. 다음 중 기업 소유구조에서 유한책임을 지는 소유주가 전혀 없는 기업의 형태는?

① 합명회사　　② 합자회사
③ 유한회사　　④ 주식회사

02. 합자회사에서 업무집행과 대표행위는 누가 담당하는가?

① 무한책임사원
② 유한책임사원
③ 무한책임사원과 유한책임사원 각각 1인 이상이 공동
④ 무한책임사원이든 유한책임사원이든 관계없다.

03. 주식은 일반적으로 자본시장에서 매우 용이하게 거래될 수 있다는 것이 장점이다. 이러한 특성을 무엇이라고 하는가?

① 유동성(liquidity)　　② 시장성(marketability)
③ 신뢰성(reliability)　　④ 유용성(usefulness)

04. 다음 중 한 기업의 외부이해관계자가 아닌 자는?

① 그 기업의 주주　　② 그 기업의 채권자
③ 그 기업의 주주이자 경영자　　④ 그 기업의 주주이자 다른 기업의 경영자

05. 경영자의 도덕적 위험을 완전히 제거하기는 힘들지만 감소시킬 수는 있다. 그 방법으로 가장 약한 것은?

① 경영성과에 연계한 보상
② 재무제표의 작성과 외부보고
③ 재무제표의 외부감사
④ 경영자 책임하의 통제시스템 강화

06. 기업의 외부이해관계자가 필요로 하는 회계정보에 속하지 않은 것은?

① 관련 기업의 재무상태
② 관련 기업의 연구개발비
③ 관련 기업의 재무성과
④ 관련 기업의 특허 수

07. 다음 중 채무증권이 아닌 것은?

① 회사채
② 국채
③ 공채
④ 주식

08. 다른 여건이 동일할 때, 채권의 표시이자율이 높아지면, 채권의 발행가격은 ______ .

① 높아진다
② 낮아진다
③ 변함없다
④ 일률적으로 말하기 힘들다

09. 다음 중 대차계약에서 명확히 결정해야 할 사항은 어느 것인가?

a. 만기일	b. 이자율	c. 원금	d. 대여조건

① a, b
② a, b, c
③ b, c, d
④ a, b, c, d

10. 다음 중 발행시장과 동일한 용어는?

① 유통시장
② 자본시장
③ secondary market
④ 일차적 시장

11. 재무정보가 유용하기 위해서 지녀야 할 속성으로만 묶인 것은?

① 충실한 표현, 독립성 ② 충실한 표현, 목적적합성
③ 신뢰성, 독립성 ④ 신뢰성, 감사인과 경영자 사이의 의견 일치성

12. GAAP이란?

① 일반적으로 인정된 회계감사기준 ② 일반적으로 인정된 회계기준
③ 일반적으로 인정된 관리회계기준 ④ 일반적으로 인정된 감사인 자격 기준

13. 경영자의 도덕적 [a]의 상존 가능성으로 인하여 재무정보의 [b] 문제가 대두되고, 이는 재무정보가 정보로서 지녀야 할 [c]에 중대한 위협이 된다. 위 빈 칸 a, b, c에 알맞은 말을 순서대로 말하면 다음 중 어느 것이 옳은가?

① 위험, 유용성, 신뢰성 ② 분식, 유용성, 신뢰성
③ 위험, 신뢰성, 유용성 ④ 분식, 신뢰성, 유용성

14. 다음 중 재무제표에서 함의되고 있는 경영자 주장에 해당하는 것만으로 열거된 것은?

① 실재성, 감사인과의 의견일치 ② 완전성, 독립성
③ 권리와 의무, 공시내용의 무결성(무오류성) ④ 평가의 적절성, 완전성

15. 감사범위가 중요하게 또는 매우 중요하게 제한받았을 때 표명될 수 있는 의견으로만 묶인 것은?

① 한정의견, 부적정의견 ② 부적정의견, 의견거절
③ 한정의견, 의견거절 ④ 적정의견, 한정의견

제 2 장 회계시스템의 원리와 회계순환 : 기중 회계

제1절 회계시스템의 산출물
제2절 회계시스템의 기본원리
제3절 회계순환과정 : 기중거래의 회계

회계시스템을 효율적으로 이해하기 위해서는 우선 회계시스템의 최종산출물인 재무제표가 무엇인지 알아야 한다. 마치 자동차의 생산과정이나 작동원리의 이해를 위해서는 최종생산물인 자동차 자체에 대해 알아야 하듯이, 이에 재무제표의 유형과 그 구성요소, 그리고 제공되는 정보 등에 대해 알아본다.

다음, 이를 바탕으로, 재무제표를 산출하는 회계시스템의 기본원리에 대한 이해를 위해 복식회계제도, 회계의 기본등식, 회계의 기본가정, 거래의 인식 및 분개에 대해 설명한다. 마지막으로, 서비스 기업을 사례로 하여 특정 기간 중 전형적으로 발생하는 거래에 대해 그 포착과 기록, 분류, 요약의 과정인 회계순환과정을 살펴본다. 이 과정 중 기중거래의 분개와 전기까지만 다루고 그 이후의 과정에 대해서는 다음 장에서 다룬다.

제1절 회계시스템의 산출물

제1장 제2절에서 설명하였듯이, 재무정보의 이용자가 기업과 관련하여 투자여부 결정 등 경제적 의사결정을 하기 위해서는 기업의 미래 순현금유입의 금액, 시기 및 불확실성에 대한 평가가 필요하다. 이러한 평가에 도움을 주기 위해 고안되어 있는 수단이 재무제표이다.

재무제표에는 재무상태표, 포괄손익계산서, 자본변동표, 현금흐름표, 주석의 기본재무제표(primary financial statements)가 있다. 이 중에서 가장 기본이 되고 중요한 재무상태표와 포괄손익계산서에 대해서만 이 장에서 다루고 나머지에 대해서는 제5장과 제9장에서 자세히 다루기로 한다.

1. 재무상태표

재무상태표(statement of financial position)[1]는 일정 시점의 기업의 재무상태, 즉 자산, 부채, 자본의 상태에 대한 정보를 제공하는 재무보고서이다. 여기서 '일정시점' 이란 일반적으로 '회계기간 말' 을 말한다. 재무상태표는 보고기간 말(기말) 현재 기업이 보유하고 있는 자산(경제적 자원)과 부담하고 있는 부채(경제적 의무), 그리고 기업의 자본(소유주의 청구권)에 대한 정보를 제공한다. 자산, 부채 및 자본은 기업의 재무상태의 측정에 직접 관련되는 세 구성요소이며, 제1장에서도 예시한 바 있는 재무상태표의 기본적 구조는 〈표 2-1〉과 같다.

1. 재무상태표는 오랫동안 대차대조표(貸借對照表 B/S : balance sheet)라고 불리어 온 것인데, 한국채택국제회계기준이 도입되면서 재무상태표로 명칭이 바뀌었다.

표 2-1 **재무상태표의 기본구조**

	구성요소		
기업이 보유하고 있는 경제적 자원	자 산	부 채	기업의 자산에 대한 채권자의 청구권 (기업이 부담하고 있는 경제적 의무)
		자 본	기업의 자산에 대한 소유주의 청구권

자산, 부채 및 자본에 대해서 여기에서는 간단히 정의(定義)만 언급하고 관련된 세부 항목에 대해서는 제5장에서 설명한다.[2]

자산(asset)은 과거사건의 결과로 기업이 현재 통제(소유 등)하고 있고 **미래경제적효익**(future economic benefit)이 유입될 것으로 기대되는 자원(resources)이다. 자산에 내재된 미래경제적효익이란 직접적 또는 간접적으로 특정 기업의 미래 현금및현금성자산의 유입에 기여하게 될 잠재력을 말한다. 현금, 비품, 상품, 집기, 토지, 빌딩 등이 자산의 예이다.

자산에 대한 청구권(claims to assets)은 다음 두 가지 원천(two sources)으로부터 나온다.

부채(liability)는 과거사건에 의하여 발생한 현재의무로서, 경제적효익이 내재된 자원이 기업으로부터 유출됨으로써 이행될 것으로 기대되는 것이다. 현재의무이므로 미래에 특정 자산을 취득하겠다는 경영자의 의사결정이나 미래의 약속은 그 자체만으로 현재의무를 발생시키지 아니하고 따라서 부채가 아니다. 부채는 소유주(주주)가 아닌 외부 사람들에게 이행해야 할 채무 등의 의무로서, 그들의 청구권을 나타내며 타인자본이라고도 한다. 예를 들어, 기업에 자금을 대출해준 채권자는 기업이 채무를 상환할 때까지 회사 자산의 일부에 대한 청구권을 가진다.

자본(capital ; 소유주지분 owners' equity라고도 함)은 기업의 자산에서 모든 부채를 차감한 잔여지분(residual interest)이다. 자본은 소유주(주주)의 청구권을 나타내며 자기자본이라고도 한다. 기업에 투자를 했기 때문에 소유주는 지분만큼의 자산에 대한 청구권을 가지는 것이다. 기업의 설립자가 기업을 시작하기 위하여 최초로 투자한 금액(자본금)이 자본의 예이다. 그런데 이 자본의 총액은 그 기업이 발행한 주식의 시가총액(market cap.) 또는 기업 전체를 처분할 때 받을 수 있는 대가와는 그 개념이 다른 것으로서, 금액

2. 여기서의 자산, 부채, 자본, 그 다음의 수익과 비용의 정의는 한국채택국제회계기준의 '재무보고를 위한 개념체계' (Framework for Financial Reporting)에 따른 것이다.

적으로도 일치하지 않는 것이 일반적이다.

자산, 부채 및 자본은 다음과 같은 상호관계를 맺고 있다.

$$자산 = 부채 + 자본$$

이 등식을 '**재무상태표 등식**' 또는 '**회계등식**'(accounting equation)이라 하는데 동 등식은 인류문명의 위대한 발명품인 복식회계를[3] 가능하게 하는 절대원리로서 회계 전반을 관통하는 매우 중요한 개념이므로 그 이치를 잘 숙지해야 한다. 재무상태표 등식에 대해서는 제2절에서 자세하게 살펴본다. 일단, 여기서는 부산(주)이라는 경영자문회사(이장 제2절에서 사례기업)의 것으로서 제3장의 〈표 3-6〉에서 가져온 재무상태표의 모습을 다음과 같이 잠시 보여주기로 한다. 여기서 우리는 회계등식이 성립함을 알 수 있다 : 자산

재무상태표

부산(주) 20×1년 12월 31일 (단위 : 원)

과 목	금 액	과 목	금 액
자 산		**부 채**	
I. 유동자산		I. 유동부채	
현금	270	단기차입금	1,800
매출채권	7,700	선수용역수익	1,600
선급임차료	2,400	미지급이자	5
유동자산 합계	10,370	유동부채 합계	3,405
II. 비유동자산		II. 비유동부채	
비품	3,200	장기차입금	3,000
감가상각누계액	(200)	부채 합계	6,405
비유동자산 합계	3,000	**자 본** :	
		I. 자본금	
		보통주자본금	6,000
		II. 이익잉여금	
		미처분이익잉여금	965
		(당기순이익 1,065)	
		자본 합계	6,965
자산 총계	13,370	부채와 자본 총계	13,370

( ) : 차감을 표시함.

3. 복식회계는 1494년 이탈리아의 수도승 루카 파치올리가 이탈리아 르네상스 동안에 베니스 상인들이 사용하던 복식회계시스템에 대해 설명한 책('산술, 기하, 비 및 비례총람')에서 처음 소개되었다.

총계 = 13,370원 = 부채와 자본 총계.

2. 포괄손익계산서

포괄손익계산서(statement of comprehensive income)는 일정기간(보고기간) 동안의 기업의 재무성과(경영성과)에 대한 정보를 제공하는 재무보고서이다. 포괄손익계산서는 당기순손익과 기타포괄손익, 그리고 이 둘의 합계인 총포괄손익을 보여준다. 수익과 비용은 기업의 재무성과의 측정에 관련되는 구성요소이며, 포괄손익계산서의 기본구조는 다음과 같다.

표 2-2 포괄손익계산서의 기본구조

포괄손익계산서	
수익 : 보고기간 중 획득	별개의 손익계산서
− 비용 : 수익획득 과정에서 발생	별개의 손익계산서
= 당기순손익 : 보고기간의 순이익 또는 순손실	별개의 손익계산서
+ 기타포괄손익	
총포괄손익	

<표 2-2>에서 보는 바와 같이, **당기순손익**[4](profit or loss for the period)은 보고기간 동안의 모든 수익과 비용 항목을 당기손익[5]으로 인식하여 수익에서 비용을 차감한 순액(net amount)으로서, 기타포괄손익을 제외한 것이다.

기타포괄손익은 당기손익으로 인식하지 않고 재무상태표의 자본의 증감항목으로 직접 인식하는 손익 항목을 의미한다.

포괄손익계산서 중 당기순손익의 내역만 보여주는 부분을 별개의(separate) **손익계산서**(statement of profit or loss 또는 income statement)라고 한다. 이 '별개의 손익계산서'를 '손익계산서'라고 한다. (별개의) 손익계산서에서 인식되는 수익 및 비용에 대해서 여기에서는 간단히 정의만 언급하고 관련된 세부항목에 대해서는 제5장에서 설명한다.

수익(income)[6]은 재화 판매나 용역 제공 등으로 인해 발생하는 자산의 유입이나 증가

4. 당기순손익은 '당기순이익 또는 당기순손실'을 함께 표현할 때 사용하는 용어이다.
5. Income or expense recognized in the income statement.
6. 수익(income)은 광의의 개념으로서, 여기에는 정상영업활동에서 발생하는 매출액, 이자수익, 임대료수익 등

또는 부채의 감소에 따라 자본이 증가되는, 특정 회계기간 동안에 발생한 경제적효익의 증가로서, 지분참여자(즉, 주주)에 의한 출연과 관련된 것은 제외한 것이다. 즉, 수익은 고객에게 재화를 판매하거나 용역을 제공함으로써 자산의 증가(또는 부채의 감소)를 가져오고, 그 결과 이익잉여금(자본의 일부)을 증가시키는 것이다.

비용(expense)은 수익획득 과정에서 발생하는 자산의 유출이나 소멸 또는 부채의 증가에 따라 자본이 감소되는, 특정 회계기간 동안에 발생한 경제적효익의 감소로서, 지분참여자(즉, 주주)에 대한 분배와 관련된 것은 제외한다. 즉, 비용은 경제적 자원을 사용함으로써 자산의 감소(또는 부채의 증가)를 가져오고, 그 결과 이익잉여금을 감소시키는 것이다.

수익 (income)	경제적효익 증가 : **자산 유입**(증가) 또는 **부채 감소→ 자본 증가** 단, 지분참여자(주주)에 의한 출연과 관련된 것은 제외.
비용 (expense)	경제적효익 감소 : **자산 유출**(소멸) 또는 **부채 증가→ 자본 감소** 단, 지분참여자(주주)에 대한 분배와 관련된 것은 제외.

수익이 비용을 초과할 때 그 차액을 **당기순이익**(profit for the period 또는 net income)이라고 하고, 반대로 비용이 수익을 초과할 때는 **당기순손실**(loss for the period 또는 net loss)이라 한다. 특정 회계기간의 순이익 또는 순손실은 (별개의) 손익계산서의 마지막 줄에 '당기순이익' 또는 '당기순손실'로 나타난다. 따라서 다음과 같은 등식, 즉 '**손익계산서 등식**'이 성립한다.

당기순이익 = 수익 − 비용 ·························· (별개의) 손익계산서에 반영

그리고 다음의 '**포괄손익계산서 등식**'도 성립한다.

총포괄이익 = 당기순이익 + 기타포괄손익 ··········· 포괄손익계산서에 반영

다양한 명칭으로 구분되는 수익(revenue, 협의의 수익)과 차익(gains)이 포함된다. 차익은 광의의 수익의 정의를 충족하는 그 밖의 항목으로 정상영업활동 또는 그 외의 활동에서 발생할 수 있다(예 : 비유동자산의 처분에서 발생하는 차익, 시장성 있는 유가증권의 재평가 등으로 인한 미실현이익). 차익도 경제적효익의 증가를 나타내므로 본질적으로 협의의 수익과 차이가 없다. 따라서 개념체계는 차익을 별개의 재무제표 구성요소로 보지 아니한다.

여기서 꼭 알아두어야 할 것은, 재무상태표 등식(자산 = 부채 + 자본)은 재무상태표의 세 구성요소의 상호관계를 표시하는데, 동 등식상의 자본은 다시 포괄손익계산서의 구성요소인 수익(자본을 증가시킴)과 비용(자본을 감소시킴)으로 구성되므로, 순이익에 의해 자본이 변동(증가 또는 감소)되는 측면이 재무상태표 등식에 반영되어 있다는 점이다. 그래서 재무상태표 등식을 손익계산서 등식과 연결시켜 다시 쓰면 다음과 같다.

이 등식을 **'확장된 회계등식'** (expanded accounting equation)이라고 한다.

자산 = 부채 + 자본 + (수익 − 비용) (이 식에서 자본은 기타포괄손익 반영 후 당기순이익 반영 직전의 금액임)

회계기간 중에 배당금을 지급하는 경우까지 고려하면 회계등식은 다음과 같이 더 확장할 수 있다. 그 아래 그림은 이러한 관계를 도식화해 표현한 것이다.

자산 = 부채 + 자본 + (수익 − 비용 − 배당금) (이 식에서도 자본은 기타포괄손익 반영 후 당기순이익 반영 직전의 금액임)

* 수익은 순이익을 증가시키고, 순이익은 자원에 대한 소유주(주주) 청구권을 증가시키므로, 수익의 증가는 기본 회계등식에서 자본을 증가시키는 효과를 가진다.
반대로, 비용은 순이익을 감소시키고, 배당금은 주주에게 분배하는 순이익을 나타낸다. 비용과 배당금은 회사의 자원에 대한 소유주(주주) 청구권을 감소시키므로, 비용이나 배당금의 증가는 기본 회계등식에서 자본을 감소시키는 효과를 가진다.

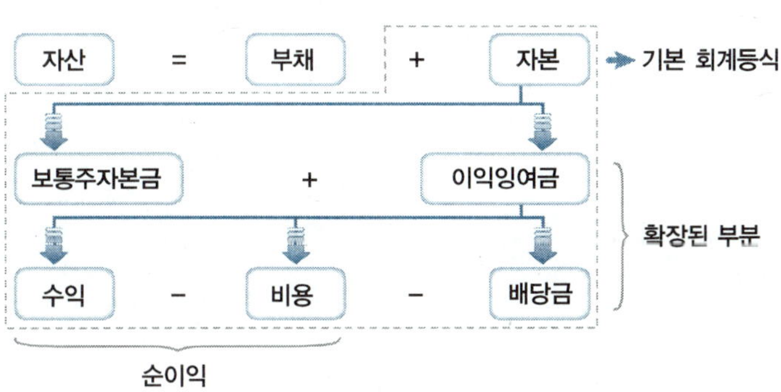

여기서도 부산(주)의 포괄손익계산서 모습을 제3장의 〈표 3-5〉에서 가져와 다음과 같이 잠시 보여주기로 한다. 여기서 우리는 손익계산서 등식이 성립함을 알 수 있다: 수익(합계 13,800) - 비용(합계 12,735) = 당기순이익(1,065).

포괄손익계산서

부산(주) 20×1년 12월 1일부터 20×1년 12월 31일까지 (단위 : 원)

과 목	금 액	
I. 수익 :		13,800
용역수익	13,800	
II. 비용 :		(12,735)
급여	11,300	
임차료비용	1,200	
감가상각비	200	
이자비용	35	
III. 당기순이익		1,065
IV. 기타포괄손익		0
V. 총포괄손익		1,065

회계카페 수입, 이익은 기간 개념

한때 미국 최대 거부로 손꼽혔던 고(故) 폴 게티(Paul Getty)가 어느 날 경영학도들의 면담을 받고 있었다. 한 학생이 게티에게 그의 수입이 어느 정도 되느냐고 질문했다. 게티는 "한 11,000달러쯤…" 하며 잠깐 말을 끊었다. 순간, 학생들은 속으로 '아니, 그것밖에?' 하고 놀랐고, 이를 알아챈 듯 게티는 다음과 같이 말을 이었다. "시간당 버는 게 그렇단 말이지."

게티는 학생들에게 장난하고 싶었던 것이다(한 시간에 11,000달러 수입이라면, 하루 24시간으로 계산하여 연간 1억 달러 정도 되는 거액의 수입이다).

제2절 회계시스템의 기본원리

1. 복식회계제도

우리가 앞 절에서 본 바의 재무상태표나 포괄손익계산서 등 재무제표는 그 요소인 자산, 부채, 자본, 수익, 비용에 속하는 항목(계정)의 잔액을 산출하는 가장 효율적인 방법인 복식부기를 기반으로 한 **복식회계제도**(double-entry accounting system)의 산물이다. 복식회계 혹은 **복식부기**(複式簿記 double-entry bookkeeping)는 글자 그대로, 두 번(double) 적는(enter) 장부(帳簿 book) 기록(keeping)이라는 말이다. 이렇게 장부에 두 번 기록하는 이유는 정보이용자에게 두 가지 다른 정보, 즉 기업이 소유하고 있는 재산의 변화와 그 재산의 확보에 사용된 자금의 출처를 보고하기 위한 것이다. 복식부기는 재무제표를 작성하기 위하여 고안된 제도로서, 앞서 언급했듯이 문헌상으로 500여 년의 역사를 가진다.

2. 회계의 기본등식과 분개

2.1 회계의 기본등식

앞서 설명한 바와 같이 재무상태표의 구성요소는 자산, 부채 및 자본이고, 원리상 자산은 부채와 자본의 합계와 같으며, 이를 **회계의 기본등식**(fundamental equation of accounting, **재무상태표 등식** 또는 **회계등식**)이라고 한다. 자산이 부채와 자본의 합계와 같다는 것은, 자산이 그 자산에 조달된 원천(즉, 부채와 자본)의 합계와 같다는 것을 의미한다. 왜냐하면 자산은 조달된 자금이 운용된 결과이기 때문이다. 예를 들어, 여러분이 하나의 컴퓨터를 가지고 있다고 하자. 이 컴퓨터를 ₩150만에 구입하였다면, 자산금액은 취득원가인 ₩150만이다. 그런데 컴퓨터의 구입자금의 원천은 자기 돈(자본) 아니면 빌린 돈(부채)일 것이다. 만일 ₩150만 중 ₩100만만이 자기 돈(또는 가족에게서 증여받은 돈)이었고, 나머지 ₩50만이 친구로부터 빌린 돈이었다면, 자산 = ₩150만 = {자본

(₩100만) + 부채(₩50만)} 라는 관계가 성립하는 것이다. 이 관계는 다음과 같이 항상 성립하는 '항등식' 이다.

자산 = 부채 + 자본

여기에서 재무제표(특히, 재무상태표) 작성의 근거가 되는 재무상태표 등식을 자세하게 살펴보자. **재무상태표 등식**에서 자산은 등식의 왼편에 나타나고, 자산에 대한 법적 경제적 청구권인 부채 및 자본은 등식의 오른편에 나타난다. '등식' 이 의미하듯이 양편은 항상 같아야 한다. 이를 반영하여 재무상태표의 왼쪽에는 자금운용의 상태, 즉 재산을 구성하는 자산에 관한 정보를, 오른쪽에는 그 자산의 획득에 사용된 자금의 원천(sources), 즉 자산에 대한 청구권(부채와 자본)에 대한 정보를 보고한다. 이를 요약하면 다음과 같다.

자산 = 부채 + 자본 자금의 운용(uses) = 자금의 원천(sources) 경제적 자원 = 경제적 자원에 대한 청구권

이 등식에서 알 수 있는 것은 기업의 자산은 그 기업의 경제적 자원(resources of business)이고, 그 자원에 대한 총청구권(total claims to the resources)은 채권자청구권인 부채와 소유주청구권인 자본의 합계액과 금액적으로 같다는 것이다.

한편, 재무상태표 등식을 다음과 같이 자본을 중심으로 표현할 수도 있다.

자본 = 자산 − 부채 = 순자산

이는 자본이 자산에서 부채를 빼고 남은 **잔여지분**(residual interests)을 의미하고 동시에 **순자산**(net assets 또는 net worth)이라는 것을 보여준다.

복식회계에서는 보고기간 동안 기업의 자산, 부채, 자본의 변동(증가나 감소)에 영향을 미치는 거래(거래에 대해서는 곧 상세히 설명함)를 기록하고 집계하여 재무제표를 작성한

7. 계정(account)은 거래가 재무제표의 각 항목에 미치는 영향(변화)과 잔액을 기록하는 회계의 기본 도구

다. 즉, '자산 = 부채 + 자본', 더 구체적으로는, '자산계정[7]들의 잔액들의 총액 = 부채계정들의 잔액들의 총액 + 자본계정들의 잔액들의 총액'이라는 '잔액'(balance) 측면에서의 '재무상태표 등식'을 바탕으로 재무상태표를 작성한다(그래서 재무상태표의 전통적 영어 명칭이 balance sheet임). 그리고 '수익 - 비용 = 순이익', 더 구체적으로는, '수익계정의 잔액들의 총액(총수익) - 비용계정들의 잔액들의 총액(총비용) = 순이익'이라는 '손익계산서등식'을 가지고 손익계산서를 작성한다.

그런데, 여기서 유의해야 할 것은 위 재무상태표 등식이 일정시점의 각 요소의 잔액에 대해서만 성립하는 것이 아니라 그 요소의 변동액에 대해서도 성립한다는 것이다. 즉,

△자산 = △부채 + △자본 (여기서 △는 변화금액을 의미함)

새로운 하나의 거래가 발생하기 전에도 '자산 = 부채 + 자본'이라는 재무상태표 등식이 성립(양쪽의 금액 일치)되어 있었으므로, 그 새로운 거래를 포함하여 아무리 많은 거래가 이루어져도 그 거래 후에 재무상태표 등식은 성립하게 된다. 이 이유 때문에 '재무상태표 등식은 항상 성립한다'고 하며, 재무상태표 등식을 '항등식'이라고 한다.

2.2 거래의 의의 및 거래의 이중성

앞서 설명한 바와 같이 회계에서는 회계기간 동안 기업의 재무(재산)상태, 즉 자산, 부채, 자본에 변동을 가져오는 **거래**(transactions)를 기록하고 집계하여 재무제표를 작성하는데, 기록의 대상이 되는 회계상의 거래는 일상적 의미의 거래와는 다르다(〈표 2-3〉 참조). 회계상의 거래는 ① 기업의 재무상태, 즉 자산, 부채 및 자본에 영향을 미치면서 동시에 ② 그 영향(변화의 크기)을 화폐금액으로 신뢰성 있게 측정할 수 있는(measurable reliably) 것으로서 회계장부에의 기록, 즉 인식(recognition)의 대상이 되는 것을 말한다. 일상생활에서는 거래라고 하는 상품매매계약은, 일반적으로 회계상의 거래가 아니다. 계약 자체가 기업의 자산, 부채, 자본을 (장래에는 변화시킬 가능성이 있지만) 현재 변화시

(device)인데 공간적 의미를 가진다. 현금 계정, 매출채권 계정, 이자비용 계정 등이 그 예이며, 계정과 계정 명칭에 대해서는 나중에 상세히 다룬다.

키지 않았기 때문이다. 한편, 회계상의 거래에는 협의의 거래와 사건 및 상황이 있는데, 협의의 거래의 예는 현금으로 비품을 사는 것과 같은 교환거래이고, 사건 또는 상황의 예는 화재손실이나 자산가격 하락이다. 이 책에서 거래는 두 가지를 포함한 개념인 회계상의 거래를 말한다.

여기에서 위 ②의 '신뢰성 있는 측정가능성'에 대해 잠깐 생각해보자. 예컨대, 선거, 경기 호황과 불황, 제품판매, 임차료지급, 고객으로부터의 현금회수 등은 모두 위 ① '기업의 재무상태에 영향을 미친다'는 요건을 충족하지만, 제품판매, 임차료지급, 고객으로부터의 현금회수만이 화폐금액으로 신뢰성 있게 측정가능하기 때문에 회계상의 거래로 기록하는 것이다.

표 2-3 **회계상의 거래(광의)와 일상적 의미의 거래**

회계상의 거래		
사건 및 상황	협의의 거래	
화재, 분실, 도난, 파손, 감가, 신용손실(**대손**), 각종 원인에 의한 자산가격의 하락 등	상품을 비롯한 자산의 구입과 판매, 채권·채무의 발생과 소멸, 현금의 수입과 지출, 비용의 지급, 수익의 수입 등	주문, 의뢰, 보관, 약속, 계약, 위탁, 담보제공 등으로서 재무상황에 변동을 주지 않는 구두 또는 서면으로 이루어지는 경제적 사건
	일상적 의미의 거래	

위와 같이 거래는 자산, 부채 또는 자본의 변동을 초래하지만, 동 거래에 의해 자산, 부채, 자본의 어떤 항목이 영향을 받는가는 당해 거래의 성격에 달려 있다. 예를 들어, 주주로부터 현금을 받고 주식을 발행한 거래는 기업의 현금계정과 자본금계정을 '동시에' 증가시킨다. 그 이유는 자본(자본금계정)을 기록하지 않고 자산(현금계정)증가를 기록하는 것은 불가능하기 때문이다. 또 다른 예로, 소모품의 신용구입은 자산(소모품)을 증가시키고 부채(미지급금)를 동시에 증가시킨다. 나중에 이 신용구매에 대해 현금으로 지급하면 현금(자산 항목)을 감소시키고 미지급금(부채 항목)을 또한 동시에 감소시킨다. 이와 같이 거래가 자산, 부채, 자본계정 중 최소한 두 가지에 동시에 영향을 미치는 현상을 거래의 **이중성**(duality 또는 **이중 영향** dual effect)이라고 한다.

이러한 거래의 이중성은 앞에서 본 "△자산 = △부채 + △자본"이라는 등식을 통해서도 이해할 수 있다. 즉, 하나의 거래가 일어나면 그 거래는 반드시 다음 세 유형 중 하나에 속하게 되므로 거래의 이중성을 이해할 수 있는 것이다.

유형 ① : 재무상태표 등식 양쪽의 잔액을 동시에 증가시킨다.

유형 ② : 재무상태표 등식 양쪽의 잔액을 동시에 감소시킨다.

유형 ③ : 재무상태표 등식 한 요소의 잔액을 증가시키는 동시에 동일한 금액만큼 감소시킨다.
(이 결과, 그 요소 잔액이 변하지 않으므로 재무상태표 등식 양쪽의 잔액은 불변이다.)

2.3 거래의 인식과 분개

어떤 항목을 자산, 부채, 자본, 수익, 비용의 재무제표 요소로서 재무상태표나 포괄손익계산서에 반영하는 과정을 **인식**(recognition)이라 한다. 기업에서 일어나는 거래의 경제적 영향을 평가하여 장부에 기록하기 위해서는 재무제표 요소의 화폐금액이 결정되어 재무상태표와 포괄손익계산서에 인식되고 평가되어야 한다. 이러한 재무제표 요소의 화폐금액을 결정하는 과정을 **측정**(measurement)이라 한다. 자산의 경우, 측정은 자산의 취득 시에 자산의 금액을 결정하는 것뿐 아니라 매 결산일에 자산을 평가하는 것을 포함한다.

복식회계에서 빼놓을 수 없는 개념이 **차변**(借邊 Debit, Dr., Debtor)과 **대변**(貸邊 Credit, Cr., Creditor)이다. 이 두 개념은 어떤 특정한 의미를 가지고 있다기보다, (계정의) 왼쪽과 오른쪽을 이름 짓기 위하여 각각 차변, 대변이라 한다고 알면 된다. 차변, 대변에 기록하는 것을 각각 차기(借記 debit entry), 대기(貸記 credit entry)라고 한다. 이러한 두 개념을 이용하여, 복식회계에서 자산, 부채, 자본의 변동과 그 요인에 대해 요약, 정리하여 체계적으로 기록할 수 있게 해주는 수단이 바로 **분개**(分介 journal entry)이다. 즉, 분개는 기업에 경제적 영향을 발생시키는 각종 거래를 거래의 이중성에 기반하여 (이를테면, 원인과 결과로 편의적으로 분해해서, 원인측면을 한 쪽에 기록함과 동시에 결과측면을 그 반대 쪽에) 기록하는 것이다. 분개를 기록하는 장부를 **분개장**(journal)이라 한다.

분개는 **분개의 규칙**이라는 일정한 규칙을 따라 한다. 분개의 규칙은 **하나의 거래**를 두 측면(이를테면, 편의상 원인과 결과)으로 분해하여, 각각을 분개장의 차변과 대변에 동시에 기록하기는 하는데, 과연 어느 것을 차변(왼쪽)에 기록하고 어느 것을 대변(오른쪽)에 기록하는가에 관한 규칙(rule)이다. 여기서 차변과 대변은 무엇이고 분개의 규칙은 무엇인가를 잘 이해하기 위해 회계의 기본등식인 재무상태표 등식(자산 = 부채 + 자본)을 상기하자. 그리고 다음 예를 보며 동 등식의 의미를 살펴보자.

(주)한국상사는 금년 4월 20일 비품(예컨대 프린터)을 현금 ₩7,000을 주고 구입하였다고 한다. 이 하나의 거래(비품과 현금의 상호교환)를 분해하면 비품이라는 자산의 증가와 현금이라는 자산의 감소가 동시에 일어났음을 알 수 있다. 이 거래로 현금의 감소라는 결과가 이루어지고, 그 원인은 비품의 증가라고 할 수 있다.

현금과 비품은 자산인데, 자산이 재무상태표 등식의 왼쪽에 있는 점에 착안하여, 관습상(by convention), 자산인 비품의 증가는 분개장의 '왼쪽(차변)'에 기록하고, 자산인 현금의 감소는 그 반대편인 '오른쪽(대변)'에 기록한다. 곧 전기 과정에서 확인되겠지만, 이것은 비품계정의 차변에 그 증가액을, 현금계정의 대변에 그 감소액을 기록함을 의미한다. 이와 같은 분개는 거래가 이루어질 때마다, 마치 일기장에 사건을 메모하듯이 거래를 그 발생 순서대로 분개장에 기록하는데, 거래일 다음에 '차변'을 먼저 왼쪽에 쓰고, 다음 여기에 나타날 계정과목(계정명칭 title of account)과 금액을 기록한 후, 그 오른쪽에 '대변'을 쓰고 역시 여기에 나타날 계정과목과 금액을 기록한다. 위 교환거래를 분개하면 다음과 같다.

4월 20일	차변) 비품	7,000	대변) 현금	7,000

그런데 만약 어떤 거래의 분개가 다음과 같이 기록되었다면, 그 거래는 어떤 거래일까?

10월 1일	차변) 현금	5,000	대변) 비품	5,000

위 분개를 보면 자산인 현금이 차변에 있으므로 ₩5,000 '증가' 한 것이고, 역시 자산인 비품이 반대편인 대변에 있으므로 증가의 반대, 즉 '감소' 가 ₩5,000 발생한 것이다. 이는 사용하던 비품을 ₩5,000에 팔고 그 대가로 현금을 받았음을 알게 해준다.

복식회계에서는 분개를 함에 있어 한 개 이상의 차변기입과 이에 대응하는 한 개 이상의 대변기입, 즉 상호 대응되는 기입이 양쪽에 반드시 동시에 이루어지고, 매 거래마다 차변합계(total debits)와 대변합계(total credits)는 반드시 일치하게 된다. 따라서 아무리 수많은 거래를 기록하여도 차변 기록금액의 총합계(총차변합계)와 대변 기록금액의 총합계(총대변합계)는 당연히 일치하게 되어 있다. 이를 **대차평형의 원리**라 한다.

회계에서 분개의 개념이 차지하는 비중은 매우 크다

원칙적으로 분개 없이는 원장에 아무것도 기록할 수 없으며, 분개 시에도 계정과목, 금액 및 차변과 대변 기록이 정확히 되어야 그 다음 과정이 제대로 이루어지기 때문이다. 우리가 공부하는 재무상태표나 포괄손익계산서도 결국은 수많은 분개가 요약되어 종합된 것이므로, 재무제표를 잘 이해하고 활용하기 위해서는 계정과목과 금액을 차변과 대변에 정확하게 설정하는 분개를 올바르게 공부하여 분개능력을 배양해야 한다. 회계가 어렵다고들 많이 하지만, 분개의 규칙을 잘 이해하여 여러 거래에 적용하는 연습만 열심히 해도 회계원리의 70% 이상을 쉽게 이해할 수 있다.

분개를 할 때, 위와 같은 교환거래의 분개는 그래도 좀 쉽다. 그러나 수익이나 비용이 발생하면 초보자들은 매우 어려워한다. 다음 예를 살펴보자.

어느 학원에서 5월 한 달간 학생들에게 음악교육을 해주고 5월 말에 수업대가로 현금 ₩200만을 받았다고 하자. 이 경우 학원의 재무상태는 어떻게 변할까? 우선 분명한 것은 현금이라는 자산이 ₩200만 증가했다는 것이다. 여기서 재무상태표 등식을 돌이켜보면, 등식 왼쪽에서 자산이 ₩200만 증가했다. 그럼 오른쪽에서 부채 또는 자본이 ₩200만 증가하든지, 혹은 어떤 다른 자산이 ₩200만 감소해야 하는데 이 거래는 그중 어느 것일까? 교육을 했는데, 부채가 증가할 수는 없으며, 또한 어떤 다른 자산도 감소한 게 없다. 자연히 자본의 증가로 귀결될 텐데, 어떤 의미일까? 그것은 현금 ₩200만 증가는 직접적으로 학원 소유주의 학원자산에 대한 몫(청구권)을 증가시키는 것이므로 자본의 증가로 귀결되는 것이다. 그리고 그것은 교육서비스를 제공한 결과, 즉 수익 발생의 결과인 것이다. 따라서 분개를 하면 다음과 같다(〈그림 2-1〉 참조).

5월 31일	차변) 현금	2,000,000	대변) 교육(용역)수익	2,000,000

이제 비용 발생의 경우도 생각해보자. 앞 사례의 학원에서 5월 말에 음악선생님에게 월급 ₩80만을 지급했다고 하자. 그러면 이 학원의 재무상태는 어떻게 변하게 될까? 역시 분명한 것은 현금 자산이 ₩80만 감소했다는 것이고, 그 원인은 빚을 갚거나(부채 감소) 다른 자산을 증가시킨 것이 아니라 음악선생님의 노동력(경제적 자원)을 소비시킨 데 있다. 즉, 비용이 발생한 것이다. 이 발생 비용은 학원 소유주의 학원자산에 대한 몫(청구권)이 그만큼 감소됐음을 뜻한다. 따라서 분개를 하면 다음과 같다(〈그림 2-1〉 참조).

그림 2-1 수익·비용의 발생과 자산·자본의 변화

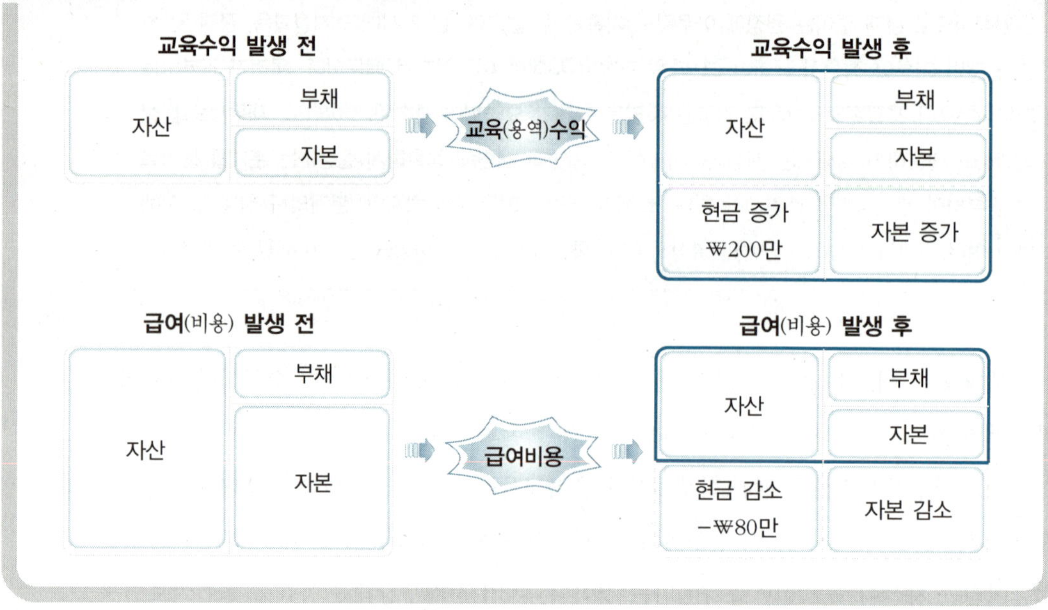

5월 31일	차변) 급여비용	800,000	대변) 현금	800,000

이상에서 보듯이, 발생한 수익(항목 및 금액)은 대변에 기록하고 발생한 비용(항목 및 금액)은 차변에 기록한다. 수익은 (앞 예에서는 자산을 증가시키고 그 결과) 자본을 증가시키며, 비용은 (앞 예에서는 자산을 감소시키고 그 결과) 자본을 감소시키기 때문이다.

분개의 규칙 : 거래의 인식 후 분개장 기입의 원칙

차기(借記 debit entry) = 차변(왼쪽)에 기입 : 자산↑, 부채↓, 자본↓ (비용발생 포함)

대기(貸記 credit entry) = 대변(오른쪽)에 기입 : 자산↓, 부채↑, 자본↑ (수익발생 포함)

따라서 수익계정과 비용계정은 자본의 증감을 세부적으로 보고하기 위한, 자본계정의 하위 시스템이라 할 수 있다(〈그림 2-2〉 참조).

그림 2-2 재무상태표, 포괄손익계산서와 차변·대변의 개념

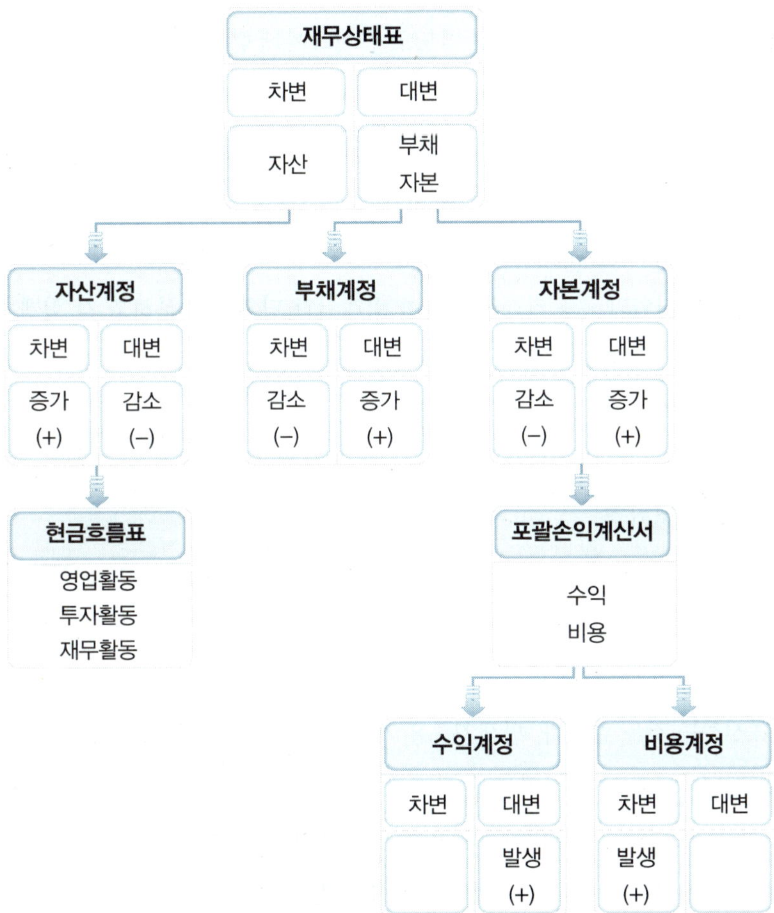

2.4 재무제표의 기본가정 : 계속기업

한국채택국제회계기준의 '개념체계'는 재무제표의 기본가정으로 **계속기업**(going concern)을 두고 있다. **기본가정**(basic assumptions)은 재무제표의 작성·공시에 있어 기초가 되는 것으로서, 기업실체를 둘러싼 환경으로부터 도출되며, 회계공준(accounting postulates)이라고도 한다.

재무제표는 일반적으로 기업이 계속기업이며 예상가능한 기간 동안 영업을 계속할 것이라는 가정하에 작성된다. 따라서 기업은 그 경영활동을 청산하거나 중요하게 축소할

의도나 필요성을 갖고 있지 않다는 가정을 적용하고, 만약 이러한 의도나 필요성이 있다면 재무제표는 계속기업을 가정한 기준과는 다른 기준을 적용하여 작성하는 것이 타당할 수 있으며, 이때 적용한 기준은 별도로 공시하여야 한다. 예를 들면, 기업의 활동을 중단하는 청산절차가 진행되는 동안에는 청산회계라는 특수한 회계처리방법이 적용된다. 계속기업 가정하에서는 기업실체가 계속적으로 영업활동을 하는 것을 전제하므로, 지속적으로 의사결정을 해야 하는 이해관계자에게 적시성 있는 회계정보가 제공되기 위해서는 기간별 보고가 필요해진다. 이때 임의로 구분된 기간을 **보고기간** 또는 **회계기간**이라 한다. 따라서 기업의 존속기간을 일정한 회계기간 단위로 구분하고 각 회계기간에 대한 재무제표를 작성하여 기간별로 재무상태, 재무성과, 현금흐름, 자본변동 등에 대한 정보를 제공하게 된다.

2.5 발생기준

발생기준(accrual basis)은 거래나 그 밖의 사건의 영향을 (현금및현금성자산의 수취나 지급시점이 아니라) 발생한 기간에 인식하여 해당 기간의 장부에 기록하고 재무제표에 표시하는 것을 말한다. 발생기준은 거래의 인식 등 회계처리 전반을 관류하는, 매우 중요한 개념이므로 이 시점에서 잘 이해해 둘 필요가 있다.

현금흐름표를 제외한 재무제표는 모두 발생기준에 따라 작성되는데, 발생기준을 적용하여 작성한 재무제표는 현금의 수취를 수반한 과거의 거래뿐 아니라 미래에 현금을 지급해야 하는 의무와 현금의 수취가 기대되는 자원에 대한 정보를 이용자에게 제공한다. 따라서 재무제표는 과거의 거래와 그 밖의 사건에 대해 이용자의 경제적 의사결정에 가장 유용한 형태의 정보를 제공한다. 발생기준 회계는 발생(發生 accrual)과 이연(移延 deferral)의 개념을 포함하는데, 이 개념들에 대해서는 제3장에서 설명하기로 한다.

사례 발생기준과 현금기준의 비교

기중거래의 경제적 효과가 수익이나 비용일 경우, 그 귀속시점을 당기로 할 것이냐 차기로 할 것이냐는 매우 중요한 문제인데 이 문제는 발생기준과 긴밀히 관련되어 있다. 따라서 발생기준에 대한 정확한 이해가 필요하므로 예를 들어 설명한다.

월별 손익을 바탕으로 성과평가를 하고 있는 아산(주)은 20×1년 4월과 5월 두 달의 매매활동은 다음과 같다.

20×1년 4월 10일 : 상품을 ₩200만에 구입하고 ₩140만은 현금지급하고 나머지는 외상으로 하다.
20×1년 4월 19일 : 위 상품을 모두 ₩300만에 판매하고 ₩200만은 현금으로 받고 나머지는 외상으로 하다.
20×1년 5월 6일 : 4월 10일 발생한 외상매입대금 ₩60만을 현금으로 갚다.
20×1년 5월 20일 : 4월에 발생한 외상매출대금 ₩100만을 현금으로 받다.

여기서 월별 손익을 계산해야 하는 아산(주)은 얼마만큼의 수익과 비용을 4월에 또는 5월에 귀속시켜야 하는가? 문제의 핵심은 상품의 매매시점과 대금의 현금수지 중 어느 시점에 수익과 비용을 인식해야 하는가이다.

일반인은 가계부나 소모임의 회계보고서 등에 현금 수입·지출 위주로 기록하는 회계처리에 익숙하다. 따라서 아산(주)의 경우 매입대금의 현금지출(disbursement) 시점에 비용을, 매출대금의 현금수입(receipt) 시점에 수익을 인식하는 것이 적절하게 보일 수도 있다. 이렇게 현금의 수입과 지출이 일어나는 시점에 각각 수익과 비용을 인식하는 회계를 현금기준 회계(cash-basis accounting)라 한다.

이에 비해, 발생기준 회계(accrual-basis accounting)는 거래와 관련된 수익·비용을 현금 유입·유출이 있는 기간이 아니라, 그 거래가 발생한 기간에 인식한다. 발생기준 회계는 현금거래뿐 아니라, 신용구매, 재화의 상호교환, 자산의 가격변동 등과 같이 현금유출입을 동시에 수반하지 않는 거래를 인식함으로써 기업의 자산과 부채, 그리고 이들의 변동에 관한 정보를 제공하게 된다.

위 아산(주)의 예에 발생기준을 적용하면 상품의 매입과 매출 거래가 발생했을 때 수익·비용을 인식하게 된다. 그러면 발생기준과 현금기준 각 기준에 따라 월별 손익이 어떻게 달라지는지 보자.

각 기준에 따른 손익

	20×1년 4월의 이익		20×1년 5월의 이익	
	발생기준	현금기준	발생기준	현금기준
매 출	₩3,000,000	₩2,000,000	₩0	₩1,000,000
매출원가	2,000,000	1,400,000	0	600,000
매출이익	₩1,000,000	₩600,000	₩0	₩400,000

[풀이]

20×1년 4월에 ₩3,000,000의 상품매출이 있었으므로 발생기준은 현금수입 여부와 관계없이 판매시점에 ₩3,000,000을 수익(매출)으로 인식한다. 그러나 현금기준은 현금수입 시점에 ₩2,000,000만 수익으로 본다. 비용의 경우도 마찬가지로, 발생기준은 현금지급 여부와는 관계없이 판매상품의 취득원가인 ₩2,000,000을 모두 판매시점에 비용(매출원가)으로 인식한다. 그러나 현금기준은 상품매입에 대한 현금지출된 ₩1,400,000만 4월의 비용으로 본다. 이로써 4월의 이익(매출이익)을 발생기준은 ₩1,000,000으로, 현금기준은 ₩600,000으로 보고하게 된다.

5월에는 상품 매출이 없으므로 발생기준에 따라 계산되는 이익은 없다. 그러나 현금기준에서는 4월 매출에 따른 5월 중 현금수입 ₩1,000,000을 수익으로, 4월 매입에 따른 5월 중 현금지출 ₩600,000을 비용으로 계상한다. 이 결과 ₩400,000의 이익(매출이익)이 계산된다. 여기서 4월과 5월의 이익을 합하면 발생기준에서나 현금기준에서나 모두 ₩1,000,000으로 동일하다. 이렇게 볼 때, 아산(주)의 기준선택 문제는 4월, 5월 각 달의 수익과 비용을 얼마로 인식하여 해당 기간의 이익을 계상할 것인가 하는 기간별 손익결정의 문제라고 할 수 있다.

제3절 회계순환과정 : 기중거래의 회계

1. 회계순환과정 : 거래의 기록 및 요약 과정

회계에서는 거래가 기록되고 요약되어 결국 재무제표가 작성되는데 이러한 과정은 〈그림 2-3〉에서 보듯이, 주로 5가지 단계를 거쳐 이루어지고, 매 회계기간마다 반복되어 이루어진다. 이를 회계순환과정(accounting cycle)이라 한다. 각 단계의 의미를 일단 살펴보자.[8]

1) 분개(分介 journal entry) : 거래가 발생하면 원천증빙서류(source documents)를 확인하여 해당 거래의 영향을 받는 계정들을 파악하고, 분개장(journal)에 거래의

8. 이 책은 '회계순환과정'을 5단계로 나누어 설명한다. 5개라는 숫자는 절대적인 것도 중요한 것도 아니다. 중요한 것은 순서이다. 이를테면 시산표 작성을 계정잔액산출과 시산표 작성으로 분리하여 두 개의 단계로 보기도 한다.

그림 2-3 거래의 기록 및 요약과정(회계순환과정)

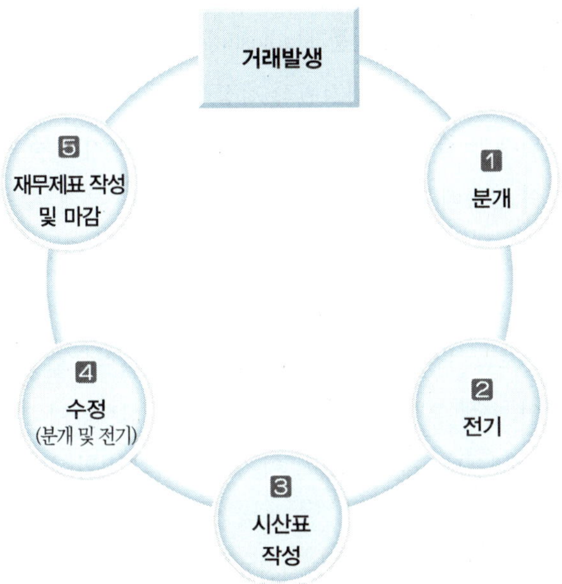

발생 순서대로 일정 형식을 갖추어 그 거래를 체계적으로(분개의 규칙 적용) 기록한다.

2) 전기(轉記 posting) : 분개된 내용을 총계정원장(general ledger)의 각 해당 계정에 옮겨 기록한다. 총계정원장은 자산, 부채, 자본 또는 수익과 비용을 구성하는 모든 계정들의 집합이다. 전기하는 이유는 각 계정의 잔액에 미치는 총체적 영향을 파악하고자 함이다. 전기 과정에서는 분개의 규칙과 동일한 원리가 적용되고, 사람이 인식하여 기록(입력)해야 하는 분개가 기계적으로 처리된다. 따라서 전산화된 시스템에서는 프로그램에 의해 거의 동시에 이루어진다. 분개가 잘못되면 이후 모든 과정이 잘못된다. 분개의 정확성이 그만큼 중요한 것이다.

3) 시산표(試算表 trial balance) 작성 : 먼저 해당 계정의 차변합계와 대변합계를 낸 다음 그 차액을 계산하여 총계정원장의 각 계정의 잔액을 산출한다. 모든 계정의 잔액이 구해지면, 이 잔액들을 일정한 순서(자산, 부채, 자본, 수익, 비용 계정 순서)에 따라 열거하고 차변합계와 대변합계를 산정한다. 시산표를 작성하는 이유는, 차변합계와 대변합계가 논리상 당연히 일치해야 하는데, 이를 확인함으로써 발생

거래의 기록 및 요약이 정확하게 이루어졌는지를 검토하기 위함이다. 또한, 이후의 단계인 재무제표의 작성을 매우 용이하게 해주는 효과도 있다.

4) 수정(修正 adjustment) : 수정분개(adjusting entries) 및 전기, 수정후 시산표 작성 : 위의 (수정전)시산표의 총계정원장 계정잔액들은 보고기간 중에 외부거래자와의 거래에서 발생된 결과만을 반영한다. 그런데 보고기간 중 외부와의 거래에 관계없이 시간의 경과에 따라 계속적으로 기업의 자산, 부채, 수익 혹은 비용의 변화가 초래되는 경우가 있다. 예를 들면, 한 거래의 결과로 인하여 후속거래가 계속적으로 발생하는 것이다. 이런 경우 이를 기록하는 것은 거의 불가능하거나 지나치게 번잡하므로 보고기간 말에 그 누적적 영향을 일괄적으로 한꺼번에 기말에 기록하는데 이것이 **수정**이다. 이러한 수정도 분개로 시작하여 전기한 후, 모든 계정의 잔액(즉, 수정잔액)을 재산출하고, 이 수정잔액의 정확성을 확인하기 위해 수정후 시산표를 작성하게 된다.

5) 재무제표 작성 및 마감 : 수정후 시산표에 나타난 금액을 사용하여 먼저 포괄손익계산서를 작성하고, 그 다음 재무상태표를 작성한다. 경영자는 이익잉여금에 대한 처분계획을 세우고 이 내용이 확정되면 그 내용을 토대로 하여 자본변동표를 작성한다.

   마지막으로, 포괄손익계산서 계정들과 배당금 계정을 마감하고 그 결과인 당기순손익을 자본(미처분이익잉여금 계정)에 반영시킨다. 재무상태표 계정들에 대해서도 마감한다(이 과정은 매우 단순함).

2. 회계순환과정 : 서비스기업

서비스기업은 서비스를 제공하여 영리를 추구하는 기업이다. 이러한 기업에서의 주요 수익은 용역(用役 서비스)을 제공하고 받게 되는 대가인데, 용역수익(용역매출 또는 용역수수료)이라 한다. 주요 비용 항목은 용역을 제공하기 위하여 발생한 인건비 및 관리비 등이다.

서비스기업의 경우 발생하는 대표적인 거래와 그 거래가 어떻게 회계처리되는지 사례를 들면서 살펴본다. 회계순환과정 중 기중거래에 대한 회계처리까지만 이 장에서 다루고, 기말인 결산 시에 해야 하는 절차에 대해서는 다음 제3장에서 다룬다.

사례기업은 부산(주)이라는 용역회사인데, 20×1년 12월 1일에 창립하여 경영자문에 응하는 것을 주업으로 하는 가상적인 회사이다.

2.1 총계정원장의 설정

분개가 이루어지면 그 내용은 곧바로 회계시스템의 또 다른 부문인 총계정원장으로 옮겨 적는다. 그래서 이를 전기라고 한다. **총계정원장**(general ledger)은 기업의 모든 계정들로 구성된 장부, 즉 계정들의 총집합체로서 분개장의 내용이 그대로 전기되고 그때그때의 각 계정과목별 잔액을 항상 알 수 있는 곳이다. 다시 말하지만, **계정**(account)은 거래가 재무제표 요소의 각 항목에 미치는 영향(변화)을 기록할 수 있게 하는 공간(도구)으로서 복식회계에 있어서 총계정원장은 분개장과 함께 모든 장부의 중심이 되는 중요한 지위와 기능을 가지고 있다. 곧 다루게 될 T-계정을 보면 더 확실히 이해할 수 있을 것이다.

총계정원장만 보면 기업의 모든 재무상태와 재무 성과를 쉽게 파악할 수 있고, 총계정원장을 마감하면 회계의 주목적인 재무상태표와 포괄손익계산서를 쉽게 작성할 수 있다. 따라서 총계정원장은 기업의 재무상황의 축소판이 되는 것으로 기업에서 필수불가결하게 비치하여야 하는 회계장부이다. 분개장은 기업마다 그 형태가 다를 수도 있고, 전표 등으로 대체하여 없는 경우도 있으나, 총계정원장은 기업이 반드시 갖추어야 하는 필수적인 장부이고 그 형태도 기업마다 비슷하다.

부산(주)의 경우, 총계정원장은 〈그림 2-4〉에서 보는 바와 같은데, 재무상태표, 포괄손익계산서상의 계정순서로 배열되어 있다. 현금계정 등 자산계정 5개, 단기차입금 등 부채계정 5개, 보통주자본금 등 자본계정 3개, 용역수익이라는 수익계정 1개, 급여 등 비용계정 4개 등 총 18개의 계정으로 구성되어 있다.

그림 2-4 거래의 기록과 요약을 위한 총계정원장

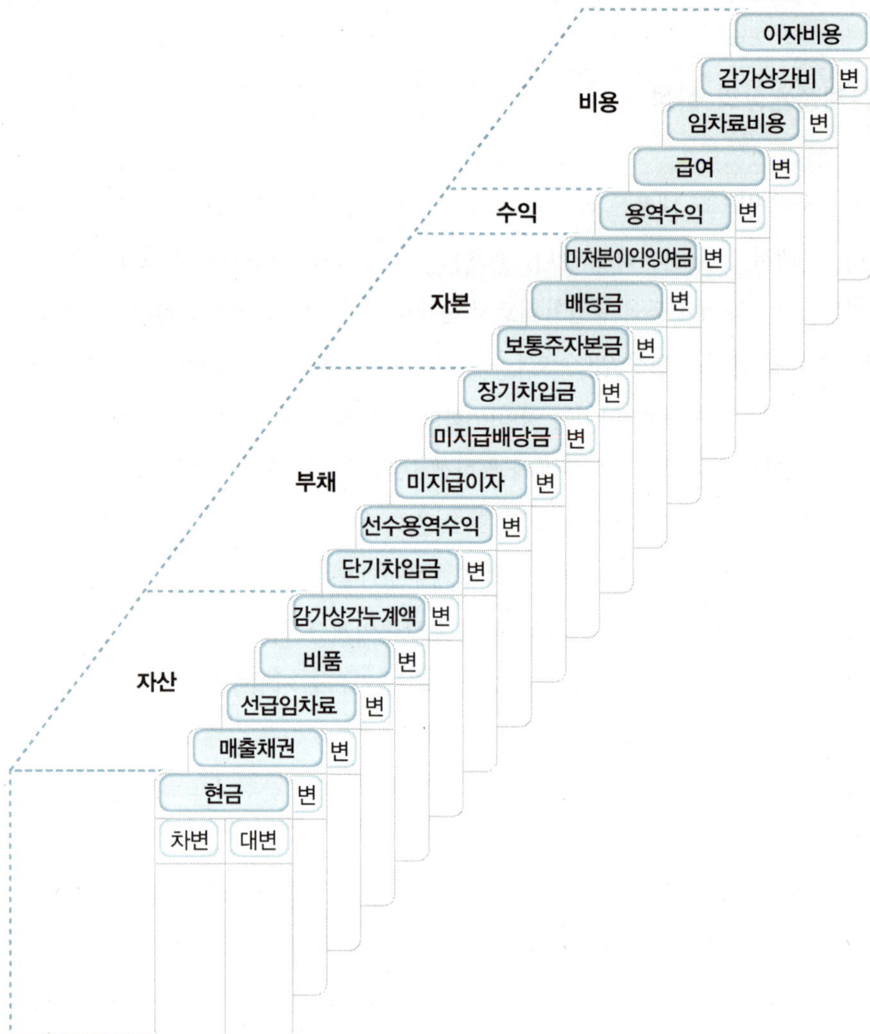

2.2 기중거래의 분개

부산(주)은 경영자문에 응하는 것을 주업으로 하는 용역회사로서, 20×1년 12월 1일에 창립되었고 보고기간 말은 12월 31일이다. 다음은 20×1년 보고기간 중에 발생한 부산(주)의 거래들을 소개하고, 그 각 거래에 대해 재무제표에 미치는 영향을 분석한 후, 앞서 배운 분개의 규칙을 적용하여 어떻게 분개하는지를 보여준다.

부산㈜의 20×1년 중 거래

[거래 1] 20×1년 12월 1일에 액면금액이 ₩500인 보통주 12주를 발행하여 발행금액 ₩6,000을 현금으로 수령하였다.

[거래 2] 사무기기를 구입하기 위하여 우선 12월 1일 은행으로부터 연 12%로 ₩3,000을 3년간 차입하였다.

[거래 3] 12월 1일 사무기기를 현금 ₩3,200으로 구입하였다.

[거래 4] 12월 1일 사무실 임차계약을 체결하고 3개월분 임차료 ₩3,600을 현금으로 지급하였다.

[거래 5] 고객 A에게 12월 2일부터 12월 22일까지 용역을 제공하고 12월 23일 고객 A에게 용역수수료 ₩5,700을 청구하였다.

[거래 6] 운영자금을 조달하기 위하여 12월 27일 은행으로부터 6개월간 ₩1,800을 연리 20%로 차입하였다.

[거래 7] 12월 28일 고객 B로부터 용역수수료 ₩2,000을 미리 받았다. 이것은 12월 28일부터 다음 해 1월 16일까지 20일간의 수수료이다.

[거래 8] 12월 23일 고객 A에게 청구한 용역수수료 ₩5,700을 12월 28일에 현금으로 받았다.

[거래 9] 12월 1일부터 12월 31일까지의 1개월간의 사무실 직원 급여 ₩11,300을 12월 31일에 현금으로 지급하였다.

[거래 10] 12월 1일에 차입한 차입금에 대해 12월 31일까지 발생한 이자(연리 12%) ₩30을 12월 31일 현금으로 지급하였다.

[거래 11] 12월 31일에 12월 중의 당기순이익이 예상되어 중간배당을 실시하기로 결정하고 배당금 ₩100을 현금으로 지급하였다.[9]

[거래 1] 20×1년 12월 1일에 액면금액이 ₩500인 보통주 12주를 발행하여 발행금액 ₩6,000을 현금으로 수령하였다.

거래 분석	- 보통주 발행에 의한 자금조달로써 현금유입 ₩6,000 - 보통주자본금(액면금액)이라는 자본의 증가 ₩6,000	
분 개	**차변)** 현금 6,000	**대변)** 보통주자본금 6,000

9. 창업연도에 배당을 결정하여 지급하는 것은 비현실적일 수 있으나 교육목적으로 예시한다.

여기서 분개의 의미와 회계등식에 대한 이해도를 높이기 위해, [거래 1]이 회계등식에 미치는 영향을 도식으로 나타내면 아래와 같다. 이 도식에서 보는 바와 같이 [거래 1]에 의해 등식 왼쪽의 자산과 등식 오른쪽의 자본이 똑같이 ₩6,000씩 증가하므로 회계등식의 평형성(왼쪽 합과 오른쪽 합의 일치)이 성립된다.

회계등식에 미치는 거래 영향을 분석할 때는, 이렇게 그 거래로 인해 회계등식 요소인 자산, 부채, 자본 중 어느 요소가 얼마만큼 변하게 되는지 먼저 따져봐야 한다. 동시에 회계등식의 양쪽에 영향을 미친 금액이 회계등식의 평형성을 성립시키는지도 확인해야 한다. 만일 그 평형성이 성립하지 않는다면 거래분석에 오류가 있는 것이다.

	자산	=	부채	+	자본
거래 직전 잔액	0	=	0	+	0
거래 1 (변화)	(현금 ⇧)				(보통주자본금 ⇧)
	+6,000	=	0	+	+6,000
거래 직후 잔액	6,000	=	0	+	6,000

[거래 2] 사무기기를 구입하기 위하여 우선 12월 1일 은행으로부터 연 12%로 ₩3,000을 3년간 차입하였다.

거래 분석	- 장기차입금에 의한 자금조달로써 현금유입 ₩3,000 - 장기차입금이라는 부채의 증가 ₩3,000

■ **회계등식에 미치는 영향의 도식화**

	자산	=	부채	+	자본
거래 직전 잔액	6,000	=	0	+	6,000
거래 2 (변화)	(현금 ⇧)		(장기차입금 ⇧)		
	+3,000	=	+3,000	+	0
거래 직후 잔액	9,000	=	3,000	+	6,000

분 개	**차변)** 현금 3,000	**대변)** 장기차입금 3,000

[거래 3] 12월 1일 사무기기를 현금 ₩3,200으로 구입하였다.

거래 분석	- 비품(사무기기)이라는 자산의 증가 ₩3,200 - 비품 구입을 위한 현금유출 ₩3,200

■ **회계등식에 미치는 영향의 도식화**

	자산	=	부채	+	자본
거래 직전 잔액	9,000	=	3,000	+	6,000
거래 3 (변화)	(비품 ⇧, 현금 ⇩)				
	+3,200 − 3,200	=	0	+	0
거래 직후 잔액	9,000	=	3,000	+	6,000

분 개	**차변)** 비품* 3,200	**대변)** 현금 3,200

* '사무기기'라고 할 수도 있으나 일반적으로 포괄적인 의미를 가진 '비품'이 선호됨.

[거래 4] 12월 1일 사무실 임차계약을 체결하고 3개월분 임차료 ₩3,600을 현금으로 지급하였다.

거래 분석	- 선급임차료라는 자산의 증가 ₩3,600 - 임차료지급이라는 영업활동에 의한 현금유출 ₩3,600

■ **회계등식에 미치는 영향의 도식화**

	자산	=	부채	+	자본
거래 직전 잔액	9,000	=	3,000	+	6,000
거래 4 (변화)	(선급임차료 ⇧, 현금 ⇩)				
	+3,600 − 3,600	=	0	+	0
거래 직후 잔액	9,000	=	3,000	+	6,000

분 개	**차변)** 선급임차료* 3,600	**대변)** 현금 3,600

* 지급한 임차료 전액이 임차료 비용으로 되려면 3개월이 지나야 함. 선급임차료(사무실 사용 권리)로 우선 기록하고 시간의 경과에 따라 비용으로 처리(시간경과에 따른 비용발생은 후속거래로서 기말수정 시 구체적으로 다룸).

[거래 5] 고객 A에게 12월 2일부터 12월 22일까지 용역을 제공하고 12월 23일 고객 A에게 용역수수료 ₩5,700을 청구하였다.

거래 분석	- 매출채권이라는 자산의 증가 ₩5,700 - 영업수익(수수료수익)이라는 수익의 증가 [수익 창출] ₩5,700

■ **회계등식에 미치는 영향의 도식화**

	자산	=	부채	+	자본
거래 직전 잔액	9,000	=	3,000	+	6,000
거래 5 (변화)	(매출채권 ⇧)				(용역수익 ⇧)
	+5,700	=	0	+	+5,700
거래 직후 잔액	14,700	=	3,000	+	11,700

분 개	**차변)** 매출채권* 5,700	**대변)** 용역수익** 5,700

* 일반적인 영업거래상 발생한 채권임. 그렇지 않은 경우 대여금, 미수금, 미수수익을 사용.

** '용역매출' 이라고도 함.

[거래 6] 운영자금을 조달하기 위하여 12월 27일 은행으로부터 6개월간 ₩1,800을 연리 20%로 차입하였다.

거래 분석	- 단기차입에 의한 자금조달로써 현금유입 ₩1,800 - 단기차입금이라는 부채의 증가 ₩1,800

■ **회계등식에 미치는 영향의 도식화**

	자산	=	부채	+	자본
거래 직전 잔액	14,700	=	3,000	+	11,700
거래 6 (변화)	(현금 ⇧)		(단기차입금 ⇧)		
	+1,800	=	1,800	+	+5,700
거래 직후 잔액	16,500	=	4,800	+	11,700

분 개	**차변)** 현금 1,800	**대변)** 단기차입금 1,800

[거래 7] 12월 28일 고객 B로부터 용역수수료 ₩2,000을 미리 받았다. 이것은 12월 28일부터 다음 해 1월 16일까지 20일간의 수수료이다.

거래 분석	- 수익창출이라는 영업활동과 관련한 현금유입 ₩2,000 - 선수용역수익이라는 부채의 증가 ₩2,000

■ **회계등식에 미치는 영향의 도식화**

	자산	=	부채	+	자본
거래 직전 잔액	16,500	=	4,800	+	11,700
거래 7 (변화)	(현금 ⇧)		(선수용역수익 ⇧)		
	+2,000	=	+2,000	+	0
거래 직후 잔액	18,500	=	6,800	+	11,700

분 개	**차변)** 현금 2,000	**대변)** 선수용역수익* 2,000

* 이 거래에 의하여 앞으로 용역을 제공하여야 할 의무가 발생. '용역선수금'이라 할 수도 있음. 시간이 경과함에 따라 용역수수료를 받게 되면(즉 용역 제공하게 되면) 선수용역수익 중에서 번 부분만큼의 수익을 용역수익(또는 용역매출)으로 인식하여야 하는데, 이는 기말수정단계에서 구체적으로 다룸.

[거래 8] 12월 23일 고객 A에게 청구한 용역수수료 ₩5,700을 12월 28일에 현금으로 받았다.

거래 분석	- 용역제공이라는 수익창출활동에 의한 현금유입 ₩5,700 - 매출채권이라는 자산의 감소 ₩5,700

■ **회계등식에 미치는 영향의 도식화**

	자산	=	부채	+	자본
거래 직전 잔액	18,500	=	6,800	+	11,700
거래 8 (변화)	(현금 ⇧, 매출채권 ⇩)				
	+5,700 − 5,700	=	0	+	0
거래 직후 잔액	18,500	=	6,800	+	11,700

분 개	**차변)** 현금 5,700	**대변)** 매출채권 5,700

[거래 9] 12월 1일부터 12월 31일까지의 1개월간의 사무실 직원 급여 ₩11,300을 12월 31일에 현금으로 지급하였다.

거래 분석	- 급여라는 비용의 발생 ₩11,300 - 종업원에 대한 급여라는 비용 발생으로 인한 현금유출 ₩11,300

■ **회계등식에 미치는 영향의 도식화**

	자산	=	부채	+	자본
거래 직전 잔액	18,500	=	6,800	+	11,700
거래 9 (변화)	(현금 ⇩)				(급여 ⇧)
	-11,300	=	0	+	-11,300
거래 직후 잔액	7,200	=	6,800	+	400

분 개	**차변)** 급여 11,300	**대변)** 현금 11,300

[거래 10] 12월 1일에 차입한 차입금에 대해 12월 31일까지 발생한 이자(연리 12%) ₩30을 12월 31일 현금으로 지급하였다.

거래 분석	- 이자비용의 발생 ₩30 - 발생된 이자비용에 대한 지급으로 인한 현금유출 ₩30

■ **회계등식에 미치는 영향의 도식화**

	자산	=	부채	+	자본
거래 직전 잔액	7,200	=	6,800	+	400
거래 10 (변화)	(현금 ⇩)				(이자비용 ⇧)
	-30	=	0	+	-30
거래 직후 잔액	7,170	=	6,800	+	370

분 개	**차변)** 이자비용 30	**대변)** 현금 30

[거래 11] 12월 31일에 12월 중의 당기순이익이 예상되어 중간배당을 실시하기로 결정하고 배당금 ₩100을 현금으로 지급하였다.

거래 분석	- 중간배당 실시의 결정 ₩100 - 배당금 지급으로 인한 현금유출 ₩100

■ **회계등식에 미치는 영향의 도식화**

	자산	=	부채	+	자본
거래 직전 잔액	7,170	=	6,800	+	370
거래 11 (변화)	(현금 ⇩)				(배당금 ⇧)
	-100	=	0	+	-100
거래 직후 잔액	7,070	=	6,800	+	270

분 개	**차변)** 배당금* 100	**대변)** 현금 100

* 배당금 계정은 미처분이익잉여금의 감소를 의미하는 차감계정으로서, 결산 시 마감절차에 의해 그 잔액이 ₩0으로 되면서 동시에 미처분이익잉여금이 ₩100만큼 감소함.

이상의 분개가 행해진 장소인 분개장을 보면 〈표 2-4〉와 같다. 일반적으로 분개는 관련 거래번호, 차변 및 대변의 계정(항목)과 그 금액인 숫자(통화 표시 등과 같은 기호 또는 부호는 표시하지 않는다)로 구성된다. 분개 하단에, 표에서 보듯이, 거래의 간단한 설명을 기술할 수도 있다.

표 2-4 **분개장**(기중거래) **: 거래 (1)~(11)의 요약, 정리**

거래번호	계 정	차 변	대 변
(1)	현금	6,000	
	보통주자본금		6,000
	보통주의 현금발행		
(2)	현금	3,000	
	장기차입금		3,000
	은행으로부터 장기차입		
(3)	비품(사무기기)	3,200	
	현금		3,200
	사무기기의 현금매입		
(4)	선급임차료	3,600	
	현금		3,600
	임차료의 선지급		
(5)	매출채권	5,700	
	용역수익		5,700
	외상으로 용역제공		
(6)	현금	1,800	
	단기차입금		1,800
	은행으로부터 단기차입		
(7)	현금	2,000	
	선수용역수익		2,000
	용역수수료를 미리 받음 (선수)		
(8)	현금	5,700	
	매출채권		5,700
	거래 (5)의 청구액 중 일부에 대한 현금 회수		
(9)	급여	11,300	
	현금		11,300
	임직원의 급여를 현금으로 지급		
(10)	이자비용	30	
	현금		30
	이자를 현금으로 지급		
(11)	배당금	100	
	현금		100
	중간배당을 결정하고 배당금을 현금으로 지급		

2.3 분개 내용의 전기

전기는 분개장에 있는 분개 내용을 총계정원장의 해당 계정의 차변 혹은 대변으로 옮기는 과정이다. 전기를 하는 이유는 각 계정이 받는 모든 영향을 계정별로 파악하고 궁극적으로 재무제표에 나타낼 계정별 기말잔액을 산정하기 위해서이다. 여기서 계정이란 계정의 명칭(계정과목)과 차변 및 대변으로 구성되어 있는 공간이라고 생각하면 된다.

모든 계정에서의 변동사항은 통상 아래와 같이 영문자 T의 형태를 가진 **T-계정**(T-account)이라는 이해를 돕기 위한 교육목적 도구를 이용하여 편리하게 설명한다. 이것은 계정명칭 및 그 아래에 있는 왼쪽(차변)과 오른쪽(대변)으로 구성되어 있다.

계정 명칭

계정의 왼쪽	**계정의 오른쪽**
차변(debit)이라 함	대변(credit)이라 함

전기는 분개의 규칙에 따라 분개된 내용을 총계정원장에 옮겨 적는 것인데 그 방법을 T-계정을 이용하여 살펴본다. T-계정에서 각 계정의 차변과 대변에는 그 계정잔액의 증가와 감소를 기록하고, 필요시(예 : 결산 시) 증가액과 감소액을 가감하여 그 잔액을 계산한다(예금통장에서의 기록처럼 생각하면 된다).

모든 거래는 자산, 부채, 자본, 수익, 비용을 나타내는 계정들 중 둘 이상의 계정에 동시에 영향을 준다. 앞에서 배운 거래의 이중성이라는 원리에 의해 어느 계정(들)의 차변과 다른 계정(들)의 대변에 각각 한 번씩 기록되기 때문이다.

하나의 계정을 중심으로 보면, 재무상태표 등식의 등호의 왼쪽 항목인 자산(예 : 현금)이 증가하면 그 자산계정(예 : 현금)의 왼쪽(차변)에 기록하고, 감소하면 그 반대쪽인 오른쪽(대변)에 기록하며, 등식의 오른쪽 항목인 부채(예 : 단기차입금)나 자본(예 : 자본금)이 증가하면 해당 계정의 오른쪽(대변)에 기록하고, 감소하면 그 반대쪽인 왼쪽(차변)에 기록한다.

현금의 경우 그 증가와 감소를 현금 T-계정에 나타내면 다음과 같다. 방금 말했듯이, 왼쪽(차변)에는 현금의 증가를 기록하고, 반대편인 오른쪽(대변)에는 현금의 감소를 기록한다.

현금

현금의 증가	현금의 감소
왼쪽(차변)에 기록	오른쪽(대변)에 기록

사례에서의 분개들을 어떻게 전기하는지 첫 두 거래의 경우만 여기서 설명한다. 나머지 거래에 대해서는 각자 스스로 전기해보고 아래 내용과 확인해보면 도움이 될 것이다. 거래 (1)의 분개는 차변) 현금 6,000 대변) 보통주자본금 6,000 이었으므로, 현금계정의 차변(왼쪽)과 보통주자본금 계정의 대변(오른쪽)에 각각 6,000을 기입한다. 거래 (2)의 분개는 차변) 현금 3,000 대변) 장기차입금 3,000 이었으므로, 현금계정의 차변(왼쪽)과 장기차입금 계정의 대변(오른쪽)에 각각 3,000을 기입한다. 이렇게 해서 한 기간 동안 전기가 이루어지고 나면 기말에 차변금액들의 합계(즉, 증가총액 ₩18,500)에서 대변금액들의 합계(즉, 감소총액 ₩18,230)를 차감하여 기말잔액(₩270)을 구해 기록한다.

이러한 방법에 따라 T-계정에 전기를 하고 잔액을 구해보면 다음과 같다. 분개 시 차변, 대변에 기입된 계정을 원장에서 택하여 그 계정의 같은 변(차변, 대변)에 해당 금액을 동시에 옮겨 기입하는 것이 전기임을 확인해보자.

현 금

	차변		대변
(1)	6,000	(3)	3,200
(2)	3,000	(4)	3,600
(6)	1,800	(9)	11,300
(7)	2,000	(10)	30
(8)	5,700	(11)	100
잔액	270		

매출채권

	차변		대변
(5)	5,700	(8)	5,700
잔액	0		

선급임차료

	차변		대변
(4)	3,600		
잔액	3,600		

비 품

	차변		대변
(3)	3,200		
잔액	3,200		

단기차입금

	차변		대변
		(6)	1,800
		잔액	1,800

선수용역수익

	차변		대변
		(6)	2,000
		잔액	2,000

장기차입금

	(2) 3,000
	잔액 3,000

보통주 자본금

	(1) 6,000
	잔액 6,000

미처분이익잉여금

	잔액 0

배당금

(11) 100	
잔액 100	

용역수익

	(5) 5,700
	잔액 5,700

급 여

(9) 11,300	
잔액 11,300	

이자비용

(10) 30	
잔액 30	

다음의 〈그림 2-5〉는 이와 같은 총계정원장 내의 계정들을 함께 모아 가로로 나열하여 전기한 상황을 보여준다. 즉, 먼저 현금, 매출채권 등 재무상태표 계정을 자산, 부채, 자본 순으로 나열하고, 다음으로 수익, 비용 순서로 포괄손익계산서 계정을 나열한다. 그리하여 각 분개가 총계정원장 중 어떠한 계정에 영향을 미치는지를 전반적으로 알아볼 수 있도록 한다. 화살표(↓)는 포괄손익계산서가 재무상태표의 자본계정과 연결된다는 것을 표시해주기 위한 것이다. 〈그림 2-5〉를 위 T-계정들과 서로 대조해보기 바란다.

그림 2-5 기중거래의 전기

거래번호	재무상태표의 계정들							
	자 산							
	현 금		매출채권		선급임차료		비 품	
	차변	대변	차변	대변	차변	대변	차변	대변
(1)	6,000							
(2)	3,000							
(3)		3,200					3,200	
(4)		3,600			3,600			
(5)			5,700					
(6)	1,800							
(7)	2,000							
(8)	5,700			5,700				
(9)		11,300						
(10)		30						
(11)		100						
잔액	270		0		3,600		3,200	

거래번호	재무상태표의 계정들											
	부 채						자 본					
	단기차입금		선수용역수익		장기차입금		보통주자본금		미처분이익잉여금		배당금	
	차변	대변	차변	대변	차변	대변	차변	대변	차변	대변	차변	대변
(1)								6,000				
(2)						3,000						
(3)												
(4)												
(5)												
(6)		1,800										
(7)				2,000								
(8)												
(9)												
(10)												
(11)											100	
잔액		1,800		2,000		3,000		6,000		0	100	

거래번호	포괄손익계산서의 계정들					
	수 익		비 용			
	용역수익		급 여		이자비용	
	차변	대변	차변	대변	차변	대변
(1)						
(2)						
(3)						
(4)						
(5)		5,700				
(6)						
(7)						
(8)						
(9)			11,300			
(10)					30	
(11)						
잔 액		5,700	11,300		30	

요약

제1절 회계시스템의 산출물

- 재무제표 : 다음의 네 가지 기본재무제표와 주석
  - 재무상태표 : 일정 시점의 자산, 부채, 자본의 상태를 보고
  - 포괄손익계산서 : 일정기간의 수익, 비용, 당기순손익, 총포괄손익을 보고
  - 자본변동표
  - 현금흐름표
- 재무상태표 등식(또는 회계등식) : 자산 = 부채 + 자본

  손익계산서 등식 : 당기순이익 = 수익 − 비용

  포괄손익계산서 등식 : 총포괄이익 = 당기순이익 + 기타포괄손익

  확장된 회계등식 : 자산 = 부채 + 자본 + (수익 − 비용)

제2절 회계시스템의 기본원리

- 회계의 기본등식(fundamental equation of accounting), 재무상태표 등식 또는 회계등식

  자산 = 부채 + 자본

  자금의 운용(uses) = 자금의 원천(sources)

  경제적 자원 = 경제적 자원에 대한 청구권

- 분개의 규칙 : 거래의 인식 후 분개장 기입의 원칙
  - 차기(debit entry) = 차변(왼쪽)에 기입 : 자산증가, 부채감소, 자본감소(비용발생 포함)
  - 대기(credit entry) = 대변(오른쪽)에 기입 : 자산감소, 부채증가, 자본증가(수익발생 포함)
- 재무제표의 기본가정 : 계속기업(going concern)

제3절 회계순환과정 : 기중거래의 회계

- 회계순환과정(accounting cycle) :

  ① 분개(journal entry) → ② 전기(posting) → ③ 시산표(trial balance) 작성 →

  ④ 수정(adjustment) → ⑤ 재무제표 작성 및 마감

연습문제

서술형

01. 재무제표(financial statements)의 종류를 열거해보시오.

02. 재무상태표의 의의와 그 구성요소를 말해보시오.

03. 자산, 부채, 자본을 정의해보시오.

04. 회계등식(accounting equation)과 포괄손익계산서 등식을 말해보시오.

05. 포괄손익계산서의 의의와 수익 및 비용을 정의해보시오.

06. 당기순손익과 기타포괄손익의 차이에 대해 설명해보시오.

07. 일상적 의미의 거래와 회계상의 거래의 개념에 대해 설명하시오.

08. 복식부기(double-entry bookkeeping)와 거래의 이중성(duality)에 대해 설명하시오.

09. 복식회계에서 대차평형의 원리란 무엇이지 설명해보시오.

10. 재무제표의 기본가정(basic assumptions)에는 무엇이 있는지 설명해보시오.

11. 계속기업의 가정에 대해 설명해보시오.

12. 발생기준은 무엇인지 설명해보시오.

13. 회계의 순환과정(accounting cycle)의 개념과 5단계의 절차에 대해 설명하시오.

14. 자산, 부채, 자본의 증가와 감소, 수익, 비용의 발생을 차변과 대변으로 구분해보시오.

15. 재무상태표 등식의 기본 속성을 이용하여 분개(journal entry) 방법의 도출배경에 대해 설명하시오.

16. 자산의 증가와 수익의 발생 또는 부채의 증가가 동시에 일어나는 거래의 예를 각각 두 가지 정도 들어보시오.

17. 부채의 감소가 비용의 발생 또는 자산의 증가와 동시에 일어날 수 있는지에 대해 논하시오.

18. 계정(accounts)의 역할을 설명하시오.

19. 분개장(journal)에 분개된 거래내역을 원장(ledger)에 전기(posting)하는 이유에 대해 설명하시오.

객관식

01. 다음 중 재무상태표와 관계가 먼 것은?

① 대차대조표(balance sheet)
② 특정 시점에 있어 기업의 재무상태를 보여 줌
③ 재무상태보고서(statement of financial position)
④ 기업의 재무성과를 보여 줌
⑤ 자산, 부채, 자본의 상태에 대한 보고서

02. 다음 중 자본에 대해서 옳게 말하고 있지 아니한 것은?

① 소유주가 투자한 금액을 포함한다.
② 회계실체가 획득하여 내부에 유보한 이익을 포함한다.
③ 소유주의 청구권을 나타낸다.
④ 자본금, 자본잉여금, 이익잉여금으로 구성된다.
⑤ 조달된 자금이 운용된 것이다.

03. 건물을 한 달 후에 구입하기 위하여 3년 후 갚기로 하고 은행으로부터 ₩3,000을 차입한 사실을 분개한다면?

① 차변) 건 물	3,000	대변) 장기차입금	3,000
② 차변) 자 산	3,000	대변) 장기차입금	3,000
③ 차변) 현 금	3,000	대변) 장기차입금	3,000
④ 차변) 장기차입금	3,000	대변) 현 금	3,000

04. 다음 중 차변에 대해 바르게 진술하지 않은 것은?

① Debit, Dr.
② 자금의 원천(sources)에 대한 정보는 재무상태표 계정의 차변 잔액에 나타난다.
③ 자금의 운용 상황에 관한 정보는 재무상태표 계정의 차변 잔액에 나타난다.
④ 부채나 자본의 감소가 기록된다.
⑤ 비용의 발생이 기록된다.

05. 다음 중 분개에 대해 바르게 진술하지 않은 것은?

① Journal Entry
② '자산 = 부채 + 자본' 이라는 등식 원리에 따라 이루어진다.
③ 수익계정과 비용계정은 자본의 증감을 세부적으로 보고하기 위한 것이다.
④ 수익의 발생은 자산의 증가를 가져오므로 차변에 기록된다.
⑤ 재무상태에 영향을 주는 경제적 사상(事象)을 분석하여 체계적으로 기록하는 것이다.

06. 다음 중 회계순환과정에 대해 바르게 진술하지 않은 것은?

① 거래를 기록하고 요약하는 일련의 과정이다.
② Accounting Cycle이라 한다.
③ 분개로부터 시작하여 재무제표를 작성하기까지의 회계처리 과정이다.
④ 시산표의 작성이 포함된다.
⑤ 재화 구입부터 시작하여 산출물 판매까지의 거래에 대한 회계처리를 하는 과정이다.

07. 거래가 일단 분개된 후, 그 내용은 각 해당 계정에 옮겨 기록하게 된다. 이러한 행위를 무엇이라 하며, 그 계정들이 모여 있는 장부는 무엇이라 하는가?

① 전기, 시산장　　② 전기, 분개장
③ 시산, 원장　　④ 전기, 원장
⑤ 시산표 작성, 시산표

08. 다음 중 회계순환과정을 순서대로 열거한 것은?

① 분개 → 전기 → 각 계정잔액의 산출 → 시산표 작성
② 수정분개 → 수정후시산표 작성 → 수정사항 전기
③ 계정잔액의 산출 → 전기 → 재무제표의 작성 및 마감
④ 수정분개 → 수정후시산표 작성 → 각 계정잔액의 산출
⑤ 각 계정잔액의 산출 → 전기 → 시산표 작성

09. 액면가가 ₩500인 보통주 20주를 액면가에 발행하여 ₩10,000을 현금으로 수령한 사실을 분개한다면?

① 차변) 자 본 금　10,000　대변) 주식발행　10,000
② 차변) 현　금　10,000　대변) 자 본 금　10,000
③ 차변) 현　금　10,000　대변) 주식발행　10,000
④ 차변) 자 본 금　10,000　대변) 현　금　10,000

10. 20×5년 9월 1일 사무실 임차계약을 체결하고 1년분 임차료 ₩24,000을 현금으로 지급한 사실을 분개한다면?

① 차변) 임 차 료　24,000　대변) 미지급비용　24,000
② 차변) 현　금　24,000　대변) 임 차 료　24,000
③ 차변) 선급임차료　24,000　대변) 현　금　24,000
④ 차변) 임차계약금　24,000　대변) 현　금　24,000

기초문제

01. 다음에 열거된 각 경제적 사건이 자산, 부채, 자본에 대해 어떤 영향을 미치는지, 증가이면 "+" 표시, 감소이면 "-" 표시, 무영향이면 "0" 표시하여 보이시오.

	자산	=	부채	+	자본
① 제공한 서비스에 대해 현금을 받다.	____		____		____
② 소모품을 외상으로 구입하다.	____		____		____
③ 종업원에게 급여를 지급하다.	____		____		____
④ 배당금을 현금으로 지급하다.	____		____		____
⑤ 각종 비용을 현금으로 지급하다.	____		____		____

02. 살수(주)의 원장에 다음과 같은 계정들이 있다. 각 계정에 대해 다음의 요령에 따라 기술하시오.

1) 각 계정 우측의 첫 열에는 그 계정의 성격을 다음과 같은 기호로써 표시하시오.

자산 – A	부채 – L	
비용 – E	수익 – R	어느 것도 해당 없음 – N

2) 두 번째 열에는 그 계정의 정상적 잔액이 차변(Dr)에 또는 대변(Cr)에 나타나는지 표시하시오.

	계정 성격	정상 잔액
① 소모품		
② 단기차입금		
③ 용역수익		
④ 배당금		
⑤ 매입채무		
⑥ 급여		
⑦ 보통주자본금		
⑧ 매출채권		
⑨ 기계장치		
⑩ 단기대여금		

03. 두만(주)의 분개장에 거래들이 다음과 같이 기록되어 있다. 이를 T-계정에 전기하시오.

분 개 장

날짜	계정명칭	차변	대변
20×5년 8월 5일	매출채권	2,800	
	용역수익		2,800
10일	현금	3,000	
	용역수익		3,000
19일	임차비용	1,000	
	현금		1,000
25일	현금	1,400	
	매출채권		1,400

총계정 원장

현 금

매출채권

용역수익

임차비용

심층문제

01. 주식회사인 한 기업의 거래들이 다음과 같다. 이들을 분석하여 회계의 기본등식에 어떤 영향을 미치는지, 증가이면 "+" 표시, 감소이면 "−" 표시, 무영향이면 "0" 표시하여 나타내시오.

	자산	=	부채	+	자본
① 용역을 제공하고 현금을 수취하다.	____		____		____
② 사무기기를 외상으로 구입하다.	____		____		____
③ 종업원에게 급여를 지급하다.	____		____		____
④ 고객으로부터 외상대금을 수령하다.	____		____		____
⑤ 이 달치 전화요금을 지급하다.	____		____		____
⑥ 거래 ②의 사무기기에 대해 대금을 지급하다.	____		____		____
⑦ 사무용품을 외상으로 구입하다.	____		____		____
⑧ 배당금을 지급하다.	____		____		____
⑨ 은행으로부터 대출을 받다.	____		____		____
⑩ 고객에게 용역을 제공하고 그 대금을 청구하다.	____		____		____

02. 다음 9개의 T-계정에는 8개의 거래가 기록되어 있다.

현 금

(1)	35,000	(2)	3,500
(7)	22,500	(3)	1,950
		(4)	2,225
		(6)	8,000
		(8)	4,500

매출채권

(5)	27,500	(7)	22,500

기 계

(2)	13,500		

소 모 품

(3)	1,950		

보통주자본금

		(1)	35,000

미지급금

(6)	8,000	(2)	10,000

용역수익

		(5)	27,500

급 여

(4)	2,225		

배 당 금

(8)	4,500		

각 거래에 대해 차변(차기 계정)과 대변(대기 계정)과 관련하여 다음을 밝히시오.

1) 자산, 부채, 보통주자본금, 배당금, 수익, 비용 중 어느 유형의 계정이 영향을 받는지,
2) 그 계정이 증가(+) 또는 감소(-)하는지. 답은 다음과 같은 표에 작성하여 답하시오.

		차기계정		대기계정	
	거래 번호	유 형	증감영향	유 형	증감영향
(1)	(예 시)	자 산	+	보통주자본금	+
(2)					
(3)					
(4)					
(5)					
(6)					
(7)					
(8)					

03. 다음 거래를 일반적인 분개형식으로 분개하시오. 분개에서 거래는 설명하지 마시오.

① 부동산 회사(주식회사)를 시작하기 위해 주주들은 자본금으로 ₩25,000을 현금 투자하다.
② 사무 소모품을 ₩500에 외상으로 구입하다.
③ 사무기기를 ₩6,000에 구입하고, 현금 ₩3,500을 주다. 나머지는 나중에 주기로 하다.
④ 부동산 수수료 ₩4,000을 고객에게 청구하다.
⑤ 이달 임차료 ₩700을 현금 지급하다.
⑥ 위 ②의 소모품 구입대금 중 ₩250을 지급하다.
⑦ 이 달 광고비 ₩500에 대한 청구서를 받다.
⑧ 사무원 급여 ₩2,500을 지급하다.
⑨ 주주들에게 배당금 ₩1,200을 지급하다.
⑩ 위 거래 ④에서 청구한 수수료의 일부를 고객으로부터 ₩3,000의 수표로 받다.

제3장 회계순환 : 기말 결산회계

제1절 수정전시산표 작성
제2절 수정 : 수정분개 및 전기
제3절 재무제표의 작성 및 마감

이 장에서는 회계순환과정 중의 결산절차를 다룬다. 먼저, 총계정원장의 모든 계정잔액을 산출하여 수정전시산표를 작성하는 과정을 설명한다. 다음, 수정사항을 파악하여 수정분개와 전기를 하는 수정단계를 살펴보고 발생(accruals)과 이연(deferrals)에 대한 이해를 확실히 한다. 이어서 수정후시산표 작성 → 포괄손익계산서 및 재무상태표 작성과정을 다루고, 임시계정(마감분개)과 영구계정 각각의 마감(closing)절차를 다루면서 회계순환과정을 마무리한다. 마지막으로, 이러한 결산절차의 수행과 이해에 매우 유용한 정산표에 대해 설명한다.

제1절 수정전시산표 작성

1. 계정잔액의 산출

회계기중의 모든 거래에 관한 기록이 끝나면 결산절차에 들어간다. 결산절차는 재무상태표, 포괄손익계산서, 현금흐름표, 자본변동표 등의 재무제표를 작성하는 것이다.

재무상태표는 자산, 부채 및 자본계정들의 잔액들을 산출해서 작성하는 것이고, 포괄손익계산서도 수익 및 비용 계정들의 잔액들을 산출하고 수익잔액 총계에서 비용잔액 총계를 차감하여 작성하는 것이다.

그래서 결산절차의 첫 단계는 각 계정의 잔액을 산출하는 것이다. 이를 위해서 해당 계정의 차변합계와 대변합계를 낸 다음, 그 차액을 계산하면 그것이 곧 그 계정의 잔액이 된다. 앞에서 T-계정의 맨 아래 줄이나 〈그림 2-5〉에서 보았듯이 각 계정의 맨 아래 줄에서 그러한 잔액을 표시해준다.

2. 시산표의 작성 : 수정전시산표

시산표(trial balance)는 〈표 3-1〉과 같이 작성하는데, 이것은 전기한 후 산정한 모든 계정의 잔액을 차변과 대변으로 분류하여 작성한다. 즉, 총계정원장의 모든 계정을 자산, 부채, 자본, 수익, 비용 순서로 열거하고 그 옆에 잔액을 기입한다(차변잔액은 차변 쪽에, 대변잔액은 대변 쪽에). 모든 자산, 비용 계정은 차변잔액을 가지고, 모든 부채, 자본, 수익 계정은 대변잔액을 가지게 됨은 이미 설명하였는데, 여기서 이를 다시 한 번 확인할 수 있다. 마지막으로 차변잔액들의 합계와 대변잔액들의 합계가 일치하는지를 확인한다.

제2장 제2절에서 설명한 바와 같이, 총계정원장의 계정에 전기된 차변금액들과 대변금액들이 일치했기(대차평형의 원리) 때문에 수정전시산표의 차변잔액들의 모든 합계(총차변잔액 : 차변에 잔액을 가지는 모든 계정들의 잔액들의 총계)는 대변잔액들의 모든 합계(총대변잔액 : 대변에 잔액을 가지는 모든 계정들의 잔액들의 총계)와 일치해야 한다. 따라서 그 합계들이 일치하지 않으면 여기까지의 과정에서 무언가 오류가 있었음을 의미한다. 그러므로 시산표는 오류 발견에 도움을 주며 이러한 기능을 복식회계의 **자기검증** 기능이라고 한다. 〈표 3-1〉의 시산표는 수정사항이 반영되기 전에 작성하므로 **수정전시산표**라 한다.

여기에서 다음을 꼭 기억해 두자. 포괄손익계산서와 재무상태표를 작성하기 위한 회계의 모든 과정은 종국적으로 총계정원장상의 계정잔액의 산출, 그리고 다음과 같은 시산표등식에 의한 정확성 검증에 그 초점이 맞추어져 있다. 〈표 3-1〉과 같은 시산표에서 차변과 대변의 재무제표 요소별 합계금액을 왼쪽과 오른쪽에 놓으면 등식관계가 성립된다. 이 등식을 **시산표등식**이라고 한다. 시산표등식은 제2장 제1절에서 설명한 확장된 회계등식과 그 구조가 완전히 동일함에 유의하자.

표 3-1 **시 산 표** (수정전)

부산(주) 20×1년 12월 1일부터 20×1년 12월 31일까지 (단위 : 원)

계 정 (거래번호)*	**금 액**	
	차 변	**대 변**
현 금	270	
매출채권 [(5)−(8)]	0	
선급임차료 (4)	3,600	
비품 (3)	3,200	
단기차입금 (6)		1,800
선수용역수익 (7)		2,000
장기차입금 (2)		3,000
보통주자본금 (1)		6,000
배당금 (11)	100	
용역수익 (5)		5,700
급여 (9)	11,300	
이자비용 (10)	30	
합 계	**18,500**	**18,500**

* 여기서 거래번호들은 교육목적상 이해를 돕기 위해 붙인 것이다. 실제로 기업의 시산표에는 그러한 번호를 나타내지 않는다.

시산표등식

자산계정 잔액(차변)들의 총액 + 비용계정 잔액(차변)들의 총액
= 부채계정 잔액(대변)들의 총액 + 자본계정 잔액(대변)들의 총액 + 수익계정 잔액(대변)들의 총액
(단, 자본계정 중 이익잉여금계정의 잔액만은 당기순이익 반영 직전 잔액임에 유의)

제2절 수정 : 수정분개 및 전기

1. 수정사항의 파악

앞에서 다룬 시산표의 계정잔액 중 일부 금액은, 기중에 발생한 일부 거래(특히, 시간 경과에 따라 발생하는 등 외부거래자와의 관계에서 직접 일어나지 않은 거래)는 반영되어 있지 않다. 따라서 기업은 보고기간(회계기간) 말에 이러한 거래들을 파악하여 수정(조정)하는 분개, 즉 수정(修正)분개를 해야 하고, 이로써 보고기간의 자산·부채 측정과 손익계산이 적절히 이루어진다. 재무상태표나 포괄손익계산서에 보고되는 금액은 수정후의 잔액이어야 하기 때문이다.

보고기간의 수익과 비용을 인식하는 것은 현금기준이 아니라 발생기준(발생기준과 현금기준에 대해서는 제5장에서 상세히 설명)에 따라야 하는데, 기말시점에서 수정분개를 하는 목적은 발생기준을 적용함으로써 당해 기간의 수익과 비용(따라서, 순손익), 그리고 기말시점의 자산, 부채 및 자본의 크기를 최종적으로 측정하여 보고기간의 재무성과와 회계기말의 재무상태를 정확히 파악하는 데 있다.

부산(주)의 경우 수정사항을 파악한 결과는 다음과 같았다.

- [거래 3]에 의하여 12월 1일에 구입한 사무기기는 12월 중 사용함에 따라 사무기기의 가치가 감소된 부분이 비용으로 계상되지 않았음.
- [거래 4]에 의하여 지급된 3개월분의 임차료 중 12월분은 20×1년 12월 31일 현재에는 더 이상 선급분이 아님.
- 12월 27일부터 고객 C에게 용역을 제공하고 있는데, 용역수수료 ₩23,100은 이 용역계약

이 종료되는 다음 해 1월 10일에 현금으로 받게 되기로 되어 있다.

- [거래 6]의 단기차입금에 대한 12월 27일부터 12월 31일까지의 이자가 비용으로 아직 인식(계상)되지 않았음.
- [거래 7]에 의한 선수용역수익 중 일부는 12월에 용역제공으로 받았기(수익실현) 때문에 12월 31일 현재 일부는 수익으로 인식되어야 하므로 ₩2,000 전액이 선수수익이 아님.

2. 수정분개

이러한 부산(주)의 수정사항에 대해 분석을 하여 수정분개를 하면 다음과 같다.

[수정사항 A] 사무기기에 대한 20×1년 12월분 감가상각비는 ₩200이다.

수정사항 분석	- 감가상각비라는 비용의 발생 ₩200 - 감가상각누계액이라는 '비품에 대한 차감 계정' 의 금액 증가 ₩200	
분 개	**차변)** 감가상각비 200	**대변)** 감가상각누계액 200

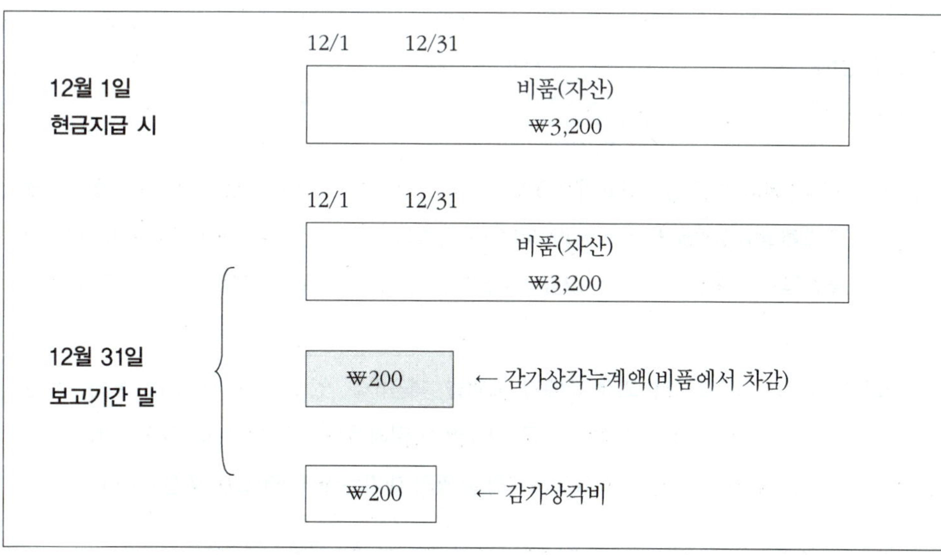

[수정 A] 사무기기의 사용에 따른 가치 감소 인식 : 감가상각비라는 비용 ₩200 발생, 감가상각누계액이라는 자산(사무기기) 차감항목이 ₩200 증가.

감가상각비 : 비품 등 유형자산의 취득원가를 사무기기의 사용가능한 기간에 걸쳐 체계적인 방법으로 배분하여 계산. 감가상각비를 비품(사무기기)에서 직접 차감하지 않고 감가상각누계액이라는 차감계정(contra account)을 사용하는 것은 취득시점부터 현시점까지 누적된 감가상각비를 취득원가와 별도로 보고하는 회계관습의 산물임(제7장 2절에서 상세히 다룸). 유형자산 장부금액 = 취득원가 − 감가상각누계액

[수정사항 B] 12월 1일에 지급한 임차료는 12월 1일부터 다음 해 2월 28일까지 3개월간의 임차료이다.

수정사항 분석	- 임차료 비용이라는 비용의 발생 ₩1,200 - 선급임차료라는 자산의 감소 ₩1,200	
분 개	**차변)** 임차료 비용 1,200	**대변)** 선급임차료 1,200

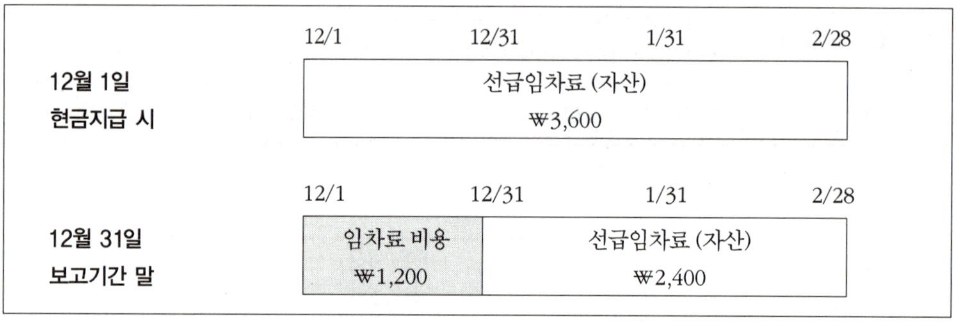

[수정 B] 선급임차료의 수정 : 보고기간 말인 12월 31일 현재 선급임차료는 20×2년 1월과 2월의 2개월분 임차료로서 ₩2,400이며 이 금액이 재무상태표에 선급임차료로 보고됨. 포괄손익계산서에는 20×1년 12월 1개월분의 임차료 ₩1,200이 임차료 비용으로 보고됨.

[수정사항 C] 12월 27일부터 고객 C에게 용역을 제공하고 있으며 용역수수료 ₩23,100은 이 용역계약이 종료되는 다음 해 1월 10일에 현금으로 받게 될 것으로 예측된다. 12월 27일부터 12월 31일까지의 용역의 대가는 ₩7,700으로 추정되었다.

수정사항 분석	- 매출채권이라는 자산의 증가 ₩7,700 - 용역수익이라는 수익의 발생 ₩7,700	
분 개	**차변)** 매출채권 7,700	**대변)** 용역수익 7,700

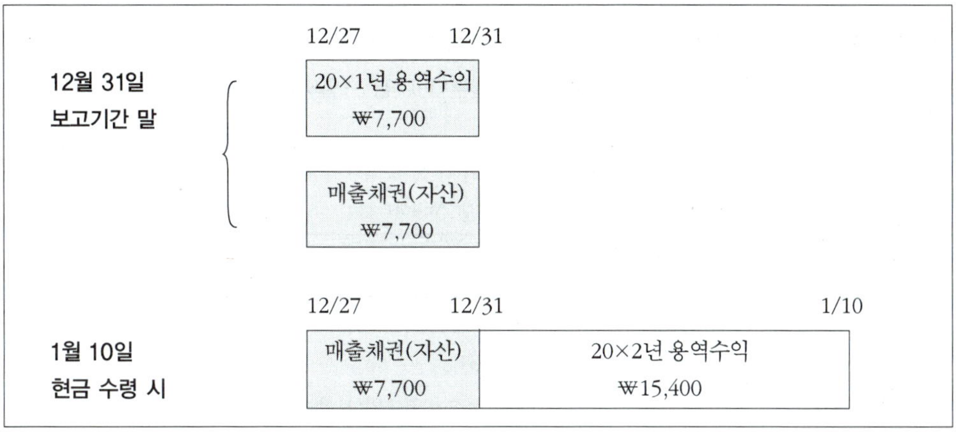

[수정 C] 후불되는 용역수수료에 대한 수정 : 용역을 외상으로 제공한 것. 매출채권이라는 자산이 ₩7,700 증가, 용역수익이라는 수익이 ₩7,700 발생(20×2년 1월 10일에 현금 ₩23,100을 수취하면 매출채권 ₩7,700이 회수되고 20×2년 수익 ₩15,400이 인식된 것으로 회계처리).

[수정사항 D] 12월 27일 은행에서 차입한 차입금에 대한 이자는 20%이고 매월 26일 후불로 지급한다. 12월 27일부터 12월 31일까지의 이자는 ₩5이다.

수정사항 분석	– 이자비용이라는 비용의 발생 ₩5 – 미지급이자라는 부채의 증가 ₩5	
분 개	**차변)** 이자비용 5	**대변)** 미지급이자 5

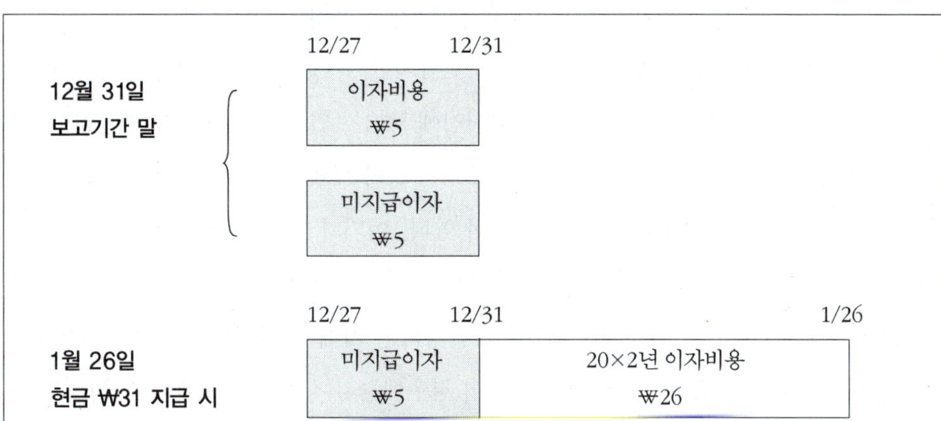

[수정 D] 후불되는 이자비용의 인식 : 12월 27일부터 12월 31일까지의 이자가 발생했으나 이자지급일이 도래하지 않아 미지급 상태. 따라서 12월 31일 현재 이자비용이 기록되어 있지 않음. 따라서 이자비용을 ₩5 증가시키고, 미지급이자라는 부채를 ₩5 증가시키는 수정을 해야 함.

[수정사항 E] 12월 28일에 고객 B로부터 받은 ₩2,000은 12월 28일부터 다음해 1월 16일까지 20일간의 용역수익이다. 12월 28일부터 12월 31일까지의 용역수익은 ₩400이다.

수정사항 분석	- 선수용역수익이라는 부채의 감소 ₩400 - 용역수익이라는 수익의 발생 ₩400	
분 개	**차변)** 선수용역수익 400	**대변)** 용역수익 400

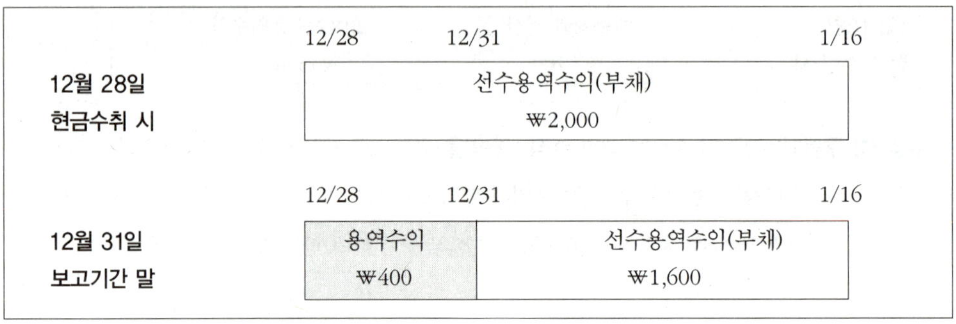

[수정 E] 선수용역수익의 수정 : 선수용역수익 ₩2,000 중 12월 28일부터 12월 31일까지의 4일간의 용역수수료 ₩400은 12월 31일 현재 용역제공으로 이미 벌어들인 것이므로 적절한 수정을 해야 함 : 선수용역수익이라는 부채가 ₩400 감소, 용역수익이라는 수익이 ₩400 발생.

[수정사항 A]에서 [수정사항 E]까지에 대해 분개한 내용을 요약·정리한 것이 〈표 3-2〉이다. 이처럼 수정도 분개의 형태로 이루어지기 때문에 분개장에 기입된다.

지금까지 수정사항을 보면서 알아챘을지 모르지만, 수정사항은 거래 관련 현금의 흐름(수취, 지급)시점과 관련 수익, 비용의 인식시점에 차이가 있기 때문에 발생하는 것이다.

제2장에서 우리는 발생기준 회계가 발생과 이연의 개념을 포함하는데, 이 개념들에 대해서는 제3장에서 설명하기로 한다고 한 바 있다. 여기가 바로 그곳이다. 그 이유는 그 개념이 수정사항의 처리와 밀접하게 관련되어 있기 때문이었다.

발생(發生 accrual)은, 수익이나 비용이 인식되는 거래가 일어났지만 관련 현금 수입·지출이 이루어지지 않은 상황을 말한다. 이 경우에는 i) 장래 받을 금액을 나타내는 자산(예 : 미수수익)을 관련 수익(또는 부채)과 함께 인식하거나, ii) 장래 지급할 금액을 나타내는 부채(예 : 미지급비용)를 관련 비용(또는 자산)과 함께 인식한다. 발생기준 회계에 의하면, 재화 및 용역을 신용으로 판매(구매)할 때 자산과 수익(부채와 자산)을 인식하게 되

표 3-2 분개장 (수정사항) : 거래 (A)~(E)의 요약, 정리

거래번호	계 정	차 변	대 변
(A)	감가상각비	200	
	감가상각누계액		200
	사무기기의 감가상각비 인식		
(B)	임차료 비용	1,200	
	선급임차료		1,200
	선급임차료 중 발생한 임차료비용의 인식		
(C)	매출채권	7,700	
	용역수익		7,700
	용역이 제공되었으나 아직 기록되지 않은 용역수수료에 대한 수익 인식		
(D)	이자비용	5	
	미지급이자		5
	발생되었으나 아직 지급이 안 된 이자비용의 인식		
(E)	선수용역수익	400	
	용역수익		400
	선수용역수익 중 용역 수행한 부분을 수익으로 인식		

고, 현금이 지급되지 않은 이자 또는 급여 등에 대해 부채와 비용을 인식하게 된다.

이연(移延 deferral)은, 수익·비용과 관련된 현금 수입·지출이 이루어졌지만 그 수익·비용이 인식되는 시점은 미래 일정 시점까지 연기(이연)되어야 하는 상황을 처리하는 회계과정이다. 이 경우에는 i) 현재의 현금유입액을 장래의 수익 인식 목적으로 부채(예 : 선수수익)로 인식하거나, ii) 현재의 현금유출액을 장래의 비용 인식 목적으로 자산(예 : 선급비용)으로 인식하는 회계과정을 말한다. 전자의 경우 수익의 인식은 관련 부채에 내재된 의무의 일부 또는 전부가 이행될 때까지 연기된다(즉, 그때 가서야 인식된다). 또한 후자의 경우 비용의 인식은 관련 자산에 내재된 미래경제적효익의 일부 또는 전부가 사용될 때까지 연기된다.

이연에는 **수익과 비용의 기간별 배분**(allocation)이 수반된다. 기간별 배분은 **상각**이라고도 하며, 이는 매 기간에 일정한 방식에 따라 금액을 감소시켜 가는 회계과정을 말한다. 상각의 전형적인 예로는 감가상각에 의한 비용 인식이 있다.

앞에서 다룬 수정사항의 회계처리는 바로 이러한 발생과 이연 현상 때문에 필요해진 과정이다. 따라서 수정사항은 다음 〈표 3-3〉에서 보듯이 네 가지 유형으로 분류된다.

표 3-3 수정의 유형

	수 익 (미수)	**비 용** (미지급)
발 생 (accrual)	현금거래는 아직 없음 : 추후에 현금수취 예정	현금거래는 아직 없음 : 추후에 현금지급 예정
	기말수정 (C) : 발생한 수익과 자산(채권)을 인식	기말수정 (D) : 발생한 비용과 부채를 인식
	수 익 (선수)	**비 용** (선급)
이 연 (deferral)	현금을 선수취 (7) : 선수용역수익(부채)을 기록	현금을 선지급 (3), (4) : 선급비용(자산)을 기록
	기말수정 (E) : 선수용역수익 중 번 것을 수익 인식	기말수정 (A), (B) : 선급분 중 소진된 것을 비용 인식
	* 숫자 : 예시된 부산(주)의 기중거래 번호 ; 알파벳 : 예시된 부산(주)의 기말수정 기호	

3. 수정분개의 전기

수정사항의 분개도 기중거래의 경우처럼 전기(轉記)한다. 〈그림 3-1〉은 부산(주)의 총계정원장 내의 계정에 수정사항 5개 각각을 차변과 대변을 이용해 기록하고, 각 계정의 차변, 대변의 합계를 계산하여 이들 합계의 차액을 잔액으로 산출하는 과정을 보여준다.

그림 3-1 수정분개의 전기

거래번호	재무상태표의 계정들									
	자 산									
	현 금		매출채권		선급임차료		비 품		감가상각누계액	
	차변	대변	차변	대변	차변	대변	차변	대변	차변	대변
(1)	6,000									
(2)	3,000									
(3)		3,200					3,200			
(4)		3,600			3,600					
(5)			5,700							
(6)	1,800									
(7)	2,000									
(8)	5,700			5,700						
(9)		11,300								
(10)		30								
(11)		100								
잔액	270		0		3,600		3,200			0
(A)										200
(B)						1,200				
(C)			7,700							
(D)										
(E)										
잔액	270		7,700		2,400		3,200			200

거래번호	재무상태표의 계정들													
	부 채								자 본					
	단기차입금		선수용역수익		미지급이자		장기차입금		보통주자본금		미처분이익잉여금		배당금	
	차변	대변	차변	대변	차변	대변	차변	대변	차변	대변	차변	대변	차변	대변
(1)										6,000				
(2)								3,000						
(3)														
(4)														
(5)														
(6)		1,800												
(7)				2,000										
(8)														
(9)														
(10)														
(11)													100	
잔액		1,800		2,000		0		3,000		6,000		0	100	
(A)														
(B)														
(C)														
(D)						5								
(E)			400											
잔액		1,800		1,600		5		3,000		6,000		0[1]	100	

거래번호	포괄손익계산서의 계정들									
	수 익		비 용							
	용역수익		급 여		임차료비용		감가상각비		이자비용	
	차변	대변	차변	대변	차변	대변	차변	대변	차변	대변
(1)										
(2)										
(3)										
(4)										
(5)		5,700								
(6)										
(7)										
(8)										
(9)			11,300							
(10)									30	
잔 액		5,700	11,300		0		0		30	
(A)							200			
(B)					1,200					
(C)		7,700								
(D)									5	
(E)		400								
잔 액		13,800	11,300		1,200		200		35	

제3절 재무제표의 작성 및 마감

수정분개가 모두 전기되고, 이를 반영한 각 계정의 (수정)잔액이 산정되면, 수정후시산표를 〈표 3-4〉와 같이 작성한다. 수정후시산표 역시 수정전시산표에서처럼 총차변잔액과 총대변잔액이 일치해야 한다. 수정후시산표가 작성되면 이를 바탕으로, 재무제표를

표 3-4 수정후시산표

부산(주) 20×1년 12월 1일부터 20×1년 12월 31일까지 (단위 : 원)

계 정	금 액	
	차변	대변
현금	270	
매출채권	7,700	
선급임차료	2,400	
비품	3,200	
감가상각누계액		200
단기차입금		1,800
선수용역수익		1,600
미지급이자		5
장기차입금		3,000
보통주자본금		6,000
미처분이익잉여금[1]		0
배당금	100	
용역수익		13,800
급여	11,300	
임차료비용	1200	
감가상각비	200	
이자비용	35	
합 계	26,405	26,405

1. 수정분개 직후 총계원장의 미처분이익잉여금 기말잔액은 수정직전의 잔액(₩0)과 동일하지만, 곧 실시하게 될 마감절차 후에는 당기순이익(₩1,065)만큼 증가될 것이다.

작성하는데, 포괄손익계산서를 먼저 작성하고, 다음에 재무상태표를 작성한다. 이러한 순서를 따르는 이유는 **계산의 연계성**(articulation) 때문이다. 즉, 포괄손익계산서상의 당기순이익을 계산한 후에야 미처분이익잉여금 잔액을 계산할 수 있고, 그 다음에 비로소 재무상태표의 자본 부분을 작성할 수 있기 때문이다. 재무제표가 작성되면, 마지막으로 마감절차를 행한다.

1. 포괄손익계산서의 작성

수정후시산표로부터 포괄손익계산서 계정인 수익과 비용 계정의 잔액을 모아, 수익·비용 대응의 원칙에 따라 〈표 3-5〉와 같은 **포괄손익계산서**를 작성한다. 포괄손익계산서[2]는 해당 기간에 인식한 모든 수익과 비용 항목을 ① 단일의 포괄손익계산서 또는 ② 두 개의 보고서, 즉 당기순손익 산정까지의 항목을 배열하는 별개의 보고서인 '손익계산서' 와 당기순손익으로부터 시작하여 기타포괄손익의 항목을 배열하는 보고서인 '포괄손익계산서' 중 한 가지 방법으로 표시한다. 더 상세한 사항에 대해서는 제5장에서

표 3-5 **포괄손익계산서**

부산(주) 20×1년 12월 1일부터 20×1년 12월 31일까지 (단위 : 원)

항 목	금 액	
I. 수익		13,800
용역수익	13,800	
II. 비용		(12,735)
급여	11,300	
임차료비용	1,200	
감가상각비	200	
이자비용	35	
III. 당기순이익		1,065
IV. 기타포괄손익		0
V. 총포괄이익		1,065

2. IFRS는 기존의 명칭 Statement of Comprehensive Income이 other comprehensive income을 더 강조한다는 인상을 줄 것을 우려하여 2011년에 Statement of Profit or Loss and Other Comprehensive Income으로 명칭을 바꾸었다(다른 명칭도 허용은 됨). 그러나 한국채택국제회계기준은 이의 번역 명칭인 '손익과 기타포괄손익계산서' 를 채택하지 않고, 기존 명칭인 '포괄손익계산서' 를 계속 유지하기로 하였다. 이는 새 명칭이 현행 법규(외감법 규정)상의 명칭과 불일치하고 이용자에게 혼란을 줄 수 있기 때문이다.

설명한다. 다만, 이 사례의 경우에서 유의할 점은, 기타포괄손익이 없으므로 사례의 포괄손익계산서는 (수익에서 총비용이 차감되어 당기순이익이 산정됨을 보여주는) 손익계산서와 차이가 없다는 것이다.

2. 재무상태표의 작성

수정후시산표로부터 재무상태표 계정인 자산, 부채, 그리고 자본계정의 잔액을 다음에서 설명하는 기준에 의하여 적절히 분류하여 〈표 3-6〉과 같이 작성한다. 한편, 여기서 "자산 총계 = 부채와 자본 총계 = ₩13,370" 임을 확인할 수 있다.

한국채택국제회계기준 도입 전에는 전통적으로 유동성 배열법, 즉 유동자산(부채)을 비유동자산(부채)보다 먼저 표시하고, 유동자산(부채) 중에서도 유동성이 높은 순서로 계정을 표시하는 방법이 적용되어 왔다. 그런데 한국채택국제회계기준은 원칙적으로 유동/

표 3-6 재무상태표

부산(주) 20×1년 12월 31일 현재 (단위 : 원)

항 목	금 액	항 목	금 액
자 산		**부 채**	
I. 유동자산		I. 유동부채	
현금	270	단기차입금	1,800
매출채권	7,700	선수용역수익	1,600
선급임차료	2,400	미지급이자	5
유동자산 합계	10,370	유동부채 합계	3,405
II. 비유동자산		II. 비유동부채	
비품	3,200	장기차입금	3,000
감가상각누계액	(200)	부채 합계	6,405
비유동자산 합계	3,000	**자 본** :	
		I. 자본금	
		보통주자본금	6,000
		II. 이익잉여금	
		미처분이익잉여금	965
		(당기순이익 1,065)	
		자본 합계	6,965
자산 총계	13,370	부채와 자본 총계	13,370

( ) : 차감을 표시함.

비유동 구분법, 즉 유동자산과 비유동자산, 유동부채와 비유동부채로 재무상태표에 구분하는 방법으로 표시하도록 하고 있다. 단, 유동성 배열법이 신뢰성 있고 더욱 목적적합한 정보를 제공한다면 그 적용이 허용되고, 이 경우 모든 자산과 부채는 유동성 순서에 따라 표시한다.[3]

재무상태표에 보고되는 항목들의 분류에 대해서는 제5장에서 상세히 설명하므로, 여기서는 주요 분류에 대해서 다음과 같이 간단히 설명하기로 한다.

유동자산 : 재무상태표일(결산일)로부터 1년 이내에 현금으로 전환되거나 또는 영업활동에 의하여 사용될 자산이다. 부산(주)의 경우, 현금, 매출채권, 선급임차료로 구성되며, 이러한 유동자산의 합계는 ₩10,370이다.

비유동자산 : 재무상태표일(결산일)로부터 1년을 초과하여 현금으로 전환되거나 사용될 자산이다. 부산(주)의 경우, 비품(사무기기)으로 구성된다. 오랫동안 고정자산이라 불렸다. 감가상각누계액은 해당 비유동자산의 취득 후 보고기간 말까지 누적 합산된 감가상각액으로서 부산(주)의 경우 ₩200이다. 비품의 취득원가(₩3,200)에서 감가상각누계액(₩200)을 차감하는 형식으로 재무상태표에 표시하고 그 차액을 장부금액(carrying amount 또는 book value)이라 한다. 따라서 비품의 장부금액은 ₩3,000이다.

유동부채 : 재무상태표일로부터 1년 이내에 현금으로 상환하거나 영업활동을 통해 갚아야 할 부채이다. 부산(주)의 경우, 단기차입금, 선수용역수익, 미지급이자로 구성되며, 이러한 유동부채의 합계는 ₩3,405이다.

비유동부채 : 재무상태표일로부터 1년이 경과한 후에 갚아야 할 부채이다. 오랫동안 고정부채라고 불렸다. 부산(주)의 경우, 장기차입금(₩3,000)으로 구성된다.

자본 : 자본금, 자본잉여금(부산(주)의 경우 없음), 이익잉여금, 기타의 자본요소 등으로 구성된다.

자본금 : 보통주자본금 ₩6,000으로 구성된다.

이익잉여금 : 당기순이익(₩1,065)에서 배당금(₩100)을 차감한 잔액이 미처분이익잉여금(₩965)으로 보고된다.

3. 기업회계기준서(K-IFRS) 제1001호 '재무제표 표시(Presentation of Financial Statements)' 문단 56, 60.

3. 자본변동표와 현금흐름표의 작성

재무제표에는 앞에서 설명한 포괄손익계산서와 재무상태표 외에 자본변동표와 현금흐름표가 있다.[4] 자본변동표와 현금흐름표의 의미와 구조에 대해서는 각각 제9장(자본)과 제5장(재무제표의 작성과 표시)을 참고하기 바란다. 여기서는 자본변동표와 현금흐름표의 기본 개념에 대해서만 다음과 같이 언급한다.

자본변동표는 한 보고기간에 발생한 소유주지분(자본)의 변동에 관한 정보를 제공하는 재무보고서로서, 자본을 구성하고 있는 자본금·자본잉여금·이익잉여금(또는 결손금)·기타 자본구성요소(자본조정·기타포괄손익누계액)의 변동에 대한 포괄적인 정보를 제공한다.

현금흐름표는 한 보고기간에 이루어진 현금흐름에 대해 분류·요약한 보고서로서, 기업의 현금흐름을 영업활동·투자활동·재무활동별로 구분하고, 이를 다시 현금유입과 현금유출로 나누어 보여준다.

4. 마감

재무제표의 작성이 완료되면, 마지막으로 마감절차를 행한다.

재무상태표 계정들은 그 계정 성격상 당기 말 잔액은 결산기를 지나면서 차기 초의 잔액이 된다(일정 시점에 파악되므로). 예를 들면, 총계정원장의 12월 말 현금잔액이 ₩270이라는 것은 실제로 부산(주)이 현금을 그만큼 가지고 있다는 뜻이므로, 그 현금잔액은 그대로 이듬 해 1월 초로 이월되어 영업활동 등에 사용되는 것이다. 부채와 자본에 대해서도 마찬가지로, 예를 들면, 단기차입금 ₩1,800은 12월 말 부산(주)이 실제 부담하고 있는 부채로 존재하며 다음 해 1월 초에도 그대로 이월되어 그 부채를 부담하게 되는 것이다.

그러나 손익(계산서)계정들의 당기 말 잔액은 차기 초의 잔액이 되지 못한다(일정기간마다 파악하는 것이므로). 즉, 새 보고기간이 되면 잔액이 0(zero)으로부터 출발한다. 이러한 점에서 손익(계산서) 계정(그리고 배당금 계정)을 **임시계정**(temporary account) 혹은 **명목계정**(nominal account)이라 하고, 재무상태표 계정을 **영구계정**(permanent account)

---

4. 이 책의 목적과 범위를 고려하여 현금흐름표의 구체적인 작성절차는 생략한다.

혹은 **실질계정**(real account)이라 한다.

결산의 최종단계를 마감이라 하는데, **마감**(closing)은 임시계정인 손익계산서 계정과 배당금 계정의 기말잔액을 0(zero)으로 만드는 마감분개와, 영구계정인 재무상태표 계정 마감(마감분개를 하지 않음)의 두 가지로 나누어 볼 수 있다. 보통, 마감이라 하면 전자인 마감분개 및 그 전기를 가리키는 경우가 많다. 이하에서 이 두 가지에 대해 살펴본다.

마감단계 1	수익계정 마감 : 수익계정의 잔액을, 임시로 만든 집합손익(income summary) 계정으로 이전. 수익계정 잔액 → 0			
마감분개	**차변)** 용역수익	13,800	**대변)** 집합손익	13,800

마감단계 2	비용계정 마감 : 비용계정의 잔액을, 집합손익(income summary) 계정으로 이전. 비용계정 잔액 → 0			
마감분개	**차변)** 집합손익	12,735	**대변)** 급여	11,300
			임차료비용	1,200
			감가상각비	200
			이자비용	35

마감단계 3	집합손익계정 마감 : 집합손익 계정의 잔액을 미처분이익잉여금 계정으로 이전. 집합손익계정 잔액 → 0			
마감분개	**차변)** 집합손익	1,065	**대변)** 미처분이익잉여금 (또는 이익잉여금)	1,065

마감단계 4	배당금 계정 마감 : 배당금(dividend) 계정의 잔액을 미처분이익잉여금 계정으로 이전. 배당금 계정 잔액 → 0			
마감분개	**차변)** 미처분이익잉여금[5] (또는 이익잉여금)	100	**대변)** 배당금	100

5. '미처분이익잉여금' 계정 대신 '이익잉여금' 이라는 분류항목을 사용하는 경우도 많다.

앞서 배운 T-계정을 이용하여 위 마감분개를 전기하면 아래 그림에서 보는 바와 같다. 결국 모든 수익, 비용 계정들과 집합손익 계정, 배당금 계정의 마감후잔액은 0이 되고, 종착지는 미처분이익잉여금 계정이 됨을 알 수 있다.

용역수익

	-
	-
(1) 13,800	잔액 13,800
	마감후잔액 0

급 여

-	
-	
잔액 11,300	(2) 11,300
마감후잔액 0	

임차료비용

-	
-	
잔액 1,200	(2) 1,200
마감후잔액 0	

감가상각비

-	
-	
잔액 200	(2) 200
마감후잔액 0	

이자비용

-	
-	
잔액 35	(2) 35
마감후잔액 0	

집합손익

(2) 12,735	(1) 13,800
(3) 1,065	잔액 1,065
	마감후잔액 0

미처분이익잉여금

	-
	-
(4) 100	(3) 1,065
	마감후잔액 965

배 당 금

-	
-	
잔액 100	(4) 100
마감후잔액 0	

재무상태표 계정에 대해서는 별도의 마감분개가 필요 없다. 재무상태표 계정의 잔액은 실질적으로 존재하는 항목들의 잔액이므로 바로 총계정원장에서 잔액을 차기이월시키면 되기 때문이다. 그 계정 잔액은 총계정원장의 각 계정에 기말잔액을 차기로 이월시킨다는 표시를 함으로써 계정이 마감된다. 즉, 그 잔액을 계정의 반대편에 기입하면서 "차기이월"이라고 표시한다. 차변잔액을 가지는 자산계정은 대변에 그 잔액과 동일한 금액을 기입하고 차기이월이라 표시한다. 반대로 부채와 자본은 대변잔액을 가지므로 차변에 그 잔액과 동일한 금액을 기입하고 차기이월이라 표시한다. 그리고 12월 31일 차기이월한 후 1월 1일 "전기이월"을 기입함으로써 각 계정잔액이 다음 해 1월로 이월되어 그 금액을 가지고 새해 1월의 영업이 시작됨을 표시한다.

자산, 부채 및 자본 모두에 같은 방법을 적용하므로 여기에서는 현금, 단기차입금 및 보통주자본금에 대한 마감만 예시하기로 한다.

현 금

12. 1 (1)보통주자본금	6,000	12. 1 (3)비 품	3,200
12. 1 (2)장기차입금	3,000	12. 1 (4)선급임차료	3,600
12.27 (6)단기차입금	1,800	12.31 (9)급 여	11,300
12.28 (7)선 수 금	2,000	12.31 (10)이자비용	30
12.28 (8)매출채권	5,700	12.31 (11)배당금	100
잔액	270	12.31 차 기 이 월	270
1. 1 전 기 이 월	270		

단기차입금

		12.27 (6)현 금	1,800
12.31 차기이월	1,800	잔액	1,800
		1. 1 전기이월	1,800

보통주자본금

		12. 1 (1)현금	6,000
12.31 차기이월	6,000	잔액	6,000
		1. 1 전기이월	6,000

5. 정산표

정산표(精算表 worksheet)는 '수정전시산표' 로부터 '포괄손익계산서' 와 '재무상태표' 를 만들기까지의 과정을 하나의 표로써 일목요연하게 보여주는 것으로서, 결산 시 필요절차는 아니나 회계원리를 이해하는 데 매우 유용하므로 정독하여 숙지하기 바란다.

다음 〈표 3-7〉은 부산(주)의 경우를 적용한 정산표를 보여준다. 이 사례에서는 이해를 쉽게 하도록 기타포괄손익항목이 없는 것으로 했으므로, 포괄손익계산서는 사실상 (별개의) 손익계산서와 동일하게 작성된다.

'수정전 잔액' 을 각 계정별로 기입한 후, 다음 칼럼에 '수정분개' 를 나타내고, 이 두 금액을 가감하여(같은 변에 있는 금액은 서로 더하고 다른 변에 있는 금액은 차감하여) 그 결과인 수정후 잔액을, 그 다음 칼럼인 '수정후 시산표' 에 나타낸다. 이 '수정후 잔액' 이 나열된 '수정후시산표' 에서 손익항목을 추려 '손익계산서' 를 만들고, 나머지 항목을 추려 '재무상태표' 를 만든다.

이때 '손익계산서' 에서는 당기순이익이 계산되어야 하는데, 이 금액은 차변 합계 바로 밑에 기입한다(물론 순손실의 경우에는 대변 합계 밑에 기입). 이와 동시에 그 금액은 '재무상태표' 의 대변에 기입되면서 정산표 작성과정이 끝난다.

표 3-7 정산표

계 정	수정전시산표		수정분개		수정후시산표		손익계산서		재무상태표	
	차변	대변	차변	대변	차변	대변	차변	대변	차변	대변
현금	270				270				270	
매출채권			C) 7,700		7,700				7,700	
선급임차료	3,600			B) 1,200	2,400				2,400	
비품	3,200				3,200				3,200	
단기차입금		1,800				1,800				1,800
선수용역수익		2,000	E) 400			1,600				1,600
장기차입금		3,000				3,000				3,000
보통주자본금		6,000				6,000				6,000
미처분이익잉여금										
배당금	100				100				100	
용역수익		5,700		E) 400 C) 7,700		13,800		13,800		
급여	11,300				11,300		11,300			
이자비용	30		D) 5		35		35			
합 계	**18,500**	**18,500**								
감가상각비			A) 200		200		200			
감가상각누계액				A) 200		200				200
임차료비용			B) 1,200		1,200		1,200			
미지급이자				D) 5		5				5
합 계			**9,505**	**9,505**	**26,405**	**26,405**	**12,735**	**13,800**	**13,670**	**12,605**
당기순이익							**1,065**			**1,065**
총 계							**13,800**	**13,800**	**13,670**	**13,670**

종합예제 | 서비스 기업의 결산 : 수정 및 수정후시산표, 재무제표 작성, 마감분개

오리엔탈투자(주)는 중동 및 동아시아 지역에 다양한 투자를 위한 자문회사로서, 매분기별로(quarterly) 결산을 하고 있다. 다음의 시산표는 20×8년 12월 31일 현재 수정전시산표로서 20×8년 4/4분기(10월 1일~12월 31일) 중의 거래를 반영하고 있다. 그리고 분기결산을 위한 수정사항은 표 다음에서 보는 바와 같다.

수정전시산표

오리엔탈투자(주) 20×8년 12월 31일

계 정	차변	대변
현 금	6,800,000	
매출채권	600,000	
선급보험료	2,400,000	
단기차입금		2,000,000
자본금		6,000,000
용역수익		3,000,000
임직원급여	1,000,000	
광고비용	160,000	
통신비용	40,000	
합 계	11,000,000	11,000,000

결산수정사항

① 선급보험료는 내년 11월 30일까지 1년간 보험료를 12월 1일 보험가입 시 지급한 것이다.

② 단기차입금 ₩2,000,000은 11월 1일에 1년간 차입한 것인데, 연간 이자금액 ₩120,000(연 6% 이자율)은 원금상환 시 함께 지급하기로 되어 있다.

③ 12월 20일 아름(주)에 자문용역을 하고, 용역대금은 한 달 후인 20×9년 1월 20일에 받기로 했는데, 관련 수익금액 ₩200,000을 기록하지 않은 것으로 나타났다.

④ 임차계약상 임차료는 사용 후 1개월 내에 지급하기로 되어 있다. 따라서 12월분 사무실 임차료 ₩300,000은 20×9년 1월 말에 지급하기로 되어 있어서 12월에는 임차료를 지급하지 않았다.

⑤ 이번 분기 중에 발생한 일부 광고비 ₩100,000이 아직 지급되지 않았고 이것이 미기록 상태임을 알게 되었다.

⑥ 기타포괄 손익으로 인식된 항목은 전혀 없다.

요구사항

(1) 결산 시 재무제표 작성을 위해 필요한 수정분개를 하시오.

(2) 정산표에 위 수정분개를 반영하고, 그 곳에서 수정후시산표를 보이시오.

(3) 20×8년 4/4분기의 포괄손익계산서를 작성하시오.

(4) 20×8년 12월 31일 현재의 재무상태표를 작성하시오.

(5) 마감분개를 수행하시오.

[풀이]

(1) 수정분개

① 1년간 보험료 ₩2,400,000을 12월 1일에 선급하였는데, 12월분 보험료는 ₩200,000(= ₩2,400,000/12개월)으로 계산된다. 따라서 이를 20×8년 4/4분기 비용(보험료)으로 인식하여 차변에 기록하고, 자산(선급보험료)이 1개월간 그만큼 소모(expire)되었으므로 대변에 자산감소를 기록한다.

차변) 보 험 료	200,000	대변) 선급보험료	200,000

② 연간 이자액 ₩120,000 중 2개월분(11월 ~ 12월)의 이자 ₩20,000(= ₩120,000/12 × 2)이 발생한 것이므로, 이자비용 ₩20,000을 인식하여 차변에 계상한다. 동시에, 그 이자비용에 대한 지급은 아직 이루어지지 않았음을 인식하여 동액의 부채(미지급이자)를 대변에 계상한다.

차변) 이자비용	20,000	대변) 미지급이자	20,000

③ 투자자문용역을 제공하여 용역수익이 발생하였는데 기록하지 않은 것(일종의 오류)은 결산일에 수정해야 한다. 즉, 용역수익 ₩200,000을 수익으로 인식하고(대변), 동시에 동액의 매출채권(자산)을 인식해야 한다(차변).

차변) 매출채권	200,000	대변) 용역수익	200,000

④ 12월분 임차료를 지급하지 않았으므로 미지급임차료 ₩300,000을 계상하고(대변) 또 그만큼 임차료 비용을 인식한다(차변).

차변) 임차료	300,000	대변) 미지급임차료	300,000

⑤ 광고비 ₩100,000이 발생했는데 아직 지급되지 않은 상태이므로 동액의 광고비를 비용으로 계상하고(차변), 동시에 부채(미지급광고비)를 계상한다(대변).

차변) 광고비용	100,000	대변) 미지급광고비	100,000

(2) 정산표(일부)를 이용한 수정후시산표

	수정전시산표		수정분개		수정후시산표	
계 정	차변	대변	차변	대변	차변	대변
현 금	6,800,000				6,800,000	
매출채권	600,000		③ 200,000		800,000	
선급보험료	2,400,000			① 200,000	2,200,000	
단기차입금		2,000,000				2,000,000
자본금		6,000,000				6,000,000
용역수익		3,000,000		③ 200,000		3,200,000
임직원급여	1,000,000				1,000,000	
광고비용	160,000		⑤ 100,000		260,000	
통신비용	40,000				40,000	
합 계	11,000,000	11,000,000				
보험료			① 200,000		200,000	
이자비용			② 20,000		20,000	
미지급이자				② 20,000		20,000
임차료			④ 300,000		300,000	
미지급임차료				④ 300,000		300,000
미지급광고비				⑤ 100,000		100,000
합 계			820,000	820,000	11,620,000	11,620,000

(3) 포괄손익계산서

수정후시산표상의 수익과 비용 계정의 최종잔액을 토대로 포괄손익계산서를 작성한다.

포괄손익계산서

오리엔탈투자(주) 20×8년 10월 1일～20×8년 12월 31일

I. **수익**		₩3,200,000
용역수익	₩3,200,000	
II. **비용**		
임직원급여	₩1,000,000	
광고비용	260,000	
통신비용	40,000	
보험료	200,000	
임차료	300,000	
이자비용	20,000	(1,820,000)
III. **당기순이익**		₩1,380,000
IV. **기타포괄손익**		0
V. **총포괄이익**		₩1,380,000

(4) 재무상태표

방금 작성한 포괄손익계산서상의 정보와 수정후시산표상의 자산, 부채 및 자본계정의 최종잔액을 토대로 재무상태표를 작성한다.

재무상태표

오리엔탈투자(주) 20×8년 12월 31일

자 산		**부 채**	
현금	₩6,800,000	**단기차입금**	₩2,000,000
매출채권	800,000	**미지급임차료**	300,000
선급보험료	2,200,000	**미지급광고비**	100,000
		미지급이자	20,000
		부채총계	₩2,420,000
		자 본	
		자본금	₩6,000,000
		미처분이익잉여금*	1,380,000
		자본총계	₩7,380,000
자산총계	₩9,800,000	**부채와 자본 총계**	₩9,800,000

* 수정전시산표에 미처분이익잉여금 잔액이 없었으므로 미처분이익잉여금의 기말잔액은 당기순이익과 동일한 금액이 된다.

(5) 마감분개

① 수익계정의 마감 : 용역수익 계정의 잔액(대변) → 집합손익계정(대변)으로 이전.

차변) 용역수익	3,200,000	대변) 집합손익	3,200,000

② 비용계정의 마감 : 각 비용계정의 잔액(차변) → 집합손익계정(차변)으로 이전.

차변) 집합손익	1,820,000	대변) 임직원급여	1,000,000
		광고비용	260,000
		통신비용	40,000
		보험료	200,000
		임 차 료	300,000
		이자비용	20,000

③ 집합손익 계정의 마감 : 집합손익 계정의 새 잔액(대변, 즉 당기순이익)
→ 미처분이익잉여금계정의 대변으로 이전.

차변) 집합손익	1,380,000	대변) 미처분이익잉여금	1,380,000

참고로 마감과정에서의 집합손익 계정(T-계정)의 내용을 보면 다음과 같다.

집합손익			
② 제(諸)비용	1,820,000	① 용역수익	3,200,000
③ 미처분이익잉여금	1,380,000	잔 액	1,380,000
		마감후 잔액	0

요약

제1절 수정전시산표 작성

- 결산절차 : 회계순환과정 중의 후반단계 :
  ③ 시산표(trial balance) 작성 → ④ 수정(adjustment) → ⑤ 재무제표 작성 및 마감
- 시산표(trial balance) 작성
  - 총계정원장의 모든 계정잔액 산출 → 자산, 부채, 자본, 수익, 비용 순서로 열거
  - 차변잔액(자산, 비용 계정)은 차변에, 대변잔액(부채, 자본, 수익 계정)은 대변에 기입
  - 자기검증 기능 : 시산표등식의 확인 : 자산계정 잔액들의 총액 + 비용계정 잔액들의 총액
    = 부채계정 잔액들의 총액 + 자본계정 잔액들의 총액 + 수익계정 잔액들의 총액

제2절 수정 : 수정분개 및 수정후시산표 작성

- 수정사항의 파악
- 수정사항의 4가지 유형 : 발생항목(accruals) : 미수수익, 미지급비용
  이연항목(deferrals) : 선수수익, 선급비용
- 수정분개와 전기 : 발생기준 적용하여 보고기간의 수익, 비용(따라서, 순이익) 그리고 기말시점의 자산, 부채, 자본을 정확히 측정 → 정확한 손익계산 → 정확한 재무제표

제3절 재무제표의 작성 및 마감

- 수정후시산표 작성 → 재무제표 작성 : 포괄손익계산서 작성 후 재무상태표 작성(계산의 연계성 : 포괄손익계산서의 당기순이익이 계산된 후에 재무상태표의 미처분이익잉여금 잔액이 계산 가능)
- 마감(closing)절차 : 결산의 최종단계
  - 임시계정(temporary account) : 마감분개를 통해 기말잔액을 0으로 만듦
  - 영구계정(permanent account) : 마감분개 없이 기말잔액을 차기 초로 이월시킴

  임시계정 = 명목계정(nominal account) = 손익계산서 계정 및 배당금 계정

  영구계정 = 실질계정(real account) = 재무상태표 계정
- 마감분개

차변) ○○ 수익	×××	대변) 집합손익	×××
차변) 집합손익	×××	대변) ○○ 비용	×××
차변) 집합손익	×××	대변) (미처분)이익잉여금	×××
차변) (미처분)이익잉여금	×××	대변) 배당금	×××

- 정산표(worksheet) : '수정전시산표' ~ '포괄손익계산서 및 재무상태표의 작성' 과정을 일괄적으로 보여주는 표(결산 시 필요절차는 아님)

연습문제

서술형

01. 시산표(trial balance)의 개념과 작성 이유에 대해 설명하시오.

02. 시산표의 자기검증 기능에 대해 설명하시오.

03. 결산과정에 대해 언급하고, 수정(adjustment)과정이 필요한 이유에 대해 설명하시오.

04. 수정단계 시에 고려하는 발생(accruals)과 이연(deferrals)의 개념에 대해 설명하고, 각각의 예를 들어보시오.

05. 선급비용과 선수수익에 대한 수정분개를 하지 않을 경우 재무제표에 어떠한 영향을 미치는지 '과소계상' 또는 '과대계상' 표현을 이용하여 설명하시오.

06. 미수수익과 미지급비용에 대한 수정분개를 하지 않을 경우 재무제표에 어떠한 영향을 미치는지 '과소계상' 또는 '과대계상' 표현을 이용하여 설명하시오.

07. 포괄손익계산서는 두 가지 유형 중 하나를 택하여 작성한다. 그 두 가지 유형의 차이에 대해 설명하시오.

08. 재무상태표에 항목들을 구분 표시하는 방법에 무엇이 있는지 설명하시오.

09. 재무제표 작성 시, 포괄손익계산서를 재무상태표보다 먼저 작성해야 하는 이유에 대해 설명하시오.

10. 장부의 마감(closing) 절차에 대해 설명하시오.

11. 실질계정(real account) 또는 영구계정(permanent account)의 의미에 대해 설명하시오.

12. 명목계정(nominal account) 또는 임시계정(temporary account)의 의미를 설명하시오.

13. 손익계산서 계정(수익, 비용)을 마감하는 방법에 대해 설명하시오.

14. 손익계산서 계정의 마감 시 새롭게 만들어지는 '집합손익계정' 에 기입되는 차변 및 대변 금액이 무엇을 의미하는지, 그리고 동 계정을 마감하는 방법에 대해 설명하시오.

15. 재무상태표 계정과 손익계산서 계정의 마감 방법이 다른 이유에 대해 설명하시오.

16. 정산표(worksheet)의 개념과 그 기능에 대해 설명하시오.

17. 정산표를 작성하는 순서에 대해 기술하고, 그 과정에서 계정과목을 열거하는 일반적인 순서에 대해 말하시오.

객관식

01. 다음 중 시산표의 작성과 관련하여 바르게 말하지 않은 것은?

① 모든 계정의 잔액을 차변과 대변으로 분류하여 작성한다.
② 모든 계정은 일반적으로 자산, 부채, 자본, 수익, 비용 계정 순서로 열거된다.
③ 시산표에 열거된 계정잔액들의 차변합계와 대변합계는 일치하지 않아도 된다.
④ 시산표에 열거된 계정잔액들의 차변합계와 대변합계를 봄으로써 회계처리상의 오류 가능성을 파악하는 것이 주목적이다.

02. 20×1년 11월 1일 새로운 고객으로부터 용역수수료 ₩90,000을 미리 받았다. 이것은 11월 1일부터 다음 해 1월 30일까지 3개월분의 수수료이다. 이 거래를 분개한다면?

① 분개하지 않는다 : 아직 아무런 용역도 제공되지 않았다.

② 차변) 현 금	90,000	대변) 선 수 금	90,000
③ 차변) 선 수 금	90,000	대변) 용역수익	90,000
④ 차변) 현 금	90,000	대변) 용역의무	90,000

03. 20×1년 9월 1일 사무실 임차계약을 체결하고 1년분 임차료 ₩24,000을 현금으로 지급한 사실을 분개한다면?

① 차변) 임차료비용 24,000 대변) 미지급비용 24,000
② 차변) 현 금 24,000 대변) 임차료비용 24,000
③ 차변) 선급임차료 24,000 대변) 현 금 24,000
④ 차변) 임차계약금 24,000 대변) 현 금 24,000

04. 20×1년 12월 31일 결산을 위해 위 분개와 관련하여 수정해야 하는 절차는?

① 차변) 임차료비용 16,000 대변) 선급임차료 16,000
② 차변) 임차료비용 24,000 대변) 선급임차료 24,000
③ 차변) 선급임차료 16,000 대변) 임차료비용 16,000
④ 차변) 임차료비용 8,000 대변) 선급임차료 8,000

05. 기말 수정전 소모품(문방구 등)의 잔액이 ₩2,000인데, 소모품 실물조사를 한 결과 그 실제 잔액이 ₩1,500이라면, 다음 중 어떤 수정분개를 해야 하는가?

① 차변) 소 모 품 1,500 대변) 현 금 1,500
② 차변) 소 모 품 1,500 대변) 소모품비 1,500
③ 차변) 현 금 500 대변) 소 모 품 500
④ 차변) 소모품비 500 대변) 소 모 품 500

06. 다음 진술 중 마감절차와 관련하여 바르게 말한 것은?

① 수익과 비용 계정잔액을 바로 이익잉여금 계정으로 옮겨 그 잔액을 0으로 만들어 마감한다.
② 집합손익계정의 대변잔액은 당기순이익을 나타낸다.
③ 배당금계정의 잔액은 집합손익계정으로 옮겨 그 잔액을 0으로 하여 마감한다.
④ 비용계정의 잔액은 동 계정의 차변에 동일한 금액을 기입함으로써 마감한다.

기초문제

01. 갑천(주)의 재무제표는 다음과 같은 항목을 포함하고 있다.

매출채권	₩14,500	선급보험료	₩3,400
현금	₩18,400	소모품	₩1,800
단기금융자산	₩6,200		

위의 항목들을 유동성 순서로 열거하여 재무상태표의 유동자산 부분을 작성하시오.

02. 다음 각 계정이 차변 또는 대변에 어떤 영향을 미치는지 +(증가) 또는 -(감소)로써 말하고, 그 계정의 정상적인 잔액은 차변과 대변 중 어느 곳에 나타나는지 말하시오.

	차변	대변	정상잔액
① 급여	____	____	______
② 매출채권	____	____	______
③ 수수료수익	____	____	______
④ 배당금	____	____	______
⑤ 이익잉여금	____	____	______

03. 대동(주)의 월말 수정 전의 9월 30일 시산표는 ₩9,200의 수익합계와 ₩5,300의 비용합계를 보이고 있다. 그런데 다음 항목들이 수정이 필요한 것으로 나타났다.

- 9월의 감가상각 ₩300
- 아직 청구되지 않은 수익 가득액 ₩2,100
- 발생한 이자비용 ₩600
- 미리 현금으로 수취한 수익의 실현(가득)액 ₩3,400
- 선급보험료 중 9월에 소모된 부분 ₩300

【지시사항】

대동(주)에서 수정이 필요한 각 항목을 나타내어 9월 포괄손익계산서상의 정확한 당기순이익을 계산하시오.

04. 다음의 네 가지 경우에서 보는 오류 중 일부는 시산표에서 차대변 합계를 일치하지 않게 만든다. 만일 그 오류가 합계 사이에 불일치를 야기한다면, 그 합계의 차이(불일치액)를 밝히고 차변이 큰지 대변이 큰지 지적하시오(각 경우는 서로 독립적이라 생각하시오).

① ₩400의 외상(매출채권) 회수가 현금계정에 ₩400 차기되었고, 용역수익에 ₩400 대기되었다.

② ₩950어치의 소모품 외상구입이 기계장비에 ₩950 차기되었고, 매입채무에 ₩950 대기되었다.

③ ₩3,500의 기계장비 구매가 기록되지 않았다.

④ ₩450의 외상대금 청구는 현금에 ₩540 차기되었고, 매출채권에 ₩450 대기되었다.

05. 다음의 기록누락 각각에 대해 총자산이 과소계상("-"), 또는 과대계상("+") 될 것인지, 아니면 영향 받지 않을지(무영향, "0") 말하시오.

_____ ① 가득은 되었으나 그 대금이 아직 수취되지 않은 수익을 미기록

_____ ② 소모된 선급임차료를 기록하지 않음

_____ ③ 은행예금에 대해 발생한 미수이자를 기록하지 않음

_____ ④ 감가상각을 기록하지 않음

_____ ⑤ 발생한 종업원급여를 기록하지 않음

_____ ⑥ 선수수익 중 가득된 부분을 인식하지 않음

심층문제

01. 가람(주)은 20×5년 12월 31일 현재 다음과 같은 정보를 보여주고 있다.

매입채무	2,700
건물(미사용중)	9,500
감가상각누계액－기계	4,000
이익잉여금	16,000
자본금	4,800
무형자산	2,500
차입금(5년 후 만기)	7,500
매출채권	1,500
현금	2,600

단기금융자산	1,000
토지	10,000
기계	7,500
장기투자증권	400

【지시사항】

위의 정보를 이용하여 20×5년 말 현재의 (잘 분류된) 재무상태표를 작성하시오.

02. 다음 항목(알파벳 기호)들은 재무상태표의 분류 과목들을 나타낸다. 그리고 그 아래 항목들(숫자 표시)은 재무상태표에서 발견되는 계정들이다. 이들 각 계정의 왼쪽 빈 칸에 그 계정이 속하는 분류과목의 기호를 쓰시오.

A. 유동자산	B. 투자자산	C. 유형자산
D. 무형자산	E. 유동부채	F. 장기부채
G. 자본	H. 재무상태표에 안 나타남	

_____ ① 감가상각누계액　　_____ ⑥ 재고상품

_____ ② 자본금　　_____ ⑦ 특허권

_____ ③ 이자비용　　_____ ⑧ 선급이자

_____ ④ 미지급 급여　　_____ ⑨ 차입금(5년 후 만기 주택저당대출)

_____ ⑤ 이익잉여금　　_____ ⑩ 투자부동산

03. 보람(주)은 20×5년 말 현재 다음과 같은 요약자료를 수집하였다.

매출원가	₩710,000
순매출액	1,279,000
관리비	239,000
이자비용	68,000
배당금	38,000
물류원가	45,000

【지시사항】

20×5년 말 현재의 포괄손익계산서를 작성하시오.

04. 다음 항목들은 압록(주)의 20×5년 재무제표에서 나온 것이다.

매입채무	₩15,000
매출채권	11,000
감가상각누계액-기계	28,000
광고비	21,000
현금	24,000
자본금	90,000
감가상각비	12,000
배당금	15,000
보험료	3,000
지급어음(차입금)	70,000
선급보험료	6,000
임차비용	17,000
이익잉여금(기초)	12,000
급여	34,000
미지급 급여	3,000
수수료 수익	145,000
소모품	4,000
소모품비	6,000
기계	210,000

【지시사항】

1) 당기순이익을 계산하시오.

2) 20×5년 말 재무상태표에 나타날 이익잉여금 잔액을 계산하시오.

3) 지급어음을 장기부채로 가정하여, 20×5년 말 현재 압록(주)의 (잘 분류된) 재무상태표를 작성하시오.

05. 패수(주)의 계정들과 번호는 다음과 같다. 그 아래 주어진 거래 각각에 대해 차기 또는 대기되어야 하는 계정을 택하여 그 계정번호를 기입하시오.

계 정

① 현금	⑧ 보통주자본금
② 매출채권	⑨ 이익잉여금
③ 소모품	⑩ 배당금
④ 비품(복사기)	⑪ 용역수익
⑤ 매입채무	⑫ 광고비
⑥ 지급어음	⑬ 임차료
⑦ 선수수익	

	차기된 계정의 번호	대기된 계정의 번호
① 사업을 개시하기 위해 ₩90,000의 현금을 투자하다.		
② 전자식 복사기 3대를 ₩400,000에 구입하다. 그 대금 중 ₩100,000을 현금으로, 나머지는 5년 만기의 6% 어음으로 지급하다.		
③ ₩5,000의 소모품(용지)을 외상으로 구입하다.		
④ 복사를 해주고 현금 ₩7,000을 받다.		
⑤ 라디오 방송광고를 ₩500을 주고 하다.		
⑥ 위 ③번의 소모품 구입대금 중 ₩800을 지급하다.		
⑦ 배당금 ₩1,500을 주주에게 지급하다.		
⑧ 이 달치 임차료 ₩1,200을 지급하다.		
⑨ 고객에게 복사를 해주기로 하고 ₩2,000을 미리 받다.		
⑩ 복사를 해주고 그 대금 ₩450을 고객에게 청구하다.		

06. 눈깜짝 배송(주)의 분개장에 다음과 같은 거래들이 기록되어 있다. 이를 T-계정에 전기하시오. 전기를 한 후에는 주어진 형식에 따라 시산표를 작성하시오.

분 개 장

날 짜	계정명칭	차 변	대 변
20×5년 9월 1	현금	25,000	
	보통주자본금		25,000
4	배송트럭	40,000	
	현금		15,000
	미지급금		25,000
8	임차료	1,000	
	현금		1,000
15	선급보험료	1,400	
	현금		1,400
18	현금	2,500	
	용역수익		2,500
20	급여	500	
	현금		500
25	전기료	100	
	미지급비용		100
30	배당금	750	
	현금		750
30	매출채권	1,000	
	용역수익		1,000

총계정원장

현 금	

매출채권	

선급보험료	

배송트럭	

눈깜짝 배송(주)

시산표

20×5년 9월 30일

계 정	차 변	대 변

07. 임진(주)의 재무상태표에는 다음 사항들이 나타나 있다.

	12/31 / ×5	12/31 / ×4
미수이자	₩5,300	₩ -0-
소모품	5,000	3,400
미지급급여	3,700	3,800
선수(용역)수익	-0-	4,000

한편, 20×5년 포괄손익계산서는 다음 사항들을 보여주고 있다.

이자수익	₩15,500
용역수익	72,700
소모품비	8,700
급여	39,000

【지시사항】

20×5년도의 다음 항목들에 대해 계산해 보시오.

1) 이자로 수취한 현금

2) 소모품을 매입한 금액(매입 시 모두 현금지급함)

3) 급료로 지급한 현금

4) 용역수익에 대해 수취한 현금

08. 한강(주)의 수정후시산표는 다음과 같다. 수정후시산표의 정보를 이용하여, 12월 31일로 끝나는 달의 1) 포괄손익계산서, 2) 재무상태표를 작성하고, 3) 필요한 마감분개를 보이시오.

한강(주)

수정후시산표

20×5년 12월 31일

	차 변	대 변
현금	₩17,400	
매출채권	2,200	
소모품	1,800	
사무비품	15,000	
감가상각누계액-사무비품		₩4,000
매입채무		4,000
선수용역수익		5,000
자본금		17,000
이익잉여금		7,400
배당금	2,500	
용역수익		6,500
소모품비	600	
감가상각비	2,500	
임차료	1,900	
	₩43,900	₩43,900

제4장 상기업의 회계

제1절 상기업 재무제표의 특징
제2절 상품매매거래의 분석 및 기록
제3절 부수적 상거래와 그 회계처리
보론 실지재고조사법(기간법)의 경우 여러 방식의 수정분개

이 장에서는 용역(서비스)과 달리 물리적 형체가 있는 재화(財貨) 중 상품(商品)을 매입·판매함으로써 수익을 창출하는 상기업의 회계에 대해서 알아본다. 우선, 상기업에 고유한 회계처리를 이해하기 위해 상기업 재무제표의 특징에 대해 살펴본다. 이어서 상기업에서 일어나는 특징적 거래, 즉 상품매매거래 및 관련 회계처리에 대해 알아보는데, 이해를 돕기 위해 기초재고가 없는 경우를 먼저 다룬 다음 기초재고가 있는 경우를 다룬다. 끝으로, 상기업에 있어서 상품매매와 같은 주요 상거래에 따르는 부수적인 활동 중에서 전형적인 몇몇 거래의 내용 및 관련 회계처리를 학습한다.

제1절 상기업 재무제표의 특징

제2~3장에서 우리는 용역(서비스)을 제공함으로써 수익(매출)을 창출하는 서비스 기업에서 일어나는 주요 거래에 대해 회계처리를 어떻게 하는지 학습하였다.

그러면 용역과 달리 물리적 형체가 있는 재화(財貨 goods)를 제공함으로써 수익(收益)을 창출하는 기업에서 일어나는 거래는 어떻게 다르며 이에 대한 회계처리는 어떻게 하는 것일까? 그와 같은 기업에는 대별하여 **상기업**(商企業 merchandising firm)과 **제조기업**(製造企業 manufacturing firm)이 있는데, 상기업은 재화를 구입하여 일정한 마진(매출총이익 賣出總利益)을 붙여 재판매하는 기업을 말하고, 제조기업은 원재료나 부품을 획득하여 제조과정을 통해 가공처리한 후 판매하는 기업을 말한다.

이 장에서는 상기업의 회계를 다룬다. 제조기업의 회계는 원론 수준에서 다루기에 복잡하므로 중요한 내용은 제12장에서 엮어 다루기로 한다. 다만, 상기업의 경우에 비해 제조기업은 그 재무제표의 특징이 어떠한지를 이 장에서 간단히 소개한다.

1. 상기업 및 제조기업 재무제표의 일반적 특성

상기업의 경우 판매대상이 되는 재화를 **상품**(商品 goods)이라 하고, 제조기업의 경우 판매대상인 최종산물을 **제품**(製品 products 또는 finished goods)이라 한다. 제품이나 상품은 일반적으로 판매를 위해 창고 등에 보유하고 있으므로 "재고"(inventory)라는 말을 "상품" 또는 "제품"의 앞 또는 뒤에 붙여 쓰기도 하고 단순히 재고(在庫)라고 하기도 한다.

상기업 또는 제조기업이라 해서 제2장 및 제3장에서 살펴본 **서비스기업**(service firm)과 본질적으로 상이(相異)한 회계처리 시스템을 갖는 것은 아니고, 다만 서비스기업에는 없는 상품이나 제품이 존재하기에 이들 재화에 대한 처리가 필요하므로 앞에서 보지 못한 특이한 내용이 있을 뿐이다.

그 특이한 내용 중 핵심은 손익계산서[1]를 보면 알 수 있는데, 〈표 4-1〉에서 보는 바와 같이 상기업(또는 제조기업)과 서비스기업은 손익계산서의 구조가 다르다. 상기업(또는 제조기업)의 경우, 제5장에서 설명할 전통적 방식인 '비용의 기능별 분류'의 경우 첫 보고 항목인 매출액에 이어서 매출원가[2]가 바로 대응되어 표시되고, 그 차액이 매출총이익(gross profit)으로 표시되어 나타난다. 매출총이익 바로 아래에는 판매 및 관리 활동에서 발생한 물류원가, 관리비 등의 항목이 나타난다. 그러나 서비스기업의 경우에는 상품이나 제품을 판매하지 않으므로 매출원가가 없고 매출총이익도 표시되지 않고 수익 항목 아래에 영업과정에서 발생한 비용 항목만 나타난다(〈표 4-1〉, 〈표 4-2〉 참조).

표 4-1 **상기업과 서비스기업의 손익계산서**(기능별 분류기준) **비교**

상기업의 손익계산서			서비스기업의 손익계산서		
매출액		×××	용역수익		×××
매출원가		(×××)	물류원가	××	
기초재고(상품)	××		관리비	××	
+당기상품매입원가	××		. . .	. .	
-기말재고(상품)	(××)		. . .	. .	
매출총이익		××	총비용		(××)
물류원가	××		당기순이익		××
관리비	××				
. . .	. .				
. . .	. .				
총비용		(××)			
당기순이익		××			

1. 포괄손익계산서상의 기타포괄손익은 기업의 영업유형에 따라 달라지는 게 아니므로, 손익계산서(즉, 별개의 손익계산서)에서 차이점을 보면 된다.
2. 〈표 4-1〉에서 '매출원가' 바로 아래 세 개의 항목은 매출원가 계산내역(관계식)을 보여주는 것으로 이에 대해서 곧 배우게 된다. 이 내역은 손익계산서상에 표시될 수도 있고 생략될 수도 있다. 여기서 이를 보여주는 이유는 곧 다루게 될 상품매매 회계처리방법(계속기록법, 실지재고조사법) 중 어느 방법을 택하더라도 여기서 보는 관계식은 변하지 않으므로 이를 숙지하게 하고자 함이다.

2. 상기업 재무제표와 제조기업 재무제표의 주요 차이

제조기업은 원재료를 매입하여 공정에 투입하고 노무원가와 제조경비를 투입하여 가공한 후, 공정이 완료된 제품을 고객에게 판매하는 활동을 통하여 이익을 추구하는 조직이므로, 매입활동, 생산활동, 판매활동이 복합적으로 이루어진다. 이 때문에 회계정보 산출과정과 재무제표 내용이 서비스기업이나 상기업보다 복잡하다.

2.1 제조기업 재무상태표의 특성

제조기업의 재무상태표에 보고되는 항목은 일반적으로 기계장치 등 유형자산의 내용이나 규모면에서 상기업과 차이를 보이고, 제품의 매매 등 영업과 관련되는 항목들 중 대부분은 상기업의 재무상태표에서도 접할 수 있는 것들이지만, 재고자산의 구성항목은 서로 다르다. 즉, 제조기업의 재무상태표에는 상기업의 경우와 마찬가지로 외상매출금과 받을어음 등의 매출채권이 유동자산으로 보고되고 외상매입금과 지급어음과 같은 매입채무가 유동부채로 보고된다. 그러나 상기업의 재무상태표에는 상품이 재고자산으로 보고되는 데 비하여, 제조기업의 재무상태표에는 다음과 같은 원재료, 재공품, 제품 등이 재고자산 구성항목으로 보고된다.

원재료(raw materials) : 매입하였으나 아직 사용하지 않는 원재료(취득원가로 기록).
재공품(work-in-process) : 생산과정에서 공정 중에 있는 미완성 제품(제조원가로 기록).
제품(finished goods) : 생산공정이 완료된 완성품으로서 아직 판매되지 않은 것(제조원가로 기록).

2.2 제조기업 손익계산서의 특성

제조기업의 매출원가계산도 기본적으로 상기업과 다를 바 없다. 다만, 상기업에서 판매되는 재고는 상품이라 하고 제조기업에서 제조하여 판매하는 재고는 제품이라 하므로, 〈표 4-2〉에서 보듯이 상기업에서 당기상품매입원가에 상응하는 것이 제조기업에서는 당기에 제조 완료된 제품의 제조원가(당기제품제조원가)라는 차이가 있을 뿐이다. 이 제품제조원가를 먼저 산정하여야 제조기업의 매출원가가 계산되는데, 이에 대해서는

제12장에서 상세히 살펴보기로 한다.

표 4-2 상기업과 제조기업의 손익계산서(기능별 분류기준) 비교

상기업의 손익계산서			제조기업의 손익계산서		
매출액		×××	매출액		×××
매출원가		(×××)	매출원가		(×××)
기초재고(상품)	××		기초재고(제품)	××	
+ 당기상품매입원가	××		+ 당기제품제조원가	××	
- 기말재고(상품)	(××)		- 기말재고(제품)	(××)	
매출총이익		××	매출총이익		××
물류원가	××		물류원가	××	
관리비	××		관리비	××	
· · ·	· ·		· · ·	· ·	
· · ·	· ·		· · ·	· ·	
총비용		(××)	총비용		(××)
당기순이익		××	당기순이익		××

제2절 상품매매거래의 분석 및 기록

상기업 거래의 특성이 반영되는 회계시스템을 구체적으로 이해하기 위해 자전거를 매매하는 기업의 사례를 들어 설명한다. 우선, 독자가 쉽게 이해할 수 있도록 기초에 재고상품이 없는 경우를 다루고, 그 다음 기초재고상품이 있는 일반적 경우를 다룬다.

◉ 기초재고 없는 경우

자전거를 구매, 소비자에게 판매하는 상기업인 분당싸이클(주)에 다음과 같은 거래들이 발생했다.

[거래-1] 12월 5일 자전거 20대를 대당 ₩8만에 현금을 주고 매입하다.
[거래-2] 12월 7일 자전거 5대를 대당 ₩10만에 현금을 받고 판매하다.
[거래-3] 12월 10일 자전거 10대를 대당 ₩8만2천에 외상으로 매입하다.
[거래-4] 12월 15일 자전거 10대를 대당 ₩10만에 외상으로 판매하다.

우선, 위 세 거래만 분개해보자. 스스로 다음 빈칸을 적절히 채워보자.[3]

(1) 12월 5일	차변) 상 품	1,600,000	대변) ( )	1,600,000
(2) 12월 7일	차변) 현 금	500,000	대변) 매 출	500,000
(3) 12월 10일	차변) ( )	( )	대변) ( )	( )

그런데 위의 [거래-2]와 그 분개에 대해 잠깐 생각해보자.

[거래-2]는 수익·비용 거래(수익 또는 비용을 발생시키는 거래)인데, 위의 분개는 수익 발생 측면만을 기록한 것이다. 이 수익의 발생을 위해 희생된 자원(즉, 비용의 발생)은 없는가? 있다. 그것은 대당 ₩8만 주고 매입한 자전거 5대의 제공이다. 만일 이것을 인식해야 한다면 그에 대한 분개도 당연히 필요할 것이다. 즉, 12월 7일에 다음과 같은 분개도 동시에 추가해야 한다.

12월 7일	차변) 매출원가	400,000	대변) 상 품	400,000

여기서 우리는 수익(매출)과 이에 따른 자산증가 부분은 판매가격에 의해 측정되고, 비용(매출원가)의 발생 및 관련 자산(상품)의 감소 부분은 취득원가(取得原價)에 의해 결정됨을 주목하자. **매출원가**(賣出原價 COGS : cost of goods sold)란 당기에 팔려나간 상품(賣出된 상품 goods sold)의 취득원가(原價 cost)를 뜻한다.

다음, 네 번째 거래인 [거래-4]는 어떻게 분개할까? 시도해보자.[4]

[거래-4] 12월 15일 자전거 10대를 대당 ₩10만에 외상으로 판매하다.

(4) 12월 15일	차변) ( )	( )	대변) ( )	( )
	( )	( )	상 품	( )

3. 빈칸 각각에는 현금, 상품, 820,000, 매입채무, 820,000이 순서대로 들어간다.
4. 분개 (4)의 5개 빈칸에는 매출채권, 1,000,000, 매출, 1,000,000, 매출원가가 순서대로 들어간다.

이 분개를 하면서 무언가 걸리는 것을 느끼지 못했는가? 여기서 첫 줄의 수익(매출)과 이에 따른 자산(매출채권)증가 부분은 판매가격에 의해 측정되므로 별 어려움이 없었을 것이다. 그러나 두 번째 줄의 비용(매출원가) 및 관련 자산감소 부분은 취득원가에 의해 결정되는데, 판매된 10대의 자전거의 취득원가는 얼마인지 명확한가? 아마도, 이 10대를, 12월 5일 매입한 20대(대당 ₩8만) 중 12월 7일 5대를 팔고 남은 것의 일부라고 생각하는 독자가 있을 것이다. 틀린 생각이 아니다. 먼저 사온 것부터 우선 판다고 가정(假定)할 수 있기 때문이다(先入先出). 그렇게 가정하여, 즉 팔리는 상품에 대해 가장 먼저 들어와 있는 원가부터 적용하는 방식의 원가흐름(cost flow)을 적용하여 위 (4)의 분개를 아래에 완성해보자.[5]

(4-a) 12월 15일	차변) ( )	( )	대변) ( )	( )
	( )	( )	상 품	( )

그런데 그 10대가 가장 최근에 ₩8만2천에 구입한 10대라고 가정할 수도 있다. 가장 최근에 사온 것부터 우선 판다는 생각을 할 수 있기 때문이다(後入先出). 그렇게 가정하여, 즉 팔리는 상품에 대해 가장 나중에 들어와 있는 원가부터 적용하는 방식의 원가흐름(cost flow)을 적용하여 위 (4)의 분개를 다시 해보자.[6]

(4-b) 12월 15일	차변) 매출채권	1,000,000	대변) 매 출	1,000,000
	매출원가	( )	상 품	( )

끝으로, 12월 15일 판매된 10대의 취득원가는, 특정거래에서 이루어진 실제가격(가장 최근 가격이든, 가장 오래된 가격이든)이 아니라 판매가 이루어지는 당시 평균원가(가중평균원가)로써 결정하는 것이 적절하다고 가정할 수가 있다. 이 경우 12월 15일 판매된 10대의 대당 평균 취득원가는 판매 직전 보유하고 있던 재고량의 평균 취득원가가 적용될 것이다. 판매 직전 보유했던 재고량은 몇 개이고, 그것의 총 취득원가는 얼마일까? 재고량은 25대이고, 총 취득원가는 ₩2,020,000[=(₩80,000 × 15대) + (₩82,000 × 10대)]이

5. 분개 (4-a)의 첫 5개 빈칸에는 앞서의 분개 (4)와 동일하고 마지막 두 칸에 각각 800,000이 들어간다.
6. 분개 (4-b)의 두 빈칸에 각각 820,000이 들어가야 한다.

다. 따라서 평균 취득원가는 ₩80,800이 된다. 이렇게 생각하여 위 (4)의 분개를 다시 해 보자.[7]

(4-c) 12월 15일	차변) 매출채권	1,000,000	대변) 매 출	1,000,000
	매출원가	(　　　)	상 품	(　　　)

이상에서, 12월 15일 매출에 대해, 실제 실물의 흐름(physical flow)과 관계없이 원가의 흐름(cost flow)에 대한 가정에 따라 세 가지로 분개할 수 있음을 보았다. 여기서, 첫 번째 방법(분개 4-a)을 선입선출법(先入先出法 FIFO : first-in-first-out), 두 번째 방법(분개 4-b)을 후입선출법(後入先出法 LIFO : last-in-first-out), 세 번째 방법(분개 4-c)을 가중평균법(加重平均法 weighted average method)이라 한다. 이외에도 타당하게 보이는 방법들이 더 있을 수도 있다. 그러면 어느 것이 옳은가? 회계는 이 중 어느 것을 택해야 할 것인가? 여기서 회계는 전통적으로 획일성(uniformity)보다는 융통성(flexibility)을 선호하여 원가흐름에 대한 가정을 회계책임자(또는 경영자)의 선택에 맡겼다. 그런데 한국채택국제회계기준은 위 세 방법 중 후입선출법을 배제하고 나머지 두 방법, 즉 선입선출법과 가중평균법 중 하나를 택하여 쓰되 특별한 사정이 없는 한, 매 기간 계속해서 적용하도록 하고 있다.

지금까지 보았듯이, 상품매매거래에 있어 매입의 경우에는 취득원가로 측정하여 상품 계정을 증가(차기 借記)시키는 비교적 단순한 회계작업이 이루어진다. 그런데 매출의 경우에는, 쉽게 인식되는 판매가격으로 측정하는 수익인식 부분의 회계처리는 매우 단순하지만, 비용인식 부분은 그때마다 취득원가를 파악해야 하므로 꽤 번거롭게 된다. 거래되는 상품의 종류가 다양하고 거래가 빈번한 경우에는 회계처리 작업의 비용이 높아진다. 즉, 회계처리면에서 그 유효성은 확실하지만, 효율성은 떨어지게 되는 것이다.

따라서 매출 시에 비용(매출원가)의 인식은 일단 뒤로 미루어 결산일에 일괄처리(즉, 다음 제2절에서 설명하는 수정분개로써)한다면 회계의 유효성을 유지하면서 효율성을 높일 수 있을 것이다. 이러한 회계처리 방법을 **기간법**(期間法 periodic inventory system)이라 하고, 앞서 우리가 이미 본 방법은, 상품의 증가와 감소를 계속적으로 기록한다고 하여

7. 분개 (4-c)의 두 빈칸에 각각 808,000이 들어가야 한다.

계속기록법(繼續記錄法 perpetual inventory system)이라 한다. 그런데 기간법은 매출원가의 발생에 해당하는 상품의 감소를 지속적으로 기록해주지 않기 때문에 그때그때 보유상품의 재고원가를 알려주지 못하는 단점이 있다. 따라서 보유상품의 재고원가는 실사(實査: 실지재고조사)를 통해 파악해야 하고, 이 과정은 해당 보고기간의 매출원가의 산정을 위해 필수적이다. 이 때문에 기간법을 **실지재고조사법**(實地在庫調査法)이라고도 한다.

기간법은 상품의 매매거래 시에 상품의 증감을 상품 계정에 기록하지 않고 매출원가도 기록하지 않으며, 그 대신 기말에 재고량의 실지조사를 통해서 기말 상품재고액과 보고기간 전체의 매출원가를 한 번에 산정하는 방법이다. 상품의 매입 시에는 임시적으로 매입이라는 계정의 차변에 상품매입액(즉, 상품매입원가)을 기록한다. 다만, 판매 시 매출액을 매출계정에 기록하는 것은 계속기록법과 같다.

계속기록법은 상품의 증가와 감소를 계속적으로 기록하므로 언제든지 상품재고를 알 수 있어 재고관리를 하는 데 유용하다. 다만, 빈번히 발생하는 매출거래를 매번 기록해야 하기 때문에 수작업으로 기록을 유지하려면 회계업무에 시간이 많이 걸린다. 이러한 이유로 과거에는 계속기록법이 별로 사용되지 않았다. 그러나 이제는 많은 기업들이 전산회계 시스템을 도입하고 있기 때문에 계속기록법이 널리 사용되고 있다. 예를 들면, 할인점, 편의점과 같은 소매기업의 경우에도 스캐너로 상품의 바코드를 읽어서 상품판매를 컴퓨터에 기록한다. 그래서 수작업으로 일일이 상품재고장에 기록할 필요가 없게 되었으며 전산 소프트웨어를 이용하여 모든 복잡한 많은 작업이 가능하게 되었다.

그러면, 기간법(실지재고조사법)에 의해 분당싸이클(주)의 거래 (1)~(4)에 대한 분개를 해보도록 하자. 그 결과는 다음과 같게 된다.

(1) 12월 5일	차변) 매 입	1,600,000	대변) 현 금	1,600,000
(2) 12월 7일	차변) 현 금	500,000	대변) 매 출	500,000
(3) 12월 10일	차변) 매 입	820,000	대변) 매입채무	820,000
(4) 12월 15일	차변) 매출채권	1,000,000	대변) 매 출	1,000,000

위 (1)이나 (3)에서 차기(借記)되는 계정의 명칭이 "상품"이 아니고 "매입"인 이유는 앞서 설명한 바와 같이 기간법에서는 기중 매출 시 상품의 감소를 기록하지 않기 때문에, 상품 계정을 사용하여 매입 시에만 상품의 증가만을 기록하게 된다면 일관성이 없을 뿐만

아니라 그 계정의 잔액은 현재 잔액을 나타내지 않기 때문에 오해를 낳을 수도 있기 때문이다. 따라서 상품매입 시에는 "매입"이라는 일시적인 계정(결산일에 수정분개를 통해 없어지게 됨)을 이용하여 매입원가를 기록하고, 보고기간 초부터 현재까지의 총매입액을 나타내주게 된다.

상품매매와 관련하여 전반적인 틀과 여러 계정들 사이의 관계에 대해 종합적으로 이해하기 위해, 위 (1)~(4) 거래의 결과를 생각하며 다음 물음에 답해보자.

단, 기말인 12월 31일 실지재고조사를 한 결과 자전거가 15대가 남아 있었고, 그 원가는 ₩1,220,000으로 산정되었다고 하자. 이 경우 다음 물음에 우선 답해보자.[8]

(a) 당기의 매입량과 그 매입액(즉, 매입원가)은 각각 얼마인가?	______ 대	₩ ______
(b) 당기의 판매량과 그 매출액은 얼마인가?	______ 대	₩ ______
(c) 당기말의 상품재고의 수량과 그 원가는 얼마인가?	______ 대	₩ ______
(d) 당기의 매출원가는 얼마인가?	______ 대	₩ ______

여기서, 우리는 다음과 같은 관계를 확인할 수 있다.

당기 상품매입량 = 당기 매출량 + 기말재고량
당기 상품매입원가 = 당기 매출원가 + 기말재고원가
즉, 당기 매출원가 = 당기 상품매입원가 - 기말재고원가

◉ 기초재고 있는 경우

지금까지의 사례에서는 독자가 쉽게 이해할 수 있도록 기초에 재고상품이 없었다. 그러나 이제 보다 일반적인 기초재고가 있는 경우를 생각해보자.

만일, 분당싸이클(주)에서 기초인 12월 1일에(즉, 12월 5일 상품의 매입 직전에) 3대의 자전거가 대당 ₩70,000씩 ₩210,000의 원가로 기록되어 있었고, 그 후의 매매거래는 앞의 경우와 동일하여 다음과 같으며, 12월 31일 실지재고조사 결과 18대의 자전거 재고가

8. 물음에 대한 답은 다음과 같다. (a) 30대, ₩2,420,000 (b) 15대, ₩1,500,000 (c) 15대, ₩1,220,000 (d) 15대, ₩1,200,000.

원가 ₩1,460,000으로 산정[9]되었다면 당기의 매출원가는 얼마가 될까?

> **[거래-1]** 12월 5일 자전거 20대를 대당 ₩8만에 현금을 주고 매입하다.
> **[거래-2]** 12월 7일 자전거 5대를 대당 ₩10만에 현금을 받고 판매하다.
> **[거래-3]** 12월 10일 자전거 10대를 대당 ₩8만2천에 외상으로 매입하다.
> **[거래-4]** 12월 15일 자전거 10대를 대당 ₩10만에 외상으로 판매하다.

앞서 말했듯이 매출원가는 당기에 매출된 상품(goods sold)의 원가(cost)이므로, 우선 당기에 매출된 수량이 얼마인지 다음과 같은 논리를 가지고 생각해보자.

기초에 자전거 3대가 있었고 기중에 자전거를 2회에 걸쳐 30대를 매입하였으므로 최대 33대를 팔 수 있었다. 이 33대의 상품수량을 (당기)**판매가능 상품량**이라 하고 그 원가를 **판매가능 상품원가**(cost of goods available for sale)라고 한다. 이 중 기말에 18대가 남아 있었으므로, 기중에 멸실된 상품이 없다면 15대를 매출한 것으로 계산된다. 여기에서 다음과 같은 관계가 있음을 확인할 수 있다.

> 당기 매출량 = (기초재고량 + 당기 상품매입량) − 기말재고량
> = 판매가능 상품량 − 기말재고량

이 등식의 각 항에 해당 원가를 적용하면 다음과 같은 관계가 나온다.

> 당기 매출원가 = 기초재고원가 + 당기 상품매입원가 − 기말재고원가
> = ₩210,000 + (₩1,600,000 + ₩820,000) − ₩1,460,000
> = ₩210,000 + ₩2,420,000 − ₩1,460,000
> = (당기) 판매가능 상품원가 − 기말재고원가
> = ₩2,630,000 − ₩1,460,000 = ₩1,170,000
>
> [위 식에서 '기초재고원가 + 당기 상품매입원가'를 판매가능 상품원가라 하고,
> 기말재고원가는 기말상품재고의 원가를 뜻함]

9. 이 값은 선입선출법 적용에 따른 것이다. 물론 다른 방법을 적용했다면 다른 값이 나왔을 것이다.

위 식을 통해 다음과 같은 관계도 성립함을 알 수 있다.

기초재고량	+ 당기 상품매입량	= 판매가능 상품량	= 당기 매출량	+ 기말재고량
기초재고원가	+ 당기 상품매입원가	= 판매가능 상품원가	= 당기 매출원가	+ 기말재고원가

그리고 이러한 내용을 다음과 같이 도식화할 수 있다. 이것은 매우 중요한 내용이니 반드시 머릿속에 확실히 그려두자.

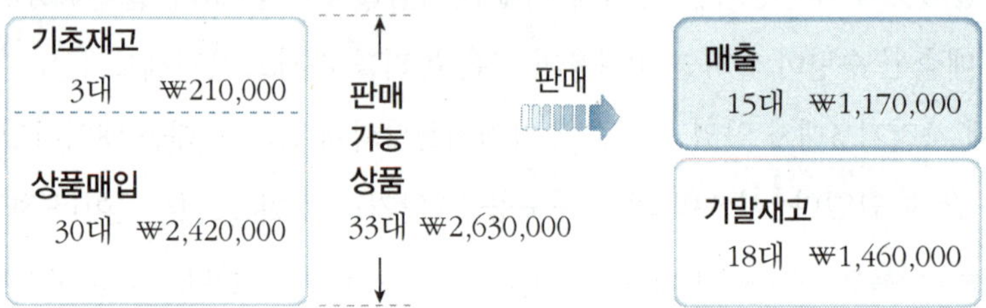

이와 같은 내용을 잘 숙지하면서, 실지재고조사법(기간법)에 대한 내용을 분개를 중심으로 마무리해 나가도록 하자(계속기록법의 경우 매매거래에 대한 분개는 앞 절에서 이미 모두 살펴보았다).

실지재고조사법(기간법)의 경우, 앞서 기록한 4개의 분개에 추가하여 마지막 하나의 분개를 추가해야 한다. 무엇이냐 하면, 이미 언급했듯이 상품매출 시 상품의 감소(동시에, 매출원가의 발생)의 인식 및 기록을 결산일에 일괄처리하기 위해 일단 뒤로 미룬다고 한 부분에 대한 것이다. 이 부분에 대한 처리는 다음의 분개 (5)와 같은 수정분개로써 한다. 그 이유는 다음과 같다. 결산 시에 재무제표를 작성하는 경우, 상품 계정의 최종잔액은 재무상태표에 유동자산의 한 항목인 (재고)상품으로 보고해야 하고, 매출원가 계정의 최종잔액은 손익계산서에 매출원가(이 금액은 매출액에서 차감되어 매출총이익을 산정해줌)로 보고해야 하는데, 상품 계정의 잔액은 기초금액인 ₩210,000(3대의 자전거)으로 머물러 있고, 매출원가 계정에는 아무것도 기록되지 않은 채 있기 때문이다.

(5) 12월 31일	차변) 매출원가	210,000	대변) 상품(기초)	210,000
	매출원가	2,420,000	매 입	2,420,000
	상품(기말)	1,460,000	매출원가	1,460,000

또는 다음과 같이 할 수도 있다(사실상 위 분개와 동일함).

차변) 매출원가	1,170,000	대변) 상품(기초)	210,000
상품(기말)	1,460,000	매 입	2,420,000

위 분개가 의미하는 바는 다음과 같다. 처음 분개 (5)는, 기초의 상품과 당기에 사온 것(매입)을 각각 일단 팔려나간 것(매출원가)으로 처리한 후, 기말에 재고로 남아 있는 부분을 매출원가에서 빼내어(아직 팔린 것이 아니므로) 상품(기말) 계정으로 되돌려 옮겨 놓는다는 개념을 반영한 것이다.

그 다음의 분개(분개 (5)와 실질적으로 동일)는, 기초의 것과 당기에 사온 것의 합계 중 기말재고로 남은 것을 차감한 부분만이 팔린 것이므로 그 부분을 매출원가라는 비용으로 처리한다는 개념을 반영한 것이다.

위 두 분개 모두에서 차변 항목들과 대변 항목들을 서로 대조해보면, "매출원가 + 기말상품원가 = 기초상품원가 + 상품매입원가" 라는 등식의 성립을 상기할 수 있다.

이러한 수정분개 결과, 상품 계정의 잔액은 기말금액인 ₩1,460,000으로 갱신되고, 매출원가 계정의 잔액은 기말금액 ₩1,170,000으로 되어, 이 금액들이 관련 재무제표에 보고되게 되는 것이다. 기중에 임시적으로 만들어졌던 "매입" 계정은 그 잔액이 자연스럽게 ₩0으로 되어 사라지는 결과가 된다.

이상의 분당싸이클(주)의 상품매매 거래의 결과를 부분손익계산서에 나타내면 다음과 같다.

손익계산서(부분)

분당싸이클(주) 20×7년 12월1일～12월 31일

매출액		₩1,500,000
매출원가		(1,170,000)
기초재고(상품)	₩210,000	
+ 당기상품매입원가	2,420,000	
- 기말재고(상품)	(1,460,000)	
매출총이익		₩330,000
물류원가		(××)
관리비		(××)
...	...	...
...	...	...

참고

위의 기말 수정분개 중 첫 번째 방식인 분개 (5)는 "매출원가" 계정에서 매출원가가 계산되는 과정을 나타내주고 있다. 즉, 매출원가 계정의 차변 기록은 기초상품원가(상품 계정의 기초잔액)와 당기상품매입원가(매입 계정의 기말잔액)의 합산을 반영하고, 동 계정의 대변 기록은 기말 상품원가(실지재고조사 통해 결정됨)를 반영함으로써, 매출원가 계정 내에서 차기액(借記額)에서 대기액(貸記額)을 차감한 잔액이 자연스럽게 당기의 매출원가가 되는 것이다.
실지재고조사법에서 기말 수정분개를 하는 목적은 상품의 기말금액과 매출원가를 파악하여 재무상태표 및 손익계산서에 정확히 보고하려는 데 있다. 따라서 이러한 목적을 달성할 수 있다면, 위 관계식에서 보는 바와 같은 매출원가의 산정이 반드시 매출원가 계정에서 이루어질 필요는 없다. "상품" 계정 또는 "매입" 계정을 통해서도 이루어질 수 있는 것이다. 독자는 이 경우 어떻게 분개할 것인가 생각해보고, 이 장의 보론을 참조하기 바란다.

제3절 부수적 상거래와 그 회계처리

앞에서 우리는 상품의 매매거래에 초점을 맞추어 회계처리를 검토하였다. 상기업은 상품매매거래 자체 이외에도 이와 관련하여 추가적인 여러 거래를 하게 된다. 다음과 같은 거래들이 대표적인 것들이다.

1. 매입부대비용

상품을 매입하는 경우 매입자는 매입대금(purchase invoice price) 외에 운임이나 매입관련 수수료 등을 부담하는 경우가 있다. 이와 같이 매입자가 상품을 매입하여 원하는 장소에 있게 하기까지 필수적으로 부담하는 추가비용을 **매입부대비용**이라 한다. 회계는 이러한 부대비용(예를 들어 ₩1,000)을 매입상품의 원가를 구성하는 것으로 보고 다음과 같은 방식으로 처리한다.

차변) 매입 (또는 상품)	1,000	대변) 현금 (또는 미지급비용)	1,000

그런데 이러한 매입부대비용을 별도로 관리하기 위하여 일반적으로 비용 발생 당시에는 "매입운임" 또는 "매입수수료" 계정으로 처리하였다가 기말에 총발생액(예를 들어 ₩8,000)을 "매입" 또는 "상품" 계정으로 이체(移替)시킨다.

기중 : 차변) 매입운임	1,000	대변) 현금 (또는 미지급비용)	1,000
기말 : 차변) 매입 (또는 상품)	8,000	대변) 매입운임	8,000

2. 매입환출 및 매입에누리

매입자는 매입한 상품에 대해 하자(瑕疵) 등의 이유로 만족하지 못하여 반품을 하게 되거나, 반품 대신 상품대금의 일부를 할인받는 경우가 있다. 이를 각각 **매입환출**(purchase returns), **매입에누리**(purchase allowances)라 한다. 이 두 종류의 거래는 사실상 매입상품의 원가를 감소시키는 것이므로, 회계는 이(예를 들어 ₩2,000 발생)를 반영하기 위해 다음과 같은 방법으로 처리한다.

차변) 현금 (또는 매입채무)	2,000	대변) 매입 (또는 상품)	2,000

그런데 앞서 매입부대비용의 경우에서처럼 매입환출이나 매입에누리를 별도로 관리하기 위하여 일반적으로 거래 발생 당시에는 "**매입환출및에누리**" 계정으로 처리하였다가 기말에 총발생액(예를 들어 ₩25,000)을 "매입" 또는 "상품" 계정으로 이체(移替)시킨다(이로써 "매입환출및에누리" 계정은 잔액이 0이 되고, "매입" 또는 "상품" 계정의 잔액은 그만큼 감소된다).

기중 : 차변) 현금 (또는 매입채무)	2,000	대변) 매입환출및에누리	2,000
기말 : 차변) 매입환출및에누리	25,000	대변) 매입 (또는 상품)	25,000

3. 매출환입 및 매출에누리

매입환출, 매입에누리는 판매자 입장에서 보면 **매출환입**(sales returns), **매출에누리**(sales allowances)이다. 이 둘은 사실상 매출액을 감소시키는 것이므로, 이(예를 들어 ₩2,000 발생)를 반영하기 위해 다음과 같은 방법으로 회계처리한다.

차변) 매 출	2,000	대변) 현금 (또는 매출채권)	2,000

매출환입이나 매출에누리를 별도로 관리하기 위하여 일반적으로 거래 발생 당시에는 "**매출환입및에누리**" 계정으로 처리하였다가 기말에 총발생액(예를 들어 ₩30,000)을 "매출" 계정으로 이체(移替)시킨다(이로써 "매출환입및에누리" 계정은 잔액이 0이 되고, "매출" 계정의 잔액은 그만큼 감소된다).

기중 : 차변) 매출환입및에누리	2,000	대변) 현금 (또는 매출채권)	2,000
기말 : 차변) 매 출	30,000	대변) 매출환입및에누리	30,000

4. 매입할인, 매출할인

외상으로 상품을 매입한 자는 때때로 상품의 판매자로부터 상품대금의 할인기회를 제공받기도 한다. 상품 판매자는 외상대금의 회수를 촉진시키기 위해 거래 후 일정기간 내에 외상대금을 상환받는 경우 일정액을 할인해주는 경우가 있기 때문이다. 할인조건(신용조건)은 보통 (5/10, net 30) 또는 (5/10, n/30)과 같은 형식으로 표현되는데, "10일 이내에 외상을 갚으면 거래대금의 5%를 할인해주고, 상환기일은 30일 이내" 라는 뜻이다. 이러한 할인은 **현금할인**(cash discount)의 하나로서, 일반적으로 매입자는 다음과 같이 **매입할인**(purchase discount) 계정을 이용(판매자는 **매출할인** sales discount 계정을 이용)하여 기중거래를 회계처리하고, 기말에 "매입" 또는 "상품" 계정으로(판매자는 "매출" 계정으로) 이체(移替)시킨다.

여기서 신용조건(3/10, net 30)으로 ₩10,000의 상품을 외상매입한 후 10일 내에 외상대금이 지급된 두 개의 기중거래, 그리고 이렇게 할인받은 금액의 기말시점 합계액이 ₩5,100인 경우에 대해 회계처리를 한다면 다음과 같다.

기중 : 상품매입 시	: 차변) 매입(또는 상품)	10,000	대변) 매입채무	10,000
매입채무 지급 시	: 차변) 매입채무	10,000	대변) 매입할인	300
			현 금	9,700
기말 : 수정분개 시	: 차변) 매입할인	5,100	대변) 매입 (또는 상품)	5,100

(여기서 독자는 매입할인 또는 매출할인이 백화점의 할인매출 등의 행사와 같은 경우에 쓰이는 용어와는 다른 것임을 알 것이다.)

지금까지 우리는 매입부대비용, 매입환출및에누리, 매입할인 등에 대해 알아보았다. 이러한 항목들은 결국 당기 매입액(매입원가)에 가감되어 순매입액을 결정하게 된다.

판매자의 입장에서 이러한 항목들은 매출운임, 매출환입및에누리, 매출할인이 될 것이다. 다만, 여기서 유의할 점은 매출환입및에누리, 매출할인만이 당기 매출액에 차감되어 순매출액을 결정하게 되고, 판매운임 등의 판매 부대비용은 순매출액 산정에 관계되지 아니하고 물류원가로 처리된다는 것이다. 이와 같은 항목들의 관계를 요약 정리하면 다음 표와 같다.

매 입 시	판 매 시
당기 매입액(매입원가) + 매입운임 등 부대비용 - 매입환출및에누리 - 매입할인 당기 순매입액	당기 매출액 - 매출환입및에누리 - 매출할인 당기 순매출액 * 판매운임은 물류원가로 처리

통합예제 | 상기업의 결산 : 수정분개와 재무제표 작성

하이쇼핑(주)은 상품을 매매하는 회사로서, 매년 말에 결산을 하고 있다. 다음의 시산표는 20×8년 12월 31일 현재 수정전시산표로서 20×8년(1월 1일 ~ 12월 31일) 중의 거래를 반영하고 있다. 그리고 결산수정사항은 표 아래에서 보는 바와 같다. 하이쇼핑(주)은 상품매매 및 재고관리에 실지재고조사법을 적용하고 있다.

수정전시산표

하이쇼핑(주) 20×8년 12월 31일

계 정	차변	대변
현 금	₩9,400,000	
매출채권	2,000,000	
상 품	3,000,000	
선급보험료	1,200,000	
매입채무		₩4,000,000
자본금		12,000,000
이익잉여금		1,100,000
배당금	100,000	
매 출		20,000,000
매출할인	1,000,000	
매 입	16,000,000	
매입운임	1,000,000	
임직원급여	1,800,000	
운송비용	200,000	
광고비용	400,000	
임차료	1,000,000	
합 계	₩37,100,000	₩37,100,000

결산수정사항

① 연말에 상품에 대해 실지재고조사를 한 결과, 12월 31일 현재 상품재고액(원가)은 ₩6,000,000으로 판명되었다.

② 선급보험료 중 12월 31일 현재 기간이 경과되지 않은 부분은 ₩500,000이다.

③ 시산표상의 광고비용 외에 별도로 12월 중에 발생한 광고비 ₩100,000이 아직 지급되지 않은 상태이다.

④ 기타포괄손익으로 인식된 항목은 전혀 없다.

요구사항

(1) 결산 시 재무제표 작성을 위해 필요한 수정분개를 하시오.

(2) 정산표(부분)에 위 수정분개를 반영하고, 그곳에서 수정후시산표를 보이시오.

(3) 20×8년의 포괄손익계산서를 작성하시오.

(4) 20×8년 12월 31일 현재의 재무상태표를 작성하시오.

(5) 마감분개를 수행하시오.

[풀이]

(1) 수정분개

① 매출원가와 기말재고의 확정을 위해 매입, 매입부대비용(매입운임), 상품 계정을 수정 :

a. 매입운임 ₩1,000,000을 매입원가에 포함시키기 위해 합산.

b. 위 합산 후 매입계정 잔액(17,000,000 = 16,000,000 + 1,000,000)을 매입상품이 모두 팔린 듯이 매출원가 계정(차변)으로 이동.

c. 상품 계정의 잔액(기초재고)도 모두 팔린 듯이 매출원가 계정(차변)으로 이동.

차변) 매 입	1,000,000	대변) 매입운임	1,000,000

차변) 매출원가	3,000,000	대변) 상 품	3,000,000

차변) 매출원가	17,000,000	대변) 매 입	17,000,000

d. 다음, 기말재고액 ₩6,000,000은 팔리지 않은 것이므로 매출원가에서 다시 빼내어 상품 계정(차변)으로 옮겨 놓음.

차변) 상 품	6,000,000	대변) 매출원가	6,000,000

② 선급보험료 중 기간이 경과되지 않은 부분이 ₩500,000이므로 나머지 ₩700,000을 보험료 비용으로 인식하고, 동시에 동액의 선급보험료를 감소시킴.

차변) 보험료	700,000	대변) 선급보험료	700,000

③ 광고비 ₩100,000을 비용으로, 그 미지급액을 부채(미지급광고비)로 계상.

차변) 광고비용	100,000	대변) 미지급광고비	100,000

④ 순매출액을 산정하기 위해 매출할인 ₩1,000,000을 매출에서 차감.

차변) 매 출	1,000,000	대변) 매출할인	1,000,000

(2) 정산표(일부)를 이용한 수정후시산표

	수정전시산표		수정분개		수정후시산표	
계 정	차변	대변	차변	대변	차변	대변
현 금	9,400,000				9,400,000	
매출채권	2,000,000				2,000,000	
상 품	3,000,000		①d 6,000,000	①c 3,000,000	6,000,000	
선급보험료	1,200,000			② 700,000	500,000	
매입채무		4,000,000				4,000,000
자본금		12,000,000				12,000,000
이익잉여금		1,100,000				1,100,000
배당금	100,000				100,000	
매 출		20,000,000	④ 1,000,000			19,000,000
매출할인	1,000,000			④ 1,000,000	0	
매 입	16,000,000		①a 1,000,000	①b 17,000,000	0	
매입운임	1,000,000			①a 1,000,000	0	
임직원급여	1,800,000				1,800,000	
운송비용	200,000				200,000	
광고비용	400,000		③ 100,000		500,000	
임차료	1,000,000				1,000,000	
합 계	37,100,000	37,100,000				
매출원가			①b 17,000,000 ①c 3,000,000	①d 6,000,000	14,000,000	
보험료			② 700,000		700,000	
미지급광고비				③ 100,000		100,000
합 계			28,800,000	28,800,000	36,200,000	36,200,000

(3) 포괄손익계산서

포괄손익계산서

하이쇼핑(주) 20×8년 1월 1일 ~ 20×8년 12월 31일

매출액	₩20,000,000	
매출할인	(1,000,000)	
순매출액		₩19,000,000
매출원가		(14,000,000)
매출총이익		₩5,000,000
물류원가와 관리비		
임직원급여	₩1,800,000	
운송비용	200,000	
광고비용	500,000	
임차료	1,000,000	
보험료	700,000	(4,200,000)
당기순이익		₩800,000
기타포괄손익		0
총포괄손익		₩800,000

(4) 재무상태표

재무상태표

하이쇼핑(주) 20×8년 12월 31일

자산		부채	
현금	₩9,400,000	매입채무	₩4,000,000
매출채권	2,000,000	미지급광고비	100,000
상품	6,000,000	부채 총계	₩4,100,000
선급보험료	500,000	**자본**	
		자본금	₩12,000,000
		이익잉여금*	
		(당기순이익 ₩800,000)	1,800,000
		자본 총계	₩13,800,000
자산 총계	₩17,900,000	부채와 자본 총계	₩17,900,000

* 기말 이익잉여금은 수정후시산표에 있는 기초금액(₩1,100,000)에서 배당(₩100,000)을 차감하고, 당기순이익(₩800,000)을 합한 금액임.

(5) 마감분개

① 수익계정의 마감 : 매출계정의 잔액(대변) → 집합손익 계정(대변)으로 이전.

차변) 매 출	19,000,000	대변) 집합손익	19,000,000

② 비용계정의 마감 : 각 비용계정의 잔액(차변) → 집합손익 계정(차변)으로 이전.

차변) 집합손익	18,200,000	대변) 매출원가	14,000,000
		임직원급여	1,800,000
		운송비용	200,000
		광고비용	500,000
		임차료	1,000,000
		보험료	700,000

③ 집합손익 계정의 마감 : 집합손익 계정의 새 잔액(대변, 즉 당기순이익)
→ 미처분이익잉여금 계정의 대변으로 이전.

차변) 집합손익	800,000	대변) 미처분이익잉여금	800,000

④ 배당금 계정의 마감 : 배당금은 이익잉여금에 대한 차감계정으로서 임시계정
그 잔액 → 미처분이익잉여금 계정의 차변으로 이전.

차변) 미처분이익잉여금	100,000	대변) 배당금	100,000

참고로 마감과정에서의 집합손익 계정(T-계정)의 내용을 보면 다음과 같다.

집합손익

② 제(諸)비용	18,200,000	① 매 출	19,000,000
③ 미처분이익잉여금	800,000		
		마감후 잔액	0

핵심요약

상기업 회계의 특성

상기업 또는 제조기업이라 해서 용역기업과 본질적으로 상이(相異)한 회계처리 시스템을 갖는 것은 아니고, 다만 상품이나 제품이 존재하기에 이들 재화에 대한 처리가 필요하므로 앞의 서비스기업에서 보지 못한 특이한 내용이 있을 뿐이다.

재고기록방법의 비교

거 래	**계속기록법**(繼續記錄法 Perpetual Inventory System)	**기간법**(期間法 Periodic Inventory System) or **실지재고조사법**(實地在庫調査法)
1) 상품 매입분개	차변) 상품 ×× 대변) 현금(또는 매입채무) ××	차변) 매입 ×× 대변) 현금(또는 매입채무) ××
2) 상품 매출분개	차변) 현금(또는 매출채권) ××× 매출원가 ××× 대변) 매출 ××× 상품 ×××	차변) 현금(또는 매출채권) ××× 대변) 매출 ×××
3) 매매관련 기말 수정분개	필요 없음	차변) 매출원가 ××× 매출원가 ××× 상품(기말) ××× 대변) 상품(기초) ××× 매입 ××× 매출원가 ××× 이로써 '매입' 계정의 잔액은 0이 됨.
4) 재무제표 표시 **【재무상태표】** 유동자산 상품(재고) ××	'상품' 계정(기중 상품의 입·출이 계속적으로 기록)의 기말잔액 : 재무상태표에서 유동자산의 한 구성항목인 상품(재고)의 금액으로 보고됨.	'상품' 계정(기말 수정 직전까지 기초잔액만이 나타남)의 잔액 : 기말 수정을 통해 기말잔액(실지재고조사를 통해서만 파악됨)으로 바꾸어지고, 이 수치가 재무상태표에서 유동자산의 한 구성항목인 상품(재고)의 금액으로 보고됨.
【손익계산서】 I. 매출 ××× II. 매출원가 ×× III. 매출총이익 ×	'매출원가' (기중에 상품매출 시마다 계속적으로 기록) 계정의 기말잔액 : 손익계산서에서 "매출원가"의 금액으로 보고 되고, 이 금액은 '매출액' 에서 차감되어 '매출총이익' 이 계산됨.	'매출원가' (기중에 전혀 기록이 이루어지지 않음) 계정 : 기말 수정과정을 통해 비로소 당기의 매출원가 금액을 나타낼 수 있게 되어 손익계산서에 보고되고, 이 금액은 '매출액' 에서 차감되어 '매출총이익' 이 계산됨.

5) 상품원가 결정방법 (원가흐름의 가정)**의 적용 :** 선입선출법(FIFO), 가중평균법(Weighted Average) 중 택일하여 매년 일관성 있게 적용.	기중 내내 매출 시마다, 상품원가 결정방법을 선택·적용하여, 매출원가를 파악하여 기록. 이에 따라 현재 보유한 재고상품의 원가도 결정됨.	- 기중에는 원가결정(원가흐름)에 대해 고려할 필요 없고, 기말수정 시 기말재고 상품의 원가를 파악할 때에만 상품원가 결정방법을 선택·적용함. - 상품의 기말금액(즉, 기말재고원가)이 산정됨에 따라 매출원가가 결정됨.
6) 주요 관계식 : 매출원가 = {기초재고원가 + 상품매입원가 - 기말재고원가} = {판매가능상품원가 - 기말재고원가}	기중 내내 '상품'과 '매출원가' 계정의 내용은 이 관계식을 만족하게 되어 있음.	기말 수정분개는 바로 이 관계식을 반영하고 있는 것임.

보론 실지재고조사법(기간법)의 경우 여러 방식의 수정분개

상기업의 매매거래와 관련한 회계처리방법 중 실지재고조사법(기간법)의 경우에는 수정분개가 필요하다. 그런데 그 수정분개는, 이미 언급했듯이, 단일 유형이 아니라 여러 유형으로 행할 수 있다. 여기서는 이에 대해 사례를 통하여 검토한다. 이러한 검토의 목적은 수정분개 자체의 이해뿐 아니라, 상품매매 관련 항목(계정) 사이의 관계에 대한 독자의 이해를 확실히 하고, 분개에 대한 일반적인 이해를 높이고자 하는 것이다.

[사례]

실지재고조사법으로 매매거래를 회계처리하는 어느 기업의 상품 및 매입 계정의 기말 수정 직전의 내용이 다음과 같다고 한다. 기말 재고조사 결과, 기말상품 재고원가는 ₩2,500인 것으로 판명되었다.

상 품

차변		대변
200×년 1월 1일	1,000	

매 입

차변		대변
200×년 1월 10일	200	
·	·	
·	·	
·	·	
12월 20일	900	
합 계	25,800	

이 기업의 경우, 기말 수정분개는 다음과 같이 여러 방법으로 이루어질 수 있다. 어떤 방법이든 결과(상품 계정과 매출원가 계정의 최종 기말잔액)는 동일하다. 다음 각 분개를 해당 계정에 전기(轉記)하여 살펴보면 이해가 더 빠를 것이다. 먼저, 시도해보기 바란다.

1) 매출원가 계정에서 매출원가를 산정하는 방식

A	차변) 매출원가	1,000	대변) 상품(기초)	1,000
	매출원가	25,800	매입	25,800
	상품(기말)	2,500	매출원가	2,500

또는,

B	차변) 매출원가	26,800	대변) 상품(기초)	1,000
			매입	25,800
	상품(기말)	2,500	매출원가	2,500

위 A 분개에서 차변 쪽에 매출원가를 두 번 기입한 것을 하나로 묶어 처리한 것임.

또는,

C	차변) 매출원가	24,300	대변) 상품(기초)	1,000
	상품(기말)	2,500	매입	25,800

앞의 A 분개에서 매출원가의 차변, 대변 양쪽에 동시 기입한 것을 상계하여 한 번만 (차변에) 기입한 것임.

또는,

D	차변) 매출원가	24,300	대변) 매입	25,800
	상품	1,500		

앞의 A 분개에서 매출원가, 상품 두 계정의 차변, 대변 양쪽에 동시 기입한 것을 각 계정별로 상계하여 한 번만 기입한 것임.

이로써 상품 계정의 기말잔액은 ₩2,500이 되고 매입 계정의 기말잔액은 ₩0이 된다. 매출원가 계정의 잔액은 ₩24,300이 된다. 이제, 이상에서 본 A~D의 분개를 T-계정에 전기를 하여 이해를 돕도록 한다. 각 계정의 기말잔액은 위 분개형식이 달라도 동일하게 됨을 확인하자.

A 분개의 경우 전기

상 품

차변		대변	
200×/1/1	1,000	12/31	1,000
12/31	2,500		
12/31 잔액	2,500		

매 입

차변		대변	
200×/1/10	200		
·	·		
·	·		
·	·		
12/2	900		
합 계	25,800		
		12/31	25,800
12/31 잔액	0		

매출원가

차변		대변	
12/31	1,000		
12/31	25,800	12/31	2,500
12/31 잔액	24,300		

B 분개의 경우 전기

상 품

차변		대변	
200×/1/1	1,000	12/31	1,000
12/31	2,500		
12/31 잔액	2,500		

매 입

차변		대변	
200×/1/10	200		
·	·		
·	·		
·	·		
12/20	900		
합 계	25,800		
		12/31	25,800
12/31 잔액	0		

매 출 원 가

차변		대변	
12/31	26,800	12/31	2,500
12/31잔액	24,300		

C 분개의 경우 전기

상 품

200×/1/1	1,000	12/31	1,000
12/31	2,500		
12/31 잔액	2,500		

매 입

200×/1/10	200		
·	·		
·	·		
·	·		
12/20	900		
합 계	25,800		
		12/31	25,800
12/31	잔액 0		

매 출 원 가

12/31	24,300		
12/31잔액	24,300		

D 분개의 경우 전기

상 품

200×/1/1	1,000		
12/31	1,500		
12/31 잔액	2,500		

매 입

200×/1/10	200		
·	·		
·	·		
·	·		
12/20	900		
합 계	25,800		
		12/31	25,800
12/31 잔액	0		

매 출 원 가

12/31	24,300		
12/31잔액	24,300		

2) 매입 계정에서 매출원가를 산정하는 방식

차변		대변	
차변) 매입	1,000	대변) 상품(기초)	1,000
상품(기말)	2,500	매입	2,500
매출원가	24,300	매입	24,300*

* 매입 24,300 = 1,000 + 25,800 − 2,500

또는,

차변		대변	
차변) 상품	1,500	대변) 매입	1,500
매출원가	24,300	매입	24,300

이로써 상품 계정의 기말잔액은 ₩2,500이 되고 매입 계정의 기말잔액은 ₩0이 된다. 매출원가 계정의 잔액은 ₩24,300이 된다.

매입 계정에서 매출원가 산정의 경우 전기

상 품

200×/1/1	1,000	12/31	1,000
12/31	2,500		
12/31 잔액	2,500		

매 입

200×/1/10	200		
·	·		
·	·		
·	·		
12/20	900		
합 계	25,800		
12/31	1,000	12/31	2,500
잔 액	24,300		
		12/31	24,300
12/31 잔액	0		

매 출 원 가

12/31	24,300		
12/31잔액	24,300		

3) 상품 계정에서 매출원가를 산정하는 방식

차변)		대변)	
차변) 상품	25,800	대변) 매입	25,800
매출원가	24,300	상품	24,300*

* 상품 24,300 = 1,000 + 25,800 − 2,500

이로써 상품 계정의 기말잔액은 ₩2,500이 되고 매입 계정의 기말잔액은 ₩0이 된다. 매출원가 계정의 잔액은 ₩24,300이 된다.

상품 계정에서 매출원가 산정의 경우 전기

상 품

200×/1/1	1,000		
12/31	25,800	12/31	24,300
12/31 잔액	2,500		

매 입

200×/1/10	200		
·	·		
·	·		
·	·		
12/20	900		
합 계	25,800		
		12/31	25,800
12/31 잔액	0		

매 출 원 가

12/31	24,300		
12/31잔액	24,300		

연습문제

서술형

01. 상기업과 서비스기업의 손익계산서의 주요 차이에 대해 설명하시오.

02. 상기업과 제조기업 사이에 재무상태표와 손익계산서상 표시 항목의 주요 차이를 설명하시오.

03. 제조기업이 보유하고 있는 재고자산(inventories)의 개념과 종류에 대해 설명하시오.

04. 매출원가의 개념에 대해 설명하고, 매출원가를 구하는 재고자산 등식을 보이시오.

05. 기업의 외상매출을 수익으로 볼 수 있는지와 그 이유를 발생주의와 관련하여 설명하시오.

06. 실지재고조사법(periodic inventory system)과 계속기록법(perpetual inventory system)의 개념과 특징에 대해 각각 설명하시오.

07. 실지재고조사법에서 매출원가를 계산하기 위해 재고상품과 관련한 회계기말 수정분개가 필요한 이유, 그리고 그 수정분개의 내용에 대해 설명하시오.

08. 실지재고조사법과 계속기록법의 가장 중요한 차이점 2가지에 대해 설명하시오.

09. 상품매매기업의 다단계 손익계산서 작성 시 손익계산서상에 표시되는 모든 이익에 대해 설명하시오(힌트 : 당기순이익 계산과정).

10. 매입부대비용의 의미 및 상품 원가와의 관계에 대해 기술하시오.

11. 매출환입과 매출에누리의 차이, 그리고 이것과 매출액과의 관계에 대해 설명하시오.

12. 매출할인 및 매입할인, 그리고 이것과 매출액 및 매출원가와의 관계에 대해 설명하시오.

객관식

01. 상기업의 재고자산은 일반적으로 무엇이라 부르는가?

① 원재료 ② 재공품
③ 제품 ④ 상품

02. 재판매를 위해 가방 50개를 개당 ₩30,000에 외상으로 매입한 경우를 분개할 때 나타날 수 없는 것은?

① 차변) 상품 1,500,000 ② 대변) 매입채무 1,500,000
③ 차변) 매입 1,500,000 ④ 대변) 미지급금 1,500,000

03. 재고자산의 원가결정방법은 두 가지 중 택일하여 사용할 수 있다. 이와 관련하여 다음 중 가장 옳게 진술한 것은?

① 선택은 자유이기 때문에 어느 방법을 언제 사용하든 문제가 안 된다.
② 선택을 한 후에는 국세청에 변경신고를 할 때까지는 바꿀 수 없다.
③ 선택은 자유지만, 일단 채택하면 특별한 사유가 없는 한 매기 계속 사용해야 한다.
④ 한 번 택일하였으면 적어도 3년 이내에 변경해서는 아니 된다.

04. 다음 자료에 의해 1) ~ 2)의 물음에 답하시오.

웨스트백(주)은 20×3년 4월 중 다음과 같은 거래가 있다.

> 4월 1일 기초(월초)재고 : 가방 10개(개당원가 : ₩4만5천)
>
> 4월 중 상품매입액 : ₩1,500,000
>
> 4월 30일 기말(월말)재고 : 가방 15개(개당원가 : ₩5만)

1) 웨스트백(주)의 4월 중 매출원가는 얼마인가?

① ₩1,200,000 ② ₩1,500,000
③ ₩1,950,000
④ 상품의 원가흐름에 대한 가정이 무엇인지 모르기에 알 수 없다.

2) 웨스트백(주)이 실지재고조사법을 사용한다고 할 때, 4월 말 수정분개로서 옳은 것은?

	차변	금액	대변	금액
①	차변) 상품(기초)	450,000	대변) 매출원가	450,000
	매출원가	1,500,000	매 입	1,500,000
	매출원가	750,000	상품(기말)	750,000
②	차변) 매출원가	450,000	대변) 매입(기초)	450,000
	매출원가	1,500,000	매 입	1,500,000
	매입(기말)	750,000	매출원가	750,000
③	차변) 매출원가	450,000	대변) 상품(기초)	450,000
	매출원가	1,500,000	매 입	1,500,000
	상품(기말)	750,000	매출원가	750,000

④ 상품 회계와 관련하여 수정분개가 필요 없다.

05. 다음 중 상품의 취득원가를 구성하지 않은 것은?

① 매입운임　　② 매출운임

③ 매입수수료

④ 상품을 매입하여 원하는 장소에 있게 하기까지 필수적으로 부담하는 추가비용

06. 매입환출(purchase returns)이나 매입에누리(purchase allowances)는 어떻게 회계처리되는가?

① 당기에 비용 처리된다.　　② 당기에 수익으로 처리된다.

③ 상품의 매입액에서 차감된다.　　④ 상품의 매입액에 가산된다.

07. 매입할인에 대해서 옳게 진술한 것은?

① 상품의 매입액에서 차감된다.

② 매입할인은 당기에 물류원가 및 관리비로서 비용 처리된다.

③ 할인조건은 (5/10, net 30) 등의 형식으로 표현되는데, 그 뜻은 할인기간이 5일이고 그 기간 내에 갚으면 송장가격에서 10% 할인된다는 것이다.

④ 백화점 할인매출 등의 행사에서 물건을 사면 매입할인이 이루어진다.

08. 웨스트백(주)은 20×4년 9월 중 다음과 같은 거래가 있다.

총매입액	₩60,000	총매출액	₩99,000
매입환출액	₩1,000	매출환입액	₩5,000
매입에누리	₩2,000	매출운임	₩7,000
매입운임	₩3,000	매출할인	₩10,000

1) 웨스트백(주)의 9월 순매입액은 얼마인가?

① ₩63,000 ② ₩60,000

③ ₩57,000 ④ ₩54,000

2) 웨스트백(주)의 9월 순매출액은 얼마인가?

① ₩91,000 ② ₩87,000

③ ₩84,000 ④ ₩77,000

기초문제

01. 다음 우루(주)의 손익계산서 항목과 관련하여 빈칸의 금액을 채워 넣으시오.

	매출	매출원가	매출총이익	영업비	당기순이익
20×1년	₩75,000	(a)	₩40,000	(b)	₩17,000
20×2년	(c)	₩56,000	₩64,000	₩48,000	(d)

02. 밤바(주)는 9월 4일 쿠스코(주)로부터 상품을 외상으로 구입하였다. 상품의 판매가격은 ₩800이고, 원가는 ₩400이었다. 두 회사 모두 계속기록법을 사용한다. 두 회사의 장부에 나타날 거래를 분개하시오.

03. 다음의 거래를 계속기록법을 사용하여 나스카(주)의 장부에 분개하시오 .

2월 6일 나스카(주)는 금강(주)에게 ₩60,000의 상품을 팔았다. 판매조건은 2/10,

net/30이었고, 매출원가는 ₩30,000이었다. 2월 8일, 금강(주)은 2월 6일 매입한 상품 중 ₩10,000어치를 흠결을 이유로 반환하였다. 반환된 상품의 매출원가는 ₩5,000이었다. 2월 16일 나스카(주)는 금강(주)으로부터 외상잔액을 상환받았다.

04. 백마(주)는 실지재고조사법(기간법)을 사용하고 있고, 다음과 같은 계정잔액을 가지고 있다:

매입 ₩500,000; 매입환출및에누리 ₩14,000; 매입할인 ₩9,000; 매입운송비 ₩15,000.

매입상품의 원가를 계산/결정하시오.

05. 장나리는 뮤즈(주)의 신참 회계사이다. 뮤즈(주)는 상품 ₩7,000어치를 외상으로 매입하였다. 신용(외상)판매조건은 1/10, n/30이었다. 장나리는 회사의 거래은행과 이야기를 나눈 결과, 회사의 예금계정에 입금된 돈은 12%의 수익을 줄 수 있음을 알았다.

【지시사항】

1) 장나리는 할인기간 내에 매입내금을 지급해야 하는가? 아니면 예금계정에 ₩7,000을 놓아 두었다가 신용기간 말에 지급해야 하는가? 어느 행동이 최선인지 계산 결과를 가지고 조언해주시오. 편의상, 1년 = 360일로 가정한다.

2) 장나리가 그 할인을 포기한다면, 그것은 20일간의 ₩7,000이용에 대해 이자율 1%를 지급하는 것으로 볼 수 있다. 이것은 연이자율로 환산하면 얼마인지 계산해 보시오 . 편의상, 1년 = 360일로 가정한다.

심층문제

01. 백마(주)는 실지재고조사법(기간법)을 사용하고 있고, 다음과 같은 계정 잔액을 가지고 있다.

매입 ₩600,000; 매입환출및에누리 ₩25,000; 매입할인 ₩11,000; 매입운송비 ₩19,000; 기초재고 ₩45,000; 기말재고 ₩55,000; 순매출액 ₩750,000.

매출원가와 매출총이익으로 보고될 금액을 결정하시오.

02. 금강(주)의 수정후시산표는 다음과 같이 선택된 계정을 포함하고 있다.

	차 변	대 변
매출		575,000
매출환입및에누리	50,000	
매출할인	9,500	
매출원가	347,000	
운송비용	2,000	
광고비	15,000	
이자비용	19,000	
사무실 급료	74,000	
전기료	18,000	
감가상각비	3,500	
이자수익		25,000

【지시사항】

위 정보를 이용하여 20×5년 12월 31일로 종료하는 다단계 손익계산서를 작성하시오.

03. 황해(주)는 20×5년 의류 소매업을 영위하고 있다. 황해(주)는 모든 상품을 외상으로 구입하고 계속기록재고법을 사용하고 있다. 매입채무 계정은 상품매입 기록을 위해서만 사용하고 있다. 다른 유동부채는 별도의 계정에서 처리되고 있다. 다음은 20×3~20×6년의 각 보고기간에 대한 정보로부터 나온 것이다.

	20×3	20×4	20×5	20×6
재고(기말)	₩13,000	₩11,300	₩14,700	₩12,200
매입채무	₩20,000			
매출		₩225,700	₩227,600	₩219,500
당기 외상매입		₩141,000	₩150,000	₩132,000
매입채무 지급		₩135,000	₩161,000	₩127,000

【지시사항】

1) 황해(주)의 20×4, 20×5, 20×6년 각 보고기간의 매출원가를 계산하시오.

2) 황해(주)의 20×4, 20×5, 20×6년 각 보고기간의 매출총이익을 구하시오.

3) 황해(주)의 20×4, 20×5, 20×6년 각 보고기간의 매입채무의 기말잔액을 구하시오.

04. 청해(주)는 20×5년 6월 중 다음과 같은 거래가 있었다. 6월 초에 청해(주)의 총계정원장에는 현금 ₩9,000, 보통주자본금 ₩9,000만이 있었다. 청해(주)의 원장상의 계정목록은 현금, 매출채권, 상품, 매입채무, 보통주자본금, 매출, 매출환입및에누리, 매출할인, 매출원가, 판매운임을 가지고 있다.

6월 2일	거상(주)과 처음 거래하면서 그 회사로부터 상품 ₩6,300을 외상조건 2/10, n/30으로 매입하다.
4일	원가 ₩4,000인 상품을 2/10, n/30 조건으로 ₩5,000에 판매하다.
5일	6월 4일자 판매에 대해 발생한 운임 ₩200을 지급하다.
6일	거상(주)으로부터 매입한 상품 중 ₩300을 반환하다.
11일	거상(주)에 외상잔액을 모두(해당 할인 있으면 할인 후) 상환하다.
13일	6월 4일자 외상판매한 고객으로부터 외상대금을 전액(해당 할인 있으면 할인 후) 수취하다
14일	상품 ₩4,400을 현금을 주고 매입하다.
16일	6월 14일에 매입한 상품 중 ₩500을 반환하고 환불금을 받다.
18일	송도상사(주)로부터 상품 ₩4,200을 외상조건 2/10, n/30으로 매입하다.
20일	6월 18일자 매입에 대해 발생한 운임 ₩100을 지급하다.
23일	원가 ₩6,700인 상품을 현금 ₩8,100에 판매하다.
26일	상품 ₩2,300을 현금으로 매입하다.
27일	송도상사(주)에 6월 18일자 매입과 관련한 외상잔액을 모두(해당 할인 있으면 할인 후) 상환하다.
29일	고객이 상품 ₩110을 반환하여 환불금을 지급하다. 그 상품의 원가는 ₩75이다.
30일	원가 ₩3,000인 상품을 2/10, n/30 조건으로 ₩3,700에 판매하다.

【지시사항】

1) 청해(주)의 6월 중 거래에 대해 분개하시오.
2) 거래를 T-계정을 이용하여 전기하시오. 현금과 보통주자본금 계정에 기초 잔액을 포함하는 것을 잊지 마시오.
3) 손익계산서를 작성하시오. 20×5년 6월의 매출총이익까지만 포함하시오.

05. 형산(주)이 판매하고 있는 여러 제품 중 "킹쿵" 은 인기품목의 하나이다.

다음은 "킹쿵" 의 3월 중 상품의 매입과 매출에 대한 기록이다. 모든 매매거래는 외상으로 이루어지고 있다.

	매 입		매 출	
	단위 수	단위원가	단위 수	단위당판매가격
3/ 1 기초재고	₩100	₩60		
3/ 3 매입	₩60	₩75		
3/ 4 매출			₩60	₩120
3/10 매입	₩200	₩85		
3/16 매출			₩70	₩130
3/19 매출			₩80	₩130
3/25 매출			₩50	₩130
3/30 매입	₩40	₩90		

【지시사항】

1) 형산(주)은 계속기록법과 선입선출법을 사용하고 있다.

1-a) 3월 각 거래일에 필요한 분개를 보이시오.

1-b) 3월 31일에 결산을 하는 경우 필요한 수정분개가 있으면 하시오.

(재고관리 목적으로 실지조사한 결과 기말재고는 ₩12,100으로 판명되었다.)

2) 형산(주)은 실지재고조사법(기간법)과 선입선출법을 사용하고 있다.

2-a) 3월 각 거래일에 필요한 분개를 보이시오.

2-b) 3월 31일에 결산을 하는 경우 필요한 수정분개가 있으면 하시오.

(실지재고조사한 결과 기말재고는 ₩12,100으로 판명되었다.)

제 5 장 재무제표의 작성과 표시

제 1 절 재무제표 요소의 인식과 측정
제 2 절 재무제표의 구분과 표시
제 3 절 재무제표의 연계관계

우리는 지금까지 자본시장 중심의 경제사회에서 회계정보가 왜 필요하고 어떠한 역할을 하는지를 살펴보고, 이러한 회계정보의 핵심을 이루는 재무제표란 무엇이며 어떠한 과정을 거쳐 작성되는지를 서비스기업과 상기업의 사례를 통해 알아보았다. 이를 바탕으로 이제 재무제표에 대해 좀더 깊이 검토한다. 먼저, 재무제표 요소의 정의, 그리고 인식 및 측정의 의미와 기준에 대해 살펴본 후, 이렇게 인식·측정된 재무제표의 요소 및 관련 항목들이 재무제표에서 어떠한 기준으로 구분, 분류되고 표시되어야 하는지 알아본다. 마지막으로 재무제표 사이에 연계관계를 확인하면서 재무제표 전반에 대한 이해를 높이고자 한다.

제1절 재무제표 요소의 인식과 측정

1. 재무제표 요소의 인식

제2장에서 언급했듯이 자산, 부채, 자본, 수익, 비용이라는 재무제표 요소의 어떤 항목을 재무상태표나 포괄손익계산서에 반영하는 과정을 인식(recognition)이라 한다. 이 과정은 그 항목에 대해 계정명칭과 화폐금액(측정에 의해 결정됨)을 기술하고, 그 금액을 재무상태표 또는 포괄손익계산서 총계에 산입하는 것을 포함한다.

그런데 어떤 항목이 재무제표에 인식되기 위해서는 '개념체계'에서 정한 재무제표 요소의 정의(정의에 대해서는 제2장 제1절 참조)에 부합하고 재무제표 요소에 대한 전반적인 '인식기준'을 충족해야, 즉 (가) 해당 항목과 관련된 미래경제적효익이 기업에 유입되거나 기업으로부터 유출될 가능성이 높고, (나) 해당 항목의 원가(취득원가) 또는 가치(공정가치 등)를 신뢰성 있게 '측정'할 수 있어야 한다. 또한, 이 인식기준을 충족하는 항목은 반드시 재무상태표나 포괄손익계산서에 인식되어야 한다. 인식되어야 할 항목을 누락하는 것은 관련된 회계정책의 공시, 주석 또는 설명 자료만으로 정당화할 수 없다.

어떤 항목을 재무제표에 인식해야 하는지를 평가할 때에는 중요성을 고려하여야 한다. 중요성(materiality)이란 어떤 정보가 누락 또는 왜곡 표시되어, 재무제표 이용자의 경제적 의사결정에 영향을 미치는지를 판단하는 기준으로서, 영향을 미치면 그 정보는 중요한 정보이다.

그리고 재무제표의 특정 요소의 정의 및 인식기준을 충족하는 항목, 예를 들면 자산을 인식하는 경우 수익이나 부채 같은 다른 요소가 동시에 자동적으로 인식되는데, 이는 재무제표의 요소 간 상호연관성 때문이다.

위와 같은 전반적인 인식기준은 자산과 부채, 수익과 비용에 대해 구체적으로 적용되는데, 이에 대해 곧 설명한다.

2. 재무제표 요소의 측정

거래의 경제적 영향을 평가하여 장부에 기록하기 위해서는 재무제표 요소의 화폐금액이 결정되어 재무상태표와 포괄손익계산서에 인식되고 평가되어야 한다. 재무제표 요소의 화폐금액을 결정하는 것을 **측정**(measurement)이라 한다. 자산의 경우, 측정은 자산의 취득시에 자산의 금액을 결정하는 것뿐 아니라 매 결산일에 자산을 평가하는 문제를 포함한다.

측정은 특정 **측정기준**을 선택하는 과정을 포함하는데, '개념체계' 에서는 여러 측정기준을 제시하고 있고, 이 중 어떠한 측정기준을 선택해야 할 것인가는 재무제표의 목적달성을 위해 재무제표의 유용성의 관점에서 판단되어야 한다. 즉, 재무제표의 목적적합성이나 표현 충실성을 높일 수 있는 측정기준을 선택해야 한다. 일반적으로 '회계기준' 에서는 이를 반영하여 상황에 따라 측정기준의 선택에 대해 구체적으로 규정하고 있다.

재무제표를 작성하기 위해서는 여러 측정기준이 다양한 방법으로 결합되어 사용된다. 측정기준에는 역사적원가(또는 취득원가)와 역사적 현금수취액, 현행원가, 실현가능가치와 이행가치, 현재가치 등이 있다. 재무제표를 작성할 때 가장 보편적으로 채택되고 있는 측정기준은 역사적원가이다. 역사적원가는 일반적으로 다른 측정기준도 함께 사용된다. 예를 들면, 시장성 있는 유가증권은 시가로 평가되기도 하며, 연금부채는 현재가치로 평가되고, 재고자산은 통상 역사적원가와 순실현가능가치를 비교하여 저가로 평가된다. 비화폐성자산에 대한 가격변동효과를 반영하지 못하는 경우에는 역사적원가모형에 대한 대응책으로 현행원가기준을 적용한 재평가모형을 사용하기도 한다.[1]

개념체계에서 제시하고 있는 측정기준은 다음과 같다.

2.1 역사적원가 또는 취득원가

역사적원가(historical cost) 기준에서는 자산은 취득의 대가로 취득 당시에 지급한 현

1. 역사적원가모형과 재평가모형에 대해서는 제7장에서 설명한다.

금 또는 현금성자산이나 그 밖의 대가의 공정가치로 기록한다. 공정가치(fair value)는 합리적 판단력과 거래의사가 있는 독립된 당사자 사이의 거래에서 자산이 교환되거나 부채가 결제될 수 있는 금액으로 정의되는데, 개념체계상 측정기준은 아니다. 보유하고 있는 자산에 대해 시장가격이 존재하면 이 시장가격은 당해 자산에 대한 공정가치의 측정치가 된다.

부채는 부담하는 의무의 대가로 수취한 금액(역사적 현금수취액)으로 기록하며, 어떤 경우(예 : 법인세)에는 정상적인 영업과정에서 그 부채를 이행하기 위해 지급할 것으로 기대되는 현금이나 현금성자산의 금액으로 기록할 수도 있다. 역사적원가기준을 취득원가(acquisition cost) 기준이라고도 한다.

2.2 현행원가

자산의 현행원가(current cost)는 그 자산과 동일한(또는 동등한) 자산을 현재시점에서 취득한다고 가정할 경우에 그 대가로 지급해야 할 현금이나 현금성자산의 금액이다. 부채는 현재시점에서 그 의무의 이행에 필요한 현금이나 현금성자산의 금액으로 평가하되 할인하지 아니한 금액으로 한다.

2.3 실현가능(이행)가치

자산의 실현가능가치(realizable value)는 미래에 그 자산을 정상적으로 처분하는 경우 수취할 것으로 예상되는 현금이나 현금성자산의 금액이다. 부채의 평가기준인 이행가치(settlement value)는 미래의 정상적인 영업과정에서 부채를 상환하기 위해 지급될 것으로 예상되는 현금이나 현금성자산의 금액으로서, 할인하지 아니한 금액이다. 실현가능가치와 이행가치는 미래시점의 가치를 측정하는 것이지만 현재시점의 가치로 환산되지 않은 금액이라는 점이 특징이다.

2.4 현재가치

자산은 현재가치(present value)로 평가하는데, 이는 그 자산이 정상적인 영업과정에서 창출할 것으로 기대되는 미래 순현금유입액의 현재할인가치로 평가하는 것이다. 부채의 현재가치는 정상적인 영업과정에서 그 부채를 상환할 때 필요할 것으로 예상되는 미래 순현금유출액의 현재할인가치(현재가치라고도 함)이다. 이때 현재가치 계산 시의 할인율을 **유효이자율**(금융자산 취득 또는 금융부채 발생시점의 그 유입가격이 당해 자산 또는 부채로부터 발생하는 미래 명목현금흐름의 현재가치와 일치하게 되는 할인율)이라고 한다. 현재가치의 상세한 개념과 및 그 적용, 평가에 대해서는 제9장에서 상세하게 설명한다.

측정기준('개념체계'에 의함)

1. **역사적원가**(historical cost)
2. **현행원가**(current cost)
3. **실현가능가치**(realizable value) : **자산** ; **이행가치**(settlement value) : **부채**
4. **현재가치**(present value)

3. 자산과 부채의 인식기준

재무상태표에 보고되는 자산과 부채는 앞서 언급한 전반적 인식기준이 적용된 결과 다음 표에서 보는 바와 같이 인식된다.[2]

표 5-1 **자산과 부채의 인식기준**

자산의 인식기준	부채의 인식기준
자산은 ① 미래경제적효익이 기업에 유입될 가능성이 높고, ② 해당 항목의 원가 또는 가치를 신뢰성 있게 측정할 수 있을 때 재무상태표에 인식한다. 지출이 발생하였으나 당해 회계기간 후에는 관련된 경제적효익이 기업에 유입될 가능성이 높지 않다고 판단되는 경우에는 재무상태표에 자산으로 인식하지 아니한다.	부채는 ① 현재 의무의 이행에 따라 경제적효익이 내재된 자원의 유출 가능성이 높고, ② 결제될 금액에 대해 신뢰성 있게 측정할 수 있을 때 재무상태표에 인식한다. 실무에서는 주문 후 아직 인도되지 않은 재고자산에 대한 부채와 같이 동일한 비율로 미이행된 계약상의 의무는 일반적으로 재무제표에 부채로 인식하지 아니한다. 그러나 그러한 의무도 때로는 부채의 정의에 부합할 수 있으며 특정한 상황에서 인식기준이 충족된다면 재무제표에 인식될 수 있다. 이와 같은 상황에서는 부채의 인식과 동시에 관련 자산이나 비용도 인식된다.

2. 재무보고를 위한 '개념체계'에서는, '재무제표 요소'로 자산, 부채, 자본, 수익, 비용의 다섯 가지를 들고 있으나 '인식 대상'으로는 자산, 부채, 수익, 비용의 네 가지를 들고 있다.

4. 수익과 비용의 인식기준

포괄손익계산서에 보고되는 수익과 비용은 앞서 언급한 전반적 인식기준이 적용된 결과 다음 표에서 보는 바와 같이 인식된다.

표 5-2 수익과 비용의 인식기준

비용의 인식기준	수익의 인식기준
비용은 ① 자산의 감소나 부채의 증가와 관련하여 미래 경제적효익이 감소하고, ② 이를 신뢰성 있게 측정할 수 있을 때 포괄손익계산서에 인식한다. 이는 실제로 비용의 인식이 부채의 증가나 자산의 감소에 대한 인식과 동시에 이루어짐을 의미한다. 예를 들면, 종업원급여의 발생에 따라 부채의 증가가 인식되며 설비의 감가상각에 따라 자산의 감소가 인식된다.	수익은 ① 자산의 증가나 부채의 감소와 관련하여 미래 경제적효익이 증가하고, ② 이를 신뢰성 있게 측정할 수 있을 때 포괄손익계산서에 인식한다. 이는 실제로 수익의 인식이 자산의 증가나 부채의 감소에 대한 인식과 동시에 이루어짐을 의미한다. 예를 들면, 재화나 용역의 매출에 따라 자산의 순증가가 인식되며 미지급채무의 면제에 따라 부채의 감소가 인식된다.

1) 발생기준

수익과 비용의 인식은 제2장에서 이미 설명한 **발생기준**(發生基準 : accrual basis)에 따라 인식한다. 즉, 거래나 그 밖의 사건의 영향으로 인한 수익과 비용을 (현금의 수취시점이나 지급시점이 아니라) 발생한 기간에 인식하며 해당 기간의 장부에 기록하고 재무제표에 표시하는 것을 말한다.

2) 수익의 인식

한국채택국제회계기준(기업회계기준서 제1115호 "고객과의 계약에서 생기는 수익" : 기존의 기업회계기준서 제1011호 "건설계약"과 기업회계기준서 제1018호 "수익"을 대체)는 수익 인식의 핵심원칙(core principle)을 다음과 같이 명시하고 있다.

"기업이 고객에게 행하는 약속된 재화나 용역의 이전을 일정한 금액으로 나타내도록 수익을 인식해야 한다. 그런데 그 금액은 그 재화나 용역과의 교환으로 어떤 대가에 대한 권리를 가질 것으로 예상하는 그 대가를 반영한 금액이다". ["an entity recognises revenue to depict the transfer of promised goods or services to customers in an amount that reflects the consideration to which the entity expects to be entitled in exchange for those goods or services"].

그리고 이 핵심원칙에 따른 수익인식에 있어서는 다음의 5단계를 적용해야 한다.

1 단계 : 고객과의 계약을 식별

2 단계 : 수행의무를 식별

3 단계 : 거래가격을 산정

4 단계 : 거래가격을 계약 내 수행의무에 배분

5 단계 : 수행의무를 이행할 때(또는 기간에 걸쳐 이행함에 따라) 수익을 인식

위 **수익인식의 5단계** 각각에 대한 독자의 이해를 위해 다음과 같은 설명을 추가한다.

1 단계 : 계약은 둘 이상의 당사자 사이에 집행 가능한 권리와 의무가 생기게 하는 합의이다. 제1115호의 요구사항은 정해진 조건을 충족하는, 고객과 체결한 계약에만 적용한다.

2 단계 : 하나의 계약은 고객에게 재화나 용역을 이전하는 여러 약속을 포함한다. 그 재화나 용역들이 구별(distinct)된다면 약속은 수행의무(performance obligation)이고 별도로(separately) 회계처리한다. 재화나 용역의 구별은, 고객이 재화나 용역 그 자체에서 (또는 쉽게 구할 수 있는 다른 자원과 함께하여) 효익을 얻을 수 있고, 그 약속을 계약 내의 다른 약속과 별도로 식별(identify)해 낼 수 있다면 이루어진다.

3 단계 : 거래가격은 약속된 재화나 용역의 고객에게의 이전과 교환하여 기업이 권리를 갖게 될 것으로 예상하는 계약상 대가의 금액이다.["the transaction price is the amount of consideration in a contract to which an entity expects to be entitled in exchange for transferring promised goods or services to a customer"]

4 단계 : 거래가격은 일반적으로 계약에서 약속된 각각 구별되는 재화나 용역의 상대적 개별 판매가격을 기준으로 배분한다(allocate).

5 단계 : 약속된 재화나 용역, 즉 자산을 기업이 고객에게 이전하여 수행의무를 이행할 때(또는 기간에 걸쳐 이행함에 따라) 수익을 인식한다. 자산은 고객이 그 자산을

통제*(control)할 때(또는 기간에 걸쳐 통제함에 따라) 이전된다. 인식하는 수익의 금액은 이행한 수행의무에 배분된 금액이다. 수행의무는 한 시점에 이행하거나(일반적으로 고객에게 재화를 이전하는 약속의 경우), 기간에 걸쳐 이행한다(일반적으로 고객에게 용역을 이전하는 약속의 경우). 기간에 걸쳐 이행하는 수행의무의 수익은 그 수행의무의 진행률을 적절하게 측정하는 방법을 선택하여 기간에 걸쳐 인식한다. 고객에게 약속한 재화나 용역, 즉 자산을 이전하여 수행의무를 이행할 때(또는 기간에 걸쳐 이행하는 대로) 수익을 인식한다.

* 재화와 용역은 (많은 용역의 경우처럼) 받아서 사용할 때, 비록 일시적일지라도 자산이다. 자산에 대한 통제란 자산을 사용하도록 지시하고 자산의 나머지 남아 있는 효익의 대부분을 획득할 수 있는 능력을 말한다. 통제에는 다른 기업이 자산의 사용을 지시하고 그 자산에서 효익을 획득하는 것을 못하게 하는 능력이 포함된다.

3) 비용의 인식 : 수익과 비용의 대응

발생기준 회계에서는 수익을 인식한 다음에, 그 수익을 창출하는 과정에서 발생된 비용을 인식한다. 일반 가계의 경우처럼, 기업의 경우에도 수익항목은 많지 않으나 비용항목은 매우 수도 많고 다양하다. 이러한 비용항목들은 그 성격에 따라 다음과 같은 방법에 의해 인식되고 분류된다.

① '직접적 관련성'에 따른 비용 인식

비용은 발생된 원가와 특정 수익항목의 가득 간에 존재하는 '직접적인 관련성'을 기준으로 손익계산서에 인식한다. 보통 '수익 · 비용 대응'이라 칭해온 과정에는 동일한 거래나 그 밖의 사건에 따라 직접 그리고 공통으로 발생하는 수익과 비용을 동시에 또는 통합하여 인식하는 것이 포함된다. **직접대응** 또는 **제품대응**으로 불리어 온 이러한 기준은 특정 수익의 창출에 직접 관련하여 발생한 비용은 그 수익을 인식할 때 대응하여 동시에 인식하는 것이다. 재화의 판매에 따라 수익이 발생됨과 동시에 매출원가를 구성하는 다양한 비용요소가 인식되는 것이 그 예이다. 즉, 제품이나 상품의 매출 시 판매된 상품의 원가(즉 매출원가)를 매출(수익)에 대응시키는 것으로서, 제4장에서 자전거 판매상의 12월 손익계산서에 나타난 매출원가 ₩1,170,000은 12월 중의 매출액 ₩1,500,000에 대해 직접 관련하여 발생한 비용인 것이다. 이러한 대응을 **수익·비용의 직접대응**(direct matching)

회계카페 **건설 · 조선 회계 깐깐해진다…수익 인식기준 확 바꾼다**

'2018년 도입' IFRS15, 매출 · 수익 새 회계처리…
건설 · 조선 · 해운업 등 수주산업 촉각

2018년도 재무제표부터 도입될 IFRS(국제회계기준)15에 대해 건설 · 조선 · 해운업 등 수주산업 업계에서 촉각을 곤두세우고 있다. 새 기준이 도입되면 미청구공사나 아파트 선분양 등 진행률 확인이 어려운 금액을 수익으로 인식하기 어려워질 수 있다.

대우건설과 한진중공업 등 일부 수주산업을 영위하는 기업들이 3분기 재무제표 검토의견 거절과 한정의견을 받은 가운데 일부 회계감사 전문가들은 새 기준 도입으로 수주산업 재무제표의 정확도가 높아질 수 있을 것으로 기대하고 있다. 반면 해당기업들은 새 기준이 적용될 경우 실적이 일시적으로 악화될 것으로 우려하고 있다. [중략]

우선 수주산업은 회계처리 변화에 따라 매출 규모가 크게 달라질 수 있다. IFRS15가 적용되는 두 가지 요건 중 하나가 수주산업을 정면으로 가리키고 있어서다. IFRS15 기준은 △한 번의 계약으로 두 가지 이상의 재화나 서비스가 제공되는 기업과 △계약 진행률(공정률)에 따라 수익을 인식해야 하는 기업 등에 적용된다. 거의 모든 조선 · 해운 · 건설 기업들은 공사를 수주해 공정률에 따라 수익을 인식해야 하기 때문에 필수적으로 IFRS15를 도입해야 한다. 현행 회계 기준에서는 건설업 등 수주산업의 경우 수주금액을 계약기간에 따라 나눠 진행률을 정하고 이에 비례해 수익을 인식했다. 다만 IFRS15 도입이 닥치면서 애초에 진행률이라는 기준을 적용할 수 있는지부터 논의되고 있다.

박세환 한국회계기준원 조사연구실장은 "아직 어느 기업도 적용한 사례가 없어 얼마만큼의 재무제표 신뢰도 개선 효과가 있을지는 미지수"라고 말했다.

(머니투데이 2016년 11월 16일)

회계카페 **생명보험 시가평가 도입…부채 23조~33조 상승 시가평가제 대비 자본 적립 필요**

한국은행이 27일 발표한 '금융안정보고서'에 따르면 2016년 9월 현재의 부채규모가 2021년까지 유지되고 할인율이 국고채 수익률(5년)에 유동성 프리미엄 등을 더한 수준이라고 가정할 경우 시가평가제 도입에 따른 부채 증가 규모(생명보험회사 기준)는 23조~33조원으로 분석된다. [중략]

보험사는 2021년부터 보험부채 시가평가를 주요 내용으로 하는 보험부문 국제회계기준(IFRS17)을 도입한다. 향후 부채를 매 결산 시점의 시장금리가 반영된 할인율로 재평가해 자산과 부채관리를 강화할 수 있다. 시가평가에서 시장금리가 이전 평가 시점보다 낮아지면 부채 규모는 늘어난다. 보험사의 부채는 만기가 길어 수시로 변하는 시장금리를 적용한 부채 규모의 변동 폭이 매우 크고 경영전반에 영향도 상당할 것으로 예상된다.

한은은 특히 국내 보험회사의 경우 보험상품 만기가 대부분 장기(20년 이상 67%)이고 과거 고금리 시기에 판매한 금리확정형(3% 이상 68%) 상품의 비중도 높아 시가평가 시 부채규모가 늘어날 것으로 전망했다. 한은은 "부채가 증가할 경우 보험회사의 수익성과 자본적정성 등에 부정적이고 위험기준 자기자본비율(RBC) 하락으로 이어질 수 있다"며 "현재 수준의 RBC 비율을 유지하기 위해서는 보다 많은 자본적립이 요구된다"고 진단했다.

(News 1 2016년 12월 27일)

이라 한다.

② '간접적 관련성'에 따른 비용 인식

기간 배분에 의한 비용 인식 : 자산의 사용으로부터의 경제적효익이 여러 회계기간에 걸쳐 발생할 것으로 기대되고, 수익과의 관련성이 단지 포괄적으로 또는 간접적으로만 결정될 수 있는 경우 비용은 체계적이고 합리적인 배분절차를 기준으로 손익계산서에 인식된다. 이러한 비용 인식 절차는 유형자산, 영업권, 특허권과 상표권 같은 자산의 사용과 관련된 비용을 인식하기 위하여 자주 필요하다. 이러한 경우에 관련된 비용은 감가상각비 또는 상각비로 표시된다. 이 배분절차는 해당 항목과 관련된 경제적효익이 소비되거나 소멸되는 회계기간에 비용을 인식하는 것을 목적으로 한다.

'지출 즉시' 비용 인식 : 미래경제적효익이 기대되지 않는 지출이거나, 미래경제적효익이 기대되더라도 재무상태표에 자산으로 인식되기 위한 조건을 원래 충족하지 못하거나 더 이상 충족하지 못하는 부분은 즉시 손익계산서에 비용으로 인식되어야 한다. 물류비나 관리비와 같은 비용항목은 그 지출이 자산 인식조건을 충족하지 못하므로, 그 비용발생(재화 및 용역의 사용)과 관련하여 현금이 지출되거나 (현금지출이 미루어져) 부채가 발생하는 회계기간에 인식한다. 이를테면, 광고비 지출의 효과는 당기만이 아니라 다음 회계기간까지 지속될 수 있으나, 당해 지출금액 중 얼마만큼이 당기의 매출수익 창출에 기여했는지 현실적으로 정확히 파악할 수 없어 그 지출을 자산으로 인식할 수도 없으므로, 광고비 지출액을 실제로 광고한 기간의 비용으로 인식한다.

'부채 발생 즉시' 비용 인식 : 제품보증에 따라 부채(보증의무)가 발생하는 경우와 같이 자산의 인식을 수반하지 않는 부채가 발생하는 경우에는 손익계산서에 비용을 동시에 인식한다.

이상에서 ①의 경우인 상품이나 제품의 매출에 대해서는 **직접대응**이 가능하지만, 그 외 모든 비용항목은 특정 수익의 창출과의 직접 관련성을 확인하기가 어렵기 때문에 전통적으로 위 ②에 해당하는 경우의 비용인식을 **기간대응** 또는 **간접대응**이라고 불러왔다. 직접대응과 간접대응을 통틀어서 **수익·비용 대응의 원칙**(matching principle)이라고 칭하여 왔다. 이 원칙은 인식한 수익을 창출하는 과정에서 발생된 비용은 그 수익에 대응하여 동일한 회계기간에 보고해야 한다는 것이다.

제2절 재무제표의 구분과 표시

1. 재무제표의 표시기준

1.1 일반사항

대부분의 경제적 의사결정자의 공통적인 정보수요를 충족시키는 최소한의 수단인 재무제표가 그 기능을 제대로 할 수 있으려면, 기업의 재무상태, 재무성과, 현금흐름 등을 정보이용자들이 잘 파악할 수 있도록 재무제표가 작성되고 표시되어야 한다. 이를 이해하기 위해, 먼저 한국채택국제회계기준의 기업회계기준서 제1001호 '재무제표 표시(Presentation of Financial Statements)'에 제시된 **일반목적 재무제표**의 작성에 공통적으로 적용되는 "**일반사항**"을 소개하고, 그 다음 개개의 재무제표에 적용되는 원칙에 관해서 살펴본다. 재무상태표와 포괄손익계산서에 개별적으로 적용되는 내용은 이 절의 제3소절과 제4소절에서 각각 설명하고, 자본변동표에 대해서는 그 두 재무제표와 관련된 많은 항목들을 이해한 후에 학습하는 것이 효율적이므로 제5소절에서 간단히 다루고 제10장 자본에서 자세히 살펴본다. 마지막으로 현금흐름표에 대해서는 제6소절에서 다룬다.

1) 전체 재무제표

전체 재무제표는 (1) 기말 재무상태표, (2) 기간 포괄손익계산서[3], (3) 기간 자본변동표, (4) 기간 현금흐름표, (5) 주석(유의적인 회계정책의 요약 및 그 밖의 설명으로 구성), (6) 회

3. IFRS는 기존의 명칭 Statement of Comprehensive Income을 Statement of Profit or Loss and Other Comprehensive Income으로 2011년에 바꾸었으나(다른 명칭도 허용은 됨), 한국채택국제회계기준은 이의 번역 명칭인 '손익과기타포괄손익계산서'를 채택하지 않고, 기존 명칭인 '포괄손익계산서'를 계속 유지하기로 하였다(제3장의 각주 3 참조).

계정책을 소급하여 적용하거나, 재무제표의 항목을 소급하여 재작성 또는 재분류하는 경우 가장 이른 비교기간의 기초 재무상태표를 모두 포함하며 각 재무제표는 전체 재무제표에서 동등한 비중으로 표시한다.

2) 공정한 표시와 한국채택국제회계기준의 준수

재무제표는 기업의 재무상태, 재무성과 및 현금흐름을 공정하게 표시해야 한다. 공정한 표시를 위해서는 개념체계에서 정한 자산, 부채, 수익 및 비용에 대한 정의와 인식요건에 따라 거래, 그 밖의 사건과 상황의 효과를 충실하게 표현해야 한다. 한국채택국제회계기준에 따라 작성된 재무제표는 공정하게 표시된 재무제표로 본다.

한국채택국제회계기준을 준수하여 재무제표를 작성하는 기업은 그러한 준수 사실을 주석에 명시적이고 제한 없이 기재한다. 한국채택국제회계기준을 준수하여 작성된 재무제표는 국제회계기준을 준수하여 작성된 재무제표임을 주석으로 공시할 수 있다.

3) 계속기업

경영진은 재무제표를 작성할 때 계속기업으로서의 **존속가능성**을 평가해야 한다. 경영진이 기업을 청산하거나 경영활동을 중단할 의도를 가지고 있지 않거나, 청산 또는 경영활동의 중단 외에 다른 현실적 대안이 없는 경우가 아니면 계속기업을 전제로 재무제표를 작성한다. 계속기업으로서의 존속능력에 중대한 의문이 제기될 수 있는 사건이나 상황과 관련된 중요한 불확실성을 알게 된 경우, 경영진은 그러한 불확실성을 공시하여야 한다. 재무제표가 계속기업의 기준 하에 작성되지 않는 경우에는 그 사실과 함께 재무제표가 작성된 기준 및 그 기업을 계속기업으로 보지 않는 이유를 공시하여야 한다.

4) 발생기준 회계

기업은 현금흐름 정보를 제외하고는 발생기준 회계를 사용하여 재무제표를 작성한다. 이 경우, 각 항목이 '개념체계' 의 정의와 인식요건을 충족할 때 자산, 부채, 광의의 수익 및 비용(재무제표의 요소)으로 인식한다.

5) 중요성과 통합표시

유사한 항목은 중요성 분류에 따라 재무제표에 구분하여 표시한다. 상이한 성격이나 기능을 가진 항목은 구분하여 표시한다. 다만 중요하지 않은 항목은 성격이나 기능이 유사한 항목과 통합하여 표시할 수 있다. 재무제표에는 중요하지 않아 구분 표시하지 않은 항목이라도 주석에서는 구분 표시해야 할 만큼 충분히 중요할 수 있다.

6) 상계금지

회계기준에서 요구하거나 허용하지 않는 한 자산과 부채 그리고 수익과 비용은 상계하지 아니한다(즉, 총액을 기준으로 보고하고 서로 상계한 잔액만을 보고해서는 안 된다). .

7) 보고빈도

전체 재무제표(비교정보를 포함)는 적어도 1년마다 작성한다. 보고기간종료일을 변경하여 재무제표의 보고기간이 1년을 초과하거나 미달하는 경우 재무제표 해당 기간뿐만 아니라 (1) 보고기간이 1년을 초과하거나 미달하게 된 이유, (2) 재무제표에 표시된 금액이 완전하게 비교가능하지는 않다는 사실을 추가로 공시한다.

8) 비교정보

회계기준이 허용하거나 달리 요구하는 경우를 제외하고는 당기 재무제표에 보고되는 모든 금액에 대해 전기 비교정보를 공시한다. 당기 재무제표를 이해하는 데 목적적합하다면 서술형 정보의 경우에도 비교정보를 포함한다. 재무제표 항목의 표시나 분류를 변경하는 경우 실무적으로 적용할 수 없는 것이 아니라면 비교금액도 재분류해야 한다. 이때 재분류의 성격, 재분류된 개별 항목이나 항목군의 금액, 재분류의 이유를 공시한다. 비교금액을 실무적으로 재분류할 수 없는 경우, 해당 금액을 재분류하지 아니한 이유 및 해당 금액을 재분류한다면 이루어질 수정의 성격을 공시한다.

9) 표시의 계속성

재무제표 항목의 표시와 분류는 매기 동일하여야 한다(일관성 consistency). 단, (1) 사업내용의 중요한 변화나 재무제표를 검토한 결과 다른 표시나 분류방법이 더 적절한 것이 명백한 경우, (2) 회계기준에서 표시방법의 변경을 요구하는 경우에는 예외이다.

1.2 재무제표 식별

기업회계기준서 제1001호는 이상의 일반사항 다음에 이어 '재무제표 식별'에 대해 다음과 같이 규정하고 있다.

재무제표는 동일한 문서에 포함되어 함께 공표되는 그 밖의 정보와 명확하게 구분되고 식별되어야 한다. 그리고 각 재무제표와 주석은 명확하게 식별되어야 한다. 또한 다음 정보가 분명하게 드러나야 하며, 정보의 이해를 위해서 필요할 때에는 반복 표시하여야 한다.

(가) 보고기업의 명칭 또는 그 밖의 식별 수단과 전기 보고기간 말 이후 그러한 정보의 변경내용
(나) 재무제표가 개별 기업에 대한 것인지 연결실체에 대한 것인지의 여부
(다) 재무제표나 주석의 작성대상이 되는 보고기간종료일 또는 보고기간
(라) 표시통화
(마) 재무제표의 금액 표시를 위하여 사용한 금액 단위

2. 개별 및 연결 재무제표의 표시

제1장과 제2장에서 설명하였듯이, **재무제표**의 **목적**은, 광범위한 정보이용자의 경제적 의사결정에 유용한 기업의 재무상태, 재무성과, 재무상태 변동에 관한 정보를 제공하는 데 있다. 이러한 정보를 통해 정보이용자는 기업의 차입금에 대한 원리금 지급능력, 소유주에 대한 배당금 지급능력 등을 결정하는 현금 및 현금성자산의 창출능력과 그 시기 및 확실성에 대해 보다 잘 평가할 수 있다. 이에 관한 정보는 재무상태표, 포괄손익계산서, 자본변동표, 현금흐름표 및 주석 등의 재무제표에 의해 제공된다.

이 책에서 다루는 재무제표는 기업이 개별적으로 자신을 단일 경제적 실체로 하여 작성하는 **개별재무제표**이다. 타기업을 지배하는 기업(즉, 지배기업)이라도 종전에는 개별재무제표를 **주재무제표**로 작성하여 왔다. 그런데 한국채택국제회계기준은 기업의 경제적 실체 관점에서 지배기업으로 하여금 연결재무제표를 주재무제표로 하여 작성, 공시하도록 하였다. 이것은 한국채택국제회계기준 도입으로 인한 가장 중요한 변화 중 하나라 할 것이다. 단, 연결재무제표 중심의 국제회계기준이 적용되더라도 기업의 **법적실체**(legal entity)에 대한 개별재무제표는 연결재무제표 작성을 위해 반드시 작성되어야 하고, 지배기업 자체의 배당이나 세금계산, 기타 정보수요 등의 목적으로 계속 필요하므로 앞으로도 개별재무제표의 작성은 계속 요구된다.

따라서 이 책의 모든 내용은 개별재무제표 중심으로 다루고 있다. 다만 연결재무제표 중심의 국제회계기준 도입이라는 전환기에 있어 연결재무제표에 대한 기본 내용에 대한 이해가 필요하고, 또한 우리가 자주 접하는 기업들은 지배기업으로서 하나 이상의 종속기업을 가지는 대기업이어서 연결재무제표를 작성하는 경우가 많을 것이므로 연결재무제표의 개념 및 표시와 관련된 몇 가지 중요한 내용을 여기서 언급한다.

어느 기업이 다른 기업의 지배(control)를 받고 있을 때 그 기업을 **종속기업**(subsidiary)이라 하고, 하나 이상의 종속기업을 가지고 있는 기업을 **지배기업**(parent)이라 한다. 지배기업이 타기업 의결권의 과반수를 소유하는 경우에, 또는 다른 방법으로 타기업에 대한 지배력(경제활동에서 효익을 얻기 위하여 재무정책과 영업정책을 결정할 수 있는 능력)을 가지는 경우에 타기업을 지배한다고 본다. 지배기업과 그 지배기업의 모든 종속기업을 '연결실체' 라 하는데, 각 기업이 법률적으로는 독립적인 기업들이라 하더라도 실질적으로 지배종속관계에 있는 이 연결실체는 단일 경제적 실체로서 재무제표를 작성할 필요가 있다. 이때 작성하는 재무제표를 **연결재무제표**(consolidated financial statements)라고 한다.

연결재무제표는 연결재무상태표, 연결포괄손익계산서, 연결자본변동표, 연결현금흐름표로 구성된다. 연결재무제표의 작성은 지배기업과 종속기업 각각의 개별재무제표를 결합하는 과정을 거치는데, 이 과정에서 먼저 지배기업의 종속기업에 대한 투자의 장부금액과 종속기업의 자본 중 지배기업지분을 제거하고 연결실체 내의 거래(지배회사와 종속회사 간의 **내부거래**) 및 이와 관련된 잔액, 수익과 비용은 모두 제거한다. 그 다음, 지배기업과 종속기업 각각의 재무제표(즉, **개별재무제표**)의 자산, 부채, 자본, 수익, 비용을 같은 항목별로 합산한다(이러한 작성과정의 세부적 회계처리는 고급회계에서 다루는 내용으로서 이 책의 범위를 벗어나므로 다루지 않는다).

연결재무제표에는 지배회사와 종속회사 전체의 자산, 부채, 수익, 비용 등의 총액이 표시되고, 표시되는 항목들은 지배기업의 것과 종속기업의 것으로 구분하지 않는다. 다만, **비지배지분**(non-controlling interests)을 **지배기업주주지분**과 구분하여 연결재무상태표의 자본에, 그리고 연결손익계산서의 당기순손익에 표시한다(〈표 5-3〉 및 각주 13 참조).

여기서 비지배지분이란 지배기업이 소유하지 않는 지분에 귀속되는 종속기업의 순자산(자본) 및 당기순손익을 말한다.

연결재무상태표 및 비지배지분에 대한 이해를 돕기 위해 예를 들어보자.

〈그림 5-1〉은 S사 발행주식의 60%를 보유하고 있는 지배기업 P사와 종속기업 S사의 개별재무상태표와 이들을 연결하여 작성된 P사의 **연결재무상태표**를 예시하고 있다.

그림 5-1 연결재무상태표와 비지배지분 예시

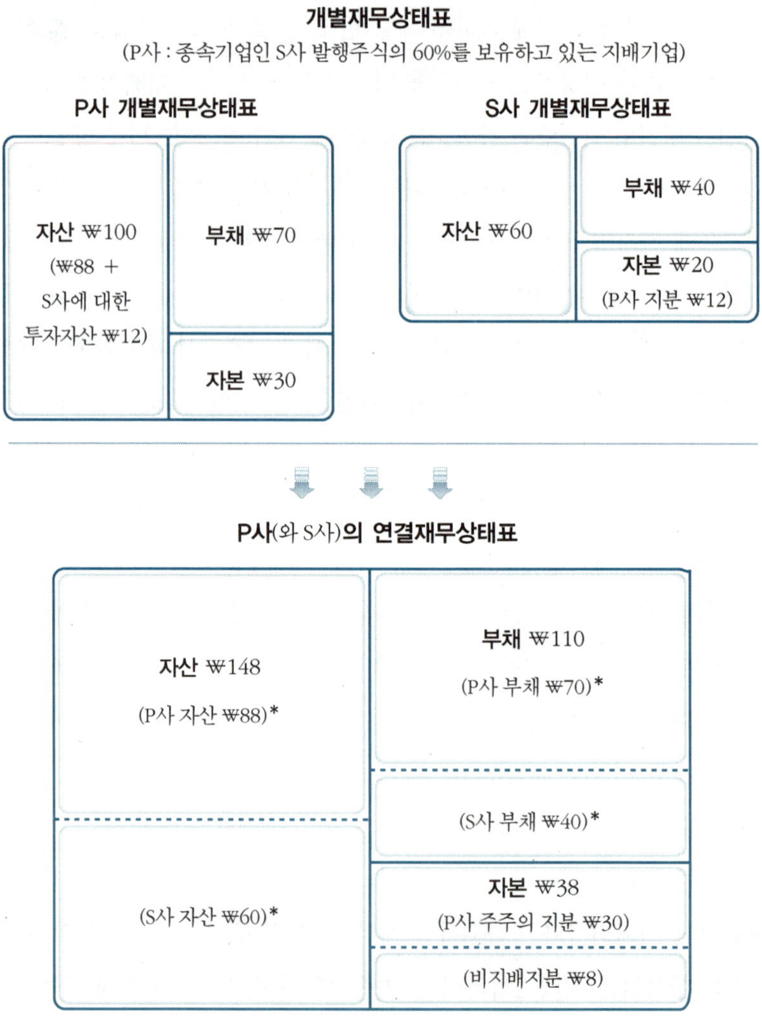

* 이해를 돕기 위해 P사의 자산(부채)과 S사의 자산(부채)을 구분하여 괄호 안에 나타내었음.

예를 단순화하기 위해, P사는 종속기업 S사의 장부상 자본금액 ₩20의 60%인 ₩12에 S사의 주식을 취득하여 투자자산 ₩12으로 개별재무상태표에 보고하고 있고, 이 투자와 직접 관련된 것 이외에는 아무런 상호거래가 없는 것으로 한다.

그림에서 보는 바와 같이, 개별재무상태표의 연결 전 P사는 자산 ₩100, 부채 ₩70, 자본 ₩30을, S사는 자산 ₩60, 부채 ₩40, 자본 ₩20을 갖고 있었다. P사와 S사가 결합된 '연결실체'의 연결재무상태표 상의 부채는 두 회사 부채의 단순합계인 ₩110으로 나타난다. 그런데, 연결재무상태표 상의 자산은 양사의 자산의 단순합계인 ₩160이 아니라 ₩148으로 나타나고, 자본도 양사의 자본의 단순합계인 ₩50이 아니라 ₩38으로 나타난다. 그 이유는 양사의 개별재무상태표들을 연결할 때, P사 개별재무상태표 상의 S사에 대한 P사의 투자자산 ₩12이 S사 개별재무상태표상의 자본 중 P사에 귀속되는 S사의 지분 ₩12과 상계되어 제거되기 때문이다.

그 결과, 한 기업의 자본은 그 기업의 자산에 대한 주주의 지분(청구권)을 나타내듯이 연결실체의 자본도 연결실체의 자산에 대한 주주의 지분을 나타낸다. 그런데 이때의 연결실체의 주주지분은, S사에 대한 P사 지분이 제거되었으므로 지배기업의 주주지분과 종속기업의 비지배지분으로 구성된다. 연결재무상태표는 이 두 종류의 주주지분을 구별하여, 자본에 비지배지분과 지배기업주주지분으로 구분 표시한다.

또한 그림에서 수치로 예시되어 있지는 않지만 지배기업과 종속기업의 개별재무상태표상의 자산(부채)항목은 연결재무상태표에서 항목별로 통합된 금액으로 표시된다. 예컨대, 연결재무상태표상의 현금및현금성자산은 지배기업과 종속기업의 현금및현금성자산이 합쳐진 수치이다.

여기서 강조하고자 하는 것은, 비지배지분이 지배기업주주지분과 구분되어 연결재무제표의 자본 및 연결손익계산서의 당기순손익에 표시된다는 사실을 제외하면, 연결재무제표는 개별재무제표와 외관면에서 다르지 않으며, 모든 회계원리는, 지배기업과 종속기업의 연결 시 이외에는, 개별재무제표에 적용된다는 점이다.

3. 재무상태표의 구분과 표시

재무상태표(財務狀態表 statement of financial position)는 특정 시점에 기업의 **재무상태**(financial position), 즉 기업이 보유하고 있는 경제적 자원인 자산과 경제적 의무인 부채 그리고 자본에 대한 정보에 대한 보고서이다. 그런데 자산, 부채 및 자본에는 많은 항목들이 있고 그 성격도 다양하다. 그래서 외부정보이용자들이 기업의 재무상태를 용이하게 파악할 수 있도록 하기 위해서, 제3장에서도 언급했듯이, 종전의 기업회계기준들은 자산, 부채 및 자본의 항목들을 유동/비유동 구분, 유동성 배열법 등 구체적이고 엄격한 작성규정을 두고 재무상태표에 분류하여 표시하도록 하였으나, 한국채택국제회계기준은 항목의 배열방법과 최소 표시항목에 대해서만 규정을 두어 다음에서 보듯이 비교적 재량적 표시를 허용하고 있다.

3.1 유동/비유동 구분 및 유동성 순서에 따른 표시방법

앞서 언급했듯이, 한국채택국제회계기준은 재무상태표에 표시되어야 할 항목의 순서나 형식에 대해 강제규정을 두고 있지 아니하다. 동 기준의 도입 전에는 재무제표 표시에 ① 유동/비유동 구분법, ② 유동성[4] 순서에 따른 표시방법(종전의 유동성 배열법과 비슷함) 모두가 엄격히 적용되어 왔었다. 즉 유동자산(부채)과 비유동자산(부채)을 구분한 후, 전자를 후자보다 먼저 표시하고, 유동자산(부채) 중에서도 유동성이 높은 항목 순서로 표시해 왔었다.

그러나 한국채택국제회계기준은 ①의 구분법과 ②의 표시방법을 구분하여 두 가지의 다른 재무상태표 표시방법으로 보며, ①의 구분법을 원칙으로 하되, 경우에 따라 ②의 표시방법을 택할 수 있도록 하고 있다. 즉, ②의 방법이 신뢰성 있고 더욱 목적적합한(reliable and more relevant) 정보를 제공하는 경우를 제외하고는, 특히 기업이 명확히 식별가능한 **영업주기** 내에서 재화나 용역을 제공하는 경우에는, ①의 유동/비유동 구분법에 의해 재무상태표에 유동자산과 비유동자산 및 유동부채와 비유동부채를 구분하여 표시하도록 하고 있다(단, 이 경우 이연법인세 자산(부채)은 유동자산(부채)으로 분류할 수 없게 하고 있다). 이는 운전자본(유동자산에서 유동부채를 차감한 것)으로서 계속 순환되는 순자산과 장기 영업활동에서 사용하는 순자산을 구분함으로써 유용한 정보를 제공하기 때문이다. 이는 또한 정상영업주기 내에 실현될 것으로 예상되는 자산과 동 기간 내에 결제 기일이 도래하는 부채를 구분하여 보여주기 위해서이다.

다만, 재화나 서비스를 명확히 식별 가능한 영업주기 내에 제공하지 않는 금융회사와

4. **유동성**(liquidity)이란 자산이 얼마나 쉽고 빠르게 현금으로 전환되는가 하는 정도를 말한다. 부채의 경우에는 현금상환을 요구받는 기간이 짧은 정도를 말한다.

같은 일부 기업의 경우처럼, ②의 유동성 순서에 따른 표시방법(오름차순 또는 내림차순)이 신뢰성 있고 더욱 목적적합한 정보를 제공한다면 그 적용이 허용된다. 이 경우 모든 자산과 부채는 유동성 순서에 따라 표시하는 것이 원칙이지만, 혼합표시방법[5](자산과 부채의 일부는 유동/비유동 구분법으로, 나머지는 유동성 배열법으로 표시하는 것)이 허용된다. 이러한 방법은 기업이 다양한 사업을 영위하는 경우에 필요할 수 있기 때문이다.

이 책은 예시를 들어 구분하여 표시할 때, 유동/비유동 구분법을 적용한다. 동시에 전통적으로 사용해온 유동성 배열법을 가급적 반영하는데, 이는 앞에서 설명한 한국채택국제회계기준과 배치되지 아니하며 독자의 이해에 도움을 주기 때문이다.

3.2 재무상태표에 표시되는 항목

한국채택국제회계기준에서는 표시되어야 할 항목에 대해 상세한 규정을 두는 대신, "재무상태표에 표시되는 정보"로서 다음의 **표시항목**(line items)과 금액을 재무상태표에 표시하게 하고, 기업의 재무상태를 이해하는 데 목적적합한 경우 재무상태표에 항목, 제목 및 중간합계를 추가하여 표시할 수 있도록 하고 있다.[6] 단, 여기에 제시된 항목들의 배열순서는 전통적인 유동성 배열법에 의한 것이 아님을 알 수 있다. 여기에 나타난 항목들의 의미에 대해서는 다음 소절에서 간단히 설명한다.

(1) 유형자산
(2) 투자부동산
(3) 무형자산
(4) 금융자산(단, (5), (8) 및 (9)를 제외)
(5) 지분법에 따라 회계처리하는 투자자산
(6) 생물자산*
(7) 재고자산
(8) 매출채권 및 기타 채권
(9) 현금및현금성자산

---

5. 혼합표시방법 역시 '신뢰성 있고 더욱 목적적합한 정보를 제공한다'는 전제하에서 허용된다.
6. 기업회계기준서 제1001호 '재무제표 표시' 문단 54~55.

(10) 매각예정으로 분류된 자산과 처분자산집단에 포함된 자산의 총계
(기업회계기준서 제1105호 '매각예정비유동자산과 중단영업')
(11) 매입채무 및 기타 채무
(12) 충당부채
(13) 금융부채(단, (11)과 (12) 제외)
(14) 당기 법인세와 관련한 부채와 자산(기업회계기준서 제1012호 '법인세'에서 정의)
(15) 이연법인세부채 및 이연법인세자산(기업회계기준서 제1012호에서 정의)
(16) 매각예정으로 분류된 처분자산집단에 포함된 부채(기업회계기준서 제1105호)
(17) 자본에 표시된 비지배지분
(18) 지배기업의 소유주에게 귀속되는 납입자본과 적립금

* **생물자산**(biological assets) : 살아 있는 동물이나 식물로서, 성장·퇴화·생산·생식 과정의 생물적 변환(biological transformation)을 가하는 관리활동(management)을 하여 판매하는 자산.

위와 같은 분류상의 세부내용은 한국채택국제회계기준의 요구사항, 당해 금액의 크기, 성격 및 기능에 따라 달라진다. 세(細)분류(subclassification of line items) 기준을 결정할 때, 그리고 추가 항목(additional line items)으로 구분 표시할지 여부를 결정할 때에는 ① 자산의 성격 및 유동성, ② 기업 내에서의 자산 기능, ③ 부채의 금액, 성격 및 시기 등의 요소를 고려하여 판단한다.

공시의 범위는 각 항목별로 다르며, 예를 들면 다음과 같다.

(1) 유형자산 : 기업회계기준서 제1016호 '유형자산'에 따른 분류로 세분화(제11장에서 다룸).
(2) 채권 : 일반상거래 채권, 특수관계자 채권, 선급금과 기타 금액으로 세분화.
(3) 재고자산 : 상품, 소모품, 원재료, 재공품 및 제품 등으로 세분화(기업회계기준서 제1002호 '재고자산').
(4) 충당부채 : 종업원급여 충당부채와 기타 항목 충당부채로 세분화.
(5) 납입자본과 적립금 : 자본금, 주식발행초과금, 적립금 등과 같이 다양한 분류로 세분화.

3.3 자산, 부채, 자본 항목의 배열 및 분류

재무상태표에 보고되는 항목들은, 앞서 설명한 유동/비유동 구분법을 적용하고, 동시에 전통적인 유동성 배열법을 반영하면, 다음 〈표 5-3〉의 재무상태표에서 보는 바와 같다.

〈표 5-3〉에서 보듯이 자산은 유동자산과 비유동자산으로, 부채는 유동부채와 비유동부채로 대구분 표시되어 있다. 그리고 자본도 여러 그룹으로 구분 표시되고 있다. 자산, 부채 및 자본의 분류체계 및 중요 항목의 개념에 대해서 더 구체적으로 살펴보자.

1) 유동자산과 유동부채

유동자산(流動資産 current assets)과 유동부채(流動負債 current liabilities)는 각각 다음의 경우에 해당하는 자산과 부채이다.

유동자산	유동부채
(1) 기업의 정상영업주기 내에 실현될 것으로 예상하거나, 정상영업주기 내에 판매하거나 소비할 의도가 있다.	(1) 정상영업주기 내에 결제될 것으로 예상하고 있다.
(2) 주로 단기매매 목적으로 보유하고 있다.	(2) 주로 단기매매 목적으로 보유하고 있다.
(3) 보고기간 후 12개월 이내에 실현될 것으로 예상한다.	(3) 보고기간 후 12개월 이내에 결제하기로 되어 있다.
(4) 현금이나 현금성자산으로서, 교환이나 부채상환 목적으로의 사용에 대한 제한기간이 보고기간 후 12개월 미만이다.	(4) 보고기간 후 12개월 이상 부채의 결제를 연기할 수 있는 무조건의 권리를 가지고 있지 않다.

여기서 **정상영업주기**(normal operating cycle)는 기업의 자산과 부채의 분류에 동일하게 적용되는 기준으로서, 영업활동을 위한 자산의 취득시점부터 그 자산이 현금이나 현금성자산으로 실현되는 시점까지 소요되는 기간을 말한다. 정상영업주기를 명확히 식별할 수 없는 경우에는 그 기간이 12개월인 것으로 가정한다(영업주기에 대해서는 제6장에서 더 자세히 설명함).

표 5-3 재무상태표 항목의 분류와 배열

재무상태표

제×2기 20×2년 ×월 ×일
제×1기 20×1년 ×월 ×일

서울기업(주) (단위 : 백만원)

	제×(당)기	제×(전)기		제×(당)기	제×(전)기
자산			**부채**		
I. 유동자산	×××	×××	I. 유동부채	×××	×××
(1) 당좌자산	××	××	1. 단기금융부채	××	××
1. 현금및현금성자산	××	××	2. 매입채무	××	××
2. 단기금융자산	××	××	3. 기타채무	××	××
3. 매출채권	××	××	4. 미지급법인세	××	××
4. 기타채권	××	××	5. 매각예정부채	××	××
5. 선급법인세	××	××	6. … … … … …		
6. … … … … …			II. 비유동부채	×××	×××
(2) 재고자산	××	××	1. 장기금융부채	××	××
(3) 매각예정자산	××	××	2. 장기충당부채	××	××
II. 비유동자산	×××	×××	3. 이연법인세부채	××	××
(1) 투자자산	××	××	4. … … … … …		
1. 장기금융자산	××	××	**부채총계**	×××	×××
2. 투자부동산	××	××	**자본**	××	××
3. … … … … …			I. 지배기업의 주주지분	×××	×××
(2) 유형자산	××	××	(1) 자본금	×××	×××
1. 토지	××	××	(2) 자본잉여금	×××	×××
2. 건물	××	××	(3) 기타자본구성요소	×××	×××
3. 기계장치	××	××	1. 자본조정	××	××
(−) 감가상각누계액	(×)	(×)	2. 기타포괄손익누계액	××	××
4. 건설중인자산	××	××	(4) 이익잉여금	×××	×××
5. … … … … …			(또는 결손금)		
(3) 무형자산	××	××	II. 비지배지분	×××	×××
(4) 기타비유동자산	××	××			
1. 이연법인세자산	××	××	**자본총계**	×××	×××
자산총계	×××	×××	**부채와자본총계**	×××	×××

① 유동자산

간단히 말해, 유동자산은 1년 이내 또는 정상적 영업주기 내에 현금으로 전환되거나 사용하여 없어질 자산으로서, 당좌자산, 재고자산, 매각예정자산으로 분류할 수 있다. 유동자산은 보고기간 후 12개월 이내에 실현될 것으로 예상되지 않는 경우에도 재고자산 및 매출채권과 같이 정상영업주기의 일부로서 판매, 소비 또는 실현되는 자산을 포함하며, 단기매매 목적으로 보유하고 있는 자산(예 : 단기매매자산으로 분류되는 일부 금융자산)과 비유동금융자산의 유동성 대체 부분을 포함한다.

당좌자산(quick asset) : 아래의 재고자산 등으로 분류되지 않은 유동자산.

재고자산(inventory) : 정상적인 영업과정에서 판매하기 위하여 매입 또는 생산하여 보유하거나 생산 중인 자산(각각 상품, 제품, 재공품) 및 생산이나 용역제공에 사용될 원재료나 소모품.

매각예정자산(assets held for sale) : 계속사용이 아닌 매각거래를 통하여 그 장부금액이 주로 회수될 자산으로서, 현재의 상태에서 통상적이고 관습적인 거래조건만으로 즉시 매각가능하여야 하며 매각될 가능성이 매우 높아야 하는 것. 따라서 원칙적으로 분류시점에서 1년 이내에 매각완료요건이 충족될 것으로 예상되는 것.[7]

② 유동부채

간단히 말해, 유동부채는 1년 이내에 갚거나 이행해야 하는 부채로서, 단기차입금, 매입채무, 미지급비용 등을 포함한다. 매입채무, 그리고 종업원급여 등 영업비와 관련된 미지급비용 등은 기업의 정상영업주기 내에 사용되는 **운전자본**(working capital)의 일부로서, 보고기간 후 12개월 후에 결제일이 도래한다 하더라도 유동부채로 분류한다.

기타 유동부채는 단기매매 항목으로 분류된 일부 금융부채, 당좌차월, 비유동금융부채의 유동성 대체 부분, 미지급배당금, 법인세 및 기타 지급채무 등이 있다. 이것은 정상영업주기 이내에 결제되진 않지만 보고기간 후 12개월 이내에 결제일이 도래하거나 주로 단기매매 목적으로 보유하는 것이다.

---

7. 매각예정자산은 순공정가치와 장부금액 중 작은 금액으로 측정하므로 경우에 따라 손상차손이 인식된다. 한편, 폐기될 비유동자산은 매각예정으로 분류할 수 없다. 왜냐하면 해당 장부금액은 원칙적으로 계속 사용함으로써 회수되기 때문이다(기업회계기준서 제1105호 '매각예정비유동자산과 중단영업' (Non-current Assets Held for Sale and Discontinued Operation)).

2) 비유동자산과 비유동부채

비유동자산(非流動資産 non-current assets)은 유동자산으로 분류되지 않은 자산이며, **비유동부채**(非流動負債 non-current liabilities)는 유동부채로 분류되지 않은 부채이다.

① 비유동자산

비유동자산은 보통 1년 이상 장기간에 걸쳐 사용할 수 있는 자산으로서, 투자자산, 유형자산, 무형자산 등으로 구분될 수 있다.

투자자산(investments) : 장기적 수익을 목적으로 여유자금을 활용하기 위해, 또는 타기업에 대한 영향력을 행사하기 위해 취득한 자산으로서, AC(이전의 경우, 만기보유)금융자산, 관계기업투자(지분법적용투자주식), 투자부동산 등을 포함.

유형자산(PP&E : property, plant, and equipment 또는 tangible assets) : 재화 용역의 생산이나 제공, 임대, 또는 관리활동에 사용할 목적으로 보유하는 물리적 형태가 있는 자산으로서, 한 회계기간을 초과하여 사용할 것이 기대되는 자산.

무형자산(intangible assets) : 미래경제적효익이 장기간 기업에 유입되리라고 기대되는 물리적 형체가 없는 자산으로서, 개별적으로 식별가능한(identifiable) 무형자산과 개별적으로 식별될 수 없는 영업권(사업결합 시에 취득)으로 구성.

② 비유동부채

비유동부채는 보통 1년 이후에 갚아야 하는 부채로서, 장기차입금, 사채 등 장기금융부채, 장기충당부채, 이연법인세부채 등이 포함된다. 장기적으로 자금을 조달하며(즉, 기업의 정상영업주기 이내에 사용되는 운전자본의 일부가 아닌 경우이며) 보고기간 후 12개월 이내에 만기가 도래하지 아니하는 금융부채는 비유동부채이다.

3) 자본금 등 자본항목

자본은 (1) 자본금, (2) 자본잉여금, (3)이익잉여금(또는 결손금), (4) 기타자본구성요소로 구분된다. 각 분류항목의 의미는 다음과 같다.

자본금(capital stock, share capital) : 발행된 주식에 대해 납입된 자본 중, 주식의 액면금액에 해당하는 부분. 보통주자본금과 우선주자본금으로 구성.

자본잉여금(capital surplus) : 납입자본 중 액면금액(즉, 자본금)을 초과하는 금액. 주식발행초과금 등(예 : 액면가 ₩500인 보통주 12주를 모두 ₩8,000에 발행하는 경우, 보통주자본금은 ₩6,000, 주식발행초과금이라는 자본잉여금은 ₩2,000임).

이익잉여금(retained earnings) : 기업이 창출한 이익 중 배당으로 사용되지 않고 기업 내부에 유보된 이익의 누적분으로서, 유보이익이라고도 함.

기타자본구성요소 : 자본조정(capital adjustments), 기타포괄손익누계액(accumulated other comprehensive income) 등 위 세 가지 분류항목에 속하지 않은 자본구성요소(이 두 자본항목에 대한 이해는 재무회계의 내용에 대한 전반적 이해가 선행되어야 효과적이다. 이 제2절의 제4소절과 제5소절, 제10장 등이 이해에 도움이 될 것이다).

기타포괄손익누계액

기타포괄손익누계액(accumulated other comprehensive income)이란 FVOCI(이전의 경우, 매도가능)금융자산평가손익 등 기타포괄손익(이 제2절의 제4소절과 제5소절 참조)을 자본에서 직접 인식하기 위해 마련된 별도의 자본구성 요소이다.

기타포괄손익 발생분은 재무상태표일 현재의 이 항목의 잔액으로 누적된다(마치 감가상각비 발생분이 감가상각누계액에서 누적되고, 당기순이익 발생분이 이익잉여금잔액에 누적되는 것과 같다). 여기서 '기타(other)' 라는 말이 붙는 이유는 총포괄손익 중 당기순이익이 아닌 부분이기 때문이다.

3.4 재무상태표가 제공하는 정보

기업의 재무상태는 기업이 통제하는 경제적 자원, 기업의 유동성과 지급능력, 재무구조, 영업환경 변화에 대한 적응능력에 의해 영향을 받는다. 따라서 재무상태표는 다음과 같은 정보를 제공하도록 고안되었다.

기업이 통제하는 경제적 자원과 이러한 자원을 조절할 수 있는 기업의 과거 능력에 대한 정보 : 기업의 미래 현금과 현금성자산의 창출능력의 예측에 유용.

유동성(liquidity, 단기지급능력) 및 장기지급능력(solvency) : 만기가 도래하는 장·단기 부채를 상환할 수 있는 기업의 능력에 대한 예측에 유용(보다 장기적인 현금가용성).

재무구조(financial structure) : 기업의 미래 자금차입수요를 예측하고 미래이익과 현금흐름이 기업의 다양한 이해관계자들에게 어떻게 분배될 것인가를 예측하는 데 유용하고, 기업이 더 많은 자금을 어떻게 성공적으로 조달할 수 있을지 예측하는 데 유용.

재무제표가 제공하는 정보 중 재무구조와 관련하여 부연하면, 이자지급과 원금상환 지급의무 등의 부채 규모가 자본(소유주 청구권)의 규모에 비해 상대적으로 클수록 자본구조의 안정성은 취약하다고 한다.[8] 왜냐하면, 기업의 영업이 계획처럼 잘 안 되어 현금유입이 원활하게 이루어지지 못하는 경우, 부채가 과다하면 그 부채에 대한 원리금을 제때 지급하지 못하게 되면 파산 등 몰락에 이르게 될 가능성이 있기 때문이다.

그렇다고, 부채가 항상 부정적 측면만 있는 것은 아니다. 즉, 반대로 기업의 상황이 호전되어 부채로 조달한 자금을 운용하여 영업이익을 많이 내게 되면, 기업은 대여자에게는 영업이익 크기와 관계없이 미리 정해진 이자와 원금만 지급하면 되므로, 이자 지급 후에도 상당한 이익(즉 순이익)을 실현할 수가 있다. 이 경우 남은 순이익은 모두 소유주에게 귀속되므로, 부채가 많을수록 소유주에게 돌아가는 몫이 커져서 부채는 기업에 긍정적인 역할을 한다. 이렇게 부채의 비중이 순이익의 변동성(즉, 위험 risk)을 확대시키는 효과를 **레버리지 효과**(leverage effect)라고 한다.

4. 포괄손익계산서의 표시와 분류

포괄손익계산서(statement of comprehensive income)는 일정기간(보고기간) 동안의 기업의 재무성과에 대한 정보를 제공하는 재무보고서이다. 포괄손익계산서는 당기순손익과 '당기손익으로 인식되지 않은 수익과 비용인 기타포괄손익'을 보여준다. 종전의 기업회계기준들은 수익과 비용과 관련하여 많은 항목들을 제시하고 엄격한 구분기준(영업과 영업외 항목의 구분 등)을 두고 손익계산서에 표시하도록 하였으나, 한국채택국제회계기준은 표시정보에 대해서만 규정을 두어 다음에서 보는 바와 같이 재량적 표시를 허용하고 있다.

---

8. 이 때문에 채권자 보호를 중요한 목표로 하는 상법(商法)은 재무상태표를 매우 중요시한다.

4.1 포괄손익계산서상의 수익·비용의 표시방법

보고기간에 인식한 모든 수익과 비용 항목은 제3장에서도 언급했듯이, 한국채택국제회계기준에 따라[9] 다음 중 한 가지 방법으로 표시한다.

① 단일 포괄손익계산서(단일형) : 모든 수익과 비용 항목을 포함한 하나의 보고서. **당기손익 부분**(the profit or loss section)을 먼저 표시하고 바로 이어서 **기타포괄손익 부분**(the other comprehensive income section)을 표시함으로써 함께 표시.
② 두 개의 보고서(복수형) : 별개의 보고서인 손익계산서(당기손익 부분을 표시)와 바로 뒤에 위치하는 포괄손익계산서(당기순손익으로부터 시작하여 기타포괄손익, 총포괄손익을 보여줌).

위 ② 복수형에서 별개의 보고서(separate statement)인 **손익계산서**(statement of profit or loss)는 한국채택국제회계기준의 도입 전에 전통적으로 사용해왔던 '손익계산서' (I/S : income statement)와 같은 것이다.

4.2 포괄손익계산서에 표시되는 항목

포괄손익계산서에는 **당기손익 부분**과 **기타포괄손익 부분**에 추가하여, **당기순손익**, **총기타포괄손익**, 이 둘의 합계인 **(총)포괄손익**을 표시한다. 따라서 수익, 비용, 당기순손익, 총기타포괄손익, 총포괄손익의 순서로 표시가 된다.

한국채택국제회계기준에서는 표시되어야 할 항목에 대해 상세한 규정을 두는 대신, "포괄손익계산서의 당기손익 부분 또는 손익계산서" 에 (다른 한국채택국제회계기준서가 요구하는 항목에 추가하여) 당해 기간의 다음의 **표시항목**과 금액을 표시하게 하고, 기업 재무성과의 이해에 목적적합한 경우 항목, 제목 및 중간합계를 추가하여 표시하도록 하고 있다.[10]

9. 기업회계기준서 제1001호 '재무제표 표시' 문단 10A.
10. 기업회계기준서 제1001호 '재무제표 표시' 문단 82, 82A, 85.

(1) 수익 (2) 금융원가 (3) 지분법 적용대상인 관계기업과 공동기업(joint venture)의 당기순손익에 대한 지분 (4) 법인세비용 (5) 중단영업관련 손익의 합계를 표시하는 단일금액(기업회계기준서 제1105호)

그리고 "기타포괄손익 부분"에는 당해 기간의 기타포괄손익의 금액을 표시하는 항목을 성격별로 분류(지분법 적용대상 관계기업과 공동기업의 기타포괄손익에 대한 지분 포함)하고, (다른 한국채택국제회계기준서에 따라) 다음의 집단으로 묶어 표시한다.

(1) 후속적으로 당기손익으로 재분류되지 않는 항목 (2) 특정 조건을 충족하는 때에 후속적으로 당기손익으로 재분류되는 항목

그리고 추가적으로 당기순손익과 기타포괄손익의 배분항목으로서 다음 항목[11]을 포괄손익계산서에 표시한다.

(1) 비지배지분과 지배기업의 소유주 각각에 귀속되는 당기순손익 (2) 비지배지분과 지배기업의 소유주 각각에 귀속되는 당기포괄손익 당기순손익을 별개의 보고서에 표시하는 경우, 위 (1)을 그 보고서에 표시한다.

다만, 수익과 비용의 어느 항목도 당기손익과 기타포괄손익을 표시하는 보고서 또는 주석에 **특별손익** 항목으로 표시할 수 없다.

11. 이 두 귀속분은 연결손익계산서에서 당기순손익 바로 아래에 다음과 같이 나타낸다.

XI. 당기순이익	×××
당기순이익의 귀속	
지배기업의 소유주	××
비지배지분	××

4.3 수익과 비용 항목의 분류

1) 비용항목의 분류방법

비용항목을 분류하는 데 있어서 한국채택국제회계기준은 비용항목을 성격별 또는 기능별로 분류할 수 있도록 허용하고 있다. 우리나라나 미국 등에서는 전통적으로 기능별로 분류해왔다.

① **성격별**(by nature) 분류법 : 당기손익에 포함된 비용을 그 성격(예 : 감가상각비, 원재료의 구입, 종업원급여, 운송비, 광고비)별로 통합하며, 기능별로 재배분하지 않는 방법이다. 비용을 기능별 분류로 배분할 필요가 없기 때문에 적용이 간단할 수 있다. 비용의 성격별 분류의 예는 〈표 5-4〉와 같다.

② **기능별**(by function) 분류법(또는 '매출원가' 법) : 비용을 매출원가, 물류원가, 관리활동원가 등과 같이 제조, 매출, 관리 등의 기능별로 원가를 분류하는 방법이다. 적어도 매출원가는 다른 비용과 분리하여 공시한다. 이 방법은 전통적으로 오래 이용되어온 방법으로서 성격별 분류보다 재무제표이용자에게 더욱 목적적합한

표 5-4 손익계산서상의 비용의 성격별 또는 기능별 분류법

성격별 분류법			기능별 분류법	
수익		×	수익	×
기타수익		×	매출원가	(×)
제품과 재공품의 변동	×		매출총이익	×
원재료와 소모품의 사용액	×		기타수익	×
종업원급여비용	×		물류원가	(×)
감가상각비와 기타상각비용	×		관리비	(×)
기타비용	×		기타비용	(×)
금융원가	×		금융원가	(×)
총비용		(×)	관계기업의 이익에 대한 지분	×
관계기업의 이익에 대한 지분		×	법인세비용차감전 순이익	×
법인세비용차감전 순이익		×	법인세비용	(×)
법인세비용		(×)	계속영업이익	×
계속영업이익		×	중단영업관련손익	×
중단영업관련손익		×	당기순이익	×
당기순이익		×		

정보를 제공할 수 있지만 비용을 기능별로 배분하는 데 상당한 자의적 판단이 개입될 수 있는 단점이 있다. 비용의 기능별 분류의 예도 역시 〈표 5-4〉에서 보는 바와 같다. 이 책의 사례에서는 전통적으로 사용되어온 기능별 분류를 따른다.

2) 수익과 비용 항목의 배열

포괄손익계산서는 정보이용자가 각자 목적에 맞게 사용할 수 있도록 당기순이익 이외에 몇몇 종류의 이익을 단계적으로 산출하면서 다음과 같은 항목들을 〈표 5-4〉에서 보는 바와 같이 나타내준다. 이 표에 제시되고 있는 포괄손익계산서 항목에 대해 그 의미를 간략히 소개하면 다음과 같다.

매출액(sales) 또는 수익(revenue) : 상품, 제품, 용역의 판매대가.

매출원가(cost of sales 또는 cost of goods sold) : 판매된 상품(또는 제품)의 매입원가(또는 제조원가).

매출총이익(gross profit) : 매출액에서 매출원가를 차감한 것. 총 마진(gross margin)이라고도 함.

기타수익(other income) : 통상적인 기업활동에서 발생한 중요한 수익으로서 위 매출액 또는 수익에 포함되지 않은 것. 수수료수익, 이자수익, 배당금수익, 지분법이익 등.

관계기업의 이익에 대한 지분(지분법손익) : 지분법 적용대상인 관계기업과 공동기업의 당기순손익에 대한 지분(이에 대해서는 제8장에서 다룸).

물류원가(distribution costs) : 재화의 생산 후 고객 이전 시까지 발생하는 원가. 상품 제품의 보관과 이동, 촉진활동, 판매 등과 관련된 임차료, 감가상각비, 운임, 광고비 및 차량관련 비용 등

관리비(administrative expenses) : 영업활동에 필요한 제반 관리활동에 소요된 비용. 급여, 임차료, 소모품비, 감가상각비 등.

영업이익(operating income) : 영업활동에서 창출된 이익. 매출총이익에서 판매비와 관리비(물류원가 등 포함)를 차감한 것. 다만 영업의 특수성을 고려해야 할 경우(예 : 매출원가 구분의 어려움)나 비용을 성격별로 분류하는 경우에는 영업수익에서 영업비용을 차감한 금액으로써 영업이익(또는 영업손실)을 구분하여 표시할 수 있다.[12]

---

12. 이러한 영업이익 정의는 원래의 IFRS에는 아직 규정화된 것은 아니지만, 우리나라 이해관계자의 강력한 영업이익 정보요구에 따라 '한국채택국제회계기준' 에 추가된 것이다.

금융원가(financial cost) : 자금조달 활동에 소요된 이자비용 등의 원가

기타비용(other expenses) : 물류원가, 관리비 및 금융원가(비용)에 속하지 않는 기타 비용

법인세비용차감전 순이익(profit before tax) : 매출총이익 + 기타수익 − 모든 당기비용(법인세 비용 제외). 이 금액을 기초로 법인세비용이 산출됨.

법인세비용(income tax expense) : 법인세비용차감전 순이익에 대하여 당기에 부담해야 하는 법인세 비용.

계속영업이익(profit for the period from continuing operations) : 중단영업이 제외된 계속영업으로부터의 당기순이익

중단영업관련손익(profit or loss from discontinued operations) : '중단영업의 세후손익' 과 '중단영업에 속한 자산이나 처분자산집단을 순공정가치로 측정하거나 처분함에 따른 세후손익' 의 합계.

당기순이익(profit for the period 또는 net income) : 법인세비용차감전 순이익에서 법인세비용을 차감한 금액으로서, 당기손익으로 인식된 수익총계에서 비용총계를 차감한 순액(이 금액이 음수이면 순손실).[13] 보고기간에 이룬 기업의 경영성과를 최종적으로 나타내는 단일 수치.

포괄손익계산서는 손익계산서의 최종 항목인 당기순이익에 추가하여 다음과 같은 항목을 나타낸다.

기타포괄손익(other comprehensive income) : 당기순이익의 계산에는 포함되지 않고 총포괄손익에는 포함되는 손익. 자본의 구성요소인 기타포괄손익누계액 항목에서 누적됨. FVOCI(이전의 경우, 매도가능)금융자산평가손익, 재평가차익, 외환차이 등(이에 대해서는 이 장에서 곧 자세히 다룸).

총포괄손익(total comprehensive income) : 당기순이익에 기타포괄손익 항목을 가감한 손익.

주당이익(EPS : earnings per share) : 보통주 1주당 이익. 당기순이익을 보통주의 가중평균유통주식 수(총발행주식 수에서 재취득된 자기주식 수를 차감한 것)로 나눈 수치. 중요한 지표이기 때문에 손익계산서 당기순이익 수치 바로 아래에 별도로 표시하여 공시.

13. 미국에서는 손익계산서상의 최종수치라고 해서 'bottom line (figure)' 라고도 한다.

4.4 포괄손익계산서가 제공하는 정보

포괄손익계산서는 재무성과(특히 기업의 수익성)에 관한 정보를 제공한다. 즉 현재의 자원으로부터 현금을 창출할 수 있는 능력을 예측하는 데 유용하고, 추가적인 자원을 효과적으로 동원할 수 있는지 판단하는 데 유용한 정보를 제공한다.

이와 같은 정보를 구체적으로 살펴보면,

순이익뿐 아니라 매출총이익, 계속영업이익 등 각종 이익 수준:

- 상품 또는 제품이 그 매출원가에 대비하여 시장에서 얼마나 마진(margin)을 획득할 수 있는지 알기 위해서는 매출총이익 정보가 유용하다. 이 경우 금액 자체보다 매출총이익을 매출액으로 나누어 계산한 매출총이익률을 일반적으로 많이 활용한다.
- 미래 이익을 추정하는 경우에는 매년 반복적으로 일어나리라고 예상되는 영업활동으로부터의 이익, 즉 계속영업이익 정보가 유용하다.
- 제품의 제조활동, 판매와 관리활동 중 비효율적으로 운영되고 있는 활동이 무엇인지 파악하고자 하는 경우에는 매출총이익, 매출원가 및 물류원가 등 비용에 대한 세부적 정보가 유용하다.

수익성(收益性 profitability) : 투자자의 주요 관심대상인 수익성은 자기자본이나 매출액에 대한 각종 이익의 비율(자기자본이익률, 매출액총이익률 등)로 측정된다. 또한 당기순이익(지배기업의 보통주에 귀속되는 것)을 보통주의 주식 수(당해 기간에 유통된 보통주식 수를 가중평균한 것)로 나눈 수치인 주당이익(EPS)으로도 측정한다. 포괄손익계산서는 당기순이익 항목 밑에 별도로 주당이익을 보고한다.

자산의 활용정도 : 소유하고 있는 자산에 비하여 매출이 충분히 발생하고 있는지에 대한 정보를 (총자산회전율 등의 비율을 통해) 제공한다.

중점관리 비용항목 : 이익을 증가시키기 위하여 절감해야 할 비용이 무엇인가를 파악할 수 있는 정보를 제공해준다.

회계카페 **하지원도 설설 기네… 기업은행 송해의 마법**

송해, 김연아 광고모델 몸값과 광고효과는 어느 정도 비례할까? 시중은행의 억대 광고 모델들을 대상으로 광고효과를 비교한 결과 둘 간에 뚜렷한 상관관계는 없는 것으로 나타났다(15일 국회 정무위원회 소속 모 의원이 은행들로부터 광고모델료 자료를 제출받아 분석).

국민은행은 최근 1년 동안 '피겨 여왕' 김연아와 인기가수 이승기를 광고 모델로 기용했다. 김연아에겐 3개월 계약에 2.5억원, 가수 이승기는 6개월 계약에 3.5억원의 모델료를 주었다. 반면 기업은행은 원로 방송인 송해씨를 광고 모델로 기용해 1년 계약에 모델료로 3억원을 제공했다. 하지만 은행 인지도를 얼마나 높였는지를 기준으로 한 광고 효과 면에선 송해씨 쪽이 훨씬 나았다. 외국계 광고리서치 전문회사 밀워드브라운이 매월 조사하는 은행 광고 최초 상기도(은행광고 하면 가장 먼저 떠오르는 광고가 무엇인지 측정하는 지수) 분야에서 기업은행은 5월부터 계속 1위를 지켰다.

또 신한은행은 음악감독 박칼린을 1년 계약에 1.5억원의 모델료로 기용했고, 우리은행은 배우 장동건을 1년 계약 조건으로 7.5억원을 지불했지만, 은행 상기도 지수는 신한은행(14%)이 우리은행(3%)을 훨씬 앞섰다. 또 외환은행이 배우 하지원(1년 모델료 4억원)과 축구선수 기성용(1년 3억원)을, 농협은행은 연기파 배우 3인방 최민식 · 송강호 · 설경구(6개월 각각 2억원)를 각각 모델로 기용했는데, 광고효과 면에선 크게 재미를 못 본 것으로 나타났다.

(조선일보 2012년 10월 16일)

5. 자본변동표

자본변동표(statement of changes in equity)는 소유주에 의한 출자(investments by owners)와 소유주에 대한 배분(distributions to owners) 등 한 회계기간에 발생한 소유주지분(자본)의 변동에 관한 정보를 제공하는 재무제표로서, 자본을 구성하고 있는 자본금·자본잉여금·이익잉여금(또는 결손금)·기타자본구성요소(자본조정, 기타포괄손익누계액 등)의 회계기간 중 변동에 대한 전체적인 정보를 제공한다. 조금 후에 자세히 설명하겠지만, 재무상태표와 포괄손익계산서는 자본의 변동을 고리로 하여 서로 연계되어 있다.

자본은 기업에 대한 소유주의 지분(청구권)을 나타내므로, 한 회계기간 동안 자본이 어떤 요인에 의해 얼마만큼 변동하였는가에 대한 정보는 소유주들과 재무제표 이용자들에게 중요한 정보이다. 이들에게 그러한 정보를 제공하기 위하여 기업은 자본변동표를 작성하여 공시한다. 여기서 제3장의 사례기업인 부산(주)의 12월 중의 기업활동과 관련한 자본변동표를 〈표 5-5〉에 제시한다. 더 상세한 내용은 제10장 '자본'에서 다루기로 한다.

표 5-5 자본변동표 예시

자본변동표

부산(주) 20×1년 12월 1일부터 20×1년 12월 31까지 (단위 : 원)

구 분	자본금	자본잉여금	자본조정	기타포괄손익누계액	이익잉여금		합 계
					적립금	미처분	
20×1. 12. 1	6,000						6,000
중간배당						(100)	(100)
당기순이익						1,065	1,065
20×1. 12. 31	6,000	-	-	-	-	965	6,965

6. 현금흐름표

현금흐름표(statement of cash flows)는 기업의 현금및현금성자산의 창출능력 및 현금흐름의 시기와 확실성, 그리고 현금흐름 사용에 대한 재무제표이용자의 평가에 유용한 정보를 제공해주기 위한 재무제표로서, 한 회계기간에 이루어진 기업의 현금흐름을 영업활동·투자활동·재무활동별로 구분하고, 이를 다시 현금유입(cash inflows)과 현금유출(cash outflows)로 나누어 보여준다.

6.1 현금의 정의

현금흐름표에서 현금은 재무상태표상의 **현금및현금성자산**(cash and cash equivalents)이다. 일반적으로 회계처리상 **현금**은 통화(지폐, 동전)뿐만 아니라 통화대용증권(타인발행 수표, 우편환 증서), 요구불예금(보통예금, 당좌예금)[14]이 포함된다. 현금의 공통적 특성은 은행에서 여러분의 예금통장에 바로 입금처리가 된다는 점이다. 현금흐름표에서의 현금은 그러한 현금은 물론 현금성자산을 포함한다.

현금성자산(cash equivalents)은 투자등의 목적이 아닌 단기의 현금수요를 충족하기 위한 목적으로 보유하는데, 기업회계기준서(제1007호 '현금흐름표')는 유동성이 매우 높은 단기 투자자산으로서, 확정된 금액의 현금으로 전환이 용이하고 가치변동의 위험이 경

14. 은행 차입은 일반적으로 재무활동으로 간주된다. 그러나 (일부 국가의 경우에) 금융회사의 요구에 따라 즉시 상환하여야 하는 당좌차월(보통예금의 마이너스 잔액과 유사)은 현금및현금성자산의 구성요소(즉, 차감항목)에 포함된다.

미한(insignificant) 자산으로 정의한다. 따라서 투자자산은 일반적으로 만기일이 단기에 도래하는 경우(예를 들어, 취득일로부터 만기일이 3개월 이내인 경우)에만 현금성자산으로 분류된다. 이에는 보통 우량회사의 기업어음(CP : commercial paper)이나 채권, 양도성예금증서(CD : certificate of deposit) 등의 단기금융자산이 이에 속한다. 주식과 같은 지분증권은 현금성자산에서 제외되나, 취득일로부터 확정 상환일까지의 기간이 단기인 우선주는 포함된다.

6.2 현금흐름표 등식과 현금흐름표 구조

기업의 모든 활동은, 상품이나 원재료를 매입하거나 제품을 생산하여 판매하는 **영업활동**(營業活動 operating activities), 제조 및 영업 관련 기반시설 등을 구입하는 **투자활동**(投資活動 investing activities), 이러한 영업활동과 투자활동을 위한 자금을 조달하는 **재무활동**(財務活動 financing activities)으로 나누어진다.

기업활동별 현금흐름의 의미

영업활동으로 인한 현금흐름(cash flows from operating activities)

서비스, 상품, 제품의 매출에 의한 현금유입, 그리고 이를 위하여 수행해야 하는 재료나 상품의 매입, 생산, 판매, 관리 활동으로 인하여 발생한 노무비, 제조경비, 물류원가, 관리비, 이자비용*, 법인세 등의 현금유출로 구분되어 보고됨.

투자활동으로 인한 현금흐름(cash flows from investing activities)

유가증권, 비유동(고정)자산의 매입과 처분, 대여 및 대여금 회수 등에 의한 현금유출과 현금유입으로 구분되어 보고됨.

재무활동으로 인한 현금흐름(cash flows from financing activities)

자금차입이나 신주발행 등 자금조달활동으로 인한 현금유입, 그리고 차입금 상환, 배당금 지급* 등에 의한 현금유출로 구분되어 보고됨.

* 한국채택국제회계기준에 따르면, 이자 및 배당금 지급은 모두 영업활동이나 재무활동으로 분류할 수 있다(기업회계기준서 제1007호 '현금흐름표' 문단 33~34). 다만, 일단 선택된 분류는 매 기간 일관성 있게 적용되어야 한다. 이 책에서는 종래의 방식에 따라 이자지급은 영업활동으로, 배당금 지급은 재무활동으로 분류하여 예시한다.

현금흐름표는 현금흐름을 이러한 활동별로 분류하여, 한 회계기간에 발생한 '영업활동으로 인한 순현금흐름'에 '투자활동으로 인한 순현금흐름' 및 '재무활동으로 인한 순현금흐름'을 합산하여 동 회계기간 중 현금의 순증감액을 보여준다. 여기서 **순현금흐름**(net cash flows)이란 각 활동별 현금유입액에서 현금유출액을 차감한 순액이다. 다음, 이를 기초현금(잔액)에 가감하여 기말현금(잔액)을 산정한다. 이러한 계산과정을 나타내는 식을 **현금흐름표 등식**이라 한다. 현금흐름표 등식은 〈그림 5-2〉와 같이 현금흐름표 양식에서 구조로서 구현된다. 이러한 구조를 가진 현금흐름표에는 〈표 5-6〉에서 보듯이 각 활동범주별로 구체적인 현금유출활동과 현금유입활동 및 관련 금액이 표시된다.

그림 5-2 현금흐름표의 등식 및 구조

영업활동 순현금흐름	(= 영업활동 현금유입 - 영업활동 현금유출)
± 투자활동 순현금흐름	(= 투자활동 현금유입 - 투자활동 현금유출)
± 재무활동 순현금흐름	(= 재무활동 현금유입 - 재무활동 현금유출)
= 현금의 순증감	
+ 기초 현금	
= 기말 현금	

현금흐름표를 작성하는 방법에는 두 가지 방법이 있다. 하나는 〈표 5-6〉처럼 작성하는 **직접법**(direct method)으로서, 각 활동에 대해서 현금의 유입액과 유출액을 주요 항목별로 구분하여 표시하는 방법이다. 이 표는 제3장의 사례기업인 부산(주)의 12월 중의 거래에 대해 현금흐름표를 작성한 것이다.

다른 하나는 대부분의 실무에서 사용하는 **간접법**(indirect method)으로서, 영업활동 현금흐름의 파악 시 발생주의와 현금주의 차이를 조정하는 방법이다. 즉, 발생기준에 의해 이미 산정된 포괄손익계산서상의 당기순이익으로부터 출발하여 발생기준과 현금기준 회계의 차이(현금을 수반하지 않는 거래, 과거·미래의 영업활동 현금유입이나 현금유출의 이연 또는 발생, 투자활동 및 재무활동 현금흐름과 관련된 손익항목의 영향)를 가감(조정)해 나감으로써 결국 영업활동 현금흐름을 파악하는 것이다. 따라서 두 방법 간에 '영업활동'으로 인한 현금흐름의 내역에서 차이가 있고(단, 영업활동 순현금흐름액은 동일함), '투자활동'이나 '재무활동'으로 인한 현금흐름의 내역에서는 차이가 전혀 없다.

표 5-6 **현금흐름표 예시**

현금흐름표

부산(주) 20×1년 12월 1일부터 20×1년 12월 31까지 (단위 : 원)

과 목	금 액	
I. 영업활동으로 인한 현금흐름		
가. 매출(용역)활동으로부터의 현금유입	7,700	
나. 매입 및 종업원에 대한 현금유출	(11,300)	
다. 이자지급액	(30)	
라. 임차료의 지급	(3,600)	
영업활동 순현금흐름		(7,230)
II. 투자활동으로 인한 현금흐름		
1. 투자활동으로 인한 현금유출		
가. 비품의 구입	(3,200)	
투자활동 순현금흐름		(3,200)
III. 재무활동으로 인한 현금흐름		
1. 재무활동으로 인한 현금유입		
가. 단기차입금의 차입	1,800	
나. 장기차입금의 차입	3,000	
다. 보통주의 발행	6,000	
2. 재무활동으로 인한 현금유출		
가. 배당금의 지급	(100)	
재무활동 순현금흐름		10,700
IV. 현금및현금성자산의 순증가		270
V. 기초 현금및현금성자산		0
VI. 기말 현금및현금성자산		270

주) 종래의 방식에 따라 이자비용 유출은 영업활동으로, 배당금의 지급은 재무활동으로 분류하였다.

6.3 현금흐름표가 제공하는 정보

앞서 언급했듯이, **현금흐름표**는 재무제표이용자가 경제적 의사결정을 위해 기업의 현금및현금성자산의 창출능력 및 현금흐름의 시기와 확실성(재무제표의 목적), 그리고 현금흐름 사용을 평가할 수 있는 정보를 제공해준다. 현금흐름표는 특히 투자자와 채권자 등 재무제표이용자가 투자나 대출 의사결정에 다른 재무제표 정보와 함께 활용될 수 있는 정보를 제공해준다. 현금을 기업의 상품으로 간주하는 금융회사뿐 아니라 모든 기업은 영업활동을 수행하고 채무를 상환하며 투자자에게 투자수익을 분배하기 위해서는 현금이 필요한데, 이 필요한 현금을 어떻게 얼마나 창출하는지, 재무구조(유동성과 지급능력 포함) 등 상황의 변화와 기회에 적응하기 위하여 현금흐름의 금액과 시기를 조절할 수 있는지 그 능력을 현금흐름 정보를 통해 평가할 수 있다.

위와 같은 정보의 내용을 좀더 구체적으로 살펴보면 다음과 같다.

기업활동의 종류와 규모 : 현금흐름표는 기업이 어떠한 종류의 활동을 어느 정도 실행하였는지를 일목요연하게 알려 준다. 또한 기업이 계속 신규투자를 실시하는 성장기업인지, 또는 투자를 회수하고 있는 기업인지를 판단할 수 있는 정보를 제공한다. 시설투자나 채무상환이 이루어진 경우 그 자금조달이 어떠한 종류의 재원으로부터 이루어졌는지 알 수 있다.

당기순이익 지표의 보완 : 현금흐름표는 재무상태표와 포괄손익계산서보다는 상당히 늦게 도입된 재무제표이다. 포괄손익계산서에 보고되는 당기순이익은 발생기준회계의 산물로서, 물리적 실체가 있는 것이 아니기 때문에 기업의 이익창출능력을 가늠하기 위해서는 현금흐름정보가 더 객관적인 측정치가 될 수 있다. 따라서 당기순이익의 보완 정보로서 '영업활동으로 인한 현금흐름'의 정보는 매우 유용하다.

채무지급능력의 평가 : 재무상태표처럼 현금흐름표도 기업이 빚을 갚을 수 있는 능력을 판단할 수 있는 정보를 제공한다. 현금흐름표는 영업활동에서 어느 정도의 현금이 창출되었으며, 재무활동을 통하여 어느 정도의 현금을 조달하였는지를 보여준다. 이러한 정보에 의하여 정보이용자는 기업이 빚을 무난히 갚을 수 있는지 여부를 타진할 수 있다. 영업활동으로부터 충분한 현금을 조달하지 못하는 상황에서 금융기관이나 증권시장을 통한 재무활동도 활발히 전개하지 못하는 경우에는 기업의 채무지급능력이 낮다고 평가하게 된다.

영업성과에 대한 기업 간의 비교 : 현금흐름표는 서로 다른 기업의 미래현금흐름의 현재가치를 비교·평가할 수 있게 하고, 동일 거래에 대하여 서로 다른 회계처리를 적용함에 따라 발생하는 영향을 제거해주기 때문에 영업성과에 대한 기업 간의 비교가능성을 제고시킨다.[15]

7. 주석

주석(notes)은 각각의 재무제표에 표시하는 정보에 추가하여 제공된 정보를 말한다. 즉, 주석은 재무제표에 표시된 항목을 구체적으로 설명하거나 세분화하며, 재무제표 인식

15. 기업회계기준서 제1007호 '현금흐름표' 문단 4~5.

요건을 충족하지 못하는 항목에 대한 정보를 제공한다. 이를 구체적으로 보면 주석은 재무제표 작성 근거와 구체적인 회계정책에 대한 정보, 한국채택국제회계기준에서 요구하는 정보이지만 재무제표 어느 곳에도 표시되지 않는 정보, 재무제표 어느 곳에도 표시되지 않지만 재무제표를 이해하는 데 목적적합한 정보를 제공한다.

주석은 가능한 한, 체계적인 방법으로 표시한다. 즉, 각 재무제표에 표시된 개별 항목은 주석의 관련 정보와 상호 연결시켜 표시하고, 재무제표이용자가 재무제표를 이해하고 다른 기업의 재무제표와 비교하는 데 도움을 줄 수 있도록 일반적으로 (1) 한국채택국제회계기준을 준수하였다는 사실, (2) 적용한 중요한 회계정책의 요약 등의 순서로 표시한다.

제3절 재무제표의 연계관계

재무상태에 관한 정보는 주로 재무상태표를 통해 제공되고, 재무성과에 관한 정보는 주로 포괄손익계산서를 통해 제공되며, 재무상태 변동에 관한 정보는 현금흐름표를 통해 제공되는데, 재무제표의 구성요소는 동일한 거래나 사건을 대상으로 서로 각각 다른 측면을 반영하고 있다. 다시 말해 각각의 재무제표는 그 밖의 재무제표와 차별적인 정보를 제공하지만 어떤 하나의 재무제표도 단일 목적만을 충족시키거나 이용자의 특정한 정보수요를 충족시키는 데 필요한 모든 정보를 제공하지 못할 가능성이 높다.

재무제표는 각각 독립적으로 작성되는 것이 아니라 상호 **연계관계**(articulation)를 가진다. 특히 포괄손익계산서와 재무상태표는 동일한 경제적 영향의 양면성을 보여주며 깊은 연계관계를 가진다.

1. 재무상태표와 포괄손익계산서의 연계

재무상태표는 일정 시점의 재무상태를 보여준다. 기말 재무상태표를 기초 재무상태표와 비교하면 자산, 부채 및 자본 모두가 차이가 나는 것이 일반적이나. 즉, 회계기간 동안 기업의 활동으로 인하여 자산, 부채 및 자본이 변동하는데, 그 변동 중 기업의 영업활동으로 인한 순자산의 변동내역(즉 자본거래로 인한 순자산 변동을 제외)을 표시하면 포괄손익계산서가 된다.

포괄손익계산서는 i) 순자산의 증가를 가져오는 수익(income)과 순자산의 감소를 가져오는 비용(expense)의 내역을 표시하고, ii) 수익에서 비용을 차감하여 당기순이익을 구하고, iii) 여기에 당기손익(당기의 수익 또는 비용)을 구성하지 않는 기타포괄손익(other comprehensive income)을 합하여 iv) 총포괄이익(total comprehensive income)을 표시한다(〈그림 5-3〉 참고).

여기서 **총포괄이익**은 소유주와의 거래를 제외한(non-owner sources) 기간 중의 순자산의 변동을 나타내게 된다. 만약 기간 중에 자본거래로 인한 순자산의 변동이 없다면 기초자본(기초 순자산)에 총포괄이익을 더하면 기말자본(기말 순자산)이 된다.

기초자본(기초 순자산) + 총포괄이익 = 기말자본(기말 순자산)

이 식이 포괄손익계산서와 재무상태표의 연계관계를 나타낸다.

그림 5-3 재무제표의 연계관계(자본거래로 인한 순자산 변동이 없는 경우)

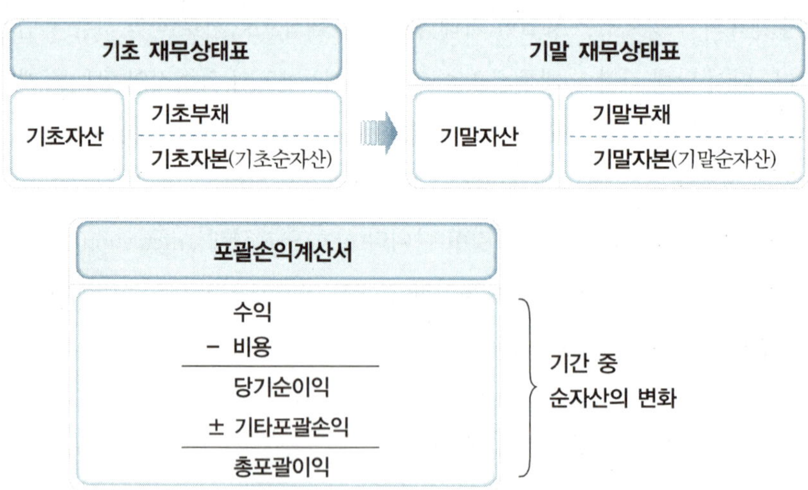

2. 재무상태표, 포괄손익계산서 및 자본변동표의 연계

만약 기간 중에 자본거래(소유주의 투자와 소유주에 대한 분배)로 인한 순자산의 변동이 있다면, 기초 순자산에 총포괄이익을 가산한다고 바로 기말 순자산이 되지는 않는다.

> **기중 순자산 변동**
> = 기말 순자산 − 기초 순자산 ············ [재무상태표]
> = 자본거래로 인한 순자산의 변동 + 총포괄이익 ············ [자본변동표]
> = 자본거래로 인한 순자산의 변동 +
> (당기순이익 ± 기타포괄손익) ············ [포괄손익계산서]

이 식이 포괄손익계산서, 재무상태표, 자본변동표의 연계관계를 나타낸다. 자본은 총포괄이익 외에 소유주와의 자본거래 등에 의해서도 변동하는데, 이러한 자본변동의 내역은 별도로 자본변동표에 표시된다. 소유주와의 자본거래의 대표적인 예는 주주에 의한 추가적인 자본출자(유상증자)와 주주에 대한 배당금 지급 등이다.

재무상태표, 포괄손익계산서 및 자본변동표의 연계관계를 설명하기 위해 다음의 사례를 보자.

사례

영암(주)의 20×1년 초 순자산은 ₩9,000의 자본금과 ₩3,000의 이익잉여금으로 구성되어 있었다. 영암(주)의 주주들은 20×1년 중 액면가 발행의 유상증자를 통하여 ₩4,000의 추가출자를 행하였다. 영암(주)은 20×1년 중 영업활동 결과 수익 ₩30,000, 비용 ₩28,000으로 ₩2,000의 당기순이익이 발생하였다. 그리고 20×1년 말 보유하고 있는 금융자산을 평가한 결과 ₩1,000의 평가이익(기타포괄이익)이 발생하였다.

[해설]

영암(주)의 기초 재무상태표와 기말 재무상태표를 비교하면 기초 순자산 ₩12,000에 비해 기말 순자산은 ₩19,000으로 ₩7,000 증가하였다. 이는 ₩4,000의 유상증자(주주에 의한 추가출자)로 인하여 자본금이 증가하였고, ₩2,000의 당기순이익으로 이익잉여금이 증가했으며, ₩1,000의 기타포괄이익이 발생한 결과이다. 포괄손익계산서에서 당기순이익 ₩2,000, 기타포괄이익 ₩1,000, 이 둘의 합인 총포괄이익 ₩3,000이 보고된다. 이를 식으로 나타내면 다음과 같다.

기초 순자산 + 추가출자	**+**	**총포괄이익**		**= 기말 순자산**
기초 순자산 + 추가출자	**+ 당기순이익**	**+ 기타포괄이익**		**= 기말 순자산**
(₩12,000)	(₩4,000)	(₩2,000)	(₩1,000)	(₩19,000)

한편, 자본변동표는 20×1년 동안 자본(순자산)의 변동내역을 모두 보여주게 되는데, 주주에 의한 추가출자 ₩4,000으로 인해 자본금은 ₩9,000의 기초금액에서 ₩13,000의 기말금액으로 증가한 내용이 나타난다. 그리고 이 ₩13,000이 20×1년 12월 31일 재무상태표에 자본금 잔액으로 나타난다. 이익잉여금은 기초금액이 ₩3,000이었는데, ₩2,000의 당기순이익이 발생하여 기말금액은 ₩5,000이 된다. 이 금액이 20×1년 12월 31일 재무상태표에 이익잉여금 잔액으로 나타나게 된다. 마지막으로, 재무상태표에 기타포괄손익누계액이 기초에 없었으므로 ₩1,000의 기타포괄손익누계액 기말잔액은 기타포괄이익 기중 발생액 ₩1,000만큼 증가하여 ₩1,000으로 보고된다.

앞의 사례를 이용하여 재무제표의 연계관계를 그림으로 나타내면 다음과 같다.

그림 5-4 재무제표의 연계관계 : 예시

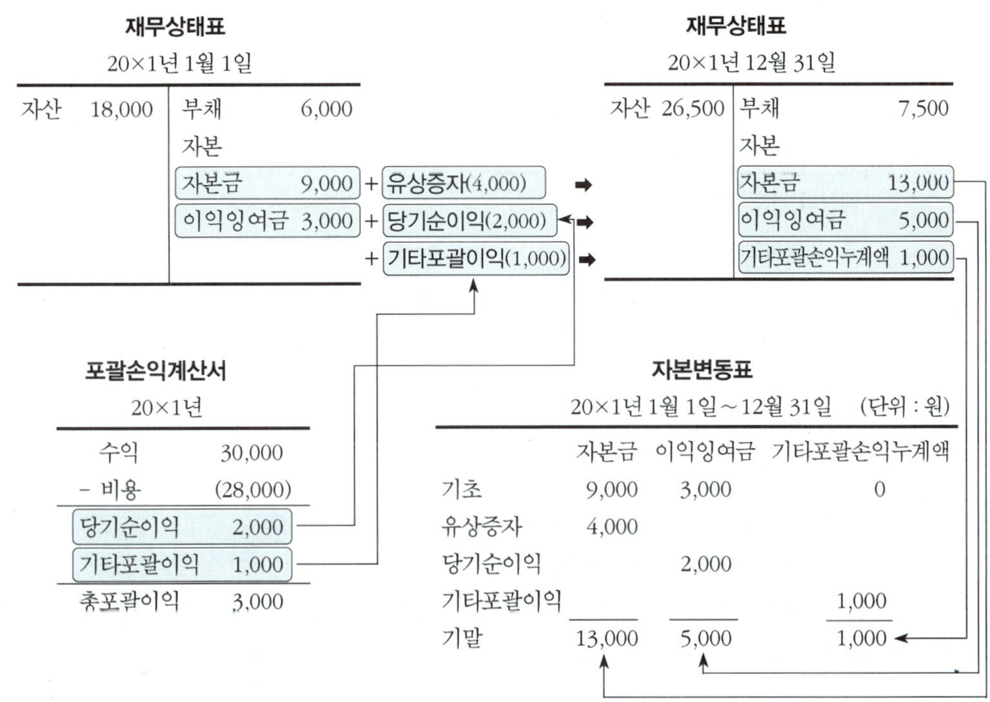

요약

제1절 재무제표 요소의 인식과 측정

- 재무제표 요소의 인식
  - 재무제표 요소의 어떤 항목을 재무상태표나 포괄손익계산서에 반영하는 과정
  - 인식요건 : 재무제표 요소의 정의에 부합 + 전반적 '인식기준' 충족
  - '인식기준' : 미래경제적효익의 기업 유입/유출 가능성,
    항목의 원가 또는 가치의 신뢰성 있는 측정가능성
- 재무제표 요소의 측정 : 해당 항목에 대해 계정명칭과 화폐금액 결정
  - 측정기준 : 역사적원가(취득원가), 현행원가, 실현가능(이행)가치, 현재가치
- 자산과 부채의 인식기준
- 수익과 비용의 인식기준 : 발생기준, 수익인식 조건, 수익/비용의 대응

제2절 재무제표의 구분과 표시

- 재무제표의 표시기준 : 일반사항
- 개별 및 연결 재무제표의 표시
- 재무상태표의 구분과 표시
    - 유동/비유동 구분, 유동성 순서에 따른 표시
    - 재무상태표 표시항목
  - 자산과 부채 항목의 배열 및 분류
    1) 유동자산/유동부채　　2) 비유동자산/비유동부채
    3) 자본　　4) 재무상태표가 제공하는 정보
  - 포괄손익계산서의 표시와 분류
    - 포괄손익계산서상 수익·비용 표시 방법 : 단일형, 복수형
    - 포괄손익계산서 표시항목
  - 비용항목의 분류방법 : 성격별, 기능별
- 현금흐름표 : 일정기간의 기업의 현금흐름 상황을 보여줌(현금기준)
  - 영업, 투자, 재무 활동별로 현금유입액과 유출액 표시
  - 당기순이익 등 포괄손익계산서(발생주의 적용) 정보를 보완
- 자본변동표 : 소유주지분(자본)의 변동 상황
  - 자본을 구성하고 있는 자본금·자본잉여금·자본조정·기타포괄손익누계액·이익잉여금(또는 결손금)의 변동에 대한 포괄적인 정보를 제공

제3절 재무제표의 연계관계

- 재무상태표와 포괄손익계산서의 연계
- 재무상태표, 포괄손익계산서 및 자본변동표의 연계

연습문제

서술형

01. 재무제표 요소의 인식(recognition)과 측정(measurement)은 무엇을 말하는지 설명하시오.

02. 한국채택국제회계기준의 '재무제표의 작성과 표시를 위한 개념체계'에서 제시한 재무제표 요소의 4가지 측정기준에 대해 간략히 설명하시오.

03. 측정기준으로서 역사적원가의 장단점에 대해 설명하시오.

04. 현행원가와 실현가능가치의 유사한 점과 차이점은 무엇인지 설명하시오.

05. 실현가능가치나 이행가치가 현재가치에 대해 가지는 차이점에 대해 설명하시오.

06. 공정가치를 정의해보시오.

07. 자산과 비용의 인식기준에 대해 기술해보시오.

08. 수익과 비용의 일반적인 인식기준에 대해 기술해보시오.

09. 수익(revenue)의 인식에서 기준서가 언급하는 핵심원칙(core principle)은 무엇인지 기술하시오.

10. 3～4가지 유형의 비용(expense) 인식기준에 대해 설명하시오.

11. 재화나 용역으로부터의 수익이 (핵심원칙에 따라) 인식되는 데 적용되는 다섯 단계가 무엇인지 기술하시오.

12. 수익인식과 관련하여, 통제(control)는 무엇을 뜻하고 어떠한 역할을 하는지 설명해보시오.

13. 수익에 대한 '직접적 관련성' 에 따라 대응하는 비용의 인식에 대해 설명하시오.

14. 수익에 대한 '간접적 관련성' 에 따라 대응하는 비용의 인식에 대해 설명하시오.

15. '지출 즉시' 그리고 '부채 발생 즉시' 비용이 인식되는 예를 각각 들어보시오.

16. 한국채택국제회계기준인 '재무제표의 표시' 에서 규정하고 있는 '일반사항' 을 열거해 보시오.

17. 연결재무제표의 의의에 대해 지배기업과 종속기업을 정의하면서 기술하시오.

18. 연결재무상태표에 표시되는 지배기업주주지분과 비지배지분의 의미에 대해 기술하시오.

19. 재무상태표에 유동/비유동의 구분표시가 신뢰성 있고 목적적합한 경우는 어떤 경우이고, 그렇지 않은 경우에는 어떠한 표시방법이 더 신뢰성 있고 목적적합할 수 있는지 예를 들어 설명하시오.

20. 재무상태표에 표시되어야 할 최소 항목(minimum line items)을 열거해보시오.

21. 유동자산을 정의하고, 유동자산의 세분류(細分類) 항목, 그리고 각 세분류 항목에 속하는 계정과목(또는 항목)을 1～3개 정도 열거해보시오.

22. 비유동자산을 정의하고, 비동자산의 세분류(細分類) 항목을 3개 정도 말해보시오.

23. 유동부채를 정의하고, 유동부채로 분류되는 계정과목(또는 항목)을 3개 정도 열거해보시오.

24. 비유동부채를 정의하고, 이곳으로 분류되는 계정과목(또는 항목)을 3개 정도 열거해보시오.

25. 자본을 구성하는 4개의 분류항목을 기술하시오.

26. 재무상태표가 제공하는 정보에 대해 구체적으로 설명하시오.

27. 포괄손익계산서를 구성하는 별개의 손익계산서는 무엇을 말하는지 설명하시오.

28. 포괄손익계산서에 표시되어야 할 최소 항목(minimum line items)을 열거해보시오.

29. 비용항목을 성격별(by nature) 또는 기능별로(by function) 분류할 수 있는데, 각각의 분류 방식은 무엇을 말하는지 설명하시오.

30. 포괄손익계산서가 제공하는 정보는 무엇인지 생각하여 말해보시오.

31. 현금흐름표는 어떠한 내용을 어떠한 형식으로 표시하는지 말해보시오.

32. 자본변동표는 어떠한 내용을 어떠한 형식으로 표시하는지 말해보시오.

33. 주석으로부터 얻는 정보는 무엇인지 생각하여 말해보시오.

34. 재무상태표와 포괄손익계산서는 어떻게 연계되는지 설명하시오.

객관식

01. 재무제표 요소의 인식(recognition)에 대해 바르게 말하지 않은 것은?

① 어떤 항목을 재무상태표나 포괄손익계산서에 반영하는 과정이다.
② 어떤 항목에 대해 계정명칭과 화폐금액을 기술하는 것을 포함한다.
③ 자산, 부채, 자본, 수익, 비용 등 재무제표 요소를 정의하는 것이다.
④ 측정과정을 포함한다.

02. 재무제표 요소(항목)에 대한 전반적인 인식기준과 관계없는 것은?

① 해당 항목과 관련된 미래경제적효익이 기업에 유입될 가능성이 높다.
② 해당 항목과 관련된 미래경제적효익이 기업으로부터 유출될 가능성이 높다.
③ 해당 항목의 원가(취득원가)를 신뢰성 있게 측정할 수 있다.
④ 해당 항목의 가치(공정가치 등)를 신뢰성 있게 측정할 수 있다.
⑤ 인식조건을 충족하는 항목이 반드시 재무제표에 인식되어야 하는 것은 아니다.

03. 개념체계에서 제시하고 있는 측정기준이 아닌 것은?

① 역사적원가 ② 공정가치 ③ 현행원가 ④ 실현가능가치 ⑤ 현재가치

04. 핵심원칙에 따른 수익인식에 있어서 적용되는 5개 단계에 포함되지 않는 것은?

① 1 단계 : 고객과의 계약을 식별한다.
② 2 단계 : 수행의무를 식별한다.
③ 3 단계 : 거래가격을 산정한다.
④ 4 단계 : 수행의무를 이행할 때 수익을 인식한다.
⑤ 5 단계 : 수행의무를 기간에 걸쳐 이행함에 따라 수익을 인식한다.

05. 한국채택국제회계기준의 기업회계기준서에서 제시하는 일반목적 재무제표의 작성에 공통적으로 적용되는 '일반사항' 에 포함되는 것만으로 짝지어진 것은?

① 공정한 표시, 한국채택국제회계기준의 준수, 계속기업
② 공정한 표시, 발생기준 회계, 기업실체
③ 중요성, 한국채택국제회계기준의 준수, 목적적합성
④ 상계금지, 표시의 계속성, 구분표시
⑤ 통합표시, 목적적합성, 신뢰성

06. 다음 중 연결재무제표와 직접 관련이 없는 용어는?

① 지배기업주주지분 ② 연결실체 ③ 비지배지분
④ 단일 사회적 실체 ⑤ 종속기업

07. 기업이 명확히 식별가능한 영업주기 내에서 재화나 용역을 제공하는 경우에 재무상태표에 표시되어야 할 항목은?

① 유동성 순서에 따라 표시한다.
② 유동 자산(부채)과 비유동 자산(부채)을 구분하여 표시한다.
③ 자산과 부채의 일부는 유동/비유동 구분법으로, 나머지는 유동성 순서에 따라 표시한다.
④ 영업의 특징을 잘 나타내주는 방식으로 표시한다.
⑤ 한국채택국제회계기준이 순서나 형식에 대해 특별히 강제하지 않으므로 경영자의 재량에 따라 표시한다.

08. 다음 중 재무상태표에 적어도 표시되어야 하는 항목으로만 짝지어진 것은?

① 유형자산, 투자부동산, 영업권
② 기타 채권, 금융부채, 대여금
③ 재고자산, 생물자산, 투자주식
④ 무형자산, 금융자산, 매입채무
⑤ 동물자산, 충당부채, 납입자본

09. 어떤 항목이 유동자산이 될 수 없는 경우는?

① 기업의 정상영업주기 내에 실현될 것으로 예상된다.
② 기업의 정상영업주기 내에 판매하거나 소비할 의도가 있다.
③ 주로 단기매매 목적으로 보유하고 있다.
④ 보고기간(회계기간) 후 12개월 이내에 결제하기로 되어 있다.
⑤ 현금성자산으로서, 교환이나 부채상환 목적으로의 사용에 대한 제한기간이 보고기간(회계기간) 후 12개월 미만이다.

10. 다음 중 비유동자산으로만 짝지어진 것은?

① 재고자산, 투자부동산, 토지와 건물
② 당좌자산, 유형자산, 납입자본
③ 유형자산, 투자주식, 발행사채
④ 투자부동산, 미지급배당금, 제품
⑤ 영업권, 무형자산, 투자부동산

11. 다음 중 기업의 자본을 구성하지 않는 것은?

① 자본금 ② 자본잉여금 ③ 투자주식
④ 기타자본구성요소 ⑤ 이익잉여금

12. 다음 중 포괄손익계산서에 적어도 표시되어야 하는 항목이 아닌 것은?

① 총포괄이익 ② 금융원가 ③ 당기순이익 ④ 금융수익 ⑤ 법인세비용

13. 비용항목을 성격별(by nature)로 분류할 때 다음 중 나타나지 않는 것은?

① 기타수익 ② 매출원가 ③ 원재료의 사용액
④ 소모품의 사용액 ⑤ 제품과 재공품의 변동

14. 비용항목을 기능별로(by function) 분류할 때 다음 중 나타나지 않는 것은?

① 기타수익 ② 매출원가 ③ 총포괄이익
④ 법인세비용 ⑤ 제품과 재공품의 변동

15. 다음 중 현금흐름표가 보여주지 않는 현금흐름은?

① 영업활동 현금유입 ② 재무활동 현금유출 ③ 투자활동 현금유출
④ 재무활동 현금유입 ⑤ 순이익 현금유입

16. 강화(주)의 20×1년 초 순자산은 ₩18,000의 자본금과 ₩6,000의 이익잉여금으로 구성되어 있었다. 강화(주)의 주주들은 20×1년 중 액면가 발행의 유상증자를 통하여 ₩8,000의 추가출자를 행하였다. 강화(주)는 20×1년 중 영업활동 결과 수익 ₩60,000, 비용 ₩55,000이 발생하였다. 그리고 20×1년 말 보유하고 있는 FVOCI금융자산을 평가한 결과 ₩2,000의 평가이익(기타포괄이익)이 발생하였다. 이 경우 다음 중 옳은 말은 어느 것인가?

① 강화(주)의 20×1년도 당기순이익은 ₩7,000이다.
② 강화(주)의 20×1년도 총포괄이익은 ₩5,000이다.
③ 강화(주)의 20×1년도 순자산 변동액은 ₩7,000이다.
④ 강화(주)의 20×1년도 순자산 변동액은 ₩8,000이다.
⑤ 강화(주)의 20×1년도 순자산 변동액은 ₩15,000이다.

Ⅱ부

각론 : 재무제표 요소의 회계

제6장 유동자산·유동부채

제1절 금융자산 : 현금과 유가증권
제2절 매출채권(매입채무)과 대여금(차입금)
제3절 재고자산(상품)

기업이 명확히 식별가능한 영업주기 내에서 재화나 용역을 제공하는 경우에는 재무상태표에 유동자산과 비유동자산 및 유동부채와 비유동부채를 구분하여 표시한다. 이 장에서는 먼저 유동성이 가장 높은 현금및현금성자산, 그리고 FVPL금융자산에 대한 회계처리를 다룬다. 그 다음 유동/비유동 구분의 중요 기준인 영업주기의 의미와 이 주기 내에서 영업활동으로 인해 발생하는 중요 채권·채무인 매출채권·매입채무, 그리고 대여금·차입금(모두 AC금융자산 · 부채)에 대해 살펴본다. 끝으로 재고자산의 회계에 대해 살펴본다.

제1절 금융자산 : 현금과 유가증권

한국채택국제회계기준에서 금융상품의 인식, 표시 및 공시 등에 관한 규정은 그 내용이 중요하면서도 상당히 방대하고 복잡하다. 따라서 금융상품에 대해 체계적으로 잘 정리하여 익혀둘 필요가 있다.

1. 금융상품의 정의 및 분류

금융상품(financial instruments)은 거래의 일방에게 금융자산을 발생시키고 동시에 다른 거래상대방에게 금융부채나 지분상품을 발생시키는 모든 계약이다.[1] 여기서 **금융자산**(financial assets)은 현금, 타기업발행의 지분상품(주식 등), 거래상대방으로부터 현금 등 금융자산을 수취할 계약상 권리(채권 등) 등을 말한다. 그리고 **금융부채**(financial liabilities)는 거래상대방에게 현금 등 금융자산을 인도하기로 하였거나, 잠재적으로 불리한 조건으로 거래상대방과 금융자산이나 금융부채를 교환하기로 한 계약상 의무 등을 말한다. **지분상품**(equity instruments)은 주식처럼 기업의 자산에서 모든 부채를 차감한 후의 잔여지분을 나타내는 모든 계약을 의미한다(〈그림 6-1〉 참조).

금융자산 및 금융부채는 그 특성에 따라 항목의 분류가 달라지므로 유의해야 한다. 종속기업, 관계기업, 공동기업에 대한 투자지분 및 보험계약을 제외한[2] 금융자산은 1) 금융자산의 관리를 위한 사업모형(현금흐름의 원천이 ① 금융자산의 계약상 현금흐름의 수취,

1. 기업회계기준서 제1032호 '금융상품표시' 문단 11.
2. 이러한 항목들은 각각 기업회계기준서 제1027호, 제1028호, 제1104호에서 별도로 규정하고 있다. 그런데 이러한 항목에 연계된 모든 파생상품 및 보험계약에 내재된 파생상품은 여기 분류에 포함된다.

그림 6-1 금융상품에 의해 발생되는 금융자산, 금융부채 및 지분상품

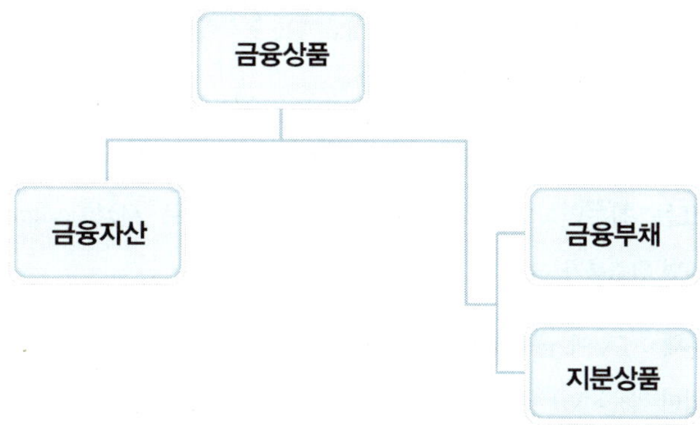

② 매도, 또는 ③ 둘 모두인지 확인)[3], 2) 금융자산의 계약상 현금흐름 특성(원금과 이자의 지급만으로 구성)[4]이라는 두 기준에 따라 ① 상각후원가측정(이하, AC) 금융자산(financial assets measured at amortised cost), ② 기타포괄손익-공정가치측정(이하, FVOCI) 금융자산(financial assets measured at fair value through other comprehensive income), ③ 당기손익-공정가치측정(이하, FVPL) 금융자산(financial assets measured at fair value through profit or loss)의 세 가지 범주(category)로 분류되고[5], 금융부채는 ① AC 금융부채, ② FVPL 금융부채의 두 가지 범주로 분류된다(〈그림 6-2〉 참조) 이러한 각 범주의 의미는 다음과 같다.

AC금융자산 : 계약상 현금흐름의 수취(회수)가 목적인 사업모형 하에서 금융자산을 보유하고, 동시에 계약조건에 의거 특정일에 원리금 지급만으로 구성되어 있는 현금흐름이 발생하는 금융자산.

3. 조건의 충족여부는 주요 경영진이 결정한 사업모형에 근거하여 평가하는데, 사업모형은 개별 상품에 대한 경영진의 의도와는 무관하고 단순한 주장이 아닌 사실에 근거해야 한다(문단 B4.1.1 ~ B4.1.2B).

4. 원금은 최초 인식시점의 금융자산의 공정가치이고, 이자는 화폐의 시간가치에 대한 대가, 특정 기간에 원금잔액과 관련된 신용위험에 대한 대가, 그 밖의 기본적인 대여 위험과 원가에 대한 대가뿐만 아니라 이윤으로 구성된다(K-IFRS 제1109호, 문단 4.1.3).

5. K-IFRS 제1109호 '금융상품' 제4장 분류(classification) 제4.1절 금융자산의 분류에 따른 것이다. 그 이전에 적용된 기준서에서는, 금융자산은 i) 당기손익인식금융자산, ii) 만기보유금융자산, iii) 대여금 및 수취채권, iv) 매도가능금융자산의 네 가지 범주로 분류되었었다(금융부채는 변함없이 i) 당기손익인식금융부채, ii) 상각후원가측정 금융부채의 두 가지 범주로 분류되었었다). 당기손익-공정가치측정 금융자산은 이전 기준서의 당기손익인식 금융자산과 영문명칭은 동일하나 우리말 표현이 바뀐 것이다.

FVOCI 금융자산 : 계약상 현금흐름의 수취(회수)와 금융자산의 매도가 목적인 사업모형 하에서 금융자산을 보유하고, 동시에 계약조건에 의거 특정일에 원리금 지급만으로 구성되어 있는 현금흐름이 발생하는 금융자산(지분상품에는 후속적 공정가치 변동을 기타포괄손익으로 표시하기로 최초 인식시점에 선택(취소불능)한 경우).

FVPL 금융자산 : 위 두 범주로 분류되지 않은 금융자산 자산 : 단기매매(held for trading) 금융자산[6] 또는 최초인식(취득)시점에 FVPL 측정항목으로 지정(designate)[7]하기로 선택(다만, 한번 지정하면 취소불가능)한 금융자산.

AC 금융부채 : FVPL 금융부채, 금융자산의 양도가 제거조건을 충족하지 못하는(혹은 지속적 관여 접근법이 적용되는) 경우에 생기는 금융부채, 금융보증계약 등을 제외한 모든 금융부채(K-IFRS 제1109호, 문단 4.2.1).

FVPL 금융부채 : 최초 인식시점에 FVPL 측정 지정(다만, 한번 지정하면 취소불가능). 이 FVPL 측정을 선택한 금융부채의 자기신용위험(own credit risk)의 변동에 따른 공정가치의 변동은 기타포괄손익으로 인식(문단 BCE.12).

그림 6-2 금융자산의 범주별 분류

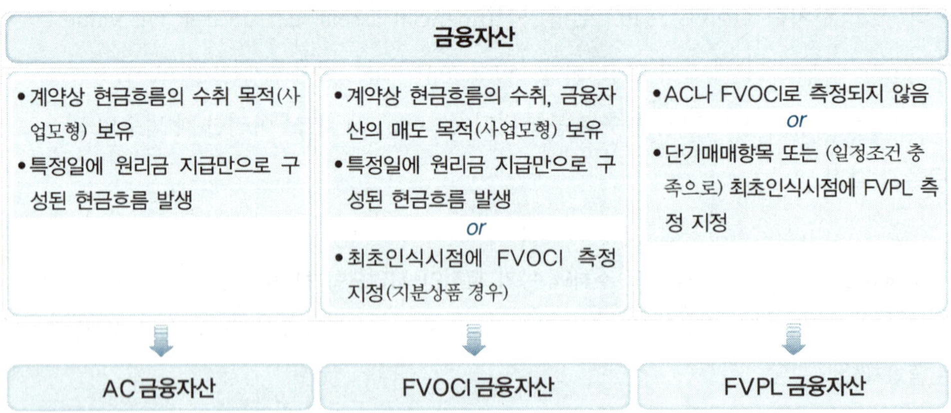

* 금융자산 중 현금및현금성자산으로 분류되는 것은 세 가지 범주에서 제외됨.

6. 단기매매 금융자산(또는 금융부채)은 (1) 주로 단기간에 매각(또는 재매입)할 목적으로 취득(또는 발생)하는 것, 또는 (2) 최초 인식시점에, 공동으로 관리되는 특정 금융상품 포트폴리오의 일부로서, 최근의 실제 운용형태가 단기적 이익획득 목적이라는 증거가 있는 것, 또는 (3) **파생상품**(derivatives)이다(다만, 금융보증계약인 파생상품이나 위험회피수단으로 지정되어 위험회피에 효과적인 파생상품은 제외). **파생상품**은 다음 세 가지 특성을 모두 가진 금융상품 등의 계약이다. (1) 이자율, 금융·일반상품가격, 환율, 가격·비율의 지수 등 기초변수(underlying variable)의 변동에 따라 가치가 변동하고, (2) 최초 계약 시 순투자금액이 불필요하거나

범주별로 분류된 금융자산[부채]은 다시 **유동/비유동 구분법**에 따라 유동항목인 단기금융자산[부채]과 비유동항목인 장기금융자산[부채]으로 구분할 수 있다. 이에 따라, 개괄적으로 분류해보면 〈그림 6-3〉과 같다. 그리고 금융자산을, 앞서 언급한 분류기준에 따른 특성별로 좀 더 상세하게 분류해보면 〈표 6-1〉과 같다.

그림 6-3 금융자산 · 부채와 비금융자산 · 부채의 분류 요약

<table>
<tr><th rowspan="2">구분</th><th colspan="3">자 산</th><th colspan="4">부 채</th></tr>
<tr><th colspan="2">유동자산</th><th>비유동자산</th><th colspan="3">유동부채</th><th>비유동부채</th></tr>
<tr><td rowspan="7">금융상품</td><td colspan="2">현금및현금성자산</td><td>-</td><td colspan="4">-</td></tr>
<tr><td rowspan="4">AC
금융자산</td><td>대여금(단기)</td><td>장기대여금</td><td rowspan="4">AC
금융부채</td><td colspan="2">차입금(단기)</td><td>장기차입금</td></tr>
<tr><td>채권(국공채,
회사채)</td><td>채권(국공채,
회사채)</td><td colspan="2">(발행)사채</td><td>(발행)사채</td></tr>
<tr><td>매출채권</td><td>장기성매출채권</td><td rowspan="2">지급채무</td><td>매입채무</td><td>장기성매입채무</td></tr>
<tr><td>비매출채권
(미수금,
미수수익)</td><td>비매출채권
(장기미수금)</td><td>비매입채무
(미지급금,
미지급비용)</td><td>비매입채무
(장기미지급금)</td></tr>
<tr><td colspan="2">FVPL금융자산
(FVPL 지정 포함:
채권, 주식 등)</td><td>FVOCI 금융자산
(FVOCI 지정 포함:
채권, 주식 등)</td><td colspan="3">FVPL금융부채
(FVPL 지정포함)</td><td>-</td></tr>
<tr><td colspan="2">-</td><td>관계기업투자</td><td colspan="4">-</td></tr>
<tr><td rowspan="2">비금융상품</td><td colspan="2">선급금(단기), 선급비용</td><td>장기선급금</td><td colspan="3">선수금(단기), 선수수익</td><td>장기선수금</td></tr>
<tr><td colspan="2">재고자산
(소모품, 원재료, 재공품,
상품, 제품)</td><td>유형자산,
무형자산,
투자부동산</td><td colspan="3">충당부채(단기)</td><td>충당부채(장기)</td></tr>
</table>

*금융자산[부채] : 거래상대방으로부터 현금 등 금융자산을 수취[인도]할 계약상의 권리[의무].
따라서 미수수익[미지급비용]은 금융자산[부채]이지만, 선급비용[선수수익]은 금융자산[부채]가 아님.

(시장요소의 변동에 유사한 영향을 받을 것으로 기대되는) 다른 유형의 계약보다 적은 순투자금액이 필요하며, (3) 미래에 결제된다(settled).

7. 기업회계기준서 제1109호 '금융상품' 에 따르면, FVPL항목을 지정하는 경우는 FVPL항목의 지정이 다음 ①과 ② 중 하나 이상을 충족하여 정보를 더 목적적합하게 하는 경우인데, 한번 지정하면 이를 취소할 수 없다: ① **회계불일치**(서로 다른 기준에 따른 자산·부채의 측정, 또는 그에 따른 손익의 인식으로 생길 수 있는 인식 · 측정의 불일치)가 FVPL항목 지정으로써 제거되거나 유의적으로 감소된다. ② 문서화된 위험관리전략이나 투자전략에 따라, 금융상품집합(금융자산, 금융부채로 구성)을 공정가치기준으로 관리하고 그 성과를 평가하며 그 정보를 이사회 등 주요 경영진에게 그러한 공정가치 기준에 근거하여 내부적으로 제공한다.

표 6-1 **금융자산의 분류**

재무상태표상 분류 \ 특성별 분류		금융기관에서 취급하는 정형화된 상품 : 기업어음(CP), 정기 예금·적금 등*1)	대여금 및 수취채권	유가증권(securities)	
				채무증권(債券) : 사채, 국·공채 등	지분증권 : 주식 등
유동 자산 (현금및 현금성 자산)	**현금및현금성자산** [조건 : 1) 확정금액의 현금화 용이 2) 가치변동 위험이 경미함] 일반적으로 만기일이 단기(예 : 취득일 기준 3개월 이내)에 도래	O*2)	× (해당 없음)	O	×*3) (주식은 가치변동 위험이 경미하지 않음. 단, 상환일이 단기인 상환우선주는 예외)
유동 자산 (단기 금융 자산)	**FVPL 금융자산** (AC나 FVOCI로 측정되지 않음, 최초인식시점에 FVPL로 지정된 것)	O	× (해당 없음)	O	O
	AC 금융자산 (계약상 현금흐름(원리금 지급만으로 구성)의 수취 목적에서 보유)	O (1년 내 만기도래)	O (1년 내 만기도래)	O (1년 내 만기도래)	× (주식은 원리금 지급 없음)
	FVOCI금융자산 (현금흐름(원리금 지급만으로 구성) 수취와 매도 목적에서 보유)	O (1년 내 만기도래)	× (해당 없음)	O	O (최초인식시점에 FVOCI 측정 지정)
비유동 자산 (투자 자산 : 장기 금융 자산)	**AC 금융자산** (계약상 현금흐름(원리금 지급만으로 구성)의 수취 목적에서 보유)	O (1년 후 만기도래 : 정기 예금·적금)	O (1년 후 만기도래)	O (1년 후 만기도래)	X (주식은 원리금 지급 없음)
	FVOCI금융자산 (현금흐름(원리금 지급만으로 구성) 수취와 매도 목적에서 보유)	O (1년 후 만기도래 : 정기 예금·적금)	X (해당 없음)	O	O (최초인식시점에 FVOCI 측정 지정, 1년 이상의 장기 투자 목적으로 매입)
(투자 자산)	**관계기업투자** (타기업 영향력 행사 목적으로 보유 : 지분율 20% 이상 등)	X (해당 없음)	X (해당 없음)	X (해당 없음)	O

*1) 금융기관에서 취급하는 정형화된 투자상품으로는 이외에도 양도성예금증서(CD), 어음관리계좌(CMA), 환매조건부채권(RP) 등이 있음.
*2) 이 표에서 O는 해당 금융자산이 재무상태표상에서 그곳으로 분류가능하다는 뜻임.
*3) 이 표에서 X는 해당 금융자산이 재무상태표상에서 그곳으로 분류될 수 없다는 뜻임.

금융자산과 관련하여, 이 절에서는 현금및현금성자산, 단기금융자산(short-term financial assets) 중 FVPL금융자산에 대해, 그리고 다음 절에서는 AC금융자산으로 분류되는 매출채권 및 대여금에 대해 다룬다. FVOCI금융자산은 보유 목적에 따라 유동 또는 비유동 자산으로 분류할 수 있는데, 교육효과 면에서 제8장 투자자산(비유동자산)에서 다루기로 한다.

한편, 금융자산 중 타기업(피투자기업)에 영향력 또는 지배력을 행사하기 위해 보유(의결권 있는 주식의 20% 이상 보유 등)하는 것은 세 개 범주에서 제외하여 관계기업투자로서 별도로 분류하는데, 이에 대해서도 제8장 투자자산 부분에서 다루고, AC금융자산 등 장기금융자산(long-term financial assets)은 장기금융부채와 함께 제9장 비유동부채에서 다룬다. 발행된 지분상품과 관련된 내용은 제10장 자본에서 다룬다.

2. 현금 및 현금성자산

2.1 현금및현금성자산과 그 관리제도

기업에서 현금은 매우 중요하다. 현금 자체가 이익을 창출하는 자산은 아니지만 현금의 흐름은 기업의 이익창출활동을 가능하게 한다. 마치 우리 몸의 피와 같다. 피 자체는 영양소가 아니지만 우리 몸에 영양분은 피의 흐름을 통해서 공급되어 생명을 유지시켜주고 활동을 가능하게 한다.

그런데 **현금**(cash)은 무엇을 말할까? 기업회계에서 말하는 현금(광의)에는 통화(지폐, 동전 등 협의의 현금)뿐 아니라 통화대용증권(타인발행수표, 송금환, 우편환 증서)이 포함되며,[8] 요구불예금(언제든지 수표를 발행하여 인출할 수 있는 당좌예금, 예금자가 언제든지 인출할 수 있는 보통예금 등), 소액현금을 포함한다.

그리고 현금은 아니지만 단기 현금수요를 충족하기 위한 목적으로 보유하여 현금처럼 간주되는 단기투자자산으로서 **현금성자산**(cash equivalents)이 있다. 〈표 6-1〉 '금융상품에 의해 발생된 금융자산의 분류' 에서 본 바와 같이 금융자산이 현금성자산으로 분류되기 위해서는 확정된 금액의 현금으로 전환이 용이하고, 가치변동의 위험이 경미해

8. 이러한 현금의 공통적 특성은 은행에서 예금통장에 바로 입금처리가 된다는 점이다.

야(insignificant) 한다. 따라서 금융기관에서 취급하는 정형화된 상품(products)이나 채권(債券)으로서 만기일이 단기(예 : 취득일로부터 만기일이 3개월 이내)에 도래하는 경우에만 현금성자산으로 분류된다. 채권은 만기가 매우 가까우면 가격변동이 미미하기 때문이다. 주식 등 지분증권은 만기도 없고 가치변동의 위험이 중요하므로 현금성자산에서 제외되나, 취득일로부터 특정 상환일까지의 기간이 단기인 상환우선주는 포함된다.

2.2 현금관리와 소액현금제도

현금은 일반적으로 다른 금융자산이나 재고자산 또는 유형자산 등에 비하여 그 규모가 작지만, 물리적 특성상 기업에서 분실, 유용(流用), 도난 등의 가능성 때문에 각별한 관리가 필요하다. 즉, 적절한 수준의 현금 유지도 중요하지만 현금의 수령, 보관 및 지출에 대해 엄격한 통제도 매우 중요하다.

이러한 통제방법의 일환으로 기업은 사무실에 보관하는 현금을 최소화하고 부당한 현금거래의 위험을 줄이기 위하여 일반적으로 임직원으로 하여금 기업활동에 법인신용카드를 이용하게 하거나 은행에 개설한 당좌예금이나 보통예금을 통해 현금입출금이 이루어지게 한다. 따라서 현금지급 시에는 원칙적으로 통화가 아닌 수표나 법인신용카드로 지급하고, 통화나 타인발행수표는 받는 즉시 은행예금에 입금하게 한다. 그리고 장부상의 현금잔액이 실제와 일치하는지 정기적으로 점검한다.

현금관리는 일반적으로 기업의 회계부서나 자금통제부서에서 직접 관장한다. 그러나 기업이 일상 업무에 필요한 소액의 현금(예 : 우편료, 직원회식비)까지 직접 관리하는 것은 불편하고 비효율적이므로 각 업무단위에 소액의 필요 현금을 미리 보급하고 그 업무단위로 하여금 지출하게 하는 간접관리를 하고 있다. 이러한 제도를 **소액현금제도**(petty cash system)라 한다.

이 제도에서는 업무단위에서 발생하는 일상적인 우편료, 회식비, 출장비, 소모품구입 등의 소소한 현금지출 수요에 대응할 수 있도록 '소액현금'을 업무단위 소속의 특정 직원(보통 '서무'라는 직원)으로 하여금 관리하게 하면서, 소액현금으로부터 지출된 경비들에 대해서는 영수증을 구비하도록 한다. 업무단위는 주기적으로 또는 보유 소액현금이 소진되면 회계부서에 관련 영수증을 제시하고 현금을 보급받는다. 소액현금이라고 해서 별종의 현금은 아니고, 회계부서 외에서 별도로 운용되는 현금이라는 것이다. 소액현금과 관련한 회계처리는 보통의 현금의 경우와 다른 몇 가지 특징이 있다. 다음의 예제를 보기로 하자.

예제 1 소액현금제도 운용

- 20×1년 4월 1일 : 장강(주)은 소액현금제도를 운용하기로 하고, 이 방침에 따라 회계과는 영업부의 서무에게 현금 ₩200,000을 지급하다.
- 20×1년 4월 19일 : 영업부의 서무는 부서 운영경비로 여비 ₩60,000, 접대비 ₩120,000, 우편료 ₩13,000을 지출하다.
- 20×1년 4월 30일 : 영업부의 서무는 위 경비에 대한 영수증을 회계과에 제출하고, 총 ₩193,000의 현금을 보급(reimburse)받았다.

20×1년 4월의 위 거래에 대해 세 날짜별로 분개하시오.

[풀이]

날짜	차변	금액	대변	금액
20×1년 4월 1일	차변) 소액현금	200,000	대변) 현 금	200,000
20×1년 4월 19일	분개 없음			
20×1년 4월 30일	차변) 여 비	60,000	대변) 현 금	193,000
	접대비	120,000		
	우편료	13,000		

[설명]

분개는 회계부서가 현금의 출납을 공식적으로 확인하면 기록한다. 따라서 4월 19일 분개는 없다. 왜냐하면 분개는 서무직원이 아니라 회계부서가 하는 것이므로, 회계부서는 서무직원으로부터 공식적으로 증빙서류와 함께 보고받기 전까지는 경비지출 사실에 대해 알 수 없기 때문이다. '소액현금' 계정은 마치 별도의 자산항목인 것처럼 기록하고 유지되지만 회계부서가 관장하는 '현금'의 일부분으로서 간접적으로 관리되는 부분이다. 결산 시에는 소액현금 잔액 ₩200,000을 재무상태표상 현금및현금성자산에 포함시킨다.

2.3 당좌예금의 운용

앞서 언급했듯이, 기업은 사용상의 편리는 물론, 사무실의 현금보관 및 현금사용에 따른 위험을 최소화하기 위하여 수표를 사용한다. 수표를 사용하기 위해서는 거래은행과 당좌거래 약정을 체결하고 **당좌예금**(checking account)을 개설해야 한다. 당좌예금에는 보통 매우 낮은 이자율이 적용된다. 당좌예금은 기업이 원하면 언제든지 현금을 인출할 수 있기 때문에 현금과 마찬가지이다.

당좌예금의 보유자가 수표(당좌수표라고 많이 부름)를 상대방에게 발행한다고 당좌예금의 잔액이 바로 줄어드는 것은 아니다. 발행인의 수표발행 시점과 수표의 결제시점(수표수취인이 당해 수표를 자신의 은행구좌에 입금하여 수표발행인의 당좌예금에서 돈이 실제 빠져나가는 시점) 사이에는 어느 정도 시간이 걸린다. 이 기간 중의, 즉 결제가 아직 안 이루어진 상태의 수표를 (기발행)**미결제수표**(outstanding check)라고 한다.

미결제 상태의 기간은 상대방(수표수취인)이 얼마나 신속히 그 수표를 자기의 은행계정에 입금시키느냐에 달려 있다. 비록 미결제 기간이 며칠이라 하더라도 발행인은 수표발행 시 수표금액을 당좌예금 잔액 한도 내에서 쓰는 것이 안전하다. 왜냐하면 만약에 당좌예금의 잔액보다 더 큰 금액의 수표가 제시되면, 특별한 약정이 없는 한, 결제가 안 이루어질 뿐만 아니라 **부도수표**(不渡手票 NSF : non-sufficient fund check 또는 보통 bounced check)로 처리되어 우리나라의 경우에는 수표발행자가 민사적 책임은 물론 형사적 처벌도 감수해야 한다. 따라서 수표발행자는 수표를 발행함과 동시에 당좌예금 잔액을 감소시키는 기록을 하는 것이 안전을 위해 바람직하다. 당좌예금은 현금과 구분하여 별도의 계정으로 관리되지만, 회계상 현금및현금성자산의 일부이므로 재무상태표에는 현금및현금성자산에 포함되어 표시된다.

앞서 언급했듯이, 수표는 원칙적으로 당좌예금 잔액의 한도 내에서 사용할 수 있지만, 사전에 은행과 당좌차월 계약을 체결한 경우에는 일정 한도 내에서 예금잔액을 초과하여 사용할 수 있다. 이 초과액을 **당좌차월**(overdraft)이라 한다. 당좌차월은 당좌예금에 마이너스 잔액으로 나타나며, 단기차입금과 그 성격이 같다. 따라서 결산일에 당좌예금 계정에 대변잔액이 있으면 단기차입금 계정에 합산하여 표시할 수 있다.[9] 당좌차월금액

9. 그러나 금융회사의 요구에 따라 즉시 상환하여야 하는 당좌차월은 기업의 현금관리의 일부를 구성하므로 현금및현금성자산의 구성요소(즉, 현금의 차감 계정)에 포함된다(기업회계기준서 제1007호).

에 대해서는 사전에 정해진 이자율에 따라 이자를 지급하여야 하며 추후에 현금을 추가로 입금하여 당좌차월을 변제할 수 있다.

수표를 사용하는 경우, 기업 장부상의 일정 시점의 당좌예금 잔액은 은행측 기록(거래내역서 또는 통장)에 나타나는 같은 시점의 당좌예금 잔액과 일반적으로 불일치한다. 왜냐하면 앞서 설명한 미결제수표가 있기 마련이고, 은행과 당좌예금 개설자 사이에 정보확인 시점의 차이(예 : 예금이자의 발생, 본인 당좌예금에 통보 없는 타인의 입금 등의 경우)가 있기 때문이다. 따라서 기업은 그 불일치의 원인을 파악하여 필요한 회계처리를 해야 한다. 이때 이용되는 절차를 **은행계정조정**(bank reconciliation)이라 한다.

예제 2 당좌예금의 운용

- 20×1년 9월 5일 : 백희바이오(주)는 거래은행인 국제은행과 당좌계약을 체결하고 당좌예금계좌에 ₩2,000,000을 입금하다.
- 20×1년 9월 9일 : 백희바이오(주)는 (주)분당유통으로부터 상품 ₩500,000을 납품받고 수표로 지급하다. 두 회사 모두 실지재고조사법을 사용한다.
- 20×1년 9월 20일 : 백희바이오(주)는 국제은행과 ₩3,000,000을 한도로 하는 당좌차월 약정을 체결하고, 당좌차월 금액에 대해서는 연 10%의 이자를 지급하기로 하다. 같은 날 백희바이오(주)는 (주)용인유통으로부터 상품을 ₩1,800,000에 매입하고 수표를 발행하다. 이날 현재 당좌예금 잔액은 ₩1,500,000이다.
- 20×1년 9월 28일 : 백희바이오(주)는 국제은행의 당좌예금 계좌에 ₩500,000의 현금을 입금하다.

20×1년 9월의 위 거래에 대해 네 날짜별로 분개하시오.

[풀이]

날짜	차변	금액	대변	금액
20×1년 9월 5일	차변) 당좌예금	2,000,000	대변) 현 금	2,000,000
20×1년 9월 9일	차변) 매 입	500,000	대변) 당좌예금	500,000
20×1년 9월 20일	차변) 매 입	1,800,000	대변) 당좌예금	1,500,000
			당좌차월	300,000
20×1년 9월 28일	차변) 당좌예금	200,000	대변) 현 금	500,000
	당좌차월	300,000		

[설명]

20×1년 9월 20일 : 백희바이오(주)의 이날 현재 당좌예금 잔액은 ₩1,500,000뿐이지만 나머지 ₩300,000은 당좌차월을 이용하여 조달할 수 있다.

20×1년 9월 28일 : ₩500,000의 입금액은 우선 ₩300,000의 당좌차월을 갚는 데 쓰이고 나머지 ₩200,000이 당좌예금 잔액이 된다.

3. 당기손익-공정가치측정(FVPL) 금융자산

FVPL금융자산(financial assets measured at fair value through profit or loss)은 앞서 정의했듯이, AC나 FVOCI로 측정되지 않은 금융자산으로서, 단기매매항목이거나 또는 (일정조건이 충족되어) 최초인식(취득) 시점에 FVPL항목으로 지정된(designated) 금융자산이다.

앞에서 이미 설명하였듯이, 채권, 주식 등의 유가증권(securities)은 정기예금, 정기적금 및 기타 정형화된 상품(CP, CD, CMA) 등의 금융자산처럼 현금성자산의 조건(예 : 취득 시 만기가 3개월 이내)을 충족시키면, 현금및현금성자산으로 분류하고, 그렇지 않은 것은 제1절에서 언급한 세 가지 범주의 금융자산으로 분류된다. 금융자산의 만기가 1년 이상 남아 있는 경우에도 단기매매 목적으로 취득하여 보유하고 있으면 단기매매항목으로서 FVPL금융자산으로 분류하고, 다른 두 가지 범주의 금융자산도 최초 취득 시 FVPL항목으로 지정하면 FVPL금융자산으로 분류할 수 있다(〈표 6-1〉 참조).

유가증권에는 채무증권(debt securities)과 지분증권(equity securities)의 두 가지 유형이 있음은 이미 학습한 바 있다. 전자는 사채, 국·공채 등의 증권이고, 후자는 주식, 신주인수권, 주식매입선택권 등의 증권이다. 이러한 유가증권은 앞서 본 바의 세 가지 범주의 금융자산, 또는 관계기업투자로 분류되는데, 사채 등 **채무증권**은 FVPL금융자산, FVOCI금융자산, AC금융자산 중 하나에 속하고, 주식 등 **지분증권**은 FVPL금융자산, FVOCI금융자산, 관계기업투자 중 하나에 속하게 된다(〈표 6-1〉 참조).

유가증권인 FVPL금융자산은 대표적인 단기금융자산이므로 이를 중심으로 관련 회계처리를 다루기로 한다. FVPL금융자산은 유동자산에 속하지만, FVOCI금융자산은 1년 내에 처분이 확실한 경우에는 유동자산, 그 외의 경우에는 투자자산에 속한다. FVOCI금융자산의 회계처리는 유동이냐 비유동이냐에 따라 달라지지는 않으므로 제8장 '투자자산' 에서 다루기로 한다.

3.1 유가증권인 FVPL금융자산의 측정

1) 최초 측정 (Initial Measurement)

유가증권 등 금융자산이나 금융부채는 취득 시(즉, 최초인식 시) 공정가치로 측정하여 기록한다. 다만, FVPL금융자산(FVPL금융부채)이 아닌 경우 당해 금융자산[금융부채]의 취득[발생]과 직접 관련되는 거래원가는 최초인식하는 공정가치에 가산[차감]하여 측정한다. 여기서 **공정가치**(fair value)는 합리적인 판단력과 거래의사가 있는 독립된 당사자 사이의 거래에서 자산이 교환되거나 부채가 결제될 수 있는 금액으로 정의되는데, 증권시장과 같은 활성시장에서 공시되는 가격은 이 정의를 충족한다.

예제 3 FVPL금융자산의 최초 측정(취득 시)

보여(주)는 20×2년 11월 10일에 주당 액면가 ₩5,000인 A회사 주식 10주를 주당 ₩20,000에 현금으로 단기매매 목적으로 매입하다. 거래수수료는 거래대금의 0.5%이다. 이 경우 필요한 분개를 하시오.

[풀이]

A회사 주식을 단기매매 목적으로 보유하는 경우에는 단기매매항목(금융자산)으로서 FVPL금융자산으로 분류하여 처리한다. 이 경우의 거래수수료는 당기 비용으로 처리한다.

차변) FVPL금융자산	200,000	대변) 현 금	201,000
거래수수료(비용)	1,000		

2) 후속 측정 (Subsequent Measurement)

최초인식 후, 금융자산은 사업모형과 계약상 현금흐름의 특성에 따라 상각후원가(AC), 기타포괄손익-공정가치(FVOCI), 당기손익-공정가치(FVPL) 중 하나로 측정한다.

(가) AC금융자산 : 상각후원가(AC)로 측정[이자수익은 AC금융자산의 총 장부금액(손실충당금을 조정하기 전, 금융자산의 상각후원가)에 유효이자율을 적용하는 유효이자율법으로(제9장에서 자세히 설명) 계산함.]

(나) FVOCI금융자산 : 공정가치로 측정. 단,

i) 공정가치 변동에 따른 손익 중 손상차손과 외환손익을 제외한 금액은 기타포괄손익으로 인식.

ii) 당해 누적손익은 관련된 금융자산이 제거되는 시점에, 채권인 경우에는 재분류조정으로 자본에서 당기손익으로 재분류(재순환)되지만, 주식 같은 지분상품의 경우에는 당기손익으로의 재순환이 금지(이익잉여금으로의 대체는 허용).(B5.7.1)

iii) 유효이자율법을 적용하여 계산한 이자수익은 당기손익으로 인식.

iv) 발생한 배당금은 지급액을 받을 권리가 확정되는 시점에 당기손익으로 인식.

v) 만일, 피투자회사의 재무상태가 매우 악화되어 FVOCI금융자산의 회수가능액(객관적 증거에 입각하여 추정한 것)이 장부금액보다 작게 된 경우에는 손상차손 인식(이 FVOCI금융자산의 손상차손과 관련된 회계처리는 이 책에서 다루지 않는다).

(다) FVPL금융자산(또는 FVPL금융부채) : 공정가치로 측정. 공정가치 변동에 따른 손익은 당기손익으로 인식(즉, FVPL금융자산(유동자산)의 경우 최초인식 후 공정가치로 측정하게 되면, 취득원가(또는 평가직전 장부금액)를 공정가치로 조정함.[10] 이 과정에서 미실현보유손익인 FVPL금융자산 평가이익·손실을 인식하되, 당기손익에 반영하고 장부금액을 직접 증가·감소시킴).

(라) 지분상품 투자 및 해당 계약의 측정에 공정가치를 결정하기 위해 이용가능한 더 최근의 정보가 불충분하거나, 가능한 공정가치 측정치의 범위가 넓은 등, 제한된 상황 : 공정가치의 적절한 추정치로서 원가 적용(그 범위에서 원가가 공정가치의 최선의 추정치를 나타낸다면).(K-IFRS 제1109호: B5.2.3)

이제, 유가증권의 경우 FVPL금융자산의 후속 측정에 관한 회계처리를 살펴보자(이미 언급했듯이, FVOCI금융자산의 후속 측정에 대해서는 제8장 '투자자산'에서 다룬다).

다음 예제를 보자.

---

10. 여기서 측정된 가치는 제5장에서 설명한 '측정기준' 중 실현가능가치에 해당한다.

예제 4 FVPL금융자산의 후속 측정

보여(주)는 20×2년 11월 10일 취득한 A회사 주식을 취득 후에 FVPL금융자산으로 분류, 동년 12월 31일 현재에도 그대로 보유하고 있다.

A회사 주식의 공정가치는 다음과 같이 변화하다. 20×2년 말 필요한 분개를 하시오.

취득원가	공정가치(시가)
20×2년 중	20×2년 말
₩200,000	₩185,000

[풀이]

20×2년 12월 31일 [수정분개]

차변) FVPL금융자산평가손실	15,000*	대변) FVPL금융자산	15,000

* ₩15,000의 평가손실을 계상, 해당 증권계정(유동자산)의 장부금액 감소.

3.2 유가증권인 금융자산으로부터의 수익 인식

유가증권을 보유하게 되면 일반적으로 배당금이나 이자 등의 수익을 얻게 된다. FVPL금융자산이나 FVOCI금융자산에서 발생한 배당금은 지급액을 받을 권리가 확정되는 시점에 당기손익으로 인식한다. 이자수익은 이자 발생 시에 인식하므로 주로 결산수정분개나 이자수취 시에 인식하게 된다.

예제 5 금융자산으로부터의 배당금수익

보여(주)는 20×2년 11월 20일 A회사로부터 주당 ₩1,000의 현금배당이 확정되어 현금으로 받다. 이 주식은 FVPL금융자산으로 분류되어 있다.

[풀이]

차변) 현 금	10,000	대변) 배당금수익	10,000

3.3 금융자산의 재분류

FVPL금융자산으로 분류하여 처리해온 항목을 그 사업모형에 변화가 생길 경우 다른 범주로 재분류(reclassification 분류변경)할 수 있을까? 금융자산의 재분류는, 관리하는 사업모형을 변경하는 경우에만, 영향받는 모든 금융자산에 대해서 규정에 따라 가능하다. 그러나 금융부채는 재분류하지 아니한다.

금융자산의 재분류 시, 그 재분류는 재분류일부터 전진적으로 적용한다. 따라서 재분류 전에 인식한 손익[손상차손(환입) 포함]이나 이자는 다시 작성하지 않는다. 금융자산의 범주간 재분류는 여섯 가지 경우가 생기게 되는데 각 경우마다 측정방법 및 재분류 시점에 인식하는 손익의 처리가 같지 않고 복잡하다(이를테면, 금융자산을 AC측정 범주에서 FVPL측정 범주로 재분류하는 경우에 재분류일의 공정가치로 측정하고, 이 공정가치와 금융자산의 재분류 전 상각후원가의 차이에 따른 손익은 당기손익으로 인식한다). 따라서 재분류에 관한 회계처리는 이 책에서 다루지 아니한다.

3.4 금융자산의 제거(처분)

주식이나 사채와 같은 유가증권의 경우처럼 금융자산의 정형화된 매도는 매매일 또는 결제일에 제거한다(derecognize). 여기서 **제거**란 이미 인식된 금융자산을 재무상태표에서 삭제하는 것을 말한다. 금융자산은 (1) 금융자산의 현금흐름에 대한 계약상 권리가 소멸하거나, (2) 규정상 조건(문단 3.2.4와 3.2.5)에 따라 금융자산을 양도하며 그 양도가 일정 제거조건(문단 3.2.6)을 충족하는 경우, 제거한다.

금융자산을 양도하여 처분하게 되면, 양도자는 금융자산의 소유에 따른 위험과 보상의 이전 또는 보유 정도를 평가하여, 대부분을 이전한다면 해당 금융자산을 제거하고, 대부분을 보유한다면 해당 금융자산을 계속 인식하여, 회계처리한다(이에 대해서는 곧 어음의 할인양도에서 자세히 다룬다). 만약 양도자가 금융자산의 소유에 따른 위험과 보상의 대부분을 이전도 보유도 하지 않는다면, 해당 금융자산에 대한 통제 여부를 판단하여, 보유 여부 경우처럼 회계처리한다.

금융자산을 제거하는 경우 수취한 대가(새로 획득한 모든 자산에서 새로 부담하게 된 모든 부채를 차감한 금액 포함)로부터 당해 금융자산의 장부금액(제거일에 측정 ; 금융자산 전체의 제거가 아니라면 제거부분에 배분된 금액)을 차감한 차액을 당기손익(금융자산처분손익)으로 인식한다.

예제 6 FVPL금융자산의 제거(처분)

20×3년 5월 20일 보여(주)는 단기매매 목적으로 보유하던 주당장부금액 ₩18,500인 A회사 주식 10주를 모두 주당 ₩26,000에 처분하고 ₩260,000을 현금으로 받다. 분개하시오(거래수수료는 무시함).

[풀이]

20×3년 5월 20일

차변) 현 금	260,000	대변) FVPL금융자산	185,000
		금융자산처분이익	75,000

제2절 매출채권(매입채무)과 대여금(차입금)

이 절에서는 AC금융자산 중 대표적인 매출채권, 그리고 대여금에 대해 다룬다. 매입채무와 차입금은 비록 부채이지만 매출채권과 대여금에 각각 대응되는 개념이므로 이 절에서 함께 다룬다. 앞서 언급했듯이, AC금융자산은 상각후원가(amortised cost)로 측정하는 금융자산으로서, 다음 두 가지 조건을 모두 충족해야 한다. 1) 계약상 현금흐름을 수취하기 위해 보유하는 것을 목적으로 하는 사업모형 하에서 금융자산을 보유하고, 2) 금융자산의 계약 조건에 따라 특정일에 원리금[11](원금과 원금잔액에 대한 이자)의 지급만으로 구성되어 있는 현금흐름이 발생한다.

한편, 상각후원가는 유효이자율법(effective interest rate method)을 적용해서 측정해야 하는데, 단기금융자산/부채의 경우에는 여기서 다루기에 아직 어려운 이 유효이자율

11. 원금은 최초 인식시점의 금융자산의 공정가치이고, 이자는 화폐의 시간가치에 대한 대가, 특정 기간에 원금잔액과 관련된 신용위험에 대한 대가, 그 밖의 기본적인 대여 위험과 원가에 대한 대가뿐만 아니라 이윤으로 구성된다(K-IFRS 제1109호, 문단 4.1.3)

법 및 현재가치 계산을 생략한다[제1장 제3절의 "재무정보의 질적 특성"의 내용 중에서 중요성(materiality)이 간단히 언급되었었는데, 이 개념이 암시하는 바는 바람직한 재무정보의 속성이라 하더라도 중요하지 않으면 무시할 수 있다는 것이다. 따라서 금융상품 금액의 표시에 있어서도 기간이 짧아서 그 액면금액과 현재가치의 차이가 중요하지 않으면(즉 크지 않으면) 현재가치 계산을 생략하고 액면금액을 사용할 수 있다]. 따라서 유효이자율법이 적용되는 경우는 제12장 비유동부채에서 다루기로 한다.

1. 기업활동의 영업주기

기업은 서로 관련된 주요 활동들이 일상적으로 반복·순환하는 고리(chain)로 볼 수 있다. 이러한 활동들은 기업마다 어느 정도 다르긴 하지만, 전체적으로 다음과 같은 기본적 활동들로 구성되어 있다.

① 투자자(주주 등 소유주)와 채권자(은행 등)로부터 재무적 자원(주로 현금)을 공급받음.
② 판매할 상품(생산용 원재료 또는 서비스) 등 자산을 외부 공급처로부터 구입함.
③ 상품이나 서비스를 고객에게 판매함.
④ 판매된 상품이나 서비스에 대해 고객으로부터 현금을 받음.
⑤ 소유주나 채권자에게 재무적 자원을 상환함.

이러한 기업활동은 순환적으로 주기(週期 cycle)의 형태를 띠고 일어난다. 위와 같은 주기는 그 성격에 따라 〈그림 6-4〉에서 보는 바처럼, 재무주기와 영업주기로 구별할 수 있다. 회계에서는 영업주기가 매우 중요한 개념이다.

재무주기(financing cycle)는 소유주나 채권자로부터 자금을 조달하여 약속한 대로 상환하기까지의 기간을 말한다. 위의 기본적 기업활동에서 ①~⑤ 사이의 기간인데 이 기간은 기업이 이용한 자금조달의 형태에 따라 다르다. 이를테면, 지급어음(단기차입금)의 경우는 보통 1년 이내로 단기이지만, 회사채의 경우는 3년, 5년, 10년 등으로 장기이다. 주식의 경우에는 사실상 무기한이며 기업의 존속기간 전체가 될 것이다.

영업주기(operating cycle)는 원재료, 부품, 상품 등을 매입하여 내부적인 활동을 통해 가치를 부가하고, 제품, 상품 또는 서비스의 형태로 매출한 후 그 대금을 현금(또는 현

그림 6-4 기업의 재무주기와 영업주기

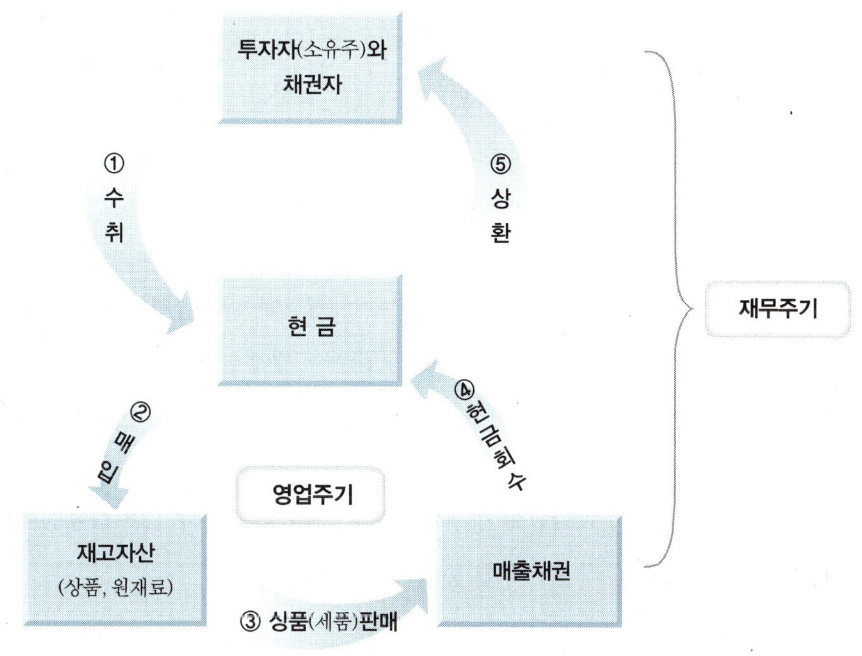

금성자산)으로 회수하기까지 걸리는 기간을 말한다. 위의 기본적 기업활동에서 ②~④ 사이의 기간인데 이 기간은 기업이 거래하는 산출물의 형태에 따라 다르다. 이를테면, 야채 등의 경우에는 일주일이 채 안될 수도 있지만, 목재, 인삼, 포도주의 생산·판매 등의 경우에는 수년 혹은 수십 년의 장기간이 될 수도 있다. 일반적으로, 영업주기는 1년 이내의 단기간인 경우가 보통이다. 제5장에서 언급했듯이, 한국채택국제회계기준은 (정상)영업주기를 명확히 식별할 수 없는 경우에는 그 기간이 12개월인 것으로 가정한다. (정상)영업주기는 재무상태표에 표시되는 항목들의 유동/비유동 구분의 기준이 된다.

2. 매출채권·매입채무

기업은 거래를 하면서 현금을 주고받지만, 항상 현금만 이용될 수는 없고, 거래 쌍방의 필요에 의해 채권이나 채무를 발생시키게 된다. 이러한 것 중 자주 발생하고 그 규모도 큰 것이 매출채권과 매입채무이다.

매출채권(trade receivables)은 상품 판매와 같은 일반적 상거래에서 발생한 채권으로서 주로 **외상매출금**(accounts receivable)과 **받을어음**(notes receivable)으로 구성된다. 매출채권과 구별하여야 할 것은 미수금과 대여금인데, 미수금은 일반적 상거래가 아닌 거래(예 : 비품, 부동산 등의 처분)에서 발생한 채권을 말하고(이 경우에도 받을어음이 사용될 수 있음), 대여금은 차용증서나 어음을 받고 다른 기업에 자금을 대여한 것을 말한다.

한편, **매입채무**(trade payables)는 상품이나 원재료의 매입과 같은 일반적 상거래에서 발생한 채무로서 주로 **외상매입금**(accounts payable)과 **지급어음**(notes payable)으로 구성된다. 매입채무와 구별하여야 할 것은 미지급금과 차입금인데, 미지급금은 일반적 상거래가 아닌 거래(예 : 비품, 부동산 등의 구입)에서 발생한 부채를 말하고(이 경우에도 지급어음이 사용될 수 있음), 차입금은 차용증서나 어음을 주고 금융기관 또는 다른 기업으로부터 자금을 차입한 채무를 말한다.

외상매출금과 외상매입금의 발생과 제거는 제4장에서 여러 번 다루었으므로, 여기서는 주로 어음 중심의 채권·채무를 중심으로 살펴본다.

2.1 어음과 회계처리

어음은 장래 특정일(만기일)에 일정금액(액면금액)을 지급하겠다는 것을 약속한 증서를 말한다. 어음과 수표는 발행인이 미래에 일정금액을 소지인에게 지급하겠다는 것을 약속한 유가증권으로서 현금 대신 사용하는 증서라는 점에서 유사하여, 서로 혼동하는 수가 많은데 다음과 같은 면에서 다르다.

어음은 표지에 '지급기일' 이 있어 그 날이 되지 않으면 어음의 소지자는 그 어음으로부터 현금을 지급받을 수 없다. 따라서 어음의 발행인은 지급기일까지만 돈을 준비하여 지급 제시에 대비하면 된다(은행 결제의 경우 결제 전에 은행에 입금하면 된다). 반면, 수표는 일단 발행되면 현금과 같아서 발행 후 언제라도 지급 제시되면 발행자의 당좌예금에서 인출되게 된다. 따라서 수표는 그 발행자에게 언제 지급 제시될지 모르므로 발행일부터 당좌예금에 자금을 준비해 놓아야 한다.

만일 약정된 만기일에 어음대금이 지급되지 않으면, 즉 어음이 부도가 나면 어음 발행인은 약속불이행으로 인해 「민법」의 적용을 받아 민사상 배상 책임을 진다. 그러나 수표 부도(제시된 수표가 결제되지 않음)의 경우에는 우리나라의 경우 민사상 배상 책임은 물론, 「부정수표단속법」에 저촉되어 형사적 처벌을 받게 된다.

그림 6-5 어음

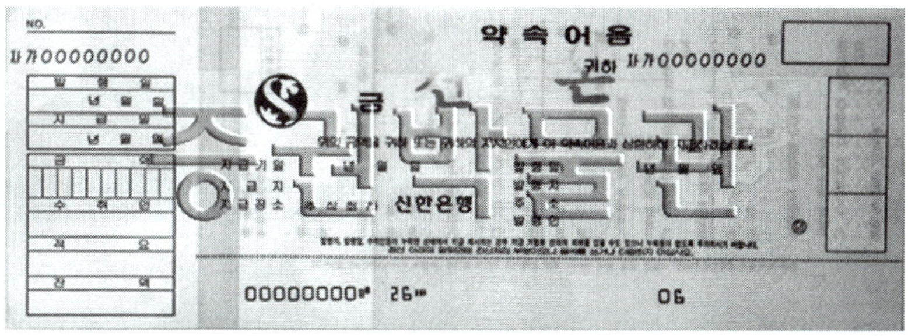

1) 어음의 종류와 분류

어음은 그 성격 혹은 사용 목적 등 분류기준에 따라 다음과 같이 여러 종류가 있다.

약속어음과 환어음

- 약속어음(promissory note) : 어음의 발행자(maker)가 특정 수취인(payee)에게 지급할 것을 약속한 어음.
- 환어음(bill of exchange) : 어음의 발행자(maker)가 아닌 제3자(어음의 인수인)가 특정 수취인(payee)에게 지급하기로 되어 있는 어음. 환어음 발행 후, 환어음의 수취인은 그 제3자(어음상의 채무자)의 확인을 받게 되는데 이 확인행위를 **어음의 인수**(acceptance)라 함.

이자부어음과 무이자부어음

- 이자부어음(interest bearing note) : 만기일에 액면금액에 추가하여 일정 이자를 별도로 지급할 것을 약정한 어음.
- 무이자부어음(non-interest bearing note) : 만기일에 단지 액면금액만 지급할 것을 약정한 어음. 이자에 대한 명시적 언급이 없음. 그렇다고 해서 보통 실질적인 이자가 없는 것은 아니고, 액면금액에 어음 기간 동안의 이자가 포함되어 있어서 이자에 대한 명시적 문구가 없는 것임.

상업어음과 융통어음

- 상업어음 : 일반적 상거래에 바탕을 두고 발행되는 어음. 진성(眞性)어음이라고도 함.
- 융통어음 : 순수하게 자금을 융통할 목적으로 발행되는 어음. 금융어음 혹은 공(空)어음이라고도 함.

2) 어음의 발행·수취 및 만기도래

어음은 발행자가 발행하면 상대방은 그것을 수취하고 보통 만기까지 보유하고 있다가 만기일에 약속된 어음대금을 지급받게 된다. 이때 어음대금의 지급이 이루어지지 않는 경우도 있는데 이것이 **어음의 부도**(不渡)이다. 이러한 과정에서 각 거래마다 회계처리는 어떻게 하는지 예를 통해 알아보자.

예제 7 어음의 발행·수취·만기

- 20×1년 5월 1일 : 하나상사(주)는 두나상사(주)에 상품을 ₩100,000에 판매하고 두나상사가 발행한 90일 만기 이자부 약속어음을 받다. 이자는 연이자율 12%로 계산하여 만기 시 별도로 받는다(계산편의를 위해 1년은 360일로 가정함).
- 20×1년 7월 29일 : 하나상사(주)는 두나상사(주)로부터 받은 상기의 어음을 만기일에 거래 은행에 추심의뢰했는데 어음이 만기일에 정상적으로 결제되어 액면금액과 이자를 현금으로 받다.

위 각 거래일에 행할 분개를 각 회사의 입장에서 보이시오.

[풀이]

하나상사(어음수취인)			두나상사(어음발행인)		
20×1년 5월 1일			20×1년 5월 1일		
차변) 매출채권(받을어음)	100,000		차변) 매입(또는 상품)	100,000	
대변) 매 출		100,000	대변) 매입채무(지급어음)		100,000
20×1년 7월 29일			20×1년 7월 29일		
차변) 현 금	103,000		차변) 매입채무(지급어음)	100,000	
대변) 매출채권(받을어음)		100,000	이자비용	3,000*	
이자수익		3,000*	대변) 현 금		103,000

* 이자수익(비용) : ₩3,000 = ₩100,000 × 0.12 × 90/360

예제 8 어음의 부도

앞의 [예제 7]의 7월 29일 거래 대신에 다음을 가정하자.

- 20×1년 7월 29일 : 하나상사(주)는 두나상사(주)로부터 받은 상기의 어음을 만기일에 거래 은행에 추심의뢰했는데 어음이 부도되었다는 통지를 받다.

■ 20×1년 9월 25일 : 하나상사(주)는 상기 부도어음에 대해 두나상사(주)에 수차례에 걸쳐 직접 상환요청하였으나, 두나상사(주)의 파산으로 인하여 장래에 그 회수가능성이 없다고 판단하다.

위 각 날짜에 필요하다면 분개를 하여 보이시오.

[풀이]

20×1년 7월 29일 :

차변) 부도어음	103,000	대변) 매출채권(받을어음)	100,000
		이자수익	3,000

20×1년 9월 25일* :

차변) 손실충당금	103,000	대변) 부도어음	103,000

* 부도어음 계정은 어음채권을 나타내는 자산계정이다. 회수가능성이 없다고 판단하면 이 채권을 제거한다. 만약 손실충당금으로 대비하지 않았다면 손실충당금 대신 손상차손이라는 비용을 인식한다. 손상차손이나 손실충당금에 대해서는 곧 자세히 다루게 된다.

3) 어음의 할인

어음상의 지급청구는 지급기일(만기일)이 도래할 때만 어음의 소지인이 요청할 수 있다. 그러나 어음 소지인은 만기 전에 자금이 필요한 경우, 어음할인을 통해 자금을 융통받을 수가 있다. 어음할인(note discounting)이란, 어음만기 전에 어음을 금융기관에 **배서**(背書 endorsement)·**양도**(讓渡 transfer)하고 그 날부터 만기일까지의 금리 상당분('할인료'라고 함)을 어음의 액면금액에서 차감한 금액을 지급받는 것을 말한다. 배서란 어음의 뒷면에 서명을 한다는 말로, 배서를 통해 어음상의 채권에 대한 소유권은 할인해 준 금융기관에게로 이전된다. 외상매출금도 지급기일 이전에 양도하여 현금화할 수 있는데 이를 **팩토링**(factoring)이라 한다. 이는 개념적으로 어음할인과 같은 것이다.

그런데 이러한 어음할인은 양도로서, 매각(실질적인 양도) 행위로 볼 수도 있고, 어음을 맡기면서 돈을 꾸는 차입행위로 볼 수도 있다. 어느 것으로 보는가는 할인양도에 따른 소구권 여부에 따라 달라지고 회계처리도 달라지게 한다. 한국채택국제회계기준에 의하면[12] 금융자산을 양도한 경우, 양도자는 금융자산의 **소유에 따른 위험과 보상**(risks and

12. 기업회계기준서 제1039호 '금융자산의 인식과 측정' 문단 20.

rewards of ownership)의 대부분(substantially all)을 이전하는지(이를 **제거조건**이라 함)를 평가하여, i) 그렇다면 당해 금융자산을 제거하고, 양도함으로써 발생하거나 보유하게 된 권리와 의무를 각각 자산과 부채로 인식하며, ii) 그렇지 않고 양도자가 금융자산의 소유에 따른 위험과 보상의 대부분을 보유하면 당해 금융자산을 계속하여 인식한다.[13]

어음할인의 경우 위 기준을 적용해보면, 어음할인(양도)이 위 제거조건을 충족하면 '매각' 으로 보고 그렇지 아니하면 '차입' 에 의한 자금조달로 볼 수 있다. 어음을 할인(양도)하는 경우 소구권(溯求權, 소급청구권) 있는 배서양도(endorse with recourse)와 소구권 없는 배서양도(endorse without recourse)가 있는데, 전자의 경우에는 '차입' 으로 후자의 경우에는 '매각' 으로 본다. 왜냐하면 거래처로부터 받은 어음을 은행에서 할인했는데, 그 후 어음지급일에 그 거래처의 은행에서 잔액부족으로 어음결제가 이루어지지 않을 경우, 전자는 어음채무에 대해 어음양도인이 배상책임을 지는 것이고(은행이 소구권을 가지므로), 후자는 배상책임을 지지 않기(은행이 소구권이 없으므로) 때문이다.

일반적으로 배서는 소구권이 있는데(우리나라법상 소구권 없음을 특별히 명시하지 않는 한, 배서에는 모두 소구권이 있음), 이 경우 만일 어음의 최종소지자가 어음 지급인으로부터 어음금액을 받을 수 없게 되면 어음을 배서하여 양도한 사람들은 모두 책임을 진다. 이러한 상황에서 어음할인은 어음 담보를 통한 자금조달(차입)이라 할 것이다.

① '매각' 으로 보는 경우

이 경우에는 보유한 어음(받을어음)의 소유권이 실질적으로 이전되는 것이므로 받을어음(또는 매출채권) 계정을 제거한다. 즉, 그 계정에 대기(貸記)한다. 이때 만기일까지의 이자 요인 때문에 어음의 만기금액보다 작은 금액을 받게 되는데 이를 **실수금**(實受金, net proceeds)이라 하고 그 차액을 **할인료**라고 한다. 이 할인료는 이자비용이 아니라 매출채권처분에 따른 손실(비용)로 처리한다.

② '차입' 으로 보는 경우

이 경우는 어음 등 매출채권을 담보로 제공하고 자금을 차입한 것으로 보는 것이므

---

13. 만일 양도자가 금융자산의 소유에 따른 위험과 보상의 대부분을 보유하지도 아니하고 이전하지도 아니하면, 양도자가 당해 금융자산을 통제하는지를 결정하여, 양도자가 금융자산을 통제하고 있지 아니하면, 제거조건이 충족된 경우와 같이 처리하고, 통제하고 있다면 제거조건이 충족되지 않는 경우와 같이 처리한다.

로, 받을어음(또는 매출채권)을 제거할 수 없고, 그 대신 차입금이 증가한다. 즉, 받을어음이 아니라 차입금이 대기(貸記)되고 할인료는 이자비용으로 처리한다. 여기서 유의할 점은, 만기일에는 할인어음에 대한 지급결제가 이루어지므로 차입금과 받을어음(매출채권)을 동시에 장부상에서 제거시켜야 한다는 것이다.

다음 예제를 통해 매각과 차입의 경우에 어음할인 회계처리가 어떻게 차이나는지 보기로 하자. 이해를 쉽게 하기 위해 무이자부어음인 경우를 설정하였다. 이자부어음인 경우에는 계산이 약간 더 복잡한데, 이 장의 연습문제로 엮어 관심 있는 독자에게 도전의 기회를 마련하였다.

예제 9 어음할인 : 무이자부어음의 경우

하나상사(주)는 두나상사(주)로부터 90일 만기의 액면가 ₩100,000인 무이자부어음을 받았는데, 이를 발행일로부터 30일 지난 후에 은행으로부터 연리 15% 조건으로 할인하고 할인료를 제외한 잔액을 현금으로 받다. 1년 = 360일로 가정하고, 위 할인에 대해 1) 매각으로 보는 경우, 2) 차입으로 보는 경우, 각각의 경우에서 분개하시오

[풀이]

1) 매각 :

차변) 현 금	97,500	대변) 매출채권(받을어음)	100,000
매출채권처분손실(할인료)	2,500*		

2) 차입 :

차변) 현 금	97,500	대변) 단기차입금	100,000
이자비용(할인료)	2,500*		

* 할인료 : ₩2,500 = ₩100,000 × 0.15 × 60/360

예제 10 할인어음의 결제

하나상사(주)는 상기 할인어음을 두나상사(주)가 만기일에 정상적으로 결제하였다는 통지를 은행으로부터 받다. 위 거래에 대해 어음할인을 1) 매각으로 본 경우, 2) 차입으로 본 경우, 각각 분개하시오.

[풀이]

1) 매각 : 분개 없음.

2) 차입 :

차변) 단기차입금	100,000	대변) 매출채권(받을어음)	100,000

회계카페 **대형 어음 사기**

사채시장의 거물이자 당시 대통령의 인척(처삼촌의 처제)이었던 장영자는 중앙정보부 차장을 지낸 남편 이철희와 함께, 자신들의 전력과 권력 배경, 은행의 무담보대출의 허점 등을 교묘히 이용, 어음사기행각을 벌여 1981년 2월부터 1982년 4월까지 총 6천4백여 원에 달하는 거액의 자금을 조성하였다. 그들은 자기자본율이 약한 건설업체 등 대기업에 접근하여 조건이 좋은(거의 실현가능성 없는) 자금조달을 제시하고, 그 담보로 대여액의 2~9배에 달하는 어음(대여금 상당액의 어음과 대여액 이상의 견질(담보)어음)을 교부받아 이를 모두 사채시장 등에서 할인하여 약속대여금을 지급하고 나머지 할인금을 주식에 투자하거나 또는 이와 동일한 방법으로 기업에 대여하는 방식을 반복하면서 공영토건(1천3백억), 일신제강(115억), 라이프주택, 삼익주택 등으로부터 도합 1천8백여억 원을 사취하였다. 그 결과 관련 기업들이 대부분 도산하였다. 이철희 · 장영자 부부는 외국환관리법 위반, 배임증재, 사기 혐의, 조흥은행장 · 상업은행장 · 관련은행 지점장 등은 업무상배임 · 배임수재 혐의, 공영토건 등 관련기업 대표 · 사채업자 등은 업무상배임 · 배임증재 · 단기금융업법 위반혐의, 이규광(대통령 처삼촌, 전 광업진흥공사 사장)은 특정범죄가중처벌 등에 관한 법률위반 혐의로 구속되는 등 모두 20명이 구속되었다. 아울러, 권력층의 내부개편이 단행되는 등 정치 · 사회 · 경제적으로 큰 충격을 불러일으켰다. '건국 이후 최대규모의 금융사기사건'이라 불린 이 사건은 집권 초기부터 정통성과 도덕성을 인정받지 못했던 당시 정권에 씻을 수 없는 오점을 남겼다. 재판 결과 이철희 · 장영자 부부에게는 법정 최고형인 징역 15년, 미화 40만 달러와 일화 800만 엔 몰수, 추징금 1억6천만 원이 선고되었다.

2.2 매출채권의 신용손실

외상거래를 하거나 담보 없이 대여하는 경우 피할 수 없는 것이 신용손실(credit loss) 혹은 대손(貸損, bad debt) 가능성이다. 이 절에서는 매출채권(특히 외상매출금)의 이와 관련하여 어떠한 거래(사건)들이 발생하며, 이 경우 회계처리는 어떻게 이루어지는지 살펴보도록 한다. 한국채택국제회계기준(K-IFRS) 제1109호 "금융상품"에 의하면 당기손익-공정가치측정 금융자산(FVPL 금융자산)을 제외한 금융자산, 즉 상각후원가측정(AC) 금융자산 및 기타포괄손익-공정가치측정(FVOCI) 금융자산에 대해서는 매기 말 손상여부를 평가하여 그 금융자산의 추정미래현금흐름에 악영향이 예상되는 경우에는 손상요구사항을 적용하여 **기대신용손실**(expected credit losses)을 측정하여 필요한 경우에 **손상차손**(impairment loss)을 인식하고 동시에 **손실충당금**(loss allowance)을 인식해야 한다(동 기준서 5.5절).

매출채권과 같은 금전채권과 관련하여 중요한 회계문제 중 하나는 그러한 손상차손에 대한 인식이다. 금전채권의 손상(impairment)은 채무불이행 발생 위험의 증가 등으로 인해 채권의 회수가능성이 악화된 상태를 말한다. 그간 오랫동안 기존의 회계기준, 학계, 일반 실무계에서는 금전채권에 대한 손상차손 및 그에 상응하는 손실충당금은 각각 '대손상각비', '대손충당금'이라는 용어로 사용해왔고, 지금도 흔히 사용되고 있다. 손상차손과 손실충당금이라는 용어는 앞서 언급한 한국채택국제회계기준(K-IFRS) 제1109호 "금융상품"이 이러한 용어를 도입하면서 비롯되었다. 상각후원가를 장부금액으로 하는 대여금 및 수취채권 등 AC금융자산의 경우 금융자산 손상은, 금융자산으로부터 기내되는 추정미래현금흐름의 현재가치가 장부금액(상각후원가)보다 작은 경우에 발생하며 그 차이를 손상차손이라 한다. FVOCI 금융자산의 손상은 공정가치가 취득원가에 미달하는 경우에 발생한다.

본서에서는 FVOCI금융자산에 대한 손상, 그리고 대여금과 수취채권을 제외한 AC 금융자산에 대한 손상은 제8장 제2절 "투자자산"에서도 언급한다. 손상차손은 모든 금전채권에 대해 적용되지만 본서에서는 매출채권에 대해서만 설명한다. 나머지 금전채권에 대해서도 매출채권과 동일한 방법으로 손상차손을 인식하면 되기 때문이다.

1) 손상차손의 회계처리 : 손실충당금 적용

기업은 판매촉진 등을 위해 외상으로 상품을 판매한다. 그런데 이러한 외상거래는 예기치 않게 대금 회수가 불가능하게 될 가능성을 내포하고 있다.

외상대금 등의 채권의 회수가 불가능하게 되거나 그 가능성이 예상되는 경우 회계처리를 어떻게 해야 하는지 알아보자.

사례

- **사업개시연도** : 동대문(주)은 외상거래를 주로 하고 있는데 사업 첫 해인 20×1년도 말에 회수되지 않은 매출채권이 ₩100,000이고 이 중 ₩2,000이 회수불가능하다고 추정되었다.
- **후속연도** : 다음 해인 20×2년도 중에 전년도로부터 이월된 매출채권 ₩100,000 중 대금회수 불가능으로 판명된(기업이 파산을 하거나 채무자의 행방이 불분명하여), 즉 손실로 확정된 금액이 ₩800이었다. 동대문(주)은 20×2년도 말에 회수되지 않은 매출채권이 ₩150,000이며 이 중 ₩3,100이 회수불가능하다고 추정되었다.

① 직접제각법

직접제각법(直接除却法 direct write-off method)은 신용손실(대손)이 확정되어 채권이 제각(금융자산 제거)되어 나간 경우에만, 그 손실금액을 대손비용(bad debt expense) 또는 손상차손으로 인식하는 방법이다. 따라서, 동대문(주)의 경우 20×1년에는 분개를 하지 않고 20×2년에 ₩800의 손상차손(혹은 대손비용)을 인식한다.

20×1년	분개 없음			

20×2년	차변) 손상차손 (또는 대손비용)	800	대변) 매출채권	800

이 방법의 특징은 신용손실(대손)이 확정되는 경우에만 대손비용을 계상하므로 회계처리의 객관성이 높다는 것이다. 그런데, 20×2년에 신용손실로 확정된 ₩800이라는 비용은 20×1년의 수익(매출)을 창출하기 위해 불가피한 비용이다. 이렇게 본다면 직접제각법은 수익·비용 대응의 원칙(matching principle)에 어긋나는 방법이다. 왜냐하면 신용손실은 외상거래로 인해 증가되는 매출수익을 위해 불가피하게 발생되는 비용이기 때문이다. 따라서 이러한 직접제각법 대신에 다음에 설명하는 충당금 설정법이 인정되고 있다.

② 충당금 설정법 : 손실충당금의 설정

충당금 설정법(allowance method)은 각 회계연도 말에 매출채권 잔액에 대해 각 거래처별로 분석한 신용상태에 따라 또는 대금회수일이 경과된 기간에 따라 손상률(대손율)

을 차등 적용하여, 즉 신용손실을 개별 채무불이행 발생 위험으로 중평균하여 기대신용손실(expected credit loss)을 측정하고,[14] 손실충당금(loss allowance, 대손충당금 allowance for bad debts)이라는 계정을 설정하여 그 측정금액을 손실충당금 기말잔액으로 하고, 이를 바탕으로 비용인 손상차손(impairment loss, 대손상각비 bad debt expense)을 계산하는 방법이다.

손실충당금은 회계연도 말 현재 기업이 소유하고 있는 매출채권(또는 대여금) 중에서 기업이 회수불가능하다고 추정되는 부실채권금액을 나타낸다. 따라서 회수가능하다고 추정되는 채권금액(장부금액)은 총채권금액에서 손실충당금을 차감한 금액이 된다. 손실충당금은 매출채권의 실질가치를 그만큼 감소시키는 것이다. 이러한 특성 때문에 손실충당금과 같은 계정을 차감계정(contra account)이라 한다.

손실충당금을 설정하는 이유는, 매출채권에 대한 잠재적 부실가능액을 당기에 매출채권의 순실현가능가치(NRV : net realizable value) 혹은 장부금액(book value 또는 carrying value)을 나타내기 위한 것이다. 손실충당금은 추정의 결과일 뿐, 매출채권 감소가 실현된 것이 아니므로, 그 금액만큼 매출채권을 직접 제각할 수는 없고, 따라서 매출채권에서 손실충당금을 간접적으로 차감하는 형식으로 재무상태표에 보여주게 된다.

③ 신용손실(대손) 관련 분개 및 재무제표 표시

동대문(주)의 경우를 예로 들어 신용손실과 관련하여 필요한 회계처리(분개)는 어떻게 하고 관련 계정은 재무제표에 어떻게 표시하게 되는지 살펴본다.

i) 손상차손의 인식(사업개시연도)

동대문(주)의 경우, 20×1년도는 사업개시연도이므로 기초의 손실충당금 계정 잔액은 ₩0이다. 20×1년도 말에 ₩2,000이 회수불가능액으로 추정되었으므로, 손실충당금의 잔액은 ₩2,000으로 증액되어야 한다. 이 둘 사이의 차이가 당기에 비용으로 부담해야 할 손상차손으로서 기말의 수정분개 시 인식된다.

---

14. 최초 인식 후에 금융상품의 신용위험이, 유의적으로 증가한 경우에는 매 보고기간 말에 전체기간 기대신용손실(금융상품의 기대존속기간(lifetime))에 발생할 수 있는 모든 채무불이행 사건에 따른 기대신용손실)에 해당하는 금액으로, 유의적으로 증가하지 아니한 경우에는 보고기간 말에 12개월 기대신용손실(보고기간말 후 12개월(12-month) 내에 발생 가능한 금융상품의 채무불이행 사건으로 인한 기대신용손실을 나타내는, 전체기간 기대신용손실의 일부)에 해당하는 금액으로 손실충당금을 측정한다.

20×1년 말(수정분개)	차변) 손상차손	2,000	대변) 손실충당금	2,000

ii) 매출채권의 신용손실 확정

금융자산 전체나 일부의 회수를 합리적으로 예상할 수 없는 경우에 해당 금융자산의 총 장부금액(gross carrying amount : 손실충당금을 조정하기 전 금융자산의 상각후원가)을 직접 줄이는데, 이를 '**제각**(除却, write-off)' 혹은 '대손처리' 한다고 한다. 제각은 금융자산을 제거하는 사건으로 본다. 신용손실이 사실상 확정된 것이다. 매출채권이 신용손실로 확정되는 때에는 매출채권을 제각처리(매출채권 계정에 대기)한다. 그 상대계정은 손상차손이 아니라 이미 설정된 손실충당금으로 처리(손실충당금 계정에 차기)한다는 점에 유의해야 한다.

20×2년 중	차변) 손실충당금	800	대변) 매출채권	800

iii) 손상차손의 인식(후속연도)

동대문(주)의 경우, 20×2년도 말에 ₩3,100이 회수불가능액으로 추정되었으므로, 20×2년도 말 손실충당금의 최종 잔액은 이 ₩3,100이 되어야 한다. 따라서 20×2년 중에 신용손실이 확정된 후의 손실충당금 잔액 ₩1,200(= 기초₩2,000 - 신용손실확정 ₩800)은 ₩3,100으로 증액되어야 한다. 이 둘 사이의 차이인 ₩1,900이 20×2년도 비용으로 부담해야 할 손상차손이다.

20×2년 말(수정분개)	차변) 손상차손	1,900	대변) 손실충당금	1,900

iv) 신용손실(대손) 관련 계정들의 재무제표 표시

동대문(주)의 20×1년과 20×2년 재무상태표와 손익계산서는 신용손실 관련 계정들을 다음 〈표 6-2〉와 같이 표시한다.

표 6-2 **신용손실 관련 항목의 재무제표 표시** (단위 : 원)

계정과목	20×1	20×2
【재무상태표】		
매출채권	100,000	150,000
손실충당금	(2,000)	(3,100)
회수가능채권(장부금액)	98,000	146,900
【손익계산서】		
손상차손	2,000*	1,900**

* 손상차손 = 손실충당금 = 2,000

** 손상차손 = 연말 손실충당금 − (연초 손실충당금 − 대손확정 금액) = 3,100 − (2,000 − 800) = 1,900

- 20×1년 재무상태표 : 매출채권 총액 ₩100,000을 매출채권으로 보고하고, 이 중 회수불가능하다고 추정된 금액 ₩2,000을 손실충당금 계정에 기록하여 매출채권에서 차감하는 형식으로 회수가능한 매출채권(매출채권의 장부금액) ₩98,000을 유동자산에 보고한다.
- 20×1년 손익계산서 : 추정된 ₩2,000의 손상차손을 보고한다.
- 20×2년 재무상태표 : 매출채권 ₩150,000과 손실충당금 ₩3,100을 표시하여 회수가능금액(매출채권의 장부금액) ₩146,900을 유동자산으로 보고한다.
- 20×2년 손익계산서 : 20×2년 중 ₩800의 신용손실확정으로 손실충당금의 잔액은 기초 ₩2,000에서 ₩1,200으로 감소한다. 손실충당금 최종 잔액은 회수불가능 추정액인 ₩3,100이 되어야 하므로, 그 증가분 ₩1,900을 20×2년도 손상차손으로 계상할 비용으로 보고한다. 여기서 다음과 같은 관계를 재확인해보자.

> 손상차손 = 한 회계기간 중 손실충당금의 증가분(매출채권의 회수불능 추정액의 당기 증가분)
> + 동 기간 중 손실로 확정되어 장부에서 제각한 금액

2) 특수한 경우 : 손실충당금 부족 및 제각채권 회수

20×1년 이후 동대문(주)에서 거래들이 다음과 같이 특수한 상황에서 발생하는 경우에, 회계처리(분개)에 대해 살펴본다.

① 신용손실확정 시 손실충당금 부족 경우

앞의 예에서 보듯이 보통의 경우 손실충당금은 미래 불확실한 손상발생에 여유 있게 대비하여 설정되기 때문에 손상확정 시 신용손실금액이 당시의 손실충당금 잔액(대변)보다 대부분의 경우 작은 금액이다. 그러나 그 반대의 상황도 가끔 발생한다. 다음의 예를 보도록 하자.

- 20×2년 중 : 동대문(주)이 고객 중의 하나인 소문(주)의 파산으로 인하여 매출채권 ₩20,000이 회수불가능한 것으로 판명되었는데, 20×1년 말 손실충당금 잔액은 ₩16,000이었다.

차변) 손실충당금	16,000	대변) 매출채권	20,000
손상차손	4,000		

- 20×2년 말 : 동대문(주)은 매출채권 중 ₩25,000이 회수불가능할 것으로 추정하였다.

차변) 손상차손	25,000	대변) 손실충당금	25,000

참고 대체적 방법

위의 경우에 기중 및 기말 분개를 다음과 같이 할 수 있다.

20×2년 중	차변) 손실충당금	20,000	대변) 매출채권	20,000
20×2년 말	차변) 손상차손	29,000	대변) 손실충당금	29,000

이러한 기중 분개로 인해 손실충당금에 일시적인 차변잔액(예에서는 4,000)이 나타나더라도, 기말에 손상차손 계상 시에 손실충당금 잔액 필요액(예에서는 25,000)을 감안하여 손실충당금에 29,000을 대기(貸記)하면 된다. 이 처리에 의해 손실충당금 잔액은 일시적 차변금액이 상쇄되어 최종적으로 대변에 25,000으로 나타나게 된다. 기말에 수정분개를 통해 앞서의 분개와 동일한 결과(손실충당금 기말잔액 및 당기 총 손상차손이 동일)를 얻게 되기 때문에, 이 방법과 그 앞서의 방법은 사실상 다른 분개는 아니다.

② 제각채권회수 경우

매우 드문 경우이지만, 신용손실로 확정되어 장부에서 제각된 채권에 대해 나중에 현금이 회수되는 경우도 있다. 이때의 회계처리는 어떻게 할까?

동대문(주)은 20×2년 초 신용손실확정이라고 판단하여 장부에서 제각시킨 소문(주)의 매출채권 ₩20,000을 20×2년 말경 현금으로 회수하게 되었다.

이때 분개는 다음과 같이 한다. 즉, 제각시의 분개를 역분개(逆分介)하여 제각이 없던 상황으로 완전히 환원시킨 후, 현금회수에 대한 분개를 한다.

차변) 매출채권	20,000	대변) 손실충당금	16,000
		손상차손	4,000

차변) 현 금	20,000	대변) 매출채권	20,000

또는, 둘을 통합하여 단일화할 수 있다.

차변) 현 금	20,000	대변) 손실충당금	16,000
		손상차손	4,000

3) 회수불능액의 추정 : 연령분석법

지금까지의 설명은 추정 회수불능액이 우리에게 주어진 수치라는 전제하에서 이루어진 것이었다. 그런데, 회수불능액의 추정은 사실 쉬운 일이 아니다. 이에는 일반적으로 두 가지 방법, 즉 단일 손상률(대손율)을 적용하는 단순한 방법과 **연령분석법**(aging schedule)을 사용한다.

전자의 방법은 기말의 매출채권 잔액에 대해 일률적으로 단일 손상률(예를 들면, 2%)을 추정하여 적용하는 방법이고, 후자인 연령분석법은 매출채권을 경과기간(채권발생 시부터 현재까지의 기간)별로 분류하여 그 기간마다 상이한 손상률(손상확률)을 적용하여 추성하는 방법이다. 즉, (확률가중평균한) 기대신용손실을 측정하는 방법이다.

연령분석법을 적용하는 예를 보기로 하자.

예제 11 연령분석법

동대문(주)은 회계기말의 매출채권의 잔액 ₩380,000을 경과기간(연령)별로 분류하여 회수불능액을 추정한다. 기말수정 직전의 손실충당금 잔액은 ₩23,000이었다.

기말에 동대문(주)은 회수불능액을 추정하기 위해 매출채권들을 연령(경과기간)에 따라 분류하고 그 연령에 적절한 신용손실 발생위험(손상확률)을 구하여, 다음과 같은 연령분석표를 작성하였다. 다음의 연령분석표를 이용하여 기말 수정분개를 보이시오.

경과 기간(연령)	매출채권	신용손실 발생위험(손상률)	신용손실 측정액
정상회수일 미경과	₩200,000	0.5%	₩1,000
1~30일	100,000	5.0	5,000
31~90일	50,000	10.0	5,000
91~150일	10,000	40.0	4,000
151일 이상	20,000	80.0	16,000
합 계	₩380,000		₩???

[풀이]

위 연령분석표의 맨 우측은 연령별 매출채권에 해당 신용손실 발생위험(손상률)을 곱한 수치를 보여준다. 이 수치를 모두 합하면 기대신용손실금액(가중평균 신용손실액)이 ₩31,000으로 산정된다. 손실충당금 기말 최종잔액은 ₩23,000에서 이 금액으로 증가되어야 한다. 따라서 그 증가액만큼 당기의 비용(손상차손)이 인식되고, 다음과 같은 기말 수정분개가 필요하다.

차변) 손상차손	8,000	대변) 손실충당금	8,000

4) 손실충당금의 환입

[예제 11]에서는 회수불능 추정액이 기말수정 직전의 손실충당금 잔액보다 컸다. 흔치 않은 경우이지만, 만약에 그 반대가 될 경우에는 그것이 무엇을 의미하며 수정분개는 어떻게 될까? [예제 12]를 보도록 하자.

예제 12 손실충당금의 환입

동대문(주)은 연령분석 결과 회수불능채권을 ₩16,000으로 추정하였다고 한다. 기말수정 직전의 손실충당금 잔액은 ₩23,000이었다. 이 경우 기말에 동대문(주)이 해야 할 수정분개를 보이시오.

[풀이]

차변) 손실충당금	7,000	대변) 손실충당금환입	7,000

이 경우는 (연령분석법 등에 의해) 추정된 회수불능액이 수정 직전 손실충당금 잔액보다 작은 경우이다. [예제 11]의 경우와 반대로 손실충당금이 과다설정되어, 결과적으로 이전에 비용이 과대계상되었음을 반증해주는 것이다. 이 경우에는 과다설정 부분인 ₩7,000만큼 손실충당금 잔액을 줄이면서 동시에 당기수익을 인식한다. 즉, 손익계산서상 **손실충당금환입**이라는 당기수익으로 처리한다.

참고 손실충당금 변화 요인의 T-계정에의 반영 모습

손실충당금

	차변		대변		
손상확정 ⇨	매출채권	×××	기초잔액	×××	
당기수익 인식 ⇨	손실충당금환입	×××	매출채권	×××	⇦ 제각채권 회수
			손상차손	×××	⇦ 당기비용 계상
			기말잔액	×××	

회계세상 카드론(Card Loan) … 대손충당금 늘려도 카드사들 손익엔 별 영향 없어

IFRS 기준 필요적립액 넘으면 이익잉여금으로 적립.
순이익 규모엔 영향 없어 … 배당 가능 금액 축소.

금융감독당국이 30일 신용카드사들의 대손충당금 적립 기준 강화 방침을 발표했지만 카드사들의 손익에는 큰 변화가 없을 것으로 보인다. 금융당국이 카드사들에게 요구하는 것이 엄밀히 말하면 대손충당금을 지금보다 더 쌓아 이익 규모를 줄이라는 게 아니라 이익을 배당하지 말고 일정부분을 남겨두라는 의미이기 때문이다.

[중략]

금융당국 관계자는 "규정이 예상 손실 대신 연체 등 객관적인 손실 사유가 발생한 부분만 대손충당금을 쌓는 것이어서 올해부터 카드사들이 IFRS 규정을 도입할 경우 종전 회계기준에 비해 대손충당금을 덜 쌓게 된다"면서 "그럴 경우 나타날 수 있는 적립금 감소를 막기 위해 감독규정의 최소적립률을 높였고 충당금 적립률이 그 최소적립률에 못 미칠 경우는 대손준비금을 더 쌓아서 맞추도록 했다"고 설명했다.

그러나 대손준비금은 이익잉여금 계정에 포함되는 항목이어서 순이익 규모에는 영향을 주지 않는다. 카드사들의 순이익은 종전과 마찬가지로 영업수익에서 각종비용과 IFRS 기준에 따른 대손충당금을 제외한 나머지가 순이익이 되므로 감독규정 강화에 따른 카드사들의 순이익 변화는 없다.

예를 들어 지난해 5개 전업카드사들의 대손충당금 적립액은 *2조6천*억원이지만 새로 발표된 감독규정에 따른 대손충당금 적립률을 반영하면 카드사들이 쌓아야 하는 적립금은 *2조8천*억원이 된다. 카드사들은 두 금액의 차이인 *2천*억원만큼 대손준비금을 더 쌓아야 한다.

이 *2천*억원은 비용항목으로 차감하는 것이 아니라 이익잉여금의 일부로 편입된다. 순이익이긴 하지만 배당하지 않고 미래를 대비해 쌓아놓아야 하는 돈이라는 개념이다.

(*이탤릭체 문구 : 저자 추가 혹은 조정)

(이데일리, 2011년 3월 30일)

3. 대여금과 차입금

대여금(loans)은 임원·종업원, 관계회사, 협력업체 등에 대해서 대여해준 자금이다. 대여금으로부터 발생하는 이자는 이자수익으로 인식한다. 만기가 1년 이하 또는 이상이냐에 따라 각각 **단기대여금**(short-term loans), **장기대여금**(long-term loans)으로 나눈다.

이와 반대로, 위 대여금은 차입한 측의 **차입금**(borrowing 또는 loans payable)이 된다. 차입금 역시 만기가 1년 이하 또는 이상이냐에 따라 각각 **단기차입금**, **장기차입금**으로 나눈다. 단기차입금(유동부채)도 관계회사 또는 협력회사로부터 차입해올 수 있지만, 기업은 운전자금의 부족분을 보충하기 위하여 일반적으로 금융기관으로부터 단기차입금으로 조달한다. 단기차입금에 대해서 약정된 이자를 지급하기로 한 경우 이자발생 시에 이자비용을 기록한다.

예제 13 단기대여금과 단기차입금

- 20×1년 5월 1일 : 명문상사(주)는 관계회사인 흑석상회(주)에 ₩200,000을 대여해주었다. 상환예정일은 20×2년 1월 31일이고, 이날 연리 12%의 이자를 받기로 하였다.
- 20×1년 12월 31일 : 양 회사의 결산일에 8개월분의 발생이자를 인식하였다.
- 20×2년 1월 31일 흑석상회(주)로부터 원금과 이자를 받았다.

위 세 날짜의 거래에 대해 두 회사 각각의 입장에서 분개하여 보이시오.

[풀이]

	명문상사(주)	흑석상회(주)
20×1년 5월 1일	차변) 단기대여금 200,000 대변) 현 금 200,000	차변) 현 금 200,000 대변) 단기차입금 200,000
20×1년 12월 31일	차변) 미수이자 16,000 대변) 이자수익 16,000	차변) 이자비용 16,000 대변) 미지급이자 16,000
20×2년 1월 31일	차변) 현 금 218,000 대변) 단기대여금 200,000 미수이자 16,000 이자수익 2,000	차변) 단기차입금 200,000 미지급이자 16,000 이자비용 2,000 대변) 현 금 218,000

- 20×1년 12월 31일 : 연 12%의 이자율이므로 8개월분은 8%(₩16,000)이다. 이자지급일은 20×2년 4월 말이지만 20×1년 5월 초부터 12월 말까지의 이자는 이미 발생하였으므로 대여기업은 이자수익을, 차입기업은 이자비용을 인식하는 수정분개를 한다.
- 20×2년 1월 31일 : 20×2년 1월 말에는 원금 ₩200,000과 9달분 이자 ₩18,000이 지급되어야 한다. 이 중 ₩16,000은 이미 20×2년 말 수정분개 시에 대여기업이 이자수익(과 미수이자)으로, 차입기업은 이자비용(과 미지급이자)으로 인식하였다. 따라서 20×2년 1월 31일에는 각각 ₩2,000씩의 이자수익과 이자비용을 인식함과 동시에, 미수이자와 미지급이자를 제거하는 분개를 한다. 물론 원금으로 계상되어 있는 단기대여금과 단기차입금도 각각 제거한다.

제3절 재고자산(상품)

앞의 두 절에서는 주요 유동자산인 현금 및 단기금융자산에 속하는 유가증권, 매출채권, 대여금에 대해서 학습하였다. 이 절에서는 또 다른 주요 유동자산인 재고자산(상품)에 대해 학습한다. 재고상품과 관련된 거래에 대해서는 이미 제4장에서 다루었지만, 여기서는 재고자산 측정의 의의와 원가결정 방법에 중점을 두고 상세히 다룬다.

1. 재고자산 측정의 의의

상품, 제품 등 재고자산은 재무상태표나 손익계산서에서 중요한 위치를 차지한다. 상기업과 제조기업에서 전체 자산에서 차지하는 비중이 일반적으로 크고, 매출원가의 산정에 영향을 미침으로써, 매출총이익 등의 각종 이익지표에 상당한 영향을 주기 때문이다. 따라서 재고자산의 장부금액 측정은 적정한 재무제표의 보고 측면에서 중요한 일이다. 그리고 한 회계기간에 재고자산의 평가에서 오류가 발생하면 이것은 당기의 매출원가 및 재고자산에 영향을 미칠 뿐 아니라 차기에도 영향을 미칠 수 있기 때문에 측정 · 평가의 정확성은 더욱 중요해지는 것이다.

재고자산의 평가 시 오류가 당기와 차기에 어떠한 재무적 영향을 미치는지 다음 〈표 6-3〉의 자료를 보면서 검토해보자. 여기서 20×1년도 말 현재 재고자산이 ₩1,200이어야 하는데 ₩900으로 과소평가되어 계상되는 오류가 발생했다고 하자(여기서 핵심을 부각시키면서 단순화하기 위해 금융관련 손익이나, 법인세비용 등은 없다고 가정한다).

20×1년 기말재고자산의 과소계상 오류(₩300)로 인하여, 재무상태표에는 재고자산이 그만큼 과소계상되어 나타날 것이다. 그리고 손익계산서에는 〈표 6-3〉에서 보듯이, 20×1년의 당기순이익이 ₩300 과소계상되고, 그 다음해의 당기순이익은 ₩300 과대계상되어 표시될 것이다. 다음해에도 영향을 받는 이유는 당기의 기말재고의 과소계상은 차

표 6-3 재고자산 평가 오류의 영향

항 목	오류가 없는 경우		오류가 있는 경우	
	20×1	20×2	20×1	20×2
매 출	₩4,000	₩4,000	₩4,000	₩4,000
매출원가				
기초재고	1,000	1,200	1,000	900
당기 매입	1,800	2,400	1,800	2,400
판매가능상품원가	2,800	3,600	2,800	3,300
차감 : 기말재고	−1,200	−1,600	−900	−1,600
매출원가	₩1,600	₩2,000	₩1,900	₩1,700
매출총이익	₩2,400	₩2,000	₩2,100	₩2,300
물류원가와 관리비	1,600	1,600	1,600	1,600
당기순이익	₩800	₩400	₩500	₩700

* 20×1년 기말재고가 ₩1,200이어야 하는데 ₩900으로 과소계상, 단순화 위해 금융관련 손익, 법인세비용 등은 없다고 가정.

기의 기초재고의 과소계상으로 이어지고 이것이 차기의 매출원가를 그만큼 과소하게 계산해주기 때문이다. 이러한 오류는 두 기간 후에는 더 이상 영향을 미치지 않게 되는데 이러한 특성을 가진 오류를 **자동상쇄오류**(counter-balancing errors)라고 한다.

2. 재고자산의 원가결정

그러면 재고자산의 원가는 어떻게 결정하는가? 재고자산의 원가는 수량에 단위원가를 곱하여 산정되므로, 수량과 단위원가(단가)를 적절히 결정해야 한다. 이미 학습했듯이 재고자산에는 제조기업의 경우 원재료, 재공품, 제품, 그리고 상기업의 경우 상품이 있다. 제조기업의 경우 원가 계산에 대해서는 제12장에서 다루게 될 것이므로, 여기서는 상기업의 경우를 중심으로 하여 재고자산의 원가결정(cost determination)을 논의한다(물론 대부분의 내용이 제조기업의 경우에도 적용된다).

2.1 재고자산의 수량결정

재고자산의 원가를 결정하기 위해서는 우선 재고자산에 포함해야 하는 재고자산의 수량을 결정해야 한다. 제4장에서 다룬 계속기록법과 실지재고조사법은 재고자산의 수량 결정을 위한 서로 대체적인 방법이다. 이 두 방법이 일반적인 재고 수량의 결정방법이지만 이미 다루었으므로, 여기서는 그때 다루지 않았던 다음 몇 가지 경우를 살펴본다. 이것은, 관련 재고가 누구에게 귀속되는 것인지 정확히 결정하는 것과 관계된다.

미착품의 경우 : 미착품(goods in transit)은 운송 중인 매입 상품으로서 매입자에게 아직 도착하지 아니한 것을 말한다. 이러한 미착품은 운송계약에 따라 그 소유자가 정해진다. 이를테면, 선적지 인도조건(FOB Shipping Point)의 계약인 경우에는 미착품이 매입자의 재고자산에 포함되어야 하고, 도착지 인도조건(FOB Destination)인 경우에는 매입자가 아니라 판매자의 재고자산에 포함되어야 한다(참고로, FOB는 Free-On-Board의 약어이다).

적송품(위탁품)의 경우 : 적송품은 위탁품(consignment goods)이라고도 하는데 제조회사 등이 대리점 등에 일정한 수수료를 지급하는 조건으로 제품의 판매를 부탁하여 대리점에 맡겨져 있는 제품 또는 상품을 말한다. 이때 제조회사는 위탁자(consignor)가 되고 대리점은 수탁자(consignee)가 된다. 적송품은 비록 위탁자의 손에서 떠나 있지만, 수탁자로부터 고객에게 판매되어 나갈 때까지 수탁자가 아니라 위탁자의 재고자산에 포함되어야 한다.

시송품의 경우 : 고객이 상품을 시험적으로 사용해본 후 만족하여 매입의사를 표시하는 때 판매가 이루어지는 판매형태를 시용판매(sales on approval)라 하고, 그러한 목적으로 고객에게 보내진 상품을 시송품(試送品)이라 한다(예 : 정수기 1달 무료체험 등). 시송품은 고객으로부터 매입의사 표시를 받기 전까지는 판매자의 재고자산에 포함시켜야 한다.

할부판매의 경우 : 할부판매(instalment sales)는 상품의 인도 후 일정기간에 걸쳐서 그 상품 대금을 여러 번으로 나누어 회수하는 판매를 말한다. 비록 할부판매에 의해 인도된 상품의 소유권이 형식적으로 판매자에게 있는 경우라 하더라도 그 상품에 대한 실질적인 권리와 의무는 구매자에게 있기 때문에 대금의 회수시점이 아니라 상품의 인도시점에 매출을 인식한다. 따라서 할부판매 조건으로 구매자에게 인도된 상품은 판매자의 재고자산에서 제외해야 한다.

2.2 재고자산의 단가결정

재고자산의 수량이 파악되면 그 재고자산에 적용할 단위원가(단가 unit cost)를 결정해야 재고자산의 원가가 산출된다. 일정기간 동안 상품을 모두 동일한 가격으로 매입한 경우에는 단위원가는 단순히 그 매입가격이 된다.

그러나 동일 상품을 여러 차례 서로 다른 가격으로 매입한 경우에는 매입 상품 중 어느 것이 재고자산으로 남아 있다고 보느냐에 따라 적용할 단위원가가 달라진다. 따라서 기업은 재고자산평가(단위원가 파악)를 위하여 어느 상품이 팔렸고 어느 상품이 남았는지 결정해야 하는데, 여기서 **원가흐름**(cost flow)에 대한 가정이 필요하게 된다.

물론 원가흐름에 대한 가정을 하지 않고 개별제품의 원가를 일일이 파악하여 원가를 결정할 수 있지만, 이 방법, 즉 **개별법**은 회계처리비용이 많이 드는데다 실익도 거의 없기 때문에 특별한 경우 이외에는 잘 쓰이지 않는다.

원가흐름에 대한 가정은 전통적으로 **선입선출법**, **가중평균법**(**총평균법**, **이동평균법**), **후입선출법**을 사용해왔는데 한국채택국제회계기준은 첫 두 방법만을 허용하고 있다. 이 세 가지 방법들의 의미에 대해서는 이미 제4장에서 다룬 바 있다. 기업은 재고자산의 실제 **물리적 흐름**(physical flow)에 관계없이 이들 원가흐름 가정 중 한 가지를 선택하여 사용할 수 있다. 단, 특별한 이유가 없는 한 매기 계속해서 적용해야 한다.

3. 재고자산의 원가결정 사례

이제 원가흐름에 대한 가정을 다음 가나(주)의 사례에 적용하여 그 결과를 살펴본다. 단, 후입선출법은 현행 한국채택국제기준에서 허용되지 않지만, 전통적으로 오래 사용되어 왔고 다른 방법들과의 비교를 위한 교육적 목적에서도 유용하므로, [참고]로 표시하고, 함께 설명하기로 한다.

사례

가나(주)는 전기(前期)로부터 단위원가가 ₩200인 상품 20개가 이월되었으며 20×1년 당기에 4차례에 걸쳐 180개가 매입되었다. 이 상품의 매입단가는 최초에 ₩220이었으나 그 후 ₩240, ₩260, ₩280으로 계속 상승하였다. 매출수량은 2번에 걸쳐 170개 있었으며 각각의 판매단가는 ₩320과 ₩340이었다. 기말재고상품의 수량 30개는 재고자산실사에 의하여 검증되었다.
더 구체적인 자료는 〈표 6-4〉와 같다.

표 6-4 재고자산 원가관련 자료

항 목	매입단가	수량	금액	매출단가	수량	금액
기초재고	₩200	20	₩4,000			
매입(매출) 일자						
2월 15일	220	30	6,600			
4월 5일	240	50	12,000			
(6월 3일)				320	80	25,600
7월 7일	260	30	7,800			
10월 11일	280	70	19,600			
(12월 22일)				340	90	30,600
당기 매입액		180	₩46,000			
판매가능상품원가		200	₩50,000			
매 출		(170)			170	₩56,200
기말재고		30	₩???			

3.1 실지재고조사법(기간법)의 경우

재고상품회계에 실지재고조사법(기간법)이 적용되고 있는 경우에는, 기중에 어떤 상품이 실제 팔렸는지 파악하지 않고(계속 기록되지 않기 때문에), 기말시점에 기중 전체에 일어난 상품의 총 유입·유출량을 바탕으로 단위원가를 적용하게 된다.

1) 선입선출법(FIFO : first-in first-out)

가장 먼저 사온 것(기초재고 포함)부터 우선 팔린다고 가정하면, 기말재고 30개는 최근의 매입단가 ₩280에 평가되어 ₩8,400이 된다. 따라서 매출원가는 판매가능상품원가 ₩50,000에서 ₩8,400을 차감한 ₩41,600이 된다. 다음의 〈표 6-5〉를 보면서 확인해보자.

2) 가중평균법(weighted average method) : 총가중평균법

한 회계기간 동안의 모든 재고상품에 대해 그 회계기간 동안 보유한 모든(팔렸든 안 팔렸든) 상품의 가중평균(weighted average) 원가가 적용된다고 가정하면, 당기의 가중평균단가는 기초재고와 당기매입 상품에 대해서 계산되어, ₩250(= ₩50,000 ÷ 200개)이 된다. 이 가중평균원가가 당기의 모든 상품, 즉 판매된 상품과 기말재고에 적용된다. 따라서 기말재고 30개는 ₩7,500(= ₩250 × 30)이 되고, 매출원가는 ₩42,500(= ₩250 × 170)이 된다.

FIFO나 LIFO에서는 실제 존재하는 단위원가(들)이 적용되는 데 반해, 평균법에서는 기중 전체의 총평균으로 계산된 값(이 값 자체는 보통 실재하지 아니함)이 모든 재고상품에 획일적으로 적용된다. 이러한 이유로 이 방법을 **총평균법** 또는 **총가중평균법**이라 한다.

> **참고 후입선출법(LIFO : last-in first-out) : 현행 한국채택국제기준에서 인정되지 않는 방법**
>
> 가장 늦게 사온 것이 먼저 팔린다고 가정하면, 기말재고는 제일 먼저 매입한 것으로 구성된다. 기말재고 30개 중 20개는 기초재고 단가인 ₩200, 그리고 나머지 10개는 최초의 매입단가인 ₩220원으로 평가되어 총 ₩6,200이 된다. 따라서 매출원가는 판매가능상품원가 ₩50,000에서 ₩6,200을 차감한 ₩43,800이 된다.

3.2 계속기록법의 경우

만일, 가나(주)가 상품의 유입과 유출 시 그 수량과 단가를 계속 기록하고 있다면, 매출원가와 기말재고상품의 원가는 어떻게 될까?

1) 선입선출법(FIFO : first-in first-out)

가장 먼저 사온 것(기초재고 포함)부터 우선 팔린다고 가정하면, 6월 3일 판매된 80개는 기초재고 20개(단가 ₩200), 다음에 사온 30개(₩220), 나머지는 4월5일 매입한 것 중 30개(₩240)로 구성된다. 이로써 당일의 매출원가는 ₩17,800이 된다. 이런 식으로 적용해나가면, 기말재고 30개는 가장 최근에 사온 70개의 일부가 남은 것이므로 단가 ₩280이 적용되어 기말재고원가는 ₩8,400이 된다. 이로써 매출원가는 이 ₩8,400을 판매가능상품원가 ₩50,000에서 차감한 금액인 ₩41,600이 된다(이 결과는 재고의 감모(멸실)가 없다면 항상 실지재고조사법의 경우와 동일하게 된다).

표 6-5 재고자산원가결정방법의 비교(선입선출법, 후입선출법은 실지재고조사법의 것임) (단위 : 원)

항 목	선입선출법	총(가중)평균법	이동(가중)평균법	[참고] 후입선출법
매 출	₩56,200	₩56,200	₩56,200	₩56,200
기초재고 당기 매입	4,000 46,000	4,000 46,000	4,000 46,000	4,000 46,000
판매가능상품원가 기말재고	₩50,000 (1) (8,400)	₩50,000 (2) (7,500)	₩50,000 (3) (7,980)	₩50,000 (4) (6,200)
매출원가	₩41,600	₩42,500	₩42,020	₩43,800
매출총이익	₩14,600	₩13,700	₩14,180	₩12,400
(1) 선입선출법	30 × ₩280 = ₩8,400			
(2) 총(가중)평균법	₩50,000 / 200 = ₩250 30 × ₩250 = ₩7,500			
(3) 이동(가중)평균법	6월 3일 평균 (₩4,000 + 6,600 + 12,000) / 100 = ₩226 12월 22일 평균 (₩226 × 20 + 7,800 + 19,600) / 120 = ₩266 30 × ₩266 = ₩7,980			
[참고] (4) 후입신출법	(20 × ₩200) + (10 × ₩220) = ₩6,200			

2) 가중평균법(weighted average method) : **이동(가중)평균법**(moving average method)

계속기록법 하에서는 매출시점마다 단위원가를 파악하여 적용해야 하므로, 6월 3일 판매된 80개에 적용할 평균원가는 판매직전의 재고에 대해 적용된다. 따라서 이때 가중평균원가는 ₩226(= (4,000 + 6,600 + 12,000)/100)이 된다. 따라서 이날 매출원가는 ₩18,080(= ₩226 × 80)이 된다. 이러한 방식으로 두 번째 매출이며 최후의 매출이 있던 12월 22일의 판매량 90개에는 이때의 평균원가인 ₩266(= (₩226 × 20 + 7,800 + 19,600)/120)이 적용되어 ₩23,940이 된다. 따라서 당기의 매출원가는 도합 ₩42,020이 된다. 기말재고원가는 ₩7,980(= ₩266 × 30)이 된다. 〈표 6-5〉를 보면서 확인해보자(이 결과는 실지재고조사법의 경우와 다르다. 왜 그런지 각자 생각해보기 바란다).

이렇게 계속기록법 하에서 가중평균원가는 매출시점마다 계산되기 때문에 재고의 원가구성이 달라지면 판매재고에 적용되는 가중평균도 달라진다. 즉, 기중에 복수의 가중평균원가가 있게 되는 것이다. 이러한 이유로 계속기록법 하에서 가중평균원가법을 **이동평균법**(moving average)이라 한다.

이동평균법은 이렇게 매출 때마다 총평균을 계산하는 번거로움이 있기 때문에 실무에서 잘 사용하지 않고 있다(많은 기업들은 이동평균법을 사용하고 있다고 공시하고 있지만, 실제 이들 기업이 사용하고 있는 평가방법은 총평균법을 월 단위로 적용하여 월별 총평균 단가를 계산하는 방법이다. 이렇게 하면 1년의 회계기간에 12번의 서로 다른 평균단가가 나타나게 된다. 이를 월별총평균법이라고 하는데 일본에서 도입된 것으로 알려져 있다).

참고 후입선출법(LIFO : last-in first-out) **: 현행 한국채택국제기준에서 인정되지 않는 방법**

가장 최근에 사온 것(기초재고 포함)이 우선 팔린다고 가정하면, 6월 3일 판매된 80개는 가장 최근인 4월 5일 매입한 50개(단가 ₩240), 나머지 30개는 그 전인 2월 15일 매입한 30개 모두(₩220)로 구성된다. 이로써 당일의 매출원가는 ₩18,600이 된다. 이런 식으로 처리해나가면, 다음 판매일인 12월 22일의 판매량 90개는 10월 11일 사온 70개(단위원가 ₩280), 7월 7일 사온 30개 중 20개(₩260)로 구성된다. 따라서 이날 매출원가는 ₩24,800이 된다. 따라서 당기의 매출원가는 도합 ₩43,400이 된다. 결국, 기말재고 30개는 7월 7일 매입한 30개 중 남은 10개(₩260)와 기초재고 20개(₩200)로 구성되어 기말재고원가는 ₩6,600이 된다. (이 결과는 실지재고조사법의 경우와 일반적으로 다르다. 왜 그런지 각자 생각해보기 바란다. 힌트 : 계속기록법에서는 팔려나가는 재고의 원가가 그 매출시점마다 포착된다.)

3.3 재고자산 원가결정방법의 비교

물가가 상승하는 경우에 선입선출법에 의한 당기순이익은 가중평균법(혹은 후입선출법)에 의한 것보다 크다. 그 이유는 가중평균법(혹은 후입선출법)을 적용하면 선입선출법의 경우보다 상대적으로 높은 원가에 의하여 구입한 상품이 매출원가로 계산되기 때문이다. 가중평균법에 의한 당기순이익은 후입선출법에 의한 당기순이익과 선입선출법에 의한 당기순이익의 사이에 있다. 매입과 매출이 빈번히 발생하는 경우 이동평균법에 의한 당기순이익은 총평균법에 의한 당기순이익보다 크고 선입선출법에 의한 당기순이익보다는 작다. 이러한 사실은 〈표 6-5〉에서도 확인할 수 있다.

4. 상품 거래의 분개

상품(또는 제품)이라는 재고자산의 거래에 대한 분개는 이미 제4장에서 다루었다. 따라서 여기서 다시 반복할 필요는 없지만, 핵심 내용만 부각시키기 위해 가나(주)의 사례에서 매입일과 매출일 하루씩 택하여 분개를 보기로 한다.

1) 실지재고조사법

모든 거래는 외상거래로 가정하여 선입선출법을 예로 든다. 다른 방법의 경우에도 각 거래일의 분개가 동일하다. (다만, 기말에는 수정분개를 해야 함을 잊지 말자!)

매입 시 : 2월 15일	차변) 매 입	6,600	대변) 매입채무	6,600

매출 시 : 6월 3일	차변) 매출채권	25,600	대변) 매 출	25,600

2) 계속기록법

역시 모든 거래는 외상거래로 가정하여 선입선출법을 예로 든다. 다른 방법의 경우에도 각 거래일의 분개가 동일하다. 그러나 매출 시 분개에서 매출원가 금액만은 차이가 난다.

매입 시 : 2월 15일	차변) 상 품	6,600	대변) 매입채무	6,600

매출 시 : 6월 3일	차변) 매출채권	25,600	대변) 매 출	25,600
	매출원가	17,800	상 품	17,800

5. 저가법 적용과 재고자산 평가손실 및 평가충당금

5.1 저가법의 의의

앞서 설명한 재고자산(상품)의 금액은 취득원가(cost : 원가흐름 가정을 적용하여 구한 원가)를 말한다. 그러나 보고기간 말에 재무제표를 작성하는 시점에서는 재고자산을 다시 평가하여야 한다. 재고자산은 i) 물리적 손상, ii) 완전한 또는 부분적 진부화, iii) 판매가격 하락, 또는 iv) 완성 또는 판매에 필요한 원가의 상승 등의 경우에 그 취득원가를 회수하기 어려울 수 있기 때문에 한국채택국제회계기준은 상품 등의 판매목적 재고자산에 대해서는 저가법(lower of cost and NRV)을 적용할 것을 요구하고 있다.

즉, 재고자산의 공정가치가 위와 같은 사유 등으로 취득원가보다 하락하였을 경우에는 공정가치를 기준으로 재고자산을 평가해야 한다. 이때 재고자산의 공정가치는 **순실현가능가치**(NRV : net realizable value)를 말하는데, 이는 결산일 기준으로 재고자산을 판매한다고 가정할 때 예상되는 판매액(앞 장에서 설명한 특정기준 중 실현가능가치)에서 관련 직접비용인 예상판매비용을 차감한 금액이다.

따라서 저가법에서는 기말재고자산 평가 시에 순실현가능가치가 취득원가보다 낮으면 순실현가능가치를 적용하고, 높으면 취득원가를 그냥 유지한다. 다시 말해서, 취득원가보다 낮은 단가는 기말재고에 적용할 수 있으나 높은 단가는 적용할 수 없다. 재고자산을 취득원가 이하의 순실현가능가치로 감액(write down to NRV)하는 저가법은, 자산의 판매나 사용으로부터 실현될 것으로 기대되는 금액을 당해 자산의 장부금액이 초과해서는 안 된다는 보수적 입장(conservatism)에 근거한다.

5.2 재고자산평가손실과 재고자산평가충당금

결산일 현재 재고자산의 순실현가능가치가 취득원가보다 낮은 경우, 저가법을 적용하므로 두 값 사이의 차액인 **재고자산평가손실**이 발생한다. 재고자산평가손실은 당기순이익 계산에 반영시킨다(예 : 매출원가에 포함). 동시에 그 금액만큼 재고자산에서 직접 차감할 수도 있고, **재고자산평가충당금**이라는 차감계정을 사용하여 재무상태표에서 재고자산으로부터 차감하는 형식으로 표시할 수도 있다(K-IFRS는 이에 대한 명시규정을 두고 있지 않다). [예제 14]를 보자.

예제 14 재고자산평가손실

- 앞 사례의 가나(주)가 재고상품에 대해 실지재고조사법을 사용하고 단가결정에 총가중평균법을 적용한다고 하자. 이 경우 20×1년 12월 31일 가나(주)의 총평균원가는 ₩250으로 계산되었고, 재고상품의 순실현가능가치는 개당 ₩180이었다. 이와 관련하여 12월 31일 결산수정부개를 제시하시오. 단, 재고자산평가에 별도의 자산평가계정을 사용한다.

[풀이]

차변) 매출원가(재고자산평가손실)	2,100	대변) 재고자산평가충당금	2,100

총가중평균법에 의한 기말상품 단가는 ₩250인데 순실현가능가치가 ₩180이므로, 그 차이 ₩70(개당 평가손실)을 기말상품수량 30개에 곱하면 재고자산평가손실 ₩2,100이 산정된다. 재고자산평가손실은 당기손익 계산에 반영하는데, 만일 매출원가에 포함시키는 경우에는 매출원가라는 계정에 직접 기입(차기)하여 포함시킬 수도 있고, 별도의 평가손실 계정으로 처리했다가 포함시킬 수도 있다. 한편, 별도의 자산평가계정으로는 재고자산평가충당금을 사용하여 대기한다.

위의 예는 재고자산이 단일 항목(종목, 품목)으로 구성된 경우이다. 만일 보유재고자산이 여러 항목(종목)으로 구성되어 있다면 저가법을 적용하는 방식으로서 **항목별 기준**(item-by-item basis) 또는 **총액기준**(portfolio basis)을 사용할 수 있다. 전자는 저가선택을 위해 항목별로 비교하는 것이고, 후자는 재고자산 전체에 대해 비교하는 것이다([예제 15] 참조). 논리적으로 전자의 저가가 더 높게 나올 수는 없으므로 더 보수적이다. 한국채택국제회계기준은 항목별 기준을 요구하고 있다. 다만, 재고자산항목들이 유사한 목적 또는 용도를 갖는 동일 제품군과 관련되거나 동일 지역에서 생산·판매되는 경우 등에서 보듯이, 유사하거나 관련된 재고항목들을 그룹화하여 저가법을 적용할 수 있다. 그러나 완제품 전체에 대해, 또는 특정 산업이나 특정 지역의 영업부문에 속하는 모든 재고자산에 대해 저가법을 적용하는 것은 부적절한 것으로서 금지된다.

예제 15 저가법의 적용

가구류 제품재고가 다음과 같은 항목으로 구성되어 있다. 이 재고자산에 대해 1) 항목별 기준, 2) 총액기준 각각에 의해 저가법을 적용하여 재고자산평가손실을 구하시오.

항 목	취득원가	순실현가능가치	저 가(항목별 적용)
소파	₩250,000	₩230,000	₩230,000
식탁	150,000	170,000	150,000
의자	35,000	33,000	33,000
합계	₩435,000	₩433,000	₩413,000

[풀이]

1) 항목별 기준 : 재고자산평가손실 = ₩22,000(항목별 저가의 합계인 ₩413,000과 취득원가 합계인 ₩435,000과의 차액).

   항목별로 저가기준을 적용하면 소파, 의자의 경우에만 재고자산평가손실을 인식한다(식탁에 대해서는 재고자산평가이익이 인식되지 않고 취득원가가 유지된다). 결국 종목별 저가 합계는 ₩413,000으로서 취득원가 합계 ₩435,000보다 낮다.

2) 총액기준 : 재고자산평가손실 = ₩2,000(순실현가능가치의 합계인 ₩433,000과 취득원가 합계인 ₩435,000과의 차액).

   재고자산 전체에 대해 저가기준을 적용하므로 항목별 기준보다 평가손실액이 작게 산정됨을 알 수 있다.

통합예제 재고자산 회계 : 원가흐름의 가정의 차이에 따른 비교

다음은 실지재고조사법을 사용하는 하이쇼핑(주)의 5월 중 재고자산 거래 자료이다. 하이쇼핑(주)은 모든 매입 및 매출에 외상으로 거래한다.

거래 일자	수 량	매입단가	판매단가	총원가
기초재고 : 5월 1일	100	₩160		₩16,000
매입 : 5월 5일	60	180		10,800
매출 : 5월 12일	(70)		₩300	
매입 : 5월 18일	150	192		28,800
매출 : 5월 23일	(210)		320	
매입 : 5월 28일	90	200		18,000
기말재고 : 5월 30일	120*			

* 실지재고조사에 의해 확인한 수량임.

요구사항

(1) 선입선출법을 적용하여 위 5월 1일 ~ 30일 기간의 각 거래에 대해 분개하시오. 그리고 5월 중 매출원가와 월말 재고자산원가를 계산하고 필요한 수정분개를 하시오.

(2) 총가중평균법을 적용하여 위 5월 1일 ~ 30일 기간의 각 거래에 대해 분개하시오. 그리고 5월 중 매출원가와 월말 재고자산원가를 계산하고 필요한 수정분개를 하시오.

(3) 5월의 매출총이익까지만 보여주는 부분포괄손익계산서를 각 방법별로 작성하시오. 다음의 형식을 이용하시오.

	선입선출법	총가중평균법
매출액		
매출원가		
매출총이익		

(4) 위의 각 방법별 부분포괄손익계산서를 검토하여, 어느 방법이 당기순이익과 기

말 재고자산금액을 많게 보고하는지, 그리고 이유가 있다면 그 이유도 함께 말하시오.

[풀이]

(1) 선입선출법을 적용하면, 기말재고 120개는 가장 나중에 매입한 재고자산인 5월 28일 매입분 90개와 5월 18일 매입분 중 30개로 구성된다.

기말 재고자산 = (90개 × ₩200) + (30개 × ₩192) = ₩23,760

따라서 매출원가는 다음과 같이 산정된다.

매출원가 = 판매가능 재고자산 원가 − 기말 재고자산 원가
= (₩16,000 + 10,800 + 28,800 + 18,000) − 23,760 = ₩49,840

각 매입·매출 시점과 기말시점에서 필요한 분개는 다음과 같다.

매입(5/5)	차변) 매 입	10,800	대변) 매입채무	10,800
매출(5/12)	차변) 매출채권	21,000	대변) 매 출	21,000
매입(5/18)	차변) 매 입	28,800	대변) 매입채무	28,800
매출(5/23)	차변) 매출채권	67,200	대변) 매 출	67,200
매입(5/28)	차변) 매 입	18,000	대변) 매입채무	18,000
기말(5/30)	차변) 매출원가	49,840	대변) 매 입	57,600
	재고자산(기말)	23,760	재고자산(기초)	16,000

(2) 총가중평균법에서는 먼저 총평균 매입단가를 계산한 후, 이를 이용하여 기말 재고자산과 매출원가를 순차적으로 산정한다.

총평균 매입단가 = 판매가능 재고자산 총원가 ÷ 판매가능 총수량
= (₩16,000 + 10,800 + 28,800 + 18,000) ÷ (100 + 60 + 150 + 90)
= ₩73,600 ÷ 400개 = ₩184

기말 재고자산 = 기말재고량 × 총평균 매입단가
= 120개 × ₩184 = ₩22,080

매출원가 = 판매가능 재고자산 원가 − 기말 재고자산 원가
= ₩73,600 − 22,080 = ₩51,520

기중의 각 매입·매출 시점의 분개는 앞 (1)에서와 동일하고, 기말시점에서 필요한 수정분개는 다음과 같다.

기말(5/30)	차변) 매출원가	51,520	대변) 매 입	57,600
	재고자산(기말)	22,080	재고자산(기초)	16,000

(3) 5월의 부분포괄손익계산서

	선입선출법	총가중평균법
매출액*	₩88,200	₩88,200
매출원가	49,840	51,520
매출총이익	₩38,360	₩36,680

* 매출액 : 5/12 매출액 21,000 + 5/23 매출액 67,200 = 88,200

(4) 당기 중 재고자산의 매입단가는 기초 ₩160에서 ₩200으로 계속 상승해왔다. 이러한 경우에 선입선출법을 적용하면 다른 방법(가중평균법)보다 매출원가가 낮게 나타나므로 매출총이익, 따라서 당기순이익이 더 크게 나타난다. 그만큼 기말재고자산원가는 높게 나타난다. 구체적 금액은 다음과 같다.

	선입선출법	총가중평균법
매출원가	₩49,840	₩51,520
매출총이익	₩38,360	₩36,680
재고자산(기말)	₩23,760	₩22,080

요약

제1절 금융자산 : 현금과 유가증권

- 금융상품 : 거래 일방에게 금융자산을, 동시에 다른 거래상대방에게 금융부채나 지분상품을 발생시키는 모든 계약
- 금융자산 분류 : 3개 범주 – AC, FVOCI, FVPL
- 금융부채 분류 : 2개 범주 – AC, FVPL
- 단기금융자산 : 현금및현금성자산, AC, FVOCI, FVPL
- 현금및현금성자산 : 소액현금제도와 당좌예금의 운용
- FVPL금융자산 : AC나 FVOCI 측정 아닌 것. 또는 최초인식 시 지정된 금융자산
- 금융자산의 측정 : 최초인식 시, 공정가치 측정
- 금융자산의 재분류(분류변경)와 제거(처분)

제2절 매출채권(매입채무)과 대여금(차입금)

- 신용손실과 관련하여 발생하는 주요 사건(거래) 및 회계처리

  – 기대신용손실 측정 시(기말) : 수정분개

차변) 손상차손	×××	대변) 손실충당금	×××

※ 추정방법으로 연령분석법 등이 있음

  – 신용손실의 확정 시(기중) :

차변) 손실충당금	×××	대변) 매출채권	×××
손상차손*	×××		

(*손실충당금이 부족한 경우임)

– 제각채권의 회수 시(기중) :

차변) 매출채권	×××	대변) 손실충당금	×××
		손상차손*	×××
차변) 현 금	×××	대변) 매출채권	×××

(*손실충당금이 부족한 경우임)

제3절 재고자산(상품)

- 재고자산 : 자산 내에서 비중이 크고, 그 측정 오류는 재무제표에 보고되는 재고자산에는 물론 매출원가 및 매출총이익 등 각종 이익지표에도, 그리고 당기뿐 아니라 차기에도 영향을 준다.
- 재고자산의 원가 결정(cost determination)
  - – 재고자산의 수량 및 가격(원가) 결정
  - – 재고자산의 가격(원가) 결정 방법 : 원가흐름에 대한 가정에 기초 :
    선입선출법(FIFO), 가중평균법(실지재고조사법에서는 총평균법, 계속기록법에서는 이동평균법),
    후입선출법(LIFO 한국채택국제회계기준에서 인정하지 않음)
  - – 저가법 적용(항목별 기준) : 재고자산평가손실 인식하여 매출원가에 반영, 동시에 재고자산을 직접 감액 또는 재고자산평가충딩금 사용

연습문제

서술형

01. 금융상품, 금융자산, 금융부채, 지분상품의 상호관계에 대해 설명하시오.

02. 금융자산의 4개 범주는 무엇이고, 각 범주의 특성은 무엇인지 설명하시오.

03. 금융부채의 2개 범주는 무엇이고, 각 범주의 특성은 무엇인지 설명하시오.

04. 기업이 취득한 유가증권을 AC금융자산으로 분류하기 위한 요건을 설명하시오.

05. 어떤 자산이 재무상태표상의 현금성자산(cash equivalents)에 포함되기 위한 요건을 설명하시오.

06. 기업들이 소액현금제도(petty cash system)를 사용하는 이유에 대해 설명하시오.

07. 이자부약속어음에 표시된 액면금액과 이자율의 의미를 각각 설명하시오.

08. 어음할인 시 어느 경우에 매각거래 또는 차입거래로 처리하는지 말하시오.

09. FVPL금융자산이란 무엇인지 설명하시오.

10. 당기 말에 기말재고자산의 평가 시 과대 또는 과대계상이 당기와 차기의 당기순이익에 어떻게 영향을 미치는지 설명하시오.

11. 채권의 손상차손의 회계처리와 관련하여 손실충당금을 설정하는 이유는 무엇인지 설명하시오.

12. 특정 매출채권의 회수가능성이 없다고 판단한 경우, 손상확정의 회계처리를 해야 한다. 이때의 분개는 어떻게 하는지 설명하시오.

13. 손실충당금의 증가요인과 감소요인에 대해 각각 설명하시오.

14. 연령분석법에서 매출채권의 기말 장부금액과 손상차손을 어떻게 추정하는지 설명하시오.

15. 재고자산 기록방법으로서 계속기록법과 실지재고조사법은 어떻게 다른지 설명하시오.

16. 판매가능상품원가는 무엇이고, 이것이 매출원가, 기말재고원가와 가지는 상호관계를 하나의 등식으로써 제시하시오.

17. 총(가중)평균법과 이동(가중)평균법은 어떻게 다른지 설명하시오.

18. 실지재고조사법의 경우 매출원가 산출과 관련하여 수정분개가 왜 필요한지 설명하시오.

19. 재고자산 매입단가가 지속적으로 상승하고 있을 때, 선입선출법과 (가중)평균법의 차이를 매출원가와 매출총이익 측면에서 비교하시오.

20. 한국채택국제회계기준이 상품 등의 판매목적 재고자산에 대해서 저가법을 적용하도록 한 이유는 무엇이라고 생각하는지 말하시오.

객관식

01. 다음 중 보유 유가증권을 FVPL금융자산으로 분류해야 하는 것은?

① 보유한 유가증권이 사채(社債)와 주식으로 혼합하여 구성되어 있다.

② 상장 주식이 아니어서 시장성이 없는 주식이다.

③ 단기적으로 매매차익을 얻을 목적으로 취득한 것이다.

④ 보유주식은 그 주식발행회사의 지분 중 25%를 차지한다.

02. 다음 중 모두가 주식인지 채권(회사채 등)인지 확실하지 않은 묶음은?

① FVPL금융자산, FVOCI금융자산

② FVOCI금융자산, AC금융자산

③ FVPL금융자산, AC금융자산

④ FVOCI금융자산, 관계기업투자

03. 보유유가증권에 대한 평가에 대한 다음 진술 중 옳지 않은 것은?

① 한국거래소에 상장되어 있는 주식은 공정가치로 평가한다.

② 활성시장에서 공시된 가격이 없어서 공정가치를 알 수 없는 지분증권은 액면금액으로 평가한다.

③ FVPL금융자산은 공정가치로 평가하고, 평가손익이 발생하면 당기손익에 반영한다.

④ FVOCI금융자산을 공정가치로 평가하는 경우, 공정가치 평가에 따라 평가손익이 발생하면 당기손익에 반영하지 않고 자본항목(기타포괄손익누계액)으로 계상한다.

04. 다음 중 현금(cash)이 아닌 것은?

① 동전

② 우편환 증서

③ 수표

④ 어음

05. 매출채권에 대해서 틀리게 말한 것은?

① 상품 판매와 같은 일반적인 상거래(기업의 주 영업거래)에서 발생한 채권

② 보통, 외상매출금과 받을어음으로 이루어져 있다.

③ 미수금이 포함된다.

④ 대여금은 포함되지 않는다.

06. 금복(주)은 백세(주)가 발행한 60일 만기 이자부 약속어음 ₩200,000을 매출 대금으로 받았다. 이자는 연이자율 12%로 계산하여 만기에 별도로 받는다. 이 거래에 대한 금복(주)의 분개에 포함되는 것은?

① 대변) 매출 200,000
② 대변) 이자수익 4,000
③ 차변) 매출채권 204,000
④ 위 모두가 당일 분개에 포함된다.

07. 만일 위 어음이 만기일에 부도가 되면 금복(주)은 어떠한 회계처리를 하는가? 그 분개에 나타나지 아니하는 계정은?

① 차변) 부도어음
② 대변) 이자수익
③ 대변) 매출채권
④ 차변) 손실충당금

08. 매각거래로 인식되는 어음할인의 경우에 대해 틀리게 진술한 것은?

① 할인한 사람(양도인)은 할인 후 할인어음에 대한 효율적인 통제권을 행사할 수 없다.
② 할인한 금융기관(양수인)이 할인어음에 대해 자유로운 처분권을 가진다.
③ 양도인이 부담하는 할인료는 이자비용으로 회계처리한다.
④ 양도인은 매출채권 감소의 회계처리를 한다.

09. 재고자산의 원가결정이 중요한 이유로 볼 수 없는 것은?

① 한 회계연도의 기말재고 원가 오류는 다음 연도의 손익에도 영향을 미친다.
② 상기업이나 제조기업의 보유자산에서 차지하는 비중이 비교적 크다.
③ 매출원가의 금액 및 각종 이익지표에 영향을 미친다.
④ 재고자산은 가격변동이 심하고 진부화 가능성이 있어 관리를 잘해야 한다.

10. 다음 중 재고자산의 수량결정 시 판매자의 재고에 포함시켜야 할 것은?

① 선적지인도조건(FOB shipping point)의 미착품(goods in transit)
② 적송품(위탁품, consignment goods)
③ 고객이 매입의사를 표시한 시송품(試送品)
④ 할부판매(installment sales)의 결과 외부에 나가 있는 상품

기초문제

01. 20×5년 1월 1일 현재, 북악(주)이 보유한 FVOCI금융자산은 다음의 주식으로 구성되어 있다.

> 1. 주당 ₩42에 매입한 화성(주)의 보통주 2,000주.
> 2. 주당 ₩50에 매입한 명왕(주)의 보통주 1,500주.

20×5년 12월 31일, 화성(주)의 주당 공정가치는 ₩36이었고 명왕(주)은 ₩54이었다.

【지시사항】

1) 20×5년 12월 31일, 투자주식의 원가와 공정가치를 보여주는 표를 작성해보시오.
2) 20×5년 12월 31일, 투자주식을 공정가치로 보고하기 위한 수정분개를 하시오.

02. 도봉(주)은 일시적으로 보유하는 유가증권과 관련하여 다음과 같은 거래가 있다.

1월 2일	해왕(주) 주식 1,000주를 대금 ₩50,000과 거래수수료 ₩550의 현금을 주고 매입하다.
6월 1일	해왕(주) 주식에 대한 주당 ₩3의 현금배당금을 수취하다.
9월 15일	해왕(주) 주식 500주를 ₩24,900에 매도하고, ₩100의 거래수수료를 지급하다.
12월 31일	유가증권의 공정가치는 ₩25,400이다. 유가증권을 공정가치로 보고하기 위한 수정분개가 필요하다.

【지시사항】

1) 위의 거래들에 대해 분개하시오.
2) 각 거래가 손익계산서에 미치는 영향을 지적하시오.

03. 다음과 같은 받을어음 각각에 대해 만기금액을 계산하시오.

① ₩5,000, 6%, 3개월 만기 어음(7월 20일 자) : 만기금액 ₩____________.

② ₩12,000, 9%, 150일 만기 어음(8월 5일 자) : 만기금액 ₩____________.

04. 가야(주)의 최근 1개월간 받을어음과 관련된 거래는 다음과 같다.

12월 1일	거래처 갑에 1년 만기, 6% 어음을 받고 현금 ₩12,000을 꾸어주다.
16일	60일 만기, 7% 어음을 받고 거래처 을에 상품 ₩2,400을 팔다.
31일	모든 받을어음에 대해 이자수익이 발생하다.

【지시사항】

가야(주)의 거래를 분개하시오.

05. 6월 1일, 황악(주)은 은행에서 60일 만기의 6% 이자부 어음을 발행하고 ₩40,000을 빌렸다.

【지시사항】

황악(주)이 발행한 어음과 관련하여 필요한 분개를 하시오.

1) 6월 1일, 어음이 발행되었을 때의 분개를 하시오.
2) 6월 30일, 매달 재무제표를 작성하기 위해 필요한 수정분개를 하시오. 다른 이자는 발생하지 않는 것으로 가정한다.
3) 어음 만기일에 해야 할 분개를 하시오.

06. 충당금 설정법 사용을 가정하여, 다음 거래에 대해 분개하시오. (설명은 기술하지 마시오.)

1월 1일	한라(주)에게 상품 ₩500을 외상으로 팔았다.
2월 1일	한라(주)로부터 외상대금 일부인 ₩200을 수취하였다.
7월 1일	한라(주) 계정이 회수불능하여 제각(write-off)했다.
9월 1일	한라(주)로부터, 남은 외상 전액을 갑자기 지급받게 되었다.

07. 지리(주)의 원장에는 금년 말에 매출채권 ₩150,000이 나타나 있다.

【지시사항】

1) 만일 손실충당금이 시산표상에 ₩3,000의 대변잔액이 있고, 신용손실금액이 매출채권의 10%일 것으로 예상되는 경우, 기말에 할 수정분개를 보이시오. (계산을 모두 보이시오.)
2) 만일 손실충당금이 시산표상에 ₩3,000의 차변잔액이 있고, 신용손실금액이 매출채권의 10%일 것으로 예상되는 경우, 기말에 할 수정분개를 보이시오. (계산을 모두 보이시오.)

08. 동진(주)은 물리적 재고에 포함해야 할 가능성이 있는 항목으로 다음과 같은 것을 파악하였다. 다음 각각의 항목은 동진(주)의 재고에 포함해야 하는지, 아니면 제외해야 하는지 지적하시오.

① 동진(주)이 위탁판매조건으로 다른 회사로 선적한 상품.
② 동진(주)의 공급자가 도착지 인도조건(FOB destination)으로 선적한 미착품.
③ 선적지 인도조건(FOB shipping point)으로 고객에게 선적한 상품.
④ 다른 회사로부터 위탁판매조건으로 받아 보유하고 있는 상품.

09. 영업 첫 달에 영산(주)은 다음과 같은 일련의 순서로 상품을 3회 매입하였다.

1) ₩6에 200단위, 2) ₩7에 300단위, 3) ₩8에 400단위. 영산(주)이 현재 300단위를 보유하고 있다고 가정하고, (1) 선입선출법과 (2) 가중평균법 하에서 기말재고 원가를 계산하시오. 영산(주)은 실지재고조사 시스템(기간법)을 사용하고 있다.

10. 섬진(주)의 경영진은 원가흐름의 두 가지 가정에 따른 재고원가 산정방법이 재무제표와 소득세(법인세)에 미치는 영향에 대해 고려하고 있다. 그 회사가 재고에 지급하는 취득가격이 오르고 있다고 가정하여, 어느 방법이 :

1) 가장 낮은 소득세(법인세) 비용을 결과할 것인가?
2) 가장 높은 당기순이익을 제공할 것인가?
3) 가장 높은 기말 재고액을 결과할 것인가?
4) 수년에 걸쳐 가장 안정적인 이익을 보고할 것인가?

심층문제

01. 20×5년 1월 5일, 불암(주)은 다음과 같이 주식을 매입하였다.

태평(주)	보통주식 300주, 취득가격 ₩9,600
인도(주)	보통주식 500주, 취득가격 ₩20,000
대서(주)	보통주식 550주, 취득가격 ₩38,500

불암(주)은 위 유가증권을 단기매매 목적으로 매입하였고, 이 매입의 결과 피투자회사의 활동에 대해 유의적인 영향력을 행사할 수 있게 되는 것은 아니다.

20×5년 6월 30일, 불암(주)은 다음과 같이 현금 배당금을 수취하였다.

태평(주)	주당 ₩4
인도(주)	주당 ₩6
대서(주)	주당 ₩3

20×5년 11월 15일, 불암(주)은 대서(주) 보통주식 100주를 ₩7,200에 매도하였다.

20×5년 12월 31일, 불암(주) 보유주식의 주당 공정가치는 다음과 같다.

태평(주)	보통주식	₩24
인도(주)	보통주식	₩32
대서(주)	보통주식	₩66

【지시사항】

불암(주)이 다음의 날짜에 해야 하는 적절한 분개를 하시오.

20×5년 1월 5일, 6월 30일, 11월 15일, 12월 31일

02. 하나상사(주)는 두나상사(주)로부터 받은 90일 만기의 액면가 ₩100,000인 이자부어음(이자율 12%)을 발행일로부터 30일 지난 후에 은행으로부터 연리 15% 조건으로 할인하고 할인료를 제외한 잔액을 현금으로 받다. 1년 = 360일로 가정하고, 위 할인에 대해 1) 매각으로 보는 경우, 2) 차입으로 보는 경우, 각각의 경우에서 분개하시오.

03. 모악(주)은 신용손실회계에 충당금 설정법을 사용하고 있다. 과거의 경험에 의하면, 매출채권의 6%는 결국 회수불능되는 것으로 나타났다. 20×4년 및 20×5년의 12월 31일 현재 일부 계정잔액은 다음과 같다 :

	12/31/20×4	12/31/20×5
순매출(외상)	₩400,000	₩500,000
매출채권	80,000	100,000
손실충당금	4,000	?

【지시사항】

1) 20×5년에 발생한 다음 사건을 분개하시오.

8월	10일	₩700의 일남(주)의 계정이 회수불능한 것으로 확정되다.
9월	12일	₩3,000의 이남(주)의 계정이 회수불능한 것으로 확정되다.
10월	10일	이전에 회수불능한 것으로 제각된(written off) 일남(주) 계정으로부터 외상대금 상환조로 ₩400의 수표를 받다.

2) 20×5년 12월 31일, 기말 신용손실준비를 하기 위한 수정분개를 하시오.

3) 20×5년 12월 31일의 손실충당금 잔액은 얼마인가?

04. 금정(주)은 20×5년 12월 31일, 회수불능 계정에 대한 준비 전에, ₩400의 손실충당금 대변잔액이 있었다. 매출채권의 연령분석 결과 다음을 알게 되었다.

	매출채권 잔액	신용손실 발생위험(손상률)
상환일 미도래 계정	₩140,000	1%
1~30일간 연체	15,000	3%
31~60일간 연체	12,000	6%
61~90일간 연체	5,000	12%
90일 초과 연체	7,000	30%
매출채권 합계	₩179,000	

【지시사항】

1) 20×5년 12월 31일, 손상차손을 인식하기 위한 수정분개를 하시오.

2) 20×5년 12월 31일, 회수불능 계정에 대한 준비 전에, ₩400의 손실충당금 차변잔액

이 있었다고 가정한다. 그 외 나머지 사실은 모두 위와 동일하다. 회수불능 계정에 대해 준비하기 위한 수정분개를 하시오.

05. 20×4년 12월 31일, 구지(주)의 재무상태표는 매출채권 ₩650,000과 손실충당금 ₩33,000(대변잔액)을 보이고 있었다. 20×5년 중에는 다음과 같은 거래가 있었다.

> 외상매출액 ₩1,420,000 ; 매출환입및에누리 ₩100,000 ;
> 고객으로부터 회수액 ₩1,250,000 ; 제각(written off) 금액 ₩35,000 ;
> 이전에 제각된 계정으로부터의 회수 금액 ₩5,000.

【지시사항】

1) 20×5년의 거래를 분개하시오.
2) 만일 회사가 손상차손을 채권액의 백분율을 기준으로 추정하고 있고, 신용손실액(회수불능액)이 매출채권액의 6%로 예상된다고 하면, 20×5년 12월 31일의 수정분개는 어떻게 될 것인가?

06. 남강상회(주)는 20×4년에 ₩450,000의 외상매출이 있고, 그 해 연말의 손실충당금은 ₩600의 차변 잔액을 보이고 있었다. 20×4년 12월 31일 현재, 매출채권 ₩130,000이 아직 회수되지 않은 채로 남아 있었다. 남강상회(주)의 신용관리자는 매출채권의 연령분석표를 작성하고, ₩5,200이 회수불능될 것으로 추정하였다. 그리고 20×5년 3월 4일, 그 신용관리자는 한 고객에 대한 ₩1,000의 채권 잔액을 제각처리했다.

【지시사항】

1) 20×4년의 손상차손 추정액을 기록하기 위한 수정분개를 하시오.
2) 매출채권의 20×4년 12월 31일 재무상태표 표시를 보이시오.
3) 3월 4일의 제각 처리 전, 매출채권계정 잔액이 ₩140,000이었고 손실충당금 계정은 ₩4,000의 대변잔액이었다고 가정한다. 한 고객 계정의 제각(write-off)을 기록하기 위해 적절한 분개를 하시오. 또한, 매출채권의 제각 전과 후의 재무상태표 표시를 보이시오.

07. 낙동(주)은 실지재고조사법(기간법)을 사용하고 있다. 그리고 다음과 같은 재고정보를 보이고 있다.

		단위	단위원가	총원가
1/1	기초 재고	100	₩3	₩300
1/20	매입	500	₩4	2,000
7/25	매입	100	₩5	500
10/20	매입	300	₩6	1,800
	합계	1,000		₩4,600

12월 31일 재고의 물리적 수량확인 결과, 당시 350단위가 있는 것으로 나타났다.

【지시사항】
다음과 같은 상호 독립적인 문제들에 대해 대답하시오. 그리고 그 대답을 지지하는 계산과정도 보이시오.

1) 회사가 선입선출법을 사용한다고 가정하면, 12월 31 현재 기말재고액은?
2) 회사가 가중평균법을 사용한다고 가정하면, 12월 31 현재 기말재고액은?
3) 만일 회사가 가중평균법 대신에 선입선출법을 사용했다면 보고했을 이익의 차이를 계산하시오. 이익이 더 컸을까, 더 작았을까?

08. 형산(주)이 판매하고 있는 여러 제품 중 "킹쿵"은 인기품목의 하나이다. 다음은 "킹쿵"의 3월 중 재고매입과 매출에 대한 분석이다. 형산(주)은 실지재고조사 시스템(기간법)을 사용하고 있다.

		매 입		매 출	
		단위 수	단위원가	단위 수	판매가격/단위
3/1	기초 재고	100	₩60		
3/3	매입	60	₩75		
3/4	매출			60	₩120
3/10	매입	200	₩85		
3/16	매출			70	₩130
3/19	매출			80	₩130
3/25	매출			50	₩130
3/30	매입	40	₩90		

【지시사항】

1) 선입선출법을 가정하여 3월 매출원가를 계산하시오. (계산과정을 보이시오.)
2) 가중평균법을 가정하여 3월 31일 현재 재고의 원가를 계산하시오. (계산과정을 보이시오.)

09. 위 문제에서 형산(주)이 계속기록법을 사용한다고 가정하여 다음 물음에 답하시오.

【지시사항】

선입선출법을 가정하여 3월 매출원가를 계산하시오. (계산과정을 보이시오)

10. 다음에 열거된 상호 독립적인 사건 각각이 아래의 각 항목에 대해 당해연도에 미치는 영향을 그 항목 아래의 상자에 적절한 기호로써 표시하시오.

기호 :	항목의 과대계상	→	대
	항목의 과소계상	→	소
	항목 영향 없음	→	무

사건	항목 자산	 자본	 매출원가	 순이익
1) 전년도 기말재고의 과대계상.	☐	☐	☐	☐
2) 금년 말 현재 물리적 재고수량확인 시에, 일부 상품이 두 번 세어짐.	☐	☐	☐	☐
3) 올해 12월에 외상매입된 상품이 선적지 인도조건(FOB shipping point)으로 선적되면서 매입으로 기록되었음. 그러나 12월 31일까지 도착하지 않았으므로 12월 31일 현재 상품수량확인에서 제외됨.	☐	☐	☐	☐
4) 올해 12월에 외상매입된 상품이 도착지 인도조건(FOB destination)으로 선적되면서 매입으로 기록되었음. 그러나 12월 31일까지 도착하지 않았으므로 12월 31일 현재 상품수량확인에서 제외됨.	☐	☐	☐	☐
5) 내부감사인들은 전년도 기말재고가 ₩15,000				

만큼 과소계상되었고, 당기의 기말재고가 ₩25,000 과대계상되었음을 발견하였음.				

제7장 유형자산

제1절 유형자산의 정의와 인식
제2절 유형자산의 인식 후 회계
제3절 유형자산의 손상과 재평가
제4절 유형자산의 제거
보론

이 장에서는 유형자산의 수명기간 동안 유형자산과 관련하여 발생하는 중요한 사건 및 현상에 대하여 회계처리를 어떻게 해야 하는지 살펴본다. 이를 위해 유형자산의 최초인식(취득), 사용기간 중의 후속원가, 감각상각, 평가(손상검사 및 재평가), 그리고 유형자산의 제거(처분) 등에 초점을 맞추어 회계처리가 어떻게 이루어지는지 살펴본다.

제1절 유형자산의 정의와 인식

1. 유형자산의 정의

유형자산(PP&E : property, plant, and equipment)은 재화 용역의 생산이나 제공, 임대, 또는 관리활동에 사용할 목적으로 보유하는 물리적 형태가 있는 자산으로서 한 회계기간을 초과하여 사용할 것이 기대되는 자산이다.[1] 유형자산은 토지, 건물, 기계장치, 차량운반구 등 영업상 유사한 성격과 용도로 분류(separate classes)한다.[2]

토지(land)에는 영구적이거나 반영구적인 진입로, 배수 및 하수시설, 조경공사 등이 포함되고, **건물**(buildings)에는 건물뿐 아니라 전기통신설비 등 건물부속설비가 포함되며, **기계장치**(machinery)에는 컨베이어 등의 부속설비가 포함된다. **건설중인자산**(construction in progress)은 기업이 자가사용(owner occupation) 목적으로 건설 중인 건물로서 유형자산에 속한다.

예비부품(spare parts)과 수선용구는 대개의 경우 재고자산으로 분류하여, 사용되는 시점에 비용화(당기손익으로 인식)하는데, 특정 유형자산에 연계되어야만 사용될 수 있거나 한 회계기간 이상 사용이 예상되는 중요한(major) 것은 유형자산으로 분류한다. 한편, 금액이 사소한 개별 유형자산들(예 : 강철 쓰레기통)은 그 소재추적 및 과도한 기록유지에 따른 부담 등 실무적 이유로 비용처리하는 경우가 많다.

동일한 자산이라 하더라도 본래 기업의 목적인 영업활동에 사용되지 않는 자산은 유형자산이 아니라 투자자산 등 다른 자산으로 분류한다. 이를테면, 생산·판매 활동에 사

---

1. 기업회계기준서 제1016호 '유형자산' (Property, Plant, and Equipment).
2. 이러한 분류는 앞으로 설명할 유형자산 재평가(revaluation)를 위해서도 필요하다.

용되는 건물은 '건물' 이라는 계정을 사용하여 유형자산으로 분류되지만 장기시세차익이나 결정되지 않은 목적으로 보유하고 있는 건물은 투자자산에 속하는 '투자부동산' 으로 분류된다. 마찬가지로 부동산개발회사가 보유하고 있는 토지는 유형자산이 아니라 '재고자산' 으로 분류된다.

2. 유형자산의 회계처리 문제

유형자산과 관련한 회계처리는 그 수명기간(life) 동안 다음과 같은 문제와 관련하여 이루어진다.

① 인식(취득 등) 시 : 최초원가(initial costs) 측정
② 사용기간 : 유지 등 후속 지출 처리, 감각상각 및 추정변경, 평가(손상인식과 재평가)
③ 제거(처분) 시 : 처분손익의 인식

3. 유형자산의 인식과 원가측정

3.1 인식시점에서의 측정(Measurement at Recognition)

유형자산 취득은 ① 매입, ② 자가제작이나 건설에 의한 취득, ③ 교환에 의한 취득(구체적 회계사례는 [보론] 참조), ④ 현물출자(investment in kind)에 의한 취득, ⑤ 증여 등 무상 취득, ⑥ 정부보조금(government grants) 등 정부지원에 의한 취득 등의 방식으로 이루어지고, 이에 따라 취득원가도 다양하게 결정된다.

유형자산도 자산이므로 일반적인 자산 인식기준, 즉 i) 미래경제적효익(future economic benefit)의 기업에의 높은 유입 가능성, ii) 자산 원가의 신뢰성 있는 측정 가능성 모두를 충족시켜야 한다.

이러한 인식기준을 충족하는 유형자산은 **원가**(cost), 즉 '자산을 취득하기 위하여 자산의 취득시점이나 건설시점에서 지급한 현금(또는 현금성자산)이나 제공한 기타 대가의 공정가치' 로 측정한다. 유형자산 취득 시의 회계처리는 그 취득원가를 어떻게 결정할 것인가 하는 문제와 관련된다. 유형자산의 원가는 인식시점(취득일)의 **현금가격상당액**

(cash price equivalent)[3] 으로서, 다음과 같이 구성된다.

i) 구입가격(관세 및 취득세를 가산하고 매입할인과 리베이트를 차감한 후)

ii) 경영진이 의도하는 방식으로의 사용에 필요한 장소와 상태(location and condition)에 당해 자산을 이르게 하는 데 직접 관련되는 원가

iii) 유형자산의 취득 시, 또는 유형자산을 특정기간 동안 재고자산 생산 이외의 목적으로 사용한 결과, 회사가 자산의 해체·제거 또는 부지의 복구를 할 의무가 생기는 경우, 그에 소요될 것으로 최초에 추정되는 원가[4]

그런데 유형자산과 관련되어 발생하는 원가는 경영진이 의도하는 방식으로의 사용에 필요한 장소와 상태(location and condition)에 당해 자산을 이르게 하는 데 '직접 관련(귀속)되는 원가(directly attributable costs)' 인지 여부에 따라 유형자산의 원가 구성 또는 비용처리로 결정된다. 그 예는 다음과 같다.

직접 관련(귀속) 원가 : 유형자산의 원가 구성	직접 비관련(비귀속) 원가 : 비용처리
▪ 유형자산의 매입·건설과 직접 관련되어 발생한 종업원 급여 ▪ 설치장소 준비원가 ▪ 최초의 운송 · 취급 관련 원가 ▪ 설치·조립원가 ▪ 유형자산의 정상작동 여부에 대한 시험원가 ▪ 전문가 수수료	▪ 새로운 시설의 개설 원가 ▪ 새로운 상품과 서비스의 소개 원가(예 : 광고 및 판촉활동 관련 원가) ▪ 새로운 지역이나 새로운 고객층 대상의 영업에 소요되는 원가(예 : 직원교육훈련비) ▪ 관리 및 기타 일반간접원가

한편, 유형자산 원가는 해당 자산이 경영진이 의도하는 방식으로 가동(운용)될 수 있는 장소와 상태에 이른 후에는 더 이상 인식하지 않는다(즉, 인식을 중지한다). 따라서 유형자산을 사용하거나 이전하는 과정에서 발생하는 원가는 유형자산의 장부금액에 포함하지 아니한다. 그러한 원가의 예는 다음과 같다.

3. 대금지급이 일반적인 신용기간을 초과하여 이연되는 경우, 현금가격상당액과 실제 총지급액과의 차액은 원칙적으로, 신용기간에 걸쳐 금융비용(이자)으로 인식한다.

4. 특정기간 동안 재고자산을 생산하기 위해 유형자산을 사용한 결과로서 그 유형자산의 해체·제거 또는 부지복구 의무가 발생한 경우에는 기업회계기준서 제1002호 '재고자산' 을 적용한다.

- 유형자산이 경영진이 의도하는 방식으로 가동(운용)될 수 있지만 아직 사용되지 않고 있거나 완전조업도 수준에 미치지 못하는 경우에 발생하는 원가
- 초기 가동손실(유형자산과 관련된 산출물에 대한 수요의 형성과정에서 발생하는 가동손실 등)
- 기업의 영업 전부 또는 일부를 재배치·재편성하는 과정에서 발생하는 원가

또한, 유형자산의 건설·개발과 관련되는 부수적 영업활동이 건설·개발이 진행되는 동안 또는 그 이전단계에서 이루어질 수 있다(예 : 건설시작 전에 건설용지를 주차장 용도로 사용하여 수익 획득). 이러한 부수적인 영업은 경영진이 의도하는 방식으로의 유형자산 사용에 필요한 장소와 상태에 이르게 하는 데 필요한 활동이 아니므로, 그 영업수익 및 관련 비용은 당기손익으로 인식하고 각각 구분하여 표시한다.

3.2 인식시점 이후의 측정(Measurement after Recognition)

유형자산을 최초로 인식한 후에는 원가모형이나 재평가모형 중 하나를 회계정책으로 택하여 측정해야 한다. 일단 선택된 회계정책은 유형자산 분류별로 동일하게 적용한다. 이는 회사가 동류 자산에 대해 서로 다른 측정기반을 자의적으로 두지 않도록 하려는 것이다.

원가모형(cost model)을 선택하는 경우, 유형자산의 **장부금액**(carrying amount)은 원가에서 감가상각누계액과 손상차손누계액을 차감한 금액(costs less any accumulated depreciation and any accumulated impairment losses)으로 측정한다.[5] 감가상각누계액과 손상차손누계액에 대해서는 곧 설명한다.

재평가모형(revaluation model)을 선택하는 경우, 최초인식 후 유형자산의 장부금액은 재평가일의 공정가치에서 재평가일 이후의 감가상각누계액과 손상차손누계액을 차감한 금액으로 측정한다. 이 금액을 **재평가금액**(revalued amount)이라 한다. 이때 공정가치는 신뢰성 있게 측정할 수 있어야 한다. 이에 대해서는 제2~3절에서 다룬다.

5. 이 방법이 바로 전통적으로 해오던 역사적원가(취득원가) 기준 방법이다.

제2절 유형자산의 인식 후 회계

유형자산은 취득 후 사용 중의 회계처리 문제 중 중요한 것은 유형자산의 후속지출(유지와 개량을 위한 지출 등)에 대한 처리와 감가상각 방법 등에 대한 것이다.

1. 유형자산의 후속원가

유형자산은 취득 후 사용기간 중에 수선유지, 개선, 확장, 이전 등을 위한 지출이 필연적으로 일어나는 것이 보통이다. 이러한 지출을 **후속원가**(subsequent costs)라 한다. 이때 이러한 지출을 당기비용으로 처리(비용화)하느냐, 아니면 유형자산 원가에 추가(자산화)하느냐, 그리고 그 선택기준은 무엇이냐 하는 문제에 부딪친다. 여기서, 당기비용으로 처리하는 지출은 보통 **수익적 지출**(revenue expenditure)[6]이라 하여 비용화된다고 하고, 유형자산 원가를 구성하는 지출은 **자본적 지출**(capital expenditure)로서 자본화(자산화)된다고 한다.

유형자산의 후속원가를 비용화하는 경우에는 자본화하는 경우에 비해 당기비용이 높게 계상되므로 이익이 낮게 보고된다. 일반적으로 경영자들은 이익을 높게 보고하려는 유인이 많으므로 기업회계기준은 후속원가의 자본화가 남용되지 않도록 **자산 인식기준**을 충족시키는 경우에 한하여 **자본화**를 인정하고 그 외에는 **비용화**할 것을 요구하고 있다. 자본적 지출은 취득원가에 포함되므로 이후 감가상각의 대상이 된다. 그런데 어떠한 지출을 자본적 지출로 처리할 것이냐 하는 것이 중요한 문제인데, 일반적으로 그 지출의 효과나 성격이 다음의 조건 중 하나를 충족시키고 그 금액이 중요한 지출을 자본적 지출로 간주한다.

조건 : 새로운 기능 추가나 생산능력 증대, 효율성 제고(원가절감, 생산성 및 품질 향상),
내용연수 연장

---

6. '수익적 지출' 보다는 '비용적 지출' 이란 용어가 그 실제 의미를 표현하는 명칭이지만 관례적으로 '수익적 지출' 이라고 한다.

예를 들면, 기존의 대형선박에 대대적인 수선(overhaul)을 한 결과 그 성능이 획기적으로 향상되어 운영원가 절감과 내용연수 연장이 기대된다면 해당 수선 관련 지출액은 해당 유형자산의 장부금액에 포함하여 인식(즉, 해당 계정에 차기)한다. 이러한 예로 항공기의 경우에 인식기준을 충족하는 정기적인 종합적 결함검사원가, 좌석과 같은 내부설비의 교체원가가 있다. 반대로, 위 수선관련 지출이 정기적이고 반복적인 것으로서 그 선박의 성능이나 품질의 유지수준에 머무른다면 수익적 지출로 하여 발생시점에 당기비용처리(즉, '수선유지비' 계정에 차기)한다. 이러한 일상적인 수선·유지 관련 원가는 주로 노무비와 소모품비 또는 사소한 부품원가로 구성된다.

만약 자본적 지출로 처리할 것을 수익적 지출로 처리하게 되면 순이익과 자산이 실제보다 과소 계상되어 장부상에 나타나지 않은 자산과 자본이 있게 된다. 이러한 경우 등에서 발생하는 자산의 과소계상으로 인한 자본의 과소계상 부분을 **비밀적립금**(secret reserve)이라 한다. 반면에, 수익적 지출로 처리할 것을 자본적 지출로 처리하게 되면 실제보다 과대평가되는 자산과 자본이 있게 되는데, 이때 자본은 거품이 끼게 되므로 **혼수자본**(watered capital)이라 부른다.

2. 감가상각

2.1 감가상각의 의의

유형자산은 사용함에 따라 일반적으로 그 가치가 감소한다. 그 이유는 유형자산이 물리적으로 마모되거나 진부화되기 때문이다. 이러한 가치 감소를 일반적으로 감가상각이라 한다. 그러나 회계에서의 **감가상각**(depreciation)은 자산의 감가상각대상금액을 그 자산의 내용연수 동안 체계적으로 배분하는 것이다. 이 과정을 거치면서 유형자산의 취득원가는 점점 비용화되어간다. 여기서 **감가상각대상금액**(depreciable amount)이란 자산의 원가에서 잔존가치를 차감한 금액이고, **내용연수**(useful life)는 기업에서 자산이 사용가능할 것으로 기대되는 기간 또는 자산에서 얻을 것으로 예상되는 생산량이나 이와 유사한 단위 수량이다. **잔존가치**(residual value)란 (자산이 오래되어 내용연수 종료시점에 도달했다는 가정 하에) 자산처분으로부터 획득할 금액에서 처분부대원가를 차감한 금액의 추정치이다. 실무적으로 잔존가치는 중요시되지 않아 감가상각대상금액 계산 시 무시되는 경우가 많고, 대부분의 기업들은 법인세법에서 허용하는 사용가능연수와 잔존가치를 사용하고 있다. (현재 법인세법에서는 모든 유형자산의 잔존가치는 없다고 가정한다).

감가상각비는 유형자산의 경제적효익(용역잠재력)이 소멸된 만큼을 정확히 파악하여 그 금액으로 결정하는 것이 가장 합리적일 것이다. 그러나 실제 사용하는 유형자산의 용역잠재력이 당기에 얼마만큼 사용되어 소멸되었는지 객관적으로 정확히 평가하는 것은 지극히 어려운 일이며, 그렇게 한다고 실익도 크지 않다. 따라서 실무에서는 정확한 측정에 의하지 않고 인위적인 가정에 입각하여 정해진 규칙에 따라 유형자산의 원가를 내용연수에 걸쳐 배분하는 식으로 기간별 **감가상각비**(depreciation expense)를 계산한다.

감가상각은 이처럼 유형자산의 사용에 따른 실제의 가치감소분을 인식하는 평가과정이 아니라 자산의 용역잠재력 중 소멸된 부분을 인위적인 방법에 의해 기간별로 비용화시키는 원가배분(cost allocation)과정이다.

각 기간의 감가상각액은 일반적으로 당기손익(감가상각비)으로 인식한다. 만일 유형자산에 내재된 미래경제적효익이 다른 자산의 생산에 사용되는 경우 그 유형자산의 감가상각액은 해당 자산의 원가의 일부가 된다. 예를 들어 제조설비의 감가상각액은 제조원가(제품의 가공원가)를 구성하고, 개발활동에 사용되는 유형자산의 감가상각액은 해당 무형자산의 원가에 포함될 수 있다(기업회계기준서 제1002호 '재고자산' 및 제1038호 '무형자산'). 감가상각비는 일반적으로 기말 수정분개 시에 인식하는데, 회계처리는 다음과 같이 한다.

차변) 감가상각비	×××	대변) 감가상각누계액	×××

위 분개에서 대기된 계정은 해당 유형자산이 아니라 **감가상각누계액**(accumulated depreciation)이다. 그런데 감가상각이 인식되면 감각상각비라는 비용계정이 차기됨과 동시에 해당 유형자산 계정이 대기되어야 한다고 생각할 수 있다. 그런데 왜 그렇게 하지 않은 것일까? 그 이유는 유형자산 계정에 취득원가를 그대로 유지시키고자 하기 때문이다. 감각상각누계액 계정은 유형자산의 취득시점에서부터 당해연도 말까지 감가상각비를 누적한 금액을 보여주는 계정으로서, 재무상태표에 유형자산의 취득원가를 나타내기 위해 마련된 장치이다. 즉, 재무상태표에 취득원가에서 감가상각누계액을 차감하는 형식으로 **장부금액**(취득원가 중 미상각잔액)을 나타내줌으로써 상각후의 잔존 취득원가만이 아

니라 총 취득원가도 함께 나타내고자 하는 것이다. 이 점에서 감가상각누계액 계정도 앞 장에서 다룬 손실충당금 계정처럼 **자산차감계정**(contra-asset account)임을 알 수 있다.

2.2 감가상각 방법

그러면 감가상각비는 어떻게 계산할 것인가? 앞서 언급했듯이 회계에서 감가상각비는 정확한 감가액을 계산한 결과라기보다, 인위적인 원가배분의 결과이다. 유형자산의 감가상각대상금액을 내용연수 동안 체계적으로 배부하기 위해 다양한 방법들이 고안되어 왔는데, 한국채택국제회계기준은 이 중 다음의 세 가지 방법을 인정하고 있다.

정액법(직선법) : 자산의 내용연수 동안 매 기간 일정액의 감가상각액을 계상하는 방법
체감잔액법(가속상각법) : 자산의 내용연수 동안 시간이 경과할수록 감가상각액이 점차 감소하는 방법
생산량비례법 : 자산이 예상조업도 또는 예상생산량에 근거하고 실제 사용 혹은 생산량에 비례하여 감가상각액을 계상하는 방법

감가상각방법의 결정은 경영자에 의해서 결정되며 그 결정의 타당성은 외부감사 시 감사인에 의해 검토된다. 경영자는 해당 자산에 내재되어 있는 미래경제적효익의 예상 소비형태를 가장 잘 반영하는 감가상각방법을 선택해야 한다. 그런데, 경영자들은 실제 유형자산의 가치감소의 패턴보다는 감가상각방법이 보고이익이나 법인세에 미치는 영향, 사용의 편리성 등을 감안하여 감가상각방법을 결정하는 경우가 많다.

일단 감가상각방법을 결정하면 동일한 자산에 대해서는 같은 방법을 매년 계속적으로 적용해야 한다. 같은 회사의 자산이라도 종류가 다르면 다른 감가상각방법을 적용할 수 있지만, 같은 종류의 자산은 같은 방법을 사용해야 하며, 한 번 정해진 방법은 예상 소비형태가 변하지 않는 한 변경할 수 없다(**일관성** consistency).

어떠한 방법을 이용하든, 감가상각비를 계산하기 위해서는 해당 자산에 대해 앞서 설명한 내용연수와 잔존가치를 추정해야 한다. 내용연수란 유형자산이 물리적으로 사용될 수 있는 최대 기간을 의미하는 것이 아니라 당해 유형자산의 사용이 경제적으로 타당할 것으로 예상되는 기간이다. 예를 들어, 물리적으로는 10년 정도를 사용할 수 있는 기계장치라 하더라도 기술발전의 속도, 기업의 규모변화 등을 감안할 때 경제적으로 사용할 수

있는 기간이 3년이라면 내용연수는 3년이 된다. 따라서 내용연수를 보통 **경제적 내용연수**(economic life)라고 부른다. 이 경제적 내용연수는 자산의 물리적 손상이나 마모 등이 아니라 경제적으로 자산을 더 이상 사용할 수 없는 상태, 즉 **진부화**(obsolescence)를 반영한 개념이다. 내용연수와 잔존가치에 대한 추정치는 나중에 변경이 가능하다. 이에 대한 회계처리는 곧 다루게 된다.

감가상각비 계산의 네 요소

■ 취득원가 ■ 추정 내용연수 ■ 추정 잔존가치 ■ 감가상각방법

유형자산의 감가상각은 자산이 사용가능한 때부터(즉, 경영진 의도의 방식으로의 자산 가동에 필요한 장소와 상태에 이른 때부터) 시작하여, 자산이 매각예정자산으로 분류되거나 제거(처분)되면 그 날 중지한다. 따라서 유형자산이 가동되지 않거나 유휴상태가 되더라도, 감가상각이 완전히 이루어지기 전까지는 감가상각을 중단하지 않는다. 그러나 사용정도에 따라 감가상각하는 경우에는, 생산활동이 없을 때 감가상각액을 인식하지 않을 수 있다.[7]

유형자산의 공정가치가 장부금액을 초과하더라도 잔존가치가 장부금액을 초과하지 않는 한 감가상각은 계속 인식한다. 그리고 유형자산을 수선·유지하는 활동을 한다고 해서 감가상각의 필요성이 부인되는 것은 아니다.

어떤 감가상각방법이든, 〈그림 7-1〉에서 보는 바와 같이, 유형자산 장부금액을 취득 시의 취득원가로부터 계속 감소시켜 내용연수 완료 시에 잔존가치로 남게 한다. 다만, 감가상각방법에 따라 그 감소양상이 달라질 뿐이다. 장부금액의 감소양상은 직선형일 수도 있고 곡선형일 수도 있다.

이제, 감가상각은 어떠한 방식으로 하는지 살펴본다. 독자는 감가상각방법마다 장부금액의 감소양상이 어떠할지도 함께 생각해보기 바란다. 이를 위해 다음의 사례를 우선 소개한다.

---

7. 기업회계기준서 제1016호 '유형자산' 문단 52, 55.

사례 유형자산의 감가상각

솔미(주)는 20×1년 1월 초에 현금 ₩100,000을 지급하고 기계 1대를 구입하여 제품생산에 사용하기 시작하였다. 기계의 사용가능연수는 10년, 사용가능시간은 30,000시간, 잔존가치는 ₩10,000으로 추정되었다. 20×1년과 20×2년의 기계 사용시간은 각각 3,500시간, 3,200시간이었다. 정률법에 의한 감가상각률(정률)은 20%로 가정한다(이 정률은 공식에 의해 계산되나 복잡하므로, 대부분의 기업은 미리 계산된 법인세법 편람의 감가상각률을 사용한다).

위 자료를 바탕으로 각 감가상각방법의 내용을 살펴보기로 한다. 먼저 각 방법마다 핵심내용을 소개한 후, 그에 따라 해당연도의 감가상각비를 산출하고, 이 금액이 사례기업의 재무제표에 어떻게 반영되는지 보여준다. 감가상각비 계상을 위한 분개는 형식이 동일하고 이미 앞에서 보여주었으므로 여기서는 생략한다.

① 정액법(straight line method)

정액법은 매년 동일 금액을 감가상각하는 방법이다. 그 금액의 계산은 나음과 같이 하고, 그 결과 감가상각 관련 항목들이 그 아래 표처럼 재무제표에 보고된다.

그림 7-1 유형자산의 감가상각 개념

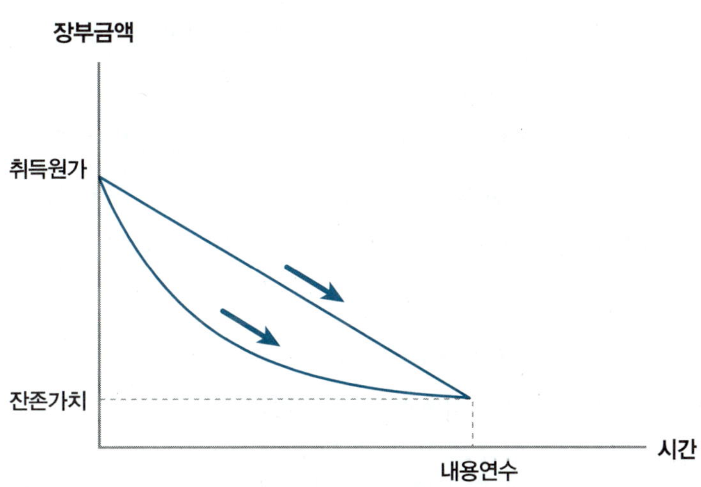

감가상각비(연간) = 감가상각대상금액 ÷ 내용연수 = (취득원가 − 잔존가치) ÷ 내용연수

솔미(주) **정액법** (단위: 원)

재무제표 및 계정과목	20×1	20×2
【손익계산서】		
당기총제조원가 :		
감가상각비	9,000⁽¹⁾	9,000⁽¹⁾
【재무상태표】		
기 계	100,000	100,000
감가상각누계액	(9,000)	(18,000)
장부금액(미상각잔액)	91,000	82,000

감가상각비 = (취득원가 − 잔존가치) × (1/내용연수)
(1) 20×1년과 20×2년 각각 : (100,000 − 10,000)/10 = 9,000

② 체감잔액법(diminishing balance method 또는 **가속상각법** accelerated depreciation method)

체감잔액법(가속상각법)은 유형자산의 사용초기에 가장 많이 상각하고 시간이 지날수록 점점 적게 상각하는 방법이다. 이러한 감가상각의 양상은 컴퓨터, 자동차 등의 시장가치가 실제 감소하는 모습에 대한 우리의 경험과 상당히 일치한다.

유형자산의 지속적인 추가 구입이 없다면, 유형자산의 사용 초기에는 체감잔액법에 의한 감가상각비가 정액법에 의한 것보다 많게 계산되어 초기일수록 당기순이익이 적게 보고되고 후기로 갈수록 많게 보고된다.

가속상각법에는 정률법(fixed percentage), 연수합계법(SYD : sum of the years' digits), 이중체감잔액법(DDB : double declining balance) 등이 있는데, 한국채택국제회계기준은 첫 두 방법만 인정하고 있다. 그 방법은 다음과 같다.

i) 정률법(fixed percentage method)

정률법은 감각상각비를 다음과 같이 계산한다.

감가상각비(연간) = 기초 장부금액 × 정률(定率)
정률 [일정 감가상각률] = 1 − (잔존가치/취득원가)$^{1/\text{내용연수}}$

여기서 정률이 곱해지는 대상은 취득원가나 감가상각대상 금액이 아니라 기초 장부금액임에 유의하자. 장부금액은 '취득원가 − 감가상각누계액' 이므로 기간이 경과함에 따라 감소한다. 따라서 이 금액에 정률을 곱해 계산한 감가상각비도 회계연도가 경과함에 따라 감소하는 것이다. 장부금액이 감소하는 속도도 이에 따라 점점 작아지는데, n년 후 장부금액은 취득원가 $(1 - 정률)^n$이 된다(이 계산식은 복리 이자를 주는 예금의 n년 후 원리금 합계 계산식과 사실상 같다. 다른 점은 원금 대신에 취득원가, 연 이자율 대신에 음수의 정률이 사용된다는 것이다).

사례기업이 정률법을 사용하는 경우, 재무제표에 다음과 같은 내용이 보고된다.

솔미(주) **정률법** (단위 : 원)

재무제표 및 계정과목	20×1	20×2
【손익계산서】		
당기총제조원가 :		
감가상각비	20,000(1)	16,000(2)
【재무상태표】		
기 계	100,000	100,000
감가상각누계액	(20,000)	(36,000)
장부금액(미상각잔액)	80,000	64,000

감가상각비 = 연초장부금액 감가상각률

(1) 20×1년 : 100,000 × 20% = 20,000 (2) 20×2년 : 80,000 × 20% = 16,000

참고 : 20×3년 : (80,000 − 16,000) × 20% = 12,800

ii) **연수합계법**(SYD : sum of the years' digits method)

연수합계법은 계산이 간편하여 미국이나 영국에서 많이 쓰는 방법이다. 계산방식은 정액법처럼 감가대상액에 비율이 곱해지지만, 그 비율은 해가 갈수록 작아진다.

감가상각비(연간) = 감가상각대상액 × (잔여내용연수/연수합계)
= (취득원가 − 잔존가치) × (잔여내용연수/연수합계)

잔여내용연수 : 당기초 시점에서의 잔여내용연수(첫해 10, 다음해 9, ⋯, 마지막해 1)

연수합계 : 내용연수기간 중 매년 잔여내용연수들의 합계(10 + 9 + 8 + ⋯ + 2 + 1 = 55)

사례기업이 연수합계법을 사용하는 경우, 재무제표에 다음과 같은 내용이 보고된다.

솔미(주) **연수합계법** (단위 : 원)

재무제표 및 계정과목	20×1	20×2
【손익계산서】		
당기총제조원가 :		
감가상각비	16,364[(1)]	14,727[(2)]
【재무상태표】		
기 계	100,000	100,000
감가상각누계액	(16,364)	(31,091)
장부금액(미상각잔액)	83,636	68,909

감가상각비 = (취득원가 - 잔존가치) × (잔여내용연수/연수합계)

(1) 20×1년 : (100,000 - 10,000) × 10/55 = 16,364 (2) 20×2년 : 90,000 × 9/55 = 14,727

참고 : 20×3년 : 90,000 × 8/55 = 13,090

③ 생산량 비례법(usage method)

생산량 비례법은 말 그대로 해당 자산의 생산량(또는 사용량)에 비례하여 감가상각하는 방법으로 감가상각비는 다음과 같이 계산한다.

> 감가상각비(연간) = 감가상각대상액 × 당기의 사용률
> = (취득원가 - 잔존가치) × 당기의 사용률
> 당기의 사용률 = 당해연도 실제 사용량 ÷ 추정된 총사용가능량

사례기업이 생산량 비례법을 사용하는 경우, 재무제표에 다음과 같은 내용이 보고된다.

솔미(주) **생산량 비례법** (단위 : 원)

재무제표 및 계정과목	20×1	20×2
【손익계산서】		
당기총제조원가 :		
감가상각비	10,500[(1)]	9,600[(2)]
【재무상태표】		
기 계	100,000	100,000
감가상각누계액	(10,500)	(20,100)
장부금액(미상각잔액)	89,500	79,900

감가상각비 = (취득원가 - 잔존가치) × (당기 사용시간/총사용가능시간)

(1) 20×1년 : (100,000 - 10,000) × (3,500/30,000) = 10,500 (2) 20×2년 : (100,000 - 10,000) × (3,200/30,000) = 9,600

2.3 감가상각방법 등 회계추정의 변경

유형자산의 감가상각방법은 적어도 매 회계연도 말에 재검토하도록 되어 있다. 재검토 결과 자산에 내재된 미래경제적효익의 예상 소비형태에 중요한 변동이 없다면 기존의 방법을 계속적으로 적용하여야 하고 임의로 변경할 수 없지만, 예상 소비형태에 중요한 변동이 있다면, 이를 반영하기 위한 감가상각방법의 변경(예 : 정액법과 정률법 간의 변경)이 허용된다. 그러한 변경은 **회계추정의 변경**(기업회계기준서 제1008호)으로 회계처리한다([예제 1] 참조). 한국채택국제기준의 적용 이전에는 감가상각방법 변경에 대한 회계처리가 '회계정책의 변경' 으로 회계처리되었었다. 일반적으로, 이러한 회계추정의 변경과 회계정책의 변경[8]을 통틀어서 **회계변경**(accounting change)이라고 한다.

예제 1 유형자산 감가상각방법의 변경

앞서 사례의 솔미(주)는 20×1년 1월 초에 구입(현금 ₩100,000 지급)한 기계에 대해 정률법(20% 정률)을 사용해오다가 20×3년 1월 1일 정액법으로 변경하였다. 이를 반영하여 20×2년과 20×3년 12월 31일 감가상각비를 기록하기 위한 분개를 제시하시오.

[풀이]

20×2년 12월 31일	차변) 감가상각비	16,000	대변) 감가상각누계액	16,000
20×3년 12월 31일	차변) 감가상각비	6,750	대변) 감가상각누계액	6,750

[설명]

정률법에 의한 감가상각비 :

- 20×1년 : ₩100,000 × 20% = ₩20,000
- 20×2년 : (연초 장부금액 ₩80,000) × 20% = ₩16,000

20×2년 ₩16,000의 감가상각 후, 20×2년 말에 남아 있는 미상각잔액(장부금액)은 ₩64,000(= ₩80,000 − ₩16,000)인 상황에서 정액법으로 변경되었으므로, 미상각잔액 ₩64,000에서 잔존가치 ₩10,000을 차감한 금액이 향후 8년에 걸쳐 정액법으로 상각되어 변경 후 연간 감가상각비는 ₩6,750(= ₩54,000/8년)이 된다.

8. 회계정책 변경의 경우에는 그 변경에 따른 소급적용의 누락효과를 실무적으로 적용가능한 최초 회계기간까지 소급적용하도록 한다. 이에 대해서는 제10장 '자본' 제1절에서 더 자세히 설명한다.

한편, 감가상각방법의 변경이 아니라, 유형자산의 사용 중 상황변화에 따라 내용연수나 잔존가치의 최초 추정치를 변경하는 경우가 있다. 이것도 추정의 변경이며 경영자가 합리적이라 판단되는 범위 내에서 가능하다([예제 2] 참조).

감가상각과 관련한 추정변경의 경우에는 **전진적용**(prospective application)의 회계처리를 한다. 즉, 이미 기록된 과거의 기록은 그대로 두고 변경시점부터, 새로운 정보의 획득, 새로운 상황의 전개 등에 따른 새로운 추정치를 적용하여 정상적인 회계처리를 한다. 따라서 기존의 관련 계정잔액 등 회계기록은 전혀 영향을 받지 아니한다.

예제 2 감가상각 관련 추정치의 변경

회사는 20×1년 초에 트럭을 ₩40,000,000에 구입하여 정액법으로 상각하여 오고 있다. 구입 당시 트럭의 내용연수는 4년, 잔존가치는 ₩4,000,000이 될 것으로 추정하였다.
회사는 20×3년 초 동 트럭의 물리적 상태를 점검한 결과 20×5년 말까지 사용할 수 있을 것으로 판단되었으며, 20×5년 말의 잔존가치는 ₩1,000,000이 될 것으로 추정하였다. 이 추정 변경과 관련하여 필요한 분개를 하시오.

[풀이]

회계추정의 변경 : 회계추정의 변경은 회계정책의 변경과 달리, 소급법이 아니라 당기 이후의 기간에 대해서만 영향을 주는 전진법이 적용된다.
20×3년부터는 연간 감가상각액을 다음과 같이 수정하여 계상해야 한다.

당초취득원가	₩40,000,000
감가상각누계액(20×1년 및 20×2년)	18,000,000
장부금액(20×2년 말)	₩22,000,000
(차감) 변경된 잔존가치 추정액	−1,000,000
변경후 감가상각대상액	₩21,000,000
변경후 잔여추정내용연수	÷ 3년
변경후 연간감가상각액(20×3년～20×5년)	₩7,000,000

따라서 20×3년 말 수정분개는 다음과 같다.

차변) 감가상각비	7,000,000	대변) 감가상각누계액	7,000,000

제3절 유형자산의 손상과 재평가

1. 유형자산의 손상

1.1 손상차손의 정의

기업은 매 보고기간 말마다 자산에 대해 자산손상을 시사하는 징후(indications)[9]가 있는지를 검토하여, 그러한 징후가 있다면 당해 자산의 회수가능액을 추정하고, 이 금액이 자산의 장부금액에 미달하면 장부금액을 회수가능액으로 줄여야 한다. 이 차액을 **손상차손**(impairment loss)으로 인식한다. 여기서 회수가능액 등 관련 용어의 의미는 다음과 같다.

회수가능액[10](recoverable amount) : 자산(또는 현금창출단위)[11]의 순공정가치와 사용가치 중 큰 금액

순공정가치(fair value less costs to sell) : 합리적인 판단력과 거래의사가 있는 독립된 당사자 사이의 거래에서 자산(또는 현금창출단위)의 매각으로부터 수취할 수 있는 금액에서 **처분부대원가**(costs to sell : 법률비용, 인지세 등 자산 처분에 직접 귀속되는 증분원가로서, 금융비용 및 법인세비용은 제외함)를 차감한 금액

사용가치(value in use) : 자산(또는 현금창출단위)에서 창출될 것으로 기대되는 미래현금흐름의 현재가치

---

9. 징후의 예 : ① 시간의 경과나 정상적인 사용에 따라 하락할 것으로 기대되는 수준보다 중요하게 더 하락한 자산 시장가치, ② 기업 경영상의 기술·시장·경제·법률 환경에서 또는 해당 자산을 사용하여 재화나 용역을 공급하는 시장에서 발생하였거나 가까운 미래에 발생할 것으로 예상되는 중요한 불리한 영향, ③ 자산이 진부화되거나 물리적으로 손상된 증거.
10. 회수가능액을 측정할 때에 항상 순공정가치와 사용가치 모두를 추정할 필요는 없다. 순공정가치나 사용가치 중 하나의 금액이 장부금액을 초과한다면 자산이 손상되지 않았으므로 다른 금액을 추정할 필요가 없다.
11. '현금창출단위(CGU : cash-generating unit)' 는 다른 자산(또는 자산집단)에서의 현금유입과는 거의 독립적인 현금유입을 창출하는 식별가능한 최소자산집단으로 정의된다.

1.2 손상차손의 회계처리

손상차손은 경제적이고 물리적인 사건·사고와 같은 외부환경 변화로 인해 자산의 가치가 감소한 부분을 나타내는 것으로, 발생하는 즉시 당기손익으로 인식한다. 동시에 손상차손액만큼 **손상차손누계액**이라는 자산차감계정에 계상한다([예제 3] 참조).

원가모형을 선택하는 경우에는, 공정가치에 의해 유형자산의 평가액을 증가시키지는 않지만 평가액을 감소시키는 손상차손은 인식한다. 이는 보수주의 회계관습이 반영된 것이다. 그런데, 후에 설명하는 재평가모형을 택함에 따라 당해 유형자산의 장부금액을 재평가금액으로 하는 경우, 그 자산의 손상차손은 재평가감소액(revaluation decrease)으로 처리한다. 따라서 재평가되는 자산의 손상차손은 당해 자산에서 발생한 재평가잉여금이 있을 경우 그 금액까지는 기타포괄손익으로 인식하여, 그 자산의 재평가잉여금을 감소시킨다(다음 [예제 5] 참조).

손상차손을 인식한 후에는, 수정된 장부금액에서 잔존가치를 차감한 금액(즉, 수정된 감가상각대상금액)을 자산의 잔여내용연수에 걸쳐 체계적인 방법으로 배분하기 위해, 감가상각비를 조정한다.

1.3 손상차손환입의 회계처리

과거에 유형자산의 손상차손을 인식한 기업은 매 보고기간 말마다 당해 손상차손의 감소 또는 부존(不存)을 시사하는 징후가 있는지도 검토하여,[12] 징후가 있는 경우에는 그 자산의 회수가능액을 추정하여 장부금액을 회수가능액으로 증가시킨다. 이 증가금액이 **손상차손환입**(reversal of impairment losses)이다([예제 3] 참조).[13] 단, 과거기간에 인식한 손상차손의 환입처리는, 직전 손상차손의 인식 이후 회수가능액 결정에 사용되는 추정치(예 : 현금흐름, 할인율, 공정가치 변화 등)에 변화가 있는 경우에만 행하며, 이 환입으로 증가되는 장부금액은 과거 손상차손 인식 전 장부금액의 '감가상각(또는 상각) 후 잔액' 을 초과할 수 없다. 이 한도는 달리 말하면, 과거 손상차손이 원래 인식되지 않았더라면 산정되

12. 손상차손환입을 시사하는 징후는 각주 9에서 예시된 손상을 시사하는 징후와 대칭적이다.
13. 단, 이 경우 그 자산에 대해 손상차손환입을 인식하지 아니한다 하더라도, 당해 자산의 잔여내용연수, 감가상각(상각)방법 또는 잔존가치에 대해 검토하여 조정해야 할 수도 있다.

예제 3 손상차손 및 손상차손환입의 회계처리

솔미(주)의 소유 토지의 취득원가는 ₩35,000,000이다. 그런데 부동산 시세가 급락하여 금년인 20×1년 말 회수가능액이 ₩20,000,000으로 평가되었다. 그 후 부동산 가격이 다시 폭등, 이듬해 말 ₩38,000,000이 되었다. 이때 손상차손의 인식과 관련하여 20×1년 말과 20×2년 말에 필요한 분개를 제시하시오.

[풀이]

20×1년 말	차변) 토지손상차손	15,000,000	대변) 토지손상차손누계액	15,000,000

20×2년 말	차변) 토지손상차손누계액	15,000,000	대변) 토지손상차손환입	15,000,000

[설명]

20×1년 말 토지의 장부금액을 회수가능액인 ₩2천만으로 줄여야 하므로 그 차액 ₩1,500만을 손상차손이라는 당기비용으로 인식한다. 이때 손상차손에 해당하는 금액은 토지에서 직접 차감하지 않고 손상차손누계액을 설정하여 계상한다(대변 기입). 이 계정은 재무상태표상에서 토지에 대한 차감계정으로 표시된다. 그리고 20×2년 말에는 회수가능액이 회복되었으므로, 회복된 금액만큼 환입하여 당기수익으로 인식하며 동시에 손상차손누계액을 감소시킨다. 주의할 점은 그 인식되는 수익이 토지의 손상차손 전 장부금액인 ₩3,500만을 초과할 수 없다는 것이다. 따라서 토지손상차손환입 금액은 ₩1,500만까지만 인식한다. 토지는 감가상각하지 않으므로 이에 대해서는 고려할 필요가 없지만, 감가상각대상 자산의 경우라면 회복가능한 장부금액이 감가상각을 반영한 금액이 된다.

솔미(주) **손상차손의 재무제표 표시** (단위 : 원)

재무제표 및 계정과목	올 해	이듬해
【손익계산서】		
당기손익		
토지손상차손	15,000,000	–
토지손상차손환입	–	15,000,000
【재무상태표】		
토 지	35,000,000(1)	35,000,000
토지손상차손누계액	(15,000,000)	–(2)
장부금액	20,000,000	35,000,000

(1) 토지는 감가상각하지 않으므로 취득원가가 장부금액이 된다.

(2) 토지가격이 원래의 취득원가 이상으로 폭등했지만, 감액 전 장부금액 이상으로 토지가액을 조정할 수 없다.

었을 감가상각 후 장부금액이다.

손상차손환입은 즉시 당기손익(수익)으로 인식한다. 다만, 재평가모형에 따라 재평가금액을 장부금액으로 하는 경우에는, 상황에 따라 기타포괄손익이나 당기손익으로 인식한다(이와 관련된 회계처리는 다음 절에서 곧 다룬다).

2. 유형자산의 재평가모형 선택 시 회계처리

이미 언급했듯이, 유형자산은 취득 후, 사용기간 중에는 회계정책으로서 원가모형이나 재평가모형 중 하나를 적용하여 측정한다. 즉, 원가모형에 의해 취득원가를 그대로 유지하면서 감가상각을 통해 비용화하거나(역사적원가 기준), 또는 공정가치로 재평가한 후 감가상각을 통하여 비용화한다(공정가치 적용). 토지는 감가상각하지 않으므로 취득원가 또는 공정가치를 처분시점 또는 다음 재평가 시까지 그대로 유지한다.

유형자산에 대해 재평가를 실시하는 경우에는, 재평가일의 유형자산 공정가치에서 재평가일 이후의 감가상각누계액과 손상차손누계액을 차감한 **재평가금액**(revalued amount)이 장부금액이 된다. **재평가**(revaluations)는 보고기간 말에 자산의 장부금액이 공정가치와 중요하게 차이가 나지 않도록 주기적으로 수행한다. 특정 유형자산을 재평가할 때는, 해당 자산이 포함되는 유형자산 분류 전체를 동시에 재평가한다. 이는 유형자산별로 선택적 재평가(selective revaluations)를 하거나 서로 다른 기준일의 평가금액이 혼재(mixture of valuation bases)된 재무보고를 하는 것을 방지하기 위한 것이다.[14]

2.1 재평가로 인한 장부금액 증가 경우

재평가로 인해 자산의 장부금액이 증가(increases in a valuation)되는 경우에 그 증가액은 당기손익이 아니라 기타포괄손익으로 인식하여 **재평가잉여금**(revaluation surplus)으로 자본에 가산한다. 단, 당해 자산에 대하여 이전에 당기손익으로 인식한 재평가감소액(손상차손)이 있다면 재평가증가액 중 그 금액까지는 당기손익(수익)으로 인식하고, 남는 부분이 있다면 그 부분을 재평가잉여금으로 처리한다.

---

14. 그러나 재평가가 단기간에 수행되며 계속적으로 갱신된다면, 동일한 분류에 속하는 자산을 순차적으로 재평가할 수 있다.

유형자산을 재평가하여 재평가증가액이 생기는 경우, 앞서 설명한 바와 같이 그 재평가증가액을 재평가잉여금 계정에 올림(대변에 반영)과 동시에 당해 자산의 장부금액을 증가(차변에 반영)시켜야 한다. 이 장부금액을 증가시키기 위해 재평가 시점의 감가상각누계액(그리고 손상차손누계액)을 조정한다. 이 조정은 다음 중 하나의 방법으로 회계처리하여 당해 유형자산의 장부금액이 재평가금액과 일치하게끔 한다.

(1) 제거법 : **총장부금액**(gross carrying value)에서 기존의 감가상각누계액을 제거하여(eliminate) 그 순액(장부금액)을 재평가금액으로 상향조정. 건물 재평가 시 흔히 사용됨. 단, 총장부금액 = 장부금액 + 감가상각누계액.

(2) 비례적 조정법 : 자산의 기존 장부금액이 재평가 직후의 **재평가금액**과 일치하도록 감가상각누계액과 총장부금액을 비례적으로 조정. 이 방법은 지수를 적용하여 상각후대체원가(depreciated replacement cost)를 결정하는 방식으로 자산을 재평가할 때 흔히 사용됨.

예제 4 유형자산의 재평가

미도(주)는 20×1년 초에 취득원가 ₩35,000,000에 매입한 토지가 전반적인 부동산 가격 상승의 영향을 받아 20×1년 말에 ₩38,000,000이 되었다. 미도(주)가 보고기간 말에 재평가 모형을 적용하는 경우 필요한 분개를 제시하시오.

[풀이]

분개

20×1년 12월 31일	(차) 토지	3,000,000	(대) 재평가차익 (기타포괄손익)	3,000,000

[설명]

20×1년 12월 31일 인식하는 재평가차익 ₩3,000,000은 당기손익으로 처리(별개의 손익계산서상 당기순이익 계산에 반영)되지 않고 기타포괄손익으로 처리된다(마감 시 기타포괄손익누계액에 속하는 재평가잉여금이라는 계정에 누적된다). 동시에 그만큼 토지 계정에 차기되고, 따라서 도지의 장부금액은 ₩38,000,000으로 증가하게 된다.

위 어느 방법을 사용하든 재평가 후의 당기손익에 미치는 영향은 동일하다. 왜냐하면 두 방법 모두에서 재평가 직후 장부금액은 재평가된 금액과 동일하고, 이로써 감가상각액에 차이가 없게 되기 때문이다.

위와 같은 감가상각대상 자산인 경우의 재평가 회계처리는 원론 수준에 비추어 좀 어려우므로 이 장의 [보론 B]로 엮어 소개한다. 여기서는 다음과 같이 감가상각대상이 아닌 토지의 경우를 예로 들어 설명한다.

2.2 재평가로 인한 장부금액 감소 경우

장부금액의 재평가감소액은, 재평가되는 자산의 손상차손 경우처럼, 당기손익(비용)으로 인식하고, 만일 그 자산에 대한 재평가잉여금의 잔액이 이미 있다면 재평가감소액 중 그 금액까지는 기타포괄손익으로(즉, 재평가잉여금의 감소) 인식한다.[15] 따라서 재평가잉여금은 부(負, 음수)의 잔액이 나올 수 없다. [예제 5]는 이러한 내용을 설명해준다.

유형자산의 손상여부는 기업회계기준서(제1036호 '자산손상')를 적용하여 결정한다. 이 기준서는 자산의 장부금액의 검토방법, 자산의 회수가능액의 결정방법 및 손상차손과 손상차손환입의 인식시기를 설명하고 있는데, 이 책은 이에 대해 다루지는 않는다.

예제 5 재평가모형 선택 시 손상차손의 회계처리

중부산업(주)은 20×1년 12월 31일 현재 보유 기계장치(장부금액 ₩420,000)에 대한 손상의 징후가 있어 손상검사를 한 결과, 동 기계장치의 시장가치가 ₩144,000임을 알게 되었다. 동시에, 처분관련 예상직접비용은 ₩36,000인 것으로 파악되었다. 또한 동 자산의 잔존내용연수 동안 예상되는 현금흐름의 가치는 ₩114,000으로 추정되었다. 한편, 이 당시 동 기계장치와 관련하여 ₩204,000의 재평가잉여금이 자본에 속해 있었다. 이 경우 중부산업(주)이 인식해야 할 손상차손은 얼마이며, 이 중 당기손익에 반영해야 하는 금액은 얼마인가? 그리고 이를 반영하는 분개는 어떻게 될까?

15. 이러한 회계처리는 FVOCI금융자산의 경우(제8장에서 설명)와 대비된다. 즉 FVOCI금융자산의 경우, 평가이익이나 평가손실은 자본에 속하는 데 반해, 손상차손은 그 금액이 재평가잉여금 잔액보다 큰 경우에는 그 더 큰 금액만은 당기손익으로 인식된다.

[풀이]

20×1년 12월 31일 인식할 손상차손 : ₩306,000. 이 중 당기손익 반영 금액 : ₩102,000

분개

20×1년 12월 31일	(차) 손상차손(당기손익)	102,000	(대) 손상차손누계액-기계	306,000
	재평가잉여금	204,000		

[설명]

회수가능액은 ₩114,000(자산의 순공정가치 ₩108,000과 사용가치 ₩114,000 중 큰 금액)이므로, 장부금액과의 차이 ₩306,000이 손상차손이 된다. 재평가잉여금(₩204,000)이 이미 있으므로, 손상차손 중 그만큼이 우선 기타포괄손익으로 인식(재평가잉여금 감소 또는 소멸)되고, 이를 제외한 나머지 ₩102,000이 당기손익으로 인식된다.

제4절 유형자산의 제거

유형자산은 매각, 기부 등 여러 방법으로 처분될 수 있다. 유형자산은 처분될 때, 또는 사용이나 처분을 통하여 미래경제적효익이 기대되지 않을 때 그 장부금액을 **제거**(derecognition)한다. 유형자산의 제거 시, 일반적으로 당해 유형자산의 **순매각금액**(net disposal proceeds)은 장부금액과 차이가 난다. 이 차이는 제거로 인해 발생하는 손익으로서, 당기손익(**유형자산처분손익** gain or loss on disposal)으로 인식한다.[16] 이 처분손익은 차익(revenue가 아닌 gain) 또는 차손(expense가 아닌 loss)의 개념이지만, 별도로 분류하지 아니하고 기타수익 또는 기타비용으로 분류한다.

유형자산의 **처분대가**(consideration)는 최초에 공정가치로 인식한다. 유형자산에 대한 지급이 지연되면, 처분대가는 최초에 **현금가격상당액**으로 인식한다(앞의 제1절 참조). 처분대가의 명목금액과 현금가격상당액이 차이가 나는 경우에는, 처분으로 인하여 받을 금액에 유효이자율을 반영하여(reflecting effective yield on the receivable) 이자수익으로

16. 단, 기업회계기준서 제1017호 '리스'에서 판매후리스거래(sale and lease-back)에 대하여 달리 규정하고 있는 경우는 제외한다.

인식한다(기업회계기준서 제1018호).

유형자산처분손익의 산정 시 주의하여야 할 점은, 처분시점이 결산일과 일치하지 않는 경우에는 처분시점 기준으로 감가상각비를 추가로 인식한 후 유형자산의 장부금액을 계산해야 한다는 것이다. 예를 들면, 결산일이 12월 말인데 6월 말에 유형자산을 처분하게 되면 1월부터 6월까지의 감가상각비를 추가로 인식한 후 유형자산의 장부금액을 계산해야 한다.

유형자산 처분 시, 그 대가를 현금으로 받지 아니하고, 다른 자산으로 교환받는 경우도 있다. 이 경우의 회계처리는 꽤 복잡하므로 이 장의 보론에서 설명한다. 유형자산이 매각되면 재무상태표에서 완전히 제거되는데, 이때 관련 감가상각누계액도 함께 제거된다.

유형자산 처분과 관련한 회계처리의 핵심은 다음과 같다([예제 6] 참조).

① 유형자산 제거 : 유형자산의 취득원가뿐 아니라 관련 감가상각누계액을 전액 장부에서 제거한다. 이로써 장부금액이 소거된다. 단, 이때 감가상각누계액은 처분시점 기준으로 갱신(update)되어야 한다. 즉, 제거시점까지 감가상각비를 인식하여 계상해야 한다.

② 유형자산처분이익 또는 손실(gains or losses on disposal)의 인식 : 유형자산처분손익은 장부금액과 처분금액과의 차이로서, 당기손익에 속한다.

③ 유형자산을 현금 이외의 자산과 교환하여 처분하는 경우에는 '상업적 실질' 존재 여부 등의 조건을 살펴보고 회계처리해야 한다([보론] 참조).

예제 6 유형자산의 제거(처분)

솔미(주)는 20×1년 1월 초 ₩100,000에 구입했던 기계를 20×4년 7월 초에 현금 ₩50,000에 매각하였다. 기계는 그간 사용가능연수는 10년, 잔존가치 ₩10,000의 추정에 의해 정액법으로 감가상각되어 왔다. 이때 매각과 관련한 분개를 하시오. 단, 동 회사의 결산일은 매년 12월 31일이다.

[풀이]

감가상각누계액 갱신 :

차변) 감가상각비	4,500*1)	대변) 감가상각누계액	4,500

교환 및 유형자산처분손익 계상 :

차변) 현 금	50,000	대변) 기 계	100,000
감가상각누계액	31,500		
유형자산처분손실*2)	18,500		

*1) 정액법 6개월 감가상각비 : (₩100,000 − 10,000)/10 × 6/12 = ₩4,500

*2) 매각일 현재 감가상각누계액 = ₩9,000 × 3.5년 = ₩31,500

유형자산처분손실 = ₩50,000 처분가 − ₩68,500 장부금액(= ₩100,000 − 31,500)

= −₩18,500

보론

보론 A | 자산의 교환(exchange of assets)에 의한 취득 및 처분

하나 이상의 유형자산 또는 무형자산을 비화폐성자산과 (또는 화폐성자산과의 결합(combination)을 통해) **교환**하여 취득하는 경우, 취득자산의 원가는 공정가치로 측정한다. 단, 그 교환거래에 **상업적 실질**(commercial substance)이 결여되거나, 취득한 자산과 제공한 자산 모두의 공정가치를 신뢰성 있게 측정할 수 없는 경우에는, 그 취득자산의 원가를 당해 취득자산의 공정가치가 아니라 제공자산의 장부금액(원가 - 감가상각누계액 및 손상차손누계액)으로 측정한다. 이러한 회계처리에서는 처분손익이 전혀 발생하지 않는다. '상업적 실질' 기준을 도입한 것은 기업에 명백한 경제적 영향이 거의 없음에도 불구하고 자산교환을 통해 이익계상을 하고자 하는 유인을 억제시키기 위한 것이다.

교환거래에 상업적 실질이 있는지는 그 교환거래 결과 미래현금흐름이 얼마나 변동될 것인지를 고려하여 결정한다. 즉, 교환거래는 다음 (1) 또는 (2)에 해당하면서 (3)을 충족하는 경우에 상업적 실질을 가진다.

(1) 취득한(received) 자산과 관련된 현금흐름의 구성(configuration : 위험, 유출입시기, 금액)이 제공한(transferred, given up) 자산의 것과 차이가 난다.

(2) 교환거래의 영향을 받는 영업부분의 **기업특유가치**(entity-specific value)[17]가 교환거래의 결과로 변동한다.

(3) 위 (1)이나 (2)에서의 차이가 교환된 자산의 공정가치에 비하여 유의적이다(significant to the fair value).

전통적으로 '상업적 실질'과 유사한 조건을 충족하는 교환을 이종자산(dissimilar assets) 간의 교환, 그렇지 않은 교환은 동종자산(similar assets)의 교환이라 불러왔었다.

---

17. 기업특유가치는 "자산의 계속적 사용과 내용연수 종료시점 시 처분으로부터 또는 부채의 결제로부터 발생할 것으로 기대되는 현금흐름의 현재가치"이다.

취득자산이나 제공자산의 공정가치를 신뢰성 있게 결정할 수 있다면, 취득자산의 공정가치가 더 명백한 경우가 아니라면 취득자산의 원가를 제공자산의 공정가치로 측정한다.

보론 A 예제 1 상업적 실질이 있는 경우

한남개발(주)은 자동차대리점과 협상한 결과, 사용하던 차량을 제공하고 신형차량을 취득하였다. 제공차량의 취득원가는 ₩9,000,000, 감가상각누계액은 ₩5,200,000이며, 공정가치는 ₩3,000,000이다. 취득차량의 판매가격은 ₩10,500,000이며, 제공차량의 가치는 ₩3,500,000으로 인정하기로 하고 현금을 ₩7,000,000을 지급했다. 교환 시 분개를 보이시오. 단, 취득자산과 관련된 현금흐름의 위험과 금액 등이 제공자산의 것과 차이나고, 그 차이는 제공자산의 공정가치에 비해 유의적이다.

[풀이]

차변)		대변)	
차량운반구(취득)	10,000,000*1)	현 금	7,000,000
감가상가누계액	5,200,000	차량운반구(제공)	9,000,000
유형자산처분손실	800,000*2)		

*1) 취득자산의 취득원가는 제공자산들의 "공정가치"로 구성되므로,

취득차량의 취득원가 = 제공자산의 공정가치 = 제공차량의 공정가치 + 제공 현금

= ₩3,000,000 + ₩7,000,000 = ₩10,000,000

*2) 제공차량의 처분손익 = 제공차량의 매각대가*3) − 제공차량의 장부금액*4)

= ₩3,000,000 − ₩3,800,000 = −₩800,000

*3) 제공차량의 매각대가는 제공차량의 공정가치로 정해진다.

*4) 제공차량의 장부금액 = 취득원가 ₩9,000,000 − 감가상가누계액 ₩5,200,000

= ₩3,800,000

[설명]

위 교환은 교환자산 간에 현금흐름의 위험과 금액 등 측면에서 차이가 나고 그 차이가 제공자산의 공정가치에 비해 유의(중요)하므로 상업적 실질이 충족된 교환이고, 취득자산의 공정가치가 더 명백하지는 않다. 따라서 취득차량의 취득원가는 제공차량의 공정가치로 한다.

보론 A 예제 2 상업적 실질이 결여된 경우

위 [예제 1]에서의 교환이 상업적 실질이 결여된 교환이라는 전제하에 교환 시 분개를 보이시오.

[풀이]

차변) 차량운반구(취득)	10,800,000*1)	대변) 현 금	7,000,000
감가상가누계액	5,200,000	차량운반구(제공)	9,000,000

*1) 취득차량의 취득원가 = 제공한 자산의 장부금액 = 제공차량의 장부금액*2) + 제공 현금
= ₩3,800,000 + ₩7,000,000 = ₩10,800,000

*2) 제공차량의 장부금액 = 취득원가 ₩9,000,000 − 감가상가누계액 ₩5,200,000
= ₩3,800,000

[설명]

상업적 실질이 결여된 교환인 경우, 취득차량의 취득원가는 제공한 자산의 장부금액으로 한다. 이 경우에는 유형자산처분손익이 전혀 나타나지 않는다. 왜냐하면, 취득자산의 취득원가가 제공자산의 "장부금액"으로 구성되므로, 제공차량의 매각대가는 동 자산의 장부금액으로 정해지고, 따라서 처분손익은 인식하지 않게 된다.

보론 B | 감가상각누계액의 재평가시점에서의 조정 및 재평가 후 대체

이 장의 본문 제3절 [예제 5]에서, 비감가상각자산의 재평가에 대한 회계처리를 보았다. 여기서는 그보다 좀더 복잡한 감가상각자산의 재평가의 경우를 다룬다.

재평가잉여금의 이익잉여금으로의 대체

기업이 재평가 후 당해 유형자산을 사용함에 따라, 재평가된 금액에 근거한 감가상각액과 최초원가에 근거한 감가상각액의 차이는 이익잉여금으로 대체되고, 자산이 폐기되거나 처분될 때 재평가잉여금 전부가 이익잉여금으로 직접 대체된다. 이것은 자산 장부금액의 재평가 부분에 대한 감가상각이 당기손익에 반영됨으로써 **실현**됨(realized)을 보여준다. 재평가잉여금이 이익잉여금으로 대체되는 경우, 당기순이익을 통하여 대체되지 않고 **직접 대체**된다. 어떠한 경우에도 재평가잉여금이 당기손익화될 수는 없는 것이다.

이러한 내용들을 이해하기 위해 다음 예제를 보자.

보론 B 예제 감가상각대상 자산의 재평가 회계

20×1년 1월 2일 남산(주)은 기계장치를 ₩2,000,000에 취득하였다. 내용연수는 10년이고 정액법으로 감가상각한다. 잔존가치는 없다고 가정한다. 남산(주)은 20×4년 말, 유형자산에 재평가 모형을 최초로 적용하기로 했다. 동 기계자산은 ₩1,800,000으로 평가되었고 내용연수에는 변함이 없었다. 20×4년, 20×5년 말의 감가상각 관련 분개를 하시오(단, 기업회계기준서 제1008호 문단 17에 따라, 자산재평가에 회계정책을 최초로 적용하는 경우의 회계정책 변경은 정책변경에 따른 소급적용 등의 규정을 적용하지 않는다).

[풀이]

본문에서 소개된 감가상각누계액에 대한 제거법과 비례적 조정법 중 우선 제거법을 적용하여 풀어본다. 그런데 이 제거법에는 **완전제거법**([방법 1-1])과 **부분제거법**([방법 1-2]) 두 가지가 있다.

[방법 1-1] : 감가상각누계액의 제거(완전 제거)

20×4.12.31	차변) 감가상각누계액	800,000	대변) 기계장치	200,000
			재평가잉여금	600,000

20×5.12.31	차변) 감가상각비	300,000	대변) 감가상각누계액	300,000
	재평가잉여금	100,000	이익잉여금	100,000*

[설명]

20×4. 12. 31 분개 : 재평가 시, 지난 4년간 매년 ₩200,000씩 감가상각한 결과 누적된 감가상각누계액 ₩800,000 전체 금액을 제거한다. 이로써 장부금액은 ₩1,200,000에서 원래의 취득원가인 ₩2,000,000으로 되돌아가므로, 이 금액이 재평가금액 ₩1,800,000이 되도록 하려면 총장부금액을 ₩200,000만큼 감액조정해야 한다. 이 장부금액과 재평가금액의 차이 ₩600,000은 장부금액 증가분(재평가증가액)을 나타내고, 따라서 이 금액만큼 재평가잉여금 계정에 대기한다.

20×5. 12. 31 분개 : 20×5년부터는 새로운 장부금액 ₩1,800,000을 잔존기간 6년 동안 감가상각하므로, 매년 ₩300,000의 감가상각비를 계상하고, 동시에 재평가잉여금도 잔존기간에 걸쳐 상각하므로 ₩100,000을 재평가잉여금으로부터 이익잉여금으로 직접 대체한다. 이로써, 감가상각비 증가만큼 감소하게 된 이익잉여금이 다시 회복된 결과가 된다. 이것은 당해 자산이 더 이상 존재하지 않는 이후에도 재평가잉여금이 한없이 남아 있을 비논리적인 상황을 미리 제거하는 조치이다.

여기서 우리는 앞서 언급한 대로, 재평가된 금액에 근거한 감가상각액(₩300,000)과 최초원가에 근거한 감가상각액(₩200,000)의 차이인 ₩100,000이 이익잉여금으로 대체되는 것을 볼 수 있다.

다음에는 **부분제거법**([방법 1-2])을 적용하는 경우의 분개를 보기로 한다.

[방법 1-2] : 감가상각누계액의 부분 제거(기존 총장부금액 유지)

20×4.12.31	차변) 감가상각누계액	600,000	대변) 재평가잉여금	600,000
20×5.12.31	차변) 감가상각비	300,000	대변) 감가상각누계액	300,000
	재평가잉여금	100,000	이익잉여금	100,000

[설명]

20×5년 말 분개에 대한 설명은 세 방법에 차이가 없으므로, 20×4년 분개에 대해서만 설명한다.

20×4. 12. 31 분개 : 20×4년 12월 31일 유형자산의 장부금액 ₩1,200,000이 재평가금액 ₩1,800,000이 되게끔 ₩2,000,000의 총장부금액을 그대로 둔 채 감가상각누계액만 제거하는 방법이다. 이를 위해 기존 감가상각누계액 ₩800,000이 ₩200,000으로 되어야 하므로 기존 금액 중 ₩600,000을 제거하면 된다. 따라서 동 계정에 ₩600,000을 차기하는 동시에 동액의 장부금액 증가분을 재평가잉여금 계정에 대기한다. 그 결과 총장부금액은 변하지 않은 채 감가상각누계액은 ₩200,000으로 감소하게 된다.

마지막으로, **비례적 조정법**([방법 2])을 적용하는 경우의 분개를 보기로 한다.

[방법 2] 감가상각누계액의 비례적 조정

20×4.12.31	차변) 기계장치	1,000,000	대변) 감가상각누계액	400,000
			재평가잉여금	600,000
20×5.12.31	차변) 감가상각비	300,000	대변) 감가상각누계액	300,000
	재평가잉여금	100,000	이익잉여금	100,000

[설명]

20×5년 말 분개는 세 방법 모두 동일하므로, 여기서도 20×4년 분개에 대해서만 설명한다.

20×4. 12. 31 분개 : 20×4년 12월 31일 재평가 직전의 장부금액 ₩1,200,000인 기계장치의 재평가금액이 ₩1,800,000이므로 이 둘을 일치시키기 위해서는 재평가 직전 장부금액을 1.5배로 증가시켜야 한다. 따라서 총장부금액 ₩2,000,000과 감가상각누계액 ₩800,000(= 4년×₩200,000의 매년 감가상각비)을 각각 비례적으로 1.5배씩 증가시킨다. 그러므로 총장부금액과 감가상각누계액을 각각 ₩1,000,000, ₩400,000씩 증가시키고 그 차이인 장부금액증가액 ₩600,000은 재평가잉여금으로 대변에 기록한다.

이상에서 언급한 세 가지 방법을 그림으로 나타내면 〈그림 7-2〉와 같다.

그림 7-2 유형자산의 재평가 시 감가상각누계액의 조정방법

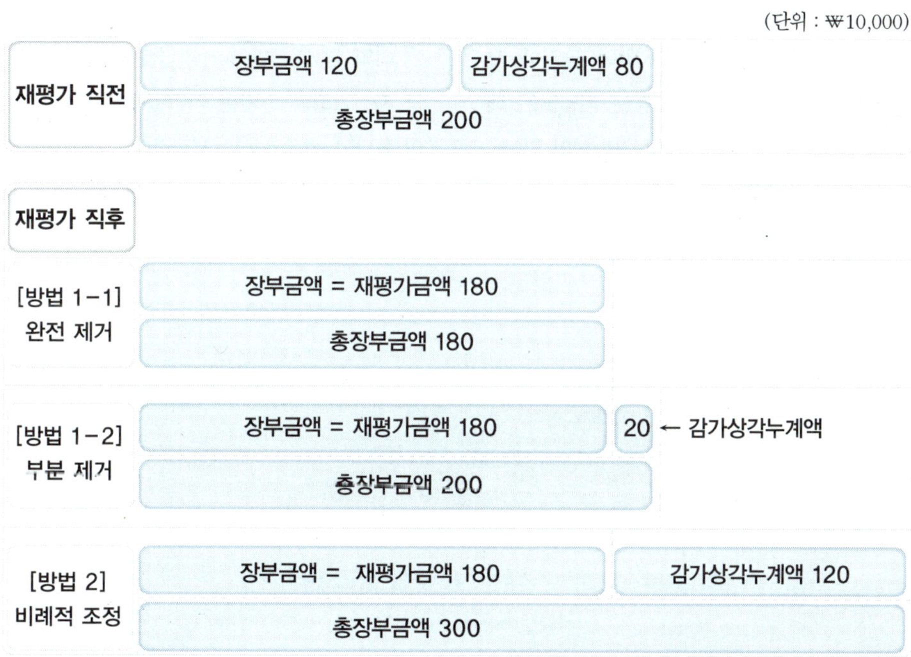

회계세상 **감가상각 변경 · 매출채권 과다 · 현금흐름 악화 땐 "일단의심"**

기업 부실회계 징후

기업들이 분식회계를 하는 가장 큰 이유는 이익을 부풀리기 위해서다. 이익이 줄어들면 해당 기업 주가가 하락하거나 자금조달에 애로가 발생하기 때문에 경영성과를 부풀린다.

금융감독원에 따르면 1999년과 2000년 기업회계기준을 위반한 기업 중 당기순이익이 늘어나도록 기업회계기준을 위반한 기업은 각각 297개사와 304개사로 65.1%와 73.1%에 달한다.

특히 2000년 기업회계기준 위반 기업 중 감가상각비를 조작한 기업이 29%로 가장 많았으며 대손충당금[손실충당금]이 16%, 퇴직급여 등을 과소계상해 이익을 늘리는 건수가 15%에 달했다.

회수가 불가능한 매출채권이나 대출채권에 대한 대손충당금[손실충당금]을 과소계상하고 감가상각방법을 변경하거나 내용 연수, 잔존가액을 변경함으로써, 회계장부상에 비용은 줄이고 이익은 부풀리는 수법이 가장 흔하게 쓰이고 있는 셈이다.

이에 따라 투자자들은 해당 기업의 재무비율 정

보를 통해 분식회계 가능 여부를 꼼꼼히 따져봐야 한다.

연도별로 감가상각비율(감가상각비/유형고정자산)이 동종 업종의 타기업에 비해 지나치게 낮을 경우 감가상각비를 과소계상했을 가능성이 높다.

또 매출채권비율(매출채권/매출액)이 높거나 재고자산비율(재고자산/매출원가)이 높은 기업들은 매출채권이나 재고자산을 과대계상할 가능성이 있다.

특히, 수익성과 현금흐름이 취약한 기업일수록 부실회계 유혹에 빠지기 쉬운 만큼 부채비율(부채/자기자본)이나 금융비용부담률 등이 높고 영업현금흐름(영업현금흐름/총자산)이 낮거나 마이너스를 기록한 기업들에 대한 투자를 할 경우 유의할 필요가 있다.

이와 함께 합병이나 기업분할 등으로 복잡한 현금 자산거래가 빈번한 기업일수록 분식회계 가능성이 높다고 전문가들은 지적한다.

(매일경제, 2002년 7월 11일)

요약

- 유형자산 : 재화용역의 생산이나 제공, 임대, 또는 관리활동에 사용할 목적으로 한 회계기간을 초과하여 사용할 것이 기대되는, 물리적 형체가 있는 자산
- 유형자산의 수명기간(life) 동안 중요 회계문제
  1. 인식(취득 등) 시 : 최초원가 측정
  2. 사용기간 중의 유지 및 개량 지출 : 수익적 지출, 자본적 지출
  3. 사용기간 중의 감각상각 : 취득원가의 기간별 배분(allocation)

     분개 : 차변) 감가상각비 ××× 대변) 감가상각누계액 ×××

     감가상각방법 : 정액법(定額法), 체감잔액법(정률법, 연수합계법), 사용량비례법

     감가상각방법 등 추정의 변경 : 전진법 – 과거의 기록은 그대로 두고 변경시점부터 새로운 추정치를 적용하여 처리
  4. 사용기간 중의 평가 : 손상차손과 재평가

     관련 분개 : 차변) 손상차손(당기비용) ××× 대변) 손상차손누계액 ×××

     차변) 손상차손누계액 ××× 대변) 손상차손환입(당기수익) ×××
  5. 사용기간 중의 평가 : 재평가모형

     –재평가로 인한 증가액 : 기타포괄손익(재평가차익)으로 인식

     –재평가로 인한 감소액 : 손상차손으로서 당기손익(비용)으로 인식

     –재평가 시점에서의 감가상각누계액의 조정
  6. 유형자산의 제거(처분) :

     감가상각누계액 갱신 :

     차변) 감가상각비 ××× 대변) 감가상각누계액 ×××

     유형자산 처분손익 계상 :

     차변) 현 금 ××× 대변) 유형자산 ×××

     감가상각누계액 ×××

     유형자산처분손실* ×××

     * 유형자산처분손익 = 처분대가 – 장부금액(= 취득원가 – 감가상각누계액)

연습문제

서술형

01. 유형자산(PP&E : property, plant, and equipment)을 정의해보시오.

02. 유형자산으로 분류될 수 있는 자산도 기업의 목적에 따라 재무제표 표시상 분류가 달라질 수 있는데, 예를 들어 설명해보시오.

03. 유형자산의 수명기간(life) 동안 일어날 수 있는 중요한 회계처리문제들을 열거해보시오.

04. 유형자산의 취득 시 원가 측정에 대해 설명하시오.

05. 유형자산의 최초인식 시 발생하는 원가 중 유형자산의 원가를 구성하는 것과 비용처리되는 것의 예를 각각 한 두 가지 들어보시오.

06. 유형자산의 최초인식 후 측정에서 원가모형과 재평가모형의 차이점에 대해 설명하시오.

07. 유형자산의 후속지출이 수익적 지출 또는 자본적 지출로 처리되는 것은 각각 어떤 경우이고, 그 경우 각각의 회계처리 방법에 대해 설명하시오.

08. 회계에서 감가상각(depreciation)은 무엇인지 그 개념에 대해 설명하시오.

09. 감가상각대상금액(depreciable amount)은 무엇인지 그 개념에 대해 설명하시오.

10. 유형자산 중 토지와 건설중인자산(construction in progress)이 모두 감가상각대상 자산에서 제외되는 이유에 대해 설명하시오.

11. 정액법(straight-line method)의 개념을 감가상각비 계산식과 함께 설명하시오.

12. 체감잔액법(diminishing-balance method 또는 가속상각법 accelerated depreciation method)의 개념 및 특징, 그리고 여기에 속하는 방법들 중 한국채택국제기준이 인정하는 것은 무엇인지 말하시오.

13. 생산량비례법(units-of-production method)의 개념을 감가상각비 계산식과 함께 설명하시오.

14. 유형자산 감가상각방법의 변경 시 회계처리에 대해 설명하시오.

15. 유형자산 감가상각 관련 요소에 대한 추정치의 변경 시 회계처리에 대해 설명하시오.

16. 유형자산의 손상차손은 무엇을 말하는지, 회수가능액, 순공정가치, 사용가치(value in use) 등의 용어를 포함하여 설명하시오.

17. 유형자산의 손상차손의 회계처리 방법에 대해 설명하시오.

18. 유형자산의 손상차손의 환입이 일어나는 경우는 언제이고, 이때 회계처리는 어떻게 하는지 설명하시오.

19. 유형자산 취득 후, 회계정책으로 재평가모형을 택하여 측정하는 경우, 손상차손에 대해 회계처리는 어떻게 하는지 설명하시오.

20. 회계정책으로 재평가모형을 적용하여 재평가할 때, 감가상각누계액의 조정 방법에 대해 설명하시오.

21. 유형자산의 처분시점과 결산일이 다를 경우, 처분 시 회계처리방법에 대해 설명하시오.

객관식

01. 유형자산에 대한 지출 중 해당 유형자산의 취득원가에 가산하지 않아도 되는 것은?

① 차량운반구에 에어컨을 새로이 부착하기 위해 이루어진 지출
② 생산성 및 품질을 획기적으로 높이는 부가시설 장착을 위한 지출
③ 내용연수를 상당히 연장시키기 위한 지출
④ 생산능력을 증대시키기 위한 소액의 지출

02. 다음 중 감가상각누계액에 대해 잘못 말한 것은?

① 취득시점에서부터 당해연도 말까지 감가상각비를 누적한 금액
② 대차대조표에 유형자산의 취득원가와 장부금액을 나타내기 위한 장치
③ 장부금액(book value)에서 감가상각누계액을 차감하면 당해 유형자산의 취득원가를 구할 수 있다.
④ 자산에 대한 차감적 평가계정(contra-asset account)

03. 다음 중 유형자산의 사용초기에 가장 많이 상각하고 시간이 지날수록 점점 적게 상각하는 방법으로만 묶인 것은?

① 정액법, 연수합계법
② 정률법, 연수합계법
③ 정률법, 연수합계법, 생산량비례법
④ 정액법, 연수합계법, 생산량비례법

문제 4~6 :

미솔(주)은 20×1년 1월 초에 현금 ₩100,000을 지급하고 기계 1대를 구입하여 제품생산에 사용하기 시작하였다. 기계의 사용가능연수는 5년, 잔존가치는 ₩20,000으로 추정되었다.

04. 미솔(주)이 위 기계에 대해 정률 30%로 감가상각하는 경우, 다음 중 바르지 않은 것은?

① 20×1년의 감가상각비는 ₩24,000이 된다.
② 20×2년의 감가상각비는 ₩21,000이 된다.

③ 20×1년 말 기계의 장부금액은 ₩70,000이 된다.

④ 20×2년 말 기계의 장부금액은 ₩49,000이 된다.

05. 미솔(주)이 위 기계의 감가상각에 대해 연수합계법을 적용하는 경우, 다음 중 맞는 것은?

① 20×1년의 감가상각비는 ₩100,000 × 1/15이 된다.

② 20×2년의 감가상각비는 ₩80,000 × 14/15가 된다.

③ 20×2년의 감가상각비는 ₩80,000 × 4/15가 된다.

④ 20×2년의 감가상각비는 ₩100,000 × 4/15가 된다.

06. 미솔(주)이 위 기계를 정액법으로 감가상각을 해오다 취득 후 만 3년째인 20×3년 말에 현금 ₩70,000을 받고 처분하였다. 이 경우 다음 중 맞지 않은 것은?

① 20×3년 말 현재 감가상각누계액은 ₩48,000이다.

② 20×3년 말 현재 장부금액은 ₩32,000이다.

③ 처분 시 기계처분이익이 발생했고 그 금액은 ₩18,000이다.

④ 처분 시 감가상각누계액 계정의 차변에 ₩48,000이 기록된다.

기초문제

01. 육봉(주)은 20×4년 1월 1일 기계 한 대를 매입하였다. 매입가격의 지급에 더하여 다음과 같은 추가적인 지급이 이루어졌다. 이들 지출이 자본적 지출인지 수익적 지출인지 밝히시오.

(a) 매입가격에 지급된 부가세
(b) 기계가 판매인으로부터 운송되는 동안의 운반 및 보험 비용
(c) 기계의 최초 작동을 위한 인력훈련비
(d) 기계를 건물 바닥에 고정시키는 데 필요한 설치비
(e) 기계의 수명 연장을 위한 대수선
(f) 기계가 실제 가동하기 전, 그 기계에 대한 윤활작업
(g) 기계가 실제 가동한 후, 그 기계에 대한 수시의 윤활작업
(h) 기계사용을 위한 매년의 라이선스(면허) 비용

02. 다음의 지출이 자본적 지출인지 수익적 지출인지 밝히시오.

(a) 공장기계의 노후 전동장치의 교체
(b) 사무실 건물에 붙여 새 별관을 건축
(c) 건물 외벽의 페인트 칠
(d) 회사 트럭의 오일 체인지
(e) 486컴퓨터 칩을 용량 확대 목적으로 펜티엄 칩으로 교체함. 내용연수의 연장은 기대되지 않음
(f) 트럭 모터의 수선. 내용연수의 1년 연장이 예상됨
(g) 쓰레기통 매입에 든 원가 ₩1,000
(h) 중고 트럭 취득 시 그 트럭의 페인트 칠과 상호 등 문자 쓰기

03. 20×3년 1월 1일, 비상항공(주)은 747항공기를 원가 ₩30,000,000에 매입하였다. 그 항공기의 내용연수는 20년이고 잔존가치는 ₩4,000,000으로 추정된다.

【지시사항】

정액법과 정률법(정률 10%로 가정)을 사용하여, 20×5년 12월 31일 현재 감가상각누계액과 장부금액을 구하시오.

04. 삼봉(주)은 새 컴퓨터를 ₩80,000에 매입하였다. 그 컴퓨터의 내용연수는 5년이고, 그 후 잔존가치는 ₩7,000으로 추정된다. 감가상각은 정률법을 사용한다(정률은 40%로 함).

【지시사항】

매입 후 4년 동안 매년 컴퓨터 감가상각비를 보여주는 감가상각계산표를 작성하시오.

05. 축령(주)의 다음과 같은 거래를 분개하시오. 축령(주)의 결산일은 매년말이고, 정액법 감가상각을 하고 있다.

(a) 20×4년 9월 30일, 회사는 낡은 배송장비를 ₩9,000에 팔았다. 그 배송장비는 20×2년 1월 1일 ₩19,000에 구입한 것이다. 그리고 5년의 내용연수 후의 잔존가치는 ₩4,000이 될 것으로 당시에 추정되었었다. 배송장비에 대한 감가상각은 20×3년 12월 31일까지 기장되었다.

(b) 20×4년 6월 30일, 회사는 낡은 사무비품을 ₩16,000에 팔았다. 그 사무비품은 원래 ₩24,000에 구입한 것이다. 그리고 처분일까지의 감가상각누계액은 ₩10,000이었다.

06. 검단(주)은 20×5년에 2대의 기계를 매각하였다. 다음의 정보는 그 2대의 기계에 관한 것이다.

기계	원가	매입일	내용연수	잔존가치	감가상각방법	매각일자	매각가격
#1	₩81,000	7/1/20×1	5년	₩6,000	정액법	7/1/20×5	₩20,000
#2	₩50,000	7/1/20×4	5년	₩5,000	정률법	12/31/20×5	₩30,000

【지시사항】

1) 기계 처분일까지 각 기계의 매년 감가상각비를 계산하시오. 단, 정률이 필요하면 40%로 전제하여 답하시오.

2) 각 기계의 20×5년 감가상각과 매각을 기록하기 위한 분개를 하시오.

심층문제

01. 20×3년 1월 1일, 칠봉(주)은 전화시스템을 원가 ₩20,000에 구입하여 설치하였다. 그 장비는 5년간 사용한 후의 잔존가치가 ₩3,000으로 예상된다. 20×4년 1월 1일에는 현 시스템과 연결하는 전화장비가 ₩6,000에 추가로 구입되었다. 새 장비는 4년의 내용연수를 가질 것으로 기대된다. 그런데, 오류로 인해 그 새 장비는 전화비용 계정에 차변 기록되었다. 칠봉(주)은 정액법으로 감가상각하고 있다.

【지시사항】

위의 오류가 20×4년부터 새 장비의 내용연수 말까지 매년의 전화비용, 감가상각비, 당기순이익 총액에 미치는 영향을 다음과 같은 표를 작성해서 보이시오.

	전화비용	감가상각비	당기순이익
연 도	과대(과소)계상	과대(과소)계상	과대(과소)계상
20×4			
20×5			
20×6			
20×7			

02. 20×5년 1월 1일, 예봉(주)은 기계를 ₩65,000에 매입하였다. 이 기계의 내용연수는 5년이고, 5년 후 잔존가치는 ₩5,000으로 추정된다. 또한, 그 기계는 5년간 100,000단위를 생산할 것으로 추정된다.

【지시사항】

다음과 같은 상호 독립적인 문제에 답하시오.

1) 20×5년 12월 31일까지의 감가상각비를 정액법을 이용하여 구하시오.

2) 만일 20×5년에 16,000단위의 제품이, 20×6년에 24,000단위의 제품이 생산된다면 20×6년 12월 31일의 그 기계의 장부금액은 얼마인가? 생산량 비례법을 사용하시오.

3) 만일 회사가 정률법(40% 정률 적용)을 사용한다면, 20×7년 12월 31일의 감가상각누계액 잔액은 얼마인가?

03. 레미(주)가 소유한 토지의 취득원가는 ₩5,000,000이다. 그런데 부동산 시세가 급락하여 금년인 20×1년 말 회수가능액이 ₩4,000,000으로 평가되었다. 그 후 부동산 가격이 다시 폭등, 이듬해 말 ₩6,5000,000이 되었다. 이때 손상차손의 인식과 관련하여 20×1년 말과 20×2년 말에 필요한 분개를 제시하시오.

04. 중부화학(주)은 20×1년 12월 31일 현재 보유하고 있는 설비장치(장부금액 ₩210,000)에 대한 손상의 징후가 있어 손상검사를 한 결과, 동 기계장치의 시장가치가 ₩72,000밖에 되지 않음을 확인하게 되었다. 동시에, 처분관련 예상직접비용은 ₩20,000인 것으로 파악되었다. 한편, 동 자산의 잔존내용연수 동안 예상되는 현금흐름의 가치는 ₩60,000으로 추정되었다. 그리고 당시 이 기계장치와 관련하여 ₩80,000의 재평가잉여금이 자본에 속해 있었다. 이 경우 다음 물음에 답하시오.

1) 중부화학(주)이 인식해야 할 손상차손은 얼마인가?

2) 그 금액 중 당기손익에 반영해야 하는 금액은 얼마인가?

3) 그 당기손익을 반영하기 위한 분개는 무엇인가?

05. [부록 B 관련 문제] 20×1년 1월 2일 관악(주)은 기계장치를 ₩3,000,000에 취득하였다. 내용연수는 10년으로 하여 정액법 감가상각한다. 잔존가치는 없다고 가정한다. 관악(주)은 20×4년 말, 유형자산에 재평가모형을 최초로 적용하기로 하였다. 동 기계자산은 ₩2,700,000으로 평가되었고 내용연수에는 변함이 없었다. 20×4년, 20×5년 말의 재평가 및 감가상각 관련 분개를 하시오. 단, 재평가 시 기존 감가상각누계액은 완전히 제거한다.

06. 화미(주)는 20×1년 1월 초에 구입(현금 ₩100,000 지급)한 기계에 대해서 정액법을 사용해오다가 20×8년 1월 2일 원래의 내용연수 10년 후의 추정잔존가치를 당초 ₩10,000에서 ₩0으로 변경하였다. 이 자료를 이용하여 20×8년 1월 2일 변경 직전의 장부금액을 구하고, 이를 변경을 반영하여 20×8년 12월 31일 감가상각비를 기록하기 위한 분개를 제시하시오.

07. 다음 3가지 경우의 문제에 답하시오.

(a) 팔봉(주)은 1997년 초에 기계장비를 ₩80,000에 매입하였는데, 기계장비의 10년 내용연수 말에 ₩8,000의 잔존가치가 추정되었다. 정액법 감가상각을 이용하여, 2003년 12월 31일, 그 기계장비의 감가상각누계액 계정에 ₩50,400이 있었다. 2004년 4월 30일, 그 장비는 ₩22,000에 매각되었다. 2004년 4월 30일, 그 장비를 팔봉(주)의 장부에서 제거시키는 적절한 분개를 보이시오.

(b) 용봉(주) 배달용 트럭을 ₩11,000에 팔았다. 그 배달용 트럭은 원래 1999년에 원가 ₩25,000에 취득하였고, 2002년에는 대수선으로 ₩6,000이 지출되었다(배달용 트럭 계정에 차기함). 배달용 트럭의 처분일 현재 감가상각누계액은 ₩20,000이었다. 배달용 트럭의 처분을 기록하기 위한 분개를 적절히 하시오.

(c) 계룡(주)은 장부금액 ₩4,200의 사무비품을 ₩6,000에 팔았다. 그 사무비품은 원래 ₩15,000에 취득하였다. 사무비품을 교체하는 데는 ₩19,000이 들 것으로 추정되었다. 사무비품 처분을 기록하기 위한 분개를 적절히 하시오.

08. 검단(주)은 2005년에 다음과 같은 2개의 기계를 매각하였다.

	기계 A	기계 B
원가	₩75,000	₩60,000
매입일자	7/1/00	1/1/02
내용연수	7년	5년
잔존가치	₩5,000	₩3,000
감가상각 방법	정액법	정액법
매각일자	7/1/05	9/1/05
매각가격	₩23,000	₩22,000

【지시사항】

2005년의 감가상각의 갱신(update)과 2개 자산의 매각에 필요한 분개를 모두 하시오. 회사는 2004년 12월 31일까지 그 기계에 대한 감가상각을 기록해왔다.

제 8 장 무형자산과 투자자산

제1절 영업권
제2절 영업권 외의 무형자산
제3절 투자자산

이 장에서는 무형자산과 투자자산을 다룬다. 전자는 물리적 형체가 없는 비금융자산이고, 후자는 투자부동산 외에는 주로 장기금융자산이다. 무형자산은 미래경제적효익이 장기간 기업에 유입되리라고 기대되는 형체 없는 자산으로서, 개별적으로 식별가능한 것과 그렇지 않고 사업결합 시에 취득되는 영업권으로 대별된다. 이 둘은 성격이 서로 달라 회계처리도 다른 점이 많으므로, 두 개의 절로 나누어 각각 최초인식(취득 시), 후속측정, 상각, 평가(재평가 및 손상), 제거 등의 회계처리에 대해 다룬다. 그 다음, 투자자산으로서 FVOCI금융자산, 관계기업투자(지분법적용), 투자부동산에 대해 각 자산의 의미 및 관련 회계처리를 살펴본다.

제1절 영업권

무형자산은 미래경제적효익이 장기간 기업에 유입되리라고 기대되는 자산으로서, 물리적 형체가 없는 것이다. 사업결합 시에 취득되는 영업권도 그러한 무형자산이지만 식별가능(identifiable)하기 곤란하므로 식별가능한 여타의 무형자산에 비해 특이한 방법으로 인식되고 회계처리된다. 따라서 이 둘을 분리하여 이 절에서 영업권을 다루고 다음 절에서 영업권 외의 무형자산을 다룬다.[1]

1. 영업권의 개념

한 기업이 고객서비스 활동을 잘하여 보통의 기업들에 비해 단골고객을 훨씬 많이 확보하고 있다고 하자. 이때 그 기업은 많은 단골고객을 통해 다른 기업들보다 초과이익을 벌 수 있는 능력이 있다고 할 수 있을 것이다. 이렇게 경제적으로 초과이익을 얻을 수 있는 능력은 자산으로 인정될 수 있겠지만 기업전체와 분리되어 독립적으로 거래될 수 없는 특이한 자산으로서 보통 영업권 또는 권리금(회계용어 아님)이라 부른다. 회계기준은 이러한 초과이익 창출능력을 모두 자산으로 인정하지는 않고, 합병·인수(M&A : mergers and acquisitions)나 영업양수와 같은 **사업결합**(business combination) 시에 외부로부터 유상으로 취득한 것에 한하여 영업권(goodwill)이라는 자산으로 인정한다. 사업결합이란 취득자가 하나 이상의 사업에 대한 지배력(control)을 획득하는 거래 등의 사건

1. 무형자산에 대한 한국채택국제회계기준은 두 개의 기준서, 즉 기업회계기준서 제1038호 '무형자산'과 기업회계기준서 제1103호 '사업결합'을 통해, 각각 영업권 외의 무형자산과 사업결합에서 취득한 영업권의 회계처리를 다루고 있다.

을 말하고(기업회계기준서 제1103호 '사업결합' 에 의한 정의), 이 경우 사업결합에 참여하는 기업 중 다른 기업에 대한 지배력을 획득하는 결합참여기업을 취득자(인수자 acquirer), 취득되는 결합참여기업을 피취득자(피인수자 acquiree)라 한다.

물론 정상적인 영업활동과정에서 영업권의 내부창출은 가능하나, 이는 앞으로 설명하는 무형자산 인식조건에 부합되지 않기 때문에 내부창출로 인한 영업권은 자산으로 인정되지 않는다.

2. 영업권의 측정

사업결합 시, 취득기업이 피취득기업에게 지급하는 **이전대가**(consideration transferred 취득대가)가 취득일의 식별가능한 취득자산(assets acquired)과 인수부채(liabilities assumed)의 공정가치 순액(이하, 순자산 공정가치)을 초과하면, 영업권이 자산으로 인식된다.

반대로, 순자산 공정가치가 이전대가를 초과하는 경우가 발생할 수 있는데, 이를 **염가매수**(bargain purchase)라 하고 그 초과금액을 **염가매수차익**(gain on bargain purchase)이라 한다(종전에는 부(負)의 영업권(negative goodwill)이라 했었음). 염가매수는 매도자가 매각을 강요받아(under compulsion) 행한 강제매각(forced sale)인 사업결합에서 발생할 수 있다. 염가매수차익을 인식하기 전에, 취득자는 모든 취득자산과 인수부채의 식별에 대한 정확성을 재검토하고, 이러한 재검토과정에서 식별되는 추가적인 자산이나 부채가 있다면 이를 인식한다. 이렇게 하고도 계속해서 남는 차익은 취득일에 당기손익(수익)으로 인식한다.

영업권의 원가(취득원가)

영업권의 원가(취득원가) = 이전대가(자산·부채의 취득대가) − 취득 순자산의 공정가치

* 만일 영업권(자산)의 원가 측정치가 음(陰)인 경우에는, 이전대가와 공정가치 각각에 대해 재검토하고, 그러고도 남는 음의 금액은 당기손익(염가매수차익)으로 인식.

여기서 측정되는 **이전대가**(취득대가)는 공정가치로 측정하며, 그 공정가치는 다음과 같은 자산, 부채, 지분의 취득일의 공정가치 합계로 산정한다.

이전대가(취득대가)

= 취득자가 사업결합과정에서 이전하는 자산(assets transferred)의 취득일 공정가치
+ 취득자가 피취득자의 이전 소유주에 대하여 부담하는 부채(liabilities incurred by the acquirer to former owners of the acquiree)의 취득일 공정가치
+ 취득자가 발행한 지분(the equity interests issued by the acquirer)의 취득일 공정가치

피취득기업으로부터 취득하게 되는 **순자산의 공정가치**는 피취득기업의 자산, 부채가 과거에 어떻게 인식되었는지와 상관없이, 따라서 취득자는 취득일(피취득자에 대한 지배력을 획득한 날) 현재, 재무상태표상의 자산, 부채의 장부금액을 사용하지 않고 공정가치로 평가한 후, 영업권과 분리하여 식별가능한 취득자산의 공정가치에서 인수부채의 공정가치를 차감한 "취득일의 식별가능한 취득자산과 인수부채의 순액"이다. 이렇게 공정가치로 평가하는 이유는 피취득기업의 자산·부채는 대부분 역사적원가 기준에 따라 기록되어 있으므로 취득일의 공정가치를 반영하고 있지 않으며, 피취득기업은 이제 계속기업으로서 기업실체를 유지하지 않으므로 과거의 역사적원가는 더 이상 의미가 없기 때문이다.

순자산 공정가치

= 식별가능한 취득자산의 공정가치의 합계
− 식별가능한 인수부채의 공정가치의 합계

그런데 순자산 공정가치가 바로 이전대가(취득대가)가 되는 것은 아니다. 이것은 식별가능한 자산의 공정가치 합계에서 식별가능한 부채의 공정가치 합계를 차감한 차액으로서, 이 자산·부채들을 모두 결합하여 영업을 계속할 때의 종합적인 가치와는 다르다. 취득기업은 피취득기업의 개별 자산·부채를 취득하는 것이 아니라 전체를 취득하고 영업망, 기술, 인적 자원, 제품 및 업종의 특성 등 많은 요인을 고려하여 결정하기 때문에, 순자산의 공정가치와는 다른 금액을 정하고 협상하여 취득대가를 결정하는 것이 보통이다. 일반적으로 취득기업은 피취득기업의 주주에게 취득기업의 주식이나 현금으로 대가를 지급한다.

여기서 한 기업이 다른 기업 전부를 취득(인수)하는 경우를 예제로 하여 사업결합 및 영업권의 회계처리에 대해 설명한다.

예제 1 사업결합과 영업권의 취득

모회(주)는 20×2년 초 자회(주)의 주주에게 ₩4,300,000의 현금을 지급하고 자회(주)를 인수, 합병하였다. 합병 직전 자회(주)의 재무상태표는 아래와 같다. 단, 자회(주)는 상각이 완료된 특허권이 있는데 그 공정가치는 ₩220,000이다. 합병일 현재, 모회(주)는 영업권을 얼마로 기록해야 하는가? 그리고 그 인수와 관련하여 분개는 어떻게 하는가?

재무상태표

자회(주) 20×1년 12월 31일

자 산	장부금액	공정가치	부채·자본	장부금액	공정가치
현 금	₩300,000	₩300,000	유동부채	₩800,000	₩800,000
매출채권	420,000	420,000	자본금	500,000	-
재고자산	510,000	902,000	이익잉여금	1,530,000	-
유형자산	1,600,000	2,500,000			
특허권(미기록)	-	220,000			
자산총계	₩2,830,000	₩4,342,000	부채와 자본총계	₩2,830,000	

[풀이]

순자산의 공정가치 = 자산의 공정가치 ₩4,342,000 − 부채의 공정가치 ₩800,000
= ₩3,542,000

영업권 = 인수대가(취득대가) ₩4,300,000 − 순자산의 공정가치 ₩3,542,000 = ₩758,000

분개 :

차변) 현금	300,000	대변) 유동부채	800,000
매출채권	420,000	현금	4,300,000
재고자산	902,000		
유형자산	2,500,000		
특허권	220,000		
영업권	758,000		

[설명]

자회(주)의 자산과 부채를 일괄 취득(인수)하므로 각각의 개별 자산과 부채의 취득에 대한 분개를 한다. 이때 각 항목은 원래 장부금액이 아닌 공정가치로 기입한다. 이 예에서 특허권처럼, 피취득기업에서 미기록되었더라도 사업결합 시 취득기업의 자산으로 인정될 수 있다. 순자산의 공정가치가 ₩3,542,000인데 인수대가(취득대가)로 ₩4,300,000을 지급하였으므로 그 차액인 ₩758,000이 영업권에 대한 대가(최초원가)이다. 유의할 점은, 피취득기업 재무상태표의 자본금과 이익잉여금은 결합 이전 자회(주) 주주들의 청구권이므로, 모회(주)가 자회(주)를 취득함과 동시에 없어지게 된다는 것이다.

3. 영업권의 상각(무상각)과 손상검사

영업권의 상각에 대해서는 여러 주장들이 있어 왔다. 반증이 없는 한, 내용연수는 무한하므로 '무상각' 하자는 주장, 영업권의 취득원가를 취득연도에 주주지분에서 전액 차감하자는 '즉시 상각' 주장, 유형자산처럼 '내용연수 동안 상각' 하자는 주장 등이다. 우리나라 등 여러 나라가 내용연수 상각(우리나라 경우 20년 이내 정액법 상각)을 회계기준으로 택하여 왔었다. 용역잠재력으로서의 영업권은 언젠가는 소멸될 것이므로 이를 내용연수에 걸쳐서 비용으로 상각하는 것이 수익·비용 대응의 원칙에 더 적합하다고 보기 때문이었다. 그런데 한국채택국제회계기준의 도입으로 **무상각** 입장을 취하게 되었다. 즉, 사업결합으로 취득한 영업권은 상각하지 않는다.

영업권은 상각하지 않는 대신에, 영업권에 대해 최소한 매 회계연도마다 **손상검사**(impairment test)를 해야 한다. 또한 손상이 발생했다고 판단할 만한 사건이나 기타 환경 등의 변화가 있을 경우에도 그 시점에 손상검사를 한다. 이렇게 해서 **최초인식** 후, 사업결합으로 취득한 영업권은 원가에서 손상차손누계액을 차감하여 측정한다. 영업권의 손상검사 및 손상차손 회계처리(기업회계기준서 제1036호 '자산손상')는 본서의 범위를 벗어나므로 여기서 다루지 않는다.

제2절 영업권 외의 무형자산

1. 무형자산의 개념

한국채택국제회계기준은 **무형자산**(intangible assets)을 물리적 실체(physical substance)는 없지만 식별가능한 비화폐성자산(identifiable non-monetary assets)으로 정의한다. 이연법인세자산, 금융리스, 사업결합으로 취득하는 영업권 등은 무형의 자산이지만 여기서 말하는 무형자산은 아니다. 그러나 금융리스에 의하여 기초자산으로 보유하는 무형자산, 그리고 라이선스 계약(영화필름, 비디오 녹화물, 희곡, 대본, 특허권과 저작권과 같은 항목에 대한 것)에 의한 권리는 여기서 말하는 무형자산에 속한다.

위 **무형자산 정의**는 무형자산이 식별가능성, 자원에 대한 통제와 미래경제적효익의 존재를 충족한다는 것으로서,[2] 개념체계상의 자산의 일반 정의인 '과거 사건의 결과로 기업이 통제하고 있고 미래경제적효익이 유입될 것으로 기대되는 자원' 에, 물리적 실체가 없는 자산임을 감안하여 식별가능성을 특별히 추가한 것이다. 무형자산은 물리적 형체가 없으므로 일반적으로 다른 자산에 비해 미래경제적효익에 높은 불확실성이 존재한다. 그 이유는 i) 대부분의 무형자산은 독점적 이용권리, 초과수익이 가능한 법적·경제적 권리 등으로서, 특정기업에 대해서만 가치를 가지고 있어 일반적인 판매가치가 불확실하고, ii) 내용연수를 추정하기 곤란하며, iii) 그 가치가 상대적 경쟁력에 의해 상당한 영향을 받아 변동이 심하기 때문이다. 예를 들어, 어떤 회사가 제품 설계와 관련한 특허권을 무형자산으로 갖고 있는데 경쟁회사가 더 나은 설계를 개발하게 되면 기존의 특허권 가치는 거의 없어지게 될 수 있는 것이다.

어떤 항목을 무형자산으로 인식하기 위해서는 그 항목이 해당 **정의**(definition)와 **자산 인식기준**(recognition criteria)[3]을 모두 충족해야 한다. 이러한 조건은 무형자산을 취

2. 국제회계기준 도입 이전 기업회계기준에서는 보유하려는 목적(재화의 생산이나 용역의 제공, 타인에 대한 임대 또는 관리 등)이 유형자산 경우처럼 무형자산의 정의에 포함되어 있었다. 그러나 보유 목적이 그러한 항목을 무형자산으로 분류하는 것과는 관련이 없다고 보아, 한국채택국제회계기준은 무형자산의 정의에서 보유목적을 없앴다.

3. 다음 두 조건으로 되어 있다.

득하거나 내부적으로 창출하기 위하여 최초로 발생한 원가(initial costs)와, 후속원가(subsequent costs)에 적용한다. 따라서 무형자산의 정의는 매우 중요하므로 그 의미에 대해 구체적으로 설명한다.

1.1 무형자산의 식별가능성

무형자산 정의에서의 **식별가능성**(identifiability)은 전술한 영업권과 구별하게 하는 요건이다. 사업결합 시 취득되는 영업권은 개별적으로 식별되지 않고 분리하여 인식될 수 없는 자산으로부터의 미래경제적효익(자산 사이의 시너지효과 등)을 기대한 대가이기 때문이다.

자산은 (1) 분리가능하거나, (2) 계약상 권리 또는 기타 법적 권리로부터 발생하는 경우에 무형자산 정의의 **식별가능성 조건**을 충족한다. 여기서 (1)은 해당 자산이 기업에서 분리 또는 분할할 수 있고, 개별적으로(individually) 또는 관련 계약, 자산, 부채와 함께 매각, 이전되거나 임대될 수 있다는 말이고, (2)의 경우에는 언급된 권리의 **이전가능**(transferable) 여부 또는 기업이나 기타 권리 의무로부터의 **분리가능**(separable) 여부는 고려하지 아니한다.[4]

1.2 무형자산의 통제가능성

무형자산의 정의에서 기업이 자산을 **통제**(control)한다는 의미는 그 기초가 되는 자원(underlying resource)에서 유입되는 미래경제적효익을 확보할 수 있고 그 효익에 대한 제3자의 접근을 제한할 수 있다는 것이다. 자산의 미래경제적효익에 대한 통제능력은 일반적으로 강제할 수 있는 법적 권리에서 나오지만, 법적 권리가 없는 경우에도, 다른 방법으로 미래경제적효익을 통제할 수 있기 때문에(비록 이를 증명하기는 어려워도) 권리의 법적 집행가능성이 통제의 필요조건은 아니다. 시장이나 기술에 대한 지식이 저작권, 계약상 제약, 종업원의 법적 기밀유지의무 등과 같은 법적 권리에 의해 보호된다면, 그러한 지

---

① 자산에서 발생하는 미래경제적효익이 기업에 유입될 가능성이 높다.

② 자산의 취득원가를 신뢰성 있게 측정할 수 있다.

4. 기업회계기준서 제1038호 '무형자산' 문단 11~12.

식에서 얻을 수 있는 미래경제적효익은 기업이 통제하고 있다고 본다.

이와 반대의 경우로서 종업원에 대한 교육훈련을 들 수 있다. 종업원 교육훈련은 미래경제적효익을 줄 수 있는 종업원의 기술 향상을 식별할 수 있지만, 그 미래경제적효익에 대해 일반적으로 무형자산의 정의를 충족하기에는 충분한 통제를 기업이 갖고 있지 않으므로 무형자산으로 인식할 수 없다. 마찬가지로, 기업은 특정 경영능력이나 기술적 재능을 사용하여 미래경제적효익을 확보할 수 있고, 고객구성이나 시장점유율에 근거하여 고객관계나 고객충성도를 잘 유지함으로써 미래경제적효익 창출(고객의 계속적 거래)을 기대할 수 있지만, 그러한 경영능력, 고객관계 등을 지속할 수 있는 법적 권리나 그것을 통제할 다른 방법이 없다면 그로부터 창출될 미래경제적효익에 대해서 충분한 통제를 가지고 있지 않으므로, 무형자산 정의는 충족되지 못하고 따라서 무형자산이 인식될 수 없다.

1.3 무형자산의 미래경제적효익

무형자산의 미래경제적효익은 그 사용을 통해 제품 매출 증가, 원가절감(지적재산 사용으로 미래 제조원가 감소) 등의 효익의 형태로 발생하여 기업에 유입이 된다. 이러한 미래경제적효익의 유입가능성은 무형자산의 내용연수 동안의 경제상황에 대해 경영자가 최선의 추정치를 반영하여 합리적이고 객관적인 가정에 근거하여 평가해야 한다.

무형자산이 유형자산과 다른 점은 형체가 없다는 점뿐 아니라 유형자산에 비해 미래경제적효익의 유입에 고도의 불확실성이 존재한다는 것이다. 이는 무형자산의 평가가 매우 어렵다는 것을 의미한다. 따라서 이러한 항목들의 정확한 가치를 평가할 수 있는 적절한 방법은 없으며, 있다 하더라도 신뢰성 있는 평가액을 구할 수 없다는 것이 문제이다. 아무리 금액이 큰 무형의 자산이라 하더라도 신뢰성 있는 측정값을 구할 수 없다면 재무상태표에 인식할 수 없다.

2. 무형자산의 종류

무형자산의 예에는 컴퓨터소프트웨어, 특허권, 저작권, 영화필름, 고객목록, 모기지관리용역권, 수입할당량, 프랜차이즈, 고객이나 공급자와의 관계, 고객의 충성도, 시장점유율, 판매권 등이 있을 수 있다. 그러나 앞서 보았듯이, 이 모든 항목이 무형자산의 정의,

즉 식별가능성, 자원에 대한 통제가능성과 미래경제적효익의 존재를 충족하는 것은 아니므로 무형자산이 되는 것은 아니다. 즉, 미래경제적효익을 얻기 위한 지출이라도 무형자산의 정의를 충족하지 못하면 취득 시에 또는 내부적 창출과정에서 발생한 지출(사업개시비용, 교육훈련비, 광고 및 판매촉진비, 사업이전비 등)은 발생시점에 비용으로 인식한다. 그러나 이러한 항목을 사업결합으로 취득하는 경우에는 취득일에 인식하는 영업권의 일부를 구성하게 된다. 최초에 비용으로 인식한 무형항목에 대한 지출은 그 이후에 무형자산의 취득원가로 인식할 수 없다.

여기서의 무형자산은 개별적으로 식별이 가능한 것으로서, 개별적으로 식별이 불가능한 영업권은 제외된다. 영업권 외의 무형자산에는 다음과 같은 것들이 있다.

① 산업재산권 : 일정기간 독점적·배타적으로 이용할 수 있는 권리로서 특허권, 실용신안권, 의장권, 상표권, 상호권 및 상품명 등을 말한다.
 - 특허권(patent) : 제품을 제조·판매할 수 있는 독점적 권리
 - 실용신안권 : 특정 고안(device)에 대한 독점적 사용권
 - 의장권 : 특정 의장(design)이나 로고(logo) 등에 대한 독점적 사용권
 - 상표권(trade mark), 상호권, 상품명(trade name) : 특정제품이나 특정회사를 식별할 수 있는 문구 또는 상징물(symbol)

② 라이선스(license) : 일정기간 특정 기술·지식에 대한 이용권

③ 프랜차이즈(franchise) : 일정 지역 내에서 특정 상품·용역에 대한 독점적 영업권리 (예 : 피자헛, 씨유(CU), 맥도널드, 롯데리아)

④ 저작권(copyright) : 특정저작물(서적, 영화, 음반 등)에 대한 독점적 사용권

⑤ 컴퓨터소프트웨어

⑥ 개발비 : 신제품, 신기술 등의 개발과 관련하여 발생한 지출(다음에 상세히 설명함)

⑦ 임차권리금 : 전세권을 취득하면서 초과수익력에 대한 대가로 지급한 금액

⑧ 광업권 : 광업법에 의해, 일정 광구에서 광물을 채굴할 수 있는 권리

⑨ 어업권 : 수산업법에 의해 일정 수면에서 어업을 영위할 수 있는 권리.

3. 무형자산의 회계처리

3.1 무형자산의 최초인식(취득)

무형자산의 최초인식에 대해서는 개별적으로 또는 사업결합으로 인하여 외부에서 구입한 경우와 내부적으로 창출한 경우 두 가지로 구분하여 설명한다.

1) 외부구입 무형자산

무형자산을 외부로부터 구입하여 최초로 인식하는 경우에는 자산의 정의를 충족하기 때문에 유형자산처럼 취득원가로 측정한다. 무형자산도 유형자산의 경우처럼, 그 자산을 경영자가 의도하는 방식으로 운용될 수 있는 상태에 이르면 취득원가의 인식을 중지한다(cease). 따라서 그러한 상태에 이른 후 무형자산의 사용이나 재배치에 발생하는 원가는 당해자산의 장부금액에 포함하지 아니한다. 예를 들어, ① 무형자산이 경영진 의도방식으로 운용될 수 있으나 아직 사용하지 않는 동안에 발생한 원가, ② 무형자산의 산출물에 대한 수요가 확립되기 전까지 발생하는 손실 등 초기 영업손실은 무형자산의 장부금액에 포함하지 아니한다.

① 개별취득(separate acquisition)[5]

개별적으로 취득되는 무형자산은 자산으로 인식된다. 개별취득에 지급하는 가격은 일반적으로 그 무형자산에 내재된 기대 미래경제적효익이 기업에 유입될 확률에 대한 기대를 반영한다고 보기 때문이다. 즉, 확률의 효과는 자산의 취득원가에 반영된다는 것이다. 따라서 개별취득의 경우, 자산 인식기준 중 **발생가능성 인식기준**(probability recognition criterion : 자산에서 발생하는 미래경제적효익이 기업에 유입될 **가능성**이 높음)은 항상 충족되는 것으로 보며, 그 취득원가는, 특히 현금이나 기타 화폐성자산으로 구입대가를 지급하는 경우에는 더욱, 신뢰성 있게 취득원가를 측정할 수 있다.

개별취득하는 무형자산의 취득원가는 ① 구입가격(매입할인과 리베이트는 차감하고 수입관세와 제세금은 포함함), ② 의도한 목적에 사용할 수 있도록 자산을 준비하는 데 직접

5. 기업회계기준서 제1038호 '무형자산' 문단 25~29.

관련되는 원가(종업원급여, 전문가 수수료, 검사 시 발생 원가 등)로 구성된다.

그러나 새로운 제품 용역의 홍보원가(광고와 판매촉진활동 원가 등), 새로운 지역·계층의 고객을 대상으로 하는 사업수행 시 발생하는 원가(교육훈련비 등), 관리원가와 기타 일반간접비에 대한 지출 등은 무형자산 취득원가에 포함하지 않는다.

② 사업결합으로 인한 취득

인수·합병 등의 사업결합으로 인해 사업취득기업이 피취득기업으로부터 상표권, 특허기술 등 무형자산을 취득하는 경우에 그 취득원가는 취득일의 공정가치로 한다.[6] 이 공정가치는 그 자산에 내재된 미래경제적효익이 기업에 유입될 확률에 대한 시장의 기대를 반영하므로, 개별취득을 위해 지급하는 가격의 경우처럼, 자산 인식기준 중 발생가능성 인식기준을 항상 충족하며, 영업권과 분리하여 인식할 수 있을 정도로 충분히 신뢰성 있게 측정할 수 있는 것으로 보기 때문이다.[7]

자산의 공정가치를 신뢰성 있게 측정할 수 있다면, 사업결합 전에 그 자산을 피취득기업이 인식하였는지 여부에 관계없이, 취득기업은 취득일에 피취득기업의 무형자산을 영업권과 분리하여 인식한다. 이것은 피취득기업이 진행하고 있는 연구·개발 프로젝트가 있는 경우, **무형자산의 정의**를 충족하고[8] 그 공정가치를 신뢰성 있게 측정할 수 있다면 취득기업이 영업권과 분리하여 별도의 자산으로 인식하는 것을 의미한다.

③ 자산의 교환으로 취득

무형자산도 다른 자산과 교환하여 취득할 수 있다. 이 경우의 회계처리는 유형자산의 경우와 동일하므로 제7장 유형자산의 보론 내용을 참조하기 바란다.

---

6. 기업회계기준서 제1103호 '사업결합' 에 따름.
7. 무형자산의 공정가치 추정치에 대하여 각각 다른 확률을 가진 가능한 결과의 범위가 있는 경우에는, 그러한 불확실성은 그 자산의 공정가치 측정에 반영되어 그 측정에 대한 신뢰성을 가능하게 한다. 만약 사업결합으로 취득하는 무형자산의 내용연수가 유한하다면, 명백한 반증이 없는 한, 그 자산의 공정가치를 신뢰성 있게 측정할 수 있는 것으로 추정된다.
8. ① 자산의 정의를 충족하고, 동시에 ② 식별가능(즉, 분리가능하거나 계약상 또는 기타 법적 권리에서 발생)할 경우 무형자산의 정의를 충족한다.

2) 내부창출 무형자산

① 인식 : 연구와 개발

내부적으로 창출한 무형자산은 자산의 인식기준에 부합하는지를 평가하기 쉽지 않다. 왜냐하면 무형자산의 내부창출 위한 원가를, 내부창출 영업권의 유지 향상 원가나 일상적 경영관리활동 원가와 구별할 수 없는 등, 미래경제적효익을 창출할 식별가능한 자산이 있는지 여부와 그 시점을 파악하기 어렵고, 그 취득원가를 신뢰성 있게 결정하는 것이 어렵기 때문이다. 이 때문에 한국채택국제회계기준(기업회계기준서 제1038호 '무형자산')은 내부적으로 창출한 무형자산에 대해서는 무형자산의 인식과 최초 측정에 대한 일반적 규정에 별도의 추가 규정을 두고 있다.

즉, 무형자산의 창출과정에서 이루어지는 **연구개발**(R&D : research and development) 관련 지출을 **'연구단계'** 와 **'개발단계'** 로 엄격히 구분하여 인식기준 충족여부를 평가하도록 하고 있다. **'연구'** 는 "새로운 과학적·기술적 지식이나 이해를 얻기 위해 수행하는 독창적이고 계획적인 탐구활동"으로 정의되고, **'개발'** 은 "상업적인 생산이나 사용 전에 연구결과나 관련 지식을 새롭거나 현저히 개량된 재료, 장치, 제품, 공정, 시스템이나 용역의 생산을 위한 계획이나 설계에 적용하는 활동"으로 정의된다. 그리고 '연구단계'와 '개발단계'라는 용어는 동 기준서의 목적상 더 넓은 의미를 갖는다.

동 기준서에 따르면, 연구(또는 내부 프로젝트의 연구단계)에서 발생한 지출은 발생시점에 무형자산이 아니라 비용으로 인식하고, 개발활동(또는 내부 프로젝트의 개발단계)은 연구단계보다 훨씬 더 진전되어 있는 상태이기 때문에 무형자산을 식별할 수 있지만 그 무형자산이 미래경제적효익을 창출할 것임을 제시(demonstrate)할 수 있는 경우에만, 발생한 무형자산을 인식한다. 구체적으로 다음 사항을 모두 제시할 수 있는 경우에만 무형자산을 인식한다.

(1) 무형자산을 사용 또는 판매하기 위해 그 자산을 완성할 수 있는 기술적 실현가능성

(2) 무형자산을 완성하여 사용 또는 판매하려는 기업의 의도

(3) 무형자산을 사용 또는 판매할 수 있는 기업의 능력

(4) 무형자산이 미래경제적효익을 창출하는 방법(그중에서도 특히 무형자산의 산출물이나 무형자산 자체를 거래하는 시장이 존재함을 제시할 수 있거나 또는 무형자산을 내부적

으로 사용할 것이라면 그 유용성을 제시할 수 있다.)

(5) 무형자산의 개발을 완료하고 그것을 판매하거나 사용하는 데 필요한 기술적·재정적 자원 등의 입수가능성(availability)

(6) 개발과정에서 발생한 무형자산 관련 지출을 신뢰성 있게 측정할 수 있는 능력

한편, 내부적으로 창출한 브랜드, 제호, 출판표제, 고객목록, 이와 실질이 유사한 항목은 전체적 사업개발에 발생한 원가와 구별할 수 없으므로 무형자산으로 인식하지 아니한다. 그리고 동 기준서는 연구활동과 개발활동에 대해 다음과 같이 예시하고 있다.

연구활동	개발활동
(1) 새로운 지식을 얻고자 하는 활동 (2) 연구결과나 기타 지식을 탐색, 평가, 최종 선택, 응용하는 활동 (3) 재료, 장치, 제품, 공정, 시스템이나 용역에 대한 여러 가지 대체안(alternatives)을 탐색하는 활동 (4) 새롭거나 개선된 재료, 장치, 제품, 공정, 시스템이나 용역에 대한 여러 가지 대체안을 제안, 설계, 평가, 최종 선택하는 활동	(1) 생산이나 사용 전(pre-production and pre-use)의 시제품(prototypes)과 모형을 설계, 제작(construction), 시험하는 활동 (2) 새로운 기술과 관련된 공구, 지그(jigs), 주형(moulds), 금형(dies) 등을 설계하는 활동 (3) 상업적 생산 목적으로 실현가능한 경제적 규모가 아닌 시험공장을 설계, 건설, 가동하는 활동 (4) 신규 또는 개선된 재료, 장치, 제품, 공정, 시스템이나 용역에 대하여 최종적으로 선정된 안을 설계, 제작, 시험하는 활동

② 취득원가

내부적으로 창출한 무형자산의 취득원가는 그 무형자산이 인식기준을 최초로 충족시킨 이후에 발생한 지출금액의 합으로 한다. 만일 어떤 지출이 이미 비용으로 인식되었으면, 그 이후에 그 지출을 무형자산의 취득원가로 인식할 수 없다. 내부적으로 창출한 무형자산의 취득원가는 그 자산의 창출, 제조 및 경영자가 의도하는 방식으로 운영될 수 있게 준비하는 데 필요한 모든 직접 관련 원가로서, 다음 표에 그 항목을 무형자산 취득원가에서 제외되는 항목과 함께 예시한다.[9]

9. 취득원가 구성요소로서 이자의 인식기준은 기업회계기준서 제1023호 '차입원가' 에서 제시됨.

내부창출한 무형자산의 취득원가에 포함되는 '직접 관련 원가'의 예	내부창출한 무형자산의 취득원가에서 제외되는 항목의 예
(1) 무형자산 창출에 사용되었거나 소비된 재료원가, 용역원가 등 (2) 무형자산 창출을 위하여 발생한 종업원급여(기업회계기준서 제1019호의 정의) (3) 법적 권리를 등록하기 위한 수수료 (4) 무형자산 창출에 사용된 특허권과 라이선스의 상각비	(1) 판매비, 관리비 및 기타 일반 간접 지출(다만, 무형자산을 의도한 용도로 사용할 수 있도록 준비하는 데 직접 관련된 경우는 제외) (2) 무형자산이 계획된 성과를 달성하기 전에 발생한 명백한 비효율로 인한 손실과 초기 영업손실 (3) 무형자산을 운용하는 직원의 교육훈련과 관련된 지출

무형자산과 관련된 최초(취득) 지출의 자산/비용 처리에 대한 지금까지 내용을 요약하면 다음 표와 같다.

무형자산 관련 최초 지출(취득)	**무형자산의 원가를 구성**	외부 개별 구입	인식기준을 충족 → 구입가격이 무형자산 취득원가의 일부가 됨
		사업결합으로 구입	당해 항목의 공정가치를 신뢰성 있게 측정할 수 있으면, 영업권과 분리하여 별도의 자산으로 인식
		내부창출	개발 관련 지출이 미래경제적효익 창출 가능성을 제시
	발생시점에 비용으로 처리	위 어느 것에도 속하지 아니함	

예제 2 내부창출 무형자산의 인식

남백바이오텍(주)은 20×1년 1월 2일 R&D 활동과 관련 다음과 같이 지출하였다. 이 지출 중 바이오종합캡슐 분석기는 상품화의 마무리 단계에서 필요한 것으로서 수익창출의 가능성을 거의 확실하게 하는 것이다. 다음의 관련 거래에 대해 분개하시오.

- 바이오종합캡슐의 제품화를 위한 기초적 연구 : ₩40,000
- 바이오종합캡슐의 제품화를 위한 기술의 개발 : ₩20,000
- 바이오종합캡슐 분석기 : ₩90,000

[풀이]

(차)	연구비(비용)	40,000	(대) 현금	150,000
	경상개발비(비용)	20,000		
	개발비(무형자산)	90,000		

[설명]

연구비와 경상개발비는 당기비용으로서 손익계산서의 비용에 포함된다. 반면에 바이오종합캡슐 분석기의 개발은 구체적인 상품화와 관련된 개발비이며 수익을 창출하게 할 가능성이 높은 지출이므로 개발비라는 무형자산으로 인식된다.

3.2 무형자산의 최초인식 후의 측정

무형자산을 최초로 인식한 후에는 유형자산의 경우와 마찬가지로, 회계정책으로 원가모형이나 재평가모형을 선택하여 측정한다. 재평가모형을 적용하는 경우에는 재평가 목적상 **활성시장**(active market)[10]에서의 공정가치를 사용하고, 재평가를 주기적으로 수행하여 재무상태표일의 자산 장부금액이 공정가치와 중요하게 차이가 나지 않도록 한다. 재평가모형을 적용하는 경우에 ① 이전에 자산으로 인식하지 않은 무형자산은 재평가할 수 없고, ② 무형자산을 취득원가 아닌 금액으로 최초인식을 할 수 없다.[11]

무형자산도 유형자산처럼, 매 보고기간 말마다 자산손상의 **징후**(indications) 여부를 검토하고, 그 징후가 있다면 당해 자산의 회수가능액을 추정하여 이 추정금액이 자산의 장부금액에 미달하면 **손상차손**(impairment loss)을 인식하여 즉시 당기손익으로 처리한다. 이는 무형자산의 불확실성을 고려하여 자산의 공정가치의 증가는 반영하지 않고 하락만을 반영하는 보수적 회계처리 관습이 반영된 것이다. 무형자산의 손상차손 및 손상차손환입에 대한 회계처리는 유형자산의 경우에 준하여 처리한다.

3.3 무형자산의 상각

유형자산의 감가상각(depreciation) 경우처럼, 내용연수가 **유한**한(finite) 무형자산의 상각대상금액도 내용연수에 걸쳐 체계적으로 배분하여 **상각**(amortization)함으로써 비용화한다. 그러나 내용연수가 비한정(非限定)인 무형자산은 상각하지 아니한다. '**비한정**'(indefinite)이란 '**무한**'(infinite)을 뜻하는 것이 아니라, 모든 관련요소를 분석한 결과 당

---

10. **활성시장** : ① 거래 항목들이 동질적이고, ② 일반적으로(normally), 거래의사가 있는 구매자들과 판매자들을 언제든지 찾을 수 있으며, ③ 가격이 공개되어 이용가능한 시장.
11. 기업회계기준서 제1038호 '무형자산' 문단 75~76.

해 자산으로부터 순현금유입 창출이 기대되는 기간에 예측가능한 제한이 없음을 뜻한다.

무형자산의 내용연수는 다음과 같은 요인 등을 종합적으로 고려하여 결정한다.

- 자산의 예상 사용방식, 다른 경영진에 의한 효율적 자산관리가능 여부
- 자산의 전형적인 제품수명주기, 비슷한 방식으로 사용되는 유사한 자산들의 내용연수 추정치에 관한 공개된 정보
- 기술적, 공학적, 상업적 또는 기타 유형의 진부화
- 자산이 운용되는 산업의 안정성, 자산으로부터 산출되는 제품 용역의 시장수요 변화
- 기존 또는 잠재적인 경쟁자의 예상 전략
- 미래경제적효익의 획득에 필요한 자산 유지비용의 수준과 그 수준을 부담할 수 있는 능력과 의도
- 자산의 통제가능 기간, 자산사용에 대한 법적 또는 이와 유사한 제한[12](예 : 관련된 리스들의 만기일)
- 내용연수가 다른 자산의 내용연수에 의해 결정되는지의 여부

1) 상각기간과 상각방법

무형자산의 상각기간과 상각방법은 유형자산의 경우와 유사한 점이 많다.

즉, 내용연수가 유한한 무형자산의 상각은 자산이 사용가능한 때(즉, 자산이 경영자가 의도하는 방식으로 운영할 수 있는 위치와 상태에 이르렀을 때)부터 시작하여, 매각예정으로 분류되거나(classified as held for sale) 재무상태표에서 제거되는 때 **중지**한다.

유형자산 경우처럼, 무형자산의 상각방법도 정액법, 체감잔액법, 생산량비례법 중에서 자산의 미래경제적효익이 소비되는 형태를 반영하여 선택하고, 예상되는 그 소비형태가 변하지 않는다면 매 회계기간에 일관성 있게 적용한다. 다만, 소비되는 형태를 신뢰성 있게 결정할 수 없는 경우에는 **정액법**을 사용한다. 각 회계기간의 상각액은 원칙적으로 당기손익으로[13] 인식한다.

---

12. 관계법령상의 존속기간인 법정 내용연수는, 산업재산권의 경우, 특허권 12년(세법 10년), 실용신안권 5년, 의장권 8년(세법 7년), 상표권 10년, 그리고 광업권 20년이다.

13. 다른 기준서에서 다른 자산의 장부금액에 포함하도록 허용하거나 요구하는 경우는 예외이다. 즉, 자산에 내재된 미래경제적효익이 다른 자산의 생산에 소모되는 경우, 그 자산의 상각비용은 다른 자산의 원가를 구성하여 장부금액에 포함한다. 예를 들면, 제조과정에서 사용된 무형자산의 상각은 재고자산의 장부금액에 포함한다(기업회계기준서 제1002호 '재고자산' 참조).

2) 잔존가치

내용연수가 유한한 무형자산의 잔존가치는 원칙적으로 영(₩0)으로 본다. 단, 다음의 (1)과 (2) 중 하나에 해당하는 경우에는, 경제적 내용연수 종료시점 이전에 그 자산을 처분할 것이라는 기대를 나타내기 때문에 잔존가치가 영(₩0)이 아니다.

(1) 내용연수 종료시점에 제3자가 자산을 구입하기로 한 약정(commitment)이 있다.

(2) 무형자산의 활성시장(active market)이 있고 다음을 모두 충족한다.

㈎ 잔존가치를 그 활성시장에 기초하여 결정할 수 있다.

㈏ 그러한 활성시장이 내용연수 종료시점에 존재할 가능성이 높다.

3) 상각기간과 상각방법의 검토 및 추정의 변경

내용연수가 유한한 무형자산에 대해서는 적어도 매 회계연도 말에 그 상각기간과 상각방법을 검토한다. 이에 따라 자산의 예상 내용연수가 과거의 추정치와 다르다면 상각기간을 변경하고, 자산에 내재된 미래경제적효익의 예상소비형태가 변동된다면, 변동된 소비형태를 반영하기 위해 상각방법을 변경한다. 그러한 변경은 유형자산의 경우와 마찬가지로 **회계추정의 변경**(기업회계기준서 제1008호)으로 회계처리한다.

상각하지 않는 무형자산에 대하여는 사건과 상황이 그 자산의 내용연수가 비한정이라는 평가를 계속하여 정당화하는지를 매 회계기간에 검토한다. 사건과 상황이 그러한 평가를 정당화하지 않는 경우에는 비한정 내용연수를 유한 내용연수로 변경하여, 회계추정의 변경으로 처리한다.

이와 같이 무형자산의 상각은 유형자산의 감가상각과 유사한 점이 많지만, 다음과 같은 면에서 차이를 보인다.[14]

첫째, 무형자산의 상각에는 감가상각이라는 표현을 사용하지 않고 **상각**이라는 표현을 사용한다. 감가상각은 유형자산에 사용하는 표현이다.

둘째, 유형자산의 감가상각에는 다양한 감가상각방법이 사용되지만, 영업권 외의 무

14. 무형자산은 전통적으로 직접법(direct write-off : 해당 무형자산 계정잔액을 상각액만큼 직접 차감)을 사용해온 점이 간접법(감가상각누계액이라는 차감계정 사용)을 사용하는 유형자산 상각과 중요한 차이였었다. 그러나 국제회계기준의 도입으로 이 차이점은 없어졌다.

형자산에 대해서는 일반적으로 정액법을 사용한다. 추정잔존가치는 원칙적으로 ₩0이다.

예제 3 무형자산의 상각

앞서 [예제 2]의 남백바이오텍(주)은 20×1년 개발비(무형자산)로 인식한 바이오종합캡슐 분석기 지출액 ₩90,000에 대해 6년에 걸쳐 상각하기로 하였다. 동 무형자산과 관련하여 제3자가 이를 구입하기로 한 약정이나 관련 활성시장은 없다. 20×1년 12월 말 결산일에 필요한 수정분개를 제시하시오.

[풀이]

차변) 개발비상각비	15,000	대변) 개발비상각누계액	15,000

[설명]

개발비라는 무형자산에 대해 제3자 구입약정이나 활성시장이 없으므로 잔존가치는 없다. 자산의 미래경제적효익이 소비되는 득징 형태를 신뢰성 있게 결정할 수 있다는 증거가 없으므로 정액법으로 상각한다.

3.4 무형자산의 제거

특허권 등의 무형자산도 유형자산처럼, 처분될 때 또는 사용이나 처분으로부터 미래경제적효익이 기대되지 않을 때 재무상태표에서 **제거**(derecogntion)하고, 이때 순매각금액(처분비용 차감 후의 매각대금)과 장부금액의 차이를 제거로 인한 손익(무형자산처분손익)으로 경정한다. 이 손익은 당기손익으로 인식한다.

지금까지 우리가 배운 차감계정을 가질 수 있는 자산 및 관련 비용항목, 그리고 해당 자산의 장부금액을 요약해 정리하면 다음 표와 같이 나타낼 수 있다.

자산 (A)	관련 비용항목 (B)	자산의 차감계정 (C)	자산의 장부금액 (D)
매출채권	손상차손(대손상각비)	손실충당금(대손충당금)	A(취득원가) - C
재고자산(상품)	재고자산평가손실	재고자산평가충당금	A(취득원가) - C
유형자산*	감가상각비	감가상각누계액 (C_1) (토지의 경우에는 없음)	A(취득원가) - (C_1 + C_2)
	토지손상차손 건물손상차손	토지손상차손누계액 (C_2) 건물손상차손누계액 (C_2)	
영업권	영업권손상차손	영업권손상차손누계액	A(취득원가) - C
영업권 이외의 무형자산(예 : 개발비)	무형자산상각비 (예 : 개발비상각비) 무형자산손상차손	무형자산상각누계액 (예 : 개발비상각누계액) 무형자산손상차손누계액	A(취득원가) - C

* 유형자산의 경우 재평가모형 선택 시, 장부금액은 (자산)재평가잉여금(자본에 속하는 기타포괄손익누계액의 일종)만큼 증가액이 반영됨.

제3절 투자자산

1. 투자자산의 의의와 종류

투자자산(investments)은 기업이 장기적인 이익을 기대하여 취득한 자산으로서 유형자산이나 무형자산이 아닌 비유동자산이다. 이에는 투자유가증권, 장기수취채권 등의 장기금융자산, 그리고 투자부동산이 있다.

보유 유가증권 등 금융자산 중 종속기업, 관계기업 또는 공동기업에 대한 투자지분은 지분법을 적용하는 투자로 분류되고, 이를 제외한 금융자산은, 제6장에서 설명했듯이, 금융자산 관리 사업모형 및 계약상 현금흐름 특성이라는 두 기준에 따라 ① 상각후원가측정(AC), ② 기타포괄손익-공정가치측정(FVOCI), ③ 당기손익-공정가치측정(FVPL)의 세 가지 범주로 분류된다.

따라서 보유하는 회사채 등 채무증권은 AC금융자산, FVOCI금융자산, FVPL금융자산 중 하나에 속하고, 주식 등 지분증권은 FVOCI금융자산, FVPL금융자산, 관계기업투자 중 하나에 속하게 되는데, 이 중 1년 이상의 보유 목적으로 취득한 AC금융자산, FVOCI금융자산, 관계기업투자 등은 **장기금융자산**으로 분류된다. 이에는 특별한 용도에 사용하기 위해 일반 영업목적에 사용할 수 없도록 제한하고 있는 예금 등의 정형화된 금융기관 취급 상품도 포함된다.

장기금융자산 중 AC금융자산은 다음 장인 제9장에서 장기금융부채(사채)와 함께 다루고, 여기서는 FVOCI금융자산, 관계기업투자(지분법적용투자주식)를 투자부동산과 함께 다룬다. AC금융자산(예 : 채권이라는 자산)을 제9장에서 다루는 이유는 그 회계처리가 채권발행자와 채권매입자라는 입장 차이 때문에 다를 뿐, 사실 내용적으로 동일하여 함께 다루는 것이 학습에 효율적이기 때문이다. 제9장 초반에 다룰 화폐의 시간가치 개념을 잘 이해하고 있어야 관련 회계처리의 이해도를 높일 수 있다는 점도 고려되었다.

2. 기타포괄손익-공정가치측정(FVOCI) 금융자산

FVOCI금융자산(financial assets measured at fair value through other comprehensive income)은 1년 내에 처분이 확실한 경우에는 유동자산, 그 외의 경우에는 투자자산으로 분류되지만, 회계처리 면에서는 차이가 없다.

2.1 FVOCI금융자산의 최초 및 후속 측정

FVOCI금융자산 등 금융자산을 취득한 경우, 취득 시의 공정가치로 측정하고, 취득과 직접 관련되는 거래원가(매입수수료, 세금 등)는 다른 자산(FVPL금융자산 제외)의 취득 경우처럼 그 공정가치에 가산한다.

최초인식 후, FVOCI금융자산은 공정가치로 측정하여, 취득원가(또는 평가직전 장부금액)를 공정가치로 조정한다. 이 과정에서 공정가치 변동에 따른 미실현보유손익(손상차손과 외환손익은 제외)인 FVOCI금융자산 평가이익·손실을 인식하여 장부금액을 직접 증가·감소시키되, 제거(처분) 시까지는 평가손익을 당기손익에 반영하지 않고 기타포괄손익으로 인식한다.

그런데 FVOCI금융자산이 주식 등 지분상품이냐 회사채 등 채무상품이냐에 따라 제거 시 회계처리에 차이가 난다. 즉, 곧 후술되듯이, 주식 등 지분상품이 제거되는 때는, 채무상품의 제거 때와는 달리, 제거 시 재평가(장부금액 측정)를 해야 하고, 해당 지분상품 보유와 관련하여 이때까지 누적된 기타포괄손익 누계액은 당기손익(처분손익)으로 대체, 즉 재순환(recycle)될 수 없다(그러나 채무상품이 제거되는 때는, 그 때까지의 기타포괄손익의 누계액이 재순환된다).

이러한 측면 외에, 채무상품은 액면금액과 매입가격이 다른 경우 발생이자 및 평가손익의 산정에 현재가치 개념을 이용한 복잡한 회계처리가 필요하므로 다루지 않고, FVOCI금융자산으로 분류된 주식인 경우만을 예제로써 설명하고, 필요시 채무상품 경우와의 차이점만 부각시키기로 한다.

예제 4 FVOCI금융자산(주식)의 최초 측정(취득 시)

보여(주)는 20×2년 11월 10일에 주당 액면가 ₩5,000인 B회사 주식 10주를 주당 ₩20,000(거래수수료 포함 가격)에 현금으로 매입하다. B회사 주식을 이후 그 공정가치 변동을 기타포괄손익으로 표시하기로 선택하여 보유하는 경우, 분개를 하시오.

[풀이]

B회사 주식을 후속적 공정가치 변동에 대해 FVOCI로 표시하기로 선택하여 보유하는 경우에는 FVOCI금융자산으로 분류하여 처리한다.

차변) FVOCI금융자산(주식)	200,000	대변) 현금	200,000

예제 5 FVOCI금융자산(주식)의 후속 측정

앞 [예제 4]의 보여(주)는 20×2년 11월 10일에 취득한 10주의 B회사 주식을 20×3년 12월 31일 현재에도 그대로 보유하고 있다. B회사 주식의 공정가치는 다음과 같이 변화하다. 20×2년, 20×3년 각 연도 말에 필요한 분개를 하시오.

취득원가	공정가치(시가)	
20×2년 중	20×2년 말	20×3년 말
₩200,000	₩185,000	₩220,000

[풀이]

20×2년 12월 31일 [수정분개]

차변) FVOCI금융자산평가손실 (기타포괄손익)	15,000*	대변) FVOCI금융자산(주식)	15,000

20×3년 12월 31일 [수정분개]

차변) FVOCI 금융자산(주식)	35,000	대변) FVOCI금융자산 평가이익 (기타포괄손익)	35,000

[설명]

* 20×2년 12월 31일 : 공정가치 하락으로 ₩15,000의 평가손실 계상 → 해당 금융자산의 장부금액 감소. FVOCI 금융자산평가손실 ₩15,000은 손익계산서상의 당기손실이 아니라 재무상태표의 자본(기타포괄손익누계액)에 누적된다.

* 20×3년 12월 31일 : 20×3년 말에는 공정가치 상승으로 ₩35,000의 FVOCI 금융자산평가이익을 계상한다. 재무상태표의 기타포괄손익누계액에는 ₩20,000의 FVOCI 금융자산평가이익이 나타나게 되는데, 이는 20×3년 말의 FVOCI 금융자산평가이익 ₩35,000이 20×2년 말에 계상된 FVOCI 금융자산평가손실 ₩15,000과 누적(합산)되기 때문이다.

2.2 FVOCI 금융자산의 제거(처분)

보유하는 FVOCI 금융자산을 매각 처분하게 되면, 매도자는 금융자산의 소유에 따른 위험과 보상의 보유 정도를 (아니면 그 자산에 대한 통제 여부를) 평가하여 회계처리한다(이에 대해서는 제6장의 어음의 할인양도에서 자세히 다룬 바 있다). 그런데 주식이나 사채와 같은 유가증권의 경우처럼 금융자산의 정형화된 매도는 매매일 또는 결제일에 **제거**(derecognition), 즉 이미 인식된 금융자산을 재무상태표에서 삭제한다.

FVOCI 금융자산 중 채권 등 채무상품을 처분하는 경우에는, 다른 자산의 경우와 마찬가지로, 처분가치에서 처분 필요비용을 차감한 금액에서, 처분일의 FVOCI 금융자산장부금액을 차감한 차액을 **FVOCI 금융자산처분손익**으로 기록한다. 그 차액이 양이냐 음이냐에 따라 처분이익 또는 처분손실이 된다.

그러나 처분되는 FVOCI 금융자산이 주식 등 지분상품인 경우에는, 관련 규정(K-IFRS 제1109호 : 문단 3.2.12)에 따라 먼저 재평가(장부금액 측정)를 하여 OCI를 인식해야 하므로, 당기손익으로서의 처분손익은 사실상 발생하지 않게 된다(이는 기업의 당기손익 조작가능성을 방지하려는 국제회계기준기구의 노력이 반영). 그리고 처분되는 주식(FVOCI 금융자산)에 대해서 취득 후 처분 시까지 발생했던 FVOCI 금융자산평가손익의 누계액은 당기손익(처분손익)으로 **재순환**(recycle)될 수 없다(앞 기준서의 문단 B5.7.1). 즉, 그 동안 발생했던 평가손익은 자본 내의 기타포괄손익누계액 중에 포함되어 있었는데, 이 FVOCI가 채무상품이라면 해당 금융상품이 제거되면서 그 부분과 관련된 평가손익은 당기손익으로 **재분류**, 즉 재순환(평가손익이라는 미실현손익이 그 매각으로 당기손익으로 실현된다는 의미)되지만 주식인 경우에는 그럴 수 없다는 것이다. 단, 이익잉여금으로의 대체는 선택적으로 허용된다.

예제 6 FVOCI금융자산(주식)의 제거(처분)

앞의 [예제 5]의 보여(주)는 20×4년 1월 2일 보유하고 있던 B회사 주식 10주 전체를 현금 ₩230,000에 처분하다. 단, 처분 시 기타포괄손익누계액에 FVOCI금융자산평가이익 잔액이 ₩20,000이 있다(처분 시 거래수수료는 무시한다).

[풀이]

차변)		대변)	
FVOCI금융자산(주식)	10,000	FVOCI금융자산평가이익	10,000
현 금	230,000	FVOCI금융자산(주식)	230,000
FVOCI금융자산평가이익	30,000	이익잉여금	30,000

[설명]

20×4년 1월 2일 주식처분 직전 장부상의 FVOCI금융자산(주식) 잔액은 ₩220,000, FVOCI금융자산평가이익 잔액은 ₩20,000이었다. 이 평가이익 ₩20,000은 손익계산서의 당기순이익에는 반영되지 않고 재무상태표의 기타포괄손익누계액으로 남아 있는 것이다. 지분상품인 FVOCI금융자산이 처분될 때는 재측정(재평가)을 먼저 해야 하므로 재측정 시 평가이익 ₩10,000을 보게 되는데, 그만큼 동 주식의 장부금액이 증가한다. 이렇게 되면 처분시점에 FVOCI금융자산의 새 장부금액과 처분가격은 모두 ₩230,000으로 차이는 없게 되어 처분손익은 발생하지 아니한다. FVOCI금융자산이 채무상품이었더라면 관련 기타포괄손익누계액도 처분 시에 제거되면서 ₩20,000의 처분이익(실현이익)으로 재순환될 수 있었겠지만, 이 예서처럼 주식의 경우에는, 기타포괄손익이 재순환처리가 금지되어 그대로 머물러 있게 된다. 그리고 마지막 줄의 분개는 기존 평가이익의 이익잉여금으로의 대체를 반영한다. 물론 이 허용된 선택권을 행사하지 않으면 이 마지막 줄의 분개는 나타나지 않을 것이다.

2.3 FVOCI금융자산의 재분류

제6장에서 언급했듯이, 금융자산의 재분류 시, 그 재분류는 재분류일부터 전진적으로 적용한다. 금융자산의 범주 간 재분류는 여섯 가지 경우가 생기게 되는데, 각 경우마다 다르고 복잡한 측정방법 및 손익처리 내용은 본서의 목적에 맞지 않으므로, 재분류에 관한 회계처리는 다루지 아니한다.

3. 관계기업투자

기업이 타기업 발행의 주식을 보유할 때 그 주식은 보유의 목적이나 기간에 따라 FVPL금융자산(단기매매증권으로 분류하거나 최초인식 시점에 FVPL항목으로 지정)이나 FVOCI금융자산으로 분류하고 각각에 대해 어떠한 회계처리를 하는지 제6장에서 다루었다.

그런데 그렇게 보유한 주식을 통해 피투자기업에 **유의적 영향력**(significant influence)을 행사하게 되는 경우에는 **지분법**(equity method)을 적용하여 회계처리한다. 이렇게 지분법에 따라 회계처리하는 투자자산에는 관계기업투자(investments in associates)와 공동기업투자(investments in joint ventures)가 있다.[15] 이 절에서는 관계기업투자를 중심으로 다루는데 공동기업투자에도 지분법이 동일하게 적용된다.

참고로, **공동기업**(joint ventures)이란 공동약정(joint arrangement, 둘 이상의 당사자들이 공동지배력을 보유하는 약정)으로서, 그 약정의 공동지배력을 보유하는 당사자들이 그 약정의 순자산에 대한 권리를 보유하는 약정이다. 여기서 **공동지배력**(joint control)이란 계약상 합의에 의하여 약정에 대해 지배력을 공유하는 것(sharing of control)으로서, 관련 활동에 대한 결정에 지배력을 공유하고 있는 당사자(참여자)들 전체의 동의(unanimous consent)가 요구될 때에만 존재하는 것이다.

15. 각각의 투자에 관련된 회계처리는 기업회계기준서 제1028호 '관계기업과 공동기업에 대한 투자'(Investments in Associates and Joint Ventures)에서 다루고 있다.

3.1 관계기업과 지분법 그리고 유의적 영향력

관계기업(associates)이란 투자자가 당해 기업에 대하여 유의적 영향력이 있는 기업을 말하며, 관계기업은 종속기업(연결재무제표 작성 관련)이 아니며 공동기업도 아니다.

지분법(equity method)이란 이러한 관계기업에 대한 투자자산을 최초에 원가로 인식하고, 취득시점 이후에 발생한 피투자자(기업)의 순자산 변동액 중 투자자의 지분을 해당 투자자산에 가감하여 보고하는 회계처리방법을 말한다. 지분법에서 피투자자(associate)의 당기순손익 중 투자자의 지분상당액은 투자자의 당기손익으로 인식한다. 피투자자에게서 받은 분배액은 투자자산의 장부금액에서 차감한다.

피투자자의 순자산변동이 기타포괄손익의 증감으로 발생하는 경우에도 그러한 자본변동분 중 자신의 지분에 해당하는 금액을 투자자산의 장부금액에 반영하는 것이 필요할 수 있다. 기타포괄손익의 증감이 발생하는 경우로는 유형자산의 재평가나 외환차이 등이 있다. 이러한 피투자자의 기타포괄손익 변동액 중 투자자의 지분은 투자자의 기타포괄손익으로 인식한다. 관계기업투자에 대한 지분법은 관계기업이 되는 시점부터 적용하며, 관계기업에 대하여 유의적 영향력을 상실한 시점(즉, 관계기업이 더 이상 아닌 시점)부터는 적용을 중단한다.

결국 관계기업투자는 지분법으로 회계처리하고 관계기업은 투자자(기업)가 유의적 영향력을 미칠 수 있는 피투자자(기업)이므로, '유의적 영향력' 은 무엇이고 어느 경우에 있다고 보는지 정하는 것이 매우 중요하다. 한국채택국제회계기준은 유의적 영향력을 '피투자자의 재무정책과 영업정책에 관한 의사결정에 참여할 수 있는 능력' 으로 정의하고, 투자자가 직접으로 또는 간접(예 : 종속기업을 통하여)으로 피투자자에 대한 의결권의 20% 이상을 소유하고 있다면 유의적 영향력이 있는 것으로 보고(다만 유의적 영향력이 없다는 사실을 명백하게 제시할 수 있는 경우는 제외), 20% 미만을 소유하고 있다면 유의적 영향력이 없는 것으로 본다(다만 유의적 영향력이 있다는 사실을 명백하게 제시할 수 있는 경우는 제외). 투자자 외의 다른 투자자가 해당 피투자자의 주식을 상당한 부분 또는 과반수 이상을 소유하고 있다고 하여도 투자자가 피투자자에 대하여 유의적 영향력이 있다는 것을 배제할 필요는 없다.

투자자가 다음 중 하나 이상에 해당하는 경우 일반적으로 유의적 영향력이 있다는 것이 입증된다.

(1) 피투자자의 이사회나 이에 준하는 의사결정기구에 참여

(2) 배당이나 다른 분배에 관한 의사결정에 참여하는 것을 포함하여 정책결정과정에 참여

(3) 투자자와 피투자자 사이의 중요한 거래

(4) 경영진의 상호 교류

(5) 필수적 기술정보의 제공

3.2 지분법 회계처리

1) 관계기업투자의 취득

주식을 취득한 때에는 그 목적에 관계없이 일단 취득원가로 평가하여 계상한다. 주식의 취득으로 유의적 영향력을 갖게 되는 경우에는 관계기업투자 계정을 사용하여 처리한다.

예제 7 관계기업투자 : 주식 매입

세계적 판매망을 갖고 있는 고급장갑 제조회사인 글로벌(주)의 제1기 초에 로컬(주)의 발행주식 22%에 해당하는 주식 100주를 주당 ₩7,000에 현금으로 매입하다. 이 거래를 분개하시오.

[풀이]

차변) 관계기업투자	700,000	대변) 현 금	700,000

2) 관계기업투자의 평가

투자기업이 피투자기업의 경영에 유의적 영향력이 있는 경우에는 피투자기업의 순자산변동에 연계하여 평가하는 방법인 지분법을 적용하여 다음과 같이 처리한다.

① 피투자기업(관계기업)**의 당기순이익**(순손실) **보고 시**

피투자기업의 당기순손익 중 투자기업의 지분상당액은 투자기업의 당기손익으로 인식한다. 이것은 피투자기업의 당기순손익에 대해 투자기업이 지분율만큼 청구권(claim)

을 가지고 있음을 반영한 것이다. 따라서 피투자기업이 당기순손익을 보고하면, 피투자기업의 순자산이 순이익만큼 증가(순손실만큼 감소)하게 된 것이므로 이 당기순이익(순손실) 중 투자기업의 지분에 해당되는 만큼을 지분법이익(손실)으로 계상하고, 동시에 관계기업투자의 장부금액을 증가(감소)시킨다. 지분법손익은 당기손익으로서 포괄손익계산서에서 별도의 항목으로 보고한다.

② 피투자기업(관계기업)으로부터 배당금 지급의 확정 시

피투자기업에게서 받은 분배액은 투자자산의 장부금액에서 차감한다. 투자기업이 피투자기업으로부터 배당금을 받으면 배당금수익으로 보는 것이 아니라 투자기업 입장에서 투자금액 일부를 환수하는 것으로 본다. 즉, 피투자기업의 이익보고시점에서 투자기업은 이미 지분법이익을 인식하였으므로, 피투자기업의 배당금지급은 이미 인식된 이익의 일부를 주주에게 배분해주는 것이다. 따라서 배당금을 받으면 이미 관계기업투자에 가산되어 있던 피투자기업의 이익 중 일부를 돌려받는 것으로 간주하여 그만큼 관계기업투자의 장부금액을 감소시킨다.

이러한 회계처리방식은 FVPL금융자산이나, FVOCI금융자산으로 분류된 투자주식과는 기본적으로 다르다. 그 경우에는 피투자기업이 손익을 보고하는 시점에서는 아무런 기록을 하지 않고 있다가 투자기업에 대한 배당금 지급이 실제로 확정되는 시점에서 배당금수익을 인식한다는 점에서 관계기업투자의 회계처리와는 차이가 있다.

피투자기업은 배당금을 지급하면 이익잉여금과 자산(현금)이 감소한다. 이에 따라, 지분법을 적용하는 투자기업은 배당금을 받을 때 관계기업투자의 장부금액을 감소시키고 동시에 현금(배당으로 수취)이라는 자산을 증가시킨다. 이것은 배당금 수령이 투자기업의 총자산을 변하게 하지 않음을 의미한다.

예제 8 관계기업의 순이익 보고 및 배당금 확정

글로벌(주)의 제1기 말, 로컬(주)은 당기순이익 ₩300,000을 보고하고, 주주에게 배당금으로 ₩100,000을 확정하여 지급하다. 이에 대해 글로벌(주)이 해야 할 분개를 보이시오.

[풀이]

순이익 보고 시 :

차변) 관계기업투자	66,000	대변) 지분법이익	66,000*

* 300,000 × 지분율 22% = 66,000

배당금 수령 시 :

차변) 현 금	22,000	대변) 관계기업투자	22,000**

** 100,000 × 지분율 22% = 22,000

③ 관계기업투자 관련 계정의 재무제표 표시

앞의 [예제 8]의 결과 글로벌(주)은 제1기 말에 손익계산서에 ₩66,000의 지분법이익을 당기수익으로, 재무상태표에 ₩744,000의 관계기업투자를 투자자산으로 보고하게 된다.

【손익계산서】	
배당금수익	-
지분법이익	₩66,000
【재무상태표】	
취득원가	₩700,000
(+) 제1기 순이익	66,000
(-) 제1기 배당금	(22,000)
관계기업투자(제1기 말)	₩744,000

3) 관계기업투자의 처분

관계기업투자를 처분하게 되면, 다른 모든 자산의 처분과 마찬가지로, 처분시점의 장부금액과 처분금액(수수료 등 직접 관련 비용 차감 후)의 차액을 투자처분손익(손익계산서상 당기손익)으로 인식한다. 관계기업투자를 매각하게 되어 피투자기업에 대한 유의적 영향력을 상실한 경우에는 지분법적용을 중단하고, 적절한 범주의 금융자산으로 변경하여 원칙적으로 공정가치로 평가하게 된다.

예제 9 관계기업투자의 처분

글로벌(주)은 제2기 초에 로컬(주) 주식 전량을 현금 ₩900,000(수수료 차감 후 금액)에 매각하다. 이에 대해 글로벌(주)이 해야 할 분개를 보이시오.

[풀이]

차변) 현 금	900,000	대변) 관계기업투자	744,000
		관계기업투자처분이익	156,000

이 분개의 결과, 글로벌(주)의 재무상태표에서 관계기업투자(로컬(주))는 사라지게 되며 글로벌(주)의 제2기 손익계산서에 관계기업투자처분이익 ₩156,000이 기록된다.

4. 투자부동산

4.1 투자부동산의 개념

투자부동산(investment property)은 임대수익이나 시세차익을 얻기 위하여 소유자(또는 금융리스의 이용자)가 보유하는 토지, 건물 등의 부동산으로서, 재화의 생산이나 용역의 제공 또는 관리 또는 정상적인 영업과정에서의 판매 목적으로 보유하지 않는 것이다. 투자부동산은 기업이 보유하고 있는 다른 자산과 거의 관계없이(독립적으로) 현금흐름을 창출하는 특성이 있으므로, 투자부동산과 자가사용 부동산이 구별된다.

자가사용 부동산(owner occupied property)이란 재화나 용역의 생산이나 제공 또는 관리목적에 사용하기 위하여 소유자나 금융리스의 리스이용자가 보유하고 있는 부동산을 말한다. 따라서 유형자산으로 분류된다.

장래 사용목적을 결정하지 못한 채로 보유하고 있는 토지는 투자부동산에 속한다. 장기투자수익을 목적으로 보유되지만 재화의 생산이나 용역의 제공, 임대, 또는 관리활동에 사용되지 않으므로 유형자산으로 분류하지 않는다. 동일한 자산이라 하더라도 생산이나 영업활동을 위해 공장이나 사무실용으로 사용하는 건물은 유형자산으로 분류되지만 장기투자목적으로 보유하고 있는 건물은 투자부동산으로 분류되는 것이다. 한국채택국제회계기준은 투자부동산으로서 다음을 예시하고 있다.

(1) 장기 시세차익을 얻기 위하여 보유하고 있는 토지,
정상적인 영업과정에서 단기간에 판매하기 위하여 보유하는 토지는 제외한다.

(2) 장래 사용목적을 결정하지 못한 채로 보유하고 있는 토지(만약 토지를 자가사용할지 또는 정상적인 영업과정에서 단기간에 판매할지를 결정하지 못한 경우 당해 토지는 시세차익을 얻기 위하여 보유하고 있는 것으로 본다.)

(3) 직접 소유(또는 금융리스를 통해 보유)하고 운용리스로 제공하고 있는 건물

(4) 운용리스로 제공하기 위하여 보유하고 있는 미사용 건물

4.2 투자부동산의 인식과 평가

투자부동산도 자산이므로 일반적 자산 인식조건을 충족시킬 때, 즉 i) 투자부동산에서 발생하는 미래경제적효익의 유입가능성이 높고, ii) 투자부동산의 원가를 신뢰성 있게 측정할 수 있다는 조건을 모두 충족할 때 자산으로 인식한다. 투자부동산의 원가는 이 인식기준에 따라 발생시점에 평가한다. 투자부동산의 원가는 취득하기 위하여 최초로 발생한 원가와 후속적으로 발생한 추가원가, 대체원가 또는 유지원가를 포함한다.

투자부동산은 **최초인식** 시점에 거래원가를 포함하여 원가로 측정한다. 구입한 투자부동산의 원가는 구입금액과 구입에 직접 관련이 있는 지출(예 : 법률용역수수료, 부동산 구입 관련 세금 등 거래원가)로 구성된다. 그리고 자가건설한 투자부동산의 원가는 건설 또는 개발이 완료된 시점까지의 투입원가이다. 건설이나 개발이 완료될 때까지는 건설중인자산(유형자산)으로 분류하다가, 건설이나 개발이 완료되는 시점에 투자부동산으로 재분류한다.

유형 또는 무형 자산과 마찬가지로 투자부동산에 대해서도 취득 후 평가 시 공정가치모형이나 원가모형 중 하나를 회계정책[16]으로 선택하여 예외적인 경우를 제외하고는, 모든 투자부동산에 적용한다.

최초인식 이후 투자부동산의 평가방법을 원가모형으로 선택한 경우, 모든 투자부동산에 대하여 원가모형으로 측정한다(투자부동산이 매각예정으로 분류되는 경우는 제외).

16. 기업회계기준서 제1008호 '회계정책, 회계추정의 변경 및 오류'에서는 회계정책의 변경으로 거래, 그 밖의 사건이나 상황을 더욱 적절하게 표시하게 되는 경우에만 자발적인 회계정책의 변경을 허용하고 있다. 공정가치모형에서 원가모형으로 변경하는 것은 더욱 적절하게 표시하게 될 가능성이 매우 낮다.

반면, 공정가치모형을 선택한 경우, 최초인식 후 모든 투자부동산을 공정가치(보고기간 말 현재의 시장상황을 반영)로 측정하고, 공정가치 변동으로 발생하는 손익은, 유형자산의 경우와는 달리, 발생한 기간의 당기손익에 반영한다. 다만, 다음에서 설명하는 바와 같이 공정가치를 신뢰성 있게 결정하기 어려운 경우에는 그러하지 아니하다.

명백한 반증[17]이 없는 한, 공정가치모형은 투자부동산의 공정가치를 계속적으로 신뢰성 있게 측정할 수 있다는 가정을 기초로 한다. 그러나 그 명백한 반증이 있는 경우에는 비교할 만한 시장거래의 발생빈도가 낮고 신뢰성 있는 공정가치의 대체적 추정방법(예를 들면 미래현금흐름을 할인하는 방법)이 가능하지 않으므로 투자부동산의 공정가치를 계속하여 신뢰성 있게 결정하기가 어려울 수 있다. 이 경우 투자부동산에 대한 평가는 유형자산 평가에서의 원가모형을 적용하여(이 경우 잔존가치는 ₩0으로 가정됨) 원가에서 감가상각누계액과 손상차손누계액을 차감한 금액을 장부금액으로 한다. 이와 같은 예외적인 경우에 해당하여 하나의 투자부동산에 대하여 원가모형을 적용하더라도 그 밖의 모든 투자부동산에 대하여는 계속하여 공정가치모형을 적용한다.

4.3 투자부동산의 대체

부동산의 **사용목적 변경**(change of use)이 있게 되면 다른 유형의 자산 등으로 **대체**한다(transfer). 단, 다음과 같은 사실로 입증되는 경우에만(when & only when) 가능하다.

(1) 자가사용(owner occupation)의 개시 : 투자부동산을 자가사용 부동산으로 대체
(2) 정상적인 영업과정에서 판매하기 위한 개발의 시작 : 투자부동산을 재고자산으로 대체
(3) 자가사용의 종료 : 자가사용 부동산을 투자부동산으로 대체
(4) 제3자에게 운용리스 제공 : 재고자산을 투자부동산으로 대체
(5) 건설이나 개발의 완료 : 건설중인자산을 투자부동산으로 대체

17. 명백한 반증의 예로는, 처음으로 취득한 투자부동산, 또는 건설이나 개발을 완료하여 처음으로 투자부동산이 되거나, 부동산의 사용목적 변경으로 처음으로 투자부동산으로 분류한 투자부동산의 경우를 들 수 있다.

자가사용 부동산을 공정가치평가 투자부동산으로 대체하는 경우, 대체시점까지 그 부동산을 감가상각하고, 발생한 손상차손을 인식한다. 사용목적 변경시점의 부동산의 장부금액과 공정가치의 차액은 재평가회계처리와 동일한 방법으로 회계처리한다. 즉,

(1) 부동산 장부금액의 감소분은 당기손익으로 인식한다. 다만, 부동산의 장부금액에 재평가잉여금이 포함되어 있다면 그 금액을 한도로 하여 기타포괄손익으로 인식하고 재평가잉여금을 감소시킨다.

(2) 부동산 장부금액의 증가분은 다음과 같이 회계처리한다.

(가) 이전에 인식한 손상차손을 한도로 하여 당기손익으로 인식한다. 손익으로 인식하는 금액은 손상차손을 인식하지 않았다면 현재 부동산 장부금액(감가상각차감 후)이 되었을 금액으로 회복시키는 데 필요한 금액을 초과할 수 없다.

(나) 증가분 중 잔여 금액은 재평가잉여금으로 하여 기타포괄손익으로 인식하고 재평가잉여금을 증가시킨다. 후속적으로 투자부동산을 처분할 때에 자본에 포함된 재평가잉여금은 이익잉여금으로 대체될 수 있다. 이때 재평가잉여금은 당기손익의 인식과정을 거치지 않고 직접 이익잉여금으로 대체한다.

재고자산이나 건설·개발이 완료된 건설중인자산을 공정가치평가 투자부동산으로 대체하는 경우, 해당 자산의 장부금액과 대체시점의 공정가치의 차액은 당기손익으로 인식한다. 재고자산의 공정가치평가 투자부동산으로의 대체 시 회계처리는 재고자산 매각 경우의 회계처리와 일관성이 있다.

4.4 투자부동산의 처분

투자부동산을 처분하거나, 투자부동산의 사용을 영구히 중지하고 처분으로도 더 이상의 경제적효익을 기대할 수 없는 경우에는 제거(재무상태표에서 삭제)한다. 투자부동산의 폐기나 처분으로 발생하는 손익은 순처분금액과 장부금액의 차액이며, 폐기나 처분이 발생한 기간에 당기손익으로 인식한다. 투자부동산의 손상, 멸실 또는 포기로 제3자에게서 받는 보상은 받을 수 있게 되는 시점에 당기손익으로 인식한다.

요약

제1절 영업권

- 영업권(개별적으로 식별불가능)
  - 사업결합 시, 최초원가(취득원가)로 측정
    영업권의 최초원가(취득원가)
    = 이전대가(자산·부채의 취득대가) − 피취득기업 순자산의 공정가치
  - 상각하지 않으나 매년 손상검사하여 손상차손 인식여부 결정

제2절 영업권 외의 무형자산

- 무형자산(intangible assets) : 물리적 형태는 없으나 식별가능한 비화폐성자산
  1) 인식기준 : 식별가능성, 통제가능성, 경제적효익 가능성, 취득원가 측정가능성
  2) 개별적으로 식별가능 무형자산 : 산업재산권, 개발비, 광업권 · 어업권 등
     - 외부구입 무형자산 : 자산의 정의를 충족 : 취득원가로 기록하고 내용연수에 걸쳐 상각
       → 특별한 회계처리 문제 없음
     - 내부창출 무형자산 : 자산의 인식기준에 부합 여부 평가 어려움
       연구단계 : 발생한 지출은 원칙적으로 비용처리
       개발단계 : 자산요건충족 때만 무형자산(개발비), 그 외는 비용(경상개발비)
  3) 무형자산의 평가 및 상각(amortization) : 유형자산의 경우와 유사
     - 비한정 내용연수 : 무상각
     - 유한 내용연수 : 상각 → 다른 합리적 방법이 없는 경우 정액법(원칙적으로, 잔존가치 = ₩0)

제3절 투자자산

- 종류 : 장기금융자산(FVOCI금융자산, 장기금융상품, 장기수취채권, 장기대여금, 장기성 수취채권, 관계기업투자), 투자부동산
- FVOCI금융자산 : 최초 인식 후 공정가치 측정 : 평가손익 = 기타포괄손익
- 관계기업투자(지분법적용투자주식) : 관계기업 경영권에 유의적 영향력 행사(의결권 20% 이상)
  : 취득원가 계상 후, 지분법 평가
  - 관계기업의 당기 순이익(순손실)보고 : 지분법이익(손실) 계상
    : 동시에 관계기업투자의 장부금액 증가(감소)
  - 관계기업으로부터의 배당금 확정 : 자산 증가 + 관계기업투자의 장부금액 감소
  - 주식처분 : 처분손익(당기손익) = 처분가치 − 처분시점의 장부금액
    유의적 영향력을 상실하게 되면, 지분법적용 중단

- 투자부동산 : 임대수익, 시세차익 얻기 위해 소유자가 보유하는 토지, 건물 등의 부동산
  - 재화의 생산이나 용역의 제공 또는 관리 또는 정상적인 영업과정에서의 판매목적으로 보유하지 않는 것
  - 유형 또는 무형 자산과 마찬가지로 취득 후 평가 시, 공정가치모형이나 원가모형 중 하나를 회계정책으로 선택

연습문제

서술형

01. 영업권(goodwill)의 개념과 인식요건에 대해 설명하시오.

02. 사업결합(business combination)과 이전대가(consideration transferred)에 대해 설명하시오.

03. 영업권의 최초원가 측정에 대해 설명하시오.

04. 영업권의 상각(무상각)과 손상검사에 대해 간략히 설명하시오.

05. 한국채택국제회계기준에 따라 영업권이 아닌 무형자산(intangible assets)을 정의하시오.

06. 무형자산 인식과 관련하여 식별가능성(identifiability)에 대해 설명하시오.

07. 외부로부터 구입하여 최초로 인식하는 무형자산의 측정에 대해 설명하시오.

08. 내부적으로 창출한 무형자산의 회계처리에 대해 설명하시오.

09. 내부창출한 무형자산의 취득원가의 측정에 대해 설명하고, 그 원가에 포함되는 '직접 관련 원가' 및 원가에서 제외되는 항목의 예를 몇 가지 들어보시오. 특히, 한국채택국제회계기준에 따른 '연구'와 '개발'의 정의 및 관련 회계처리에 대한 설명을 포함하시오.

10. 무형자산의 상각여부에 대해 설명하시오.

11. 무형자산의 상각(amortization)과 유형자산의 상각(depreciation)의 주요 차이점을 설명하시오.

12. FVPL금융자산평가손익과 FVOCI금융자산평가손익에 대한 회계처리 면에서의 차이점과 그 이유에 대해 설명하시오.

13. FVOCI금융자산이 주식인 경우와 채권인 경우 사이에 후속 측정(즉, 취득 후 평가)의 차이점이 있다면 이에 대해 설명하시오.

14. FVOCI금융자산평가손익은 재무제표에 어떻게 표시하는지 설명하시오.

15. FVOCI금융자산이 주식과 같은 지분상품인 경우, 그 처분 시 회계처리방법에 대해 설명하시오.

16. FVOCI금융자산의 재순환(recycling)에 대해 설명하시오.

17. 관계기업(associates), 지분법(equity method)이란 무엇인지 간략히 말해보시오.

18. 기업이 취득한 지분증권(주식)을 관계기업투자로 분류하기 위한 요건을 설명하시오.

19. 관계기업투자주식을 보유한 기업은, 피투자기업(관계기업)이 당기순이익을 보고할 때, 그리고 관계기업으로부터 배당금을 수취할 때, 각각 어떻게 회계처리하는지 설명하시오.

20. 투자부동산(investment property)은 무엇인지 설명하시오.

21. 투자부동산의 감가상각에 대해 설명하시오.

22. 부동산의 사용목적 변경(change of use)이 있게 되면 다른 분류의 자산 등으로 대체(transfer)한다. 이에 해당하는 예를 네 가지 정도 들어보시오.

객관식

01. 사업결합 시, 피취득기업의 순자산공정가치가 이전대가를 초과하는 경우에 취득기업은 어떻게 회계처리해야 하는가?

① 취득기업은 피취득기업의 식별가능한 자산 및 부채의 공정가치에 대해서만 재검토한다.

② 취득기업은 피취득기업의 이전대가에 대해서만 측정을 다시 한다.

③ 취득기업은 피취득기업의 식별가능한 자산 및 부채의 공정가치나 이전대가에 대해 재검토하고, 그런 이후에도 계속해서 남는 초과분은 당기손익(수익)으로 인식한다.

④ 즉시 당기손익(수익)으로 인식한다.

⑤ 부(負)의 영업권(negative goodwill)이라는 부채로 인식한다.

02. 사업결합으로 취득한 영업권의 취득원가에 대한 상각에 대해 바르게 말한 것은?

① 영업권은 발생 즉시 상각한다. 즉, 취득원가는 취득연도에 주주지분에서 전액 차감한다.

② 유형자산처럼 내용연수에 걸쳐 상각한다.

③ 기업경영자의 결정에 따라 내용연수 상각 또는 무상각한다.

④ 영업권은 상각하지 않고, 그 대신 최소한 매 회계연도마다 손상검사를 하여 손상차손 여부를 인식한다.

⑤ 내용연수가 비한정인 경우에만 상각하지 않는다.

03. 무형자산(영업권 외)으로 인식되기 위한 기준에 포함되지 않는 것은?

① 식별가능성 ② 특정실체에 의한 통제가능성

③ 미래경제적효익의 유입 가능성 ④ 공정가치 측정 가능성

04. 다음은 무형자산의 가능성이 있는 항목들이다. 이 항목들 중 무형자산으로 인정될 수 있는 것만 묶은 것은?

a. 산업재산권	b. 개발비	c. 경상개발비
d. 연구비	e. 광업권·어업권	f. 창업비·개업비
g. 교육 훈련비	h. 광고비	i. 영업권

① a, b, c ② a, c, f
③ b, e, i ④ d, e, i

05. 무형자산의 정의에 있는 기업의 자산에 대한 통제(control)에 대해 바르게 말한 것은?

① 자산의 미래경제적효익에 대한 통제능력은, 일반적으로 강제가 가능한 법적 권리에서 나오는 것은 아니다.
② 자산의 미래경제적효익에 대한 권리는 그 법적 집행가능성이 통제의 필요조건이다.
③ 시장이나 기술에 대한 지식이 저작권, 법적 기밀유지의무 등과 같은 법적 권리에 의해 보호된다고 해도, 그에 대한 직접적인 법적 권리가 없다면 통제하고 있다고 할 수 없다.
④ 종업원 교육훈련은 미래경제적효익을 줄 수 있는 종업원의 기술 향상을 식별할 수 있으므로 일반적으로 통제가 가능하다.
⑤ 기업은 특정 경영능력, 고객관계 등을 지속할 수 있는 법적 권리 등 통제할 방법이 없다면 그로부터 창출될 미래경제적효익에 대해서 충분한 통제를 가지고 있지 않는 것이다.

06. 무형자산의 창출과정에서 이루어지는 R&D 관련 지출과 관련하여 다음 중 틀린 것은?

① 연구에서 발생한 지출은 발생시점에 비용으로 인식한다.
② 미래경제적효익을 창출할 것임을 제시할 수 있는 지출만 무형자산으로 인식한다.
③ 개발활동 관련 지출은 미래경제적효익을 창출할 것임을 제시할 수 있는 경우에만 무형자산으로 인식한다.
④ 개발활동은 연구단계보다 훨씬 더 진전되어 있는 상태이므로 관련 지출은 일반적으로 무형자산으로 식별하여 인식한다.
⑤ 무형자산을 사용 또는 판매하기 위해 그 자산을 완성할 수 있는 기술적 실현가능성을 제시할 수 없다면 무형자산으로 인식할 수 없다.

07. 다음 중 무형자산의 평가와 상각에 있어서 유형자산의 경우와 다른 점은?

① 무형자산은 취득원가로 기록한다.
② 손상차손을 인식하여 처리할 수 있다.
③ 상각은 취득원가를 수익발생 기간에 체계적으로 대응시키는 것이다.
④ 잔존가치는 원칙적으로 없는 것으로 본다.

08. 영업권 아닌 무형자산의 상각에 대해 틀리게 말한 것은?

① 일반적으로 상각하지 않고, 그 대신 최소한 매 회계연도마다 손상검사를 하여 손상차손 여부를 인식한다.
② 내용연수가 비한정인 경우에는 상각하지 아니한다.
③ 소비되는 형태를 신뢰성 있게 결정할 수 없는 경우에는 정액법을 사용한다.
④ 내용연수가 유한하면 그 기간 동안 상각한다.
⑤ 내용연수가 유한한 무형자산의 잔존가치는 원칙적으로 영(₩0)으로 본다.

09. 20×4년 6월 9일 장금(주)은 수라(주) 주식 200주(주당장부금액 ₩11,000) 중에서 100주를 주당 ₩15,000에 처분하고 ₩1,500,000을 현금으로 받았다. 수라(주) 주식 200주와 관련하여 기타포괄손익누계액에 FVOCI금융자산평가이익 ₩300,000이 이미 있었다. 이 경우 장금(주)이 손익계산서에 보고할 손익항목과 그 금액은 얼마인가?

① 보고할 손익항목 없음.
② FVOCI금융자산평가이익 150,000
③ FVOCI금융자산평가이익 400,000
④ FVOCI금융자산처분이익 550,000

10. 타기업에 영향력 또는 지배력을 갖기 위해 보유하는 그 타기업 주식에 대한 회계처리에 대해 잘못 말한 것은?

① 경영권에 유의적 영향력을 가진 경우, 관계기업투자로 처리한다.
② 타기업에 대한 의결권의 20% 이상을 가진 경우, 관계기업투자로 처리한다.
③ 타기업에 대한 의결권의 40% 이상을 가진 경우, 투자회사가 지배회사로서 피투자회사를 종속회사로 하여 하나의 경제실체로서 연결재무제표를 작성한다.
④ 직접적인 지배·통제력을 가진 경우, 투자회사가 지배회사로서 피투자회사를 종속회사로 하여 하나의 경제실체로서 연결재무제표를 작성한다.

11. 투자회사의 관계기업투자의 평가에 대한 회계처리에 대해 옳게 말한 것은?

① 투자회사는 동 주식에 대해 공정가치로 평가하여 평가손익을 계상한다.

② 투자회사는 동 주식에 대한 배당금을 받으면 배당금수익을 인식한다.

③ 투자회사는 동 주식에 대한 배당금을 받으면 동 주식의 장부금액을 증가시킨다.

④ 피투사기업이 당기순이익을 보고하면 투자회사는 평가이익을 계상한다.

기초문제

01. 신화(주)는 20×1년 초 진화(주)와 사업결합을 하면서, 진화(주)의 주주에게 ₩3,800,000의 현금을 지급하였다. 사업결합 직전 진화(주)의 재무상태표는 아래와 같다. 단, 진화(주)는 상각이 완료된 산업재산권이 있는데 그 공정가치는 ₩150,000이다. 사업결합일 현재, 신화(주)가 인식하는 영업권의 금액은 얼마인지 계산하고, 이 사업결합과 관련하여 필요한 분개를 하시오.

재무상태표

20×1년 12월 31일

진화(주)

자 산	장부금액	공정가치	부채·자본	장부금액	공정가치
현 금	₩300,000	₩300,000	유동부채	₩800,000	₩800,000
매출채권	420,000	420,000	자본금	500,000	–
상 품	510,000	902,000	이익잉여금	1,530,000	–
유형자산	1,600,000	2,500,000			
산업재산권	–	150,000			
자산총계	₩2,830,000	₩4,272,000	부채와 자본총계	₩2,830,000	

02. 세라코(주)은 20×9년 1월 3일 '프로젝트 알파' 를 위한 R&D 활동과 관련하여 다음과 같이 지출하였다. 이 지출 중 알파내시경은 상품화의 마무리 단계에서 필요한 것으로서 수익창출의 가능성을 확실하게 하는 것이다.

> 알파내시경의 제품화를 위한 기초적 연구 : ₩70,000
> 알파내시경의 제품화를 위한 기술의 개발 : ₩30,000
> 알파내시경 : ₩120,000

1) 세라코(주)의 20×9년 1월 3일 거래에 대해 분개하시오.
2) 만약 세라코(주)가 20×9년 1월 3일 알파내시경과 관련하여 무형자산으로 인식한 지출액이 있다면 4년에 걸쳐 상각한다. 동 무형자산과 관련하여 제3자가 이를 구입하기로 한 약정이나 관련 활성시장은 없을 때, 20×9년 12월 말 결산일에 필요한 수정분개를 제시하시오.

03. 다음은 무형자산의 창출과 관련하여 이루어진 지출이나 발생원가 항목들이다. 이 항목 각각에 대해 재무상태표에 무형자산으로 인식 가능하거나 그 원가 구성이 가능한지 여부를 결정하여 가능한 것만을 골라 그 번호를 그 이유와 함께 제시하시오.

1) 연구결과나 기타 지식을 탐색하여 응용하는 데 사용된 지출
2) 고객관계나 고객충성도 등의 유지를 통해 시장점유율을 증대하기 위한 지출
3) 무형자산 창출에 사용되었거나 소비된 재료원가나 용역원가
4) 무형자산을 운용하는 직원의 교육훈련과 관련된 지출
5) 무형자산 창출에 사용된 다른 무형자산(특허권과 라이선스 등)의 상각비
6) 무형자산의 계획된 성과달성 전에 발행한 초기 영업손실
7) 무형자산에 대한 법적 권리를 등록하기 위한 수수료
8) 재료, 제품, 공정에 대한 여러 대체안(alternatives)의 탐색에 사용된 지출

04. 다음은 20×5년 12월 31일 유명(주)의 기말 유형자산 및 무형자산과 관련된 자료이다.

건물	₩1,080,000
영업권	420,000
특허권	480,000
토지	390,000
감가상각누계액	670,000

【지시사항】

위에 열거된 항목이 표시되는 유명(주)의 부분 재무상태표를 작성하시오.

05. 설악(주)은 오성(주) 보통주식 42,000주를 투자용으로 ₩1,000,000에 매입하였다. 같은 해에, 오성(주)은 ₩300,000의 당기순이익을 보고하였고 ₩75,000의 배당금을 지급하였다.

【지시사항】

1) 설악(주)이 매입한 42,000주가 오성(주) 전체지분의 15%를 차지한다고 가정하여,

① 오성(주)에의 투자를 기록하기 위한 분개를 하시오.

② 같은 해 설악(주)의 오성(주) 투자를 회계처리하기 위한 분개를 하시오.

③ 설악(주)의 투자주식 관련 계정의 연말잔액은 얼마인가?

2) 설악(주)이 매입한 42,000주가 오성(주) 전체지분의 25%를 차지한다고 가정하여, 위의 문제를 반복하여 풀어보시오.

심층문제

01. 다음 3가지 경우의 문제에 답하시오.

(a) 20×5년 1월 1일, 소백(주)은 ₩2,250,000에 특허권을 매입하였다. 그 특허권의 법적 내용연수는 20년이다. 그러나 회사는 특허권의 내용연수가 취득일로부터 5년뿐일 것으로 추정하였다. 20×5년 6월 30일, 회사는 특허권 침해소송에서 성공적으로 방어하는 데 법률비용 ₩162,000을 지급하였다. 20×5년 12월 31일 기말에 특허권 상각을 위한 분개를 하시오.

(b) 청계(주)는 20×5년 1월 1일, 월출(주)로부터 프랜차이즈를 ₩450,000에 매입하였다. 그 프랜차이즈는 불특정 기간 동안 특정 지역 내에서 월출 닭날개를 판매할 수 있는 배타적 권리를 청계(주)에게 주는 것이다. 그 프랜차이즈는 15년간 가치가 있을 것으로 예상된다. 프랜차이즈의 취득 시 분개와 20×5년 12월 31일 기말에 필요한 수정분개를 하시오.

(c) 20×5년에 대모(주)는 신제품 개발에 ₩500,000의 연구비를 발생시켰다. 이러한 발생 및 20×5년 12월 31일 기말수정에 필요한 분개를 하시오.

02. 선봉(주)는 20×1년 11월 11일에 주당 액면가 ₩2,000인 Y회사 주식 10주를 주당 ₩15,000(거래관련 비용 포함 후)에 현금으로 매입하였다. Y회사는 동 주식을 FVOCI 금융자산으로 분류하였다. 선봉(주)은 Y회사 주식 10주를 20×2년 말까지 그대로 보유하고 있었다. Y회사 주식의 공정가치는 지난 2년간 다음과 같이 변화하였다.

취득원가	공정가치	
20×1년 중	20×1년 말	20×2년 말
₩150,000	₩130,000	₩225,000

1) 선봉(주)이 20×1년 11월 11일에 해야 할 분개를 제시하시오.
2) 선봉(주)이 20×1년, 20×2년 각 연도 말에 필요한 분개를 하시오.
3) 선봉(주)이 20×3년 5월 8일 Y회사 주식 10주 중 5주를 주당 ₩40,000(거래 관련 비용 차감 후)에 처분하고 현금을 받았다고 한다. 이 거래에 대해 분개하시오.

03. 고룡(주)은 1차년도 초에 액면금액 ₩100,000의 사채를 ₩95,026에 매입하여, 'FVOCI 채권' 계정으로 처리하고 FVOCI금융자산으로 분류하였다. 이 사채는 고룡(주)이 표시이자율 8%로 발행했던 것으로 당시 유효이자율은 10%이었다. 이자는 매년 말에 현금 지급된다. 그 후 시장이자율의 변동이 있어 1차년도 말과 2차년도 말에 동 사채의 공정가치는 각각 ₩96,000, ₩97,000이 되었다.

고룡(주)의 위 사채에 대해 1) 매입 시, 2) 1차년도 말, 3) 2차년도 말에 각사 해야 할 분개를 제시하시오.

04. 국제적인 영업망을 갖고 있는 제약회사인 다나아(주)는 제7기 초에 희야(주)의 발행주식 26%에 해당하는 주식 100주를 주당 ₩3,000에 현금으로 매입하였다. 이때 주당 매입가격 ₩3,000은 희야(주)의 식별가능한 자산, 부채 및 우발부채의 순공정가치 중 26%의 지분에 해당하는 금액과 일치한다.

다나아(주)의 제7기 말, 희야(주)는 당기순이익 ₩500,000을 보고하고, 주주에게 배당금으로 ₩100,000을 지급하였다. 그리고 다음 해인 제8기 초에 다나아(주)는 희야(주) 주식 전량을 현금 ₩1,200,000(수수료 차감 후 금액)에 매각하였나.

위 거래 또는 상황들과 관련하여 다나아(주)가 해야 할 분개를 모두 보이시오.

제 9 장 비유동부채

제 1 절 화폐의 시간가치 : 개념과 적용
제 2 절 사채(장기상각후원가측정(AC) 금융부채) 회계
제 3 절 충당부채 회계

비유동부채는 보고기간 말로부터 1년 이후에 상환하거나 의무를 이행해야 하는 장기부채로서, 크게 장기금융부채, 장기충당부채, 기타비유동부채(이연법인세부채 포함)로 나눌 수 있다. 장기금융부채(상각후원가측정(AC))의 평가를 위해서는 화폐의 시간가치 개념이 필수적이므로, 이 장은 이 개념에 대한 이해와 상각후원가측정(AC)의 장기금융부채(사채)에의 적용, 특히 사채발행, 이자지급 및 차금 상각·환입, 사채의 (중도) 상환 등의 경우 회계처리에 대해 살펴보고, 사채 외의 비유동부채(장기부채)의 종류에 대해서 알아본다. 이 과정에서 부채는 아니지만 교육효과를 위해 상각후원가측정(AC)금융자산(사채)에 대한 회계처리도 함께 다룬다. 끝으로, 충당부채 회계를 살펴본다.

제1절 화폐의 시간가치 : 개념과 적용

장기 채권·채무의 평가, 장기적 현금흐름과 관련된 다양한 문제에 널리 적용되는 매우 중요한 개념인 화폐의 시간가치란 무엇인지 알아보고, 그중에서도 회계에서 특히 중요시되는 현재가치에 대해 장기금융부채(사채)의 발행가격 산정을 중심으로 알아본다.

1. 화폐의 시간가치와 현가

화폐의 시간가치, 그 중에서도 특히 현재가치 개념은 장기 채권(투자)·채무의 평가에 있어 필요한 핵심 개념이다. 그 뿐 아니라 장기간에 걸쳐 일어나는 현금흐름과 관련된 다양한 문제에 광범위하게 적용되는 개념이다.

1.1 화폐의 시간가치 개념

동일한 화폐금액이라도 어느 시점에서의 금액이냐에 따라 그 가치는 서로 다르다. 즉, 현재의 ₩1은 1년 후의 ₩1보다 그 가치가 큰 것이다. 시점에 따라 다르게 되는 화폐가치를 **화폐의 시간가치**(time value of money)라 한다. 이러한 화폐의 시간가치에 영향을 주는 주 요소는 이자이다.

동일한 화폐금액이라 할지라도 유입·유출 시점이 다른 경우에 그 가치는 같지 않으므로 다른 시점의 화폐액을 비교할 경우에는 그 금액을 일정한 시점으로 통일하여 그때의 화폐가치로 환산해야 한다. 그 일정한 시점이 미래이면 그때의 가치가 **미래가치**(future value)이고, 현재이면 그때의 가치가 **현재가치**(present value) 또는 줄여서 **현가**(現價)이다.

더 구체적으로 말한다면, 미래가치는 현금흐름을 미래의 일정시점까지 누적 가산(accumulation)한 값이고, 현재가치는 미래의 현금흐름을 현재시점의 가치로 할인(discount)한 값이다. 현재가치 또는 미래가치는 다음 세 가지의 요인에 의해 결정된다.

① 현금 유입·유출(cash inflows, outflows)의 금액

② 현금 유입·유출의 시점

③ 할인율(discount rate) : 요구되는 수익률이나 이자율(금융계에서는 보통 금리金利라고 많이 함)인데, 보통 최저필수수익률(minimum required rate of return)이 사용된다.

1.2 현재가치 또는 미래가치의 계산 사례

현재가치 또는 미래가치의 의미는 무엇이고 어떻게 계산되는지 다음 여러 경우를 들어 설명한다. 단, 회계에서는 현재가치를 많이 사용하므로 현재가치에 특히 관심을 기울이기 바란다.

예제 1 목돈의 현재가치 (1)

연간 10%의 수익을 기대하고 투자를 하여 1년 후에 ₩1,000의 현금유입을 기대하고자 한다. 현재 얼마를 투자해야 하는가?

[풀이]

투자액 + (투자액 × 10%) = 1,000

투자액 × (1 + 10%) = 1,000

투자액 = 1,000/(1.1) = 909

따라서 현재 ₩909를 투자해야 한다. 이 ₩909을 1년 후 ₩1,000의 현가(현재가치)라 하고, 1년 후 ₩1,000을 현재 ₩909의 미래가치라고 한다.

이러한 상황은 다음과 같은 관계로 설명할 수 있다.

투자액(현재가치)	₩909
기대수익(₩909 × 10%)	91
1년 후 현금유입액(미래가치)	₩1,000

이 관계를 다음과 같은 그림으로 표현할 수 있다.

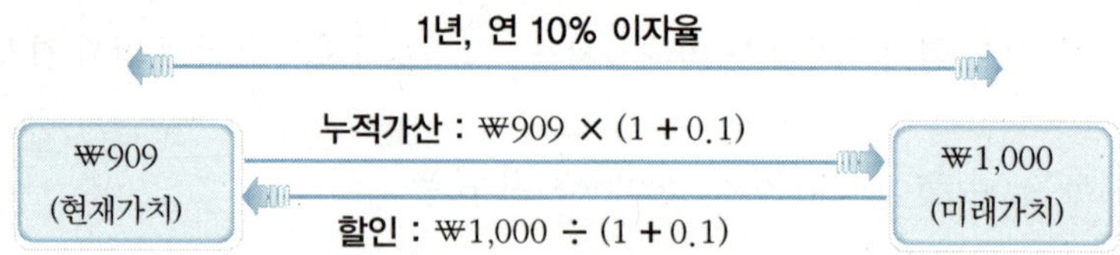

예제 2 목돈의 현재가치 (2)

연간 10%의 수익을 기대하고 투자를 하여 2년 후에 ₩1,000의 현금유입을 기대하고자 한다. 현재 얼마를 투자해야 하는가?

[풀이]

투자액 × (1 + 10%) × (1 + 10%) = 1,000

투자액 = $1{,}000/(1.1)^2$ = 826

따라서 현재 ₩826을 투자해야 한다. 이 ₩826을 2년 후 ₩1,000의 현가(현재가치)라 하고, 2년 후 ₩1,000을 현재 ₩826의 미래가치라고 한다.

이러한 상황은 다음과 같은 관계로 설명할 수 있다.

투자액(현재가치)	₩826
1년째 기대수익(₩826 × 10%)	83
1년 후 총투자액	₩ 909
2년째 기대수익(₩909 × 10%)	91
2년째 현금유입액(미래가치)	₩1,000

이 관계를 다음과 같은 그림으로 표현할 수 있다.

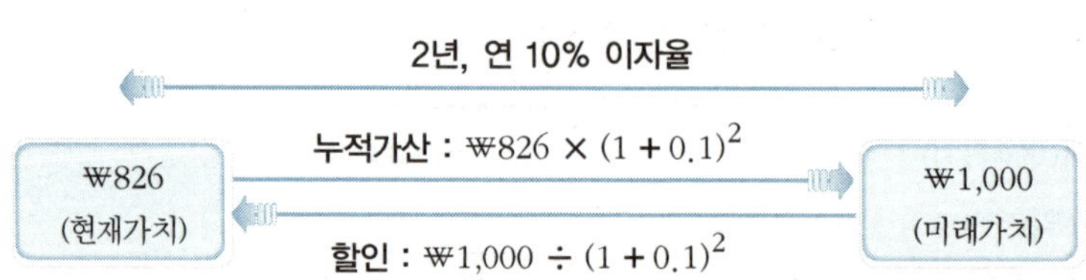

2. 현재가치표와 미래가치표

현재가치 또는 미래가치를 계산할 때, 앞서 본 것과 같은 관계식을 이용하는 것은 번거롭고 때로는 매우 복잡한 과정을 거쳐야 한다. 따라서 많은 경우 계산의 단순화와 편리를 위해 현재가치표나 미래가치표를 이용한다. 그러한 표는 본서의 부록으로 제공되어 있다.

이러한 표들은 ₩1의 현금흐름에 대해 그 시점과 적용할 할인율에 따라 결정되는 값들로 구성된다. 그리고 **목돈**(lump-sum money)과 **연금**(年金 annuity)의 두 경우로 나누어 각각의 경우에 미래가치표와 현재가치표가 제공되므로 보통 다음과 같은 4가지의 표가 있게 된다.

목돈의 현재가치표 : 미래(지금부터 몇 기간 후) ₩1의 현재가치
목돈의 미래가치표 : 현재 ₩1의 미래(지금부터 몇 기간 후)가치
연금의 현재가치표 : 매년(매기간) 발생하는 ₩1의 총 현재가치
연금의 미래가치표 : 매년(매기간) 발생하는 ₩1의 총 미래가치

여기서 연금(年金 annuity)이란 일정기간마다 발생하는 동일금액의 현금흐름을 말한다(퇴직 후 등에 받는 연금(年金 pension)도 한자는 같지만 의미는 다름에 유의하자).

예제 3 연금의 현재가치

첫 해의 말부터 시작하여 매년 말 ₩10,000의 현금이 3년간 유입된다. 할인율이 10%라면 3회에 걸쳐 받게 될 이 현금흐름의 현재가치는 얼마일까?

[풀이]

[부록]의 〈표 A-4〉 '연금의 현재가치'를 찾아보면 기간이자율(할인율)이 10%인 경우 3년간 받는 ₩1 연금의 현재가치는 2.4868이다. 따라서 매년 목돈 ₩10,000이 3년간 유입되는 연금의 현재가치는 다음과 같다.

$$₩10,000 \times 2.4868 = ₩24,868$$

또는 [부록]의 〈표 A-2〉 '목돈의 현재가치'에서 매년의 현재가치를 다음 표에서와 같이 구하고 이를 합산하여 구할 수도 있다. 이는 비효율적이므로 추천하는 방법은 아니지만, 현재가치의 이해를 위해 보여준다.

연도	현금유입액	이자율(10%)	현재가치
1	₩10,000	0.9091 (목돈의 현재가치)	₩ 9,091
2	10,000	0.8264 (목돈의 현재가치)	8,264
3	10,000	0.7513 (목돈의 현재가치)	7,513
		2.4868 (연금의 현재가치)	₩24,868

3. 현가 개념의 적용 : 사채(社債)

사채의 개념에 대해서는 이미 제2장에서 설명하였다. 여기서는 사채와 직접 관련되는 몇 가지 용어에 대해 언급하고 사채의 가치 계산에 현가개념이 어떻게 적용되는지 보여주기로 한다. 사채는 장기성 이자부어음(long-term interest-bearing note)의 집합체라고도 볼 수 있어, 그 회계처리도 서로 유사한 점이 많다.

- 액면금액(face value) : 만기 시에 사채발행자가 지급하게 되는 원금. 발행가격과 다른 것임에 유의
- 표시이자율 혹은 액면이자율(stated interest rate).

그림 9-1 사채 관련 현금흐름과 현가

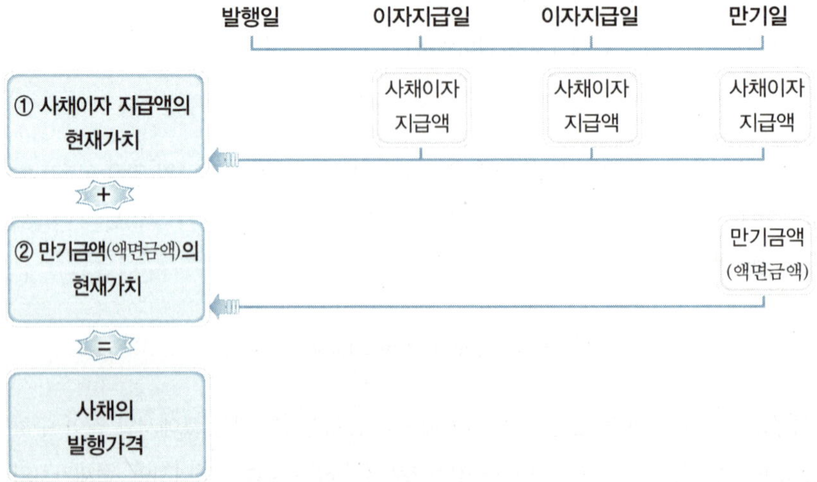

- 이자지급일 : 연 1회 혹은 2회나 4회 등으로 표시.
- 만기일 : 사채의 원금지급일. 발행 후 10년 이상인 경우도 있지만 우리나라에서는 주로 발행 후 3년에서 5년 후.
- 사채발행비 : 사채발행 시에 지출되는 사채발행비는 사채의 발행가격에서 차감.

예제 4 '표시이자율 < 시장이자율' 경우, 사채의 발행가격(현재가치) = 할인가격

이문(주)은 연초에 액면금액 ₩100,000인 3년 만기 사채를 표시이자율 10%로 발행하였다. 이자는 매년도 말에 지급하고, 시장이자율(즉, 유효이자율)은 12%이다. 사채의 발행가격(현재가치)은 얼마인가?

[풀이]

사채의 발행가격은 그 사채의 발행으로 부담하게 된 미래 현금지급액의 현재가치(이하, 현가라고 함)와 같다. 이를 사채매수자의 측면에서 보면 사채보유로부터 미래에 받게 되는 현금의 현가이다. 즉, 〈그림 9-1〉에서 보듯이 발행가격은 '3년간 매년 지급되는 이자(연금)'의 현가와 '3년 후 만기에 지급되는 액면금액'의 현가의 합계이다.

발행가격(현재가치) 계산

① 3년간 매년 지급되는 이자(₩10,000)의 현가	₩24,018*
② 3년 후 만기에 지급되는 액면금액(₩100,000)의 현가	71,180**
액면금액(만기금액) 및 이자의 현가 합계	₩95,198

* ₩10,000 × 2.4018 [부록 〈표 A-4〉 연금의 현가]

또는, ₩10,000 × $[1/(1+0.12) + 1/(1+0.12)^2 + 1/(1+0.12)^3]$

** ₩100,000 × 0.7118 [부록 〈표 A-2〉 목돈의 현가]

또는, ₩100,000 × $[1/(1+0.12)^3]$

발행가격(₩95,198) < 액면금액(₩100,000)이므로 할인발행이 된 경우이다.
이 차액을 '사채할인발행차금'(discount on bonds payable)이라 한다.

예제 5 **'표시이자율 > 시장이자율' 경우, 사채의 발행가격(현재가치) = 할증가격**

[예제 4]에서 이문(주)의 경우, 만일 사채시장의 시장이자율(유효이자율)이 8%이고, 나머지 상황은 동일하다면 사채의 발행가격(현재가치)은 얼마가 될까?

[풀이]

발행가격(현재가치) 계산

① 3년간 매년 지급할 이자(₩10,000)의 현가	₩25,771*
② 3년 후 만기에 상환할 액면금액(₩100,000)의 현가	₩79,380**
액면금액(만기금액) 및 이자의 현가 합계	₩105,151

* ₩10,000 × 2.5771 [부록 〈표 A-4〉 연금의 현가]

또는, ₩10,000 × $[1/(1+0.08) + 1/(1+0.08)^2 + 1/(1+0.08)^3]$

** ₩100,000 × 0.7938 [부록 〈표 A-2〉 목돈의 현가]

또는, ₩100,000 × $[1/(1+0.08)^3]$

발행가격(₩105,151) > 액면금액(₩100,000)이므로 할증발행이 된 경우이다.

이 차액을 '사채할증발행차금'(premium on bonds payable)이라 한다.

여기서 흥미있는 질문을 해보자. 만약 [예제 4]에서 사채가 발행된 이후 어느 시점에 시장이자율이 사채발행 당시의 12%보다 더 상승한다면 자본시장에서 결정되는 사채가격은 어떻게 변할까? 많은 경우 사채는 발행된 후 유통시장에서 거래되고 이자율(금리)은 수시로 변동한다. 반면에, 사채가 지급하는 현금흐름 금액은 불변이다. 왜냐하면 이자지급액과 만기금액은 확정되어 있기 때문이다. 그러면 사채가격도 불변일까?

사채의 할인(또는 할증) 매매상황은 이미 제1장 제3절에서 언급했던 바, 이를 잘 숙지하고 있다면 사채가격은 하락할 것이라고 대답할 것이다. 그럼에도 불구하고 여기서는 현가 개념을 이용해 설명해보자. 어느 시점에서건 사채가격(시장가격)은 사채가 지급하는 현금흐름의 현가이므로, 비록 사채가 지급하는 현금흐름 금액은 불변이라 하더라도 할인율로 사용하는 시장이자율(즉, 유효이자율)이 변동하면 사채가격은 변동한다. 즉, 시장이자율(할인율)이 상승하면, 위 수식에서 보듯이 분모가 커지고 따라서 분수의 값은 작아져서 결국 사채가격은 하락하는 것이다. 물론 시장이자율이 하락하면 반대로 사채가격은 상승한다. 이제 독자는 '시장이자율(금리)과 채권가격(시장가격)은 서로 반대로 움직인다'

는 사실을 확실히 알게 되었을 것이다.

화폐의 시간가치 개념 : 목돈 및 연금의 현재(미래)가치
현재(미래)**가치의 결정요인** : 현금유출유입액, 현금유입유출 시점, 할인율
현가 개념의 사채 발행가격에의 적용 :
사채의 발행가격 = 이자지급액의 현가 + 만기금액(액면금액)의 현가
표시이자율 < 시장이자율 ⇒ 할인발행 → 사채할인발행차금
표시이자율 > 시장이자율 ⇒ 할증발행 → 사채할증발행차금

제2절 사채(상각후원가측정(AC) 금융부채) 회계

1. 사채의 의의 및 종류

사채의 의의에 대해서는 앞서 제1절에서 다루었다. 여기서는 사채의 종류에 대해 살펴본다. 사채는 다음과 같은 기준에 따라 여러 가지 종류가 있는데, 어느 종류의 사채이든 액면금액, 이자율, 만기일 등 기본 요소는 공통적으로 지니고 있다.

- 해당 사채의 지급과 관련한 제3자 보증의 유무
  - 보증사채(guaranteed bond), 무보증 사채(unguaranteed bond 또는 debenture)
- 해당 사채의 지급을 위해 담보가 제공되었는지의 여부
  - 담보부 사채(secured bond), 무담보부 사채(unsecured bond)
- 해당 사채의 주식취득 가능성 :
  - 전환사채(CB : convertible bond) : 사채보유자가 일정기간 내에 보통주식으로 전환할 수 있는 사채
  - 신주인수권부사채(BW : bond with warrant) : 사채보유자가 일정기간 내에 일정 가격으로 보통주식을 추가로 매입할 수 있는 권리(신주인수권)가 부여된 사채

■ 사채상환의 시점

- 만기상환사채(term bond) : 가장 일반적인 형태로서, 만기일에 만기금액(액면금액)으로 상환이 이루어지는 사채
- 조기상환사채(callable bond) : 사채발행기업이 만기일 전 어느 때라도 임의로 상환하여 회수할 수 있는 권리가 부여된 사채
- 연속상환사채(serial bond) : 사채발행기업이 사채의 만기금액(액면금액)을 일시에 상환하는 부담을 줄이기 위해 여러 회차의 기일을 정하여 순차적으로 분할지급함으로써 상환하기로 예정되어 있는 사채

2. 상각후원가측정(AC)의 금융부채(사채)와 금융자산(투자사채) 회계

이 장은 비유동부채의 회계처리에 대한 것이지만, 부채가 아닌 자산인 투자사채도 이 장에서 다룬다. 제8장에서도 언급했듯이, 그 이유는 두 항목의 회계처리가 화폐의 시간가치 개념을 바탕으로 하여 내용상 유사하고, 사채발행자와 사채매입자의 입장이 서로 대칭적이어서 두 입장에서의 회계처리를 병행하여 다루는 것이 효율적 학습에 도움이 되기 때문이다. 따라서 앞으로 가능한 한, 사채발행기업의 '사채' 와 사채매입기업의 'AC금융자산' (사채)을 병행하여 설명하기로 한다.

2.1 사채발행 시

이미 제6장에서 설명했듯이 금융부채는 **당기손익-공정가치측정 금융부채**(financial liabilities measured at fair value through profit or loss), **상각후원가측정 금융부채**(financial liabilities measured at amortised cost)의 두 개의 범주로 구성된다. 전자는 **단기매매금융부채**(financial liabilities held for trading)[1]로 분류되거나 최초인식 시점에 '당기손익-공정가치측정(FVPL)' 으로 지정된 금융부채이고, 이러한 FVPL금융부채가 아닌 모든 금융부채는 후자로 분류된다.

일반적으로 발행사채는 만기가 1년 이상이므로 발행시점에 장기금융부채로 분류되고, '상각후원가(AC : amortised cost)금융부채' 에 속한다. 기업이 사채를 발행하게 되면

---

1. 단기적 이익획득 목적으로 단기간 내에 재매입하기 위해 부담하는 금융부채, 또는 파생상품 금융부채.

발행기업은 'AC금융부채-사채' 라는 금융부채를 액면금액(face value)으로 대변에 기록(貸記)한다. 이때 액면발행, 할인발행, 또는 할증발행이 이루어질 수 있는데, 그 특성은 다음과 같다.

> 액면발행(표시이자율 = 시장이자율) : 발행가격 = 액면금액
> 할인발행(표시이자율 < 시장이자율) : 발행가격 = 액면금액 – 사채할인발행차금
> 할증발행(표시이자율 > 시장이자율) : 발행가격 = 액면금액 + 사채할증발행차금

앞의 제1절에서 사례로 든 사채발행기업인 이문(주)의 경우를 계속 이용하여 관련 회계처리를 설명한다. 이문(주)은 연초에 사채(액면금액 ₩100,000, 3년 만기, 표시이자율 10%, 매년 말 이자지급)를 [예제 4]에서는 유효이자율 12%로 발행하여 현금 ₩95,198을 조달하였고, [예제 5]에서는 유효이자율 8%로 발행하여 현금 ₩105,151을 조달하였다.

사채의 발행에 대해 이문(주)은 다음과 같이 분개한다.

사채발행 : 사채발행기업의 분개

사채의 할인발행 [예제 4]			사채의 할증발행 [예제 5]		
차변) 현 금	95,198		차변) 현 금	105,151	
사채할인발행차금	4,802		대변) AC금융부채-사채		100,000
대변) AC금융부채-사채		100,000	사채할증발행차금		5,151

따라서 사채할인발행차금 혹은 사채할증발행차금 계정이 나타날 수 있는데, 전자는 (발행)사채라는 금융부채의 차감계정(contra account), 후자는 부가계정(adjunct account)으로서 재무상태표상에서 'AC금융부채-사채' 계정에 대해 차감 혹은 가산하는 형식으로 표시된다. 만약 사채발행기업이 사채발행시점에 재무상태표를 작성한다면 다음과 같다.

사채발행 : 사채발행기업의 재무상태표 표시

사채의 할인발행 [예제 4]		사채의 할증발행 [예제 5]	
AC금융부채-사채	₩100,000	AC금융부채-사채	₩100,000
사채할인발행차금	(-) 4,802	사채할증발행차금	(+) 5,151
사채의 장부금액	₩95,198	사채의 장부금액	₩105,151

여기서 독자가 유의해야 할 대목이 있다. 자산의 취득 시에는 역사적원가(취득원가)로 측정하여 기록하는데, 사채(부채)는 왜 역사적 현금수취액(취득가격)이 아닌 액면금액으로 측정하여 분개했을까? 혼동하지 말자. 사채에 대해 액면금액이 표시되었지만, 사실 그 금액이 아니라 취득가격으로 측정된 것이다. 왜냐하면 사채할인(또는 할증)발행차금이 기록되었기 때문이다. 사채발행시점에 발행기업의 장부금액은 역사적 현금수취액으로 보고될 것이기 때문이다. 그런데, 이 역사적 현금수취액은 시간의 경과에 따라 체계적으로 변하여 **상각후가치**(amortised value)를 나타내게 된다. 이에 대해서는 곧 다루게 된다.

◉ 사채 매입자의 분개

발행된 사채를 매입한 기업의 경우 분개는 어떻게 될까? 사채의 매입자는 매입한 사채를 보유기간 동안 관리하는 사업모형과 **계약상 현금흐름 특성**에 따라 FVPL금융자산(단기매매증권), FVOCI금융자산, 또는 AC금융자산으로 분류하여 자산으로 계상할 것이다. 이 중 FVPL금융자산에 대해서는 제6장에서, 그리고 FVOCI금융자산에 대해서는 제8장에서 다루었으므로, 여기에서는 AC금융자산으로 분류하는 경우를 다루고 계정 명칭은 'AC사채'로 한다.

예제 6 AC금융자산의 매입

앞 [예제 4]에서의 이문(주)이 할인발행한 사채 전액을 저문(주)이 현금 ₩95,198에 매입했다고 하자. 이때 저문(주)은 동 사채를 원리금으로 구성되는 현금흐름의 수취를 목적으로 보유하고 있다고 한다. 저문(주)은 이에 대해 어떠한 회계처리를 해야 할까?

[풀이]

이 경우, AC금융자산(투자자산에 속함)이라는 자산이 차기되고, 관련 금액은 액면금액이 아니라 취득금액으로 기록된다. 따라서 사채 매입일에 저문(주)은 다음과 같이 분개한다.

차변) AC금융자산	95,198	대변) 현 금	95,198

[설명]

여기서 AC금융자산(매입기업의 자산)는 취득원가로 기록하고 사채할인(또는 할증)발행차금은 기록하지 않는다. 발행기업은 만기에 갚아야 할 금액인 액면금액을 표시할 필요가 있지만, 매입기업에게는 만기금액의 표시가 중요하지 않기 때문이다. 사채할인(또는 할증)발행차금은 명시적으로는 표시되지 않지만, 이 차금이 만기금액에서 차감(또는 가산)된 취득원가로 기록된 것이다. 따라서 보유사채의 장부금액은 만기일에 가까워짐에 따라 취득원가로부터 액면금액으로 접근할 것이다. 즉, 장부금액은 사채할인발행의 경우 증가해 가고, 사채할증발행의 경우 감소해 간다. 이에 대해서는 곧 다루게 된다.

최초인식 후, AC금융자산(채권)은 FVPL항목이나 FVOCI채권처럼 공정가치로 측정하지 않고 유효이자율법을 사용하여 상각후원가(AC)로 측정한다. 이와 관련한 회계처리는 금융부채(발행 사채)와 병행하여 곧 다룸으로써 이해도를 높일 수 있을 것이다.

2.2 사채 기간 중 : 사채발행차금의 상각(환입)과 사채이자비용

1) 사채발행차금의 개념

사채발행 시, 사채발행차금(사채할인발행차금 또는 사채할증발행차금을 함께 칭하는 말임)이 발생한 경우에, 그 차금은 사채기간 동안 상각 또는 환입된다. 이로써 사채발행차금 계정의 잔액은 사채만기일에 가까워질수록 감소하게 되고, 결국 만기일에는 ₩0으로 소멸된다(〈그림 9-2〉 참조). 이러한 사실은 곧 사채발행차금의 상각표(또는 환입표)를 보면서 회

그림 9-2 **사채발행차금의 상각**(환입)

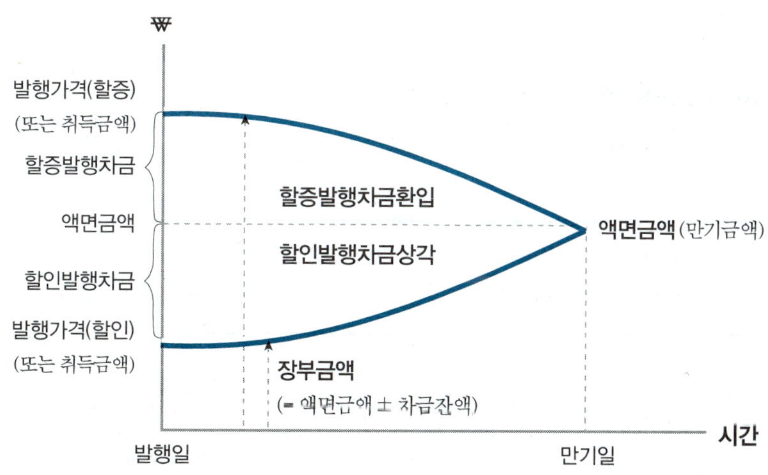

계처리를 다룰 때 더 잘 이해할 수 있을 것이므로 여기서는 그렇다는 것만 잘 기억해두자.

사채발행차금은, 엄밀한 의미에서, 시장의 실질이자율에 접근시키기 위한 이자의 추가조정적 성격을 가진다. 따라서 그 차금의 상각액(또는 환입액)은 사채이자비용(투자자 입장에서는, 유가증권이자수익)에 가감된다.

사채할인발행차금의 의미를 쉽게 이해하기 위해, 만기 5년 후인 사채의 액면금액이 ₩1,000이고 그 사채의 발행 시 사채할인발행차금이 ₩100인 경우를 보자. 이때 발행가격은 ₩900이 될 것이다. 이 경우, 사실상 차입 원금은 ₩900이고, 만기일에 상환해야 할 금액은 만기금액(액면금액)인 ₩1,000이므로 그 차이 ₩100은 5년간의 이자이고, 연 평균 ₩20인 셈이다(그런데, 이 이자 ₩20은 매년 이자지급일마다 주는 것이 아니라 그간 누적했다가 만기에 일괄 지급하는 꼴이다). 이 ₩100이 사채할인발행차금이다. 따라서 만일 표시이자율이 5%라면 매년 이자를 50원씩 지급해야 하므로 사실상 매년 이자는 평균 ₩70(= ₩20 + ₩50)인 셈이고 이 ₩70이 손익계산서상의 연간 평균 이자비용이 된다. 이 이자비용 중 ₩20부분이 바로 차금상각액이다. 여기서 다음의 관계를 알 수 있다 : 이자비용 = 이자지급액 + 차금상각액. 사채할증발행인 경우에도 이와 마찬가지로 생각하면 된다.

2) 사채발행차금 상각(환입)의 회계처리(분개)

사채할인(할증)발행차금의 상각액(환입액)은[2] 사채이자비용(사채 매입자의 경우에서는, 유가증권이자수익)이라는 계정을 사용하여 분개하고, 이를 손익계산서에 당기손익으로 보고한다.

① 할인발행 경우

i) 이자지급 시(이 날이 결산일인 경우, 아래 분개 ii)는 물론 불필요함)

차변) 사채이자비용	×××	대변) 현 금	×××
사채이자비용	×××	사채할인발행차금	×××

2. 사채할인발행차금의 기간배분은 '상각'이라 하고, 사채할증발행차금의 기간배분은 '환입'이라 한다. 상각이나 환입의 영어표현은 모두 amortization이다. 무형자산의 상각과 동일한 표현이다.

ii) 기말 결산 시(이자지급일과 다른 날인 경우)

차변) 사채이자비용	×××	대변) 미지급이자	×××
사채이자비용	×××	사채할인발행차금	×××

② 할증발행 경우

i) 이자지급 시(이 날이 결산일인 경우, 아래 분개 ii)는 물론 불필요함)

차변) 사채이자비용	×××	대변) 현 금	×××
사채할증발행차금	×××	사채이자비용	×××

ii) 기말 결산 시(이자지급일과 다른 날인 경우)

차변) 사채이자비용	×××	대변) 미지급이자	×××
사채할증발행차금	×××	사채이자비용	×××

3) 사채발행차금 상각(환입)액의 계산 : 유효이자율법

사채할인(할증)발행차금의 상각액(환입액)을 계산하는 방법에는 두 방법, 즉 유효이자율법(effective interest method)과 정액법(straight-line method)이 있다. 이론상 정확한 방법은 유효이자율법이고 한국채택국제회계기준도 이 방법을 사용하도록 하고 있다. 계산이 단순하여 과거에 이용되기도 했던 정액법은 이제 허용되고 있지 않지만, 유효이자율법에 대한 이해를 위한 비교대상으로 이 절 마지막에 참고내용으로 엮었다. 지적 호기심 있는 독자는 읽어보기 바란다.

유효이자율법은 사채의 이자비용(또는 이자수익)을 장부금액에 사채발행 시의 일정 유효이자율을 곱하여 먼저 산정하고, 이 비용과 이자지급액(＝액면금액 표시이자율)과의 차액으로 차금액을 상각(또는 환입)하는 방법이다. 여기서 유효이자율이란[3] '사채의 액면

3. 여기서 유효이자율은 엄밀히 말해 사채발행 당시의 시장이자율과 미미하지만 차이가 있다. 일반적으로 사채발행 시 사채발행비용이 있기 때문에 이 비용만큼 발행가격에서 차감한 금액이 발행기업의 실지 현금수취액

금액과 매기 이자지급액' 의 현재가치를 그 발행가격과 일치시켜주는 이자율로서, 사채발행 당시의 시장이자율이다. [즉, 이론상으로는 발행가격 = f(r, n, 액면금액, 매기 이자지급액)을 만족시켜주는 r의 값이다. 이 등식에서 f는 현가의 값을 구하는 함수식, n은 이자지급횟수를 뜻한다].

여기서 앞서 제1절에서의 [예제 4], [예제 5]를 계속 이용하여 매년의 상각(환입) 금액과 이자비용 금액, 그리고 관련 분개는 어떻게 되는지 살펴본다.

다음 표에서 보듯이, 유효이자율법에서는 유효이자율은 일정하지만 매년 사채의 장부금액(사채액면금액에 차금잔액을 가감한 것)이 증가(할인발행차금의 경우인 〈표 9-1〉) 또는

표 9-1 **유효이자율법에 의한 사채할인발행차금 상각 명세표**(유효이자율 : 12%)

시 점	사채이자		사채할인발행차금		장부금액 (E) (연도 말) [액면금액 - (D)]
	유효이자(A) (장부금액의 12%) [전기 말(E) × 12%]	현금지급액(B) (액면금액의 10%) [₩100,000 × 10%]	당기상각액(C) [(A) - (B)]	미상각잔액(D) [전기(D) - (C)]	
발행일				₩4,802	₩95,198
1년 말	₩11,424	₩10,000	₩1,424	3,378	96,622
2년 말	11,595	10,000	1,595	1,783	98,217
3년 말	11,783*	10,000	1,783	0	100,000

* 반올림에 따른 단수차이를 조정

표 9-2 **유효이자율법에 의한 사채할증발행차금 환입 명세표**(유효이자율 : 8%)

시 점	사채이자		사채할증발행차금		장부금액(E) (연도 말) [액면금액 + (D)]
	유효이자(A) (장부금액의 8%) [전기 말(E) × 8%]	현금지급액(B) (액면금액의 10%) [₩100,000 × 10%]	당기환입액(C) [(A) - (B)]	미환입잔액(D) [전기(D) - (C)]	
발행일				₩5,151	₩105,151
1년 말	₩8,412	₩10,000	₩1,588	3,563	103,563
2년 말	8,285	10,000	1,715	1,848	101,848
3년 말	8,152*	10,000	1,848	0	100,000

* 반올림에 따른 단수차이를 조정

이 되므로, 유효이자율(발행기업의 자본비용)은 시장이자율보다 그만큼 높게 된다. 사채발행비용이 비정상적으로 크지 않다면 이 차이는 발행가격 대비 매우 작기 때문에 무시되는 경우가 많다.

감소(할증발행차금의 경우인 〈표 9-2〉)함에 따라 그 두 수의 곱으로 계산되는 이자비용(유효이자)도 증가 또는 감소하게 된다. 이 이자비용(유효이자)과 현금지급이자와의 차액이 차금잔액의 상각액 또는 환입액이 되는 것이다.

이렇게 상각 또는 환입이 이루어진 후의 장부금액(이를 **상각후가치**(amortised value)라고도 함)은 점점 증가하여 액면금액으로 수렴하게 된다. 즉 시간이 만기일인 '3년 말'로 갈수록 사채의 차금잔액은 '0', 장부금액은 '액면금액 100,000'으로 접근한다. 이러한 모습은 이미 〈그림 9-2〉에서 보았었다. 왜 그럴까? 그것은 유효이자율이 적용된 이자비용이 이자지급액보다 할인발행 경우에는 항상 크고, 할증발행 경우에는 항상 작게 되는 데서 비롯된다. 즉 할인발행의 경우, 계산된 이자비용보다 작게 현금지급하게 되니 그 차액(이것이 상각액)은 나중에 지급해야 하는 부채가 되고, 이것이 사채의 장부금액에 더해지는 것이다. 이로써 시간이 지날수록 장부금액은 증가하게 되고, 앞에서 언급했듯이 이자비용의 증가로 장부금액의 증가액은 점점 커지게 된다. 할증발행의 경우에는 이와 유사한 논리가 반대 방향으로 적용된다.

여기서 다음과 같은 사실에 주목하자.

매년 상각 금액은, 이문(주)의 경우 매년 정기적으로 지급하는 이자지급액 이외에 부담하게 되는 이자비용이 되고, 저문(주)의 경우 채권투자로부터 매년 정기적으로 받는 이자수취액 이외에 추가로 인식되는 이자수익이 된다.

유효이자율법을 적용하여 후속적인 분개를 보면 〈그림 9-3〉과 같다. 여기서는 첫 2개 연도만 보여주고, 마지막 연도인 3차 연도는 만기상환이 이루어지므로 다음 소절에서 다룬다.

그림 9-3 사채이자 관련 분개 : 유효이자율법

발행기업 - 이문(주)	매입기업 - 저문(주) (전액 매입)
1. 할인발행 경우 : 발행가 = ₩95,198	
i) 1년 말 이자지급 및 상각	i) 1년 말 이자수령 및 상각
차변) 사채이자비용 10,000 사채이자비용 1,424	차변) 현금 10,000 AC금융자산(사채) 1,424
대변) 현금 10,000 사채할인발행차금 1,424	대변) 유가증권이자수익 10,000 유가증권이자수익 1,424
ii) 2년 말 이자지급 및 상각	ii) 2년 말 이자수령 및 상각
차변) 사채이자비용 10,000 사채이자비용 1,595	차변) 현금 10,000 AC금융자산(사채) 1,595
대변) 현금 10,000 사채할인발행차금 1,595	대변) 유가증권이자수익 10,000 유가증권이자수익 1,595
2. 할증발행 경우 : 발행가 = ₩105,151	
i) 1년 말 이자지급 및 환입	i) 1년 말 이자수령 및 환입
차변) 사채이자비용 10,000 사채할증발행차금 1,588	차변) 현금 10,000 유가증권이자수익 1,588
대변) 현금 10,000 사채이자비용 1,588	대변) 유가증권이자수익 10,000 AC금융자산(사채) 1,588
ii) 2년 말 이자지급 및 환입	ii) 2년 말 이자수령 및 환입
차변) 사채이자비용 10,000 사채할증발행차금 1,715	차변) 현금 10,000 유가증권이자수익 1,715
대변) 현금 10,000 사채이자비용 1,715	대변) 유가증권이자수익 10,000 AC금융자산(사채) 1,715

* 따라서 발행기업의 첫 해 사채이자비용 및 매입기업의 유가증권이자수익은 할인발행의 경우 **₩11,424**이 되고, 할증발행의 경우 **₩8,412**이 된다.

2.3 사채의 상환 : 만기상환

일반적으로, 사채는 만기일에 액면금액(만기금액)과 함께 마지막 이자계산기간의 이자가 지급되면서 상환된다. 또한, 조기상환사채 등의 경우에서처럼, 만기일 이전에 사채가 상환되는 경우도 있다. 이 경우는 이 절 뒤의 참고로 엮고, 여기서는 만기상환의 경우만 보기로 한다. 앞서의 이문(주)과 저문(주)의 예를 계속하여, 만기상환 때의 회계처리를 보면 다음과 같다.

발행기업 - 이문(주)	매입기업 - 저문(주)(전액 매입)
1. 할인발행 경우 : 발행가 = ₩95,198	
iii) 3년 말 만기상환(이자지급 포함)	iii) 3년 말 만기상환(이자수령 포함)
차변) AC금융부채-사채 100,000 사채이자비용 10,000 사채이자비용 1,783	차변) 현금 100,000 현금 10,000 AC금융자산(사채) 1,783
대변) 현금 100,000 현금 10,000 사채할인발행차금 1,783	대변) AC금융자산(사채) 100,000 유가증권이자수익 10,000 유가증권이자수익 1,783
2. 할증발행 경우 : 발행가 = ₩105,151	
iii) 3년 말 만기상환(이자지급 포함)	iii) 3년 말 만기상환(이자수령 포함)
차변) AC금융부채-사채 100,000 사채이자비용 10,000 사채할증발행차금 1,848	차변) 현금 100,000 현금 10,000 유가증권이자수익 1,848
대변) 현금 100,000 현금 10,000 사채이자비용 1,848	대변) AC금융자산(사채) 100,000 유가증권이자수익 10,000 AC금융자산(사채) 1,848

3. 기타 비유동부채

비유동부채(고정부채)에는 지금까지 설명한 사채 이외에, 장기차입금, 장기성매입채무, 충당부채, 이연법인세부채 등이 있다. 이연법인세부채(자산)은 이 책에서 다루기에 적절치 않으므로 제외하고, 충당부채는 다음 제3절에서 다루게 되므로 장기차입금과 장기성매입채무에 대해서만 그 의미와 회계처리를 다음과 같이 간략히 설명한다.

장기차입금(long-term debt) : 차입기간 1년 이상의 채무이다. 장기차입금은 상환기일이 다가와 1년 이내로 되면, 유동성장기부채(current maturities of long-term debt)로 재분류하여 유동부채의 일부로 보고한다.

장기성매입채무 : 장기성외상매입금과 장기성지급어음을 포함한다.

- **장기성외상매입금** : 일반적으로 장기성외상매입금의 액면금액에는 지급기일에 지급해야 하는 이자비용까지 포함되어 있는 것으로 본다. 따라서 액면금액을 시장이자율로 할인하여 계산한 현재가치를 순수한 장부금액으로 평가하여 장기성외상매입금의 재무상태표상 금액으로 한다. 이에 따라 나타나는 액면금액과 장부금액(현재가치)과의 차이는 현재가치할인차금(사채의 경우처럼 장래의 이자비용 성격을 가짐)으로 하여 유효이자율법으로 상각하게 된다.
- **장기성지급어음** : 무이자부어음과 이자부어음이 있다.

  무이자부어음의 경우, 장기성외상매입금의 경우와 마찬가지로 처리한다. 즉 그 액면금액의 현재가치를 장기성지급어음의 재무상태표상 금액(장부금액)으로 한다. 이에 따라 나타나는 액면금액과 장부금액(현재가치)의 차이는 현재가치할인차금(사채의 경우처럼 장래의 이자비용 성격을 가짐)으로 하여 유효이자율법으로 상각한다.

  이자부어음의 경우에는 원칙적으로 현재가치로 평가할 필요가 없이 일반 차입금의 경우와 마찬가지로 처리하면 되지만, 만일 액면표시이자율이 시장이자율과 현저히 다를 경우에는 사채의 유효이자율법 적용 시처럼 실제의 유효이자를 계산하여 이를 당기의 이자비용으로 계산하는 회계처리가 필요하다.

참고 정액법 상각과 사채의 조기상환

A. 정액법(straight line method)에 의한 차금 상각(환입)

사채할인(할증)발행차금의 최초금액을, 매기 균등액으로 배분하여 매 결산기마다 상각[또는 환입]하는 방법이다. 이 상각액[환입액]이 이자지급액(=액면금액 × 표시이자율)에 가산[차감]되어 매 회계기간의 이자비용이 결정된다. 따라서 매 회계기간 이자비용은 유효이자율법 경우와 달리, 동일한 금액이 된다.

여기서도 역시 앞의 제1절에서의 [예제 4], [예제 5]를 계속 이용하여 매년의 상각[환입] 금액과 이자비용 금액, 그리고 관련 분개는 어떻게 되는지 살펴보자. 〈표 9-3〉에서 보듯이 정액법에서는 사채할인[할증]발행의 경우 매년 상각액[환입액]이 동일하고, 이 상각액[환입액]은 차금잔액을 감소시키며, 이에 따라 사채의 장부금액(사채액면금액에 차금잔액을 가감한 것)이 증가[감소]한다.

사채 발행(또는 매입) 후에, 이자지급일이나 결산일에 관련 후속적인 회계처리(분개)를 보면 다음 〈그림 9-4〉와 같다. 발행기업과 매입기업의 경우 모두를 보여준다(매 연도 말 동일한 분개가 이루어지므로 제1차 연도 말만 예시함). 상각[환입] 처리 시, 정액법이냐 유효이자율법이냐에 따라 오직 해당 금액 계산만 영향을 받을 뿐, 분개의 형식 또는 사용되는 계정의 종류가 달라지는 것은 아니다. 이 점을 잘 기억하자. 〈그림 9-4〉를 〈그림 9-3〉과 비교해보기 바란다.

표 9-3 정액법에 의한 사채발행차금 상각(환입) 명세표

시 점	할인발행				할증발행			
	AC금융부채 -사채 (대변)	할인발행 차금 상각액**	할인발행 차금잔액 (차변)	장부금액*	AC금융부채 -사채 (대변)	할증발행 차금 환입액**	할증발행 차금잔액 (대변)	장부금액*
발행일	₩100,000		₩4,802	₩95,198	₩100,000		₩5,151	₩105,151
1년 말	100,000	₩1,601	3,201	96,799	100,000	₩1,717	3,434	103,434
2년 말	100,000	1,601	1,600	98,400	100,000	1,717	1,717	101,717
3년 말	100,000	1,600	0	100,000	100,000	1,717	0	100,000

* 장부금액 = 사채(액면금액) − 할인발행차금잔액, 또는 사채(액면금액) + 할증발행차금잔액

** 매년 상각액(₩1,601) = 사채할인발행차금 최초잔액(₩4,802) ÷ 3년

매년 환입액(₩1,717) = 사채할증발행차금 최초잔액(₩5,151) ÷ 3년

다시 언급하지만, FVPL금융부채가 아닌 발행사채 등 금융부채나 AC금융자산의 경우, 한국채택국제회계기준은 유효이자율법을 적용하도록 규정하고 있다.

그림 9-4 사채이자 관련 분개 : 정액법

발행기업 – 이문(주)			매입기업 – 저문(주) (전액 매입)		
1. 할인발행 경우 : 발행가 = ₩95,198					
i) 1년 말 이자지급 및 상각			i) 1년 말 이자수령 및 상각		
차변) 사채이자비용	10,000		차변) 현금	10,000	
사채이자비용	1,601		AC금융자산(사채)	1,601	
대변) 현금		10,000	대변) 유가증권이자수익		10,000
사채할인발행차금		1,601	유가증권이자수익		1,601
2. 할증발행 경우 : 발행가 = ₩105,151					
i) 1년 말 이자지급 및 환입			i) 1년 말 이자수령 및 환입		
차변) 사채이자비용	10,000		차변) 현금	10,000	
사채할증발행차금	1,717		유가증권이자수익	1,717	
대변) 현금		10,000	대변) 유가증권이자수익		10,000
사채이자비용		1,717	AC금융자산(사채)		1,717

* 첫 해 발행기업의 사채이자비용 및 매입기업의 유가증권이자수익은 할인발행의 경우 ₩11,601이 되고, 할증발행의 경우 ₩8,283이 된다. 분개는 (금액들을 포함하여 모두) 매년 동일하다.

B. 사채의 조기상환 : 만기일 이전 상환

조기상환사채 등의 경우에서처럼, 만기일 이전에 사채를 상환하게 되면, 다음과 같은 절차로 회계처리한다.

① 우선, 상환일 현재시점으로 사채발행차금 계정의 잔액을 갱신(update), 정리한다.
② 상환되는 사채에 관련된 사채 계정과 갱신된 사채발행차금 계정을 제거한다.
③ 장부금액과 상환금액의 차액을 사채상환손익으로 인식한다.

여기서 사채상환손익(gains or losses on bond redemption)은 손익계산서에 당기손익으로 보고한다. 이 금액은 투자기업인 사채보유기업(예, 저문(주))의 경우, 'AC금융자산(또는 FVOCI사채)처분손익' 으로 손익계산서에 당기손익으로 보고한다.

사채의 조기상환에 따른 회계처리를 다음 예제를 통해 살펴본다.

예제 7 사채의 조기상환

이문(주)은 제2차년도 말에 3년 만기, 액면 ₩100,000인 사채를 ₩103,000(103%)에 조기상환하려고 한다. 이 사채는 제1차년도 초에 ₩105,151으로 할증발행되었었다. 이문(주)은 유효이자율법으로 상각해왔다. 이를 취득한 저문(주)은 AC사채로 분류하였으며 유효이자율법으로 상각해왔다. 이 경우, 이문(주)과 저문(주)의 분개는 어떻게 해야 할까?

[풀이]

발행회사 – 이문(주)	매입회사 – 저문(주)(전액 매입)
i) 2년 말 : 이자지급 및 차금의 정기 환입	i) 2년 말 : 이자수취 및 차금의 정기 환입
차변) 사채이자비용 8,285	차변) 현금 10,000
사채할증발행차금 1,715*	대변) 유가증권이자수익 8,285
대변) 현금 10,000	AC금융자산(사채) 1,715*
* 이 금액은 〈표 9-2〉에서 제2차년도 말의 당기 환입액.	
ii) 2년 말 : 사채의 조기상환	ii) 2년 말 : 사채의 조기상환
차변) AC금융부채(사채) 100,000	차변) 현금 103,000
사채할증발행차금 1,848**	대변) AC금융자산(사채) 101,848
사채상환손실 1,152	AC금융자산처분이익 1,152
대변) 현금 103,000	
** 이 금액은 〈표 9-2〉에서 제2차년도 말의 미환입잔액.	

제3절 충당부채 회계

1. 충당부채란 무엇인가?

기업이 당기 비용으로 처리해야 하는 것 중 일부는 추정에 의해 그 금액이 결정된다. 그간 우리가 보았던 대손상각비, 감가상각비 등이 그 예이다. 그런데 이 비용의 상대 계정은 대손충당금, 감가상각누계액 등으로서, 자산에서 차감되어 보고되는 자산차감계정(contra-asset account)임을 알았다. 그 해당 비용의 발생 결과 자산이 감소되는 것이다.

그런데 그 금액이 추정치로써 결정되는 비용 중에는 비용 발생의 결과 부채가 증가하는 것이 있다. 대표적인 것으로, 제품보증비용, 퇴직급여의 발생으로 부담하게 되는 제품보증충당부채, 퇴직급여 관련 충당부채라는 **충당부채**(provisions, estimated liability)가 있다. 이러한 항목들의 공통적 특성은 추정된 비용의 발생시점과 그 비용의 실제지급 시점 사이에 상당한 시간차이가 있고, 확정부채의 경우와는 달리 부채의 금액 및 이행시점이 확정되어 있지 않다는 것이다.

충당부채는 "지출의 시기 또는 금액이 불확실한 부채"로 정의되며, "(i) 현재의무이고, (ii) 이를 이행하기 위하여 경제적효익이 내재된 자원이 유출될 가능성이 높고, (iii) 당해 금액을 신뢰성 있게 추정할 수 있으면 부채로 인식한다."[4] 이는 "과거사건에 의하여 발생하였으며 경제적효익이 내재된 자원이 기업으로부터 유출됨으로써 이행될 것으로 기대되는 현재의무"라는 부채의 정의에 비추어 당연한 인식기준이다.

여기서 현재의무는 법적의무만이 아니라 의제의무도 포함한다. **법적의무**(legal obligations)는 명시적 또는 묵시적 조항에 따른 계약, 법률 등 법적 효력에 의하여 발생하는 의무이고, **의제의무**(constructive obligations)는 기업이 과거의 실무관행, 발표한 경영방침 또는 유효한 구체적 약속 등을 통하여 특정 책임을 부담하겠다고 상대방에게 표명한 결과 기업이 당해 책임을 이행할 것이라는 정당한 기대를 상대방으로 하여금 가지게 함에 따라 발생하는 의무이다.[5]

---

4. 기업회계기준서 제1037호 '충당부채, 우발부채 및 우발자산'(Provisions, Contingent Liabilities and Contingent Assets)

또한 위 정의에서, 자원의 유출 등 특정 사건의 가능성이 높다(probable)는 말은 그 사건이 발생할 가능성이 발생하지 아니할 가능성보다 높다(즉, 50% 이상)는 말이다.

과거사건이 현재의무(재무상태표에 인식되는 부채)를 발생시켰는지의 여부는 대부분의 경우 분명하다. 그러나 소송이 진행 중인 경우와 같이 어떤 사건이 실제로 발생하였는지 혹은 그 사건으로 현재의무가 발생하였는지의 여부가 불분명한 경우가 있다. 이러한 경우에는 재무상태표일 후에 발생한 사건이 제공하는 추가적인 증거를 포함한 이용 가능한 모든 증거를 고려하여, 보고기간 말 현재의무가 존재하는지의 여부를 결정하여, 현재의무의 존재 가능성이 부재 가능성보다 높고 위 (ii)와 (iii)의 인식기준을 충족하는 경우에는 충당부채를 인식한다. 그러나 보고기간 말에 현재의무의 부재 가능성이 높다면, 자원의 유출 가능성이 아주 낮지 않는 한, **우발부채**(다음에 곧 설명)로 공시한다(즉, 자원 유출가능성이 아주 낮은 경우에는 우발부채로도 공시할 필요가 없다).

재무제표는 미래시점의 예상 재무상태가 아니라 보고기간 말의 재무상태를 표시하는 것이므로, 과거사건과 관계없이 미래에 발생될 비용에 대하여는 충당부채를 인식하지 아니한다. 또한 미래의 예상 영업손실(future operating losses)은 부채의 정의에 부합하지 않을 뿐 아니라 충당부채의 인식기준을 충족시키지 못하므로 충당부채로 인식하지 아니한다.

충당부채는 결제에 필요한 미래지출의 시기 또는 금액의 불확실성으로 인하여 매입채무(trade payables), 미지급비용(accruals, accrued expenses)과 같은 다른 부채와 구별된다.[6] 충당부채는 별도로 보고되는 반면, 미지급비용은 흔히 매입채무나 기타 부채의 일부분으로 보고된다.

5. 기업회계기준서 제1037호 '충당부채, 우발부채 및 우발자산' 문단 10 '용어의 정의'.

6. 기업회계기준서 제1037호 '충당부채, 우발부채 및 우발자산' 문단 11에 의하면, 매입채무는 공급 · 제공받은 재화나 용역에 대하여 송장을 받았거나 공급자와 공식적으로 합의한 경우에 지급해야 하는 부채이고, 미지급비용은 공급 · 제공받은 재화나 용역에 대해 아직 그 대가를 지급하지 않았거나, 송장을 받지 않았거나 공급자와 공식적으로 합의하지 못한 경우에 지급해야 하는 부채(미지급유급휴가비용과 관련된 금액과 같이 종업원에게 지급의무가 있는 금액 포함)이다. 미지급비용도 지급시기 또는 금액을 추정할 필요가 있는 경우가 있지만 일반적으로 충당부채보다는 불확실성이 훨씬 작다.

2. 충당부채와 우발부채

일반적 의미에서, 모든 충당부채는 결제를 위한 지출의 시기나 금액이 불확실하므로 우발적이라고 할 수 있다. 그러나 '우발'이라는 용어는, 기업이 전적으로 통제 불가능한 불확실한 미래사건의 발생 여부에 의해서만 부채나 자산의 존재가 확인되기 때문에 재무제표에 부채나 자산으로 인식할 수 없는 경우에 한정하여 사용한다.

따라서 **우발부채**(contingent liability)는 부채의 인식기준을 충족하지 못하므로 부채가 아니며, ① 경제적효익이 내재된 자원의 유출을 초래할 현재의무가 있는지의 여부가 아직 확인되지 아니한 잠재적 의무이거나, ② 현재의무이지만 부채 인식기준을 충족하지 못한다(의무이행에 자원유출 가능성이 높지 않거나 당해 금액을 신뢰성 있게 추정할 수 없음)는 점에서, 현재의무로서 부채로 인식되는 충당부채와 차이가 있다. 우발부채의 예로는 기업이 피소되었으나 그 결과가 불확실한 소송을 들 수 있다. 우발부채는 의무이행을 위한 자원유출의 가능성이 '아주 낮지'(remote) 않는 한, 그 성격을 기술하여 공시한다.

한편, **우발자산**(contingent asset)은 일반적으로 경제적효익의 유입가능성을 발생시키는, 예기하지 못한 사건으로부터 발생한다(예 : 기업이 제기하였으나 그 결과가 불확실한 소송). 이러한 우발자산은 미래에 전혀 실현되지 않을 수도 있는 수익을 인식하는 결과를 초래할 수 있기 때문에,[7] 재무제표에 자산으로 인식하지 않으며, 경제적효익의 유입가능성이 높은 경우에만 공시한다.

---

7. 그러나 수익의 실현이 거의 확실시된다면 관련 자산은 더 이상 우발자산이 아니며, 따라서 당해 자산을 인식하는 것이 타당하다.

회계카페 불충분한 공시의 대가

10여 년 전, 美 연방 식품의약청(FDA)은 제품의 안전성 증거가 불충분하다며 Silicon Breast(유방확장용 실리콘 겔)에 대해 무기한 사용유예(moratorium)를 시켰다. 이에 이 제품의 미국 최대 생산업체인 다우코닝(Dow Corning)은 즉시 제품생산 라인을 폐쇄하고, 계류 중인 소송과 장래 소송에 대비 25백만 달러의 부채의 발생을 인식하고 재무제표에 보고했다. 회사는 현재와 미래 소송의 결과를 정확히 추정할 수 없었지만 25백만 달러의 손실이 매우 가능성 있다(probable)고 판단한 것이다.

그런데 몇 년이 지난 1998년 11월, 다우코닝은 그러한 소송(약 17,000명의 여성)과 관련하여 손해배상금 32억 달러를 지급하기로 합의하고 법원에 파산신청을 했다.

[**참고** : 다우코닝은 화학제품생산업체인 다우 케미컬과 코닝이 각각 50%의 지분으로 합작 · 설립했던 회사]

3. 충당부채의 측정, 변동 및 사용

충당부채로 인식하는 금액은 현재의무를 보고기간 말에 이행하기 위하여 소요되는 지출에 대한 최선의 추정치이어야 한다. 최선의 추정치는 보고기간 말에 의무를 이행하거나 제3자에게 이전시킨다면 합리적으로 지급해야 할 금액이다.[8]

충당부채로 인식해야 하는 금액과 관련된 불확실성은 상황에 따라 판단한다. 측정하고자 하는 충당부채가 다수의 항목과 관련되는 경우에 당해 의무는 모든 가능한 결과와 그와 관련된 확률을 가중평균하여 '기대가치'(기대치)를 추정한다([예제 8] 참조).

화폐의 시간가치 효과가 중요한 경우, 충당부채의 의무이행 시 예상되는 지출액의 현재가치로 평가한다. 충당부채를 현재가치로 평가하여 표시하는 경우에는 장부금액을 기간 경과에 따라 증가시키고 해당 증가 금액은 차입원가(이자비용)로 인식한다.

충당부채는 매 보고기간 말마다 그 잔액을 검토하고, 보고기간 말 현재 최선의 추정치를 반영하여 조정한다. 의무이행을 위해 자원이 유출될 가능성이 높지 아니하게 된 경우에는 관련 충당부채를 환입한다.

8. 보고기간 말에 그 의무의 이행이나 이전이 불가능하거나 과다한 비용이 소요되는 경우에도, 그 이행이나 이전을 위한 합리적 지급액의 추정액은 현재의 의무를 보고기간 말에 이행하는 데 소요될 지출에 대한 최선의 추정치가 된다.

3.1 제품보증의 회계 : 제품보증충당부채

자동차회사나 가전제품회사 등의 제조기업들은 자사제품에 대한 신뢰도를 높이기 위하여 고객들을 위한 제품보증을 실시하고 있다. 이 경우 제품보증이라는 의무는 일반적으로 과거사건에 의해 발생된 현재의무이고, 이의 이행에 현금 등 보증관련 자원이 유출될 가능성이 높고, 당해 금액을 신뢰성 있게 추정할 수 있으므로 부채로 인식하되, 지출의 시기 또는 금액이 불확실하므로 제품의 매출시점(보증의무 발생시점)에 충당부채를 인식하고 동시에 제품보증 비용의 발생을 인식한다. 한편, 제품보증과 관련된 실제지급 시점은 매출실행 후 만일 고객의 보증 이행요구가 있게 되면 그 보증사항을 이행함으로써 지급이 이루어지는 때이다. 다음 [예제 8]과 [예제 9]를 보도록 하자.

예제 8 기대가치(기대치) : 제품수선비용의 경우

서충(주)은 사업개시연도인 20×1년도에 자동차부품을 만들어 판매하면서, 판매 후 첫 6개월 이내에 제조상 결함으로 인하여 발생하는 수선비용을 보장하는 보증서를 발행한다. 20×1년도에 ₩200,000의 제품을 판매하였다. 판매한 모든 제품에서 사소한(중요치 않은) 결함이 발생할 경우에는 ₩5,000의 수선비용이 발생하고, 중요한 결함이 발생할 경우에는 ₩20,000의 수선비용이 발생한다. 서충(주)의 동종업계 경험 및 미래예상에 따르면 판매되는 제품 중에서 75%는 전혀 결함이 발생하지 아니하는 반면, 20%는 사소한 결함, 나머지 5%는 중요한 결함이 발생할 것으로 예상된다. 서충(주)은 보증의무와 관련된 자원의 유출가능성을 판단할 때 당해 의무 전체에 대하여 판단한다. 수선비용의 기대가치(기대치)는 얼마인가?

[풀이]

(75% × 0) + (20% × ₩5,000) + (5% × ₩20,000) = ₩2,000

예제 9 제품보증충당부채

앞 예의 서충(주)은 20×1년도에 자동차부품을 만들어 판매하면서, 이 매출과 관련한 보증이행에 ₩900의 현금지급이 기중에 이루어졌다. 연말에, 앞의 예에서 보는 바와 같이 계산된 기대가치(기대치)에 따라 보증의무와 관련된 제품보증비용(제품보증에 따른 재료비, 인건비, 경비 등)을 인식하였다.

그리고 이듬해인 20×2년에 서충(주)은 ₩300,000의 매출을 올렸으며, 제품보증서비스를 ₩2,400만큼 이행하였다. 20×2년 매출에 대한 제품보증비용 역시 [예제 8]에서와 같은 방법을 작용하여 ₩3,000의 기대치를 구하였다.

위 거래와 관련하여 서충(주)의 20×1년도, 20×2년도 각 연도에 행할 기중 및 기말 분개를 보이시오.

[풀이]

20×1년 기중 :	차변) 제품보증비용	900	대변) 현 금	900
20×1년 기말 :	차변) 제품보증비용	1,100	대변) 제품보증충당부채	1,100
20×2년 기중 :	차변) 제품보증충당부채	1,100	대변) 현 금	2,400
	제품보증비용	1,300		
20×2년 기말 :	차변) 제품보증비용	1,700	대변) 제품보증충당부채	1,700

[설명]

20×1년 말 현재 추정된 총 제품보증비용 기대가치(기대치)는 ₩2,000이다. 이 중 ₩900에 해당하는 제품보증을 이행하였기 때문에 아직 수행되지 않은 제품보증의무에 대한 이행예상금액은 그 나머지 금액인 ₩1,100이 된다. 이와 같이 당해연도 이후에 제공해야 할 제품보증의무는 **제품보증충당부채**(product warranty liability)라는 부채로 재무상태표에 보고된다(〈표 9-4〉 참조).

20×2년 중 제품보증서비스가 이행되면, 제품보증충당부채를 차기한다. 서충(주)의 경우 20×2년 중 이행액은 ₩2,400인데, 당시 충당부채 잔액이 ₩1,100(연초잔액)밖에 안 되므로 차이 ₩1,300은 당기의 제품보증비용으로 처리한다.

연말에는 20×2년 제품보증비용이 ₩3,000으로 추정되었는데, 이미 연중에 제품보증비용이 ₩1,300으로 처리되었으므로 그 나머지 ₩1,700의 비용이 추가로 인식되어야 하고, 이 금액은 장래 제품보증의 이행 시 지급될 것이므로 부채(제품보증충당부채)를 증가시킨다. 이렇게 되면, 당기의 손익계산서에는 제품보증비용이 ₩3,000, 재무상태표에는 제품보증충당부채라는 부채가 ₩1,700으로 보고된다(〈표 9-4〉 참조).

이상의 내용을 다음과 같이 설명할 수도 있다.

20×2년 이후에 이행될 제품보증은 전년도인 20×1년으로부터 이월된 제품보증부채 ₩1,100과 20×2년 추정된 제품보증비용 ₩3,000의 합계인 ₩4,100이다. 이 중 20×2년에 이행된 제품보증이 ₩2,400이기 때문에 20×2년 말 제품보증부채는 ₩1,700이며 이것이 제품보증충당부채 연말 잔액이 된다. 종합하면, 사업개시 후속연도의 제품보증충당부채는 연초 제품보증충당부채에 당해연도 제품보증비용을 가산한 후 당해연도에 이행한 제품보증서비스를 차감한 금액이다.

표 9-4 제품보증 관련 재무제표 표시 : 서충(주)의 경우 (단위 : 원)

계정과목	20×1	20×2
【손익계산서】		
매 출	200,000	300,000
제품보증비용	2,000	3,000
【재무상태표】		
제품보증충당부채	1,100*	1,700**

* 제품보증충당부채 = 제품보증비용(추정) − 제품보증의무 이행액 = 2,000 − 900 = 1,100

** 제품보증충당부채 = 연초 제품보증충당부채 + 제품보증비용(추정) − 제품보증 이행액
= 1,100 + 3,000 − 2,400 = 1,700

[참고사항] 이상의 회계처리에서, 우리는 추정된 제품보증비용 및 관련 충당부채 변화액이 먼저 인식되고 이에 따라 충당부채의 새로운 잔액이 결정됨을 보게 된다. 이것은 대손상각비 계상 시와 비교할 때 절차(순서)면에서 차이가 있지 않은가? 즉, 대손상각비 계상 시에는 대손충당금 기말잔액(필요액)을 먼저 추정하고 이를 바탕으로 대손상각비가 결정되었음에 비추어, 제품보증비용의 경우에는 비용이 먼저 추정된 후 제품보증충당부채의 잔액이 산정되는 것이다. 왜 그러한가? 그 이유는, 대손상각비 추정 시에는 실질계정(재무상태표 계정)인 매출채권을 바탕으로 (대손추정률(들)을 곱하여) 실질계정(대손충당금)이 우선 산정되기 때문이고, 제품보증비용 추정 시에는 명목계정(손익계산서 계정)인 매출액을 바탕으로 명목계정(제품보증비용)이 우선 산정되기 때문이다.

3.2 퇴직급여의 회계 : 퇴직급여 관련 충당부채

퇴직급여가 회계적으로 관심을 끄는 이유는 많은 기업에서 노무비 중 퇴직급여가 차지하는 비중이 대단히 크고, 퇴직급여의 발생시점과 실제지급 시점 사이에 상당한 시간 차이가 있기 때문이다. 즉, 퇴직급여라는 비용의 발생시점은 근로자의 근무시점이지만, 퇴직급여의 실제지급 시점은 그 근로자가 퇴직한 시점 또는 그 이후이다.

종업원 퇴직 시 또는 그 후 고용주(기업)가 종업원에게 일시불(퇴직금)이나 연금(퇴직연금)의 형식으로 급여를 지급하는데, 이러한 약정을 **퇴직급여제도**(post-employment benefit plan)라고 한다. 여기에는 다음 두 가지 유형이 있다.

먼저, **확정기여제도**(DC : defined contribution plans)는 기업이 별개의 실체(separate entity)인 기금(fund)에 고정 기여금을[9] 납부하여야 하고, 종업원에게 지급할 퇴직급여금

9. 확정기여제도에서의 고정 기여금이나 확정급여제도에서의 약정급여는 일정한 산출식에 의해 정해지므로 (defined), 제도 명칭에 확정(defined)이란 말이 붙는다.

액은 기금에 출연되는 기여금과 그 기여금에서 발생하는 투자수익에 의해 결정되는 제도이다. 그 기금이 당기와 과거기간에 제공된 종업원 근무용역과 관련된 모든 종업원급여를 지급할 수 있을 정도로 충분한 자산을 보유하지 못하더라도 기업에게는 추가로 기여금을 납부해야 하는 의무(법적 또는 의제)가 없으므로, 종업원이 **보험수리적 위험**(actuarial risk : 종업원이 받게 되는 실제급여액이 기대급여액에 미치지 못할 위험)과 **투자위험**(investment risk : 기여금을 재원으로 투자한 자산이 기대급여액을 지급하는 데 충분하지 못하게 될 위험)을 부담하게 된다. 종업원이 근무한 기간에 기업은 정해진 일정 기여금만 별개의 실체(기금)에 지급하면 되기 때문에, 이 제도 하에서 회계처리는 단순명료하다. 현재의 비용이나 부채의 측정을 위해 미래 상황과 관련한 어떤 불확실성이나 가정을 고려할 필요가 없다. 따라서 충당부채도 존재하지 않는다. 이 제도에서는 당해기간의 기업 부담금(기여금)을 당기 비용(퇴직급여)으로, 납부한 금액은 현금지출로 처리하면 된다. 물론 납부액이 해당 부담금에 미달하면 그 미납액은 부채(미지급비용)로 처리한다.

이러한 확정기여제도 이외의 모든 퇴직급여제도가 **확정급여제도**(DB : defined benefit plans)이다. 이 유형의 경우에는 전·현직종업원에게 약정한 급여를 기업이 지급할 의무를 진다. 따라서 기업이 **보험수리적 위험**(약정급여를 위한 기업측 원가가 기대원가를 초과할 위험)과 투자위험을 실질적으로 부담한다. 즉, 투자실적 등이 예상보다 저조하다면 기업의 의무는 증가할 수 있는 것이다. 이 제도 하에서 기업은 필연적으로 미래 상황에 대해 불확실성을 고려하게 되고, 따라서 퇴직급여를 제공하는 궁극적 원가를 결정하는 여러 가지 변수들에 대해 최선의 추정을 반영하는 가정이 필요하게 된다. 이는 **보험수리적 가정**[10](actuarial assumptions)이라 하는 것으로, 크게 두 가지 가정, i) 급여 수령권이 있는 전·현직종업원의 미래 특성에 관한 인구통계적 가정(퇴직 전이나 퇴직 후의 사망률 등에 대한 것), ii) 재무적 가정(할인율, 미래의 임금과 급여 수준 등에 대한 것)으로 구성된다. 따라서 퇴직급여와 관련된 현재의 비용이나 부채의 측정에 존재하는 상당한 불확실성 하에서 이러한 가정들이 적용, 계산되어 충당부채가 인식된다.

확정급여제도 하에서의 퇴직급여 관련 충당부채회계는 원론수준을 넘어서는 매우 복잡한 내용을 가지므로, 본서는 그 핵심 내용만을 간략히 보여주고자 한다.

---

10. 보험수리적 가정들은 지나치게 낙관적이지 않으면서 지나치게 보수적이지도 않아야, 즉 편의가 없어야(unbiased) 하며 서로 간에 양립가능(compatible)해야 한다(기업회계기준서 제1019호 '종업원급여(Employee Benefits)' 문단72).

종업원으로부터 당기와 과거기간에 근무용역을 제공받음으로써 기업은 퇴직급여 관련 의무(채무)를 부담하게 되는데 이 채무를 결제하는 데 필요한 예상미래지급액을 **확정급여채무**(defined benefit obligation)라 한다. 이 **확정급여채무의 현재가치**와 종업원의 당기 근무용역 제공에 따른 이 현재가치 증가액(**당기근무원가** current service cost)은 모두 일정한 보험수리적 기법을 사용하여 추정한다. 기업의 재무상태표는 확정급여채무의 현재가치에서 **사외적립자산**(plan assets)[11]의 공정가치를 차감(다른 몇몇 항목의 가감 가능)하여 산출한 **확정급여부채**(defined benefit liability) 금액을 기말부채로 보고한다. 확정급여채무나 확정급여부채나 모두 충당부채인데 후자가 재무상태표에 보고되는 것이다(재무상태표에 보고되는 계정명칭으로 확정급여부채 대신에 퇴직급여부채 혹은 퇴직급여채무가 사용되기도 한다).

이제 사례를 보도록 하자. 단순화를 통한 이해의 편의를 위해 사업개시연도만을 다룬다.

예제 10 퇴직급여 관련 충당부채(사업개시연도의 경우)

제인(주)은 사업개시연도인 20×1년도에 종업원 퇴직급여를 위해 확정급여제도를 도입하고, 보험수리적 가정 및 관련 기법을 적용하여 종업원의 당기근무원가로 ₩6,000,000을 추정하였다. 이에 따라 20×1년도 말에 ₩5,000,000을 사외적립자산에 출연하였다. 이와 관련하여 제인(주)이 20×1년도 말에 행할 분개를 보이고 재무상태표에 무엇이 얼마로 보고될지 보이시오.

[풀이]

20×1년 기말 :	차변) 퇴직급여(비용)	6,000,000	대변) 확정급여부채	6,000,000
	차변) 확정급여부채(사외적립자산)	5,000,000	대변) 현금	5,000,000

이 분개 결과, 확정급여부채 ₩1,000,000이 재무상태표에 부채로서 보고된다.

[설명]

제인(주)의 설립 첫 연도이므로 당기근무원가 ₩6,000,000이 당기의 퇴직급여비용이 되고, 그

11. 사외적립자산은 장기종업원급여기금이 보유하고 있는 자산과 적격보험계약으로 구성된다. 전자는 보고기업과 법적으로 별개이고, 오로지 종업원급여를 지급하기 위하여 또는 종업원급여 기금적립을 위하여만 존재하는 실체(기금)가 보유하고 있는 자산이며, 후자는 보고기업과 특수관계자가 아닌 보험자와의 보험계약으로서, 보험금이 오직 확정급여제도상 종업원급여를 지급하기 위하여 또는 종업원급여 기금적립에만 사용될 수 있는 것이다.

만큼 확정급여채무의 현재가치가, 따라서 확정급여부채가 증가한다. 그런데 이에 대해 회사가 사외적립자산에 ₩5,000,000을 출연함으로써 확정급여부채는 감소한다. 확정급여부채 금액의 크기에 영향을 주는 항목에는 보험수리적 손익(보험수리적 가정과 실제 결과와의 차이로 인해 또는 보험수리적 가정의 변경으로 인해 발생하는 손익) 등 복잡한 항목들이 더 있을 수 있지만, 설립 첫 해이고 사외적립기금 출연이 기말에 이루어질 때는 더 이상 없다. 따라서 제인(주)의 재무상태표에는 확정급여부채가 잔액 ₩1,000,000으로 보고된다(세정명칭으로는 확정급여부채 대신에 퇴직급여부채, 퇴직급여채무가 사용되기도 한다).

3.3 기타의 충당부채

앞에서 설명한 충당부채 외에 손실부담계약이나 구조조정과 관련된 충당부채가 있다.

1) 손실부담계약(손실부담충당부채)

기업이 손실부담계약을 체결하고 있다면, 이와 관련된 현재의무를 충당부채로 인식하고 측정한다. **손실부담계약**(onerous contract)은 계약상의 의무에 따라 발생하는 회피불가능한 원가(비용)가 당해 계약에 의하여 얻을 것으로 기대되는 경제적효익을 초과하는 계약을 말한다. 여기서 회피불가능한 원가는 계약을 해지하기 위한 최소순원가로서, 계약을 이행하는 데 드는 원가와 계약을 이행하지 않을 때 지급해야 할 보상금(또는 위약금) 중 작은 금액이다.[12]

예를 들어, 생산용 기계를 임차한 자가 3년간 매월 초 100만원의 임차료를 지급하고 중도해지 시 잔여 임차기간의 임차료 전부의 60%를 임대인에게 위약금으로 내기로 되어 있는 임차계약을 체결하고, 이에 따라 그 기계를 임차하여 수익성 있게 사용해왔다. 그런데 그 임차인이 잔여기간 10개월을 남기고 공장이전을 해야 하여 그 기계를 더 이상 사용하거나 다른 이용자에게 재임대할 수도 없게 되었다. 이때 만일 임차인이 당해 임차계약을 해지하려 한다면, 임차인의 회피불가능한 원가는 계약이행에 드는 1,000만원과 위약금 600만원 중 작은 금액인 600만원이 될 것이다. 만일 임차인이 잔여기간 동안 기계사용으로부터 기대되는 경제적효익이 600만원보다 작다면 당해 임차계약은 손실부담계약이

12. 회피불가능한 원가는 최소금액이어야 하는 것은 논리상 합당하다.

될 것이고, 그 600만원이 회피 불가능한 임차료의 최선의 추정치라면 그 600만원을 충당부채로 인식한다.

2) 구조조정충당부채

기업은 **구조조정**(restructuring : 근본적인 구조 변화)과 관련하여 충당부채를 인식할 수 있는데, 이를 위해서는 충당부채의 인식기준이 충족돼야 한다. 구조조정에 대한 명확한 기준이 없던 과거에 기업들은 일시거액의 **구조조정충당부채**(restructuring provision)를 인식할 때 온갖 종류의 충당부채를 구조조정충당부채라는 이름 아래 몰아넣는 식(big bath)으로 남용했었다. 이러한 회계분식적 관행에 대응하여, 국제회계기준은 최우선적으로 구조조정을 '경영진의 계획과 통제에 따라 사업의 범위 또는 사업수행방식을 중요하게 변화시키는 일련의 절차' 로 한정하고, 관련 지침으로서 기업 구조조정의 사례를 제시했다. 그것은 (1) 일부 사업의 매각이나 폐쇄, (2) 특정 국가·지역 소재 사업체의 폐쇄 또는 다른 국가·지역으로의 이전, (3) 조직구조의 변경(경영계층의 축소 등), (4) 영업에 중대한 변화를 초래하는 근본적 조직정비(fundamental reorganization)이다.[13]

충당부채는 의제의무가 구조조정 결정으로부터 생길 때 인식되어야 하는데, 그 의제의무는 (1) 구조조정에 대한 공식적이며 구체적인 계획에 의하여 적어도 ① 구조조정 대상이 되는 사업 또는 사업의 일부, ② 구조조정의 영향을 받는 주사업장 소재지 등이[14] 모두 확인될 수 있어야 하고, (2) 기업이 ① 구조조정 계획의 이행에 착수하였거나, ② 구조조정의 주요 내용을 (충분히 구체적으로) 공표함으로써 구조조정의 영향을 받을 당사자가 기업이 구조조정을 이행할 것이라는 정당한 기대를 가져야 하는 두 요건을 모두 충족하는 경우에 발생한다.

이렇게 인식되는 구조조정충당부채는 기업의 계속적인 활동과 관련되는 지출이 아니라, 구조조정으로부터 **필수적**으로 발생하는 **직접적인 지출**만을 포함해야 한다. 계속근무 직원에 대한 교육훈련과 재배치, 마케팅, 새 제도와 물류체제의 구축에 대한 투자 등과 관련한 지출은 미래의 영업활동과 관련되므로 보고기간 말에 구조조정충당부채로 인식해서는 안 된다.

---

13. 기업회계기준서 제1037호 '충당부채, 우발부채 및 우발자산' 문단 70~83.
14. 이외에 (3) 해고에 따른 보상을 받게 될 것으로 예상되는 종업원의 근무지, 역할 및 대략적인 인원, (4) 구조조정에 소요되는 지출, (5) 구조조정 계획의 이행시기 등이 있다.

사례 구조조정충당부채의 인식

태왕(주)은 E사업부를 폐쇄하기로 하고, 보고기간 말에 태왕(주)의 경영자는 E사업부의 직원을 해고할 계획을 발표하였다. 경영자는 노조와 만나 그 해고계획에 대하여 설명하였다. 그러나 노조는 동 해고계획의 조건 등에 대해 불만을 표시하였고, 이를 따르지 않을 것임을 표명하였다. 한편, 이 구조조정과 관련하여 예상되는 지출이나 손식은 다음과 같다.

- E사업부 직원들의 해고에 따른 퇴직위로금 : 1억원
- 계속 근무하는 다른 사업부 종업원에 대한 교육훈련과 재배치비용 : 5백만원
- 구조조정 시까지 발생할 것으로 예상되는 영업손실 : 3백만원

이 경우 태왕(주)이 인식할 수 있는 구조조정충당부채 금액과 회계처리는?

[해설]

위 사례에서, 경영자는 해고에 관한 구체적인 계획을 가지고 있으며, 이 계획의 발표와 노조와의 토의를 통해 의제의무가 발생하였으므로 이에 대한 충당부채를 인식해야 한다.

충당부채로 인식할 금액은 구조조정과 관련하여 직접 발생한 퇴직위로금 1억원이다.

차변) 구조조정비용	1억원	대변) 구조조정충당부채	1억원

*본 사례는 "실무자를 위한 IFRS"(딜로이트 안진회계법인, 2010)에서 발췌하여 약간 수정한 것임.

요약

제1절 화폐의 시간가치 : 개념과 적용

- 1. 화폐의 시간가치 개념 : 목돈 및 연금의 현재(미래)가치
- 2. 현재(미래)가치의 결정요인 : 현금유출유입액, 현금유입유출 시점, 할인율
- 3. 현가 개념의 사채 발행가격에의 적용 :

  사채의 발행가격 = 이자지급액의 현가 + 만기금액(액면금액)의 현가

  표시이자율 < 시장이자율 ⇒ 할인발행 → 사채할인발행차금

  표시이자율 > 시장이자율 ⇒ 할증발행 → 사채할증발행차금

제2절 사채(상각후원가측정(AC)의 장기금융부채) 회계

- 1. 사채발행 시 : 사채할인발행차금 혹은 사채할증발행차금 발생 가능.

  두 계정 모두 사채의 평가계정 : 재무상태표의 'AC 금융자산-사채'에서 차감/가산하는 형식으로 표시.
- 2. 이자지급 및 차금 상각(환입) 시 : 유효이자율법 적용.

  유효이자율법 : 사채와 AC 금융자산의 경우 차금 상각(환입)에 적용.

  사채의 이자비용(= 장부금액 × 사채발행 시의 일정 유효이자율)을 먼저 산정하고, 이 비용과 이자지급액(= 액면금액 × 표시이자율)과의 차액으로 상각(환입)함.

  사채이자비용 = 이자지급액 +(-) 사채할인(할증)발행차금 상각액(환입액).
- 3. 사채의 조기상환 시 : 장부금액과 상환금액의 차이를 사채상환손익(영업외손익)으로 인식.
- 4. 사채 이외의 고정부채(장기부채) : 장기성차입금, 장기매입채무, 충당부채(제3절에서 다룸), 이연법인세부채(설명 생략)

제3절 충당부채 회계

- 1. 충당부채(provisions) : **지출의 시기 또는 금액이 불확실한 부채**로서 발생 비용의 추정이 요구됨.

  대표적으로, 퇴직급여 - 퇴직급여충당부채, 제품보증비용 - 제품보증충당부채.

  특징 : 추정된 비용의 발생시점으로부터 상당한 시간 경과 후 그에 대해 실제지급이 이루어짐.

  : 부채의 금액 및 이행시점의 미확정.
- 2. 제품보증 회계

보증 이행 시 :	차변) 제품보증충당부채	×××	대변) 현 금	×××
보증비용 계상 시(기말) :	차변) 제품보증비용	×××	대변) 제품보증충당부채	×××

- 3. 퇴직급여 회계(확정급여제도 경우)

사외적립금 출연 시 :	차변) 퇴직급여부채	×××	대변) 현 금	×××
퇴직급여비용 계상 시(기말) :	차변) 퇴직급여	×××	대변) 퇴직급여부채	×××

연습문제

서술형

01. 화폐의 현재가치(present value)와 미래가치(future value)의 개념에 대해 설명하시오.

02. 사채의 액면발행, 할인발행, 할증발행은 각각 어떤 경우에 이루어지는지 설명하시오.

03. 표시이자율(stated interest rate)과 시장이자율(market interest rate)에 대해 설명하고, 이들이 사채가격과 어떤 관계를 가지는지 설명하시오.

04. 사채의 할인발행 및 할증발행 각각의 경우, 발행기업이 발행시점에 기록해야 할 분개에 대해 설명하시오.

05. 원리금지급만으로 구성되는 현금흐름의 수취를 목적으로 취득한 AC금융자산은, FVPL금융자산 및 FVOCI금융자산과 달리 기말 공정가치에 의한 평가를 하지 않는 이유에 대해 설명하시오.

06. 사채할인발행차금을 상각하는 이유에 대해서 설명하고 이것이 사채의 실질적 이자와 어떤 관계를 가지는지 설명하시오.

07. 사채할인발행차금과 사채할증발행차금을 재무상태표에 표시하는 방법에 대해 설명하시오.

08. AC금융자산을 액면금액보다 낮은 금액으로 취득한 경우에, AC금융자산의 재무상태표 표시는, 당해 사채를 발행한 기업의 장기금융부채(사채)의 표시와 어떤 차이가 있는지 설명하시오.

09. AC금융자산의 이자수익이 현금이자보다 많은 경우에 그 차이만큼 AC금융자산 금액을 증가시키는 이유는 무엇인지 설명하시오.

10. 비유동부채의 개념에 대해 설명하고, 여기에 속하는 항목(계정)들을 열거해 보시오.

11. 충당부채(provisions)는 무엇이고, 우발부채(contingent liability)와 어떻게 다른지 설명하시오.

12. 우발자산(contingent asset)의 자산인식 가능성에 대해 설명하시오.

13. 손실부담계약(onerous contract)은 무엇이고, 이와 관련하여 발생하는 회피불가능한 원가 및 인식되는 충당부채에 대해 설명하시오.

객관식

문제 1 ~ 6 :

문제 풀이에 필요한 경우, [부록]의 표를 참조하시오.

01. 현금의 현재가치(present value) 또는 미래가치(future value)의 결정요인이 아닌 것은 다음 중 어느 것인가?

① 당기순이익의 결정시점
② 현금의 유출·유입액
③ 현금이 유입·유출되는 시점
④ 할인율(discount rate) 또는 시장이자율(market interest rate)

02. 연간 10%의 수익을 기대하고 투자를 하여 5년 후에 ₩10,000의 현금을 얻고자 (회수하고자) 한다면, 현재 얼마를 투자해야 하는가?

① ₩5,000 ② ₩6,209 ③ ₩6,667 ④ ₩9,000

03. 새 자동차를 할부로 구입했다. 현금가격인 ₩24,000,000을 지급하는 대신, 매월 말 일정금액을 2년간(24개월) 지급하기로 했다. 만일 자동차 판매상이 할부에 적용하는 이자율을 연 12%(월 1%)로 하였다면 매월 할부금액은 얼마가 되겠는가?

① ₩1,240,000 ② ₩1,183,000 ③ ₩1,130,000 ④ ₩1,000,000

04. 다음 사채의 종류 중 주식취득 가능성이 있는 것은?

① 보증사채(guaranteed bonds)
② 상환사채(callable bonds)
③ 전환사채(convertible bonds)
④ 담보부 사채(secured bonds)

05. 발리(주)는 표시이자율 10%, 액면 ₩10,000,000짜리 사채를 발행하고자 한다. 이자는 매년 말 지급한다. 현재 발리(주)와 재무상황이 유사한 기업에 적용되는 시장이자율이 7% 이라면, 그 발행가격은 얼마가 될까?

① 만기일 등 더 상세한 정보가 없어서 모른다.
② 액면 ₩10,000,000보다 낮을 것이다.
③ 액면 ₩10,000,000보다 높을 것이다.
④ 액면 ₩10,000,000과 차이가 별로 없을 것이다.

06. 다음 중 사채발행차금이 있는 경우, 이에 대해 바르게 말한 것이 아닌 것은?

① 해당 사채의 만기일에는 그 잔액이 0으로 되어야 한다.
② 사채할인(할증)발행차금은 사채기간 동안 상각(환입)한다.
③ 사채할인발행차금을 상각하게 되면 그 상각액은 현금지급 이자에 더하여 사채발행기업의 사채이자비용이 된다.
④ 사채할증발행차금을 환입하게 되면 그 환입액은 사채발행기업의 사채이자수익이 된다.

07. 안볼리나(주)는 만기까지 특정일에 원리금만을 수취할 목적으로 타기업이 발행한 사채(액면금액 ₩50,000,000)의 30%를 현금 ₩13,700,000을 주고 매입했다. 이때 안볼리나(주)가 해야 하는 분개에 나타날 수 있는 계정은?

① 차변) 관계기업투자 13,700,000
② 차변) AC금융자산 15,000,000
③ 대변) 사채할인발행차금 1,300,000
④ 차변) AC금융자산 13,700,000

08. 다음 중 추정에 의해 그 금액이 측정되는 비용이 아닌 것은?

① 급여
② 제품보증비
③ 감가상각비
④ 손상차손(대손상각비)

09. 다음 중 추정에 의해 그 금액이 측정되는 부채가 아닌 것은?

① 손실충당금
② 퇴직급여충당부채
③ 제품보증충당부채
④ 공사보증충당부채

10. 충당부채(추정부채)의 특성이 아닌 것은?

① 추정된 비용의 발생시점과 그 비용의 실제지급 시점 사이에 상당한 시간차이가 있다.
② 차감적 (평가)계정(contra account)
③ 부채의 채권자가 확정되어 있지 않다.
④ 부채의 금액이 확정되어 있지 않다.

11. 태극(주)은 당기에 퇴직한 직원이 단 한 명(장동)이었고 퇴직금 ₩3,000,000을 지급하였다. 대신 새 직원(원빈)이 새로 고용되었다. 당기에 전직원이 근무한 결과 태극(주)이 부담할 퇴직금은 당기 말 현재 총 ₩32,000,000이 되었다. 전기 말에는 이 금액이 ₩21,000,000였었다. 다음 중 맞는 회계처리 또는 그 결과는?

① 당기 중 퇴직급여충당부채는 ₩3,000,000 대기(貸記)되었다.
② 당기 말에 퇴직급여충당부채는 ₩11,000,000 대기(貸記)된다.
③ 당기 말 퇴직급여충당부채 잔액은 ₩32,000,000 이 된다.
④ 당기 중 태극(주)의 퇴직급여는 ₩11,000,000 이다.

기초문제

01. 오늘 유리은행에 ₩10,000을 3년간 정기예금하면 이자를 연 10%로 복리계산(compounding)해준다고 한다. 오늘 정기예금을 한다면 만기인 3년 후에 받게 되는 원리금은 얼마가 될까?

02. 삼촌은 내가 오늘부터 꼭 3년 후 대학을 졸업하게 되는 때, 나에게 ₩300,000을 준다고 하셨다. 내가 이용할 수 있는 할인율(또는 이자율)이 연 10%라고 할 때, 삼촌이 나에게 줄 돈의 오늘 시점에서의 가치는 얼마인가?

03. 나는 5년 후에 ₩20,000,000짜리 자동차를 구입하고자 일정금액을 5년짜리 정기적금에 5년간 부으려 한다. 정기적금에 입금은 오늘부터 시작하여 12개월마다 할 것이므로 마지막 적금입금은 4년째 말이 된다. 정기적금 이자율이 연 7%라면 매년 부을 적금액은 얼마이어야 하는가?

04. 정부는 연초에 액면금액 ₩1,000,000, 표시이자율 5%, 5년 만기의 국채를 발행하였다. 이자는 매년 말에 지급하고, 발행 당시 시장이자율(즉 유효이자율)은 8%이었다. 발행가격은 얼마인가?

05. 20×5년 1월 1일, 수잔(주)은 특정일에 원리금지급만으로 구성된 현금흐름의 수취를 목적으로 타기업이 발행한 액면금액 ₩300,000, 10%, 5년 만기 사채를 106%에 매입했다. 이자는 매년 12월 31일 수취한다. 수잔(주)은 유효이자율 8%를 적용하여 이자수익률을 인식한다. 수잔(주)이 20×5년 사채매입 시, 그리고 같은 해 12월 31일 이자수취 시 각각 필요한 분개를 하시오.

06. 신바람(주)의 이사회는 액면총액 ₩1,000,000, 10년 만기, 연 12% 이자율의 사채를 20×7년 1월 1일에 발행하기로 하였다. 이자는 매년 12월 31일에 지급된다.

【지시사항】

1) 20×7년 1월 1일 현재, 금융시장에서 위 사채에 대해 15%의 (유효)이자율이 적용된다면, 사채의 발행가격은 얼마가 될 것인가?
2) 20×7년 1월 1일 현재, 금융시장에서 위 사채에 대해 10%의 (유효)이자율이 적용된다면, 사채의 발행가격은 얼마가 될 것인가?
3) 만일 신바람(주)이 발행하는 위 사채가 매년 12월 31일 연 12%가 아니라 연10% 이자율로 이자를 지급한다면, 위 1)의 답은 어떻게 변할까?

07. 새라(주)는 액면 ₩200,000의 사채(8%, 10년 만기)를 102%에 발행하였다. 이자는 반년마다 지급되고 상각은 정액법으로 한다. 유사한 투자의 시장이자율은 7%로 가정한다(첫 이자지급액의 기산일에 사채가 발행된 것으로 가정함).

【지시사항】

1) 사채로 인해 수취한 금액은 얼마인가?
2) 각 이자기간에 얼마의 이자가 지급되는가?
3) 첫 이자기간의 할인발행차금의 상각액 또는 할증발행차금의 환입액은 얼마인가?
4) 첫 이자 지급일에 기록되는 사채이자비용은 얼마인가?
5) 첫 이자 지급 후 사채의 장부금액은 얼마가 되는가?

08. 실미(주)는 당기에 ₩600,000의 매출을 올렸으며, ₩5,000의 현금을 지출하면서 제품보증서비스를 이행하였다. 당기의 제품보증비용은 매출 ₩600,000의 1%로 추정되었다. 실미(주)는 사업 초년도였던 전기의 매출이 ₩400,000이었으며 그 금액의 1%를 제품보증비용으로 계상하였고 전기 중 제품보증서비스는 ₩3,000 이행하였다.

【지시사항】

1) 실미(주)는 기중 ₩5,000의 제품보증서비스 이행 시 분개할 때 제품보증충당부채 계정에 ₩1,000을 기입하였다. 이 경우 그 분개 전체를 보이시오.
2) 실미(주)의 당기 말 제품보증충당부채는 얼마인가?
3) 실미(주)가 당기 말에 해야 할 분개를 보이시오.

심층문제

01. 인기 가수인 '잉카후예'가 최근 모모 음반사와 ₩30억의 계약을 체결했다고 보도되었다. 자세히 보니, '잉카후예'가 매년 ₩5억씩 6년간 나누어 받는다는 내용이었다.

【지시사항】

1) '잉카후예'의 자본비용(이자율)이 연 10%라면, 그 계약의 사실상 가치는 오늘 시점에 얼마인가?
2) '잉카후예'의 자본비용(이자율)이 연 15%라면, 그 계약의 사실상 가치는 오늘 시점에 얼마인가?

02. 다모(주)는 ₩2,300만짜리 신형 승용차 '아라모' 를 구입하고자 한다. 현금 ₩300만을 지급하고, 나머지는 할부로 하여 지금부터 1년 후 첫 할부금을 내기 시작하여 5년 말까지 할부금을 내고자 한다. 다모(주)가 연 10%의 자본비용(이자비용)을 부담하기로 한다면 매년 내는 할부금은 얼마가 되어야 하는가? 할부금을 구하는 과정을 분명히 보이시오.

03. 20×5년 1월 1일, 캐빈(주)은 20×5년 1월 1일자의 ₩800,000, 5%, 5년인 사채를 95%에 발행하였다. 사채이자는 매년 1월 1일 지급된다. 회사는 정액법을 사용하여 상각한다.

【지시사항】

20×6년 1월 1일까지 캐빈(주)의 사채발행과 관련된 분개를 모두 하시오. 분개가 이루어져야 하는 날짜를 확실히 하시오.

04. 다음은 상호 독립적인 상황이다.

(a) 20×5년 6월 30일, 잭슨(주)은 ₩160,000의 사채를 102%에 매입상환하였다. 사채상환 시 장부금액은 ₩143,700이었다. 사채이자는 반년마다 지급하고, 20×5년 6월 30일에 지급하기로 되어 있던 이자는 지급하였고 기록도 하였다.

(b) 20×5년 6월 30일, 월터(주)는 ₩220,000의 사채를 96%에 매입상환하였다. 사채 상환 시 장부금액은 ₩214,000이었다. 사채이자는 반년마다 지급하고, 20×5년 6월 30일에 지급하기로 되어 있던 이자는 지급하였고 기록도 하였다.

【지시사항】

위의 상호 독립적인 사채의 상환에 대해 분개하시오.

05. 산바람(주)은 액면총액 ₩1,000,000, 10년 만기, 연 8% 이자율의 사채를 20×0년 1월 1일에 발행하였다. 이자는 산바람(주)의 결산일인 매년 12월 31일에 지급된다. 사채는 시장에서 10%의 실질이자율이 적용되어 ₩877,068에 발행되었다.

【지시사항】

1) 위 사채의 20×0년 1월 1일자 발행가격 ₩877,068의 도출과정을 계산해 보이시오.
2) 산바람(주)이 발행한 위 사채와 관련하여, 사채만기일인 20×9년 12월 31일까지 10년간의 다음 표를 완성하시오.

	현금지급이자	사채이자비용	당기상각액	미상각잔액	장부금액
20×0. 1. 1					877,068
20×0. 12.31					
20×1. 12.31					
20×2. 12.31					
20×3. 12.31					
·····	·····	·····	·····	·····	·····
20×8. 12.31					
20×9. 12.31					

3) 위 표를 참고하여, 20×0년 1월 1일과 12월 31일, 20×1년 12월 31일, 그리고 만기일인 20×9년 12월 31일에 기록할 분개를 보이시오.

06. 보은(주)은 전년 말 현재 재무상태표에 부채로서 사채가 ₩200,000으로 보고되었고, 관련 사채할인발행차금(잔액)이 ₩30,000이 있었다. 그리고 이 사채의 표시이자율은 6%이고, 발행 당시 시장이자율(유효이자율)은 10%이다. 이자지급은 매기 말(매년 말) 이루어지고, 사채할인발행차금은 유효이자율법에 의해 상각한다.

【지시사항】

1) 보은(주)이 위 사채와 관련하여 당기 말에 이자로 현금지급하는 금액과 손익계산서에 사채이자비용으로 보고하는 금액은 각각 얼마인지 계산해 보이시오.
2) 보은(주)이 위 사채와 관련하여 당기 말에 필요한 분개를 하시오.
3) 만일, 보은(주)이 위 사채를 당기 초에 ₩160,000의 현금을 지급하고 조기 상환한다면, 이때 어떤 분개가 필요한지 보이시오.

07. 마태테크놀(주)은 사업개시연도인 20×1년도에 전자부품을 생산·판매하면서, 판매 후 첫 6개월 이내에 제조상 결함으로 인하여 발생하는 수선비용에 대한 보증서를 발행하고 있다. 그리고 다음과 같은 거래 또는 상황이 있었다.

(a) 20×1년도에 ₩3,000,000의 제품을 판매하였다.
(b) 판매한 모든 제품에서 중요치 않은 결함이 발생할 경우에는 ₩100,000의 수선비용이 발생하고, 중요한 결함이 발생할 경우에는 ₩300,000의 수선비용이 발생한다. 마태테크놀(주)의 동종업계 경험 등에 따르면 판매되는 제품 중에서 70%는 전혀 결함

이 발생하지 아니하고, 20%는 중요하지 아니한 결함, 나머지 10%는 중요한 결함이 발생할 것으로 예상된다. 마태테크놀(주)은 보증의무와 관련된 자원의 유출가능성을 판단할 경우 당해 의무 전체에 대해 판단한다.

(c) 20×1년도에 전자부품을 만들어 판매하면서, 이 매출과 관련한 보증이행에 ₩32,000의 현금지급이 기중에 이루어졌다. 연말에, 위 (b)를 바탕으로 계산된 기대가치(기대치)에 따라 보증의무와 관련된 제품보증비용(제품보증에 따른 재료비, 인건비, 경비 등)을 인식하였다.

(d) 이듬해인 20×2년에 마태테크놀(주)은 ₩4,000,000의 매출을 올렸으며, 제품보증서비스를 ₩52,000만큼 이행하였다. 20×2년 매출에 대해 위 (b)와 유사한 방법으로 ₩63,000의 제품보증비용 기대치를 구하였다.

【지시사항】

1) 마태테크놀(주)가 예상하는 20×1년도 수선비용의 기대가치(기대치)는 얼마인가?

2) 마태테크놀(주)이 전자부품의 보증과 이행과 관련하여 20×1년도, 20×2년도에 해야 할 기중 및 기말 분개를 모두 보이시오.

제 10 장 자 본

제1절 자본의 구성 : 자본금과 잉여금

제2절 자본금 변동과 자기주식

제3절 이익잉여금과 주당이익

제4절 기타자본구성요소와 자본변동표

보론 이익잉여금처분계산서

이 장에서는 먼저 자본을 구성하는 주식의 의미와 종류, 자본금과 잉여금(자본잉여금과 이익잉여금), 그리고 주식발행에 대해 살펴본다. 이어서 증자나 감자와 같은 자본변동 및 자기주식에 대한 의미 및 관련 회계처리에 대해 설명한다. 그리고 이익잉여금의 의미와 그 변동요인, 법정 및 임의 적립금, 주당이익 등에 대해 살펴보고 보론에서는 이익잉여금처분계산서의 기본구조와 내용을 소개한다.

제1절 자본의 구성 : 자본금과 잉여금

재무상태표에서 자본은 크게 세 가지로 구성된다. 첫째, 주주들이 출자한 부분인 **납입자본**(contributed capital)이다. 이것은 주식의 **액면금액**(par value)으로 결정되는 **자본금**(share capital, capital stock)과 **자본잉여금**(주식발행초과금 등)을 합한 것으로, 주주가 소유주로서 기업에 납입한 금액이다. 둘째, **이익잉여금**(retained earnings)이다. 이는 기업이 창출한 이익이 사외로 배분되지 않고 내부에 유보되어 누적되는 부분이다. 셋째, **기타자본구성요소**로서 자본조정과 기타포괄손익을 포함하는데 이것은 자본금, 자본잉여금 및 이익잉여금에 속하지 않으면서, 당기손익 결정에 반영되는 수익이나 비용으로 처리할 수 없는 순자산의 변동분을 나타낸다.

표 10-1 자본의 구성 : 재무상태표에서의 자본 분류

자본의 구성(분류)		포함 계정
납입자본	자본금	보통주자본금, 우선주자본금
	자본잉여금	주식발행초과금, 기타자본잉여금
이익잉여금		법정적립금, 임의적립금, 미처분이익잉여금
기타 자본구성요소	자본조정	자기주식, 기타자본조정
	기타포괄손익누계액	FVOCI금융자산평가손익, 외환차이, 재평가잉여금

자본에 대한 청구권은 주주에게 있고 주주의 권리는 주식으로써 표창된다. 이에 주식의 의미와 종류, 자본금과 잉여금, 그리고 주식발행에 대해 자세히 살펴보기로 한다.

1. 주식 : 보통주와 우선주

주식(株式 share, stock)은 주식회사의 주주(株主)의 지위를 나타내며, 자본의 구성부분, 즉 지분(持分)을 형성한다. 주식은 흔히 주(株)라고도 하며 보통주와 우선주로 나누어진다.

일반적으로 주식이라고 하면 **보통주**(common stock)를 말한다. 우선주가 있는 경우, 우선주가 아닌 보통의 주식이란 말이다. 보통주는 잔여지분의 성격을 가진다. 기업의 자산에 대한 일차적인 청구권자는 채권자이고 그 다음 우선주주이기 때문에, 보통주주는 우선주주의 청구권이 충족된 후의 잔여자산에 대한 청구권을 가지게 되기 때문이다. 보통주는 의결권, 이익분배 받을 권리(배당), 잔여재산 청구권(회사청산 시), 신주인수권(preemptive right : 신주발행 시 우선적으로 인수할 수 있는 권리)이 부여되어 있다.

우선주(preferred stock)는 특정 권리(우선배당률을 지급받을 권리 등)가 보통주보다 우선하여 적용되도록 약정된 주식이다. 일반적으로, 이러한 우선적 권리가 주어지는 대신에 보통주가 가지는 의결권이 주어지지 않는다.

우선주는 어떠한 특별 권리가 별도로 주어지느냐에 따라 다음과 같은 종류로 나뉜다.

참가적 우선주(participating preferred stock) : 일반적으로 우선주에는 약정된 우선배당률에 따라 배당이 결정되어 보통주보다 우선 지급된다. 그러나 이익배당가능액이 매우 큰 경우, 결과적으로 보통주 배당률이 우선주 배당률보다 높게 될 수가 있다. 이때 우선주에 할당되는 최종배당률이 보통주 배당률보다 적어도 불리하지 않게 되도록 약정 배당률 이상 추가적으로 이익배당에 참가할 수 있게 되어 있는 우선주가 참가적 우선주이고, 그렇지 않은 것이 비참가적 우선주이다.

누적적 우선주(cumulative preferred stock) : 우선주라고 해서 항상 우선배당률에 따른 배당이 보장되어 있는 것은 아니다. 우선배당도 이익의 배당인 만큼 배당가능이익이 충분할 경우에만 지급된다. 따라서 어느 회계연도에 이익이 충분하지 않아 우선배당률의 전부 또는 일부를 배당으로 받지 못하게 되는 경우가 있다. 그 부분을 연체배당금(dividends in arrears)이라 하는데, 이를 다음 연도의 우선배당률에 더하여(즉, 누적하여) 우선 배당받을 수 있는 권리가 인정되는 우선주가 누적적 우선주이고 그렇지 않은 것이 비누적적 우선주이다.

전환우선주(convertible preferred stock) : 보통주로 전환할 수 있는 권리가 보유자(우선주주)에게 주어진 우선주이다.

상환우선주(redeemable preferred stock) : 일정조건이 충족되었을 때 우선주의 발행회사에게 우선주를 상환할 수 있는 권리가 주어진 우선주를 말한다. 단, 특정 시점에 상환하거나 우선주주의 선택에 따라 상환해야 하는 우선주는 발행기업이 우선주주에게 금융자산을 이전해야 할 의무가 있으므로 자본의 구성요소가 아니라 금융부채이다.[1]

2. 자본금과 주식발행

2.1 자본금

자본금은 상법에서 규정하고 있는 **법정자본금**(legal capital)으로서 상징적 의미를 지닌다. 법정자본금은 주주총회 결의 등에 의한 감자절차를 거치지 않고는 줄일 수 없다. 자본금은 액면금액에 발행주식 수를 곱한 것이다. **발행주식**(issued shares 또는 issued stock)은 다음에서 설명하는 수권주식 중 회사가 실제 발행한 주식을 말한다.

자본금의 한도액은 정관에 이사회가 발행할 수 있는 발행주식 총수를 규정함으로써 액면금액을 곱하여 정해진다. 이를 **수권자본금**(authorized capital stock)이라 한다. 원칙적으로, 신주발행의 결정은 주주총회에서 해야 함이 마땅하다. 왜냐하면 주식 수의 증가는 주주의 권리 등 이해관계에 중요한 영향을 미치는 사항이기 때문이다. 일반적으로 신주발행은 기업이 필요한 자금을 조달하기 위한 목적으로 이루어지는데, 이때 중요한 것은 신주발행이 신속히 또는 적시에 이루어져야 한다는 것이다.

그러나 주주총회의 소집과 개최에는 상당한 시간이 걸리기 때문에 비교적 신속히 의사결정을 할 수 있는 이사회에 신주발행의 권리를 넘겨주는 것이 더 합리적일 수 있다. 이러한 이유로, 우리나라 등 많은 국가들의 경우, 주주총회는 정관에 '발행할 주식의 총수'(즉, 수권주식 수)를 규정하고, 이 한도 내에서 이사회가 신주를 발행할 수 있게 하고 있다. 주주가 이사회에 신주를 발행(즉, 증자)할 수 있는 권한을 주었다고 해서 이러한 제도를 **수권자본제도**(授權資本制度)라 한다. 즉, 수권자본제도는 회사가 간단한 절차를 거쳐 적시에 신주를 발행함으로써 필요한 자본수요에 탄력적으로 대처케 하는 데 그 의의가 있다.

1. 계약에 따라 상환이 청구되었을 때 발행자가 자금의 부족, 법령의 제한 또는 불충분한 이익이나 적립금 등으로 인하여 우선주를 상환할 의무를 이행하지 못할 잠재적 가능성이 있더라도, 계약상 의무를 무효화하지는 않는다. 현금으로 상환할 수 있는 권리가 발행기업에게 있는 우선주는 발행기업이 우선주주에게 금융자산을 이전해야 할 현재의무가 없으므로 금융부채가 아니다.

2.2 주식의 발행

앞서 언급했듯이, 일반적으로 기업은 필요한 자금을 조달하기 위한 목적으로 주식을 발행한다. 이때 **증자**(增資)가 이루어지는데, 주식의 발행금액은 주식발행비(신주발행수수료 등 신주발행에 직접 발생한 비용)를 차감한 후의 금액이 된다. 주식의 발행가격이 액면가보다 높으냐에 따라 다음과 같이 구분된다.

액면발행(issue at par) : 주식을 액면가에 발행하는 것이다. 발행이 완료되면 액면금액이 자본금계정에 대기(貸記)된다.

할증발행(issue at a premium) : 주식을 액면가보다 높은 가격으로 발행하는 것이다. 발행이 완료되면 액면금액은 자본금 계정에, 할증액은 **주식발행초과금**(paid-in capital in excess of par value) 계정에 대기된다. 주식발행초과금은 자본잉여금에 속하는 계정이다.

할인발행(issue at a discount) : 주식을 액면가보다 낮은 가격으로 발행하는 것이다. 발행이 완료되면 액면금액은 자본금 계정에 대기되고, 할인액은 **주식할인발행차금**(discount on stock) 계정에 차기(借記)된다. 주식할인발행차금은 자본조정에 속하는 계정(자본금에 대한 차감적 성격의 계정)으로, 주식발행연도부터 3년 이내의 기간에 매기 균등액으로 상각되어야 한다(이익잉여금의 처분으로써 상각하는데, 부족할 경우 차기 이후 연도에 이월하여 상각).

예제 1 주식의 발행

최신(주)은 액면금액 ₩5,000의 보통주 10,000주를 ₩7,000에 할증발행하고, 동시에 액면금액 ₩5,000(10% 배당)의 우선주 1,000주를 ₩8,000에 할증발행하였다. 최신(주)은 이 두 종류의 주식발행과 관련하여 어떻게 분개해야 할까?

[풀이]

차변) 현 금	78,000,000	대변) 보통주자본금	50,000,000
		보통주주식발행초과금	20,000,000
		우선주자본금	5,000,000
		우선주주식발행초과금	3,000,000

3. 잉여금

잉여금은 자본잉여금과 이익잉여금으로 구분표시되어야 한다. 이는 자본거래에 의한 잉여금 발생분과 영업활동에 따른 경영성과에 의한 잉여금 발생분이 혼합되지 않도록 함으로써 자본의 조달원천을 명백히 하려는 데 있다. 또한 주식회사는 상법상 영업을 통해서 창출한 이익으로써만 주주에게 배당할 수 있기 때문에 배당가능 금액으로서 이익잉여금의 규모를 명확히 해야 하기 때문이기도 하다. 상법이 이익잉여금 외에 다른 자본항목을 원천으로 하여 주주에 대해 배당하는 것을 엄격히 금지하는 이유는 주주의 유한책임 때문이다. 즉, 주식회사의 주주는 자신이 출자한 금액만큼만 책임을 지고(즉 최악의 경우 자신이 출자한 금액을 모두 상실), 그 이상의 회사의 의무에 대해서는 책임이 없다. 따라서 채권자 및 기타 이해관계자의 입장에서는 기업의 재무적 건전성 또는 안정성이 최대의 보루이고, 상법은 이들을 보호할 필요가 있기 때문에 배당을 통한 기업자원의 사외(社外)유출에 대해 엄격히 제한하고 있는 것이다.

3.1 자본잉여금

자본잉여금은 증자나 감자(減資) 등 자본 관련 거래에서 발생하는 잉여금으로서, 이익잉여금과 구별하기 위한 개념이며, 손익계산서를 거치지 아니하고 직접 자본에 가감되는 것이 특징이다. 자본잉여금은 주식발행초과금, 감자차익, 자기주식처분이익 등으로 구성된다. 자본금과 자본잉여금을 합하여 **납입자본**이라 함은 이미 언급하였다. 자본잉여금의 처분은 상법, 세법 등에 의해 엄격한 제한되는데, 주식발행을 통한 자본금으로의 전입(무상증자), 결손금의 전보(塡補)에만 사용된다.

3.2 이익잉여금

이익잉여금은 손익거래와 관련하여 발생하는 잉여금이다. 즉 영업을 통한 이익창출 활동에 의해 획득된 이익으로서, 배당 등을 통해 사외로 유출되거나 또는 자본금 계정이나 자본잉여금 계정으로 대체되지 않고 기업내부에 유보되어 있는 부분이다. 이익잉여금은 〈표 10-2〉에서 보는 바와 같은 요인에 의해 증가 또는 감소한다. 여기에 나와 있는 몇

몇 항목에 대해서는 자본에 대한 이해를 좀 더 한 후, 제3절에서 다루기로 한다.

표 10-2 이익잉여금의 변동 원인

감소(차변)	**증가**(대변)
당기순손실	당기순이익
회계정책변경효과(손실)	회계정책변경효과(이익)
전기오류수정(손실)	전기오류수정(이익)
배당	결손금 전보에 따른 이입액 등**
일부 자본조정항목의 상각*	

* 여기에는 주식할인발행차금, 자기주식처분손실, 감자차손, 배당건설이자 등의 자본조정 항목의 상각이 있어 이익잉여금을 감소시킨다. 또한 이익잉여금의 자본전입도 감소요인이 된다.

** 자본잉여금을 끌어와(이입) 결손금을 메우게(전보하게) 되는 경우 그 전보액만큼 이익잉여금이 증가한다.

1) 당기순이익·순손실

당기의 경영성과를 보여주는 단일 지표로서, (별개의) 손익계산서의 최종 수치(bottom line)이다. 당기 순이익·순손실이 손익계산서에서 결정된 후 이익잉여금을 증감시키는 데 비해, 〈표 10-2〉에서의 나머지 항목들은 이익잉여금을 직접 증감시키며 그 내용은 자본변동표에 보고된다.

2) 회계정책변경효과

재무제표는 일단 선택·적용한 회계기준을 매 기간 일관성 있게 적용해야 기간별 비교가능성이 커져 그 유용성이 높아진다. 그러나 회계변경, 즉 회계정책의 변경이나 회계추정의 변경이 필요한 경우도 있다. 그런데 **회계정책의 변경**은 기존의 회계정책을 변경(예 : 재고자산 원가결정방법을 선입선출법에서 평균법으로, 또는 그 반대로 변경)하는 것으로서, ① 한국채택국제회계기준에서 그 변경을 요구하거나, ② 회계정책의 변경을 반영한 재무제표가 거래, 기타 사건 또는 상황이 재무상태, 재무성과 또는 현금흐름에 미치는 영향에 대해 신뢰성 있고 더 목적적합한 정보를 제공하는 경우에만 가능하다. 이 경우 회계처리는 **소급적용**(retrospective application)에 의한다. 즉, 특정기간에 미치는 효과나 누적효과(either the period-specific effects or the cumulative effect)를 실무적으로 결정할 수 없는 경우를 제외하고는, 비교표시되는 가장 이른 과거기간의 영향을 받는 자본의 각 구성요소(통상적으로 이익잉여금)의 기초금액, 그리고 비교공시되는 각 과거기간의 기타

대응금액을 새로운 회계정책이 처음부터 항상 적용되어 온 것처럼 조정한다(adjust). 이 소급적용으로 인하여 이익잉여금의 기초잔액이 영향받을 수 있다.

한편, **회계추정의 변경**은, 이미 제7장 유형자산에서 설명했듯이, 상황 변화로 인하여 지금까지 사용하던 회계추정치를 바꾸는 것이고, 따라서 오류수정(correction of errors)과는 다르다. 이 경우에는 과거기간의 재무보고 내용은 변경하지 아니하고, 그 영향이 미치는 당기 및 당기 이후의 기간에 대해서만 새 추정치에 의거하여 정상적인 회계처리, 즉 **전진적용**(prospective application)을 한다.

따라서 회계정책의 변경은 기초 이익잉여금의 증감에 영향을 미칠 수 있는 데 반해, 회계추정의 변경은 영향을 미치지 않는다.

3) 전기오류수정

전기(前期)오류(prior-period errors)는 과거기간에 발생한 재무제표상의 누락이나 왜곡표시를 말한다. 이러한 오류는 ① 산술적 계산오류, ② 회계정책의 적용 오류, ③ 사실에 대한 간과 또는 해석오류(oversight or misinterpretations of fats), ④ 부정(fraud)의 영향을 포함한다.

후속기간에 발견한 이러한 전기오류 중 중요한(material) 오류는, 특정기간효과나 누적효과를 실무적으로 결정할 수 없는 경우를 제외하고는, **소급재작성**(retrospective restatement)에 의하여 수정한다(correct). 소급재작성은 전기오류가 처음부터 발생하지 않은 것처럼 재무제표 구성요소의 인식, 측정 및 공시를 수정하는 것이다. 즉, 중요한 전기오류는 발견된 이후 최초로 발행을 승인하는 재무제표에 다음의 방법으로 소급하여 수정한다.

(1) 오류가 발생한 과거기간의 재무제표가 비교표시되는 경우에는 그 재무정보를 재작성한다.

(2) 오류가 비교표시되는 가장 이른 과거기간 이전에 발생한 경우에는 비교표시되는 가장 이른 과거기간의 자산, 부채 및 자본의 기초금액을 재작성한다.

이러한 소급재작성으로 인하여 이익잉여금의 기초잔액이 영향받을 수 있다. 한편 전기오류 중 중요하지 않은 것은 (한국채택국제회계기준에 별도 규정은 없으나) 손익계산서에 당기손익(전기오류수정손익)으로 인식해야 할 것이다.

그림 10-1 주식배당에 의한 증자효과(무상증자 효과)

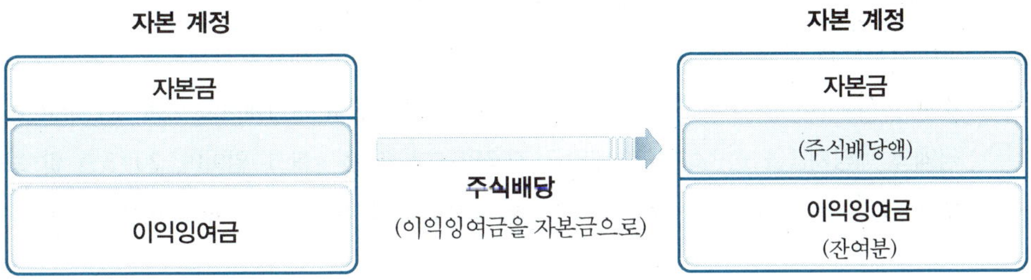

4) 배당

일반적으로 기업은 어느 특정일(예 : 재무상태표일) 현재 주식을 소유한 주주들에게 배당을 한다. 그날을 배당 기준일(record date)이라 하여, 이 날을 기준으로 주주명부를 확정하고 여기에 등록되어 있는 주주에게 배당을 받을 권리를 부여하게 된다. 그리고 배당 기준일 이후 보통 한 두 달 정도 지나서 주주총회를 개최하고 배당에 대해 최종적으로 결의하게 된다.

배당에는 **현금배당**(cash dividend)과 **주식배당**(stock dividend), 두 종류가 있다. 현금배당은 [예제 2]에서 보듯이 현금으로써 배당금을 주는 것(dividend in cash)이고, 주식배당은 배당금의 대가로 주주에게 현금을 지급하는 대신 새로 주식을 발행하여 지급하는 것(dividend in stock)이다. 주식배당의 경우에는 현금배당의 경우 나타나는 현금이나 운전자본[2]의 감소, 자본의 감소가 일어나지 않고, 따라서 자본총액(순자산)의 변동이 전혀 없다는 것이 특징이다. 다만, 이익잉여금 감소[3]와 동시에 〈그림 10-1〉에서 보는 것처럼 납입자본이 증가하게 된다(이익잉여금의 자본금전입 효과). 즉, 주식배당액만큼 이익잉여금이 감소하고 자본금이 증가하게 되는 것이다. 이렇게 자본금은 증가하지만 자본총액은 변화가 없어, 실질적으로 기업 순자산의 변동이 없는 현상을 **형식적 증자**라고 한다. 이와 대비되는 것이 **실질적 증자**인데 이에 대해서는 다음 제2절에서 상세히 다룬다.

---

2. 운전자본은 유동자산 금액에서 유동부채 금액을 차감한 차액을 말한다.
3. 더 구체적으로는 이익잉여금 중 미처분이익잉여금이다.

예제 2 현금배당

유승(주)은 20×3 당기순이익 계산 결과 당기 말 배당가능액이 ₩9,000,000으로 확인되었다. 20×3년 12월 31일 현재를 기준일로 하여 보통주 1주당 ₩2,000의 배당금을 현금으로 지급할 것을 이사회에서 결의하였다. 20×4년 2월 22일 주주총회의 결의에서도 이를 추인하고 동일한 금액의 배당지급을 선언하였다. 배당금 지급일은 20×4년 4월 10일이며, 20×3년 말 보통주 발행주식 수는 3,000주이다. 유승(주)은 위에서 언급한 각 날짜에 어떻게 분개해야 할까?

[풀이]

1. 배당기준일 : 분개하지 않는다.
2. 배당결의일(20×4년 2월 22일) :

차변) 배당금*	6,000,000	대변) 미지급배당금	6,000,000

* 보통, 배당금을 미처분이익잉여금에서 직접 차감하지 않고 이처럼 배당금 계정을 일단 사용하고, 결산 시 장부를 마감할 때 배당금을 미처분이익잉여금 계정으로 이체하여 마감한다. 배당금은 자본변동표에서 소유주에 대한 분배의 항목으로 보고된다.

차변) 미처분이익잉여금	6,000,000	대변) 배당금*	6,000,000

3. 배당금지급일(20×4년 4월 10일) :

차변) 미지급배당금	6,000,000	대변) 현 금	6,000,000

자본잠식(資本蠶食 impairment of capital)

기업의 결손금이 커져 잉여금(자본잉여금과 이익잉여금)이 바닥나고 자본금을 상쇄하기 시작하면 이를 자본잠식 또는 부분잠식상태라고 한다. 특히 누적적자가 많아져 잉여금은 물론 자본금마저 모두 잠식하면 결국 자본이 모두 바닥나게 되고 자본총계가 마이너스 상태로 들어가게 되는데, 이를 자본전액잠식 또는 완전자본잠식이라고 한다.

제2절 자본금 변동과 자기주식

자본도 시간이 지남에 따라 변동한다. 주로 영업활동을 통한 당기순손익 또는 총포괄손익의 발생으로 인하여 변동하지만, 자본거래를 통해서도 변동한다. 이 절에서는 증자나 감자, 자기주식의 매매와 같은 자본거래로 인한 자본변동의 의미 및 관련 회계처리에 대해 살펴본다.

1. 자본금 변동 : 증자와 감자

우리는 기업이 **증자**를 한다거나 **감자**를 한다거나 하는 이야기를 많이 듣는다. 여기서 증자 또는 감자란 자본의 증가나 감소를 말하는 것이 아니라, 기업이 자본금을 증가 또는 감소시키는 행위를 말한다. 방금 말했듯이 자본의 증가 또는 감소는 순이익의 발생 또는 순손실의 발생이나 배당금의 지급을 통한 이익잉여금의 증감으로도 이루어질 수 있는데, 증자나 감자는 이러한 상황을 말하는 것은 아니다.

1) 증자(增資) : 자본금의 증가

증자는 유상증자(有償增資)나 무상증자(無償增資)를 통해서 이루어진다.

① 유상증자

유상증자는, 앞의 [예제 1]에서 보았던 것처럼 일정한 발행가격에 신주를 발행하고 주식 대금을 현금(또는 현물)으로 납입받는 것이다. 이러한 증자는 순자산과 자본금이 동시에 증가하므로 **실질적 증자**라고도 한다.

② 무상증자

무상증자는 기존 주주에게 신주를 무상으로 발행하는 것이다. 이는 자본잉여금 또는 이익잉여금(이익준비금 등의 법정적립금)이 **자본금전입**(資本金轉入, 자본금으로의 전입)될 때 일어난다. 이 경우에 자본금은 증가하지만 자본총액은 변화가 없어, 실질적으로 기업 순

그림 10-2 자본잉여금 또는 이익잉여금의 자본금전입에 의한 증자(무상증자)

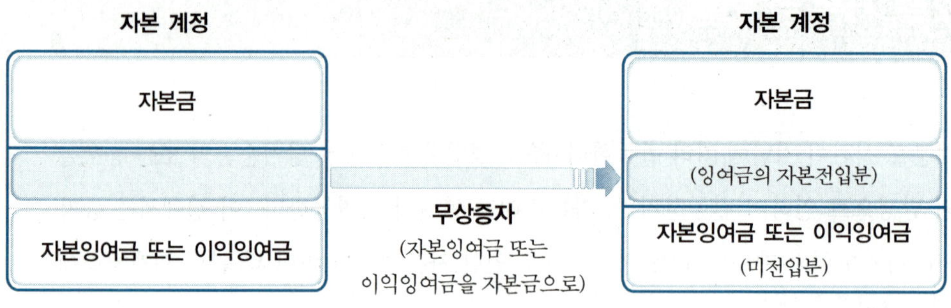

자산은 증가하지 않으므로 **형식적 증자**에 속한다(〈그림 10-2〉 참조). 상법에서의 자본전입은 이 자본금전입을 말한다. 앞 절에서 본 주식배당(현금 대신 주식으로 배당)의 경우도 주식배당액만큼 이익잉여금(미처분된 부분, 즉 미처분이익잉여금)이 자본금으로 전입될 뿐, 자본총액이나 순자산의 변동이 없으므로 형식적 증자이다. 이러한 점에서 주식배당은 사실상 무상증자와 유사한 효과를 가진다.

2) 감자(減資) : 자본금의 감소

감자도 유상감자(有償減資)나 무상감자(無償減資)를 통해서 이루어진다. 유상감자는 순자산과 자본금이 동시에 감소되므로 **실질적 감자**라고 하고, 무상감자는 순자산의 감소 없이 자본금이 감소되므로 **형식적 감자**라고 한다.

① 유상감자(실질적 감자) : 주식의 매입소각

유상감자는 발행되어 있는 주식을 일정한 발행가격으로 매입하여 소각하는 경우에

회계세상

만성적인 순손실로 이익잉여금이 없는 상태에서 주식발행초과금으로 무상증자를 단행하면서 주주이익을 위해서라고 우기는 기업들도 있다. 지난 4일 무상증자를 발표한 넷시큐어테크놀러지는 3분기 말 기준 결손금이 59억원인 적자기업이다. 무상증자 재원은 334억원에 달하는 주식발행초과금. 결국 주주들이 프리미엄을 준 돈으로 생색을 내는 셈이다. 잘만테크도 지난 10월 30일, 주식발행초과금 150억원으로 보통주 389만 주 상당의 무상증자를 결정했다. 이 같은 행태에 대해 증시 전문가들은 "결손상태에서 자본금까지 늘어나게 되면 주당가치만 더 떨어질 수 있다"고 우려했다.

(머니투데이 2008년 12월 8일)

일어난다. 이러한 감자는 순자산을 감소시키므로 기업 규모의 축소를 목적으로 할 때 주로 일어난다.

이 경우, 소각된 주식의 주주에게 그 대가로 지급하는 환급금액은 매입주식의 액면금액(즉, 자본금 감소액)보다 크거나 작을 수가 있다. 만일 환급금액이 자본금 감소액보다 작을 경우에는 감자차익이 나타나게 된다(이때 감자차익 계정이 대기된다). 감자차익은 당기의 이익이 아니고 자본잉여금에 속하는 계정이다. 반대로, 환급금액이 자본금 감소액보다 클 경우에는 감자차손이 나타나게 된다(이때 감자차손 계정이 차기된다). 감자차손은 당기의 손실이 아니고 자본총액을 감소시키는 자본조정에 속하는 계정이다. 감자차손이 발생하는 경우, 이미 감자차익의 잔액이 있으면 이와 우선 상계한다. 다음의 [예제 3]을 보자.

예제 3 실질적 감자

레미(주)는 설립 초기에 액면금액 ₩5,000인 주식 100,000주를 주당 ₩9,000에 발행했었다. 그런데 현재의 영업활동 규모가 과대하여 이를 축소하고자, 발행 주식 중에서 5,000주를 매입소각할 것을 주주총회에서 결의하였다. 이에 따라 레미(주)는 5,000주를 매입하여 소각하였다.

물음 1 : 만약 주당 매입가격이 ₩7,000이었다면 매입소각 시 분개는?

물음 2 : 만약 주당 매입가격이 ₩4,000이었다면 매입소각 시 분개는?

[풀이]

1. 매입가격이 주당 ₩7,000인 경우

	차변	금액	대변	금액
매입 즉시 소각 :	자본금	25,000,000	현 금	35,000,000
	감자차손*	10,000,000		

* 감자차손 : 감자차익이 있는 경우에는 감자차익에서 우선 차감하고, 나머지는 감자차손 계정(자본조정)에 차기.

2. 매입가격이 주당 ₩4,000인 경우

	차변	금액	대변	금액
매입 즉시 소각 :	자본금	25,000,000	현 금	20,000,000
			감자차익	5,000,000

만일 매입과 소각의 시점이 다르거나 하는 등의 이유로 매입과 소각을 각기 분리하여 분개한다면 '자기주식' 계정(다음 절에서 상세히 설명)을 사용하여, 이 계정에 취득 시에는 차기, 소각 시에는 대기한다. 자본금, 감자차손익은 소각 시에 분개한다.

② **무상감자**(형식적 감자) **: 주식의 무상소각**

무상감자는 발행되어 있는 주식을 주주총회의 결의에 의하여 무상으로 소각하는 경우에 일어난다. 이러한 감자는 기업의 재무제표상에 결손금이 누적되었을 때 이를 더 이상 나타나지 않도록 제거시키고자 할 때 일어난다. 무상감자로 인해 순자산이 줄어드는 것은 아니므로 기업 규모가 추가로 축소되는 것은 아니다(결손 누적으로 기업 규모는 이미 축소되어 있을 경우가 많다).

무상감자의 경우, 자본금을 감소시킴과 동시에 그 금액으로 이월결손금을 상쇄시킴으로써 이월결손금을 ₩0으로 만들게 된다. 이 경우, 이월결손금이 소각 주식의 액면금액보다 작다면, 감자차익이 나타나게 된다(즉, 감자차익 계정이 대기된다). 이미 언급했듯이, 감자차익은 당기의 이익이 아니고 자본잉여금에 속하는 계정이므로, 자본금의 자본잉여금화가 나타나게 된다. 반대로, 이월결손금이 소각 주식의 액면금액보다 크다면, 그 차액만큼이 이월결손금으로 그냥 존속하게 되는데, 무상감자의 목적상 이러한 경우는 거의 없을 것이다(주의 : 유상감자의 경우처럼 감자차손 계정이 차기되는 것이 아니다). 다음의 [예제 4]를 보도록 하자.

예제 4 형식적 감자

파레(주)는 누적된 결손금 ₩4,000,000을 전보하기 위하여 현재의 발행주식을 2주당 1주의 비율로 감소시키기로 의결하였다. 감자 직전 파레(주)의 발행주식총수는 10,000주이며, 주당 액면금액은 ₩1,000이다.

물음 : 파레(주)는 주식 감소 의결에 대해 어떻게 분개해야 할까?

[풀이]

차변) 자본금	5,000,000*	대변) 이익잉여금(결손금)	4,000,000
		감자차익	1,000,000

* (10,000주 1/2) × ₩1,000 = ₩5,000,000

회계세상 코스닥기업 대규모 감자 '투자 주의보'

실적 부진에 자본 잠식 우려 일방적 결정 … 주주들 '충격' 원성

미국발 글로벌 금융시장 불안과 이에 따른 경기 위축 등으로 어려움에 처한 코스닥기업들이 대규모 감자를 단행하고 있어 투자자들의 주의가 요구된다.

특히 개인 투자자들이 가뜩이나 힘든 상황에서 일방적으로 감자를 발표해 주주들의 원성을 사고 있다. 22일 증권업계에 따르면 팍스메듀와 씨엔씨테크, ST&I, ST&I글로벌, 어드밴텍, 팬텀엔터그룹, 티이씨, 한국하이네트 등 8개사가 9월 들어 75~95% 감자를 단행했다. 앞서 8월에도 에이엠에스, 에듀패스 등도 80~90% 감자를 결정했으나 9월 들어 자금시장과 기시경제 상황이 더 악화되면서 감자 회사도 늘고 있다.

기업들이 감자를 하는 것은 실적 부진으로 적자가 발생하며 자본잠식 우려가 높아지기 때문이다. 거래소 규정상 두 반기 연속 자본잠식률 50% 이상이거나 전액 자본잠식의 경우 코스닥시장에서 상장 폐지된다.

18일 ST&I글로벌은 보통주 10주를 1주로 병합하는 90% 감자 결정을 했다. 감자 결정 후 ST&I글로벌 주가는 하한가까지 떨어졌다. ST&I글로벌은 이미 지난해 경상손실과 매출액 30억원 미만 요건에 해당돼 관리종목으로 지정된 상태여서 대규모 자본잠식을 막기 위한 감자가 더욱 충격을 주고 있다.

지난 18일 액면가 500원 주식 20주를 1주로 병합하는 감자를 단행한 한국하이네트는 올해 상반기 135억원의 순손실을 기록, 상반기 자본잠식률이 41%에 달했다.

팬텀엔터그룹은 1분기 58억원 순손실을 낸 후 2분기 23억원의 순이익을 내 흑자 전환했으나 이미 상반기에 자본잠식률이 65%에 이르렀다.

어드밴텍테크놀로지도 지난 16일 보통주 4주를 1주로 병합하며 자본금을 종전대비 75% 줄이는 감자를 결정했다. 이들 기업의 주가는 실적부진 속에 감자까지 단행한 탓에 올해 고점 대비 50~60% 급락했다.

이같은 코스닥기업 감자에 대해 투자자들의 시각은 곱지 않다. 일부 기업 소액주주들은 주주총회에서 감자를 막아야 한다는 주장까지 제기하고 있다. 특히 실적악화가 심각한 코스닥기업이 주력사업에 대한 고민이나 경영진 책임 없이 감자로만 위기를 모면하려는 것은 도덕적 해이라는 주장도 나온다.

증권전문가들은 "주력사업마저 흔들리며 적자구조가 고착된 상황에서 감자로 재무구조를 개선하겠다는 것은 손바닥으로 하늘 가리기"라며 "재무구조가 반짝 개선될 수는 있지만 기업 펀더멘털(기초여건)을 본질적으로 바꾸려는 노력이 더욱 절실하다"고 밝혔다.

(부산일보 2008년 9월 22일)

자본금 변동(증자·감자) **요약**

	증자	감자
실질적 (유상)	차변) 현금 (혹은 현물자산) 8,000 대변) 자본금 5,000 주식발행초과금 3,000	**주식의 매입소각**(감자차손 발생 경우) 차변) 자본금 25,000 감자차손 10,000 대변) 현금 35,000
형식적 (무상)	**이익잉여금**(또는 자본잉여금)**의 자본금전입** 차변) 이익잉여금* 8,000 (또는 자본잉여금) 대변) 자본금 5,000 주식발행초과금 3,000 * 주식배당 경우의 분개도 이와 동일.	**주식의 무상소각**(결손금 전보 경우) 차변) 자본금 5,000 대변) 이익잉여금(결손금) 4,000 감자차익* 1,000 * 만일 전보액이 결손금에 미달하는 경우에는, 당연히 '감자차익'은 없음.

2. 자기주식

기업은 때때로 몇 가지 이유로 자기회사의 기존 주식을 재취득하는 경우가 있는데 이렇게 재취득한 자기회사 주식을 **자기주식**(自己株式 treasury shares, treasury stock)이라고 한다(통상, 언론 등에서 자사주自社株로 표기하기도 한다). 자기주식은 자기회사의 자본을 사실상 감소시키므로, 타회사 발행의 주식처럼 자산(단기매매증권, 투자자산 등)으로 분류하지 않고 자본과 상쇄시키는 자본조정으로 분류한다. 자기주식을 취득하는 이유는 보통 다음과 같다.

첫째, 감자절차를 진행하는 과정에서 주식을 소각하기 위해 매입한다.

둘째, 소각 이외의 목적(합병이나 영업양수 등에 필요, 유통주식 수 감소를 통한 주가의 안정 · 상승)에 의해 자기주식을 일시적으로 보유하기 위해 매입한다.

회사가 자기주식을 자유롭게 취득할 수 있게 되면, 주가조작에 악용하거나, 자본충실을 저해할 가능성이 있다. 따라서 위와 같은 이유가 있을 때 특별요건을 갖출 경우에만 제한적으로 자기주식 취득이 허용되고 있다. 자기주식을 매입하게 되면 시장의 유통주식 수는 그만큼 감소하게 된다.

즉, '**유통주식**(outstanding shares) 수 = 발행주식 수 − 자기주식 수' 이다.

자기주식의 매매와 관련하여 한국채택국제회계기준은[4] 기업이 자기지분상품을 재취득하는 경우 이러한 지분상품(자기주식)은 자본에서 차감하고, 자기지분상품을 매입·매도하거나 발행 또는 소각하는 경우의 손익은 당기손익으로 인식하지 아니하게 하고 있다. 즉, 자기지분상품은 취득한 이유에 관계없이 금융자산으로 인식할 수 없다. 그리고 보유하는 자기주식의 금액은 재무상태표나 주석에 별도로 공시하게 하고 있다.

자기주식에 대해서는 전통적으로 원가법(cost method)에 따라 회계처리되어 왔다. 이 방법에서는, 자기주식의 취득 시 취득원가로 기록하고 나중에 재매각 처분하게 되는 경우 그 처분가격이 취득원가가보다 높다면 그 차액을 자기주식처분이익(paid-in capital from treasury stock transactions)으로 처리하고, 반대로 취득원가가보다 낮다면 그 차액

4. 기업회계기준서 제1032호 '금융상품 표시' 문단 33 ~ 34.

을, 자기주식처분이익이 이미 있다면 우선 그 계정에서 차감하고, 없거나 부족하면 자기주식처분손실로 계상한다. 자기주식처분이익은 자본거래의 결과 새로운 주주가 회사에 추가 투자한 부분으로 볼 수 있으므로 이익잉여금이 아니라 자본잉여금에 속하고, 자기주식처분손실은 (차감적) 자본조정에 속하는 계정이다. 이러한 원가법은 자기주식처분이익(손실)이 당기이익(손실)이 아니며, 결국 자본의 증가(감소)로 귀결되기 때문에 자기주식의 매매 또는 소각으로부터의 당기손익 인식을 금지한 한국채택국제회계기준(제1032호 '금융상품표시' 문단 33)에 어긋나지 않는 방법이다.

다음의 [예제 5]는 원가법을 적용하여 처리하는 경우를 보여준다.

예제 5 자기주식의 취득과 처분

솔라(주)는 20×5년 5월 1일 액면금액 ₩5,000인 자기회사주식 300주를 임직원에게 제공할 상여금 목적으로 주당 ₩12,000에 취득하였다. 솔라(주)는 그 주식 중 200주를 주당 ₩15,000에 1개월 후인 6월 1일 매각했고, 2개월 후인 7월 1일에는 나머지 주식 100주를 주당 ₩9,000에 매각하였다.

솔라(주)가 각 거래에 대해 분개를 어떻게 해야 하는가?

[풀이]

5월 1일	차변) 자기주식	3,600,000	대변) 현금	3,600,000
6월 1일	차변) 현 금	3,000,000	대변) 자기주식	2,400,000
			자기주식처분이익	600,000
7월 1일	차변) 현금	900,000	대변) 자기주식	1,200,000
	자기주식처분이익	300,000*		

* (₩9,000 − ₩12,000) × 100주 = −₩300,000. 이 자기주식처분손실은 이미 자기주식처분이익 ₩600,000이 있으므로 이 계정을 차감하여 처리.

[참고] 만약 7월 1일에 주식 100주를 주당 ₩5,500에 매각하였다면, 처분손실 ₩650,000 [= 100주 x (₩5,500 − ₩12,000)]이 발생한다. 이 경우에는 그 처분손실 ₩650,000이 자기주식처분이익 잔액 ₩600,000 전부를 우선 상쇄시키고, 남은 ₩50,000은 자기주식처분손실(자본조정)에 차기하여 처리하게 된다.

3. 주식분할과 주식병합

주식회사에서 발행주식 1주를 여러 개의 주식으로 분할하는 경우가 있다. 일반적으로 주가가 지나치게 높고 유통주식의 수량이 적어 자본시장에서 원활한 거래가 잘 이루어지지 않는 경우에 행해진다. 예를 들어, 주가가 ₩500,000인 주식을 1주당 5주로 분할하면 이론적으로는 주가가 ₩100,000으로 하락하고 물량이 5배로 늘어 시장에서 거래가 보다 활발해질 것으로 기대할 수 있다. 이러한 기법을 **주식분할**(stock split)이라 한다. 이 경우 주당 액면금액이 ₩5,000이라면 주식 1주가 액면금액 ₩1,000인 주식 5주로 분할된다(이러한 이유로 **액면분할**이라고도 한다). 이 경우 영문용어로 five-for-one stock split이라 한다. 주식분할의 결과 액면이 작아지고 발행주식 수가 많아질 뿐 회계기록의 대상이 되는 재무상태의 실질적인 변화를 초래하지 않으므로 분개의 대상이 아니다.

주식분할은 기업의 순자산에 실질적인 변화를 가져오지 않는다는 점에서 무상증자나 주식배당과 유사하다. 그러나 무상증자와 주식배당이 자본금을 증가시키고 자본잉여금 또는 이익잉여금을 감소시키는 데 반해, 주식분할은 자본금의 구성요소나 금액을 변화시키지 않는다. 그리고 주식분할은 주식의 액면금액을 감소시키지만 주식배당이나 무상증자는 액면에 영향을 미치지 않는다.

주식분할과 반대의 개념으로 **주식병합**(株式併合, reverse stock split 또는 consolidation of stocks)이 있다. 이는 기존 주식 여러 개를 합하여 그보다 적은 수의 주식으로 만드는 것이다. 이때 기존 자본금을 그대로 두는 경우에는 주식병합비율에 따라 액면가가 비례적으로 증가해야 하므로(예 : 2:1 주식병합의 경우, 액면가 ₩100 → ₩200), 이미 발행된 주식 수만 줄어들고 기업의 자본금 및 순자산에는 아무런 변동이 없다. 따라서 회계처리(분개)는 필요 없다. 회사는 주가 조정(상승)이나 주주 관리비 절감 등의 효과를 볼 수 있다. 그러나 액면가를 그대로 유지하는 경우에는 사실상 무상감자가 된다. 즉, 주식 수의 감소에 비례하여 자본금이 감소한다(예 : 3:1 주식병합의 경우, 자본금 ₩6천만 → ₩2천만). 이 경우 감소된 금액(₩4천만)은 기존의 결손금을 보전하거나 감자차익으로 남게 되므로, 기업의 순자산(= 순자본) 금액은 전혀 변하지 않고, 감자에 따른 분개가 필요하다.

주식병합은 발행회사의 자발적 동기에 의해 실시되는 외국의 경우와 달리, 우리나라에서는 회사의 자본감소, 회사합병, 주식 액면금액의 상향조정을 위한 강제합병의 경우에 인정되고 있으며, 모두 주주총회의 특별의결을 거치는 엄격한 절차를 요구하고 있다.

제3절 이익잉여금과 주당이익

앞 절에서 언급했듯이 영업활동을 통한 자본증감은 이익잉여금을 통해서 일어난다. 이 절에서는 이익잉여금의 의미와 그 변동요인, 법정 및 임의 적립금, 그리고 주당이익과 주당계속영업이익 등에 대해 알아본다.

1. 이익잉여금

이익잉여금(retained earnings)이란 이익창출활동에 의해 획득된 이익으로서, 배당 등을 통해 사외(社外)로 유출되거나 또는 자본금 계정이나 자본잉여금 계정으로 대체되지 않고 기업내부에 유보되어 있는 금액을 말한다.

1) 이익잉여금의 증감 요인

이익잉여금은 〈표 10-2〉에서 보았던 바와 같은 원인에 의해 증가 또는 감소한다. 그 표를 다시 보면 다음과 같다.

이익잉여금의 변동 요인

감소(차변)	증가(대변)
당기순손실 회계정책변경효과(손실) 전기오류수정(손실) 배당 일부 자본조정항목의 상각	당기순이익 회계정책변경효과(이익) 전기오류수정(이익) 결손금 전보에 따른 이입액 등

2) 이익잉여금의 처분

기업은 이익잉여금을 처분할 수 있는데, 그 사용 가능 금액을 처분가능이익잉여금이라 하고, 다음과 같이 계산한다(아래 임의적립금 이입에 대해서는 곧 다루게 됨).

> 처분가능이익잉여금 = 미처분이익잉여금(unappropriated retained earnings)
> + 임의적립금이입액

이익잉여금 처분은 1) 이익잉여금 자체를 감소시키는 것과, 2) 세부 계정을 정하여 이익잉여금을 적립시키는 것, 두 종류로 구분해 볼 수 있다(〈그림 10-3〉 참조).

이익잉여금 자체를 감소시키는 것은 배당, 일부 자본조정항목(주식할인발행차금, 배당건설이자 등)의 상각이다. 이것은 모두 이익잉여금 자체는 감소시키지만, 배당만이 자본총액을 감소시키고, 자본조정항목의 상각은 자본총액에 영향을 미치지 않는다.

다음, 이익잉여금을 적립하는 것에는 법규에 따라 이루어지는 법정적립금과 기업의 자체 결정에 의한 임의적립금이 있다. 그런데 '**적립**(reserve)' 이라는 용어의 의미에 대해 유의해야 할 필요가 있는데, '적립' 이란 실제 현금이나 특정 기금과 같은 자금을 별도로 마련했다는 의미가 아니고 이익잉여금의 배당(실질적 처분)가능액을 제한하는 조치라는 것이다. 즉, 사실상 이익잉여금 내 세부 계정으로 옮기는 이전처리이다. 따라서 적립이 이익잉여금의 총액을 변하게 하는 것은 아니다.

배당건설이자

상법은 회사의 영업개시 전까지(회사의 설립 후 2년 이상 영업전부의 개시가 불가능하다고 인정되는 때) 많은 기간과 자본이 소요되는 전기, 철도, 가스 등의 공익사업에 대해서는 예외적으로 자금의 원활한 조달을 위해 이익이 발생하지 않았어도 정관으로 일정한 주식에 대해 개업 전 일정기간 내에 일정한 이자(연 5% 이내)를 주주에게 배당을 할 수 있도록 규정하고 있다. 이러한 배당을 배당건설이자라 하는데, 이는 이익의 배당이라기보다 사실상 투자액의 반환이므로 회계기준은 이를 자본차감항목인 자본조정으로 처리한다. (이에 대한 구체적인 회계처리는 이 책의 범위를 벗어나므로 다루지 아니한다.)

① 법정적립금

법정적립금(legal reserves)은 재무구조 강화를 위하여 법에서 강제함에 따라 이루어지는 적립금이다. 가장 대표적인 것은 **이익준비금**인데, 이것은 "매 결산기마다 금전에 의한 이익배당의 10% 이상에 해당하는 금액을, 자본금의 50%에 달할 때까지 이익준비금으로 적립" 해야 한다는 상법에 따라 강제로 적립해야 하는 것이다. 이익준비금은 결손금 전보 및 자본전입에만 사용하도록 되어 있다.

또 다른 법정적립금으로서는, 2007년 말 폐지된 '유가증권의 발행 및 공시 등에 관한 규정' 에 의해 상장법인들이 당기순이익(이월결손금 차감 후)의 10%와 유형자산처분이익

(당시 기준상 특별이익에 한정)의 절반을 자기자본비율이 30%에 달할 때까지 적립해야 했던 **재무구조개선적립금**을 들 수 있다. 이 적립금도 **이월결손금 전보** 및 **자본전입**에만 사용하도록 되어 있었다.[5]

② 임의적립금

임의적립금(voluntary reserves)은 주주총회 결의 혹은 정관 규정에 의하여 설정되는 적립금이다. 여기에는 그 성격상 다음과 같이 적극적인 것과 소극적인 것이 있다.

적극적 적립금은 기업의 자금, 설비 등 자산을 증가시키기 위해 설정하는 것이다. 사업확장적립금, 감채기금적립금, 신축적립금 등이 대표적인 예이다. 이러한 적립금은 소기(所期)의 목적을 달성하게 되면, 적립금 자체(즉, 이익잉여금의 부분)가 소멸하는 것이 아니므로 별도적립금이나 기타 임의적립금으로 대체시키게 된다. 즉, 적립의 목적을 이루었으므로 특정 목적을 나타내는 명칭이 필요 없게 되어 별도적립금처럼 목적이 표시되지 않는 보통의 명칭으로 바뀌는 것이다. 별도적립금이란 어떠한 목적을 위해서든 사용할 수 있는 적립금이다.

소극적 적립금은 장래에 발생할 손실이나 순자산 감소에 대비하기 위해 설정한 적립금이다. 우발손실적립금, 자가보험적립금, 결손전보적립금, 배당평균적립금 등이 이에 속한다. 이러한 적립금은 해당 특정 사건이 발생하게 되면 이를 미처분이익잉여금으로 대체한다. 예를 들면, **자가보험적립금**(reserves for self-insurance)은, 주로 기업이 소유 유형자산에 대하여 외부의 보험회사와 계약을 체결하는 대신 보험회사에 지급할 보험료를 자체 적립함으로써 배당을 제한한 후, 실제 사고가 발생하였을 때 그간 적립한 적립금으로써 그 손해를 전보할 용도로 쓰인다. 또한 **배당평균적립금**(reserves for dividend equalization)의 경우, 이익이 많은 연도에 그 이익의 일부를 적립한 적립금을, 이익이 적은 연도에 미처분이익잉여금으로 이입하여 배당재원으로 사용하게 되고, 이럼으로써 매기 배당률을 일정수준으로 유지하는 데 기여한다.

이때 명심할 것은 적립하고 다시 그것을 사용한다고 해서 바로 현금 등의 물리적 자원이 쌓아지고 사용되고 그러는 것이 아니라는 것이다. 배당을 제한하여 기업자원(현금)의 유출을 막느냐 아니면 다시 풀어 배당으로써 기업자원(현금)의 유출을 허용하느냐 하는 것

5. 비록 재무구조개선적립금의 적립이 폐지되었지만, 결손금 전보나 자본전입 등에 의해 사용되지 않았으면 현행 재무제표에 존치되어 나타나 있게 될 가능성이 있으므로 여기서 언급한다.

이다. 임의적립금의 태생은 특정 목적 때문에 미처분이익잉여금의 일부를 구분해 놓음으로써 비롯된 것인데, 그 원래의 적립목적이 이루어지면 미처분이익잉여금으로 다시 되돌려지게 되는 것이다. 이것을 임의적립금의 '**이입**'이라 한다. 쉽게 말해 문패(특정의 임의적립금)를 붙였다가 다시 떼는 것(미처분이익잉여금)이다.

그림 10-3 이익잉여금의 처분

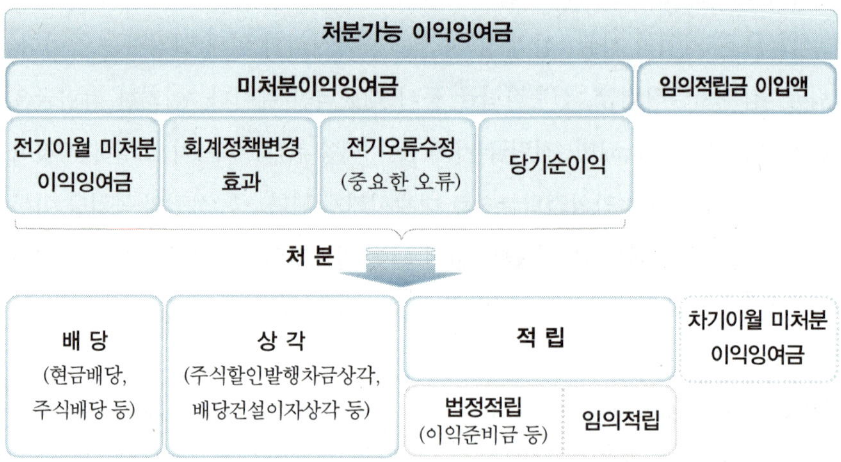

다음의 [예제 6]을 보도록 하자.

예제 6 임의적립금(적극적·소극적 적립금)의 설정과 해제

- 20×1년 3월 5일 : 적소(주)는 새 공장을 신축할 목적으로 주주총회의 결의에 따라 당기의 이익잉여금 중 ₩7,000,000을 공장신축적립금으로 적립하기로 하다.
- 20×3년 3월 3일 : 그로부터 2년 후 적극(주)은 2년 후 현금 ₩8,000,000을 투자하여 공장건설을 완료하다. 이에 따라 공장신축적립금을 별도적립금으로 대체하다.

위 두 날짜에 행해야 할 분개를 보이시오.

- 20×3년 3월 4일 : 적소(주)는 이 신축공장 건물에 대하여 매년 공장건물 원가의 10%를 자가보험적립금으로 설정하기로 하다.
- 20×8년 3월 2일 : 5년 후 적소(주)의 공장건물이 화재로 인하여 완전 소실되다(단, 화재 발생 시 건물의 감가상각누계액은 ₩2,000,000이었다).

위 두 날짜에 행해야 할 분개를 보이시오.

[풀이]

20×1년 3월 5일

차변) 미처분이익잉여금	7,000,000	
대변) 공장신축적립금		7,000,000

20×3년 3월 3일

차변) 공장건물	8,000,000	
대변) 현 금		8,000,000

차변) 공장신축적립금	7,000,000	
대변) 별도적립금*		7,000,000

* 임의적립금 중의 한 항목임

[풀이]

20×3년 3월 4일

차변) 미처분이익잉여금	800,000	
대변) 자가보험적립금		800,000

20×8년 3월 2일

차변) 화재손실	6,000,000	
감가상각누계액	2,000,000	
대변) 공장건물		8,000,000

차변) 자가보험적립금	4,000,000*	
대변) 미처분이익잉여금		4,000,000

* ₩800,000/년 × 5년 = ₩4,000,000

- 화재손실은 당기 특별손실로서 당기순이익을 감소 이익잉여금 ₩6,000,000 감소. 그런데, 자가보험적립금 ₩4,000,000을 이익잉여금으로 이입시킴으로써 미처분이익잉여금은 단지 ₩2,000,000만 감소한다.

2. 결손금

당기에 거액의 당기순손실이 발생하여 당기 말 미처리결손금이 나타난 경우에는 미처분이익잉여금 또는 자본잉여금을 이입시켜 이를 메꿀 수가 있는데 이를 전보(塡補)라고 한다. 그 전보의 순서는 (2011년 상법개정 전에는 ① 임의적립금, ② 기타 법정적립금, ③ 이익준비금, ④ 자본잉여금 순서이었으나) 회사가 자율적으로 결정해 처리한다.

당기 말에 미처리결손금이 나타난 경우, 상법에 의하면, 이익잉여금처분계산서를 작성하지 않고, 그 대신에 결손금처리계산서를 작성해야 한다. 그 양식(form)은 이익잉여금처분계산서와 매우 유사하며, 이익잉여금 대신 결손금(deficit)이라는 용어를 사용하는 점이 기본적인 차이이다.

3. 주당이익

주당이익(EPS : Earnings Per Share)과 주당계속영업이익은 기업의 성과평가 혹은 가치측정 등에서 많이 이용되는 개념이다. 특히, 보통주 1주당 시가를 주당이익으로 나누어 계산하는 주가이익비율(PER : price earnings ratio)은 매우 많이 사용되는 중요한 지표이다. 기업의 EPS가 높아지게 되면 그 기업주식의 PER가 낮아지게 되어, 다른 조건이 동일하다면, 해당주식이 매력 있게 된다.

주당이익과 주당계속영업이익의 계산은 다음과 같이 한다.

1) 주당이익

$$\frac{\text{보통주에 귀속되는 당기순이익(즉, 당기순이익 − 우선주배당금)}}{\text{가중평균 유통보통주식 수}}$$

2) 주당계속영업이익

보통주 계속영업이익* ÷ 가중평균 유통보통주식 수

* 계속영업이익 : 계속영업이익에 해당하는 법인세비용을 차감한 후의 금액.
즉, 법인세차감전 계속영업이익 − 계속영업이익 법인세비용
= 당기순이익 + 중단영업관련손실(세후순액).

위 계산에서 분모로서 **가중평균 유통보통주식 수**가 쓰이는데, 이것은 주당이익이나 주당계속영업이익을 계산하는 기간 동안의 유통보통주식 수를 가중평균한 것이다. 주당이익을 계산할 때 가중평균 유통보통주식 수를 쓰는 이유는 한 기업의 유통주식 수가 시점에 따라서 크게 변동할 수 있기 때문이다. 즉, 자기주식의 취득, 전환증권의 전환, 무상증자·주식배당·주식분할 또는 주식병합의 실시는 유통보통주식 수에 영향을 주기 때문이다(이러한 각종 주식변동사항이 유통보통주식 수의 계산에 어떻게 반영되는지에 대한 상세 내용은 이 책의 수준을 넘으므로 중급회계에서 다루게 됨).

여기서 다음 두 개의 예제를 통해 가중평균 유통주식 수와 주당이익을 어떻게 계산하는지 살펴보자.

예제 7 가중평균 유통보통주식 수의 계산

회계기간이 1월 1일부터 12월 31일까지인 기업의 유통주식 수가 다음과 같다.

- 1월 1일 : 50,000주
- 7월 1일 : 10,000주를 추가 발행하여 60,000주가 됨.

당기에 이 기업의 가중평균 유통보통주식 수를 구하시오.

[풀이]

(50,000주 × 6개월/12개월) + (60,000주 × 6개월/12개월) = 55,000주.

예제 8 주당이익의 계산

로드링(주)은 당기 초(20×4년 1월 1일)에 보통주(주당액면 5,000)와 우선주(주당액면 ₩5,000)가 발행되어 있었다. 유통주식 수는 보통주가 24,000주, 우선주(연 8% 배당, 비참가적)는 10,000주였다. 로드링(주)은 금년 10월 1일에 보통주 12,000주를 추가로 발행하였다. 로드링(주)의 손익계산서에 20×4년 당기순이익은 ₩17,500,000, 중단영업관련손실은 ₩2,700,000이 보고되어 있다. 이 중단영업관련손실에 해당하는 법인세비용은 ₩900,000이다. 이 자료에 근거하여 로드링(주)의 20×4년도 주당이익과 주당계속영업이익을 계산하시오.

[풀이]

1) 주당이익 = 보통주에 귀속되는 순이익 가중평균 유통보통주식 수

= ₩13,500,000 ÷ 27,000주 = ₩500/주

* 보통주에 귀속되는 순이익 = 당기순이익 − 우선주배당소요액

= ₩17,500,000 − ₩5,000 × 10,000 × 8%

= ₩17,500,000 − ₩4,000,000 = ₩13,500,000.

* 가중평균 유통보통주식 수 = (24,000주 × 9/12) + (36,000주 × 3/12) = 27,000주

2) 주당계속영업이익 = 보통주에 귀속되는 계속영업이익 ÷ 가중평균 유통보통주식 수

= ₩16,200,000 ÷ 27,000주 = ₩600/주

* 보통주에 귀속되는 계속영업이익 = 당기순이익 + 중단영업관련손실 − 우선주배당소요액

= ₩17,500,000 + ₩2,700,000 − ₩4,000,000

= ₩16,200,000. (중단영업관련손실은 세후 금액으로 보고됨)

3) 희석주당이익, 희석주당계속영업이익

증권 중에는 장래에 보통주를 취득할 수 있는 권리를 가지는 증권이 있는데 이를 희석증권이라 한다. 여기에는 전환우선주, 전환사채, 신주인수권, 주식매입선택권 등이 있다.

- 전환우선주 : 보통주로 전환이 가능한 우선주
- 전환사채(CB : convertible bond) : 보통주로 전환할 수 있는 권리가 있는 사채
- 신주인수권(warrant) : 새로운 보통주식을 발행할 때 우선적으로 그 보통주를 인수할 수 있는 권리
- 신주인수권부 사채(BW : bond with warrant) : 신주인수권이 부여된 사채
- 주식매입선택권(stock option) : 일정한 조건이 충족되면 일정기간 내에 미리 정한 가격으로 보통주를 매입할 수 있는 권리. 임직원 동기부여의 수단으로 많이 이용됨

이러한 희석증권이 그 소유자의 행사로 인해 보통주로 전환되게 되면, 유통보통주식 수는 증가하게 되고 따라서 주당이익은 일반적으로 감소하게 된다. 즉, 주당이익이 희석되는(diluted) 것이다.

희석증권이 있는 경우, 이러한 증권으로 인하여 증가할 보통주를 계산하여 유통보통주식 수를 산정하고 이를 기준으로 희석주당이익과 희석주당계속영업이익을 공시하도록 하고 있다. 이와 관련된 계산 등 상세한 내용은 본 교재의 범위를 넘으므로 다루지 않는다.

회계세상 **SK증권, 감자, 액면분할 동시실시**

SK증권은 1998년 경영개선명령에 따라 증자를 하기 위해 주식병합(감자)과 액면분할을 동시에 실시한 바 있다. 이는 주식가치의 변동 없이 액면가를 현재 시가보다 낮게 함으로써 증자참여자들의 손해가 없도록 하기 위한 것이었다. SK증권은 자본금을 5,738억원에서 2,869억원으로 줄이는 감자를 실시하고, 이와 동시에 주식액면가도 5,000원에서 2,500원으로 절반 줄였다. 회사측 관계자는 "이번 조치는 올해 안에 자본금을 2,000억원 늘려야 하는 유상증자를 원활히 추진하기 위해 마련됐다"고 설명했었다. 2분의 1 감자를 통해 발생하는 2,869억원 가량의 감자차익으로 결손금을 전보함으로써 조기배당이 가능한 회계장부를 만들겠다는 것이었다.

액면가가 2,500원으로 줄어들었으나 당시의 시가 3,780원을 감안할 때 액면가 증자를 실시했어도 증자참여자들은 손해를 보지 않았다.

(매일경제신문에서 발췌요약)

제4절 기타자본구성요소와 자본변동표

지금까지 우리는 자본을 구성하는 요소로서, 자본금, 자본잉여금, 이익잉여금에 대해 그 의미와 변동요인에 대해서 살펴보았다. 자본의 구성요소에는 이외에도 자본조정항목들과 기타포괄손익누계액 항목들이 있다. 이들은 모두 기타자본구성요소로 분류한다. 이 절에서는 이러한 기타자본구성요소를 살펴보고, 이것을 포함한 모든 자본구성요소들의 변동을 망라해 보여주는 자본변동표에 대해 설명한다.

1. 기타자본구성요소

1.1 자본조정

자본조정은 자본금, 자본잉여금 및 이익잉여금에 속하지 않으면서 당기손익 결정에 반영되는 수익이나 비용으로 처리할 수 없는 순자산의 변동요인이다. 자본조정항목은 그 성격상 자본거래로 인한 순자산의 변동(증감)에 해당하는데, 자본의 차감 성격을 지녀 최종 납입된 자본으로 볼 수 없으므로 자본금이나 자본잉여금으로 분류할 수 없는 항목이다. 이 장에서 대부분 다루었던 주식할인발행차금, 감자차손, 자기주식, 자기주식처분손실, 그리고 배당건설이자 등이 자본조정에 포함된다.

자본조정은 자본잉여금과는 달리 일시적인 성격을 가져, 관련 후속거래가 종료되면 소멸된다. 이를테면, 기업이 자신이 발행한 주식을 일시적으로 취득한 것이 자기주식인데 자본조정항목이다. 자기주식은 특수한 경우에만 취득할 수 있으며 가능한 빠른 시일 내에 재매각 또는 소각해야 하고 이때 해당 자기주식은 제거된다.

1.2 총포괄손익, 기타포괄손익, 기타포괄손익누계액

총포괄손익(total comprehensive income)은 “기업실체가 일정기간 동안 소유주와의 자본거래를 제외한 모든 거래나 사건에서 인식한 자본(순자산)의 변동”을 말한다. 즉, 소유주의 투자 및 소유주에 대한 분배 등의 자본거래를 제외한 모든 원천에서 인식된 순자산의 변동은 총포괄손익(이익·손실)을 구성한다. 이러한 순자산의 변동부분(총포괄손익)은 극단적 입장에서는 모두 당기순손익이 되어야 한다. 그러나 한국채택국제회계기준은 i) 당기순손익의 측정에 반영되는 항목과, ii) 자본거래 이외의 원천에 의하여 순자산의 변화를 초래한 항목이지만 당기순손익 측정에 반영하지 않는 FVOCI금융자산평가손익, 외환차이 등 미실현(평가)손익을 구별하고 있다. 전자는 당기순손익에 포함되어 (별개의) 손익계산서와 그 후 이익잉여금에 반영되고, 그렇지 않은 부분, 즉 후자는 **기타포괄손익**(other comprehensive income)이라 하여 (별개의) 손익계산서(즉, 당기순손익의 결정)에 반영하지 않고 재무상태표에 직접 포함시킨다. **기타포괄손익**에 "기타(other)"라는 말이 붙는 이유는 총포괄손익 중 당기순손익이 아닌 부분이기 때문이다. 기타포괄손익에는 FVOCI금융자산평가손익, 외환차이 등의 항목이 있다.

따라서 총포괄손익은 당기순손익과 기타포괄손익의 합계가 되는데, 포괄손익계산서의 맨 아래에 보고되는 숫자이다.

기타포괄손익누계액(accumulated other comprehensive income)은 기타포괄손익 발생분이 재무상태표일 현재의 잔액으로 누계된 것으로서, 자본에 속하는 항목이다(마치 감가상각비 발생분이 감가상각누계액에 누계되고, 당기순이익 발생분이 이익잉여금잔액에 누계되는 것과 유사하다).

2. 자본변동표

2.1 자본변동표의 의의

최근 우리나라 회계의 국제적 정합성 및 재무제표의 유용성을 한층 제고시키기 위해 국제회계기준의 영향으로 자본변동표가 기본재무제표의 하나로 도입되었다.

자본변동표(statement of changes in equity)는 〈그림 10-4〉 예시에서 보듯이, 한 회계기간에 발생한 소유주지분(자본)의 변동에 관한 포괄적인 정보를 제공하는 재무보고서이다. 즉, 자본변동표에는 소유주의 투자(investments by owners)와 소유주에 대한 분배(distributions by owners), 그리고 총포괄이익(소유주와의 자본거래를 제외한 모든 원천에서 인식된 자본의 변동)에 대한 정보, 즉 자본을 구성하고 있는 자본금·자본잉여금·이익잉여금(또는 결손금)·기타자본구성요소(자본조정·기타포괄손익누계액)의 변동에 대한 포괄적인 정보가 제공된다. 이 5가지의 자본항목은 아래 그림과 같은 매트릭스(matrix) 형식을 가진 자본변동표에서 각각 열(column)을 형성하여 각 항목의 내용이 각 열별로 기초잔액·변동사항·기말잔액으로 구분되어 표시된다. 이 자본항목 각각의 변동 내용(요인) 및 구분 표시 방법은 다음과 같다.

1) 자본금의 변동 : 유·무상 증·감자와 주식배당에 의하여 발생하며, 자본금은 보통주자본금과 우선주자본금으로 구분.
2) 자본잉여금의 변동 : 유·무상 증·감자, 결손금 처리 등에 의하여 발생하며, 주식발행초과금과 기타자본잉여금으로 구분.
3) 자본조정의 변동 : 주식할인발행차금, 배당건설이자, 자기주식, 주식매수선택권, 출자전환채무, 청약기일이 경과된 신주청약증거금 중 신주납입금으로 충당될 금

그림 10-4 자본변동표(예시)

자본변동표

회사명 ××(주) 　제×기 20×5. 1. 1. ~ 20×5. 12. 31. 　(단위 : 원)

구 분	자본금	자 본 잉여금	자본조정	기타포괄 손익누계액	이 익 잉여금	총 계
20×5. 1. 1.(보고금액)	1,500,000	250,000	(12,000)	5,000	630,000	2,373,000
회계정책변경효과					18,400	18,400
전기오류수정손익					200,000	200,000
수정후 이익잉여금					848,400	2,591,400
연차배당					(50,000)	(50,000)
기타 이익잉여금처분액					-	-
처분후 이익잉여금					798,400	2,541,400
중간배당					(30,000)	(30,000)
유상증자 (감자)	500,000	350,000				850,000
자기주식 취득			(18,000)			(18,000)
당기순이익					500,000	500,000
FVOCI금융자산평가손익				15,000		15,000
외환차이				(10,000)		(10,000)
20×5. 12. 31.	2,000,000	600,000	(30,000)	10,000	1,268,400	3,848,400

액, 감자차손, 자기주식처분손실 등으로 구분.

4) 기타포괄손익누계액의 변동 : FVOCI금융자산평가손익, 외환차이 등으로 구분.

5) 이익잉여금의 변동 : 회계정책의 변경으로 인한 효과, 중요한 전기오류수정 손익, 연차배당(당기 중에 주주총회에서 승인된 배당금액으로 하되 현금배당 및 주식배당으로 구분표시)과 기타 전기말 미처분이익잉여금의 처분, 중간배당(당기 중에 이사회에서 승인된 배당금액), 당기순손익 등으로 구분.

2.2 자본변동표의 유용성

자본변동표상의 소유주의 투자(증자) 및 소유주에 대한 분배(현금배당·자기주식 취득·감자 등)에 대한 정보는 다른 재무제표 정보와 더불어 당해 기업의 재무적 탄력성, 수익성 및 위험 등을 평가하는 데 유용하다. 또한, 자본변동표는 재무제표 간의 **연계성**(articulation)을 높임으로써 재무제표의 이해가능성을 제고한다. 즉, 재무상태표에 표시되어 있는 자본의 기초잔액과 기말잔액을 모두 제시함으로써 재무상태표와 연결할 수 있

이 장에서 다룬 자본의 구성항목의 차변/대변 잔액을 가진 항목(고딕체로 표시함)이나 자본을 증가/감소시키는 요인들을 망라하여 정리하면 다음 표와 같이 나타낼 수 있다.

중분류		차변잔액 항목 또는 자본감소 요인	대변잔액 항목 또는 자본증가 요인
납입자본	자본금		**보통주자본금, 우선주자본금**
	자본잉여금		**주식발행초과금, 감자차익, 자기주식처분이익**
이익잉여금		당기순손실, 회계정책변경효과(손실), 중요한 전기오류수정(손실), 배당(현금, 주식), 자본조정항목(주식할인발행차금, 자기주식처분손실, 감자차손, 배당건설이자)의 상각	당기순이익, 회계정책변경효과(이익), 중요한 전기오류수정(이익), 적립금(법정, 임의)의 적립, 결손금전보에 따른 이입액(자본잉여금을 끌어와 결손금을 전보) 등 **미처분이익잉여금**
기타포괄손익누계액		**FVOCI금융자산평가손실, 외환차이(차손)**	**FVOCI금융자산평가이익, 외환차이(차익), 재평가잉여금**
자본조정		**자기주식, 자기주식처분손실, 감자차손, 주식할인발행차금, 배당건설이자**	

고, 자본의 변동내용은 포괄손익계산서와 현금흐름표에 나타난 정보와 연결할 수 있어 정보이용자들이 보다 명확히 재무제표간의 관계를 파악할 수 있게 된다.

보론 이익잉여금처분계산서

한국채택국제회계기준(기업회계기준서 제1001호)에서는 이익잉여금처분계산서가 기본재무제표에서 제외되고, 배당 이외의 이익잉여금 처분 사항에 대해 별도 규정이 없다. 그러나 상법 등에서 이익잉여금처분계산서(또는 결손금처리계산서)의 작성을 요구하는 경우에는 재무상태표의 이익잉여금(또는 결손금)에 대한 보충정보로서 이익잉여금처분계산서(또는 결손금처리계산서)를 주석으로 공시한다.

이익잉여금처분계산서(statement of appropriation of retained earnings)는 전기로부터 이월된 이익잉여금과 당기 발생 순이익이 합한 금액이 어떻게 처분되는지, 그리고 차기로 이월될 이익잉여금이 얼마인지를 보여준다. 미처분이익잉여금, 임의적립금 등의 이입액, 이익잉여금처분액, 차기이월미처분이익잉여금으로 구분하여 표시된다. 그 기본구조와 구성항목을 보면 이익이여금의 변동에 대해 잘 이해할 수 있으므로 다음과 같은 도식과 양식(예시)을 제시한다.

1. 이익잉여금처분계산서의 기본구조와 구성항목

I	미처분이익잉여금
II	+ 임의적립금이입액
III	− 이익잉여금처분액
IV	차기이월미처분이익잉여금

- **미처분이익잉여금** : 미처분이익잉여금 = 전기이월 미처분이익잉여금(또는 전기이월 미처리결손금) + 회계정책변경효과(비교재무제표의 최초기간 직전까지 효과) + 중요한 전기오류수정손익 − 중간배당액 + 당기순이익(또는 당기순손실)
- **임의적립금이입액** : 임의적립금의 과거 설정 당시 목적을 달성하거나 혹은 적립금 정

책이 변하는 경우, 해당 임의적립금을 해제하여 미처분이익잉여금으로 환원시킨 것.

- **이익잉여금처분액** : 위 미처분이익잉여금과 임의적립금이입액의 합계금액을 '처분가능이익잉여금' 이라 하는데, 이에 대한 처분내역을 표시함. 당기의 처분액(처분 후의 계정잔액이 아니라 변화액)을 기준으로 하여 표시하고, 처분의 순서는 법정준비금(이익준비금, 기타 법정적립금)의 적립, 주주총회의 결의에 의한 임의 처분(배당금, 각종 임의적립금)의 순서임. 회계기준은 배당건설이자 및 주식할인발행차금의 당기상각분 등도 기타의 이익잉여금처분액으로 표시함.
- **차기이월미처분이익잉여금** : 차기로 이월되는 미처분이익잉여금으로서, 차기에는 전기이월미처분이익잉여금 계정잔액으로 표시됨.

2. 이익잉여금처분계산서(예시)

이익잉여금처분계산서

제 ×× 기 20×2년 1월 1일부터 20×2년 12월 31일까지

출리(주) 처분확정일 : 20×3년 2월 25일 (단위 : 천원)

과 목	금 액	
Ⅰ. 미처분이익잉여금*		
1. 전기이월 미처분이익잉여금**		
2. 회계정책변경효과		
3. 전기오류수정이익		
4. 당기순이익***		
Ⅱ. 임의적립금 등의 이입액		
1. 사업확장적립금		
2. 배당평균적립금		
합 계		
Ⅲ. 이익잉여금처분액		
1. 이익준비금		
2. 기타법정적립금		
3. 이익잉여금처분에 의한 상각 : 주식할인발행차금 상각액 등		
4. 배 당 금		
5. 임의적립금		
Ⅳ. 차기이월 미처분이익잉여금		

* 당기 말 재무상태표상 미처분이익잉여금과 동일하다.

** 전년도 말 이익잉여금처분계산서상 차기이월미처분이익잉여금이다.

*** 당기의 손익계산서상에 표시되어 있는 당기순이익과 일치되어야 한다.

요약

제1절 자본의 구성 : 자본금과 잉여금

- 1. 주식 : 보통주, 우선주
- 2. 자본금과 주식발행

  자본금 : 법정자본금으로서 상징적 의미, 자본금 = 액면금액 × 발행주식 수

  주식발행 : 액면발행, 할증발행(주식발행초과금), 할인발행(주식할인발행차금)
- 3. 잉여금은 자본잉여금과 이익잉여금으로 구분표시

  1) 자본잉여금 : 증자나 감자 활동 등 자본 관련 거래에서 발생하는 잉여금

     - 주식발행초과금, 감자차익, 자기주식처분이익

  2) 이익잉여금 : 손익거래, 즉 영업활동과 관련하여 발생하는 잉여금

     변동요인 :

     - 당기순이익·손실
     - 회계정책변경효과 : 자산 또는 부채에 대한 회계정책 변경의 효과
     - 전기오류수정 : 당기에 발견한 중요한 과거 오류를 수정

       배당금 : 현금배당, 주식배당(형식적 증자)
     - 결손금 전보에 따른 이입액, 주식할인발행차금상각, 배당건설이자상각 등

제2절 자본금 변동과 자기주식

- 1. 자본변동 : 증자와 감자
  - 실질적 증자 : 순자산과 자본금 증가 : 주식의 유상발행
  - 형식적 증자 : 순자산 불변 + 자본금 증가 : 무상증자, 주식배당
  - 실질적 감자 : 순자산과 자본금 감소 : 주식의 매입소각(유상감자)

    → 감자차익(자본잉여금), 감자차손(자본조정)
  - 형식적 감자 : 순자산 불변 + 자본금 감소 : 주식의 무상소각(무상감자)
- 2. 자기주식
  - 매입소각하거나 재발행할 목적으로 취득한 주식
  - 유통주식(outstanding stock) 수 = 발행주식 수 − 자기주식 수
  - 자기주식의 회계처리 방법 : 원가법 적용

    자기주식처분이익(자본잉여금), 자기주식처분손실(자본조정)

제3절 이익잉여금과 주당이익

- 1. 이익잉여금(retained earnings)

  이익잉여금의 처분 : 처분가능이익 총액(미처분이익잉여금 + 임의적립금이입액)으로 처분

  두 종류 :

  1) 이익잉여금 자체를 감소 : 배당, 주식할인발행차금상각, 배당건설이자상각

  2) 적립 : 이익잉여금 총액 불변, 이익잉여금의 세부항목으로 이전.

  – 법정적립금(이익준비금, 재무구조개선적립금),

  – 임의적립금(적극적 적립금, 소극적 적립금).

- 2. 주당이익과 주당계속영업이익

  주당이익(EPS : earnings per share) = 보통주 귀속 당기순이익 가중평균 유통보통주식 수

  주당계속영업이익 = 보통주 귀속 계속영업이익 ÷ 가중평균 유통보통주식 수

  희석주당이익, 희석주당계속영업이익.

  희석증권 : 장래에 보통주를 취득할 수 있는 권리를 가지는 증권.

  전환우선주, 전환사채, 신주인수권, 주식매입선택권 등

제4절 기타자본구성요소와 자본변동표

- 1. 자본조정 : 자본의 차감 성격 : 주식할인발행차금, 감자차손, 자기주식
- 2. 기타포괄손익 : 총포괄손익 중 당기순손익이 아닌 부분

  총포괄손익 : 기업실체가 일정기간 동안 소유주와의 자본거래를 제외한 모든 거래나 사건에서 인식한 자본(순자산)의 변동

  기타포괄손익누계액 : 매기 기타포괄이익 또는 손실의 발생분이 누계된 금액

- 3. 자본변동표

  – 한 회계기간에 발생한 소유주지분(자본)의 변동에 관한 포괄적인 정보를 제공

  – 유용성 : 재무적 탄력성, 수익성 및 위험 등을 평가. 재무제표간의 연계성 제고

보론 : 이익잉여금처분계산서

- 이익잉여금처분계산서(statement of approriation of retained earnings)

기본구조 : 미처분이익잉여금 + 임의적립금이입액 – 이익잉여금처분액

= 차기이월미처분이익잉여금

미처분이익잉여금 = 전기이월미처분이익잉여금(조정 및 수정 후) + 당기순이익

연습문제

서술형

01. 장기자금의 조달에 있어 주식 발행을 통한 자기자본 조달과 사채나 차입금 등의 타인자본 조달의 장단점 등 특징에 대해 생각하고 설명해보시오.

02. 보통주(common stock)와 우선주(preferred stock)의 차이점에 대해 설명하시오.

03. 수권주식 수, 발행주식 수, 유통주식 수 각각의 의미를 말하고, 서로 어떠한 관계가 있는지 설명하시오.

04. 주식발행초과금의 개념과 회계처리방법에 대해 설명하시오.

05. 자본을 납입자본(paid-in capital)과 이익잉여금으로 구분하는 이유에 대해 설명하시오.

06. 법정적립금과 임의적립금의 개념과 그 종류에 대해 설명하고, 배당재원으로 사용할 수 있는지에 대해서도 언급하시오.

07. 재무상태표상 자본은 어떻게 분류되는지 말해보시오.

08. 자기주식(treasury stock)의 개념과 취득 목적 또는 이유, 그리고 재무상태표상의 표시에 대해 설명하시오.

09. 주식발행초과금과 자기주식은 재무상태표상에 어떻게 표시되는지 예를 들어 설명하시오.

10. 주주총회에서 처분해야 할 대상금액인 미처분이익잉여금은 무엇으로 구성되는지 설명하시오.

11. (미처분)이익잉여금의 처분에 관한 기본적 유형(두 가지)에 대해 설명하시오.

12. 이익잉여금 총액에 대한 증가요인과 감소요인은 무엇인지 설명하시오.

13. 임의적립금의 이입의 의미, 그리고 이것이 이익잉여금 총액, 자본총액, 자산총액 각각에 미치는 영향에 대해 설명하시오.

14. 현금배당과 주식배당의 회계처리에 대해 설명하고, 각각이 배당기업의 총자산과 총자본에 미치는 영향을 설명하시오.

15. 주식배당, 무상증자, 주식분할, 주식병합을 할 경우 자본금, 발행주식 수, 액면금액, 순자산(자본)에 각각 어떠한 영향을 미치는지 설명하시오.

16. 자본변동표가 제공하는 정보에 대해 설명하시오.

17. 주당이익(EPS : earnings per share) 정보에 대해 설명하시오.

객관식

01. 보통주 배당률보다 적어도 불리하지 않은 배당률을 원하는 경우에 보유할만한 우선주는?

① 상환우선주 ② 전환우선주
③ 누적적 우선주 ④ 참가적 우선주

02. 자본금에 대해 잘못 진술한 것은?

① 수권자본금을 말한다. ② 액면금액에 발행주식 수를 곱한 것이다.
③ 법정자본금으로서 상징적 의미가 있다. ④ 납입자본을 구성한다.

03. 다음 중 자본잉여금에 속하지 않은 것은?

① 주식발행초과금 ② 주식할인발행차금
③ 자기주식처분이익 ④ 감자차익

04. 자기주식(자사주)을 취득하는 일반적인 이유가 아닌 것은?

① 임직원 보상으로서 주식옵션 용도
② 회사의 일시 여유자금의 활용
③ 유통주식 수 감소를 통한 주가안정
④ 감자절차를 진행하는 과정에서의 주식소각

05. 자기주식처분이익에 대해서 잘못 진술한 것은?

① 자본잉여금에 속한다.
② 다음에 자기주식처분에 따른 손실이 발생하는 경우 이 손실과 상쇄된다.
③ 이익배당의 재원(財源)이 될 수 없다.
④ 자기주식처분이익으로 인해 현금 등 운전자본이나 순자산이 증가하는 것은 아니다.

06. 다음 중 형식적 증자나 형식적 감자와 직접 관계되지 않는 것은?

① 감자차손 ② 무상증자
③ 결손금 전보를 위한 주식의 소각 ④ 주식배당

07. 회사는 누적된 이월결손금 ₩4,000,000을 전보(塡補)하기 위하여 현재의 발행주식을 10주당 1주의 비율로 감소시키기로 의결하였다. 감자전 회사의 발행주식의 총수는 10,000주이며, 주당 액면금액은 ₩500이다. 그 의결로 인한 결과는?

① 회사의 자본금이 ₩4,000,000 감소한다. ② 회사의 총자본이 감소한다.
③ 감자차손이 발생한다. ④ 감자차익이 ₩500,000 발생한다.

08. 다음 중 이익잉여금의 증가 요인(원인)이 될 수 없는 것은?

① 당기순이익 ② 회계정책변경 효과
③ 전기오류수정 ④ 배당

09. 이익잉여금 처분에는 두 종류가 있다. 처분으로 인해 이익잉여금 자체가 감소되는 것은?

① 이익준비금의 적립 ② 임의적립금의 적립
③ 주식할인발행차금의 상각 ④ 주식할증발행차금의 상각

10. 다음 중 법정적립금에 대해서 바르게 말하지 않은 것은?

① 이익준비금이 속한다.

② 결손금 전보에 사용할 수 있다.

③ 계획한 목적을 달성하게 되면 별도적립금 등 임의적립금으로 대체시킬 수 있다.

④ 그 적립금액은 이익배당가능액의 크기에 영향을 미친다.

기초문제

01. 우면(주)은 수권주식 수는 액면가 ₩1의 보통주 1,000,000주이다. 20×5년 중에 회사는 다음과 같은 주식 거래를 하였다.

1월 15일	보통주 500,000주를 주당 ₩7에 발행하였다.
9월 5일	보통주 20,000주를 자기주식으로 주당 ₩8에 매입하였다.
12월 6일	주주총회에서 12월 20일자 주주명부의 주주에게 주당 ₩1 배당금을 20×6년 1월 3일 지급하기로 결정하였다.

【지시사항】

우면(주)의 거래들을 분개하시오.

02. 헬렌(주)의 한 초보 회계사는 다음과 같은 분개를 하였다.

7월 1일	현 금	170,000	
	보통주자본금		170,000
	(액면가 ₩6인 보통주식 20,000주를 ₩170,000에 발행)		
9월 1일	보통주자본금	36,000	
	이익잉여금	24,000	
	현 금		60,000
	(7월 1일 발행한 주식 중 4,000주를 자기주식으로 주당 ₩15에 매입)		

【지시사항】

각 분개는 계정을 잘못 적용한 오류를 포함한 것으로 나타났다. 위 분개 바로 밑의 거래 설명을 기초로 하여, 해당 거래들에 대해 다시 정확히 분개하시오.

03. 20×5년 1월 1일, 프랜(주)은 액면가 ₩2의 보통주식 15,000주를 ₩120,000에 발행하다. 20×5년 3월 1일, 회사는 그 중 2,000주를 자기주식으로 주당 ₩14에 다시 매입하다.

【지시사항】

20×5년, 프랜(주)의 주식거래에 대해 분개하시오.

04. 20×5년 중에 삼각(주)은 다음과 같은 거래와 사건이 있었다.

① 우선주를 액면가에 발행하고 현금을 받았다.

② 보통주식을 액면가 이상으로 발행하고 현금을 받았다.

③ 액면가 ₩10의 보통주식을 액면가 ₩5 보통주식으로 바꾸는 2:1 주식분할을 실시하였다.

④ 회사의 이사회와 주주총회는 시가가 액면가보다 컸을 때 주식배당을 결의하였다.

⑤ 회사의 이사회와 주주총회는 현금배당을 결의하였다.

⑥ 위 ④의 주식배당 결의에서 요구되는 보통주식을 발행하였다.

⑦ 보통주식을 액면가에 발행하고 현금을 받았다.

⑧ 현금배당을 지급하였다.

【지시사항】

위의 각 항목이 자본의 세부과목에 미치는 변화(증감)를 말하시오. 다음과 같은 열을 가진 양식으로 답하시오. 증가이면 "+", 감소이면 "−", 영향이 없으면 "0"이라고 표기하시오.

	납입자본금		
항목	자본금	주식발행초과금	이익잉여금

05. 영아산업(주)은 20×1년 2월20일 주주총회 결의 직후, 이익잉여금이 이익준비금 ₩500,000과 미처분이익잉여금 ₩600,000으로 구성되어 있었다. 그리고 20×1년의 당기순이익은 ₩200,000이었다. 다음 해 20×2년 2월 25일 주주총회는 ₩100,000의 이익준비금 적립과 ₩300,000의 현금배당을 결의하였다.

【지시사항】

1) 20×1년 말 미처분이익잉여금과 이익잉여금 총액은 각각 얼마인지 계산하시오.

2) 20×2년 2월 주주총회 결의로써 처분가능한 이익잉여금은 얼마인지 보이시오.

3) 20×2년 2월 주주총회 결의 직후, 이익잉여금 총액은 얼마가 되는지 보이시오.

06. 다음 표는 무상증자, 주식배당, 주식분할, 주식병합의 특징을 간결하게 보여줄 수 있다. 각각이 자본구성요소에 미치는 영향을 생각하여 이에 나타내시오. 해당 영향이 증가이면 +기호를, 감소이면 -기호를, 불변이면 0으로 표기하시오.

	발행주식	주당액면금액	자본금	주식발행초과금	이익잉여금(총액)	자본총액
주식배당	( )	( )	( )	( )	( )	( )
무상증자	( )	( )	( )	( )	( )	( )
주식분할	( )	( )	( )	( )	( )	( )
주식병합 (액면가 증가)	-	+	( )	( )	( )	( )

07. 정선금융(주)은 재무상태표의 자본항목들만을 다음과 같이 열거하고 있다.

보통주자본금(주당 액면금액 ₩5,000)	₩5,000,000
주식발행초과금	3,000,000
이익준비금	500,000
사업확장적립금	650,000
배당평균적립금	300,000
전기이월 미처분이익잉여금	200,000
당기순이익	150,000

【지시사항】

1) 정선금융(주)의 주주가 납입한 자본(즉, 납입자본)은 얼마인지 밝히시오.

2) 이익잉여금 총액은 얼마인지 계산해 보이시오.

3) 법정적립금과 임의적립금은 각각 총액이 얼마인지 계산해 보이시오.

4) 주주총회 결의로써 주주에게 이익배당을 할 수 있는 최대금액은 얼마인지 보이시오.

5) 만일 사업확장적립금 중 ₩100,000이 적립목적을 달성하여 주주총회에서 그 금액을 이입시킨다면, 이익잉여금 총액과 미처분이익잉여금은 각각 얼마가 될지 파악해보시오.

08. 풍남(주)은 20×2년 2월 26일 주주총회에서 전년도인 20×1년도 재무제표를 승인한 직후, 이익잉여금 구성이 다음과 같았다.

이익준비금	₩8,500,000
사업확장적립금	1,000,000
미처분이익잉여금	300,000
이익잉여금 합계	₩9,800,000

【추가자료】

① 20×2년도 포괄손익계산서상 당기순이익은 ₩800,000으로 나타났다.

② 20×3년 2월 25일 주주총회는 20×2년도 재무제표를 승인하면서 다음 사항을 결의하였다.

- 사업확장적립금 중 ₩400,000은 미처분이익잉여금으로 이입한다.
- 이익준비금으로 ₩100,000을 적립한다.
- 배당평균적립금으로 ₩200,000을 적립한다.
- 현금배당으로 ₩300,000을 지급한다(실제 지급일은 3월 20일).

③ 20×3년 3월 30일 주주에게 배당금 ₩300,000을 현금지급하였다.

【지시사항】

1) 20×3년 2월 주주총회에서 처분가능한 이익잉여금은 얼마인지 계산해 보이시오.

2) 위의 ①~③의 각 사항에 대해 분개가 필요하면 제시하시오.

3) 20×3년 2월 주주총회 결의 직후, 이익잉여금은 어떻게 구성되는지 간결하게 보이시오.

09. 헥톨(주)의 유통주식 수는 당기 초인 1월 1일 현재 보통주(액면가 ₩5,000) 5,000주, 우선주(액면가 ₩5,000, 연 6% 배당, 비참가적) 1,000주이었다. 헥톨(주)은 금년 9월 1일에 보통주 3,000주를 추가로 발행하였다. 헥톨(주)의 당기순이익은 ₩12,300,000인데, 손익계산서에 중단영업관련손실이 ₩3,000,000이 표시되어 있다. 이 중단영업관련손실에 해당하는 법인세비용은 ₩600,000이다.

【지시사항】

1) 이 사료에 근거하여 주낭이익(EPS) 계산을 위한 가중평균주식 수를 구하시오.

2) 주당이익(EPS)와 주당계속영업이익을 각각 계산하시오.

심층문제

01. 바난아(주)의 20×5년 12월 31일 현재 재무상태표는 다음과 같은 항목들을 보이고 있다.

자본	
납입자본금	
자본금	
보통주자본금(액면가 ₩5, 수권주식 500,000주, 발행주식 __주) ;	₩1,500,000
주식발행초과금	120,000
납입자본금 합계	₩1,620,000
이익잉여금	500,000
납입자본금과 이익잉여금 합계	₩2,120,000
차감 : 자기주식(15,000주)	(240,000)
자본 총계	₩1,880,000

【지시사항】

다음 문장을 완성하고 계산이 필요한 곳에는 그 계산과정을 보이시오.

1) 보통주 발행주식 수 : _______________.

2) 보통주 유통주식 수 : _______________.

3) 보통주식의 발행 당시 발행주식 대금 총액 : ₩____________.

4) 자기주식의 주당 취득원가 : ₩______________

5) 보통주식의 평균 발행가격 : ₩______________

02. 솔비(주)는 설립 초기에 액면금액 ₩5,000인 주식 200,000주를 주당 ₩8,000에 발행했었다. 그런데 5년이 지난 현재의 회사활동 규모가 시장상황에 비추어 너무 크다고 판단하여, 발행 주식 중에서 20,000주를 매입소각할 것을 주주총회에서 결의하였다. 이에 따라 솔비(주)는 20,000주를 매입하여 소각하였다.

【지시사항】

1) 주당 매입가격이 ₩6,000일 때 매입소각 시 분개를 보이시오.

2) 주당 매입가격이 ₩4,500일 때 매입소각 시 분개를 보이시오.

03. 마르솔라(주)는 최근 몇 년간 누적된 결손금 ₩14,600,000을 전보하기 위하여 현재의 발행주식을 4주당 1주의 비율로 감소시키기로 주주총회에서 결의하였다. 감자 전 마르솔라(주)의 발행주식 총수는 20,000주이며, 주당 액면금액은 ₩1,000이다.

【지시사항】

마르솔라(주)는 주주총회의 감자결의에 대해, 필요하다면 분개를 보이시오.

그리고 감자 후 총자산과 자본금, 이익잉여금에 어떤 변화가 있게 되는지 설명하시오.

04. 풍남(주)은 20×2년 2월 26일 주주총회에서 전년도인 20×1년도 재무제표를 승인한 직후, 이익잉여금 구성이 다음과 같았다.

이익준비금	₩8,500,000
사업확장적립금	1,000,000
미처분이익잉여금	300,000
이익잉여금 합계	₩9,800,000

【추가자료】

① 20×2년도 포괄손익계산서상 당기순이익은 ₩800,000으로 나타났다.

② 20×3년 2월 25일 주주총회는 20×2년도 재무제표를 승인하면서 다음을 결의하였다.

- 사업확장적립금 중 ₩400,000은 미처분이익잉여금으로 이입한다.
- 이익준비금으로 ₩100,000을 적립한다.
- 배당평균적립금으로 ₩200,000을 적립한다.
- 배당은 현금배당 ₩200,000과 주식배당 ₩100,000으로 한다.

③ 20×3년 3월 30일 풍남(주)은 배당을 현금지급하고 보통주 신주를 발행·교부하였다. 풍남(주)의 보통주 액면금액은 주당 ₩1,000이다.

【지시사항】

1) 주식배당으로 통해 교부되어야 하는 주식 수는 몇 주인지 계산해 보이시오.

2) 현금배당과 주식배당 결의에 대해 분개하시오. 단, 풍남(주)은 주식배당 결의 후 잠정적으로 '미교부주식배당금' 이라는 계정과목을 사용한다.

3) 20×3년 3월 30일의 현금지급과 주식교부에 대해 분개가 필요하다면 제시하시오.

05. 천추개발(주)의 20×5년 말 자본은 보통주자본금 ₩8,000,000(주당 액면 ₩5,000), 주식발행초과금 ₩4,000,000, 이익준비금 ₩3,000,000, 그리고 미처분이익잉여금 ₩500,000으로 구성되어 있었다. 20×6년 중에는 무상증자와 액면분할이 이루어졌는데 그 내용은 다음과 같다.

① 20×6년 4월 1일 : 주식발행초과금 ₩3,000,000과 이익준비금 ₩1,000,000을 재원으로 하여, 50% 무상증자(기존 2주당 신주 1주를 무상으로 발행)를 실시하였다.

② 20×6년 10월 1일 : 주당 액면금액을 ₩5,000에서 ₩1,000으로 분할하였다.

【지시사항】

1) 20×6년 3월 31일 당시 보통주의 발행주식 수를 계산하시오.

2) 천추개발(주)이 4월 1일 주주에게 무상분배하는 주식의 수를 계산하고, 이와 관련하여 실시해야 할 분개를 보이시오.

3) 20×6년 3월 31일 당시 천추개발(주)의 주가가 ₩40,000이었다면, 무상증자 직후 주가는 이론적으로 얼마가 되어야 하는지 계산해 보이시오.

4) 20×6년 10월의 액면분할 직후 천추개발(주)의 발행주식 수를 계산하고, 관련 분개가 필요하다면 제시하시오.

5) 20×6년 9월 30일 당시 천추개발(주) 주가가 ₩46,000이었다면, 액면분할 직후 주가는 이론적으로 얼마가 되어야 하는지 계산해 보이시오.

6) 20×6년 무상증자와 액면분할 직후, 천추개발(주)의 자본구성 항목들의 금액을 다음 표를 이용하여 나타내시오.

자 본	
납입자본 : 보통주자본금	(　　)
주식발행초과금	(　　)
이익잉여금 : 이익준비금	(　　)
미처분이익잉여금	(　　)
자본 총계	(　　)

06. 소공상사(주)의 20×6년도 당기순이익은 ₩4,500,000이고, 20×6년 초에 보통주의 발행주식 수는 8,000주(주당 액면금액은 ₩10,000), 비참가적 우선주의 발행주식 수는 2,000주(주당 액면금액 ₩10,000)이다. 자기주식은 없고, 우선주에 대한 우선배당률은 액면금액의 8%이다. 결산일은 12월 31일이다. 다음의 20×6년 중의 주식 수 변동자료를 이용하여 아래 물음에 답하시오.

【자료】

- 5월 1일 : 보통주 4,000주를 추가 발행하는 유상증자를 실시
- 7월 1일 : 자기회사의 보통주 2,000주를 취득(자기주식)

【지시사항】

1) 소공상사(주)의 20×6년도 당기순이익 중에서 보통주에 귀속되는 부분은 얼마인지 계산해 보이시오.
2) 20×6년도 보통주의 가중평균 유통주식 수는 몇 주인지 계산해 보이시오.
3) 20×6년도 주당이익을 계산해 보이시오.

07. 다음은 청운건설(주)의 20×3년도 자본변동표(미완성)이다. 20×3년 중 자본구성요소의 변동과 관련된 아래 추가자료를 반영하여 이 표를 완성시키시오.

자본변동표

청운건설(주) 20×3년 1월1일 ~ 20×3년 12월31일

	자본금	주식발행초과금	이익잉여금(총액)	자기주식	자본총계
기초 : 20×3/1/1	₩4,000,000	₩2,000,000	₩3,000,000	₩0	₩9,000,000
기말 : 20×3/12/31					

【추가자료】

① 2월 20일 : 20×2년도 재무제표 승인 주주총회에서 이익준비금의 ₩100,000 적립과 현금 배당 ₩500,000을 결의하다.

② 6월 30일: 주당액면금액 ₩1,000인 보통주 500주를 주당 ₩6,000에 신규로 발행하고 납입받다.

③ 9월 30일 : 주식발행초과금 ₩1,000,000을 재원으로 무상증자를 실시하다.

④ 12월 28일 : 자기주식 50주를 주당 ₩8,000에 취득하다.

⑤ 12월 28일 : 20×3년도 결산에서 당기순이익 ₩1,500,000을 확정하다.

III부

회계정보의 분석과 활용

제 11 장 기업가치 분석과 신용분석

제 1 절 기본적 분석
제 2 절 기업가치 평가를 위한 재무제표 분석
제 3 절 신용분석

이 장은 기업가치(주식가치)의 분석·평가에 대한 소개로부터 시작한다. 많이 이용되는 기본적 분석과 기술적 분석 중 기본적 분석에 초점을 두고 그 의미와 절차를 살펴본다. 먼저, 기본적 분석의 첫 단계인 일반정보 분석을 사례를 중심으로 다룬다. 다음, 이후 단계인 재무제표분석과 주가추정에 대해 검토하는데, 특히 재무제표분석에 있어서 이용되는 각종 재무비율의 개념과 적용 사례에 주목한다. 마지막으로 신용분석의 의의와 신용분석의 과정에 대해 살펴본다.

제1절 기본적 분석

1. 기본적 분석의 의의

일간신문이나 경제신문에는 여의도 증권거래소에서 거래되고 있는 주식가격이 보도된다. 가격이 어제보다 오른 것도 있고 내린 것도 있으며, 주식가격이 몇십만 원 하는 것도 있고 몇천 원 하는 것도 있다. 만일 여러분이 여유자금이 있어 주식에 투자하려 한다고 가정하자. 그 많은 주식 중에 어떠한 주식을 사는 것이 좋을 것인가?

주식 투자자의 기대와 궁극적 목표는 기업으로부터 지급받는 배당금과 주식가격의 상승이다. 이러한 목표를 달성하기 위해서는 투자할 주식을 주먹구구식으로 선정할 것이 아니라 엄밀한 분석을 통해서 해야 한다. 이렇게 투자 주식 선정과 같은 경우에 행하는 엄밀한 분석이 기본적 분석이다. 이때 회계정보가 주로 이용된다.

주가분석의 근본은 **기본적 분석**(fundamental analysis)이다. 이것은 기업의 재무상태, 경영성과, 현금흐름과 기타 정보를 세부적으로 분석하여 현재의 주식가격과 기업의 적정가치를 근본적으로 분석, 평가하고 미래의 주식가격을 예측하는 것이다. 이러한 기본적 분석에 대응되는 분석으로 **기술적 분석**(technical analysis)이 있다. 이것은 주가와 주식거래량 등에 대한 추세분석을 통하여 주식의 매매시점을 결정하는 데 주목적이 있다(〈그림 11-1〉).

과거에는 주식가격이 기업가치나 회계정보와는 관계가 작고 증권시장의 큰 손(투자 규모가 큰 투자자를 뜻함)이나 인위적 주가조작정보에 의하여 결정된다고 믿는 사람이 많았다. 이러한 사람들은 대개 기술적 분석이나 증권가의 소문에 의존하여 주식투자를 하였는데, 근래에 외국인 투자자들이 국내 증권시장에 진출한 이래 대부분의 투자자들이 기업의

회계카페 **거품은 자산의 내재가치는 변동 없는데 시장가치만 오르는 것이다**

"거품"은 자산의 시장가격과 내재가치 간의 차이로 정의된다. 내재가치는 자산에서 얻을 수 있는 미래의 기대수익을 현재가치로 평가한 것을 말하는데 시장가격이 내재가치를 지나치게 넘어섰을 때 거품이 생성된 것으로 볼 수 있다. 거품(bubble)은 자산의 내재가치가 변하지 않았는데도 자산의 시장가격이 급격하게 상승할 것이란 기대로 투기를 조장해 만들어지는 게 일반적이다. 이를 '합리적 거품'이라고도 한다. 가격에 대한 합리적인 기대를 바탕으로 거품이 발생했다는 의미다.

역사적으로, 거품의 시초로 1630년 중반 네덜란드 암스테르담 부근에서 발생한 튤립거품이 꼽힌다. 당시 튤립 구근의 1개 가격이 마차 1대와 말 2필에 마구 일체를 더한 가격과 맞먹었던 것. 튤립 구근 가격은 2.5만~5만 달러까지 폭등했다가 이듬해 거품이 꺼지면서 폭락했다. 폭등하던 주가가 꺼지면서 미국 대공황의 시발이 된 것도 대표적인 거품의 사례이다. 우리나라에서는 1980년대 말과 1999년 상반기 주식시장이나 1990년대 이전 부동산 시장에서 급격하게 오른 가격을 두고 거품 여부에 대한 논쟁이 거세게 일었던 적이 있다.

가치를 분석하지 않고 주식에 투자해서는 높은 이익을 얻을 수 없다는 사실을 시사하고 있다. 그 이유는 국내 투자자와의 경쟁자인 외국인 투자자들이 기본적 분석을 응용하여 주식투자를 하고 있기 때문이다.

2. 기본적 분석의 절차

특정 기업에 대한 기본적 분석은 분석자가 누구냐에 따라서 어느 정도 다를 수 있지만 근본적인 절차는 〈표 11-1〉과 같이 대동소이하다. 주가추정을 위한 기본적 분석절차는 특정사업에 출자할 때 수행하는 투자분석 또는 사업성 분석과 유사한 성격을 갖는다.

표 11-1 **기본적 분석의 절차**

(1) 일반정보 분석

↓

(2) 재무제표 분석

↓

(3) 주가 추정

(1) 일반정보 분석

기업의 경영실적을 예측하려면 우선 경영실적(매출, 이익)에 영향을 미치는 제반 요소(기업이 처해 있는 환경 등)를 검토해야 한다. 일반정보는 기업이 처해 있는 여건으로서의 일반 거시경제 동향(경제성장률, 물가상승률, 국제수지, 이자율, 환율 등), 그리고 특정 시장의 동향(소속산업 및 시장의 특성, 제품의 특성, 원자재 시장, 노동시장, 시설재 시장, 경쟁사와의 경쟁의 정도, 소비자 기호 등) 등에 대한 정보이다. 이러한 일반정보는 관심 기업의 매출과 이익을 추정할 때 중요한 자료가 된다. 만약 제품을 수출하는 기업의 가치에 대한 평가일 경우에는 앞서 말한 일반 거시경제 및 특정 시장의 동향 외에도 수출대상국의 성장률, 환율의 변화, 수출장벽의 철폐·강화 등 국제경제 변수 등을 추가로 분석해야 할 것이다. 이러한 국제·거시 경제에 대한 정보는 보통 한국은행, KDI, 여러 정부·민간 경제연구소 등이 발표하는 자료를 참조할 수도 있고, 자체분석능력을 갖추었다면 여러 관련 지표들을 직접 추정할 수도 있다.

이러한 정보의 상당 부분은 비계량 정보로서 계량정보인 회계정보 못지않게 중요하다. 왜냐하면 이러한 정보에 포함되어 있는 제반 요인들은 기업경영에 영향을 미쳐 궁극적으로 주가에 반영되기 때문이다.

(2) 재무제표 분석

기업의 재무제표인 재무상태표, 손익계산서, 현금흐름표를 분석하는 과정으로, 재무비율 분석에 의한 기업의 현황에 대한 분석이 중심이 된다. 재무비율이란 두 가지 이상의 회계수치를 이용한 비율을 말한다. 재무비율에 의한 현황 분석은 산업평균이나 또는 경쟁사의 실적을 표준치로 하여 관심 기업의 재무비율을 비교 분석하고 관심 기업의 장단점을 파악한다. 이 과정에서 파악한 관심 기업의 장단점과 전술한 일반정보 분석내용을 참고하고 이것은 다음 단계인 주가추정의 기초가 된다.

(3) 주가 추정

매출과 비용을 추정함으로써 당기순이익을 추정하는 것이 요체이다. 이로써 추정 주당이익이 계산되고, 여기에 주가이익비율을 추정하여 적용하면 주가를 추정할 수 있게 된다. 여기서 매출, 비용, 이익, 주가이익비율 등을 추정하는 것이 관건인데 여러 추정 재무비율이 이용된다.

3. 일반정보 분석(사례 중심)

일반정보 분석에 대해 쉽게 이해하기 위해 간단한 사업의 경우를 들어본다. 20×3년 현재 '한 떡볶이집' 은 어떤 대학의 축제 기간 중 축제참가자들에게 떡볶이를 판매하는 영업을 하려는 기업이다.

이 기업이 사업의 수익성, 궁극적으로 기업가치에 대해 분석하고자 하는 경우, 우선 축제행사와 연관된 캠퍼스 내외의 제반 환경과 같은 일반정보를 수집해야 한다. 이에는 영업에 중요한 영향을 미치는 요인들인 축제기간 동안의 날씨, 축제 프로그램의 내용, 축제 참가자의 소득수준과 소비성향 등이 포함될 것이다.

그리고 축제참가자 중 떡볶이 구매자의 수에 대한 예측도 중요한데, 이는 떡볶이의 가격, 참가자의 소비성향(한 자리에서 또는 걸어 다니면서 식사), 떡볶이 음식에 대한 경쟁사업 또는 경쟁자의 규모를 추정함으로써 가능할 것이다. 한 자리에서 즐길 수 있는 음식점으로서의 경쟁자는 오뎅집, 맛탕집, 빈대떡집 등이 있을 것이고, 걸어 다니며 즐길 수 있는 음식을 파는 경쟁자로는 빙과류, 요구르트, 강냉이 등의 판매상이 있을 것이다.

여기서 한 떡볶이집의 20×3년 주가를 추정하기 위하여 일반정보를 구체적으로 어떻게 입수하여 어떻게 분석하여야 하는가를 세 단계를 밟아 제시한다.

(1) 축제참가자 수의 추정

한 떡볶이집의 매출은 축제기간 동안에 캠퍼스를 방문하는 축제참가자의 수가 어느 정도냐에 따라 달라지기 때문에 우선 축제참가자 수를 추정하여야 한다. 이를 위하여 작년 축제 때에 참가자가 17만 명 정도이었다는 것을 학생회에서 알아냈다. 금년 축제기간 동안의 날씨도 작년과 같이 쾌청할 것이며 학생운동도 없을 것으로 예상되었고 작년보다 축제 프로그램의 내용이 알차고 선전이 잘 되었기 때문에 축제참가자는 18만 명으로 증가할 것으로 예측하였다.

(2) 축제참가자 중 떡볶이 구매자의 수 추정

축제참가자의 수가 추정된 다음에는 축제참가자 중 떡볶이를 사 먹을 참가자를 추정하기 위하여 축제참가자의 소비성향과 경쟁자와의 경쟁정도를 분석하였다. 그 결과 참가자의 대부분을 차지하는 학생들이 최근 들어 과거보다 소비를 더 많이 하는 성향을 갖고 있는 것으로 분석되었다. 그리고 세균감염에 의한 식중독이 일부 지방에서 발생하였기 때문에 완전히 익히지 않은 음식이나 빙과류의 판매가 부진할 것으로 예측되어 떡볶이는 작년에 비하여 더 많이 팔릴 것으로 예측되었다. 작년에는 한 떡볶이집 이외에도 두 개의 떡볶이집이 더 있었는데, 이들 두 떡볶이집은 작년의 실적을 감안해 볼 때 떡볶이의 제조기법이나 손님에 대한 서비스 등의 운영기법이 매우 우수한 것으로 분석되었다. 그 집들을 운영하였던 선배로부터 입수한 정보와 한 떡볶이집의 작년 매출을 분석한 결과, 총 3개 떡볶이집이 판 떡볶이는 축제참가자 35명당 한 접시 꼴이었다는 것을 알아냈다. 작년에 떡볶이 1접시에 ₩950을 받았는데 이러한 상황을 참고한다면 금년의 목표 가격인 ₩1,000을 받아도 축제참가자 30명당 1명이 떡볶이를 사 먹을 것으로 추정되었다.

(3) 금년 축제기간 중 추정 총매출액

따라서 축제기간 동안에 세 떡볶이집 모두가 팔 수 있는 떡볶이의 양과 매출액은 다음과 같이 추정되었다.

떡볶이 판매량 : 18만 명 ÷ 30명 = 6,000그릇
매출 : 6,000그릇 × ₩1,000 = ₩600만

이렇게 축제기간 동안에 판매될 떡볶이의 총량과 총매출액을 검토한 후에 한 떡볶이집과 경쟁관계에 있는 두 떡볶이집의 사업성을 분석하였다. 이들 두 떡볶이집의 떡볶이

블루칩(Blue Chip)

증권시장에서, 수익력이 높고 경영내용이 좋으며 배당률도 높은 회사의 주식이다.

일반적으로 '우량주'라고도 한다. 블루칩이란 용어는 카지노에서 유래했다는 설이 유력하다. 카지노에서 칩으로 현금을 대신하는데, 그 칩 중에서 가장 고가를 나타냈던 것이 파란색이어서 블루칩이다. 우리나라에서는 한국전력, 포항제철, 삼성전자 등의 주식이 꼽힌다.

불 앤 베어(Bull & Bear : 활황장과 침체장)

황소와 곰은 주가의 상승과 하락을 표현하는 상징물이다. Bull market은 '활황장', '강세장'을 뜻하며 이 경우 주가가 큰 폭으로 상승하면서 거래량도 증가한다. 한편, Bear market은 '침체장', '약세장'을 뜻하며 이 경우 주가가 큰 폭으로 하락하면서 거래량도 감소하는 특징이 있다.

제조기법이나 손님 서비스 등의 운영기법이 매우 우수하지만, 올해에는 한 떡볶이집의 주변이 잘 정리정돈되어 있으며 청결상태가 양호하여, 전년도 수준의 맛과 서비스를 제공한다면 시장점유율은 작년의 39%보다 3% 포인트가 증가하여 42%에 달할 것으로 예측되었다.

제2절 기업가치 평가를 위한 재무제표 분석

1. 재무제표 분석의 개요

재무제표분석은 주가분석의 두 번째 절차로서, 기업의 재무상태, 경영성과, 현금흐름이 주가에 어떻게 반영되고 있는가를 주로 재무비율 분석에 의해 파악하는 것이다. **재무비율 분석**은 재무제표에 나타난 두 개 이상의 항목 간의 비율을 산정하여 이들 항목 간의 상관관계를 이용하여 보다 유용한 회계정보를 찾아내는 것이다. 동 분석은 절대적 분석보다는 주로 표준치와의 상대적 비교에 의하여 실시한다.

여기서 표준치로는 동종산업의 평균실적치 또는 규모나 성격이 유사한 기업(예 : 특정 경쟁기업)의 실적치를 보통 이용한다. 동종산업 평균을 표준치로 하여 상대적 분석을 실시하면 당해 기업이 산업 내에서 어느 정도의 위치에 있는가를 판단할 수 있다. 그러나 구체적으로 어느 기업보다 우수하고 어느 기업보다 열세인지는 판단할 수 없는 것이 단점이다. 이에 비해, 경쟁기업 하나를 선정하여 표준치로 하고 제반 재무비율을 비교하면 해당 기업이 구체적으로 어디에서 우열이 나타나는지를 알 수 있어 적절한 조치를 취할 수 있다.

2. 재무비율

재무제표분석은 다음의 〈표 11-2〉에서 보듯이 보통 5가지 기업 특성을 분석할 수 있는 재무비율의 분석에 의하여 실시된다. 실무에서 사용하는 비율은 여기에서 제시한 것보다 많지만 이 절에서는 5가지 각 특성별로 중요한 재무비율만을 선정하여 분석한다. 한 떡볶이집의 예를 계속 사용하기로 한다. 한 떡볶이집의 재무제표 및 관련 수직·수평분석 결과는 이 장의 맨 뒤 부록에 제시되었는데 앞으로 이 자료를 바탕으로 이야기한다. 그리고 이 절과 다음 절에서 한 떡볶이집의 재무비율 분석은 동종산업의 평균비율들과의 비교를 포함하게 되는데, 이 산업평균은 물론 가정에 의한 수치들이다.

표 11-2 **기업특성과 재무비율**

기업특성	재무비율
(1) 성장성	① 매출액증가율
(2) 활동성	① 총자산회전율
(3) 수익성	① 매출액순이익률 ② 자기자본이익률 ③ 주당이익
(4) 안정성	① 자기자본비율
(5) 주 가	① 주가이익비율

(1) 성장성 분석

기업이 어느 정도로 성장하고 있는가를 분석하는 것이 성장성(growth) 분석인데 주로 매출액증가율 지표를 이용한다. 매출액증가율은 수평분석에 의한 대표적 재무비율이다.

수평분석(horizontal analysis)은 추세분석(trend analysis), 시계열분석(time series analysis)이라고도 하는 것으로서, 시간의 경과에 따라 재무제표의 각 항목이 어느 정도 변화하였는가 그 추세를 분석하는 것(동태적 분석)이다. 통계학적 접근법에 의한 시계열 추정 등 보다 정교하고 세부적인 분석을 실시하려면 계속영업이익, 당기순이익의 추세분석도 실시해야 한다. 여기서는 매출액증가율만을 검토한다.

이러한 수평분석에서는 추세가 파악될 수 있는 적절한 기간의 선택이 중요하다. 검토대상 기간이 너무 길면 많은 요인들이 그 기간 동안에 영향을 미쳤으나 앞으로는 더 이상 영향을 미치지 않게 될 가능성, 이를테면 기업이 추진하는 사업의 성격이 변화했을 가능성이 있다. 그러한 경우에는 실적에 대한 추정치가 일정 기업이나 사업의 최근 추세를 나타내지 못하는 단점이 있다. 그러나 검토 대상 기간이 짧으면 기업이 추진하는 사업의 성격은 변화가 없어 사업의 추세를 볼 수 있다는 장점이 있으나 일시적인 증감이 추세로 나타날 수 있는 단점이 있다. 따라서 실무에서는 3년 내지 5년간의 추세분석을 많이 실시한다.

① 매출액증가율

한 떡볶이집의 경우 20×2년도에 전년도 대비 매출액 증가율은 38%로 나타났다. 전년도 물가 상승률 6%를 감안하고, 전년도에 캠퍼스에서 팔린 떡볶이의 총액은 단지 30%의 증가에 그쳤는데도 20×2년 38% 성장하였다는 것은 한 떡볶이집의 시장점유율이 증가하고 있다는 것을 의미한다.

표 11-3 한 떡볶이집 20×2년 매출액증가율

매출액증가율	비 율 20×2년	20×2년 산업평균*
$\frac{당기매출액}{전기매출액} - 1.00$	38%	22%

* 본 예에서의 모든 산업평균 재무비율은 학습을 위하여 가정한 것임.

(2) 활동성 분석

보유하고 있는 자산을 얼마나 효율적으로 활용하고 있는가를 분석하는 것이 활동성(activity) 분석이다. 이것은 주로 재무상태표에 보고된 자산과 손익계산서에 보고된 매출과의 비율에 의해 측정한다. 대표적인 재무비율은 총자산회전율이다.

① 총자산회전율

총자산회전율(total assets turnover)은 보유하고 있는 총자산이 수익을 창출하는 데 얼마나 효율적으로 이용되는가를 측정하는 비율이다. 이 비율은 자산 한 단위에 의해서 창출되는 매출액을 측정한다.

한 떡볶이집의 20×2년 총자산회전율은 2.55회(= 180 ÷ (78 + 63)/2)로서 전년도의 2.06회보다 0.49회 증가하였다. 산업평균인 1.9회보다 0.65회 포인트 높은데, 이는 총자산 ₩100당 매출액이 전년보다 ₩49 증가하고 산업평균보다는 ₩65 높다는 뜻이다.

이러한 활동성의 증가는 앞서 (1)에서 검토한 매출액증가율에 그 원인이 있으며, 또한 그러한 매출의 증가가 추가적인 자산의 증가를 크게 수반하지 않고 이루어져 소유하고 있는 경제적 자원을 효과적으로 사용하였다는 것을 알려준다.

표 11-4 한 떡볶이집 20×2년 총자산회전율

총자산회전율	비 율		20×2년 산업평균
	20×2년	20×1년	
매출액 / 연평균총자산*	2.55회	2.06회*	1.9회

* 20×1년도의 경우에는 초년도이기 때문에 연말총자산을 분모로 하였고, 산업평균은 학습목적으로 가정한 것임.

(3) 수익성 분석

기업의 경영성과에 관한 재무비율로써 분석한다. 주가는 기업이 높은 수익성(profitability)을 계속 유지하며 성장할 때 상승하기 때문에 수익성지표는 주식투자를 위한 주가추정에 가장 중요한 정보가 된다. 기업은 가능한 한, 높은 수준의 수익성이 유지될 수 있도록 이익을 계속 창출할 수 있어야 한다. 투자자는 현재 주가에 반영된 기업의 수익성과 성장성보다 높은 수준의 이익을 계속 창출할 수 있는 기업을 선정할 수 있어야 한다.

수익성비율에서 분자는 일반적으로 손익계산서의 당기순이익이며, 분모는 손익계산서의 매출액이나 재무상태표의 자본이다. 전자의 경우를 매출액순이익률이라고 하며, 후자의 경우를 자기자본이익률이라고 한다. 이러한 수익성비율은 ₩1의 매출을 하면 얼마만큼의 이익을 얻고 있는지 또는 투자한 자기자본 ₩1당 얼마의 이익을 얻고 있는지를 나타낸다. 또한 보통주 1주당 (보통주주에게 귀속되는) 순이익을 나타내는 주당이익이 수익성비율에 속한다. 주당이익지표는 기업의 수익성 분석을 위하여 가장 많이 사용되는 지표이다.

① 매출액순이익률(ROS : Return on Sales)

매출액에 대한 순이익의 비율로서, 매출액이 ₩1 증가(감소)하면 당기순이익이 얼마나 증가(감소)하는가를 보여준다. 이 비율은 기업의 활동성에 의하여 결정되는 매출에 의하여 당기순이익이 어느 정도 증가하는가를 알려주기 때문에 기업의 수익성을 검토할 때 활동성 비율과 함께 사용된다. 손익계산서 수직분석(손익계산서상의 항목만을 이용한 수직분석)의 전형적인 예이다.

수직분석(vertical analysis)은 횡단면분석(cross-sectional analysis)이라고도 하는데, 일정기간의 매출액이나 일정 시점의 총자산을 기준금액으로 하고 손익계산서나 재무상태표의 각 항목을 백분비로 표시하여 이들 항목이 기준금액의 어느 정도를 구성하고 있는지

를 알려준다. 수직분석은 이와 같이 해당 기업을 산업평균이나 경쟁기업과 함께 공통적인 백분비율로 분석할 수 있게 하기 때문에 공통규모(common size) 재무제표분석이라고도 한다.

손익계산서의 수직분석은 각 비용항목과 각 이익(매출총이익, 계속영업이익, 당기순이익)별로 실시될 수 있다. 여기에서는 수직분석을 소개하고 재무비율로서는 실무에서 가장 많이 사용하는 매출액순이익률만을 소개한다.

한 떡볶이집의 경우 20×2년도의 매출액순이익률은 20×1년과 비슷한 6.1%로서 동종산업 평균 4%에 비하여 높다. 매출액 ₩100당 이익이 산업평균보다 약 ₩2 높다는 뜻이다.

이 장의 부록에 제시된 손익계산서의 수직분석의 결과 한 떡볶이집은 매출원가비율이 작년의 49%에서 당해연도에 53%로 증가하였으나 산업평균의 60%보다는 아직 낮아 떡볶이 원가의 측면에서 산업평균보다 비교우위에 있다는 것을 알 수 있다. 또한 제조원가명세서에 나타난 재료비(직접재료원가)의 비중이 작년에 비하여 상승하였기 때문에 금년도의 매출원가비율이 높아진 것을 알 수 있다. 즉 재료비는 작년에 매출원가의 28%이었으나 당해연도에는 32%를 차지하고 있다. 그러나 산업평균 재료비가 매출원가의 30%를 차지하고 있는 것으로 보아, 떡볶이 재료인 떡과 양념 값이 인건비나 경비보다 상대적으로 더 올랐으며 이러한 물가 상승이 동종산업 내의 다른 기업보다 한 떡볶이집에 더 많은 영향을 미친 것으로 판단된다.

이렇게 재료비의 비중이 산업평균보다 높은 이유가 양질의 재료를 고가에 구입하였기 때문이라면 제품의 품질향상을 통하여 수익성을 제고한다는 차원에서 이 정보는 긍정적으로 이해되어야 할 것이다. 그러나 이것이 재료의 구입이 순조롭게 이루어지지 않아 웃돈을 주고 구입한 결과인 경우에는 이 정보는 부정적으로 이해되어야 한다. 한 떡볶이집의 경우에는 후자의 해석이 맞다고 할 수 있다. 그 이유는 떡볶이 재료에 있어 품질의 차이는 거의 없을 것이며, 있다고 하여도 그 금액의 차이가 적을 것으로 추정되기 때문이다.

물류비와 관리비는 작년과 당해연도를 비교해보면 별다른 큰 변화가 없는 것으로 보인다. 그러나 당기비용인 이자비용은 한 떡볶이집이 산업평균에 비하여 유리한 위치에 있다는 것을 알 수 있다. 한 떡볶이집의 이자비용은 매출의 1%인 데 비하여 경쟁사는 2%를 차지하고 있다. 이러한 이자비용의 차이는 뒤의 재무비율에서 발견할 수 있듯이 한 떡볶이기 자기자본비율이 높아 타인자본, 즉 부채에 대한 의존도가 낮기 때문에 발생한 것이다.

한 떡볶이집의 매출액 대비 당기순이익률이 산업평균보다 높은 것은 매출원가가 낮은 것이 주원인이다. 따라서 한 떡볶이집이 원가와 경비 관리를 게을리하지 않는 한, 경쟁사보다 높은 이익률을 올릴 수 있을 것으로 판단된다. 그러나 이익관리를 위해 특히 재료비(직접재료원가)를 철저히 관리하여야 할 것이다.

표 11-5 한 떡볶이집 20×2년 매출액순이익률

매출액순이익률	비 율		20×2년 산업평균
	20×2년	20×1년	
$\frac{\text{당기순이익}}{\text{매출액}}$	6.1%	6.2%	4%

회계세상 제조업체 37%가 적자

최근 한국은행이 내놓은 '2007년 3분기 기업경영분석 결과' 보고서에 따르면, 상장 등록법인 제조업체 1,061개사 중 매출액 대비 세전순이익률 0% 미만인 적자업체가 2007년 3분기 기준 397곳으로 나온다. 전체 대상 기업 중 37.4%가 이익을 전혀 못 내고 있다는 의미다.

세전순이익률이 20% 이상으로 고수익을 올리는 업체 비중도 적자업체와 마찬가지로 전분기 9.9%에서 8.6%로 1.3%포인트 축소된 것으로 나타난다. 그러나 한은은 이 같은 통계에도 전체적인 제조업체 수익성은 개선됐다고 결론지었다. 전체적인 영업이익률이 6.5%에서 7.5%로 증가하고 이에 따라 세전순이익률도 8.2%에서 9%로 증가했다는 것이다.

적자업체와 고수익을 올리는 기업 수가 모두 줄어드는데 전체 기업 수익성은 높아지는 현상은 도대체 어떻게 해석해야 할까. 한 경제연구소 수석연구원은 "업체 간 편차가 심해졌다"고 분석했다. 전체 통계와는 달리 중소기업을 중심으로 어려움이 더해가고 있다는 설명이다.

매출액 대비 세전순이익률 수준에 따른 제조업체 분포

*자료 : 한국은행(단위 : %)

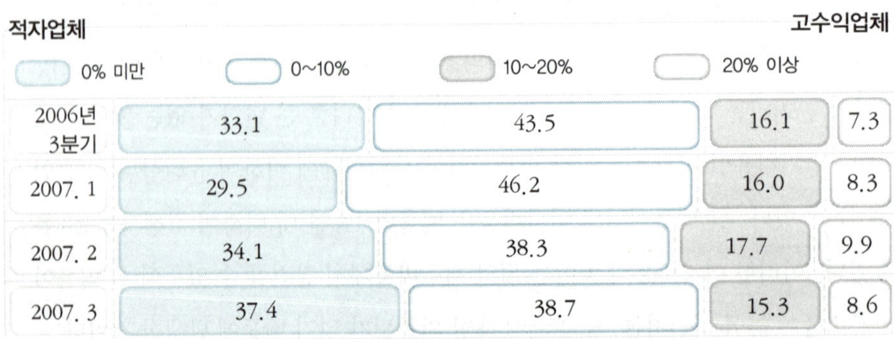

(2008년 1월 12일 매경이코노미 신년호에서 발췌)

② 자기자본이익률(ROE : Return on Equity)

자기자본이 얼마나 효율적으로 이용되고 있는지를 나타내는 지표로서 투자자의 최대 관심사라 할 수 있다. 이 비율은 다음과 같은 두 중요 비율로 분해할 수 있다.

$$\frac{\text{당기순이익}}{\text{연평균자기자본}} = \frac{\text{당기순이익}}{\text{매출액}} \times \frac{\text{매출액}}{\text{연평균자기자본}}$$

ROE(49%) = ROS(6.1%) × 자기자본회전율(8회)
(자기자본이익률) (매출액순이익률)

한 떡볶이집의 20×2년 자기자본이익률은 49%로서 전년도의 44%보다 5% 증가하였다. 이는 산업평균인 22%보다 27% 포인트 높은 것으로서, 자기자본이 상대적으로 효율적으로 운용되고 있음을 나타내준다. 매출액순이익률을 전년과 같은 수준에서 유지하면서, 자산의 증가를 억제시키고 매출을 신장하여 자기자본회전율을 높이고 자산의 매입을 위한 자금을 타인자본에 의하여 조달하였기 때문에 결과한 것으로 평가된다.

표 11-6 **한 떡볶이집 20×2년 자기자본이익률**

총자산회전	비 율		20×2년 산업평균
	20×2년	20×1년	
$\frac{\text{당기순이익}}{\text{연평균자기자본}^{*}}$	49%	44%*	22%

* 20×1년도의 경우에는 초년도이기 때문에 연말자기자본을 분모로 하였고, 산업평균은 학습목적으로 가정한 것임.

③ 주당이익(EPS : Earnings Per Share)

보통주 1주당 순이익(보통주주에게 귀속되는 순이익)을 표시한다. 주가처럼 1주라는 공통분모를 갖기 때문에 보통주의 주식가격을 분석할 때 가장 많이 사용되는 수익성 지표이다. 특히 주식시장에서 흔히 사용되는 **주가이익비율**(PER : Price Earnings Ratio)은 주가/EPS이기 때문에 그 비율 계산에 이 지표가 사용된다. 주가이익비율은 다음의 주가분석에서 세부적으로 검토한다. 한 떡볶이집은 우선주가 없다. 따라서 주당이익을 계산하기 위하여 당기순이익에서 차감할 우선주 배당금은 없다. 보통주식 수는 20×2년과 20×1년 모두 20주이다. 따라서 보통주 1주당 순이익은 〈표 11-7〉에서 보듯이 20×2년과 20×1년 각각 ₩5,500과 ₩4,000이고 20×1년 대비 37.5% 성장하였다. 한 떡볶이집의

20×2년 주당이익은 산업평균 주당이익인 ₩3,000보다 ₩2,500이 많음을 볼 때 한 떡볶이집의 수익성이 동종업계의 평균보다 상당수준 높은 것을 알 수 있다.

표 11-7 **한 떡볶이집 20×2년 주당이익**

주당이익	비 율		20×2년 산업평균
	20×2년	20×1년	
$\frac{\text{당기순이익} - \text{우선주 배당금}}{\text{보통주의 유통주식 수}^{**}}$	₩5,500	₩4,000*	₩3,000

* 연초에 보통주가 발행되었고 자사주(자기주식)는 없는 것으로 가정하였음.

** 유통주식 수 = 발행주식 수 − 자기주식 수

EPS(Earnings Per Share : 주당이익) :

보통주 1주당 주주에게 귀속되는 순이익을 나타내는 기업 경영성과 지표.

$$\text{EPS} = \frac{\text{당기순이익} - \text{우선주배당금}}{\text{보통주의 유통주식 수}}$$

BPS(Book value Per Share : 주당장부금액) :

보통주 1주당 장부금액(순자산 = 자산 − 부채 = 자기자본)의 크기를 나타내주는 지표.

$$\text{BPS} = \frac{\text{자산} - \text{부채}}{\text{보통주의 유통주식 수}}$$

CPS(Cash-flows Per Share : 주당현금흐름) :

보통주 1주당 영업활동으로 인한 현금흐름을 나타내는 지표로서 주당이익을 보조하는 지표.

$$\text{CPS} = \frac{\text{영업현금흐름}}{\text{보통주의 유통주식 수}}$$

(4) 안정성 분석

안정성(stability) 분석은 원금과 이자를 원만하게 지급할 수 있는 장기지급능력(solvency)에 대한 분석으로서, 재무상태표를 이용한 수직분석의 하나이다. 경기변동에 따른 기업의 장기적인 대응능력을 평가하게 해준다. 안정성 비율은 부채와 자본의 상대적 크기를 이용하여 채권자에게는 장기채무에 대한 원금과 이자를 원만하게 지급할 수 있는 기업의 능력을 평가하게 하고 투자자에게는 기업의 매출이 신장하고 수익성이 높을 때와 그렇지 않은 경우에 소유주지분에 미치는 영향을 분석할 수 있는 정보를 제공한다.

① 자기자본비율

기업의 총자산을 얻기 위하여 사용한 자금 중에서 자기자본이 차지하는 비율로서 자기자본/총자산(총자본)으로 계산된다. 전형적인 재무상태표 수직분석(총자산이 100일 때, 재무상태표 각 항목의 비중을 분석)으로서, 기업의 재무위험(financial risk)을 나타내준다. 안정성 분석에서 사용되는 또 하나의 재무비율은 부채비율이다. 부채비율은 채권자가 제공한 자금이 소유주가 출자한 자금의 몇 배가 되는가를 보여준다. 자기자본비율은 부채비율(debt ratio)의 또 다른 표현으로 서로 〈표 11-8〉에서 보는 바와 같은 관계를 가진다. 자기자본비율이 높(낮)아지면 부채비율이 작아(커)진다. 즉, 자기자본비율과 부채비율은 동일한 내용을 다르게 표현한 중복된 정보이다. 예를 들어, 자기자본비율이 35%라면 부채비율은 186%가 된다(자기자본비율 35%는 총자산 100일 때, 부채가 65라는 것이므로 부채비율은 65/35 = 1.86).

표 11-8 자기자본비율과 부채비율과의 관계

$$\text{부채비율} = \frac{(1 - \text{자기자본비율})}{\text{자기자본비율}}$$

일반적으로, 자기자본비율이 높다는 것은 기업의 안정성이 높아 바람직하다고 볼 수 있다. 즉, 경기불황으로 사업이 기대했던 것보다 잘 되지 않는 경우, 자기자본비율이 낮은(부채비율이 높은) 기업은 부채에 대한 이자와 원금의 지급의무 때문에 운영자금의 압박을 받아 결국 부도가 날 위험이 있다. 그러나 경기호황으로 부채에 대한 이자율보다 높은 이익률을 영업에서 얻을 수 있다면, 낮은 자기자본비율이 이익확대효과를 가져와 오히려 유리하게 작용한다. 이러한 현상을 **레버리지**(leverage) **효과**라고 한다.

한 떡볶이집의 19×2년의 자기자본비율은 〈표 11-9〉에서 보듯이 35%(=27/78)로서, 산업평균 30%와 비슷한 19×1년의 자기자본비율 29%(=18/62)보다 6% 포인트 향상된 것이다. 결과적으로 한 떡볶이집의 재무위험은 전년도보다 감소되었다고 할 수 있으며 산업평균보다 낮다고 할 수 있다. 이렇게 재무위험은 낮아졌지만 경기가 좋아 금리보다 높은 수익성을 보장하는 매출이 확실시될 때에는 상대적으로 산업평균보다 수익성이 저조해질 수 있다.

표 11-9 **한 떡볶이집 20×2년 자기자본비율**

자기자본비율	비 율		20×2년 산업평균
	20×2년	20×1년	
자기자본 / 총자산	35%	29%	30%

(5) 주가 분석

주가분석(株價分析)을 위한 재무비율은 회계정보와 주가 간의 관계를 비율로 나타낸 것이다. 이러한 비율은 그 크기 자체보다는 비율에 영향을 미친 변수가 더 중요하다. 그 이유는 이들 변수를 파악해야만 미래의 주가를 효과적으로 추정할 수 있기 때문이다. 주가분석 비율은 주가이익비율, 주가장부금액비율, 주가영업현금비율 등 여러 가지가 있지만 여기에서는 실무에서 가장 많이 사용하는 주가이익비율(PER)만을 검토한다.

회계카페

워렌 버핏이 투자자에게 제시하는 재무제표분석의 원칙이 있는데 그것은 다음과 같다.

첫째, 자기자본이익률(ROE)이 높고 주당이익(EPS)이 증가하는 기업일 것.

둘째, 누구나 쉽게 이해할 수 있는 인지범위 내 기업일 것.

셋째, 미래에도 이익을 예상하기 쉬운 단순한 구조의 기업일 것.

넷째, 정부의 특별한 규제를 받지 않는 기업일 것.

다섯째, 재고가 적고 자산회전율이 높은 회사일 것이다.

2008년 1월 워렌 버핏의 철도 회사 벌링턴 노던 산타 페(BNSF)의 매입의 사례는 위의 원칙이 얼마나 중요한지 보여준다. 워렌 버핏이 투자한 당시의 상황은 글로벌 증시가 원유가 상승에다 서브프라임 모기지 사태까지 겹쳐 활로가 보이지 않는 폭락장을 거듭하던 시기였다. 버핏은 이에 아랑곳하지 않고 이 기업의 지분을 18.2퍼센트까지 끌어올렸다. 만약 주가 매입 기준이 단지 '장세 전망'이었다면, 이 시기에 주가를 매입하는 것은 자살행위에 가까운 일이었을 것이다. 그러나 워렌 버핏이 주목했던 것은 '장세'가 아니라 기업의 '가치'였다. 그는 벌링턴 노던 산타 페의 재무제표에 매출액, 영업이익, 당기순이익이 단기적인 감소는 있지만 꾸준히 개선되고 있음을 발견한다. 특히 이 기업의 주당이익(EPS)과 유가의 정비례 관계를 주목하고, 유가가 오를수록 이 기업의 채산성이 오히려 좋아지고 있음을 밝혀낸 것이다. 그는 주식투자자들이 언제 주식시장이 강세장으로 반전할 것인가에 초조해 하는 동안 재무제표를 통해 약세장에서도 수익을 내는 기업을 찾고 있었던 것이다.

(출처 : 이민주, 워렌 버핏처럼 재무제표 읽는 법, 살림Biz, 2008. 5. 28)

주가이익비율(PER : Price Earnings Ratio)은 흔히 PER(퍼)라고 하며, 자본시장에서 투자자들이 가장 많이 사용하는 지표이다. 이 비율은 보통주 1주당 시가를 보통주 1주당 순이익(EPS)으로 나누어 계산된다. 이 비율의 분모인 주당이익은 기업의 과거 경영성과를 나타내며 분자인 주식가격은 기업의 미래 이익의 성장성에 대한 투자자의 기대를 반영하고 있다. 과거의 영업실적이 동일한 두 기업이 있고 기업간에 주가이익비율이 다른 경우 주가이익비율이 높은 기업은 낮은 기업에 비해 기업의 성장성에 대한 주식시장의 기대가 큰 기업이라고 볼 수 있다. 따라서 기업의 재무적 위험 등과 같은 기업의 위험이 같다고 하면 기업의 성장성이 높은 기업일수록 이 비율이 높으므로 이 비율을 추정하려면 기업의 위험과 성장성을 분석하여야 한다.

한 떡볶이집이 20×1년과 20×2년의 주당이익을 공표한 날의 보통주 1주당 주가는 각각 ₩28,000과 ₩49,500이었다. 따라서 각 회계연도의 주가이익비율은 〈표 11-10〉

표 11-10 **한 떡볶이집 20×2년 주가이익비율**

주가이익비율	비 율		20×2년 산업평균
	20×2년	20×1년	
$\frac{\text{보통주 주가}}{\text{주당이익}}$	9	7	7

PER(Price Earnings Ratio : 주가-이익 비율) : 주가와 보통주 1주당 순이익(EPS)의 비율로서, 이익에 대해 주가가 얼마나 높게 형성되었는가를 보여준다.

$$\text{PER} = \frac{\text{보통주 주가}}{\text{주당이익}}$$

PBR(Price Book-value Ratio : 주가-장부금액 비율) : 보통주 주가와 보통주 1주당 장부금액(BPS)의 비율로서, 주가가 자산가치를 어느 정도 반영하고 있는지를 보여준다.

$$\text{PBR} = \frac{\text{보통주 주가}}{\text{주당장부금액}}$$

PCR(Price Cash-flow Ratio : 주가-영업현금흐름 비율) : 보통주 주가와 보통주 1주당 영업활동으로 인한 현금흐름(CPS)의 비율로서, PER를 보조하는 지표이다.

$$\text{PCR} = \frac{\text{보통주 주가}}{\text{주당영업현금흐름}}$$

에 제시된 바와 같이 각각 7과 9이다. 이 비율들은 20×2년 산업평균과 같거나 약간 높은 것이다. 이렇게 한 떡볶이집의 주가이익비율이 전년도에 비하여 증가하고 산업평균보다 약간 높은 이유는 여러 요인이 있겠지만 매출액증가율이 29%에서 39%로, 산업평균인 22%보다 높게 증가하였다는 것이 주요 요인일 것이다.

지금까지 검토한 기본 재무비율의 산식과 이들 비율의 의미를 요약하면 다음 〈표 11-11〉과 같다.

표 11-11 기본 재무비율 산식 및 의미

비 율	산 식	의 미
매출액증가율	$\frac{\text{당기매출액}}{\text{전기매출액}} - 1.00$	매출액의 증가 비율. 기업의 성장성을 나타냄.
총자산회전율	$\frac{\text{매출액}}{\text{연평균총자산}}$	총자산의 효율적인 이용 정도를 나타냄. 기업의 활동성 척도.
매출액순이익률	$\frac{\text{당기순이익}}{\text{매출액}}$	매출액에 대한 순이익의 크기. 기업의 수익성 지표.
자기자본이익률	$\frac{\text{당기순이익}}{\text{연평균자기자본}}$	주주에 의해 출자된 자본의 효율적 이용 정도.
주당이익	$\frac{\text{당기순이익 - 우선주배당금}}{\text{보통주의 유통주식 수}}$	보통주 1주당 당기순이익의 크기. 가장 많이 사용되는 기업의 수익성 지표.
자기자본비율	$\frac{\text{자기자본}}{\text{총자산}}$	기업이 사용한 자금 중 소유주인 주주가 제공한 자금이 차지하는 비율. 기업의 안정성을 나타냄.
주가이익비율	$\frac{\text{보통주주가}}{\text{주당이익}}$	보통주 주가의 보통주 1주당 순이익에 대한 비율. 주가분석 시 가장 많이 사용.

회계세상 **회계기준 바꾼 정유주 모처럼 '활활' 영업이익 안정성 개선 기대**

정유사들이 회계기준 재변경으로 영업이익 안정성이 개선될 것이란 전망에 강세를 보였다. 16일 SK이노베이션은 유가증권시장에서 전날보다 0.92%(1,500원) 오른 16만4,500원에 거래를 마치면서 9거래일 만에 상승했다. 이날 GS(0.58%), S-Oil(0.21%), 롯데케미칼(0.4%)도 최근 연이은 하락세에서 벗어나 반등에 성공했다. 정유주들이 이날 일제히 강세로 돌아선 것은 회계기준 변경에 따른 영업이익변동 리스크가 줄 것이란 기대감 때문으로 풀이된다. 전문가들은 지난해까지 정유사들이 재고평가분과 환차 관련 손익을 영업이익에 반영해야 했지만 한국채택 국제회계기준(K-IFRS)의 변경에 따라 올해부터는 영업외항목인 세전이익으로 바꾸도록 돼 있어 영업이익 안정성과 예측 가능성이 높아질 것이라고 분석했다. 모 투자증권의 연구원은 "재고평가분과 환율 관련 변동 손익이 영업이익에 반영되면 유가 변동에 따라 정제마진으로 인한 영업이익 외로 영업이익 변동폭이 커진다"며 "영업외항목으로 바뀌면 영업이익이 안정적인 모습을 보이는데다 이익에 대한 예측 가능성이 높아져 정유사에 긍정적일 것"이라고 밝혔다.

(서울경제 2013년 1월 17일)

상한가와 하한가

우리나라 증권 시장에서는 투자자의 보호와 시장의 안정을 위하여 주식 가격의 변동폭을 일정 한도로 정해놓았다. 하루에 오를 수 있는 가격의 상한선까지 오른 주가를 상한가라고 하며, 반대로 떨어질 수 있는 가격의 하한선까지 떨어진 주가를 하한가라고 한다. 우리나라의 경우 주가의 15%로 그 변동폭을 제한하고 있다. 예를 들어 삼성전자의 주식가격이 ₩40만이라고 할 때 15%의 변동폭이라고 한다면 하루에 ₩12만의 변동폭을 갖게 된다(상한가 : ₩46만 ; 하한가 : ₩34만).

실권주 (Forfeited Shares)

기업은 유상증자를 실시할 때 기존 주주에게 일정 가액으로 주식을 살 수 있는 권리를 부여하는데 이를 '신주인수권'이라고 한다. 이때 주주는 배정된 신주인수권을 포기하고, 주식 대금을 납입하지 않아 자신이 매입할 수 있는 주식을 포기하는 경우가 있는데 이런 주식을 '실권주'라고 한다. 발행 회사의 업적이 나쁘거나 무리한 증자로 인하여 시가가 납입액보다 낮을 때, 또는 주주의 자금 부족으로 납입 자금의 조달이 어려울 때 실권주가 발생한다.

주주총수익률 (TRS : Total Return to Shareholder)

주주총수익률(TRS)은 주주들이 주식보유로 얻게 된 전체 수익을 나타내는 지표다. TRS는 주가 시세차익과 배당금을 합쳐 산출한다. 예를 들어 주식을 ₩5,000에 샀다고 가정해 보자. 이 투자자는 매년 배당금을 받게 된다. 작년 말 ₩100, 금년 말 ₩50, 내년 말 ₩100의 배당금을 받은 후 내후년 1월 ₩7,000에 주식을 매각했다고 하자.

주가 시세차익은 ₩2,000이고 3년간 배당금은 ₩250이다. ₩5,000을 투자해 3년 동안 ₩2,250의 이익을 올린 셈이므로 이 투자자의 3년간 누적 TRS는 45%다. 이때 연복리 개념을 감안해 산출한 연평균 TRS는 13.2%가 된다. 이는 매년 13.2%의 수익(이자)을 받아 재투자한 것과 다름없는 수익률이라는 뜻이다.

즉, 누적 TRS = (주식매도가격 − 주식매입가격 + 주당 배당금총액) ÷ 주식매입가격

3. 주가(株價) 추정

지금까지 기업의 현황분석을 위한 제반 절차와 사례를 검토했다. 이 다음의 절차는 일반정보의 분석결과를 감안하여 미래의 수익성과 성장성을 추정하여 미래의 주가, 즉 다음해의 주가를 추정하는 것이다. 〈그림 11-1〉은 세부적으로 다음해의 주가를 추정하는 절차를 보여주고 있다.

(1) 매출액의 추정

다음해의 수익성을 추정하기 위하여 우선 해당 기업의 다음해 매출을 추정한다. 매출액의 추정은 시장성장률과 시장점유율 등에 대한 분석에 의하여 실시되는데, 추세분석인 시계열분석 모형, 또는 추정 매출과 관계되는 매출액증가율과 총자본회전율과 같은 추정 재무비율에 의한 분석에 의해 점검한다. 이들 모형을 혼용하는 이유는 한 모형에 의한 단점을 다른 모형의 장점으로 보충하기 위함이다.

그림 11-1 회계정보를 이용한 주가 추정의 세부절차

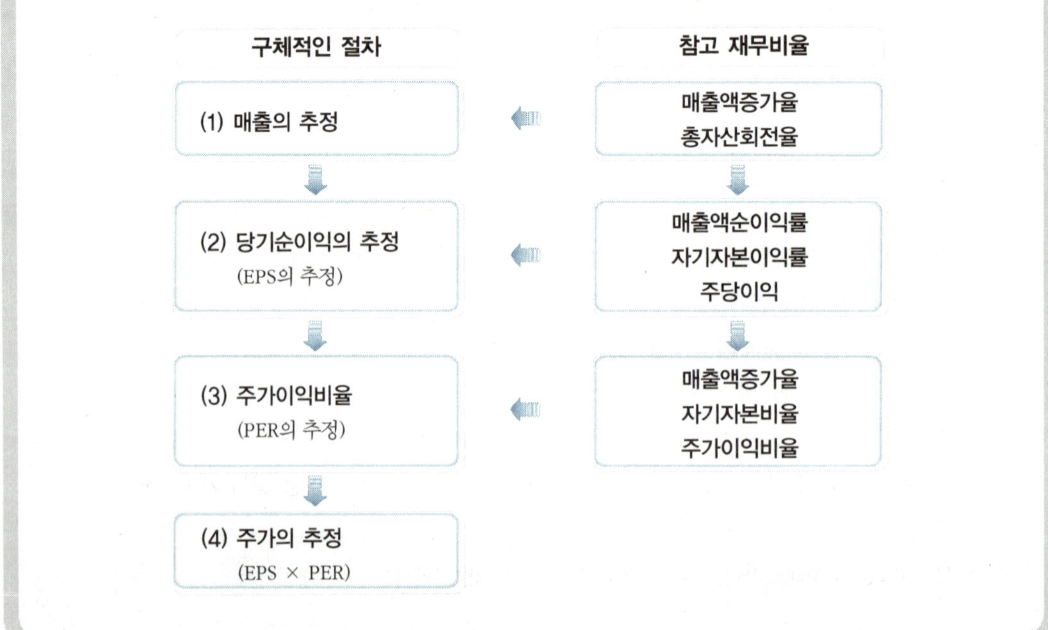

(2) 당기순이익의 추정

다음해의 매출을 추정한 다음에는 당기순이익을 추정한다. 당기순이익의 추정은 손익계산서의 수직분석의 결과를 참고하여 매출액순이익률을 추정하여 실시한다. 당기순이익이 추정된 다음에는 주당이익(EPS)을 계산해야 한다. 계산된 주당이익은 과거의 주당이익의 변화추이와 산업평균 등의 기준치와 비교하여 차이가 논리적으로 설명될 수 있어야 한다.

(3) 주가이익비율(PER)의 추정

다음은 주가이익비율을 추정하는 절차이다. 주가이익비율은 기업의 성장성의 영향을 받는다. 따라서 매출액 성장률을 추정하여 기업의 장래 성장성을 타진하고, 이를 토대

회계세상 **'다우의 개' 등 검증된 전략으로 본 유망종목은?**

안개 속 장세가 이어지면서 시장에서 충분히 검증받은 오래된 투자전략이 다시 주목받고 있다. 한 증권회사보고서는 17일 급변 장세에서 도움이 될 전략으로 '다우의 개(Dogs of The Dow) 전략', '현인(Guru)의 전략', '알파(alpha) 추구 전략'을 꼽았다.

먼저 다우의 개 전략은 (1) 매년 마지막 거래일에 직전 사업연도에 가장 높은 배당수익률을 보인 10개 종목에 투자한 뒤, (2) 이 종목들을 이듬해 마지막 거래일까지 1년 동안 보유하고, (3) 마지막 거래일에 보유한 종목을 동시 매도한 다음 (1)단계를 반복하는 투자 전략이다.

배당수익률이 높은 종목의 경우 배당금은 평균 이상이지만 주가는 평균 이하로 움직였다는 뜻이고 이는 시장에서 그만큼 주목을 받지 못한 저평가주란 의미이기 때문이다.

코스피200 종목에 이 전략을 대입해 볼 경우 2000년에서 2006년까지 코스피에 비해 4.6%포인트에서 많게는 200.2%포인트까지 높은 수익률을 거둔 것으로 집계됐다.

두 번째, 현인의 전략이란 확고한 투자 철학으로 세계적인 명성을 얻은 투자자들 전략을 따라가는 전략이다. 이해할 수 있고 예측하기 쉬운 사업을 영위하는 기업에만 투자한다는 워런 버핏의 전략이나, 기업의 내재가치와 주가 차이를 뜻하는 '안전구역'이란 개념을 중시한 벤저민 그레이엄의 전략 등이 대표적이다.

마지막으로 시장 대비 초과수익을 추구하는 알파 추구 전략은 기업의 성장가치·수익가치·자산가치 등 세 가지 기준을 통해 종목을 선정하는 방법이다.

이러한 기준에 따르면 성장가치는 2006~2009년의 예상 매출액과 EPS 증가율이 연평균 20%이상인 종목, 수익가치는 최근 5년간 영업이익률 평균이 높고 변동성이 작은 종목, 자산가치는 PBR가 1.3배 이하이며 순현금 상태인 기업들이다.

(2008년 1월 18일 매일경제)

로 하여 주가이익비율을 추정한다. 여기서 과거의 주가이익비율의 변화추세와 산업평균 등의 기준치와 비교하여 추정된 주가이익비율이 왜 과거보다 그리고 산업평균보다 감소하였는지 또는 증가하였는지 논리적으로 뒷받침되어야 한다.

(4) 주가(株價)의 추정

이 절차는 (2)와 (3)의 결과를 사용하여 추정된 주가를 실제로 계산하는 절차이다.

추정 주식가격 = 추정 주당이익(EPS) × 추정 주가이익비율(PER).

제3절 신용분석

여러분의 친지가 조그만 사업을 하는데 돈을 빌려 달라고 한다고 하자. 친구와 의리상 또는 친척을 돕기 위하여 돈을 빌려주기는 주어야 할 터인데 돈을 빌려주었다가 받지 못하면 어쩌나 하고 걱정을 할 것이다. 어떠한 때에 돈을 빌려주고 어떠한 때에 거절하여야 하는가? 여러분은 돈을 그냥 빌려줄 수도 있겠지만 그 금액이 작지 않다면 돈에 대해 적절한 보상을 원할 것이다. 여기서 보상은 원금과 함께 지급하는 사용대가로서의 이자이며, 이러한 보상이 확실시될 경우 기꺼이 돈을 빌려줄 수 있을 것이다. 이자와 원금을 안전하게 회수하기 위해서는 주먹구구식으로 돈을 빌려주어서는 안 된다. 어디까지나 돈을 빌리는 사람을 엄밀하게 분석하여 이자와 원금을 안전하게 회수할 수 있다고 판단될 경우에만 빌려주어야 할 것이다. 기업의 경우에는 더 말할 나위 없다. 이 절에서는 신용분석의 의의와 신용분석의 과정에 대해 살펴보기로 한다.

1. 신용분석의 의의와 절차

1.1 신용분석의 의의

신용거래는 자금을 빌려주었다가 일정기간(즉, 신용기간)이 지난 다음에 빌려준 자금을 되돌려받는 상행위이다. 이 경우 채무자는 보통 채권자에게 빌려준 돈(원금)과 함께 자금의 사용대가로 이자를 지급하기로 약속한다. 신용거래의 예는 친구나 형제에게 돈을 빌려주는 것, 신용카드의 사용, 은행의 현금서비스 제공, 학교의 대여장학금 제공, 기업의 외상 판매, 임직원이나 계열회사에의 대여, 금융기관의 대출, 사채나 국공채의 매입 등을 들 수 있다.

개인적 측면에서 보면, 이러한 신용거래는 당사자인 채권자에게는 이자수익을 주고, 채무자에게는 빌린 돈을 두사 또는 소비하여 소기의 목적을 달성하게 하는 기능을 한다. 한편, 신용거래는 거시적인 면에서 자금의 효과적 운용, 상거래의 원활 등 경제활동을 촉진시키는 효과가 있다. 그러나 신용거래는 신용이 지켜지지 않는 경우에 신용위험(credit risk)을 야기하여, 거래 당사자는 물론 기업의 연쇄적 파산 등 국민경제에도 대단히 부정적인 영향을 주기도 한다.

신용분석(credit analysis)은 채무자의 재무상태를 분석하여 채무자가 신용기간 동안 이자를 지급하고 신용기간이 만료될 때 또는 그 이전에 원금을 갚을 수 있는가를 평가하는 것이다. 따라서 신용분석을 잘하면 신용이 좋은 사람이나 기업에게만 돈을 빌려줄 수 있게 되어 신용손실(대손)을 줄일 수 있다는 데 그 의의가 있다.

신용분석은 돈을 대출해 주는 금융기관, 외상(外上)으로 상품 또는 제품을 판매하는 기업, 기업의 신용도를 전문적으로 분석하는 신용분석 전문기관이 실시한다. 금융기관에서는 고객에게 대출할 때에 고객의 신용분석을 실시하고 있으며 이를 **대출심사** 또는 **여신심사**라고도 한다. 기업에서는 외상거래를 요구하는 고객별로 신용분석을 실시하여 고객별 외상거래의 규모 및 조건을 결정한다. 신용분석 전문기관에서는 기업의 의뢰를 받아

신용분석 전문기관의 신용평가

무담보로 기업어음을 발행하려는 기업은 매년 공인된 신용평가기관(한국신용평가(주), 한국신용정보(주), 한국기업평가(주))에서 신용평가를 받아야 한다. 신용등급은 일반적으로 단기부채상환능력을 나타내는 지표로 사용된다. 신용평가등급이 높은 회사는 재무구조가 튼튼해 부채상환능력이 좋다는 의미다. 신용등급은 증권 투자자에게도 유용한 투자지표로 활용된다. 신용등급은 기업의 현금흐름상태는 물론 향후 성장성이나 수익성을 고려한 평가라고 간주되기 때문이다. 신용등급은 최고가 A1이며 A1에서 A3까지는 신용도가 우수한 업체(투자등급), B는 이보다 등급이 떨어지긴 하지만 기업어음을 발행해 할인할 수 있는 업체(투기등급)를 나타낸다. C는 신용도가 낮아 기업어음을 아예 발행할 수 없는 업체, D등급은 지급불능 상태인 업체를 나타낸다.

기업의 신용을 분석하고 그 결과를 외부에 공표한다. 외국에서는 신용분석 전문기관(예를 들면, 우리 일반인들에게도 유명해진 Standard & Poors나 Moody' s)이 개인이나 국가의 신용도 분석하고 있다.

신용분석 내용은 분석자가 누구냐에 따라서 어느 정도 다를 수 있지만 근본적인 내용은 대동소이하다. 채권자가 채무자에게 신용을 공여할 때는 최소한 다음과 같은 생각을 하게 될 것이다. 채무자가 빚을 너무 많이 지고 있지는 않은가? 채무자의 상품이 잘 팔려 이익이 많이 날 것인가? 원금을 갚고 이자를 지급할 수 있는 자금을 충분히 만들 수 있는 가능성이 있는가? 이런 문제들을 검토하고 그렇게 할 수 있으리라는 어느 정도의 확신이 섰을 때 돈을 빌려줄 것이다. 이러한 확신은 그냥 얻어지는 것이 아니라 세부적인 분석을 통해서만 가능한 것이다.

채권자가 순수하게 이자수익의 목적으로 사업가에게 돈을 빌려주는 경우 나름대로 적절한 정보를 입수하여 여러 가지 검토과정을 거쳐 돈을 빌려줄 것이다. 예를 들면 채무자의 사업에 대한 정보를 입수하여 이자와 원금을 갚을 수 있을지를 분석하게 될 것이다. 우선 부채의 규모와 내용을 분석하여 앞으로 갚아야 할 빚의 규모와 시기를 파악하여 추가로 빚을 감당할 수 있는지를 타진할 것이다. 그 다음 매출과 비용을 검토하여 이익이 이자와 원금을 갚을 정도로 충분한가를 타진할 것이다. 나아가서는 재고자산이나 매출채권의 회수속도 등을 분석하여 빚을 갚기 위하여 자금이 어느 정도 원활하게 흐르는지를 분석할 것이고, 매출은 어느 정도 성장하고 있는가를 검토할 것이다. 이러한 정보는 재무제표의 분석에 의하여 이루어질 수 있는 것들이다. 이 외에도 사업전망, 회사의 운영상태, 경영진의 경영실력, 신용준수여부 등을 분석하게 될 것이다. 이러한 분석은 신용분석을 수행할 때에 공식적으로 수행하여야 하는 기본적인 내용들이다.

1.2 신용분석의 절차

일반적으로 신용을 분석함에 있어서 〈그림 11-2〉와 같은 절차를 따른다.

여기서 다루는 신용분석절차는 한국의 유수은행 등에서 여신결정을 위한 신용조사나 대출 적격성을 판단할 때 사용하고 있는 신용분석기법을 학습목적으로 소개하기 위하여 간소화하여 정리한 것이다.

그림 11-2 신용분석절차

(1) 재무제표 분석 (70점)

↓

(2) 비재무적 요소 분석 (30점)

↓

(3) 신용평가의 종합 (100점)

신용분석에 사용되는 평가항목은 〈그림 11-2〉 신용분석절차에 제시된 '(1) 재무제표 분석' 에 사용되는 재무비율과 '(2) 비재무적 요소' 로 구성된다.

이때 사용하는 재무비율은 일반적으로 기업의 안정성, 수익성, 활동성, 성장성, 현금흐름 등을 표현하는 비율로 구성되어 있다. 기업특성을 나타내는 이러한 비율들은 앞 제2절에서 이미 다루었던 것들이 대부분이지만, 분석 목적은 서로 다르므로 그 비율 해석과 중요도 부여 측면에서 달리 접근해야 할 필요가 있다. 비재무적 요소인 질적 평가항목은 원재료 구매와 제품의 수요, 동업계 전망 및 업계 내 지위, 품질 및 기술개발 수준, 업력 및 경영권의 안정성, 거래의 성실도 및 재무자료의 신뢰성 등으로 구성된다. 보통 재무평점(통상 재무비율을 중심으로 산출)과 비재무평점(재무 외적인 사항을 중심으로 산출)에 가중치(예를 들면 70 : 30)를 두어 총점을 100으로 평가한다.[1]

다음에는 구체적으로 각 절차에서 어떠한 정보들이 어떻게 분석되어 신용분석이 이루어지는지를 설명한다. 각 절차에서 이루어지는 분석내용에 대한 이해를 돕기 위하여 한 떡볶이집의 신용분석을 사례로 제시한다.

1. 하지만 최근에는 신용평가자(여신심사역 등 전문가집단)의 등급조정이라는 과정을 통해 최종등급을 산출하는 전문가판단모형방식으로 옮겨가는 추세를 보이고 있으나 이 역시 통계적인 결과를 왜곡할 수 있다는 단점으로 인해 현재는 매우 제한적으로만 사용하고 있다.

여신심사

금융기관의 여신결정은 자금수요자의 대출요청에 대하여 대출을 수락할 것인가의 여부, 대출을 수락한다면 대출금액, 이자율, 대출기간, 담보여부 등의 대출조건을 어떻게 정할 것인가를 결정하는 것이다.

금융기관의 여신결정 과정에는 다양한 정보가 활용된다. 이러한 정보들의 대부분은 대출신청기업으로부터 획득되는데 주요한 내용은 대출신청기업의 과거 재무제표, 주요 재무제표항목에 대한 추정치, 세부사업계획서, 그리고 담보로 제공될 자산의 내역 등이다. 이 밖에도 과거 금융기관과의 관계, 전문신용평가기관의 채무지급능력 평가자료, 제품시장에서 대출신청기업이 생산한 제품의 신뢰성 및 시장점유율, 노사관계의 안정도, 자본시장에서의 주식가격 및 거래량, 소속산업 및 경제 전반에 관한 자료 등이 이용된다.

이러한 정보를 바탕으로 이루어지는 여신결정과정의 가장 중요한 단계는 신용분석과정이다. 신용분석과정에는 회계자료를 비롯한 다양한 정보가 사용되어 분석되며 그 결과를 기초로 대출승인여부와 여러 가지 대출조건 등이 결정된다.

2. 재무제표 분석

2.1 개요

재무제표 분석(financial statements analysis)은 신용분석의 첫 번째 절차로서, 기업의 안정성, 수익성, 활동성, 성장성, 현금흐름을 타진하는 재무비율 분석에 의하여 실시한다. 앞의 제2절에서 보았듯이 **재무비율 분석**은 절대적인 분석보다는 주로 동종산업 또는 타 기업의 실적치에 대한 상대적 분석에 의하여 실시된다.

다만, 이러한 재무제표분석을 실시할 때는 재무평점에서 반영할 수 없는 또는 요소 또는 시스템의 한계로 과도하게 저평가 또는 고평가된 요소들이 있다면 이는 재무분석에서 추가로 평가해 줄 필요가 있다. 예를 들어, 자산의 취득원가 계상에서 비롯된 자산의 저평가, 과도한 배당결의로 다음 기중에 거액배당의 현금유출이 예정되어 있음에도 불구하고 연말기준 미처분이익잉여금이 실질보다 과대평가되는 현상 등이 바로 그것이다.

2.2 재무비율

재무제표분석은 기업특성을 분석할 수 있는 재무비율의 분석에 의하여 실시한다. 〈표 11-12〉와 같이 보통 5가지의 특성별로 재무비율들을 택하여 평가항목으로 사용한다. 실무에서 사용하는 비율은 여기에서 제시한 것보다 많지만 여기에서는 각 특성별로 중요한 재무비율만을 선정하여 설명한다.

각 재무비율(평가항목)에는 가중치를 두어 배점으로 사용한다. 평가항목별 배점은 분석대상 기업의 특성에 따라 조정될 수 있다. 업종(통상 통계청이 정하고 있는 표준산업분류코드를 기준으로 구분)별로 배점이 다를 수 있고, 기업규모(대기업, 중소기업, 영세기업)별로 배점이 다를 수 있다. 예를 들면, 대기업의 경우에는 성장성과 수익성을 타진하는 항목에 가중치를 많이 둘 수 있다. 그 이유는 대기업의 경우에는 기업들이 대개 대기업으로 성장하는 과정에서 안정성을 이미 어느 정도 확보하였고 경쟁사들과 성장성과 수익성 중심으로 경쟁하기 때문이다. 중소기업은 대기업과 달라 안정되지 않은 경우가 많기 때문에 안정성에 배점을 많이 할 수 있다. 여기서는 한 떡볶이집의 신용을 분석하기 때문에 세시한 배점은 소규모 제조기업을 기준으로 한 것이다.

신용분석 시 사용되는 주요 재무비율의 산식과 의미를 요약하면 〈표 11-12〉와 같다. 앞서 제2절에서 기업가치평가(주가추정)에서 본 〈표 11-2〉와 비교해보면, 이미 언급했듯이, 여기서 사용되는 비율들은 그 비율들과 확연히 다른 것은 아니라 상당 부분 중복된다(이 표에서 *로 표시된 비율). 한편, 거기에서 크게 중요시되지 않았던 안정성이 가장 우선적으로 고려되고, 반대로 중요시되었던 성장성이 여기서는 후순위로 고려되고, 현금흐름이 추가로 고려되고 있음을 알 수 있다. 이것은 지분투자자와 채권자의 입장이나 관심사항이 그만큼 다른 데서 연유한다.

2.3 재무제표 분석의 구체적 내용

여기서는 재무제표분석의 내용을 구체적으로 설명한다. 안정성·수익성 분석 등의 의미와 해당 재무비율에 대한 설명을 포함한다. 단, 앞 제2절에서 이미 설명한 비율들에 대한 중복설명은 피한다. 재무비율은 분석대상 기업의 해당 재무비율(평가항목) 실적에 대한 평점을 구하는 데 이용된다. 평점의 산출과정을 이해하기 위해 몇몇 재무비율의 경우에는 한 떡볶이 집의 사례를 적용하여 설명한다.

(1) 안정성 분석

안정성은 기업의 장·단기부채 지급능력을 의미한다. 구체적으로 기업의 부채지급능력과 이자지급능력을 평가하는 지표로 측정한다.

자기자본비율 : 기업의 자기자본이 총자본에서 차지하는 비율로서, 기업의 부채지급능력에 대한 판단에 도움이 된다.

이자보상비율 : 이자비용을 차감하기 전의 이익을 이자비용으로 나눈 비율로서, 기업이 영업활동에 의하여 이자를 갚을 수 있는 능력을 진단하는 지표이다. 당기순이익에 이자비용을 가산하여 이자비용 차감전의 이익을 계산하는 이유는 당기순이익은 이자비용이 이미 차감된 후의 수치이기 때문이다.

유동비율 : 유동자산을 유동부채로 나눈 비율로서, 기업의 단기지급능력(유동성)에 대한 평가지표이다. 기업이 단기부채를 갚기 위하여 단기에 현금화할 수 있는 자산이 충분한가를 평가해준다.

(2) 수익성 분석

기업은 이익창출능력이 우수하여야 장단기부채를 적기에 갚을 수 있다. 신용분석에서 수익성 분석은 장단기부채를 지급하기 위한 기업의 이익창출능력을 평가하는 차원에서 실시된다.

매출액순이익률 : 당기순이익의 매출액에 대한 비율로서, 매출이 비슷한 경우, 이 비율이 높으면 이익창출로써 장·단기부채 지급능력이 높음을 나타낸다.

총자산이익률 : 소유하고 있는 전체 자산을 얼마나 효율적으로 이용하고 있는지를 나타낸다. 총자산이익률이 높으면 자산을 효율적으로 사용하여 기업의 장단기부채를 갚을 수 있는 능력이 높다고 평가할 수 있다.

(3) 활동성 분석

기업이 보유하고 있는 자산을 얼마나 효율적으로 활용하여 기업의 장단기부채를 잘 갚을 수 있는가를 가늠하고자 실시하는 분석이 활동성 분석이다. 재무상태표에 보고된 자산과 손익계산서에 보고된 매출이나 매출원가를 이용한 비율을 이용하여 분석한다.

총자산회전율 : 보유 총자산이 수익(매출) 창출에 얼마나 효율적으로 이용되는지를 측정해주는 비율로서, 장단기부채의 지급을 위해 기업이 얼마나 활발히 영업활동을 하였는가를 나타낸다.

표 11-12 신용분석 시 사용되는 특성별 주요 재무비율(평가항목)

특성 / 재무비율	산 식	의 미
(1) 안정성		
자기자본비율*	$\frac{\text{자기자본}}{\text{총자산}}$	총자산에 대한 투자액 중 타인자본, 즉 빚에 의존하지 않고 자기자본으로 조달한 부분을 나타냄
유동비율	$\frac{\text{유동자산}}{\text{유동부채}}$	유동자산과 유동부채의 비율. 단기채무를 갚기 위하여 단기간에 현금으로 전환시킬 수 있는 자산의 정도를 나타냄
이자보상비율	$\frac{(\text{당기순이익} + \text{이자비용})}{\text{이자비용}}$	이자비용을 차감하기 전의 이익으로 이자비용을 어느 정도 갚을 수 있는지를 나타냄
(2) 수익성		
매출액순이익률*	$\frac{\text{당기순이익}}{\text{매출액}}$	₩1의 매출 발생 시 얻을 수 있는 이익의 정도이며 매출을 증가시킬 때 기대되는 이익정도를 나타냄
총자산이익률	$\frac{\text{당기순이익}}{\text{연평균총자산}}$	기업이 소유하고 있는 자산에 비하여 이익이 어느 정도인가를 나타내며 기업이 투자한 대가의 정도, 즉 투자수익률을 나타냄
(3) 활동성		
총자산회전율*	$\frac{\text{매출액}}{\text{연평균총자산}}$	기업이 자산을 어느 정도 효율적으로 사용하였는가를 나타냄
매출채권회전율	$\frac{\text{매출액}}{\text{연평균매출채권}}$	외상으로 판매한 대금 중 회수하지 못한 대금이 일년에 몇 회 현금회수되는지를 뜻하며 매출채권 회수 효율성을 나타냄
재고자산회전율	$\frac{\text{매출원가}}{\text{연평균재고자산}}$	일년 동안 재고자산이 몇 번 판매되었는지를 뜻하며 재고자산의 운용 효율성을 나타냄
(4) 성장성		
매출액증가율*	$\frac{\text{당기매출액}}{\text{전기매출액}} - 1.00$	전년도의 매출에 비하여 당해연도의 매출이 얼마나 증가했는가를 뜻하며 전형적인 기업의 성장성을 나타냄
(5) 현금흐름		
영업현금부채비율	$\frac{\text{영업현금흐름}}{\text{부채}}$	영업활동으로 인한 현금흐름으로 부채를 어느 정도 갚을 수 있는가를 뜻하며 기업이 부채를 지급하기 위한 현금창출능력을 나타냄

*로 표시된 비율은 제2절에서 기업가치평가(주가추정) 시 사용하였던 것임

매출채권회전율 : 매출채권이 어느 정도로 잘 회수되고 있는가를 매출액을 평균매출채권으로 나눈 비율로 보여준다. 회전율이 높을수록 매출채권의 회수가 효율적으로 이루어져 부채지급을 위한 자금의 회전이 효율적으로 이루어지고 있다고 평가된다.

재고자산회전율 : 연평균재고자산이 몇 번 회전하여 팔려나갔는가를 매출원가를 이용한 비율로 나타내주는 지표이다. 재고자산회전율이 높을수록 재고자산을 효율적으로 운용하고 있다는 증거이다.

한 떡볶이집의 20×2년 매출액은 ₩180만, 연초와 연말 매출채권이 각각 ₩12만, ₩17만이므로, 연평균매출채권은 ₩14.5만이다. 따라서 매출채권회전율은 12회이다.

매출채권회전율(accounts receivable turnover) 12회는 매출채권이 1년에 약 12회 현금으로 회수된다는 의미이다. 이는 매출이 발생한지 약 30.4일(= 365일 ÷ 12회) 후에 현금으로 회수된다는 말이다. 이렇게 **매출채권 회수기간**(collection period)은 365일을 매출채권회전율로 나누어 구할 수 있다.

한 떡볶이집의 20×2년 매출원가가 ₩95만, 연초와 연말 재고자산이 각각 ₩2만, ₩13만이므로, 연평균재고자산은 ₩7.5만이다. 따라서 재고자산회전율은 13회이다.

재고자산회전율(inventory turnover) 13회의 의미는 재고자산이 매출로 1년에 평균 13회 전환된다는 뜻이다. 재고가 구입되어 판매되기까지, 약 28일(= 365일 ÷ 13회) 걸림을 말해준다. 이렇게 **재고보유기간**은 365일을 재고자산회전율로 나누어 구할 수 있다.

조금 전에 한 떡볶이 집의 매출채권 회수기간이 약 30일(매출채권회전율 12회)임을 보았고, 이제 재고보유기간이 28일(재고자산회전율 13회)이 됨을 알았다. 따라서 한 떡볶이집의 재고자산이 판매되어 현금으로 회수되기까지 약 58일(= 28일 + 30일)이 걸림을 알 수 있다. 이 기간이 제6장에서 언급한 바 있는 **영업주기**(operating cycle)이다(<표 11-13> 참조).

표 11-13 한 떡볶이집의 매출채권회전율과 재고자산회전율

재무비율	산 식	20×2년 실적
매출채권회전율	$\frac{\text{매출액}}{\text{연평균매출채권}}$	12회
매출채권회수기간	365일/매출채권회전율	30.4일
재고자산회전율	$\frac{\text{매출원가}}{\text{연평균재고자산}}$	13회
재고자산보유기간	365일/재고자산회전율	28일

(4) 성장성 분석

성장성 분석은 기업이 얼마나 성장을 하고 있는가를 타진하는 분석이다. 주로 매출액 증가율을 계산하여 기업의 성장성을 측정한다.

매출액증가율 : 기업의 성장성을 타진하는 전형적인 재무비율로서, 매출이 증가하면 이익과 현금흐름의 증가 가능성이 높아 장단기부채 지급능력이 높아질 것으로 예측할 수 있다.

(5) 현금흐름 분석

주로 영업활동으로 인한 현금흐름에 관한 재무비율에 의하여 실시한다. 당기순이익을 사용하는 지표를 보완하는 역할을 한다.

영업현금 부채비율 : '현금흐름표에 보고된 영업활동으로 인한 현금흐름'을 재무상태표에 보고된 부채로 나눈 비율이다. 기업이 영업활동을 전개하여 조달한 현금이 부채와 비교하여 얼마나 큰가를 타진하여 기업이 장단기부채를 갚을 수 있는 능력을 나타낸다.

한 떡볶이집의 20×2년 영업활동으로 인한 현금흐름이 ₩8만, 20×2년 말 부채가 ₩51만이기 때문에 영업현금 부채비율은 16%이다.

이상과 같은 재무제표분석을 하고 평가모형을 적용하여 점수화한다. 이러한 과정을 한 떡볶이집에 적용하여 그 결과를 요약 정리한 것이 〈표 11-15〉이다.

이 표에 따르면, 한 떡볶이집의 안정성은 28점 만점에 22점을 받아 상당히 우수하게 평가되었으며, 특히 이자보상비율과 유동비율이 높은 것으로 나타났다. 수익성 평점은 20점 만점에 12점을 받아 산업평균 수준의 점수를 획득하였다. 활동성 평점은 7점 만점에 3.8점을 얻어 '한 떡볶이집'의 활동성도 산업평균 수준의 점수를 받았고, 성장성 평점은 5점 만점에 4점을, 현금흐름 평점은 10점 만점에 6점을 얻었다.

이렇게 '한 떡볶이집'은 재무제표분석 결과 총 70점 만점에 47.8점을 얻었다.

회계세상

산은경제연구소는 경상이익률, 자기자본증가율 등 건설사의 부도 징후를 나타내는 다음과 같은 재무지표 10개를 소개하면서 분석결과를 설명했다.

▲ 안전성 측면에서 차입금의존도, 적립금비율

▲ 수익성에서 매출액순이익률, 경상이익률, 영업이익률, 금융비용/매출액 비율

▲ 성장성에서 매출액증가율(2년), 자기자본증가율(2년)

▲ 유동성에서 에비타(EBITDA) 대 매출액 활동성지표에서 총자산회전율 등이다.

우선 **안전성** 측면에서 건설사의 차입금의존도는 건전기업이 24%로 부도기업의 38%보다 14%포인트가 낮았다. 차입금의존도가 높으면 기업의 레버리지가 높다는 것을 의미한다. 또 차입금의존도가 높은 기업은 최근 2~3년간 시장금리의 상승 영향으로 채산성이 급속히 악화됐다. 2005년 대비 2007년 부도기업의 차입금의존도는 건전기업에 비해 크게 상승했고, 적립금비율은 건전기업이 비슷한 수준을 유지한 데 비해 낮아졌다고 설명했다.

다른 측면보다 **수익성** 측면에 속한 많은 지표가 부도징후를 통계적으로 알려 줬다. 특히 수익성의 여러 지표 중 경상이익률은 부도기업이 마이너스 4.4%인 데 비해 건전기업이 6%로 거의 10%나 차이가 났다. 또 부도기업은 매출액대비금융비용 비율이 5.45%로 건전기업 1.77%의 약 3배에 달했다. 이와 관련, 연구소는 부도기업이 수익성 낮은 공사를 수행한 결과 자기자본이 축적되지 못하는 상태에서 사업 지속을 위한 차입금과 금융비용을 계속 누적시켰기 때문이라고 풀이했다.

성장성 지표에서는 부도기업의 매출액, 총자산이 건전기업의 지표를 웃돈 것으로 나타났다. 부도기업은 2007년도 매출액이 2005년 대비 111% 성장하였고 자산은 82.5%나 증가했지만 건전기업은 각각 28%와 44% 증가하는 데 그쳤다. 이에 대해, 연구소는 부도기업이 매출액과 자산규모 등 외형적 성장에만 치중하여 수익창출을 통한 내적충실화에는 소홀했던 것으로 평가했다.

유동성과 관련해서는 부도기업보다 건전기업의 EBITDA 대 매출액 비율이 높게 나타났다. 연구소는 또 양호한 현금흐름을 보였던 업체에서 6개월~1년 사이에 부도가 발생하는 경우도 있어 건설업계의 특성상 자금악화가 급속도로 진행될 가능성이 크다고 예상했다.

활동성 지표는 총자산회전율이 통계적으로 유의했는데 부도업체가 1.98로 건전업체 1.13에 비해 오히려 높게 나타났다. 연구소는 이같은 높은 활동성비율은 상대적으로 매출액 규모가 상대적으로 크기 때문이며 이는 수주 위주의 무리한 사업확장이 부도발생을 초래하기 쉽다는 의미라고 해석했다.

한편, 연구소는 특히 건설업은 재무제표상 유동자산 항목의 유동성과 실제 유동성이 매우 큰 차이를 지닌다고 지적했다. 이는 건설업체의 유동성 악화의 원인인 공사분양미수금이 대차대조표상 당좌자산으로 분류돼 유동성 상황을 적절히 표현하지 못하기 때문이다.

(연합뉴스 2008년 12월 8일)

3. 비재무적 요소 분석

재무제표분석만으로 기업의 장단기부채 지급능력을 평가할 수 없다. 따라서 계수화할 수 없는 요소, 즉 비재무적 요소를 분석할 필요가 있다. **비재무적 요소**는 주로 기업이 처해 있는 산업환경과 기업의 내부경영과 연관된 사항들이다. 이러한 정보 중 산업환경 관련 정보는 정부기관, 학술기관, 연구소 보고서, 각종 협회의 자료, 경제신문 등 제반 자료를 통해 얻을 수 있고, 기업의 내부경영 관련 정보는 주로 회사제출자료, 공시자료 및 분석대상 기업 임직원과의 면담을 통하여 입수할 수 있다.

비재무적 요소는 계수화할 수 없는 질적(質的 qualitative)인 요소로서, 보통 다음과 같은 항목을 사용한다.

① **기업체의 업력**(業歷) : 분석대상 기업의 사업 경험이 길면 길수록 기업의 기반이 잘 갖추어 있을 것으로 판단되기 때문에 이 요소가 포함. 때로는 **기업유형**이 개인기업인가 주식회사인가, 상장기업인가 비상장기업인가 하는 점도 평가의 대상.

② **생산구조 및 품질** : 앞으로의 제품생산에 있어서의 문제점 여부를 타진하는 생산전망, 제품 및 원료의 공급안정성, 제품의 품질수준 등을 평가.

③ **수요 및 시장점유** : 소속 산업의 경기 및 수요, 판매기반, 마케팅 역량 등을 평가.

④ **국제경쟁력** : 국내시장을 외국기업에 개방하는 경우 영향을 받는 정도와 그 대응능력, 해외시장에서의 제품의 수출전망 등을 평가.

⑤ **기술개발수준** : 기술은 자체개발하기도 하고 외부에서 도입하기도 하기 때문에 자체연구개발수준과 기술도입수준을 평가.

⑥ **노사관계** : 노사분규 발생정도, 노사 협조정도, 임직원 복지후생정도 등을 평가.

⑦ **관리제도** : 회계 및 조직의 효율적 운영, 경영혁신의 지속적 진행 등에 대해 평가.

⑧ **연체발생** : 과거에 차입금의 이자나 원금을 제때에 지급하지 못하고 기일이 지난 후에 지급한 경험이 있는가를 평가.

이상의 비재무적 요소는 계량적(quantitative) 정보인 회계정보 못지않게 중요하고, 분석대상이 되는 산업이나 기업에 따라서는 보다 중요할 수도 있다(예를 들어 개별기업으로서는 신설법인이지만 대주주가 우량대기업으로 재무융통성이 풍부하고 영업적으로도 모기업과 별개로 볼 수 없는 경우엔 이를 재무적 수치만으로 설명하는 것은 매우 제한적일 수 있다). 따라서 신용분석 시 이러한 요소(평가항목)들을 점수로 만들어 평가하고 중요성에 따른 가중치(배점)를 이 평가점수에 적용하여 비재무적측면에서의 총점수를 산출한다. 일반적으로 점수는 5~7개 정도의 등급(예 : 수~가)에 따라 결정된다. 이를테면 기업체 업력이 '10년 이상' 이면 최고등급(수), '2년 미만' 이면 최저등급(가)에 해당하는 점수를 주고, 시장점유정도가 '선도' 이면 '수', '중위' 이면 '미', '후발' 이면 '가' 에 해당하는 점수를 주는 식이다. 각 비재무적 요소에 대해 한 떡볶이집의 비재무적 요소를 분석하여 점수화한 결과가 〈표 11-15〉에 제시되어 있다(여기서 수행하는 비재무적 요소 분석은 어디까지나 학습목적을 위한 것이다).

4. 평가의 종합과 최종분석

4.1 평가결과의 종합

재무제표분석과 비재무분석이 종료되면 평가결과를 종합한다. 종합한 평점은 〈표 11- 14〉에 예시된 바와 같이 최고 'A' 등급에서 최저 'F' 등급으로 분류된다. 'C' 등급 이상이면 상환능력이 양호하고 종합신용도가 보통수준 이상이라고 할 수 있다. 'D' 등급 이하는 신용거래를 할 때에 주의를 요하는 업체이며, 특히 'F' 등급은 신용정도가 아주 낮아 신용거래를 보류해야 하는 업체이다.

한 떡볶이집의 신용분석 결과를 종합한 것이 〈표 11-15〉에 나타나 있다. 한 떡볶이집의 경우 재무비율과 비재무적 요소분석에 7 : 3의 가중치를 두었다고 가정하였다. 한 떡볶이집은 재무제표분석(재무비율)에서 70점 만점 중 47.8점을, 비재무적 요소분석에서 30점 만점 중 20.2점을 얻어 총점 100점 만점 중 68점을 얻었다. 이를 〈표 11-14〉의 등

표 11-14 종합평점별 등급

구 분	평점구간	상환능력 및 신용도
A등급	80 초과	상환능력이 최고수준이고 종합신용도가 매우 우량한 업체임
B등급	80~70 초과	상환능력이 우수하고 종합신용도가 우수한 업체임
C등급	70~60 초과	상환능력이 양호하고 종합신용도가 보통 수준인 업체임
D등급	60~50 초과	상환능력이 다소 떨어지고 종합신용도가 낮아 주의를 필요로 하는 업체임
E등급	50~40 초과	상환능력이 불확실하고 종합신용도가 낮아 정밀분석이 필요한 업체임
F등급	40 이하	상환불능상태가 야기될 수 있고 신용도가 매우 낮아 신용거래를 보류하여야 할 업체임

표 11-15 신용분석 종합표

업체명 : 한 떡볶이집		작성일 : 20×3년 2월 3일			
평가항목			배 점	등급(획득률)	평 점
재무제표 분석	안 정 성	자기자본비율	15	미(60%)	9.0
		이자보상비율	8	수(100%)	8.0
		유동비율	5	수(100%)	5.0
		소 계	28		22.0
	수 익 성	매출액이익률	10	미(60%)	6.0
		총자산이익률	10	미(60%)	6.0
		소 계	20		12.0
	활 동 성	총자산회전율	3	미(60%)	1.8
		매출채권회전율	2	미(60%)	1.2
		재고자산회전율	2	양(40%)	0.8
		소 계	7		3.8
	성 장 성	매출액증가율	5	우(80%)	4.0
	현금흐름	영업현금 부채비율	10	미(60%)	6.0
	소 계		70		47.8
비재무적 요소분석	기업체 업력		2	가(20%)	0.4
	기업유형		3	양(40%)	1.2
	생산구조 및 품질		5	수(100%)	5.0
	수요 및 시장점유		5	우(80%)	4.0
	국제경쟁력		3	우(80%)	2.4
	기술개발수준		3	가(20%)	0.6
	노사관계		3	수(100%)	3.0
	관리제도		3	양(40%)	1.2
	연체발생		3	우(80%)	2.4
	소 계		30		20.2
합 계			100		68.0

* 주 : 재무제표분석에서 평가항목(재무비율)의 각 평점은 평가모형(점수부여모형)에 따라 달라진다. 참고로, 이 예에서는 각 평가항목별로, 동종산업 내 기업의 실적치 중 최고치를 상한으로 하고 최저치를 하한으로 하여 범주(range)로 정한 다음, 범주 내에 실적치의 하한초과정도에 따른 구간을 설정하여 구간에 해당하는 배점 획득률을 배정한다. 이를테면 범주의 최저치 대비 초과실적이 80% 이상 구간이면 '수' 등급 100%, 60~80% 구간이면 '우' 등급 80%, 20% 미만 구간이면 '가' 등급 20%의 배점획득률, 이런 방식이다. 따라서 산업 내 평가항목의 최고치가 220%, 최저치가 20%이면, 범주는 최고치와 최저치의 차이인 범주는 200%가 된다. 만약 평가대상 기업의 실적치가 165%이면 최저치보다 145% 포인트를 초과하였기 때문에 최저치보다 범주(고저차이)의 145/200, 즉 72.5%가 높다. 72.5%는 60%~80% 구간에 들기 때문에 평점등급은 '우'이고 배점획득률은 80%이다. 이때 평가항목에 배점이 5점이라면, 그 평점은 이 배점에 80%(배점획득률)를 곱한 4점이 된다. 비재무적 요소도 최대한 객관화함으로써 신용평가모델의 모형으로서의 신뢰성을 확보하고자, 업력 10년 이상 '수', 8~10년 '우', 2년 미만 '가' 등의 등급을 정하여 사용한다.

급표에 적용해보면, 평가등급은 'C' 등급이고 이에 따라 '상환능력이 양호하고 종합신용도가 보통수준인 업체' 로 판정되었다.

4.2 종합분석

한 떡볶이집을 이렇게 신용분석한 다음에는 왜 한 떡볶이집이 이러한 결과가 나왔는가를 종합적으로 분석해야 자금대출 여부의 의사결정을 할 때에 도움이 된다. 특히 평가등급이 한 떡볶이집과 같이 중간등급을 받은 경우 종합분석이 더욱 필요하다.

(1) 재무제표 분석

한 떡볶이집은 안정성, 수익성, 활동성, 성장성, 현금흐름 등에서 산업평균수준을 유지하였다. 특히, 이자보상비율과 유동비율에서 높은 점수를 받았는데 이는 한 떡볶이집의 유동부채 특히 매입채무의 규모가 작아서 이루어진 것으로 판단된다.

반면에 매출채권과 재고자산의 운영이 산업평균보다 뒤지고 있기 때문에 이 부분에서 좋지 않은 점수를 받은 바, 이는 매출채권과 재고자산규모가 매출규모 대비 지나치게 커서 낮은 효율성을 내고 있음을 분석해 볼 수 있다. 종합적으로 한 떡볶이집은 이자보상비율 등에서 높게 받은 평점은 매출채권회전율과 재고자산회전율에서 낮게 받은 점수와 상쇄되었다. 이의 개선을 위해서 한 떡볶이집은 신용판매정책을 재검토하고 매출채권회수 노력을 더 기울이고 재고자산을 적정선에서 유지한다면 평점이 다소 증가될 것이다.

(2) 비재무적 요소분석

생산구조 및 품질 부분과 노사관계 부분에서는 높은 점수를 얻었지만 기술개발 부분과 관리제도 부분에서 낮은 점수를 받았다. 또한 기업체 업력도 신설인데다 기업유형도 개인기업이라 낮은 점수를 받았다.

한 떡볶이집은 기술개발에 힘써 생산공정을 자동화하고 또한 다양한 제품을 개발하여 고객의 기호에 맞는 제품을 제공하며 내부관리제도의 개선에 힘쓴다면 평점이 상당 수준 증가할 것이다.

한 떡볶이집의 평가등급이 보통수준인 'C' 등급이기 때문에 신용거래를 (계속)할 것인지, 아닌지 결정하기가 어렵다. 따라서 위의 종합분석에서 지적된 부분을 재검토하거나 이 부분에 대한 한 떡볶이집의 경영진의 의견을 청취한 후 재분석하여, 향후 개선될 여지가 많다고 판단될 때에 신용거래를 계속해야 할 것이다.[2]

회계세상 부실징후 기업 식별 5대 포인트

부실징후 기업을 솎아내 위험관리에 나서는 것은 항상 중요하다.

- 외상매출 점검 : 해당 기업의 재무제표를 꼼꼼히 살피는 것이 가장 중요하다. 매출액이나 총자산 대비 재고자산과 외상매출액이 큰 기업이나 자회사에 대한 투자금액이 과다한 기업을 주의해야 한다.
- 이자보상배율 : 영업현금흐름을 총자산으로 나눈 영업현금흐름비율이 저조해 영업활동을 통해 현금흐름을 창출하지 못하거나 이자보상배율(영업이익/지급이자비용)이 1 미만으로 지급이자비용이 영업이익보다 많은 기업은 일단 의심해야 한다.
- 자산 과대계싱 여부 : 매출채권비율(매출채권/매출액)과 재고자산비율(재고자산/매출원가)이 높아 자산을 과대계상하려는 기업도 주의해야 한다. 감가상각비율(감가상각비/유형고정자산)이 지나치게 낮아 감가상각비를 과소계상하지는 않았는지 그리고 대손충당금비율(대손충당금/매출채권)이 너무 높아 무리한 매출날성과정에서 부실채권이 많이 발생하지는 않았는지 살필 필요가 있다.
- 특별이익 요주의 : 특별이익 등 비경상적으로 이익을 발생시키는 기업을 조심해야 한다. 자산매각, 전기수정손익 등 영업활동과 무관한 활동을 통해 이익을 조정하지 않는지 살펴보는 것이 중요한 만큼 특별손익비율(특별손익/총자산)이 높은 기업에 주의해야 한다.
- 영업이익률 적정성 : 기업의 수익성을 살피는 것도 중요한 포인트다. 꾸준히 영업이익을 내고 있는지 알기 위해 매출액영업이익률이 감소 없이 꾸준히 상승하고 있는지 점검하고 부채비율, 유동비율 등을 통해 재무구조가 취약하지 않은지도 살펴야 한다. 부채비율과 금융비용부담률이 높을수록 그리고 유동비율이 낮을수록 부채상환 능력이 취약하다고 말할 수 있다.

유의해야 할 재무지표	
매출채권비율 높은 기업	매출액영업이익률 낮은 기업
재고자산비율 높은 기업	현금흐름비율 마이너스인 기업
감가상각비율 낮은 기업	이자보상배율 1 미만인 기업
대손충당금비율 높은 기업	유동비율 100% 이하인 기업

(매일경제에서 발췌)

2. 금융기관에서는 일반적으로 이상과 같은 과정을 거쳐 거래상대기업의 신용평가를 실시하여 산출한 신용등급을 BIS비율(국제결제은행 기준 자기자본비율) 산출, 금융기관 기업여신운영정책 수립, 적정금리 산출, 기업여신의 충당금 설정, 적정 신용공여한도 산출 등에 활용한다.

요약

제1절 기본적 분석

- 기업가치(주가)분석 평가 : 기본적 분석(fundamental analysis), 기술적 분석(technical analysis)
- 기본적 분석 : 일반정보분석과 재무제표분석 과정에서 얻은 정보를 이용하여 주가(기업가치)를 추정
- 기본적 분석의 절차 : ① 일반정보분석 ② 재무제표분석 ③ 주가추정

제2절 기업가치 평가를 위한 재무제표 분석

- 기본적 분석의 두 번째 단계인 재무제표분석에 주로 재무비율분석을 적용
- 재무비율 : 5가지의 기업특성별 비율 분석
  ① 성장성 ② 활동성 ③ 수익성 ④ 안정성 ⑤ 주가
- 주가추정의 절차 : ① 매출액의 추정
  ② 주당이익(EPS)의 추정
  ③ 주가이익비율(PER)의 추정
  ④ 주가의 추정(주가 = EPS × PER)

제3절 신용분석

- 신용분석 : 신용위험 가능성 하에서 개인이나 기업(채무자)의 재무상태 등을 분석하여 약속한 이자와 원금을 상환받을 수 있는가(신용위험)에 대해 평가
- 신용분석의 과정
  ① 재무제표분석(재무비율 분석) : 기업의 안정성, 수익성, 활동성, 성장성, 현금흐름 등을 타진
  ② 비재무적 요소의 분석 : 주로 기업이 처해 있는 환경과 기업의 내부경영과 연관된 사항을 분석
  ③ 신용분석의 종합 : 위 ①, ② 평가결과를 종합하고, 왜 그러한 결과가 나왔는가를 종합적으로 분석

부록 1 한 떡볶이집의 재무제표의 수직분석

(1) 재무상태표의 수직분석

한 떡볶이집 (단위 : 만원)

과 목	20×2년 12월 31일		20×1년 12월 31일	
	백분율(%)	금액	백분율(%)	금액
자 산				
I. 유 동 자 산				
1. 현 금	5	4	5	3
2. 매 출 채 권	22	17	19	12
3. 재 고 자 산	17	13	3	2
합 계	44	34	27	17
II. 비 유 동 자 산				
1. 비 품	84	66	89	56
감가상각누계액	(28)	(22)	(16)	(10)
	56	44	73	46
자 산 총 계	100	78	100	63
부 채				
I. 유 동 부 채				
1. 매 입 채 무	8	6	8	5
II. 비 유 동 부 채				
1. 장 기 차 입 금	57	45	63	40
부 채 총 계	65	51	71	45
자 본				
I. 자 본 금				
1. 보통주 자본금	13	10	16	10
II. 이 익 잉 여 금				
1. 미처분이익잉여금	22	17	13	8
자 본 총 계	35	27	29	18
부채와 자본 총계	100	78	100	63

(2) 손익계산서의 수직분석

한 떡볶이집 (단위 : 만원)

과 목	20×2년		20×1년	
	백분율(%)	금액	백분율(%)	금액
I. 매 출 액	100	180	100	130
II. 매출원가	53	95	49	64
III. 매출총이익	47	85	51	66
IV. 물류비와 관리비				
1. 급 여	17	31	19	25
2. 임차료비용	11	20	12	15
3. 공 과 금	4	7	4	5
4. 소모품비	3	6	2	3
물류비와 관리비 합계	35	64	37	48
V. 금융비용				
1. 이자비용	1	2	1	1
VI. 기타비용				
1. 재해손실	2	3	4	5
VII. 법인세비용차감전 순이익	9	16	9	12
VIII. 법인세비용	3	5	3	4
IX. 당기순이익 (주당이익 : 당기 5,500원 전기 4,000원)	6	11	6	8

(3) 제조원가명세서의 수직분석

한 떡볶이집 (단위 : 만원)

과 목	20×2년		20×1년	
	백분율(%)	금액	백분율(%)	금액
I. 직접재료원가	32	30	28	18
II. 직접노무원가	47	45	47	30
III. 제조간접원가				
1. 감가상각비	13	12	16	10
2. 연료비	8	8	9	6
제조간접원가 합계	21	20	25	16
IV. 당기제품제조원가	100	95	100	64

(4) 현금흐름표의 수직분석

한 떡복이집 (단위 : 만원)

과 목	20×2년 12월 31일		20×1년 12월 31일	
	백분율(%)	금액	백분율(%)	금액
Ⅰ. 영업활동으로 인한 현금흐름				
가. 매출활동으로부터의 유입액	85	175	70	118
나. 매입 및 종업원에 대한 유출액	(78)	(160)	(62)	(104)
다. 이자비용 유출액	(1)	(2)	(1)	(1)
라. 미지급법인세의 지급	(2)	(5)	(2)	(4)
소 계	4	8	5	9
Ⅱ. 투자활동으로 인한 현금흐름				
1. 투자활동으로 인한 현금유출액				
가. 비품의 취득	(17)	(35)	(33)	(56)
Ⅲ. 재무활동으로 인한 현금흐름				
1. 재무활동으로 인한 현금유입액				
가. 장기차입금의 차입	12	25	24	40
나. 보통주식의 발행	2	5	6	10
소 계	14	30	30	50
2. 재무활동으로 인한 현금유출액				
가. 배당금의 지급	(1)	(2)	(0)	(0)
Ⅳ. 현금의 증가	1	1	2	3
Ⅴ. 기초의 현금	1	3	0	0
Ⅵ. 기말의 현금	2	4	2	3
총현금유입액(Ⅰ. 가. + Ⅲ. 1.)	100	205	100	168

부록 2 한 떡볶이집의 재무제표의 수평분석

(1) 재무상태표의 수평분석

한 떡볶이집 (단위 : 만원)

과 목	증 감		20×2년	20×1년
	백분율(%)	금액	금액	금액
자 산				
Ⅰ. 유 동 자 산				
1. 현 금	33	1	4	3
2. 매 출 채 권	42	5	17	12
3. 재 고 자 산	550	11	13	2
합 계	100	17	34	17
Ⅱ. 비 유 동 자 산				
1. 비 품	18	10	66	56
감가상각누계액	120	(12)	(22)	(10)
	(4)	(2)	44	46
자 산 총 계	24	15	78	63
부 채				
Ⅰ. 유 동 부 채				
1. 매 입 채 무	20	1	6	5
Ⅱ. 비 유 동 부 채				
1. 장 기 차 입 금	13	5	45	40
부 채 총 계	13	6	51	45
자 본				
Ⅰ. 자 본 금				
1. 보통주 자본금	0	0	10	10
Ⅱ. 이 익 잉 여 금				
1. 미처분이익잉여금	113	9	17	8
자 본 총 계	50	9	27	18
부채와 자본 총계	9	15	78	63

(2) 손익계산서의 수평분석

한 떡볶이집 (단위 : 만원)

과 목	증(감)		20×2년	20×1년
	백분율(%)	금액	금액	금액
Ⅰ. 매 출 액	39	50	180	130
Ⅱ. 매출원가	48	31	95	64
Ⅲ. 매출총이익	29	19	85	66
Ⅳ. 물류비와 관리비				
1. 급 여	24	6	31	25
2. 임차료비용	33	5	20	15
3. 공 과 금	40	2	7	5
4. 소모품비	100	3	6	3
물류비와 관리비 합계	33	16	64	48
Ⅴ. 금융비용				
1. 이자비용	100	1	2	1
Ⅵ. 기타비용				
1. 재해손실	(40)	(2)	3	5
Ⅶ. 법인세비용차감전 순이익	33	4	16	12
Ⅷ. 법인세비용	25	1	5	4
Ⅸ. 당기순이익 (주당이익 : 당기 5,500원 전기 4,000원)	38	3	11	8

(3) 제조원가명세서의 수평분석

한 떡볶이집 (단위 : 만원)

과 목	증(감)		20×2년	20×1년
	백분율(%)	금액	금액	금액
Ⅰ. 직접재료원가	67	12	30	18
Ⅱ. 직접노무원가	50	15	45	30
Ⅲ. 제조간접원가				
1. 감가상각비	20	2	12	10
2. 연료비	33	2	8	6
제조간접원가 합계	25	4	20	16
Ⅳ. 당기제품제조원가	48	31	95	64

(4) 현금흐름표의 수평분석

한 떡볶이집 (단위 : 만원)

과 목	증(감)		20×2년	20×1년
	백분율(%)	금액	금액	금액
Ⅰ. 영업활동으로 인한 현금흐름				
가. 매출활동으로부터의 유입액	48	57	175	118
나. 매입 및 종업원에 대한 유출액	(54)	(56)	(160)	(104)
다. 이자비용 유출액	(100)	(1)	(2)	(1)
라. 미지급법인세의 지급	(25)	(1)	(5)	(4)
소 계	(11)	(1)	8	9
Ⅱ. 투자활동으로 인한 현금흐름				
1. 투자활동으로 인한 현금유출액				
가. 비품의 취득	38	21	(35)	(56)
Ⅲ. 재무활동으로 인한 현금흐름				
1. 재무활동으로 인한 현금유입액				
가. 장기차입금의 차입	(38)	(15)	25	40
나. 보통주식의 발행	(50)	(5)	5	10
소 계	(40)	(20)	30	50
2. 재무활동으로 인한 현금유출액				
가. 배당금의 지급	–	(2)	(2)	0
Ⅳ. 현금의 증가	(67)	(2)	1	3
Ⅴ. 기초의 현금	–	3	3	0
Ⅵ. 기말의 현금	33	1	4	3

연습문제

서술형

01. 기업가치분석(또는 주가추정)에서 기본적 분석(fundamental analysis)은 무엇을 말하는지 일반적인 절차를 중심으로 설명하시오.

02. 추세분석이란 무엇인지 설명하시오.

03. 수평분석(horizontal analysis)과 수직분석(vertical analysis)의 차이점은 무엇이고, 각각 어느 경우에 사용되는지 설명하시오.

04. 공통규모(common size) 재무제표분석의 의의와 사용 이유에 대해 설명하시오.

05. 재무제표분석(기업가치분석)에서 성장성 분석에 많이 사용되는 비율을 들고 이에 대해 간단히 설명하시오.

06. 재무제표분석(기업가치분석)에서 활동성 분석에 많이 사용되는 비율을 들고 이에 대해 간단히 설명하시오.

07. 총자산회전율을 계산식으로 정의하고 이 비율의 의미에 대해 간단히 설명하시오.

08. 매출채권회전율을 계산식으로 정의하고 이 비율의 의미에 대해 간단히 설명하시오. 그리고 이를 이용하여 평균매출채권회수기간을 어떻게 산출할 수 있는지 설명하시오.

09. 재고자산회전율을 계산식으로 정의하고 이 비율의 의미에 대해 간단히 설명하시오. 그리고 이를 이용하여 평균재고보유기간을 어떻게 산출할 수 있는지 설명하시오.

10. 매출채권회전율과 재고자산회전율을 이용하여, 영업순환주기(operating cycle)의 기간을 어떻게 구할 수 있는지 설명하시오.

11. 재무제표분석(기업가치분석)에서 수익성 분석에 많이 사용되는 비율을 들고 이에 대해 간단히 설명하시오.

12. 매출액순이익률을 계산식으로 정의하고 이 비율의 의미에 대해 간단히 설명하시오.

13. 자기자본이익률을 계산식으로 정의하고 이 비율의 의미에 대해 간단히 설명하시오.

14. 재무제표분석(기업가치분석)에서 안정성 분석에 많이 사용되는 비율을 들고 이에 대해 간단히 설명하시오.

15. 자기자본비율과 부채비율을 예를 들어 구해보고, 이 두 개의 비율이 각각 의미하는 바와 서로의 관계에 대해 설명하시오.

16. 주당이익(EPS)과 주가이익비율(PER)이 무엇인지 말하고, 이들의 추정치를 주가추정에 어떻게 이용될 수 있는지 설명하시오.

17. 신용분석(credit analysis)은 누가 왜 하는지 설명하시오.

18. 유동비율과 이자보상비율을 계산식으로 나타내고, 이 비율들이 신용분석에서 무엇을 예측하고 평가하기 위해 사용되는지 설명하시오.

19. 신용분석에서 비재무적 요소분석이란 무엇이고, 왜 중요한지 설명하시오.

20. 재무제표분석의 한계점이 있다면 무엇인지 설명하시오.

21. 비재무적 요소분석의 의의와 중요성에 대해 설명하시오.

객관식

01. 기본적 분석의 주요 절차에 포함되지 않은 것은?

① 재무제표분석 ② 신용분석
③ 일반정보의 분석 ④ 주가추정

02. 다음 중 일반정보의 분석에서 그 분석대상이 되지 않은 것은?

① 기업의 경영실적에 영향을 미치는 제반 요소
② 수출 기업의 경우, 수출대상국의 성장률, 환율 변화
③ 거시경제, 산업, 시장의 동향과 관련된 변수
④ 무역업 기업의 경우, 자사 수출제품의 원가율 및 인건비 추세

03. 다음 중 주가추정의 세부절차를 바르게 기술한 것은?

① 매출액 추정 → 당기순이익 추정 → EPS 추정 → 주가추정
② 당기순이익 추정 → 매출액 추정 → PER 추정 → 주가추정
③ 당기순이익 추정 → 매출액 추정 → EPS 추정 → 주가추정
④ 매출액 추정 → PER 추정 → EPS 추정 → 주가추정

04. 다음 자료에 의해 주당이익(EPS)을 구하면 얼마인가?

당기순이익	₩1,200	발행주식 수	500
보통주배당금	600	자기주식(자사주) 수	100
우선주배당금	200		

① ₩1.0 ② ₩2.4 ③ ₩2.5 ④ ₩3

05. 주가를 추정할 때 핵심적으로 쓰이는 관계식은?

① ROI × ROS ② EPS × ROI
③ EPS × PER ④ PER × ROI

06. 다음의 재무비율들은 어떠한 기업특성을 측정하고자 하는 것인가? 수익성 측정과 관련되면 A, 활동성 특정과 관련되면 B, 안정성 측정과 관련되면 C로 답하시오.

① 자기자본비율 ② 총자산회전율 ③ 자기자본이익률

07. 다음 재무비율 중 손익계산서 비율(손익계산서에 보고되는 항목만을 이용한 비율)은?

① 총자산회전율 ② 매출액 순이익률
③ 자기자본이익률 ④ 자기자본비율

08. 재무제표를 이용한 신용분석에서 다음 중 가장 중요시되는 기업특성은?

① 성장성 ② 안정성 ③ 수익성 ④ 활동성

09. 신용분석에서 분석대상 기업의 수익성을 분석하는 이유는?

① 수익성이 높을수록 당해 기업의 채권자가 받을 수 있는 이자가 증가하기 때문이다.
② 수익성이 높을수록 당해 기업의 주주가 받을 수 있는 배당금이 증가하기 때문이다.
③ 수익성이 높을수록 당해 기업의 이익창출능력이 높게 되어 장단기채무 지급능력이 높아지기 때문이다.
④ 수익성이 높을수록 당해 기업의 현금회수율이 높아져 장단기채무 지급능력이 높아지기 때문이다.

10. 다음 자료를 이용하여 이자보상비율을 구하면 얼마인가?

매출총이익	₩1,000	이자비용	100
당기순이익	200		

① 0.25 ② 0.33 ③ 4.0 ④ 3.0

11. 신용분석에서 이용하는 비재무적 분석에서 고려하는 요인이 아닌 것은?

① 노사관계 ② 연체발생기간
③ 시장점유율 ④ 매출액증가율

기초문제

01. 다음과 같은 항목이 백봉(주)의 비교 재무상태표로부터 선택되었다. 이를 이용하여 간단한 수평 및 수직 분석을 해보시오.

	20×5년 12월 31일	20×4년 12월 31일
매출채권	₩670,000	₩600,000
재고자산	450,000	350,000
자산총계	3,200,000	3,000,000

02. 다음과 같은 항목이 태백(주)의 3개 연도 재무제표로부터 선택되었다.

항목	20×5년	20×4년	20×3년
순매출액	₩226,000	₩212,000	₩200,000
매출원가	150,000	140,000	136,000
매출총이익	₩ 76,000	₩ 72,000	₩ 64,000

【지시사항】

20×3년을 기준연도(100%)로 하고 수평분석을 이용하여, 순매출, 매출원가, 매출총이익에 대한 백분율 추세를 계산하시오. 각 항목별로 그러한 추세가 유리한지, 불리한지 설명하시오.

03. 다음은 대청(주)의 20×5년도 손익계산서에 나타난 것이다.

매출액	₩670,000
매출원가	390,000
매출총이익	₩280,000
총비용	180,000*
당기순이익	₩ 100,000

*총비용에는 이자비용 ₩25,000과 법인세비용 ₩20,000이 포함되어 있다.

【추가정보】

1. 보통주 유통주식은 20×5년 1월 1일 현재 50,000주이었다. 20×5년 7월 1일 10,000주가 추가로 발행되었다.

2. 대청(주)의 20×5년 말 주가는 ₩18이었다.
3. 배당금으로 ₩35,000이 현금지급되었는데, 그 중 ₩5,000은 우선주주에게 지급되었다.

【지시사항】

20×5년도의 다음 비율을 계산하시오.

1) 주당이익(EPS).

2) 주가-이익 비율(PER).

3) 이자보상비율.

심층문제

01. 황병(주)의 비교 재무상태표는 다음과 같다.

황병(주)

비교 재무상태표

20×5년 12월 31일

	20×5년	20×4년
자산		
유동자산	₩ 340	₩ 280
유형자산	675	520
자산총계	₩ 1,015	₩ 800
부채와 자본		
유동부채	₩ 180	₩ 120
장기채무	250	160
보통주자본금	325	320
이익잉여금	260	200
부채와 자본 총계	₩ 1,015	₩ 800

【지시사항】

1) 20×4년을 기준연도로 수평분석을 하여, 재무상태표의 각 항목에 대해 백분율 변화를 보이시오.

2) 수직분석을 이용하여, 공통규모 비교 재무상태표를 작성하시오.

02. 다음은 권금(주)의 12월 31일 종료하는 연도의 비교 재무제표에서 나온 정보이다.

	20×5년	20×4년
매출채권(순액)	₩ 175,000	₩ 200,000
재고자산	130,000	150,000
자산 총계	1,100,000	800,000
유동부채	140,000	110,000
장기채무	410,000	300,000
순매출액(외상)	800,000	700,000
매출원가	600,000	530,000
이자비용	40,000	25,000
법인세비용	60,000	29,000
당기순이익	150,000	85,000
영업활동으로 인한 순현금	220,000	135,000

【지시사항】

12월 31일 종료하는 20×5년도의 다음 비율을 구하여 계산과 함께 보이시오.

① 재고자산회전율 : ______. ② 이자보상비율 : ______. ③ 매출채권회전율 : ______.
④ 총자산이익률 : ______. ⑤ 유동부채에 대한 현금흐름 비율 : ______.

03. 다음은 소청(주)의 재무제표이다.

소청(주)
비교 재무상태표
20×5년 12월 31일

	20×5년	20×4년
자산		
현금	₩ 25,000	₩ 40,000
시장성유가증권	20,000	60,000
매출채권(순액)	40,000	30,000
재고자산	150,000	170,000
유형자산(순액)	170,000	200,000
자산 총계	₩ 405,000	₩ 500,000
부채와 자본		
매입채무	₩ 25,000	₩ 30,000
단기지급어음(차입금)	40,000	90,000
사채	75,000	160,000
보통주자본금	175,000	145,000
이익잉여금	90,000	75,000
부채와 자본 총계	₩ 405,000	₩ 500,000

소청(주)
손익계산서
20×5년 1월 1일 ~ 12월 31일

순매출액		₩ 360,000
매출원가		184,000
매출총이익		176,000
비용		
이자비용	₩ 21,000	
물류원가	30,000	
관리비	20,000	
비용 합계		₩ 71,000
법인세차감전 순이익		₩ 105,000
법인세비용		30,000
당기순이익		₩ 75,000

[추가 정보]

a. 20×5년에 현금배당이 ₩50,000으로 결정되어 지급되었다.

b. 20×년 중 보통주의 가중평균 유통주식 수는 62,000주이었다.

c. 20×5년 12월 31일의 보통주 주가는 주당 ₩15이었다.

d. 20×5년도 영업활동으로 인한 순현금은 ₩65,000이었다.

【지시사항】

소청(주)의 위 재무정보를 이용하여, 20×5년의 다음 비율을 계산과정과 함께 보이시오.

계산과정

1) 유동비율 _________.

2) 보통주 자본이익률 _________.

3) 주가-이익 비율 _________.

4) 재고회전율 _________.

5) 매출채권회전율 _________.

6) 이자보상비율 _________.

7) 매출액순이익률 _________.

8) 평균 재고보유기간 _________.

9) 배당성향 _________.

10) 총자산이익률 _________.

11) 영업현금 부채비율 _________.

제 12 장 경영회계의 기초

제1절 원가의 개념과 제조원가시스템
제2절 제조원가, 제조간접원가 배부 및 활동기준원가(ABC)
제3절 경영의사결정과 회계정보 활용

앞 장까지 우리는 외부이해관계자를 위한 회계정보의 작성, 제공, 이용을 중심으로 다루었다. 즉, 재무회계 영역을 다룬 것이다. 이에 비해, 이 장에서는 기업내부인인 경영자의 의사결정을 위해 그 기초가 되는 내용을 다룬다. 우선 제조환경에서 원가 및 원가시스템에 대한 이해를 하고, 그 다음 ABC를 포함하는 제조간접원가의 배부에 대해 다룬다. 이어서 원가 등 회계정보가 어떻게 경영의사결정에 활용되는지를 이익계획(CVP 분석) 등의 주제를 중심으로 살펴보고, 경영과정에서 중요한 통제역할을 하는 책임회계와 성과평가에 대해 간략히 다룬다. 지면의 한계상 많은 주제를 다루지는 못하지만 가장 기초적이고 전형적인 내용을 다룸으로써 기업의 원가 및 의사결정시스템을 평가하고 설계할 수 있는 토대를 갖출 수 있도록 한다.

제1절 원가의 개념과 제조원가시스템

경영자의 각종 의사결정에 회계정보가 유용하게 사용되는데, 특히 장기투자 결정, 제품이나 서비스의 전략적 배합, 가격결정, 외주나 자체제작 등의 의사결정에 제품이나 서비스의 원가정보는 가장 중요한 정보 중의 하나이다. 그런데 경영자가 '원가'와 관련하여 무엇인가 결정한다고 할 때, 그 원가는 무엇을 말할까? 제조원가인가? 제조원가라면, 재료비인가 아니면 노무비, 공장경비를 포함한 것인가? 그렇다면 과연 그것이 원가의 전부인가? 원가는 많은 경우 신뢰성 있게 측정되고 명확하기도 하지만, 또 다른 많은 경우 원가 범위에 무엇을 포함하고 어떻게 측정해야 하는지 판단하기 쉽지 않다.

인형과 같은 상품의 '원가'라 할 때 대부분의 사람들은 인형의 제조원가를 떠올릴지 모르지만, 그 외에도 비제조비용을 원가에 포함할 수 있다. 인형의 제조기업은 인형을 제조하여 판매하고 대금을 회수함으로써 이익이 발생하는 것이지 단순히 제조만으로 이익이 발생하는 것이 아니기 때문이다. 따라서 광고비용, 사무원 월급, 사원들의 친목모임 비용, 세무사에게 주는 세무보고서 작성 비용, 회계사에게 지급하는 감사비용, 구매자와의 저녁식사 비용 등이 모두 원가가 될 수 있다. 즉, 제품의 원가는 보통 그 제품의 제조원가를 의미하지만, 정보이용자의 의사결정 맥락에 따라 판매원가, 설계원가도 모두 제품의 원가일 수 있다. 따라서 원가에 대한 정확한 이해가 필요한데, 이를 위해 원가의 개념·분류, 원가시스템에 대한 기본개념에 대해 살펴본다.

1. 원가와 원가대상

원가(原價 cost)는 일반적으로 수익의 창출(제품이나 서비스의 생산, 판매) 등 특정 목적을 수행하는 과정에서 희생된 경제적 자원의 가치로 정의된다. 그런데 원가를 논할 때 '무엇을 위해 희생된' 것인지 그 무엇의 범위가 명확해져야 당해 원가도 정해질 수 있다. 이때 그 무엇이 '원가를 계산하고자 하는 대상' 이고 이를 '**원가(계산)대상**' 이라 한다.

원가대상은 제품만이 아니라 그 계산 또는 이용 목적에 따라 얼마든지 달라질 수 있다. 앞서 인형의 예에서, 현재 제품모델(예 : 곰순이)의 원가, 영업부서의 원가, 해당 광고계약의 원가, 사장실 운영비용, 신인형모델(예 : 날씬곰)의 개발프로젝트에 소요된 원가 등이 모두 원가대상의 원가이다.

이렇게 결정되는 원가에 대한 정보는 다양한 경영의사결정에 유용하게 사용된다. 인형의 경우 예를 들면 다음과 같다.

- 곰순이 모델의 판매가격 결정 : 원가정보는 판매가격 결정에 필수적이다. 물론 판매가격 결정에는 곰인형의 원가 이외에도 곰인형 경쟁자의 제시가격, 고객의 곰인형 가치평가 수준 등이 있다. 그러나 무엇보다도 곰인형을 만드는 원가가 구매자의 희망 가격, 또는 다른 경쟁자의 제시 가격보다 높은지가 중요하다. 원가 이하로 팔면서 생존할 수 없기 때문이다.
- 해당 모델의 이익률의 적정성 평가 : 해당 모델에 대한 주문을 수락함으로써 얼마의 이익 또는 손실이 발생할 것인지를 평가한다.
- 광고계약의 원가를 다른 광고회사의 경우와 비교
- 사장실 운영비용의 낭비요소 파악

이와 같이 원가계산의 대상은 목적에 따라 다양한데, 다음 〈표 12-1〉는 원가계산대상의 여러 유형을 예시하고 있다. 기업의 원가시스템은 이러한 다양한 정보를 필요에 따라 적절히 제공할 수 있어야 한다.

표 12-1 다양한 원가계산대상

원가계산대상	예
제품	자동차
서비스	서울·부산 왕복 비행
프로젝트	원자력발전소 건설
고객	은행의 특별고객
활동	VCR의 품질검사활동
부문	영업부서

2. 원가의 분류

2.1 변동원가와 고정원가

일반적으로, 특히 제조기업에서 원가는 원가행태(cost behavior)에 따라 변동원가와 고정원가로 분류된다(〈그림 12-1〉 참조).

변동원가(variable cost) : 활동의 수준이나 생산량이 변화함에 따라 비례하여 변하는 원가.

예) TV를 제조하는 데 드는 브라운관의 원가, 조립라인에서 작업하는 조립공의 노무원가, 갈비집에서 갈비고기의 재료원가(갈비 판매량에 따라 변화하는 변동원가)

고정원가(fixed cost) : 일정한 범위(관련범위 : relevant range) 내에서 활동이나 생산량의 수준과 무관하게 일정한 원가.

예) TV제조공장의 감가상각비나 보험료 등.

그림 12-1 고정원가와 변동원가

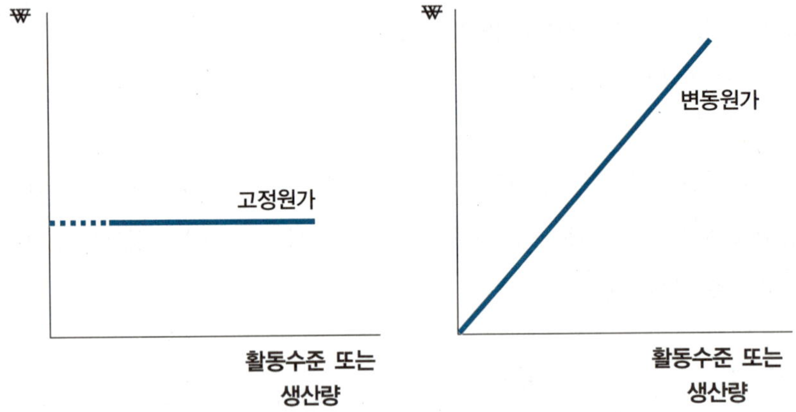

2.2 직접원가와 간접원가

원가관리를 효과적으로 하기 위해서는 원가를 적절히 추적할 수 있어야 한다. 예를 들어, 영업부서의 비용 관리를 위해서는 일단 영업부서에서 발생한 비용을 추적할 수 있어야 하는데, 관련되는 모든 비용이 추적가능한 것은 아니다. 추적가능성에 따라 원가를 직접원가와 간접원가로 분류할 수 있다.

> **직접원가**(direct cost) : 영업부서 등 특정 부서나 특정 원가대상에 추적이 가능한(traceable) 비용. 예) 영업부서 근무 영업사원의 인건비는 해당 영업부서에 추적 가능.
>
> **간접원가**(indirect cost, overhead cost) : 특정 부서나 특정 원가대상에 추적이 불가능(non-traceable)하거나 현실적으로 어려운 비용.
>
> 예) 사장이 전략협의차 방문한 외국손님을 접대한 비용과 같은 사장실 운영비 항목 : 영업에는 분명히 도움이 되나 영업부서별로 직접 추적 가능한 항목이 아니며 회사 전체의 운영비에 속하는 항목임.

여기서 유의할 점은 대부분의 직접원가가 변동원가이고 대부분의 간접원가가 고정원가이지만 서로 동일하지는 않다는 것이다. 많은 변동원가는 추적가능하므로 직접원가(예 : 재료원가)이지만, 변동원가는 추적이 거의 불가능한 간접원가(예 : 전력비)도 포함하는 것이다.

3. 원가시스템의 구성요소와 원가계산

3.1 원가시스템

원가의 파악은 결국 **원가계산**(costing)을 통해서 이루어지는데, 원가계산을 위해 체계화된 구조가 원가시스템이다. 따라서 원가계산을 잘 이해하기 위해서는 원가시스템에 대한 이해가 우선 필요하다. 원가시스템은 원가계산대상 혹은 원가대상, 원가집합, 그리고 원가배부기준(간접원가인 경우)으로 구성된다.

① **원가대상**(cost object) : 원가를 계산하고자 하는 대상.

예) 제조업체의 제품, 은행에서의 경우 송금서비스, 병원에서의 경우 맹장수술, 회계법인의 감사서비스, 건설회사의 건설프로젝트 등. 잘 알려진 제품이나 서비스뿐만 아니라, 특정 업무나 활동(주문서 작성 활동, 반도체 칩의 품질검사 활동, 자장면 배달 활동) 등, 원가를 계산하고자 하는 모든 대상이 원가(계산)대상이 될 수 있음.

② **원가집합**(cost pool) : 원가대상에 배부할 원가항목의 집합.

예) 공장 내의 모든 기계의 감가상각비, 또는 어느 한 기계의 감가상각비,
어느 부서의 인건비 또는 기업전체의 인건비,
부품구매에 사용된 인건비, 통신비, 소모품비 등의 집합,
병원의 모든 맹장수술 비용도 환자에게 배부될 하나의 원가집합.

③ **원가배부기준**(cost allocation base) : 복수의 원가대상에 간접원가집합을 배부하기 위해 사용되는 기준(원가동인과 유사한 개념). 원가집합의 원가 변화와 관련되는 측정치라고 할 수 있음.

예) 기계 감가상각비의 배부 경우, 제품별 기계사용시간.
운송활동에 소요된 원가의 배부 경우, 유통경로별 운송횟수.

3.2 원가집합과 원가계산

원가시스템은 원가계산을 위해 원가집합(또는 그 구성요소)을 원가대상에 대응시키는 체계이다. 원가집합은 직접원가집합과 간접원가집합으로 구분되는데, 이들이 어떻게 원가대상에 대응되는지 구체적으로 살펴본다.

- **직접원가**(집합)는 원가대상에 **직접 추적**(tracing)됨으로써 원가계산이 이루어진다. 직접원가는 주로 재료원가나 노무원가로 이루어지는데, 재료원가는 제품별 재료사용내역을 나타내는 재료출고청구서(material requisition records), 노무원가는 제품별 작업시간을 나타내는 작업전표(time tickets) 등의 원시 증빙서류(source documents)를 통해 제품별로 직접 파악(즉, 추적)할 수 있다.

  예) 보트제조회사의 보트 엔진원가 : 보트별로 추적이 가능. 보트별 재료명세서와 같은 서류를 통해 파악이 가능함.

- **간접원가**(집합)는 직접원가가 아닌 모든 원가라 할 수 있는데, 배부(allocation)과정을 통해 원가대상의 원가계산이 이루어진다. '배부'라는 것은 직접 추적이 불가능하여(혹은 매우 비경제적이어서) 자연스레 원가를 집계하여 파악할 수 없는 어떤 공통원가를 인위적인 방법에 의해 관련되는 복수의 원가대상 각각에 나누어 배정하는 것을 말한다.

  예) 여러 종류의 보트 제작과 관련하여 발생한 비용의 경우 :

  - 간접원가집합 : 여러 종류의 보트제작에 공통적으로 사용되어 보트별로 그 금액을 파

악하기 어려운 기계 동력비 등의 집계

- 원가대상 : 해당기계를 사용한 각 보트(간접원가집합의 배부 대상).
- 원가배부기준 : 보트별 기계가동 시간 등. 이를 기준으로 하여 간접원가집합을 배부.

예) 항공사에서 예약활동과 관련하여 발생한 비용의 경우 :

- 간접원가집합 : 예약 관련 활동원가인 항공기 감가상각비, 시스템 사용료, 기타 경비 등의 집계.
- 원가대상 : 노선별로 예약과 관련된 원가를 추산해야 하는 경우, 각 노선이 원가대상.
- 원가배부기준 : 노선별로 해당원가를 유발한 요인(즉 원가동인)이 되는 노선별 예약고객 수 또는 노선별 탑승고객 수 등.

원가계산이란 여러 종류의 원가집합을 원가대상에 적절히 추적 또는 배부하는 과정이고, 원가집합은 원가대상에의 추적가능성에 따라 직접원가(직접 추적 가능)와 간접원가(배부기준을 이용하여 배부)로 분류된다. 총원가는 이 두 종류 원가의 합계이다. 제품이나 서비스와 같은 원가대상의 원가계산의 정확도는 얼마나 많은 비중의 원가가 직접 추적이 되고, 간접원가가 얼마나 적절한 원가배부기준을 이용하여 배부되느냐에 달려 있다.

결국, 원가시스템의 원가계산과정은 '직접원가의 원가대상별 추적과정'과 '간접원가의 배부기준을 통한 원가대상에의 배부과정'으로 요약될 수 있다(〈그림 12-2〉 참고).

그림 12-2 원가시스템의 구성요소와 원가계산과정

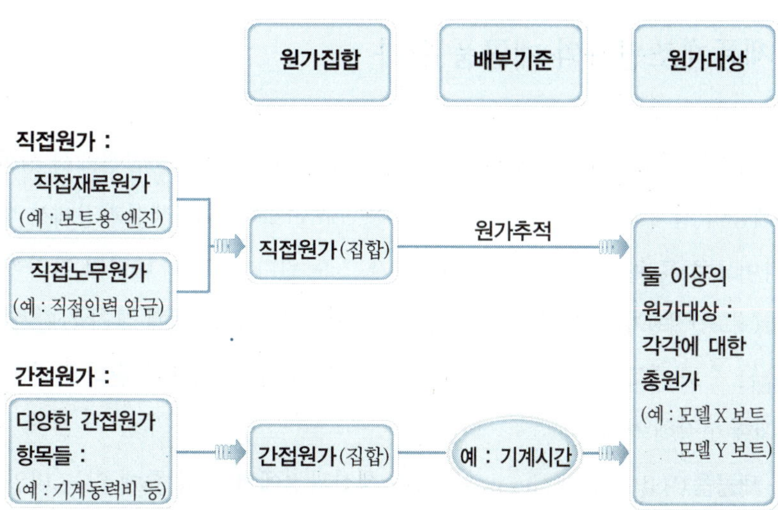

제2절 제조원가, 제조간접원가 배부 및 활동기준원가(ABC)

이미 제4장 모두에서 다음과 같은 제조기업의 손익계산서를 소개한 바 있다. 제조기업의 재무제표에서는 제조원가, 즉 당기제품제조원가를 어떻게 정확하게 산정하는가가 요체이다.

제조기업의 손익계산서		
매출액		×××
매출원가		(×××)
기초재고(제품)	××	
+ 당기제품제조원가	××	
- 기말재고(제품)	(××)	
매출총이익		××
물류원가		(××)
관리비		(××)
…	…	(××)
당기순이익		××

이에 제품제조원가의 계산에 대해 설명한다.

1. 제품제조원가와 재공품 원가

제품의 제조원가는 개념적으로는 매우 단순하다. 제품은 공장에서 생산되어 나오므로 제품이 원재료로부터 완제품으로 전환(conversion)되는 생산과정에서 발생한 일체의 원가이므로 그 과정에서 소비된 재료원가, 노무원가, 그리고 나머지 잡다한 공장비용 항목들(제조간접원가)을 모두 합하면 된다. 그런데 이 계산은 실제 그리 간단하지가 않다. 그 이유는 주로 제조간접원가와 재공품의 존재 때문이다. 이해의 편의를 위해 우선 재공품에 대해 생각해 보자.

재공품(WIP : work-in-process)은 생산과정에서 공정 중에 있는 미완성 상태의 제품으로서, 여기에는 전 회계연도에 완성되지 못하고 이번 회계연도로 넘어온 부분도 있고, 당기 말 시점에서 역시 차기로 넘어가서 완성되어야 할 부분도 있게 된다. 전자, 후자를 각각 기초재공품(beginning WIP), 기말재공품(ending WIP)이라고 한다. 당기 초나 당기 말에 이러한 재공품이 없다면, 당기에 완성된 제품의 원가, 즉 **완성품 원가**(cost of finished goods) 또는 **제품제조원가**(COGM : cost of goods manufactured)는 당기에 발생된 원가를 총합하기만 하면 될 것이다. 즉 '당기제품제조원가 = 당기총제조원가'가 된다. **당기총제조원가**(TMC : total manufacturing costs)는 당기에 발생된 원가를 원가요소별로 파악, 즉 직접재료원가(곧 설명함), 직접노무원가(곧 설명함), 제조간접원가를 파악하여 합산한 금액이다. 그러나 재공품의 존재는 이 등식을 약간 복잡하게 만들고, 그뿐 아니라 재공품의 원가를 파악해야 하는 매우 중요한 과제를 남긴다. 기초 및 기말 재공품이 있는 일반적인 경우에는, 기초재공품을 당기총제조원가에 합하고 이 합계액으로부터 기말재공품을 차감하여 당기제품제조원가를 구한다. 이 계산에서 그 합계액은 당기에 제품완성을 위해 공장이 회계관리할 모든 원가(costs to account for)이다. 기말재공품이 없다면 이 금액이 고스란히 당기제품제조원가가 되지만, 있다면 그만큼 완성품의 원가에서 빠져야 한다.

재공품 원가의 파악은 제품이나 제조과정의 성격에 따라 달라진다. 제품이 고가의 소량주문 경우와 같은 이질적(heterogeneous) 주문제품(예 : 선박이나 비행기 제조, 건설공사, 고객전용기계 제작)인 경우에는 주문 제품별로 발생 원가를 집계하면서 재공품 원가를 계산하면 되지만, 연속적인(continuous) 공정에서 비교적 저가의 동질적인(homogeneous) 제품(예 : 화학, 섬유, 식품가공, 전기·전자 제품)을 대량생산하는 경우에는 원가요소별 공정진행률을 파악한 후 재공품의 원가를 계산하는 복잡한 과정을 거친다. 이 두 종류의 원가계산방법 중 전자를 **개별원가계산**(또는 **주문별 원가계산** job-order costing), 후자를 **종합원가계산**(**공정원가계산** process costing)이라 한다. 이에 대한 구체적 내용은 이 책에서 다루지 않으니, 개념만 알아두면 될 것이다.

지금까지 설명한 재공품원가, 당기총제조원가, 제품제조원가의 관계를 가상의 제조기업에서의 금액을 대입하여 그림으로 나타내면 〈그림 12-3〉과 같다. 이 그림에는 (당기)직접재료원가를 특별히 추가했다. 원재료는 재료출고 청구서 등을 통해 원가대상에 경제적인 방법으로 추적이 되는 직접재료와 그렇지 않은 간접재료로 나누어지는데, 당기 제조과정에서 소비된 직접재료의 원가가 **직접재료원가**(direct material costs)이다. 탁자의 경우 원목처럼 제품을 구성하는 주요 원재료가 이에 속하고, 못이나 접착제처럼 여러 곳에 쓰이는 잡다한 소액의 원재료나 저장품 등은 **간접재료원가**이다.

이렇게 재료원가 경우처럼 노무원가 경우에도 직접, 간접이 있다. 즉, **직접노무원가**(direct labor costs)는 작업전표 등을 통해 원가대상에 경제적인 방법으로 추적이 되는 노무원가로서, 특정 원가대상의 생산에 대해 직접 작업하는 노동자의 임금이 이에 속하고, 여러 원가대상의 생산을 감독하는 감독자의 임금은 **간접노무원가**이다. 간접노무원가는 간접재료원가와 함께 제조간접원가에 속한다.

〈그림 12-3〉은 앞서 언급한 가상 제조기업의 손익계산서와 그 부속명세서인 제조원가 명세서를 보여주고 있다. 이를 통해 제품의 제조원가 계산 및 매출원가 계산의 과정을 알 수 있다. 우선, 직접재료원가의 계산을 위한 다음의 관계식을 알 수 있다.

기초직접재료원가 + 당기 직접재료매입원가 − 기말직접재료원가
₩100 ₩1,600 ₩300

= (당기)직접재료원가
₩1,400

이 관계식은 이미 매우 낯익다. 제4장에서 본 소모품재고 등식과 사실상 동일하기 때문이다. 소모품과 소모품비용과의 관계는 원재료(재고)와 당기재료원가(즉 소비액)와의 관계와 같다.

또한, 비슷한 논리관계는 〈그림 12-3〉에서도 보듯이 **'당기제품제조원가 등식'** 과 **'매출원가 등식'** 각각에서도 나타난다. 즉,

기초재공품원가 + 당기총제조원가 − 기말재공품원가 = (당기)제품제조원가
₩600 ₩6,100 ₩400 ₩6,300

기초제품원가 + (당기)제품제조원가 − 기말제품원가 = (당기)매출원가
₩1,300 ₩6,300 ₩1,600 ₩6,000

위 식을 통해 (당기)제품제조원가는 전기에서 미완성 상태로 넘어온 재공품(₩600)에 당기총제조원가(₩6,100)라는 당기의 새로운 투입액을 합한 금액(₩6,700)에서 당기 말에 미완성 상태로 남아 있는 부분(기말 재공품)의 원가(₩400)을 차감한 금액으로서, 완성상태 부분의 원가(₩6,300)를 나타낸다.

당기총제조원가는 당기에 발생한 총제조원가로서, 이는 앞서 언급한 제조원가 삼 요소

그림 12-3 제품제조원가와 매출원가

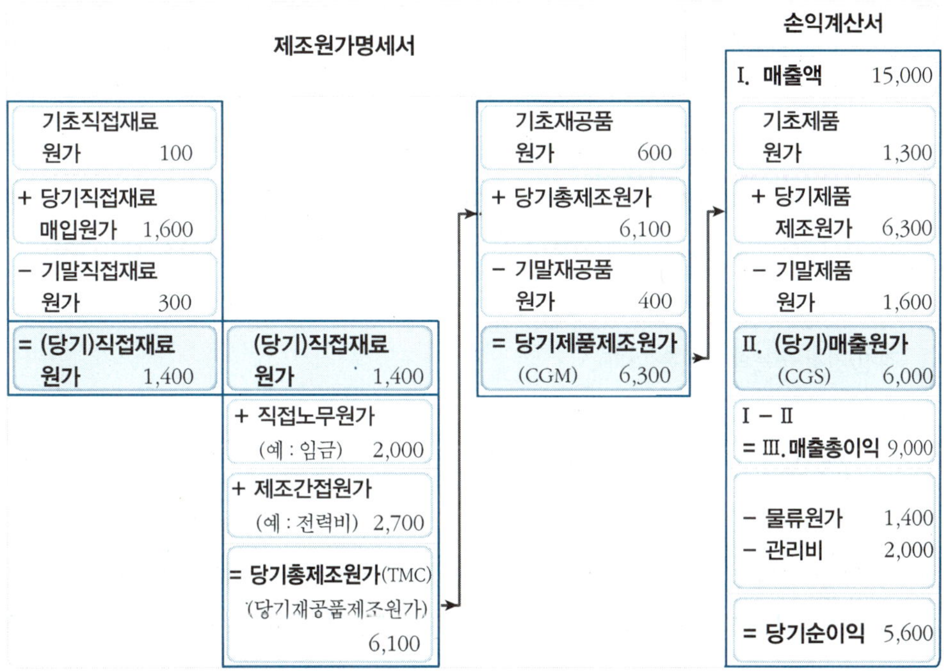

로 구성되는데 각 요소의 의미를 요약하면 다음과 같다.

직접재료원가(direct material costs) : 사용된 직접재료의 취득원가

직접노무원가(direct labor costs) : 제품의 생산에 직접 종사하는 공장 인력의 임금, 보수 등

제조간접원가(manufacturing overhead costs) : 위 두 원가요소가 아닌 모든 제조원가

이러한 관계를 〈그림 12-3〉에서의 수치를 이용해 함께 나타내면 다음과 같다.

(당기)직접재료원가	+	직접노무원가	+	제조간접원가	=	당기총제조원가
₩1,400		₩2,000		₩2,700		₩6,100

2. 제조간접원가의 배부

앞에서 제조기업에서의 제조원가 계산의 어려움은 제조간접원가 및 재공품 때문이라고 하여 먼저 재공품에 대해 주로 다루었다. 여기서는 제조간접원가를 중심으로 다룬다.

제조간접원가가 문제가 되는 것은 '간접성'에서 비롯된다. 즉, 원가대상에 직접 추적이 어려워서 원가대상의 원가 파악이 곤란하므로 일정한 배부기준을 정하여 원가대상에 (간접적으로) 배부해야 하기 때문이다. 물론 제조간접원가의 간접성은 원가대상(예 : 제품 또는 제품 모델)이 두 개 이상임을 전제로 하는 것이다(원가대상이 하나라면 원가항목들의 직접/간접 구분의 실익은 없다).

2.1 제조간접원가의 배부절차

일반적으로 직접원가는 발생과 동시에 관련 증빙서류와 함께 추적이 되어 원가대상별로 신속하고 정확하게 집계되지만, 다양한 항목으로 구성된 간접원가는 여러 원가대상과 관련하여 공통적으로 발생되고 그 발생액의 파악과 집계에 상당한 시간이 걸린다. 그러므로 원가를 적시적으로 파악하기 위해서 합리적인 배부기준을 선택하여 이와 관련된 **예정배부율**(pre-determined rate)을 다음과 같이 당기 초에 사전적(事前的)으로 결정하여 이용한다. 단, 이러한 배부는 자연적이라기보다 다분히 인위적인 것이기 때문에, 무엇보다 배부기준(allocation base)의 선택이 원가계산의 정확성에 관건이 된다.

예정배부율 = 총제조간접원가 연간 예상액 / 배부기준의 연간 총예상량

이 예정배부율을 기중 제조과정에서 제품(모델)별로 추적 파악된 배부기준의 실제 사용량(또는 금액)에 곱하여 제조간접원가의 배부액을 결정한다.

제조간접원가 배부액 = 배부기준의 실제 사용량 × 예정배부율

제조간접원가 배부액 산정을 이해하기 위해 다음 사례를 보자.

사례 1 제조간접원가의 배부

소백전기(주)는 냉장고 제조회사로서 모델-K 등 여러 모델의 냉장고를 생산하고 있다.
모델-K에는 단위원가 ₩3,000의 부품 P가 3개 사용되고 이 사실은 부품출고청구서에 기록되어 ₩9,000의 직접재료원가가 냉장고 모델-K에 쉽고 정확하게 추적된다.
그러나 제조간접원가(프레스 기계의 감가상각비, 부품조달비, 품질검사비 등의 총비용)는 모델-K를 비롯한 여러 모델의 생산에 공통적으로 발생되어 모델별로 직접 추적하기는 거의 불가능하다.
소백전기(주)에는 모델-K를 포함하여 여러 모델의 생산에 공통으로 사용되는 프레스 기계가 있다. 이 기계의 금년 1년 동안의 감가상각비는 ₩1,000만으로 예상된다.
이 기계의 감가상각비를 각 모델에 배부하는 데 필요한 배부기준으로는 기계가동시간이 선택되었다. 기계가동시간은 금년 1년간 5,000시간이 될 것으로 예상된다.

1) 소백전기(주)의 경우 예정배부율은 얼마가 될까?
2) 만약 소백전기(주)가 이 달에 1,000단위의 모델-K를 제작하였고 이를 위해 프레스기계를 50시간 가동하였다면 모델-K에 배분해야 할 감가상각비는 얼마일까?

[풀이]

1) 예정배부율 : ₩1,000만 ÷ 5,000시간 = ₩2,000/시간.
2) 각 모델(원가대상)별로 추적 파악되는 프레스 기계의 실제가동시간에 시간당 ₩2,000씩 감가상각비를 배부하게 되므로, 이 달에 모델-K에 배부할 프레스 기계의 감가상각비는 다음과 같다.

   ₩2,000/시간 × 50시간 = ₩100,000

   즉, 프레스 기계의 예상 총감가상각비 ₩1,000만 중 ₩10만이 1,000개의 모델-K의 원가계산이 필요한 시점인 이 달에 배부되는 것이다.

이와 같은 간접원가의 배부과정은 각 간접원가 항목별로 적용되어 모델-K의 총제조간접원가가 계산된다. 이렇게 하여 제조간접원가를 포함한 총제조원가가 산정되는데, 기계감가상각비 외의 원가들이 이 달에 다음과 같이 주어졌다고 가정하면, 모델-K의 당기 총제조원가는 다음과 같다.

모델-K의 총제조원가 및 단위원가

직접재료원가				₩350,000
직접노무원가				240,000
제조간접원가				800,000
기계감가상각비	₩2,000/기계시간 50시간	······	₩100,000	
부품조달비	₩500/부품 300개 부품	······	₩150,000	
품질검사비	₩10,000/검사기간 10시간	······	₩100,000	
기타 제조간접원가	₩15,000/직접노무시간 30시간	······	₩450,000	
당기총제조원가				₩1,390,000
모델-K의 제품단위 수				1,000개
개당 제품원가				₩1,390

제조간접원가는 직접원가와 달리 증빙서류를 이용하여 모델별·작업별로 추적하기 어렵기 때문에 일단 한 곳에 모아 집계하여 배부한다. 제조간접원가로는 기계감가상각비, 부품조달비, 품질검사비, 기타 제조간접원가 등이 있다. 이렇게 다양한 제조간접원가 항목들은 각각 적절한 배부기준을 통해 모델-K에 배부하는 것이 논리적이지만 시간과 노력, 비용 면에서 비효율적이므로 실제에서는 보통 극소수의 배분기준을 택하여 공통적으로 적용한다.

이로써 총제조간접원가는 ₩800,000이 된다. 제조간접원가와 직접원가를 모두 합하면 모델-K 생산에 투입된 총원가는 ₩1,390,000이 된다. 그리고 모델-K의 개당원가는 제품단위 수가 1,000개이기 때문에 ₩1,390으로 계산된다(재공품은 없다고 전제함).

2.2 제조간접원가 배부기준의 선택

제조간접원가 항목의 비중이 클수록 얼마나 적절히 집계되고 배부되느냐에 따라 제품원가의 정확도가 결정된다고 할 수 있다. 따라서 적절하고 합리적인 **배부기준**을 선택해야 한다. 배부기준의 선택에는 여러 기준이 있을 수 있지만 일반적으로 인과관계에 입각하여 선택하는 것이 가장 합리적이다. 사실 어떤 조직이 생산·제공하는 제품이나 서비스의 원가계산은 어떤 형태로든 배부를 거치지 않고는 불가능하다. 이와 같이 배부과정이 중요한 만큼 배부기준의 선택이 중요하다.

다음의 〈표 12-2〉는 제조업의 경우 세계 여러나라의 기업들이 어떤 배부기준을 이용하여 원가배부를 하고 있는가를 보여주고 있다. 여기서 가장 대표적인 제조간접원가의 배부기준은 직접노무시간, 직접노무원가 순서인 것을 알 수 있다.

표 12-2 각국의 제조간접원가의 배부기준 통계 (단위 : %)

배부기준	미국	호주	아일랜드	일본	영국
직접노무시간	31	36	30	50	31
직접노무원가	31	21	22	7	29
기계시간	12	19	19	12	27
직접재료원가	4	12	10	11	17
생산량	5	20	28	16	22
직접재료원가 + 직접노무원가	-	1	-	21	10
기 타	17	-	9	-	-

주 : 복수의 기준을 사용한 기업들이 있기 때문에 각 열에 있는 숫자들의 합이 100%를 초과할 수 있다.
자료출처 : Horngren, Foster와 Datar의 Cost Accounting(9판)의 135쪽에서 재인용.

2.3 활동기준 원가계산

최근의 기업환경을 보면 제조간접원가의 비중이 커지면서 그 배부의 적정성이 제품(원가대상) 원가의 정확성을 결정하는 중요한 역할을 해가고 있다. 따라서 제조간접원가 배부를 더 정교하고 더 합리적인 수단을 통해서 해야 하는데 이러한 요구에 따라 ABC(activity-based costing 활동기준원가계산)가 출현하게 되었다. 여기서는 ABC의 출현 배경, 의의, 절차, 성과 등에 대해 학습한다.

1) 제조원가 구조의 변화와 활동기준 원가계산의 필요성

자동화의 진전은 직접노무원가의 상대적 감소와 함께 제조간접원가의 상대적 증대를 가져왔다. 생산과정의 자동화가 진전됨에 따라 조립라인에 직접 종사하는 인력에 소요되어 왔던 직접노무원가의 비중은 감소하게 된 반면 기계의 수선 유지비용, 감가상각비, 기계의 자동화에 사용되는 소프트웨어비용 등의 간접비는 증가하게 되었다(〈그림 12-4〉 참조).

그림 12-4 제품제조원가 구조의 변화

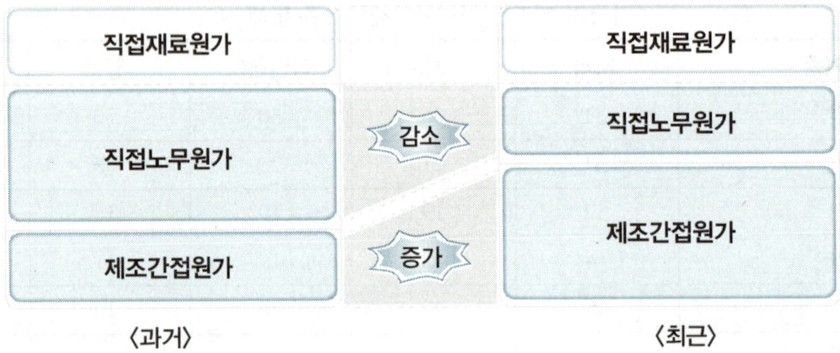

제조간접원가 비중의 증대로 제품원가관리의 중심은 직접노무원가 관리에서 제조간접원가의 관리로 옮겨지게 되고 따라서 제조간접원가의 배부가 매우 중요하게 되었지만, 전통적 배부방식으로는 제품원가의 정확한 계산 및 이를 통한 관리를 기대하기 어렵게 되었다. 왜냐하면, 제조간접원가는 〈표 12-3〉에서도 보듯이 간접노무원가, 간접재료원가, 수도광열비, 공장감가상각비, 기계감가상각비 등과 같이 세부비용항목이 매우 많고, 해당 항목의 금액 크기에 미치는 요인이 매우 다양하기 때문이다. 우선 사례를 통해 제조간접원가의 전통적 배부방식부터 보자.

사례 2 제조간접원가의 전통적 배부(단일 배부기준)

한국자동차(주)는 A, B 두 가지 모델의 자동차를 생산하고 있다. 그리고 당기에 공장 전체적으로 총제조간접원가가 〈표 12-3〉에서와 같이 발생하였다. 공장 감가상각비 등 제조간접원가는 그 원가의 얼마 정도가 모델 A 또는 모델 B에 정확히 배부되어야 하는지 추적하기는 현실적으로 거의 불가능하여, 한국자동차(주)는 보통 단일기준을 채용하는 전통적 방식에 따라, 전체 제조간접원가의 변동에 가장 영향이 크다고 판단되는 직접노무원가(실제발생 금액)를 배부기준으로 택하였다. 당기에 직접노무원가 발생액은 모델 A가 ₩9천만, 모델 B가 ₩3천만이었다. 이 경우 총제조간접원가는 모델 A, B 각각에 얼마가 배부되는가? 그리고 이에 따라 각 모델 자동차의 단위 제조원가를 구하면 얼마인가? (편의상 기초 및 기말 재공품은 없다고 가정한다.)

표 12-3 **제조원가명세서상의 제조간접원가**(예 : 한국자동차) (단위 : 만원)

과 목	금 액	모델 A(10대)	모델 B(5대)
직접재료원가	47,000	25,000	22,000
직접노무원가	12,000	9,000	3,000
제조간접원가			
간접노무원가	6,000		
간접재료원가	1,500		
수도광열비	500		
공장감가상각비	3,000		
기계감가상각비	5,000		
기타제조간접원가	2,000		
총제조간접원가	18,000		

[풀이]

1. 총제조간접원가 ₩1억8천만은 배부기준인 직접노무원가 발생액 ₩1억2천만의 150%이다. 이 배부율을 적용하여 다음과 같이 각 모델(주문서)에 배부한다.

   모델 A : ₩9천만 × 150% = ₩1억3천5백만

   모델 B : ₩3천만 × 150% = ₩4천5백만

2. 이렇게 배부된 제조간접원가를 모델별로 직접원가에 더하면, 두 모델의 총원가와 단위원가가 〈표 12-4〉와 같이 계산된다. 물론 다른 배부기준(직접노무시간 또는 기계시간 등)을 선택한다면 제조간접원가 배부액이 달라지고 따라서 제품의 원가가 달라질 수 있다.

표 12-4 **전통적 단순배부 시스템을 이용한 모델별 원가 : 한국자동차** (단위 : 만원)

	모델 A(10대)	모델 B(5대)
직접재료원가	25,000	22,000
직접노무원가	9,000	3,000
제조간접원가	13,500	4,500
총제조원가	47,500	29,500
단가(단위제조원가)	4,750	5,900

그런데 이렇게 사례에서 본 바와 같은 전통적 원가배부시스템은 단순하다는 장점은 있으나, 원가배부액이 일반적으로 정확하지 않나는 단점이 있다. 이러한 배경에서, 제조간접원가를 제품에 정확히 배부하고 잘 관리하기 위해서는,

i) 제조간접원가를 특성별로 동질적인 비용항목끼리 분류하여 원가집합을 구성하고,

ii) 다시 이러한 원가집합의 크기에 영향을 미치는 활동들을 파악하여 각 활동별로 상응하는 원가를 산정하며,

iii) 각 활동별로 활동원가를 유발하는 원인(또는 해당원가를 결정하는 원인), 즉 원가동인을 파악하여 적절한 원가배부기준을 파악하고 각 제품에 배부하는 한편, 그 원가동인을 관리해야 한다(원가동인에 대해서는 곧 자세히 설명함).

이처럼 제조간접원가를 유발요인이 같은 활동별로 세분화하여 **활동원가**(activity cost)를 구성하고, 활동원가별로 원가동인을 파악하여, 각 제품이 원가동인을 사용한 정도에 따라 해당 활동원가를 배부하는 것이 **활동기준 원가계산**(ABC : activity-based costing)이다.

◉ 원가동인

원가동인(cost driver)은 위에서 언급한 바와 같은 활동과 관련되는 것만은 아니다. 이를테면 한국자동차의 경우, 자동차의 엔진이나 타이어의 원가는 자동차 생산량에 비례하여 결정되므로 생산량(조업도)이 원가동인이 된다. 원가동인은 **원가결정요인**(cost determinant) 또는 **원가유발요인**(cost generator)이라고도 한다.

원가동인은 생산량 이외에도 무수히 많다. 예를 들어, 제품설계비용은 제품설계회수나 설계시간이 원가동인이 된다. 왜냐하면, 제품설계비용은 생산량과 특별한 관계가 없으나 제품설계주문회수나 제품의 복잡성에 따라 설계인력이나 설계시간이 비례하여 증가하기 때문이다. 또한, 부품주문활동비용은 부품 종류의 수가 원가동인이 될 수 있는데, 부품 종류의 수는 부품주문활동에 필요한 인력(시간)에 영향을 주고 다시 이것은 관련 비용을 증가시키기 때문이다.

다음 〈표 12-5〉는 여러 기능에서 발생하는 원가동인을 **가치사슬**(value chain)에서의 국면별로 예시한다. 가치사슬은 기업 목표인 '고객에게 가치 창조를 통한 이익극대화'를 수행하는 데 필요한 여러 기능들이 상호간에 고리(chain)처럼 긴밀하게 연결되어 있는 것을 말한다.

표 12-5 가치사슬의 기능과 원가동인

가치사슬	원가동인
연구개발	연구개발 프로젝트의 수, 프로젝트 투입 인시(man-hour), 프로젝트의 기술적 복잡도
설 계	설계대상제품의 수, 제품별 부품의 수, 설계시간
제 조	생산량, 직접노무시간, 셋업시간 또는 셋업횟수, 기계시간
마케팅	광고횟수, 판매인의 수, 매출액
유 통	유통품목의 수, 고객의 수, 유통대상 물품의 무게 또는 부피
고객서비스	서비스 횟수, 고객불만전화의 횟수

원가계산을 하고 원가관리를 하기 위해서는 이러한 원가동인이 무엇인지를 알아야 가능하다. 이를테면, 부품의 종류를 줄이는 방법을 모색함으로써 부품조달활동에 소요된 원가를 절감할 수 있다. 따라서 활동별로 다양한 원가동인을 파악하고 이 정보를 경영자에게 제공함으로써 경영자는 원가관리를 위한 적절한 의사결정을 할 수 있게 된다.

2) 활동기준원가계산(ABC)의 절차

활동기준원가계산(이하 ABC)의 절차를 좀더 자세히 살펴보면 다음과 같다. 앞서 언급한 한국자동차(주)의 사례를 들어 설명하기로 한다.

1. 원가대상의 파악 : 자동차의 각 모델이 원가대상.
2. 원가대상별 직접원가의 파악 : 두 개의 직접원가집합, 직접재료원가와 직접노무원가만 직접 추적가능.
3. 원가대상별로 관련된 간접원가집합과 활동원가집합의 파악 : 간접원가집합을 활동별로 재분류하여 활동원가집합을 구성 : 자재취급활동원가, 부품기계조립활동원가, 부품수동조립활동원가, 도장활동원가, 용접활동원가, 품질검사활동원가 등 6가지로 분류. 예를 들어, 자재취급활동원가의 집합을 파악하고 그 금액을 모두 ₩3천만으로 집계함(〈표 12-6〉 참조).
4. 각 활동원가집합에 대해 원가동인 또는 원가배부기준을 선택 : 각 활동원가와 인과관계를 가지는 요인을 파악하여 배부기준(원가동인)을 결정. 각 활동원가집합에 대해 부품 수, 기계조립부품의 수, 수동조립부품의 수, 도장시간, 용접시간, 품질

검사시간을 배부기준으로 선택. 예를 들어, 자재취급활동원가의 원가동인(원가배부기준으로서)은 부품 수로 결정하고, 그 배부기준의 크기를 6만 개의 부품으로 파악함(〈표 12-6〉 참조).

5. 각 배부기준에 대해 배부율을 결정 : 앞서 제조간접원가의 전통적 배부에서 본 배부율 계산방식과 마찬가지로 총활동원가를 배부기준(원가동인)의 총량으로 나누어 배부율을 산정. 각 활동원가집합에 대해 다음의 〈표 12-6〉과 같이 배부율을 결정. 예를 들어, 자재취급활동원가 ₩3천만을 총부품 수 6만 개로 나누어 '부품당 ₩500' 이라는 자재취급활동원가의 배부율을 확정함.
6. 각 배부율을 원가동인 사용량에 따라 배부 : 앞서 본 전통적인 단순 원가시스템에서는 제조간접원가를 활동별로 세분하지 않고 하나의 배부기준(예 : 직접노무원가)을 이용하여 제품에 배부하였으나, ABC를 적용하는 경우에는 활동원가별로 분류한 후 활동원가별로 원가동인을 적용하여 각 제품이 원가동인을 사용한 정도에 따라 제품에 배부. 예를 들어, 자재취급 대상인 부품이 모델 A와 모델 B에 각각 4만 개, 2만 개가 사용된다면, 이 각각의 부품 수에 자재취급활동원가 배부율인 '부품당 ₩500' 을 곱해 배부함(그 결과 〈표 12-7〉에서 보듯이 모델 A와 모델 B에 각각 ₩2,000만, ₩1,000만의 자재취급활동원가 배부액이 나옴).

표 12-6 **활동원가별 원가동인과 배부율**

활 동	활동원가	원가동인	배부율(= 활동원가 원가동인)
자재취급	₩3천만	6만 부품	부품당 ₩500
부품기계조립	₩2천만	4만 기계조립부품	기계조립부품당 ₩500
부품수동조립	₩5천만	2만 수동조립부품	수동조립부품당 ₩2,500
도 장	₩3천만	1천 시간	시간당 ₩30,000
용 접	₩2천만	2천 시간	시간당 ₩10,000
품질검사	₩3천만	6백 시간	시간당 ₩5,000
합 계	₩1억8천만	-	-

한국자동차(주)의 원가시스템에 ABC를 적용하면 〈그림 12-5〉와 같이 나타낼 수 있다. 앞의 6단계 절차에서 5단계까지의 결과는 〈표 12-6〉과 같은 표에 나타나고, 마지막 단계에서 이 표의 배부율 자료를 원가동인별로 파악된 사용량에 곱하여 한국자동차에서

그림 12-5 한국자동차의 ABC

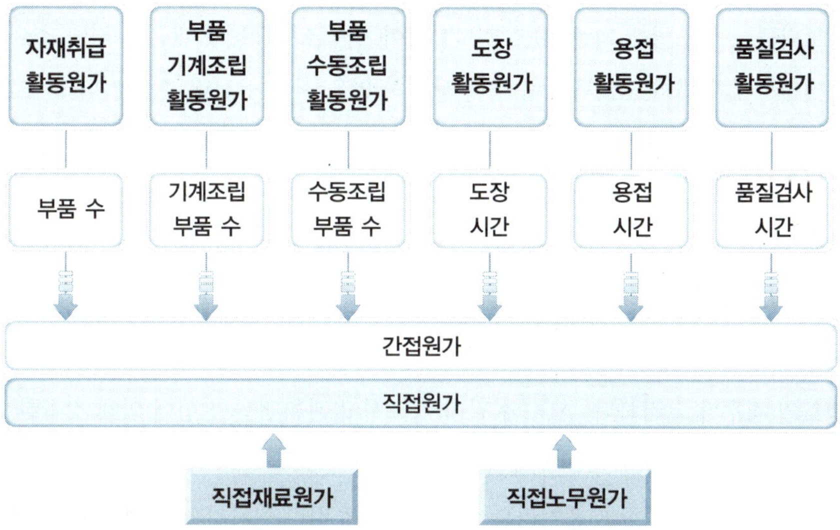

생산되는 모델 A와 모델 B의 원가를 계산한 것이 〈표 12-7〉이다. 이 결과를 전통적 원가배부 결과인 〈표 12-4〉와 비교해보자.

〈표 12-7〉에서 보는 ABC 시스템에 의한 원가를 〈표 12-4〉에서 나타났던 전통적 원가시스템에 의한 단위원가(모델 A : ₩4,750만 ; 모델 B : ₩5,900만)와 비교해보면, 오히

표 12-7 활동기준원가 시스템을 이용한 모델별 원가 : 한국자동차 (단위 : 만원)

	모델 A(10대)	모델 B(5대)
직접재료원가	25,000	22,000
직접노무원가	9,000	3,000
제조간접원가		
자재취급활동원가	2,000	1,000
부품기계조립활동원가	1,300	700
부품수동조립활동원가	3,000	2,000
도장활동원가	1,500	1,500
용접활동원가	1,500	500
품질검사활동	1,200	1,800
제조간접원가총계	10,500	7,500
총제조원가	44,500	32,500
단가(단위제조원가)	4,450	6,500

려 모델 A의 단가(단위제조원가)는 ₩4,450만으로 약간 낮아졌고 모델 B의 단가는 ₩6,500만으로 상당히 높아졌음을 알 수 있다. 모델 B는 부품 수가 많지는 않으나 기계조립보다는 수동조립에 의존하는 경우가 많아 수동조립활동에 많은 노력이 소요되었으며, 품질검사에 있어서도 모델 A에 비해 상당히 많은 시간이 걸린 것으로 나타나고 있다. 이 때문에 전통적인 원가시스템에 비해 더욱 원가가 높게 나타난 것이다.

이와 같은 사실은 경영자에게 매우 중요한 사실을 일깨워준다. 전통적 원가시스템에 의한 원가에 따라 생산 및 판매 전략을 수립했다면, 수익성이 별로 없는 모델은 열심히 팔고 수익성이 괜찮은 모델은 판매를 거의 포기했을 경우가 충분히 일어났을 것이다. 경쟁시장에서 받을 수 있는 판매가격이 모델 A는 ₩4,700만 정도이고, 모델 B는 ₩6,400만 정도일 경우가 그러하다. ABC와 같이 정교하고 과학적인 방법에 의해 정확한 원가를 계산하는 것이 얼마나 중요한지 알 수 있다.

이와 같이 동일한 제품이라도 원가시스템에 따라 원가가 달리 계산될 수 있다. 즉, 제품별 원가정보는 각 기업이 갖고 있는 원가시스템의 수준과 특성에 따라 달라질 수 있는 것이다. 원가시스템이 정교할수록 원가정보가 정확해지기 때문에 의사결정이 보다 올바르게 된다. 그러나 동시에 원가정보의 수집에 많은 비용이 필요하게 된다. 따라서 비용과 효과를 비교하고 기업마다 나름대로의 경영환경에 맞게 원가시스템을 유지해야 할 것이다.

3) 활동기준원가계산(ABC)과 활동기준관리(ABM)

활동기준원가계산 과정에서 얻은 활동별로 세분화된 정보는 정확한 원가정보를 제공하여 가격결정이나 수익성 평가를 잘할 수 있도록 기여할 뿐 아니라, 원가를 절감할 수 있는 방법을 찾는 데 도움이 된다. 예를 들어, 수동조립부품의 수를 줄이는 방향으로 설계하거나, 품질검사시간이 많이 소요되는 원인을 파악하게 함으로써, 목표원가를 달성하기 위한 부품의 수와 품질검사시간의 절감 정도를 결정할 수 있게 해준다.

또한, 취득한 활동원가(activity costs)는 부가가치원가(value-adding costs : 가치창출활동에 소요된 원가)와 비부가가치원가(non-value adding costs : 비부가가치활동에 사용된 자원에 대한 원가)로 구분하여, 비부가가치활동을 줄이거나 제거하여 최소화하고 부가가치활동을 효율화함으로써 기업의 경쟁력을 강화하는 데 이용할 수 있다.

이렇게 활동기준원가시스템에서 제공하는 활동정보를 중심으로 관리를 하는 것이 **활동기준관리**(ABM : activity-based management)이다. 여기서 회계정보는 어느 활동에 어느 정도의 비용이 발생하고, 해당 비용을 절감하기 위해서는 어떤 방안이 가능하고, 비부가가치활동을 줄이거나 없애는 방법은 어떤 것들이 있는가를 끊임없이 찾아 나가는 데 필요한 정보를 제공한다는 점에서 매우 중요하다.

제3절 경영의사결정과 회계정보 활용

지금까지 앞 절에서는 주로 제조환경에서 원가의 의미와 원가를 산정하는 시스템을 위주로 하여 다루었다. 이 절에서는 그렇게 산정된 원가 등 회계정보가 경영자의 의사결정에 어떻게 활용되고 활용되어야 하는지를 살펴본다. 회계정보를 이용하는 경영의사결정 문제는 경영과정 전반, 즉 계획(Plan), 집행(Do), 통제(See)에 걸쳐 나타난다. 특히, 예산수립, 이익계획, 제품개발여부 결정, 제품라인의 확대 또는 축소 결정, 판매가격 수준 결정, 제약자원 하의 제품배합(product mix) 결정, 유통채널 평가, 투자안 평가 등 많은 유형이 있는데, 이 절에서는 먼저 경영의사결정의 의미를 이해한 후, 계획, 집행, 통제 측면에서 가장 기본적이고 전형적인 의사결정문제에서 회계정보를 어떻게 다루어야 하는지에 대해 다룬다.

1. 경영의사결정

모든 경영자의 직무를 한 마디로 말하자면 경영의사결정이라고 할 수 있다. 경영자로서 직무를 잘 수행하는 사람은 결국 경영의사결정을 잘하는 사람이다. 그렇다면 의사결정이란 무엇인가?

어떤 문제가 발생하면 우리는 이를 해결하기 위해 가장 좋은 방안을 찾고자 한다. 여기서 우선 그 문제의 성격이나 영향을 명확히 파악하고 여러 **대안**(代案 alternative)들을 강구해 낸다. 다음, 이 대안들이 당시의 상황 또는 추구하는 목표에 비추어 우리에게 어떤 비용 대비 혜택을 주는지 평가하여, 그 중 가장 적합한 것을 선택하여 결정을 내리게 된다. 이것이 **의사결정**(DM : decision-making)이다. 결국 의사결정이란 문제의 포착 → 문제해결대안의 발굴 → 최적선택으로 이어지는 일련의 과정이다.

이해를 돕기 위해 학생이 졸업할 때쯤 직장을 구하는 의사결정의 과정을 생각해보자.

먼저 다음과 같은 물음에 부딪치게 되고, 그에 대해 답하기 위해 정보를 수집한다. 어떤 종류의 직업들이 있는가? 본인이 원하는 직업과 관련된 자리를 제공하는 회사나 단체는 어떤 것들이 있는가? 그러한 회사의 분위기(기업문화 등)나 보수는 어떠한가?

이에 관한 정보를 수집한 후에는 이를 바탕으로 여러 회사 또는 단체 후보들(대안)을 선정하고, 이러한 여러 대안들(alternatives)을 평가한다. 이때 대안들을 본인의 의사결정 모형에 집어넣어(즉, 회사별로 분위기, 보수, 장래성 등에 대한 평가를 내려 나름대로 점수를 매김) 각 대안에 대한 장단점을 분석하고 최종평가를 내리게 된다.

마지막으로, 평가가 완료되면 일정 기준에 따라 본인에게 가장 바람직한 최선의 대안(회사)을 선택하게 된다.

기업의 경영자에 의해 내려져야 하는 이와 같은 의사결정이 경영의사결정인데, 탁월한 경영의사결정이 이루어지기 위해서는 의사결정자(decision maker)인 경영자에게 회계시스템은 의사결정에 유용한 회계자료, 평가모형, 선택기준, 결론의 해석 등에 대한 정보를 제공할 수 있어야 한다. 다음에 소개하는 원가-조업도-이익(CVP) 분석, 회피불가능원가의 역할을 고려해야 하는 의사결정문제, 그리고 성과평가 주제는 경영과정인 계획, 집행, 통제의 각 국면에서 부딪치는 대표적인 것으로서, 회계정보 및 적합한 평가모형을 이용하여 올바른 경영의사결정을 내리는 상황을 보여준다.

2. 원가-조업도-이익(CVP) 분석

이익계획(profit planning)은 회사의 미래이익을 결정(추정)하여 추진함에 있어, 이익에 영향을 주는 요소들의 관계를 파악하여 각 요소들에 대해 어떠한 관리를 해 나가야 목표이익이 달성될지 계획하는 것이다. 이러한 이익계획에서 핵심적인 재무기법으로 이용되는 것이 **원가-조업도-이익**(CVP : cost-volume-profit) **분석**이다. CVP 분석은 일정 원가구조(C) 하에서 판매량 또는 활동수준(V)에 따라 매출액 및 이익(P)이 변화하는 행태를 이용하여 기업이 이익계획을 수립하는 데 쓰는 방법이다. 이 내용을 설명하기 위해 예를 들어보자.

장길산이 짚신가게를 열고자 한다. 그에게 가장 관심이 있는 것은 몇 켤레를 팔아야 원하는 이익을 남길 수 있을까 하는 것이다. 이것을 알기 위해서는 짚신의 예상가격과 예상판매량, 짚신의 원가와 종업원의 인건비, 매장의 임대료, 기타 부수적인 비용들에 관한 정보가 있어야 한다.

분석을 위해 원가, 판매량(조업도), 이익 간에 기본적인 관계를 이해하는 것이 중요하다.

우선, 판매가격이 결정되어 있다면, 판매량에 따라 총수익(총매출)은 다음의 관계를 가지고 변화한다(단, 여기에서 세금은 고려하지 아니한다).

> 총수익(총매출) = 판매단가 × 판매량 ………………………… [식 1]

이러한 수익을 올리기 위해서는 필연적으로 각종 원가가 발생된다. 원가 중에는 짚신의 일부 매출원가처럼 판매량에 따라 비례하여 증가하는 변동원가도 있고, 임대료와 보험료와 같이 판매량에 무관한 고정원가도 있다. 변동원가에는 물류원가 및 관리비 중 변동부분, 그리고 제품제조원가 중 직접재료원가, 직접노무원가, 변동제조간접원가가 있고, 고정원가에는 물류원가 및 관리비 중 고정부분, 그리고 제품제조원가 중 고정제조간접원가가 있다. 이렇게 총원가는 변동원가와 고정원가의 합으로 표현된다.

> 총원가 = 변동원가 + 고정원가 = (단위당 변동원가 × 판매량) + 고정원가 …… [식 2]

순이익은 총수익(총매출)에서 총원가를 차감한 금액인데, 이는 다음과 같이 몇 단계를 거쳐 [식 3]과 같이 정리된다.

> 순이익 = 총수익 − 총원가 = 총수익 − 변동원가 − 고정원가
> = (판매단가 − 단위당 변동원가) × 판매량 − 고정원가
> = 단위당 공헌이익 × 판매량 − 고정원가 ………………………… [식 3]

위 식에서 **단위당 공헌이익**(unit contribution margin)은 판매단가에서 단위당 변동원가를 차감한 것이다. 즉, 한 단위를 추가로 생산하여 판매함으로써 얻게 되는 추가이익을 의미한다. 이 단위당 공헌이익에 판매량(조업도)를 곱한 값을 **공헌이익**(contribution margin)이라 부른다. 위 식에서 공헌이익은 총수익에서 변동원가를 차감한 것과 동일하고, 순이익은 공헌이익에서 고정원가를 차감한 것임을 알 수 있을 것이다.

CVP 분석에서는 위와 같은 관계를 이용하여, 이익계획 수립시 조업도(판매량)에 따른 이익 변화, 손익분기점의 파악, 목표이익을 달성하기 위한 목표판매량, 원가구조의 변화가 손익분기점에 미치는 영향 등을 파악한다. 다음의 사례 회사를 중심으로 설명한다.

사례 3 CVP를 위한 전제 : 고정원가와 변동원가의 파악

판타지여행사는 피지와 서울 간의 왕복 루트 비행기표만을 전문으로 판매하고 있다. 판타지여행사는 솔개항공사의 비행기를 이용하고 있는데 솔개항공사는 서울-피지 간 왕복루트를 이용하는 승객 한 사람에 대해 ₩50만의 요금을 판타지여행사에 부과한다. 따라서 판타지여행사에서는 피지에 여행하고자 하는 고객에게 ₩50만 이상의 값으로 비행기표를 판매해야 하는데, 현재는 한 장에 ₩60만씩 판매하고 있다. 판타지여행사는 운영비로서 사무실 임대료, 사무원 급료, 기타 소모품비 및 간접비를 매월 ₩300만씩 고정적으로 발생시킨다.

위 사례의 핵심 내용을 분석하여 정리하면 다음과 같다.

- 고정원가 : 월 ₩300만(매월 발생하는 사무실 임대료 및 인건비 등).
- 단위당 변동원가 : ₩50만(항공사에 지급해야 하는 한 장당 ₩50만의 항공료).
- 단위당 판매가격 : ₩60만.

2.1 판매량에 따른 이익 변화 분석

판타지여행사는 비행기표를 한 장 더 팔 때마다 얼마만큼 이익이 늘까? 판매량 1단위 증가시 얻는 이익 증가분은 단위판매가격에서 단위당 변동원가를 차감한 것, 즉 단위당 공헌이익(unit contribution margin)이다.

판타지여행사의 경우, 이 값은 ₩60만 − ₩50만 = ₩10만이 된다. 즉, 비행기표 1장 팔 때마다 ₩10만의 이익이 증가한다. 따라서 비행기표를 Q장 팔면, ₩10만 · Q의 이익이 증가하게 됨을 알 수 있다.

2.2 손익분기점(BEP)의 파악

그러면 판타지여행사는 최소한 몇 장의 비행기표를 팔아야 이익을 보기 시작할까? 회사가 순손실을 면하기 시작하는 점, 즉 이익이 ₩0이 되는 점에 이르게 하는 판매량을

손익분기점(BEP : break-even point)이라 한다.

BEP는 앞의 [식 3] "순이익 = 단위당 공헌이익 × 판매량 - 고정원가" 에서 순이익 = 0이 되는 상황이므로, 단위당 공헌이익 × BEP 판매량 - 고정원가 = 0.

따라서, BEP 판매량 = 고정원가/단위당 공헌이익

판타지여행사의 경우, BEP 판매량 = ₩300만/₩10만 = 30(장)

판타지여행사는 적어도 30장의 비행기표를 팔아야 손익분기점에 이르게 됨을 알 수 있다.

여기서 BEP 판매량에서는 다음과 같은 관계가 이루어짐을 알게 된다.

단위당 공헌이익 × BEP 판매량 = BEF 공헌이익 = 고정원가 (그런데, 순이익 = 0 = BEF 공헌이익 − 고정원가)

2.3 목표이익 판매량의 파악

이제 판타지여행사는 일정한 수준의 순이익을 목표로 세우고 영업활동을 하려 한다. 위에서 학습한 내용을 바탕으로, 그 목표이익(target profit)을 이룰 수 있는 판매량을 구해보자.

앞의 [식 3]에서 '순이익 → 목표이익' 이 되고, '판매량 → 목표판매량' 이 되므로, 목표판매량을 Q**로 표시하면,

목표이익 = 단위당 공헌이익 × Q** − 고정원가 Q** = (목표이익 + 고정원가) ÷ 단위당 공헌이익 = (목표이익/단위당 공헌이익) + (고정원가/단위당 공헌이익) = (목표이익/단위당 공헌이익) + BEP 판매량

판타지여행사의 경우, 목표이익을 달성하기 위해서는 BEP 판매량보다 목표이익만큼 더 부담되는 판매량을 추가해야 한다. 즉, 목표이익이 ₩100만이라면, BEP인 30장에 10장(= ₩100만/₩10만)을 더하여 40장을 팔아야 목표이익을 달성할 수 있다.

2.4 그래프 분석

앞서 설명한 총수익과 총원가에 대한 수식, [식 1]과 [식 2]를 위 판타지여행사의 경우에 적용하여 그래프로 나타내면 〈그림 12-6〉과 같다. 이해가 더욱 쉬워지기를 기대한다. 총수익선은 60Q로, 총원가선은 총변동원가와 고정원가의 합인 '50Q + 300' 으로 표현된다. 그러면 **손익분기점**이란 총수익선과 총원가선이 교차하는 지점이다. 즉 이익이 '0' 이 되는 지점으로 그 판매량은 Q*로 표시되어 있다(앞서 계산을 보면 Q*은 30장).

그런데, 현실적으로는 이와 같은 직선관계가 모든 Q의 범위에서 성립할 수는 없을 것이다. 따라서, 이러한 직선관계가 현실적으로 유효하다고 볼 수 있는 범위를 **관련범위**(relevant range)라 하는데, 비교적 단기적으로 변동할 수 있는 Q의 범위이다.

〈그림 12-6〉에서 고정원가가 300으로 나타나 있는데, 이를 Q = 0일 때 발생하는 원가라고 하면 곤란하다. 그래서 그 부근에서 총원가선을 실선이 아닌 점선으로 표시한 것이다. 왜냐하면 수학적으로는 틀린 말이라 할 수 없지만, 현실적으로 Q = 0일 때는 고정원가가 300과는 전혀 다른 금액이 될 가능성이 크고 그 부근에서의 변동원가도 50과는 거리가 멀 것이다. 지금까지 우리가 활용한 총원가선은 그 부근의 구간에서는 유효하지 않다. 즉, 관련범위를 벗어난 것이다. 앞에서 다룬 분석은 관련범위 내에서, 즉 수익이나 원가에 대해 직선관계가 성립되는 조업도 범위 내에서 이루어진 것임을 잊어서는 안 된다.

그림 12-6 손익분기점 분석 그래프

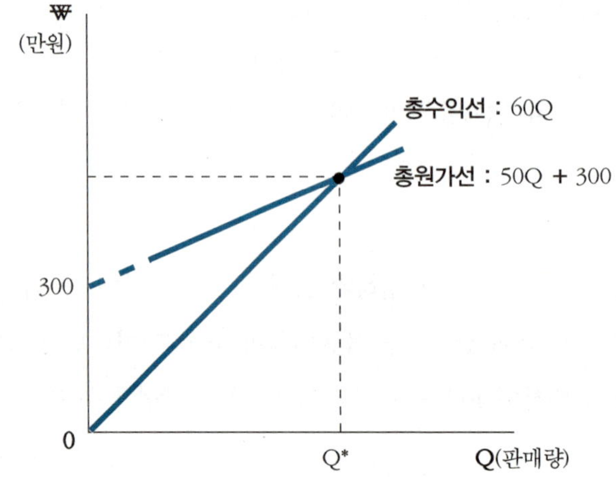

2.5 민감도 분석 : 불확실성 등에 대한 대응

민감도 분석(sensitivity analysis)은 가격이나 원가 등 CVP 모형에서 포함하고 있는 여러 변수의 값을 변화시키면서 그 결과의 변화를 알아내고 그러한 정보를 이용하여 미래의 불확실성에 대처해 나가는 방법이다.

앞의 예에서는 판매단가와 단위당 변동원가, 고정원가가 모두 변하지 않고 일정한 것이라 가정하였다. 그러나 경영자들이 의사결정을 하는 실제상황에서는 확실하게 예측할 수 있는 것이 거의 없다. 대부분의 정보가 불확실하고 주관적인 추정치일 따름이다. 따라서 이익계획을 할 때 이런 경우 저런 경우를 상정해 보면서 그 결과가 어떻게 달라지는가를 분석해 보는 것이 필요하다.

예를 들어 임대료와 인건비 등 고정비가 ₩300만에서 ₩350만으로 증가할 경우 손익분기점은 어떻게 변할 것인가? 만일 솔개항공사에서 판타지여행사에 비행기표 한 장당 ₩52만을 낼 것을 요구한다면 목표이익은 달성 가능한가? 이런 모든 경우를 상정하여 보고 결과를 도출해보면 경영자들은 더 많은 정보를 갖고 의사결정을 하게 되며 따라서 좋은 의사결정이 나올 수 있다.

만약 판타지여행사에서 비행기표의 판매를 독려해야 하는 상황이 되어, 표 한 장당 3만원의 커미션을 종업원에게 추가하여 주기로 한다고 하면, 이 경우 변동원가는 어떻게 계산될까? 단위당 공헌이익은? 그리고 손익분기점은 어떻게 변할까?

변동원가는 ₩50 + ₩3 = ₩53(만)이 되고, 단위당 공헌이익은 ₩60 - (₩50 + ₩3) = ₩7(만)이 될 것이다.

따라서, 고정비가 ₩300만으로 일정하다면, 손익분기점에 도달하기 위해서는 약 43장(₩300만 ÷ ₩7만 = 42.8)이 팔려야 한다. 즉, 인센티브를 줄 경우 그 전보다 13장이 더 팔려야 손익분기점에 이를 수 있음을 알 수 있다.

3. 회피불가능원가와 의사결정 : 자체제작·외부구입

많은 기업이 재료나 부품을 자체제작하기도 하지만, 협력회사 또는 하청회사로부터 구입하기도 한다. 종전에 기업 내부에서 제공되던 정보시스템 서비스나 인력관리 서비스를 최근에는 아웃소싱으로 많이 해결하는 경향이 있다. 이러한 경우 부딪치는 의사결정

문제를 다음 사례를 중심으로 살펴보자.

사례 4 사느냐 만드느냐?(Buy or Make?)

우리자동차(주)는 매년 20,000개의 핸들이 소요되는데, 개당 ₩10,000에 외부로부터 구입할 수도 있고, 다음과 같은 원가로 자체제작할 수도 있다.

자체제작원가

- 직접원가 : 직접재료원가 = 개당 ₩4,000, 직접노무원가 = 개당 ₩2,000
- 제조간접원가 : 변동제조간접원가 = 개당 ₩1,000,
  고정제조간접원가 배부 = 개당 ₩5,000
  (고정원가는 공장건물의 감가상각비, 공장보험료, 수도료 등이 핸들 생산량에 무관하게 매년 총 ₩1억씩 발생한다.)

여기서 의사결정 문제는 외부구입, 자체제작 중 어느 것이 유리한지를 결정하는 것이다. 보통 단순한 생각으로는 핸들 한 개의 자체제작원가가 모두 ₩12,000이고 외부구입비는 ₩10,000이므로 외부구입해야 할 것 같다. 이것은 과연 옳은 결정이 될 수 있을까?

이러한 의사결정 문제에서 주목해야 할 것은 고정제조간접원가 등의 회피불가능원가(unavoidable cost)의 존재여부이다. 여기서 고정제조간접원가 ₩1억 전체 금액은 핸들 생산과 무관하게 발생하는 원가이기 때문에 피할 수 없다. 즉, 핸들을 외부구입하는 경우에도 계속 발생하므로 회피불가능원가인 것이다. 따라서 이 고정원가는 외부구입원가에 추가해야 한다(다음 〈표 12-8〉 참조). 이 두 원가는 성격이 좀 다르게 보이지만, 모두 우리자동차(주)가 핸들을 외부구입하는 경우 부담해야 할 원가로서 자체제작 시의 원가와 대비, 평가되어야 할 금액인 것이다. 두 대안을 비교해 볼 때 ₩6,000만의 비용을 절약할 수

표 12-8 자체제작과 외부구입 대안의 비교

구 분	자체제작	외부구입	차 이
외부구입원가		₩2억	−₩2억
직접재료원가	₩8,000만		₩8,000만
직접노무원가	₩4,000만		₩4,000만
변동제조간접원가	₩2,000만		₩2,000만
고정제조간접원가	₩1억	₩1억	−
총원가	₩2억4천만	₩3억	−₩6,000만

있는 자체제작을 선택해야 한다(물론 이외에도 회계수치로 직접 표현할 수 없는 여러 요인들, 공급의 안정성, 품질의 문제 등에 대해서도 고려해야 한다).

여기에서 회계시스템의 역할은 자체제작 시에 발생하는 원가정보를 잘 분류하여 생산량이나 특정 요인의 변화와 함께 변화하는 원가를 그 변화와 무관하게 일정한 원가와 구분하여 제시하고 의사결정대안별로 평가를 할 수 있는 모형을 적절한 형태로 제시하여 의사결정을 돕는 것이다.

4. 회계정보와 성과평가

이미 이 절 처음에도 언급했듯이, 기업에서 경영과정은 미래의 불확실성을 고려하여 계획을 수립하고 집행을 하며, 이 결과 성취한 성과를 계획에 대비하여 평가하는 과정이다(Plan → Do → See). 일반적으로 계획은 예산편성(budgeting)을 중심으로 이루어지고 성과평가는 실적수치를 중심으로 이루어진다. 모두 회계정보가 없이는 불가능한 일이다. 예산편성은 앞으로의 활동계획을 화폐금액으로 표현한 것으로서 계획활동의 중요 일환이지만 궁극적으로는 실적(성과)의 벤치마크로서 통제(control)의 기능을 한다.

4.1 회계책임

조직 전체의 성과에 대해서는 그 성과에 어느 부서나 개인이 얼마나 공헌했는지를 추적하여 회계적 수단으로 평가할 수 있어야 한다. 이를 위한 회계적 개념이 **회계책임**(accountability)이다. 회계책임은 조직단위(부서 등)나 조직구성원이 특정 목표를 실행하는 권한과 책임을 부여 받음으로써 확립되고, 책임중심점을 설정하여 해당 책임중심점의 관리자와 소속 인력에 대해 성과평가가 이루어진다.

책임중심점(responsibility center)은 자체적으로 행한 일련의 활동과 자원의 사용 및 결과에 대해 설명할 수 있어야 하는 곳으로서 다음과 같은 네 가지 형태로 분류된다.

1) 원가중심점(cost center)

산출물의 생산을 위해 주로 자원의 소비가 이루어지는 곳. 예) 공장의 생산부서.

보통, 일정한 원가목표를 설정하여 원가를 관리하는 책임이 있다.

2) 수익중심점(revenue center)

수익활동을 주로 하는 곳. 예) 마케팅 부서, 상품 매장.

일정한 수익목표를 달성하는 책임이 있다.

3) 이익중심점(profit center)

원가발생과 수익획득에 관한 모든 것을 책임지는 곳.

예) 패스트푸드 체인의 개별 점포, 대기업의 특정 사업부, 재벌그룹의 개별 계열회사.

투입된 투자액에 대한 목표이익(또는 이익률)을 달성하는 책임이 있다.

4) 투자중심점(investment center)

새로운 사업에의 투자, 기존의 사업 축소 등의 투자결정에 책임을 지는 곳.

예) 대기업의 이사회, 또는 재벌그룹의 회장실이나 그룹 기획조정실 등.

투자결정의 결과 얼마만큼 이익이 났는지에 따라 평가되므로, 투자행위 자체뿐 아니라 원가와 수익활동의 결과에 대해 책임을 짐.

4.2 책임중심점에 대한 평가제도

1) 표준설정에 의한 평가

표준(standard)은 보통 원가중심점의 성과를 평가하기 위해 설정된다. 표준에 의해 일의 추진 방향이 제시되고 성과에 대한 보상의 근거가 마련된다.

예를 들어, 사무용 탁자를 제작하는 회사의 경우 '탁상 1개 만드는 원가는 1만 6천원' 이라는 표준원가를 설정할 수 있는데, 이러한 표준원가는 일반적으로 〈표 12-9〉와 같이 제품 1단위 생산에 드는 원가요소별로 **수량표준**과 **가격표준**으로 세분화된다. 원가표준의 경우, 표준을 설정한 후, 일정기간이 지나 원가 요소별로 실제 사용수량(소비된 원재료 수량이나 실제 작업한 시간 등)과 실제 지급한 가격(원재료 취득가격이나 시간당 실제임률賃率 등)을 설정 표준과 대비하여 그 차이를 수량과 가격 면에서 파악하고 대응책을 강구(feed-back)할 수 있다. 이것을 **원가차이**(cost variance) 분석이라 한다.

원가표준뿐 아니라 수익중심점에서는 매출 10% 증가 등과 같은 수익표준도 표준으로서의 설정이 가능하다. 그리고 비재무적인 성과표준도 가능한데, 이를테면, 고객 만족

표 12-9 원가표준표

원가요소	수량표준	×	가격표준	=	제품 단위원가
직접재료비	목재 5단위		단위당 ₩2,000		₩10,000
직접노무비	작업시간 1시간		시간당 ₩5,000		₩5,000
제조간접비	작업시간 1시간		시간당 ₩1,000		₩1,000
합 계					₩16,000

도, 제품 안전성, 시간당 접수된 주문통화 수, 제품 1백만 단위 생산에 발생되는 불량품 개수 등이다. 중요한 점은 표준은 측정할 수(measurable) 있어야 한다는 것이다.

또한 표준은 대개의 경우, 예산으로 표현된다. **예산**(budget)이란 일정기간의 활동계획을 화폐수치로 나타낸 것으로서, 계획 및 성과 평가 목적, 조직구성원들의 활동지침이 된다. 특히 정부기관의 경우, 예산은 통제도구로서 중요성을 가진다. 정부의 예산은 국회의 승인을 얻어 법적 강제력을 지니고 있기 때문이다. 정부기관에서 예산상의 비용은 단순히 행위의 지침이나 목표가 아니라 초과지출해서는 안 되는 절대적인 상한치가 되고 있는 점이 특징이다.

2) 투자이익률과 잔여이익에 의한 평가

이익중심점이나 투자중심점의 성과평가에는 투자이익률이 주로 이용되고, 이의 대안적 지표로서 잔여이익이 이용된다. **투자이익률**(ROI : Return on Investment)은 이익을 투자액으로 나누어 구하는 수익성 지표인데, 보통 영업이익을 영업자산으로 나눈 비율을 사용한다.

$$\text{투자이익률} = \text{영업이익} \div \text{영업자산}$$

투자이익률은 매출액 정보를 가미하여 다음과 같이 매출액이익률과 자산회전율로 분해하여 유용하게 사용한다.

$$\text{투자이익률} = \frac{\text{영업이익}}{\text{영업자산}} = \frac{\text{영업이익}}{\text{매출액}} \times \frac{\text{매출액}}{\text{영업자산}}$$

$$= \text{매출액이익률} \times \text{자산회전율}$$

위의 식은, 투자이익률의 극대화를 위해서는 매출액이익률을 높이거나 자산회전율을 높이는 영업전략을 추구해야 한다는 중요한 사실을 알려주고 있다. 투자중심점의 성과평가에 이러한 투자이익률을 사용하면 투자액에 대한 이익의 비율을 사용하므로 투자규모가 성과평가에 미치는 영향을 파악할 수 있고, 따라서 투자규모가 다른 투자중심점 간의 상호비교를 쉽게 할 수 있다. 그러나 각 투자중심점의 사업내용의 차이로 인한 사업위험정도의 차이를 반영하지 못하며, 자기사업부의 투자이익률만을 극대화하려는 투자중심점의 경영자들이 회사 전체적으로는 유리한 투자안을 외면할 가능성이 있다. 이러한 단점을 극복하기 위해 제시된 성과평가지표가 잔여이익이다.

잔여이익(RI : residual income)은 투자액(영업자산)에 대해 최소한 획득해야 하는 자본조달비용(기회비용)을 영업이익에서 차감하고 남은 금액이다. 자본비용은 회사가 조달하는 자본에 대해 부담해야 할 비용으로서, 보통 투자중심점의 위험을 추가적으로 고려한 **최소필수이익률**(minimum required rate of return)을 사용한다. 잔여이익은 다음과 같이 계산된다.

잔여이익 = 영업이익 − 영업자산 × 최소필수이익률

이러한 잔여이익으로 투자중심점의 성과평가를 하면, 앞서 본 투자이익률의 단점을 방지할 수 있다. 다음의 사례를 보자.

사례 5

베가스(주)는 여러 개의 사업부를 이익중심점으로 운영하면서 이익중심점과 해당 부문경영자에 대해 투자이익률로써 주기적으로 성과평가하고 있다. 여러 사업부 중 사업부 K는 당기에 평균 영업자산(투하자본)이 ₩600,000이고, 영업이익이 ₩144,000이다. 베가스(주)가 투자안의 수락 기준으로 설정한 최소필수이익률은 10%이다. 이는 10% 넘는 투자이익률을 갖는 투자는 기업가치를 높일 수 있음을 뜻한다. 사업부 K는 내년 초에 ₩200,000을 투자하면 매년 ₩36,000의 영업이익을 얻을 수 있는 새로운 투자기회에 대해 검토하고 있다.

이 경우 투자이익률을 구하여, 사업부 K의 부문경영자가 새로운 투자안을 채택할 것인지 여부에 대해서 생각해보자. 그리고 잔여이익도 구하여, 만일 이 지표로 각 사업부의 성과를 평가한다면 투자안 채택 결과가 어떻게 달라질지에 대해서도 생각해보자.

[풀이]

사업부 K의 투자이익률과 잔여이익을 구하면 다음 표와 같다.

	기존 사업 (A)	신규 투자안 (B)	총사업 (A + B)
I. 영업자산	₩600,000	₩200,000	₩800,000
II. 영업이익	₩144,000	₩36,000	₩180,000
III. 최소필수이익률	10%	10%	10%
IV. 영업자산 × 최소필수이익률	₩60,000	₩20,000	₩80,000
투자이익률(= II/I)	24%	18%	22.5%
잔여이익(= II - IV)	₩84,000	₩16,000	₩100,000

사업부 K의 부문경영자는 새로운 투자안을 기각할 것이다. 왜냐하면 사업부 K의 현재 투자이익률은 24%인데, 새 투자안의 예상 투자이익률은 그보다 낮은 18%이므로 그 투자안을 채택할 경우 전체적인 투자이익률은 22.5%로 낮아지기 때문에 자기의 성과평가에 부정적인 결과를 초래하기 때문이다. 그런데 새로운 투자안의 투자이익률 18%는 회사 전체의 자본비용(최소필수이익률 10%)을 훨씬 상회하고 있다. 따라서 기업가치의 극대화 측면에서 보면 새 투자안을 채택해야 했어야 한다. 이를 통해 기존의 평가지표인 투자이익률은 목표불일치라는 한계가 있음을 알 수 있다. 왜냐하면 회사 전체적으로는 유리한 투자안도 자기사업부의 투자이익률의 하락을 초래하게 된다고 기각하면 이는 해당 사업부 및 그 부문경영자의 이익을 위해 회사 전체의 이익을 희생시키는 결과를 가져오기 때문이다.

반면에, 잔여이익을 성과평가지표로 사용하면 새 투자안은 채택된다. 사업부 K의 잔여이익은 현재의 ₩84,000에서 ₩100,000으로 약 20% 가까이 증가하기 때문이다. 따라서 잔여이익을 성과평가지표로 도입하면, 사업부문의 목표와 회사 전체의 목표는 일치하게 된다. 다만, 투자규모가 큰 사업부의 잔여이익이 더 크게 나타나므로 규모가 큰 투자중심점이 규모가 작은 투자중심점에 비해 상대적으로 유리한 평가를 받게 되는 한계가 있으므로 이를 보완할 수 있는 다른 지표가 병행되어야 할 필요가 있다. 그리고 잔여이익이나 투자이익률은 유용한 성과평가지표이긴 하지만, 모두 회계적이익(영업이익)을 기초로 산출되기 때문에 현금흐름을 기반으로 하는 평가와는 배치되는 결과가 야기될 수 있다는 한계를 안고 있다.

위와 같은 잔여이익의 개념이 미국의 경영컨설팅 회사에 의해 정교화되어 국제적으로 주목을 받은 것이 경제적 부가가치(EVA : economic value added)이다. EVA는 잔여이익 계산식에서 세후영업이익을 고려하고, 영업자산으로서 순액 개념의 영업투하자본(= 영업자산 - 영업부채), 그리고 최소필수이익률로서 부채와 자본의 평균자본비용인 가중평균자본비용을 이용한 것이다(즉, EVA = 세후영업이익 - (영업자산 - 영업부채) × 가중평균자본비용).

3) 성과평가제도의 운용 및 피드백

성과평가(performance evaluation)는 보상체계의 근간이 되는 기업내부통제시스템의 중요한 부분이다. 이를 위해서는 각 조직원이 목표와 관련하여 어떻게 일을 하고 있는지 지속적으로 파악되어야 한다. 성과(실적)가 그 표준이나 예산과 얼마나 차이가 나는지 측정될 수(measurable) 있어야 하고, 그 차이가 의미 있는 것이라면 해당 조직원이 통제가능했던(controllable) 것인지 여부도 파악해야 한다. 그런데 이러한 일은 간단한 일이 아니다. 예를 들어, 한 회사에서 표준가격보다 상당히 낮은 가격으로 원재료가 구입되었음을 알게 되었다고 하자. 이러한 성과에 대해 구매담당자는 포상을 받아야 할 것인가? 구매담당자가 여러 구매처에 대한 정보를 수집하고 협상노력 등을 발휘하여 품질 좋은 원재료를 비교적 낮은 가격으로 구매했다면 포상할만하다. 그러나 그 유리하다는 가격차이가 조악한 품질의 값싼 원재료를 많이 구입한 결과라면, 또는 구매담당자가 통제할 수 없는 국제시장에서의 가격하락으로 인한 자연스러운 결과라면 그 포상은 의미가 없을 것이다. 오히려 그에 대한 문책이 요구될 경우도 있을 것이다.

한편, 실적과 표준(예산)의 차이에 대해 그 원인을 규명하는 과정에서 여러 문제들(설정된 표준의 비현실성 등 내부통제시스템의 결함이나 정보수집체계의 문제점 등)이 발견되기도 하는데, 이러한 것은 차기계획 수립 시 중요한 **피드백**(feed-back) 역할을 한다.

회계카페 **경제적 부가가치**(EVA)

지난 1980년대 후반 미국 스턴스튜어트에 의해 도입된 EVA는 선진국에서는 기업의 재무적 가치와 경영자의 업적을 평가하는 데 있어 순이익이나 경상이익보다 훨씬 효율적인 지표로 활용되고 있다.

LG경제연구원은 2000년 기준으로 국내 상장기업의 EVA를 분석한 결과 전체의 60%가 마이너스로 나타났다고 밝힌 바 있다. EVA가 마이너스를 기록해 투하자산 수익률이 자본비용 이하로 떨어지면 기업가치가 훼손되고 있다는 증거로 잠재부실의 1차 징후가 될 수 있다.

EVA계산식
영업수익(현금기준)
(−)영업비용(현금기준)
세금공제 전 영업이익(현금기준)
(−)세금
(−)자본비용
EVA

(2001년 6월 말 기준)

삼성전자	₩2조2,820억
SK텔레콤	₩1조2,512억
한국통신	₩5,600억
포스코	₩4,052억
삼성SDI	₩3,109억
LG건설	₩1,137억
삼성물산	₩116억

요약

제1절 원가의 개념과 제조원가시스템

- 원가 : 수익의 창출 등 특정 목적을 위해 희생된 경제적 자원의 가치
  - 변동원가(variable cost) : 고정원가(fixed cost)
  - 직접원가(direct cost) : 간접원가(indirect cost, overhead)
- 원가시스템(구성요소)

  원가계산대상 혹은 원가대상(cost object), 원가집합(cost pool), 원가배부기준(cost allocation base).

  * 원가계산의 대상은 의사결정 목적에 따라 다양하며, 기업의 원가시스템은 다양한 의사결정을 위해 원가 관련 정보를 적절히 제공할 수 있어야 함.
- 원가시스템의 원가계산 과정

  직접원가(집합)의 원가대상별 추적 + 간접원가(집합)의 (배부기준을 통한) 원가대상에의 배부

제2절 제조원가와 제조간접원가 배부 및 활동기준원가(ABC)

- 제조간접원가 배부의 이유 : 다양하고 많은 항목으로 구성되고 성격상 원가대상별로 직접 추적 파악이 어려워 배부(allocation)가 필수적. (직접재료원가와 직접노무원가 : 각 원가대상별로 직접 추적하여 쉽고 정확하게 파악)
- 제조간접원가 배부의 절차

  발생과 동시에 제품별로 즉시 집계되는 직접원가와는 달리, 간접원가는 그 발생액 파악에 상당한 시간이 걸리므로, 적시적 제품원가 파악을 위해 기초에 사전적(事前的)으로 예정배부율(pre-determined rate)을 정하여 배부함.

  예정배부율 = 총제조간접원가(연간 예상액) ÷ 배부기준의 총합(연간 예상량)

  제조간접원가 배부액 = 배부기준의 해당량 × 예정배부율

  제품원가의 정확도는 배부기준의 정확도에 의해 좌우되므로, 인과관계 정도가 가장 높은 배부기준을 선택하는 것이 합리적.
- 활동기준원가계산(ABC : activity-based costing) :

  - 제조원가 구조의 최근 변화와 제조간접원가의 특성(많은 이질적 세부비용항목)으로 ABC 필요 : 전통적 원가배부시스템 → ABC
  - ABC 절차와 의의(사례 이용) : 제조간접원가를 유발요인이 같은 활동별로 세분화(집합)

    → 활동원가(activity cost)를 구성 → 활동원가별로 원가동인 파악

    → 각 제품의 원가동인(cost driver) 사용 정도에 따라 해당 활동원가 배부
  - 활동기준관리(ABM) : 활동기준원가시스템에서 제공하는 활동정보(부가/비부가가치 활동)를 중심으로 관리 → 가격결정, 수익성 평가, 원가절감 방법 모색 등에 기여

제3절 경영의사결정과 회계정보 활용

- 이익계획과 원가-조업도-이익(CVP) 분석
  - 원가, 조업도, 이익 사이의 관계를 식으로 표현 :

    순이익 = (판매단가 − 단위당 변동원가) × 판매량 − 고정원가
  - 응용사례 : 판매량에 따른 이익 변화, 손익분기점(BEP), 목표이익 판매량 등의 계산, 민감도 분석.
- 회피불가능원가와 의사결정 : 자체제작·외부구입
- 회계정보와 성과평가
  - 회계책임 → 책임중심점(responsibility center) : 원가·수익·이익·투자 중심점
  - 책임중심점에 대한 평가

    표준설정 : 원가중심점에 대한 평가

    투자이익률과 잔여이익 : 이익·투자 중심점에 대한 평가

연습문제

서술형

01. 원가(계산)대상이 무엇인지 말하고, 몇 가지 예를 들어 보시오.

02. 변동원가와 고정원가가 무엇이지 정확하게 서술하시오.

03. 간접원가에 해당하는 변동원가의 예를 하나 들어보시오.

04. 원가시스템의 세 가지 구성요소에 대해 설명하시오.

05. 간접원가는 무엇이고 직접원가에 비해 왜 파악하기 어려운지 설명하시오.

06. 원가계산에서 간접원가(집합)와 관련하여 원가배부기준이 무엇이고 왜 필요한지 예를 들어 설명하시오.

07. 개별원가계산과 종합원가계산에 대해 간략히 설명하시오.

08. 재공품과 당기총제조원가의 정의를 말하고, 이들이 당기의 제품제조원가와 어떤 관계에 있는지 등식으로 보이시오.

09. 직접재료원가와 간접재료원가가 어떻게 다른지 설명하고, 각 원가가 제조원가의 세 요소 중 어디로 분류되는지 말하시오.

10. 당기 직접재료원가는 무엇을 말하는지, 직접재료의 기초 또는 기말 재고를 포함한 등식으로 설명해보시오.

11. 예정배부율(pre-determined rate)이란 무엇이고, 이것이 제조간접원가의 배부에서 어떻게 이용되는지 설명해보시오.

12. 활동기준원가계산(ABC)이 출현한 배경과 그 장점을 서술해보시오.

13. 원가동인(cost driver)이 무엇이고, 이 개념이 활동기준원가계산(ABC)에서 어떻게 이용되는지 설명해보시오.

14. 활동기준원가계산(ABC)의 일반적인 절차에 대해 설명하시오.

15. 공헌이익(contribution margin)을 이용하여 순이익을 산출하는 등식을 보이시오.

16. 손익분기점(BEP)은 어떤 지점(point)인지 간략히 서술하고, 공헌이익과 고정원가를 이용할 수 있는 예를 들어 BEP를 구해 보시오.

17. 목표이익이 주어졌을 때, 공헌이익과 고정원가를 이용하여 목표판매량을 산출하는 등식을 보이고, 예를 들어 설명해보시오.

18. 책임중심점(responsibility center)이 무엇인지 설명하고 그 네 가지 종류를 말하시오.

19. 책임중심점의 성과를 평가할 수 있는 평가지표에 대해 설명하고, 이러한 평가지표가 지녀야 할 속성에 대해 말해보시오.

20. 투자이익률과 잔여이익의 차이에 대해 말하고, 특히 잔여이익의 장점에 대해 설명하시오.

21. 투자이익률을 의미 있는 두 개의 비율로 구성해보시오.

객관식

01. 원가대상(cost object)에 대해 바르게 진술하지 아니한 것은?

① 무엇에 대한 원가인지 명확히 하기 위해 원가를 계산하고자 하는 대상이다.
② 제조업체의 경우 휴대폰, 냉장고 등의 제품이다.
③ 원가대상은 매출용 제품과 서비스에 국한된다.
④ 은행의 경우 송금서비스가 될 수도 있다.

02. 제품이나 서비스와 같은 원가대상의 원가계산 정확도는 결국 무엇에 의해 결정되는가?

① 전체원가에서 직접 추적이 되는 원가의 비중
② 선택된 원가배부기준의 적절성
③ 선택된 원가배부기준의 제조간접원가 변화에 대한 설명력
④ 위 모든 것

03. 다음 중 원가시스템의 구성요소가 아닌 것은?

① 원가대상(cost object)
② 원가추적(cost tracing)
③ 원가집합(cost pool)
④ 원가배부기준(cost allocation base)

04. 직접원가가 훨씬 쉽고 정확하게 계산되는 이유에 대해 가장 바르게 말한 것은?

① 원가요소 사용에 대한 증빙서류가 있어서 원가가 용이하게 추적되기 때문이다.
② 합리적인 원가배부기준을 선택하기가 용이하기 때문이다.
③ 복수의 원가대상에 공통적으로 발생되기 때문이다.
④ 위 모든 이유 때문이다.

05. 다음 중 제조간접원가에 대해 바르게 말한 것은?

① 제조간접원가는 일반적으로 세부비용항목이 꽤 단순하다.
② 제조간접원가의 비용항목은 일반적으로 서로 상당히 동질적이다.
③ 공장의 수도광열비, 간접재료비뿐 아니라, 사장실의 비품감가상각비, 판매시설의 감가상각비 등을 망라한다.
④ 기계감가상각비, 공장감가상각비, 간접재료원가, 간접노무원가 등이 그 예이다.

06. 예정배부율(pre-determined rate)을 이용하는 이유는?

① 시간이 많이 걸리는 간접원가 발생액의 파악 전에 제품원가의 신속한 파악을 위해.
② 원가의 발생과 동시에 제품별로 즉시 집계하게 해주므로.
③ 원가의 절감에 직접 도움을 주므로.
④ 예정배부율의 사용은 원가계산의 정확성을 높여 주므로.

07. 최근 제조원가 구조의 변화에 대해 바르게 말한 것은?

① 자동화 진전의 결과 전문인력의 필요성 증대로 직접노무원가의 비중이 증가하였다.
② 기계의 자동화와 관련되는 수선유지비, 소프트웨어비용 등의 간접비의 비중이 증가하였다.
③ 자동화의 진전에 따라 조립라인에 직접 종사하는 인력에 소요되는 비용의 비중이 증가하였다.
④ 제조간접원가의 비중이 증가함으로써 제조간접원가의 배부가 제품원가에 미치는 영향이 작아지게 되었다.

08. 원가동인(cost driver)에 대해 바르게 말하지 않은 것은?

① 생산량에 따라 변화하지 않는 고정원가와 관련되는 것은 원가동인(cost driver)이 되지 않는다.
② 제품설계비용은 생산량과 특별한 관계가 없으나 제품 복잡성에 따른 설계시간의 증가로 인해 제품설계비용이 증가하므로 부품 종류의 수가 원가동인이 될 수 있다.
③ 원가동인(cost driver)은 ABC에서 핵심적인 역할을 한다.
④ 원가결정요인(cost determinant), 또는 원가유발요인(cost generator)이라고도 한다.

09. 손익분기점 산정 등 CVP 분석에서 관련범위(relevant range)란 무엇을 말하는가?

① 각종 의사결정과 관련이 되는, 즉 목적에 적합한 정보의 범위를 말한다.
② 총수익선과 총원가선이 판매량 등 조업도와 직선적 관계를 유지한다고 볼 수 있는 고정원가의 범위를 말한다.
③ 총수익선과 총원가선이 판매량 등 조업도와 직선적 관계를 유지한다고 볼 수 있는 조업도 범위를 말한다.
④ 총수익선과 총원가선이 판매량 등 조업도와 관련이 있는 총원가의 범위를 말한다.

10. 다음 중 투자중심점의 성과평가에서 기업 목적 달성을 위한 경영자 인센티브의 기준으로서 가장 합리적인 것은?

① 표준원가
② 잔여이익(residual income)
③ 투자이익률(ROI)
④ 투자회수기간
⑤ 매출액

문제 11～12 :

다음 자료를 보고 아래 두 문제에 답하시오.

소양(주)은 매년 10,000개 소요되는 부품을 개당 ₩5,000원에 외부조달받을 수도 있고, 다음과 같은 원가로 자체제작할 수도 있다. 1) 자체제작 원가 : 직접재료원가 = 개당 ₩2,000, 직접노무원가 = 개당 ₩1,000 2) 제조간접원가 : 변동원가 = 개당 ₩1,000 3) 고정원가 배분 : 개당 ₩3,000(감가상각비, 공장보험료 등 부품 생산과 무관하게 총액 ₩3천만)

11. 외부구입이냐 자체제작이냐를 결정할 때, 위 자료 외에 전혀 다른 요인들은 고려할 필요가 없다고 할 때, 소양(주)은 어떤 의사 결정을 해야 하는가?

① 개당 총원가가 자체제작의 경우 ₩7,000이므로 자체제작이 유리하다.
② 개당 총원가가 자체제작의 경우 ₩7,000이므로 외부구입이 유리하다.
③ 개당 관련 원가가 자체제작의 경우 ₩4,000이므로 자체제작이 유리하다.
④ 개당 관련 원가가 자체제작의 경우 ₩4,000이므로 외부구입이 유리하다.

12. 만약 고정원가 총액 ₩3,000만 중 2/3가 공장감독의 급여로서, 외부구입이 있게 되면 그 급여는 회피할 수 있다고 한다. 이 경우, 소양(주)은 어떤 의사 결정을 해야 하는가?

① 개당 관련 원가가 자체제작의 경우 ₩6,000이므로 외부구입이 유리하다.
② 개당 관련 원가가 자체제작의 경우 ₩6,000이므로 자체제작이 유리하다.
③ 개당 관련 원가가 자체제작의 경우 ₩5,000이므로 외부구입이 유리하다.
④ 개당 관련 원가가 자체제작의 경우 ₩5,000이므로 어떻든 마찬가지이다.

문제 13～14 :

다음 자료를 보고 아래 두 문제에 답하시오.

파로(주)는 다음과 같은 세 제품을 생산 판매할 수 있다. 그런데 각 제품의 생산에 필요한 특수 노동력은 단기적으로 월 10,000시간으로 한정되어 있고, 기계시간은 현재 수요를 충분히 소화하고도 남는 여력이 상당하다고 한다. 각 제품의 원가 및 수익구조, 그리고 생산요소의 필요시간은 다음과 같다.

항 목	제품 A	제품 B	제품 C
판매가격 단위당 변동비	5만원 2만원	4만원 3만원	4만원 2만원
단위당 공헌이익	3만원	1만원	2만원
공헌이익률	60%	25%	50%
제품 단위당 필요 특수노동시간	3시간	2시간	1시간
제품 단위당 필요 기계시간	2시간	1시간	2시간

13. 상황이 위와 같을 때 파로(주)가 이익을 극대화하기 위해서는 어느 제품의 생산 판매에 주력해야 하는가?

① 제품 A
② 제품 B
③ 제품 C
④ 어느 제품이든 상관 없다.

14. 만일 파로(주)가 특수 노동력은 단기적으로 충분히 여유가 있고, 기계시간이 월 20,000시간으로 한정되어 있다면 이익 극대화를 위해 파로(주)는 어느 제품의 생산 판매에 주력해야 하는가?

① 제품 A
② 제품 B
③ 제품 C
④ 어느 제품이든 상관없다.

기초문제

01. 제조기업의 경우 원가는 직접재료원가(DM), 직접노무원가(DL), 제조간접원가(MO)로 분류되어 사용되고 있다. 아래에는 여가용차량(RV) 제조기업인 화미(주)의 공장에서 발생되는 원가와 비용들의 목록이 제시되어 있다.

____	①	공장부지에 대한 재산세
____	②	제조과정에서 사용되는 금속
____	③	캐비넷 작업자의 임금
____	④	생산과정에서 사용되는 못과 접착제
____	⑤	공장 감독자의 급여
____	⑥	공장기계의 감가상각
____	⑦	공장 전기료
____	⑧	여가용차량(RV)에 대한 카펫 설치
____	⑨	공장건물에 대한 재산세
____	⑩	공장 기계장비에 대한 보험

【지시사항】

위의 각 원가 또는 비용이 속하는 카테고리(분류 원가)를 선택하여 주어진 빈칸에 그 카테고리의 약자를 쓰시오.

02. 보트를 만드는 홍동(주)은 20×6년 9월 중 단위당 ₩460에 모터 200개를 구입하였다. 홍동(주)은 같은 달에 모터 140개를 창고에서 생산현장으로 이전시켜 동일 기간에 제작되는 보트에 장착하였다. 그리고 생산과정에 투입된 보트 중, 20×6년 9월 중에 90%가 완성되어 회사 창고로 이전되었다. 9월 중 완성된 보트 중 100대가 판매되었다.

【지시사항】

20×6년 9월 30일, 원재료, 재공품, 제품, 매출원가의 네 계정 각각에 포함되는 모터의 원가를 계산하시오.

03. 동호(주)의 20×6년 3월 31일 말로 끝나는 달의 직접재료원가 자료는 다음과 같다.

원재료 재고, 20×6년 3월 1일	₩43,000
원재료 재고, 20×6년 3월 31일	41,000

3월 중 회사는 원재료를 ₩140,000어치는 조율(주)로부터 외상 매입하였고, ₩52,000어치는 이시(주)로부터 현금으로 매입하였다. 또한, ₩100,000이 조율(주) 계정에 지급되었다.

【지시사항】
3월 중 직접재료원가 사용액을 계산하시오.

04. 에펠(주)은 제조간접원가를 직접노무시간당 ₩9씩 배분한다. 작업 K67은, 상자당 원가가 ₩30인 직접재료원가 5상자가 필요하고, 완성하는 데 종업원 12시간이 소요된다. 종업원은 시간당 ₩15을 받고 있다. 작업 K67의 총원가는 얼마인가?

05. 다산(주)의 공장은 두 개의 제조부문 P1, P2로 구성되어 있다. 개개의 작업이 각 제조부문에서 수행되는 시간은 작업명세서에 따라 이루어진다. 7월 중 각 제조부문과 관련된 정보는 다음과 같다.

	P1	P2
부문별 제조간접원가	₩240,000	₩480,000
직접노무원가	400,000	600,000

다음의 작업 #505, #506은 7월에 착수하여 완성되었다. 각 작업에 발생한 7월의 직접노무원가는 다음과 같다.

	#505	#506	소 계
직접노무원가 – P1	₩250,000	₩150,000	₩400,000
직접노무원가 – P2	200,000	400,000	600,000

【지시사항】
1) 직접노무원가를 기준으로 공장 전체 제조간접원가 배부율을 구하시오.
2) 직접노무원가를 기준으로 부문별 제조간접원가 배부율을 구하시오.

3) 다산(주)은 부문별 제조간접원가 배부율을 이용하여 원가를 배부한다. 작업 #506에 배부되는 제조간접원가를 구하시오.

4) 다산(주)은 공장 전체 제조간접원가 배부율로 원가를 배부한다. 위의 물음 1)에서 구한 제조간접원가 배부율이 70%라고 가정하여 작업 #506에 배부되는 제조간접원가를 구하시오.

06. 다음 자료를 이용하여 아래 두 문제에 답하시오.

기중 :	재료원가	700	노무원가	400
	제조간접원가	500		
기초 :	재공품	300	제품	900
기말 :	재공품	400	제품	600

【지시사항】

1) 위 자료에서 당기제품제조원가를 구하면 얼마인가?

2) 위 자료에서 당기의 매출원가를 구하면 얼마인가?

07. 레이니에(주)는 웰빙생수를 만들어 소매상에게 한 병에 ₩500씩 판매하고 있다. 경영진은 시설의 100% 가동 시 수익과 원가가 다음과 같을 것으로 추정하고 있다.

순매출	₩2,100,000	판매비-변동	₩90,000
직접재료원가	500,000	판매비-고정	70,000
직접노무원가	300,000	관리비-변동	20,000
제조간접원가-변동	350,000	관리비-고정	50,000
제조간접원가-고정	275,000		

【지시사항】

1) CVP 접근법을 취한다면, 순이익은 얼마가 되는가?

2) 손익분기점(break-even point)을 단위 수와 금액으로 계산하시오.

08. 헤므렛(주)은 로미와 줄리 두 개 모델을 생산하고 있다. 3월 중 이 모델들과 관련된 정보는 다음과 같은 표에 요약되어 있다.

	로미	줄리
단위 수	3,000	7,000
매출수익	₩60,000	₩70,000
고정원가	12,000	25,000
변동원가	30,000	21,000
순이익	₩18,000	₩24,000
판매가격/단위	₩20	₩10
공헌이익/단위	₩10	₩7

만일 줄리 모델만이 생산되어도 로미의 고정원가는 회피되지 않는다(즉, 발생한다).

【지시사항】

1) 로미 모델의 단위당 공헌이익의 계산과정을 보이시오.

2) 만일 헤므렛(주)이 오직 줄리 모델만을 생산한다면, ₩33,000의 이익을 얻기 위해서는 몇 단위를 판매해야 하는가?

09. 카멜(주)은 자사의 소매점포에 잡지, 음악상품, 비디오의 3개 제품 라인을 가지고 있다. 그 제품 라인의 최근 분기 실적은 다음과 같다.

	잡지	음악상품	비디오	합 계
판매 단위 수	1,000	2,000	2,000	5,000
매출수익	₩22,000	₩40,000	₩23,000	₩85,000
변동원가	15,000	22,000	12,000	49,000
직접 고정원가(제품라인)	1,000	3,000	2,000	6,000
배분된 고정원가	7,000	7,000	7,000	21,000
당기순이익(순손실)	(₩1,000)	₩ 8,000	₩2,000	₩ 9,000

배분되고 있는 고정원가는 회피불가능(unavoidable)하다.

개별 제품라인의 수요는 다른 제품 라인의 변화에 영향을 전혀 받지 않는다고 가정한다.

【지시사항】

만일 카멜(주)이 '잡지' 제품라인을 중단한다면, 순이익은 어떻게 달라질 것인가?

10. 다음의 원가-조업도-이익(cost-volume-profit) 그래프를 보고 아래 질문에 답하시오.

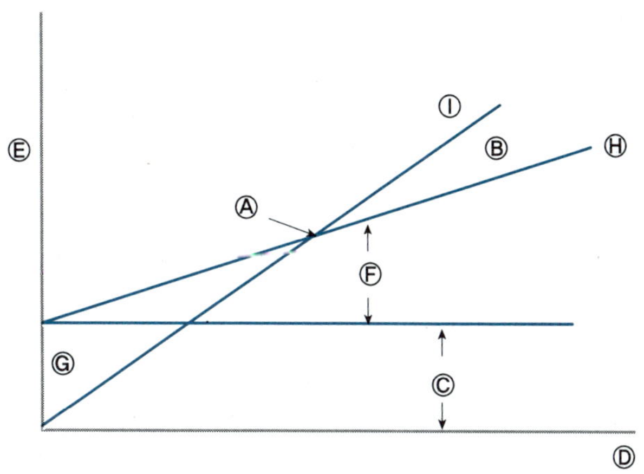

【지시사항】

다음 항목의 왼쪽 빈칸에 그 항목이 위 그래프에서 가장 잘 나타내는 알파벳을 찾아 기입하시오.

___ ① 이익	___ ② 총수익(매출액)	___ ③ 총원가
___ ④ 변동원가	___ ⑤ 활동기준	___ ⑥ 손익분기점(BEP : break-even point)
___ ⑦ 금액	___ ⑧ 고정원가	___ ⑨ 손실

11. 칼멜(주)은 현재 주력제품에 들어가는 조립부품을 제작하고 있다. 조립부품의 단위당 원가는 다음과 같다.

직접재료원가	₩100
직접노무원가	1,000
변동제조간접원가	500
고정제조간접원가	800
합 계	₩2,400

소록(주)는 최근 칼멜(주)에 접근하여 그 조립부품 5,000개를 개당 ₩1,800에 팔려는 제안을 해왔다. 만일 칼멜(주)이 조립부품을 제작하지 않는다면, 단위당 고정간접원가 중 ₩300을 다른 제품에 배분하게 된다. 칼멜(주)은 조립부품을 제작해야 하는가 아니면 구입해야 하는가?

12. 영업자산을 투자액으로 간주하는 "반기몬" 사업본부의 1년 기간 재무자료가 다음과 같다.

평균영업자산 :	₩5,000,000	기말영업자산 :	₩6,000,000
영업이익 :	₩1,200,000	당기순이익 :	₩900,000
매출액 :	₩15,000,000	매출원가 :	₩12,000,000
최소필수이익률 :	20%		

1) 투자이익률(ROI)을 구하시오.
2) 위 비율은 의미 있는 두 개의 비율로 구성해볼 수 있다.
그 두 개의 비율은 무엇인지 그 명칭을 밝히고 그 수치를 각각 계산해 보이시오.
3) 잔여이익(residual income)을 계산해 보이시오.

심층문제

01. 백서(주)는 20×6년 6월 30일 다음과 같은 자료를 보이고 있다.

재고자산	6월 30일	6월 1일
원재료 재고	₩12,000	₩13,000
재공품 재고	35,400	38,100
제품 재고	18,000	13,000
6월의 추가 정보 :		
(당기)총제조원가	₩660,000	
제조간접원가	102,000	
직접노무원가 발생액	188,000	
매출액	990,000	

【지시사항】

1) 6월달의 제품제조원가 명세서를 작성하시오.
2) 재고자산이 6월 30일 자 재무상태표에 어떻게 표시될지 보이시오.

02. 20×6년 12월 31일 모현(주)은 다음과 같은 정보를 보여준다.

1. 재고잔액	연 초	연 말
완성품	₩12,000	₩11,000
재공품	6,300	7,700
원재료	8,500	7,200
2. 20×6년 중 재공품 계정에 차기(차변기록)된 금액 :		
직접재료원가	₩140,400	
직접노무원가	76,000	
제조간접원가 배부액	84,000	
3. 20×6년 총매출액은 ₩570,000.		

【지시사항】

1) 20×6년의 제조원가 명세서를 작성하시오.

2) 매출총이익까지 보여주는 20×6년도 부분손익계산서를 작성하시오.

03. 세화(주)는 20×6년의 연간 제조간접원가가 ₩600,000이 될 것으로 추정했다. 그런데 20×6년 말의 실제 제조간접원가는 ₩605,000이었다. 20×6년의 활동기준은 다음과 같았다.

활동기준	추정	실제 발생
직접노무원가	₩1,200,000	₩1,218,000
직접노동시간	120,000	116,000
기계시간	60,000	58,000

【지시사항】

1) 각 활동기준에 대해 제조간접원가 예정배부율을 계산하시오.

2) 각 활동기준별로 제조간접원가를 배부하는 경우, 20×6년 동안 그 배부액을 계산하시오.

3) 제조간접원가를 배부하는 목적은 무엇인가?

04. 개별(주문별)원가 시스템을 사용하고 있는 바벨(주)의 제조원가자료가 다음과 같다.

	주문 A	주문 B
직접재료원가 사용액	(a)	₩206,000
직접노무원가	₩140,000	280,000
제조간접원가 배부액	126,000	(d)
당기총제조원가(TMC)	480,000	(e)
재공품, 1/1/×6	(b)	90,000
재공품총원가(= 기초재공품 + TMC)	600,000	(f)
재공품, 12/31/×6	(c)	80,000
제품제조원가	410,000	(g)

바벨(주)은 직접노무원가를 기준으로 제조간접원가를 배부한다. 그 배부율은 두 주문 모두 동일하다. 위 빈칸의 금액을 구하시오.

(힌트 : 재공품총원가 = 기초재공품 + 당기총제조원가(TMC))

05. 여순산업(주)의 최대 생산 능력은 연 210,000단위이고, 현재의 조업도는 정상조업도의 수준인 180,000단위이다. 이 회사의 판매가격과 원가에 관한 자료는 다음과 같다.

단위당 판매가격………₩20	고정제조간접원가……₩360,000/연 (단위당 배부액 2원)
단위당 변동제조원가 … 11	고정판매비…………… 252,000/연 (단위당 배부액 1.4원)
단위당 변동판매비……… 3	

【지시사항】

1) 여순(주)의 단위당 공헌이익은?
2) 여순(주)의 손익분기점(BEP)이 되는 판매량(단위 수)은 얼마인가?
3) 만약 여순(주)에 ₩90,000의 목표이익이 주어졌다면 이를 얻기 위한 판매량은?
4) 현재의 조업도 수준에서 공헌이익은 얼마인가?
5) 여순(주)는 '모스코 무역'으로부터 단위당 ₩15에 40,000단위를 구입하겠다는 특별주문을 받았다. 이 주문을 수락하면, 원가면에서 변동판매비가 단위당 ₩2 만큼 절약된다. 여순(주)이 이 주문을 수락함으로써 변화하게 될 순이익의 증가액 또는 감소액을 계산하면 얼마인가? 단, 이 주문의 수락으로 시장에 교란은 발생하지 않는다. [힌트: 조업도 수준에 유의]

6) 여순(주)은 공장을 자동화해야 할 것인지 분석하고 있다. 자동화가 이루어지면 고정제조원가의 부담이 지금보다 연 ₩120,000 증가하지만 변동제조원가가 단위당 ₩3이 절약되는 장점이 있다. 자동화가 이루어진다면, 새로운 손익분기점(BEP)이 되는 판매량(단위 수)은 얼마가 되겠는가? (위 5번 문제와는 독립적임)

06. 가나공업은 수년동안 농기계를 생산해 왔다. 최근 생산품의 감량으로 인하여 공장설비에 일부 유휴(遊休)현상이 나타남으로써, 가나산입은 농기계 생산용으로 그간 외부에서 구입해 왔던 '스타터'를 자가생산하는 방법을 검토하게 되었다. 그런데, 가나의 수석 엔지니어는 다음의 원가자료(총원가 : ₩920)를 제시하며, 스타터의 예상 자가생산비는 그간의 구입원가인 ₩840보다 비싸다는 논리로써 자가생산에 반대입장을 취하였다.

	총원가 (합계)	직접재료 및 직접노무 원가	변동제조 간접원가	노무감독	감가상각비	임차료
단위당 원가	₩920	₩580	₩60	₩150*	₩100*	₩30*
연간 총고정원가	-	-	-	₩600만	₩400만	₩120만

위에서 * 표시한 난위당 원가는 연간 총원가를 예상 생산량 40,000단위에 배부한 것이다.

- 노무감독원가 : 스타터 생산을 감독할 직원을 새로 한 사람 채용하는 비용이다.
- 감가상각비 : 기존의 기계의 사용에 따른 감가상각비의 배부액 : 가나는 스타터 생산에 필요한 어떠한 공구나 기계설비를 구입할 필요는 없다. 왜냐하면, 현재 유휴시설이 이를 충분히 감당해 낼 수 있기 때문이다.
- 임차료 : 현 공장 전체의 임차료 비용인 연간 ₩800만을 스타터 생산에 소요되는 공간에 면적을 기준으로 배부한 것이다.

【지시사항】

1) 가나공업에서 스타터 40,000단위를 자가(自家) 생산하는 것이 불리하다는 수석 엔지니어의 입장에 대해 어떻게 생각하는가? 위 원가자료에 근거하여 답하시오.
2) 스타터의 자가생산의 결정과 관련하여, 위의 원가 이외에 또 어떤 것들을 고려해야 할지 말해보시오.

제 13 장 세무회계의 기초

제 1 절 조세의 체계와 법인세 산정
제 2 절 법인세 세무조정
제 3 절 소득세 구조와 소득세 산정

이 장에서는 우리가 항상 접하고 있는 세금에 대해 다룬다. 국민은 태어나서부터 죽은 후에까지 세금을 낸다. 즉, 국민이 병원에서 태어날 때 병원비를 통해 세금을 낸 이후 평생 세금과 함께 살다가, 죽은 후에도 상속세, 공원묘지 유지비 등을 통해 세금을 낸다. 세금은 냈다고 해서 개별적인 보상이 따르는 것은 아니고, 국민의 의무로서 당연히 납부하는 것이다. 세금은 회계와 매우 밀접하여 세무회계라는 별도의 회계영역이 있을 정도이다. 세무회계를 제대로 다루려면 한 학기로 모자랄 정도로 방대한 양이지만, 여기서는 먼저 우리나라 조세의 구조에 대해 간단히 검토하고, 법인세와 소득세를 중심으로 가장 기초적인 내용만 다룬다.

제1절 조세의 체계와 법인세 산정

1. 조세의 체계(분류)

조세란 국가 또는 지방자치단체가 그의 경비충당을 위한 재정수입을 조달할 목적으로 법률에 규정된 과세요건을 충족한 모든 자에게 직접적인 반대급부 없이 부과하는 금전급부를 말한다. 조세는 그 성격에 따라 여러 가지 유형으로 분류할 수 있는데 일반적으로 다음과 같이 분류된다(〈표 13-1〉 참조).

1) 전체 조세는 납부를 의무화하는 자(과세권자)에 따라 국세와 지방세로 분류된다.
   - 국세(國稅) : 국가가 부과·징수하는 조세.
   - 지방세(地方稅) : 지방자치단체인 도나 시, 군이 부과 · 징수하는 조세.
2) 국세이든 지방세이든 조세의 사용용도의 지정 여부에 따라 보통세와 목적세로 분류된다.
   - 보통세 : 조세의 사용용도를 정하지 않고 일반적인 재정수요에 충당하는 조세. 대부분의 조세는 보통세에 해당.
   - 목적세 : 조세의 사용용도를 미리 정하여 그 특정목적(도시계획, 지역개발)의 재정수요에 충당하는 조세.
3) 국세는 수출입과의 관련성 여부에 따라 관세와 내국세로 분류된다.
   - 관세 : 수출입 시 부과되는 세금.
   - 내국세 : 관세 이외의 세금.
4) 보통세 중 내국세에 속하는 조세는 다시 직접세와 간접세로 분류된다.

- 직접세 : 납세의무자가 조세를 부담할 것으로 예상하고 있는 조세.
  즉, 납세의무자와 담세자(실질적인 조세 부담자)가 일치.
  주로 소득에 대하여 과세하는 조세(소득세, 법인세).
- 간접세 : 납세의무자에게 부과된 조세가 타인에게 이전될 것을 예정하고 있는 조세.
  즉, 납세의무자와 담세자가 불일치. 주로 거래를 대상으로 하는 조세.

참고로, 그 이외의 분류 유형에는 다음과 같은 것이 있다.

- 독립세와 부가세 : 독립된 세원을 가지는지 여부에 따라 분류.
  - 독립세 : 독립된 세원에 대해 부과하는 조세.
  - 부가세 : 독립된 세원이 없이 다른 조세(본세)에 부가되는 조세(예 : 교육세, 농어촌특별세).
- 종가세와 종량세 : 과세표준이 금액이냐 수량이냐에 따라 분류.
  - 종가세 : 과세표준을 금액으로 표시하고 세율을 일정비율(%)로 하여 과세하는 조세
  - 종량세 : 과세표준을 수량으로 표시하고 세율을 단위당 금액으로 하여 과세하는 조세
- 인세와 물세 : 납세의무자의 인적사항이 과세 시 고려되는지 여부에 따라 분류.

표 13-1 우리나라의 조세체계

조세	국세	내국세	보통세	직접세		소득세, 법인세, 상속세, 증여세, 종합부동산세
				간접세	소비세	일반소비세 : 부가가치세 개별소비세 : 주세 특별소비세
					유통세	인지세, 증권거래세
			목적세	교통세, 교육세, 농어촌특별세		
		관세				
	지방세	보통세		취득세, 등록세, 면허세, 주민세, 재산세, 자동차세, 주행세, 농업소득세, 도축세, 레저세, 담배소비세		
		목적세		도시계획세, 공동시설세, 사업소세, 지역개발세, 지방교육세		

– 인세 : 납세의무자의 인적사항을 고려하여 과세하는 조세.

– 물세 : 납세의무자의 인적사항과 관계없이 과세물건에 대하여 과세하는 조세.

소비세 : 사람이 재화 또는 용역을 구입 소비한다는 사실에 간접적으로 담세력(擔稅力)을 인정하여 과세하는 조세. 이에는 직접소비세와 간접소비세가 있다.

1) **직접소비세** : 소비행위 그 자체가 직접 과세대상임(예 : 과세장소에의 입장 및 유흥음식행위 등 이용행위를 과세대상으로 하는 특별소비세).

2) **간접소비세** : 제조업자 또는 소매인에 의하여 납부된 조세가 재화를 구입할 때마다 원가에 포함되어 소비자에게 전가되어 가는 세금(예 : 부가가치세, 과세물품을 과세대상으로 하는 특별소비세, 주세酒稅)[1] 여기에는 개별소비세와 일반소비세가 있다.

– **개별소비세** : 특정의 재화만을 과세대상으로 함(예 : 특별소비세, 주세)

– **일반소비세**(一般消費稅) : 원칙적으로 모든 재화를 과세대상으로 함(예 : 부가가치세)

그림 13-1 세금계산서의 양식

세 금 계 산 서	(공급받는자 보관용)	책 번 호	권	호
		일련번호		

공급자				공급받는자			
등록번호	– –			등록번호	– –		
상 호 (법인명)		성명	인	상 호 (법인명)		성명	인
사업장 주 소				사업장 주 소			
업 태		종목		업 태		종목	

작 성			공 급 가 액											세 액										비 고
년	월	일	공란수	백	십	억	천	백	십	만	천	백	십	일	십	억	천	백	십	만	천	백	십	일

월	일	품 목	규격	수량	단 가	공급가액	세 액	비고

합계금액	현 금	수 표	어 음	외상미수금	이 금액을 함

1. 이 경우 특별소비세는 특정의 과세물품을 판매장에서 판매하거나 제조장으로부터 반출하는 때와 수입신고를 한 때 부과된다.

세무용어 | 부가가치세와 세금계산서

생산자 갑사(주)는 생수를 만들어 판다. 생수 만드는 데 매입하는 게 전혀 없고 모두 무료로 취득한다(이해를 위한 단순화 목적임). 갑사(주)는 그 생수를 소매상인 을사(주)에 ₩200만에 공급한다. 이때 갑사(주)는 ₩200만의 부가가치를 창출했으므로, 납부할 부가가치세, 즉 부가가치의 10%인 ₩20만을 포함하여 ₩220만에 생수를 을사(주)에 팔게 된다. 다음, 을사(주)는 ₩220만에 생수를 가져다가 ₩300만에 소비자들에게 판다. 을사(주)의 경우에도 부가적인 비용이 없다고 가정하면, 사온 값 ₩200만(부가세 제외)의 생수를 ₩300만원에 팔았으니 ₩100만의 부가가치를 창출했고, 이에 대해 납부해야 할 10%의 부가가치세 ₩10만을 붙인다. 을사(주)는 부가가치세 ₩20만을 갑사(주)에게 주고 사왔으니 소비자에게 ₩30만의 부가가치세를 붙여 ₩330만에 공급하게 된다. 사업자인 을사(주)의 입장에서 **매출세액**(공급가액×10%)인 ₩30만에서 **매입세액**(매입가액×10%)인 ₩20만을 차감하여 ₩10만의 **부가가치세**를 계산한 후 이를 세무서에 납부한다.

결국 갑사(주)와 을사(주)는 이 과정에서 ₩300만의 부가가치를 창출했고, 이 가치의 10%인 부가가치세인 ₩30만을 납부해야 하는데, 갑사(주)는 ₩20만을, 을사(주)는 ₩10만을 납부한다. 최종소비자는 생수매입에 ₩330만을 지출하므로, 결국 전체과정에서 발생한 부가가치세 ₩30만은 모두 최종소비자가 부담하는 것이다.

사업자가 이렇게 재화나 용역을 매입하거나 매출할 때는 매출세액과 매입세액의 계산근거가 되는 서류나 증빙이 있어야 한다. 이러한 근거가 되는 것이 바로 **세금계산서**이다. 사업자는 재화나 용역을 공급할 때 반드시 '공급자 보관용'과 '공급받는 자 보관용'의 2매의 세금계산서를 발행해야 한다. '공급자 보관용'은 사업자(공급자)의 매출세액을 계산할 때 사용되는 근거증빙이며, '공급받는 자 보관용'은 상대방 사업자(매입자)의 매입세액을 계산할 때 필요한 증빙이다. 만약 사업자가 물건을 구입하면서 공급받는 자 보관용 세금계산서를 받지 못하면 그는 나중에 물건을 판매하면서 받게 되는 부가가치세(매출세액)에 대한 매입세액을 계산할 근거가 없어서 매입세액을 공제받을 수 없게 된다. 따라서 사업자는 물건의 매매 시 반드시 세금계산서를 주고받아야 정확한 세금을 납부할 수 있게 되므로 항상 주의를 요한다.

부가가치세(附加價值稅)의 일반적 특징

1) 일반소비세 : 부가가치세법상 면제된다는 특별한 규정이 없는 한, 모든 재화와 용역의 소비에 대하여 과세된다. 따라서 실제담세자는 최종소비자이다.
2) 간접세 : 부가가치세는 국가가 소비자로부터 직접 징수하는 것이 아니라 사업자가 재화 또는 용역을 공급할 때 징수하여 일정기간 내에 국가에 납부하는 세금이다.
3) 부가가치에 대해 과세 : 부가가치세란 전(全) 거래단계의 모든 사업자가 자기단계(自己段階)에서 창출한 부가가치에 대하여 부과·징수되는 세금이다.

2. 법인세의 의미

법인세(法人稅)란 국가가 법인에 납세의 의무를 부과하여 징수하는 세금으로서, 일반적으로 1년을 기준으로 하는 사업연도 동안 벌어들인 소득에 대하여 부과한다. 여기서 **법인**(法人)이란 무엇인가? 법에서 자연인으로 간주되는 실체(entity)를 말한다. 우리가 보통 사람(人)이라고 하는 자연인은 행동과 사리분별의 주체이자 어떤 일을 함에 있어서 권리와 의무의 주체가 된다. 이에 따라 세금은 사람을 기준으로 계산되고 또한 부과되는데, 법이 기업이나 조직을 자연인처럼 하나의 별도 주체로서 인정하여 그 소득에 대해 세금을 부과하는 그 대상이 곧 법인인 것이다.

그러면 법인의 소득이 무엇인가? 이 소득을 정의해야 세금을 계산할 수 있는데, 법인의 소득은 익금총액에서 손금총액을 차감한 잔액을 말한다. 여기서, **익금**(益金)은 기업의 순자산(총자산에서 총부채를 차감한 잔액)을 증가시키는 거래(기업의 유상증자 등 자본거래는 제외)에서 나타나는 금액을 말하며, 따라서 재무회계에서의 수익과 유사한 개념이다. 한편, **손금**(損金)은 기업의 순자산을 감소시키는 거래에서 나타나는 금액(자본의 일부를 주주 등 소유주에게 되돌려주는 자본거래, 즉 잉여금의 처분이나 감자 등은 제외)이며, 따라서 재무회계에서의 비용과 유사한 개념이다.

예를 들어, 매출이 10억원, 매출원가가 7억원, 판매비와 관리비 등이 1억원일 경우, 익금은 매출 10억원이며, 손금은 매출원가와 판매비와 관리비 등을 합한 8억원이 되는 것이다. 따라서 소득은 2억원이 될 것이다.

3. 법인세의 계산 절차

법인세는 각 사업연도 소득에 대해 부과하는데 각 사업연도 소득 및 법인세는 다음과 같은 절차에 따라 계산된다.

3.1 각 사업연도 소득금액의 계산 : 세무조정

각 사업연도 소득은 총익금에서 총손금을 차감하여 계산한다. 이는 재무회계의 손익계산서에서 총수익에서 총비용을 차감하여 당기순이익을 계산하는 과정과 비슷하다. 그러나 각 사업연도 소득은 세법에 따라, 당기순이익은 회계기준에 따라 산정되기 때문에 이 둘은 보통 일치하지 않는다. 그렇지만 일치하는 부분도 상당히 많기 때문에 각 사업연도 소득은 총익금에서 총손금을 차감하여 직접 산정할 수도 있지만 손익계산서상의 당기순이익을 조정하여 산정하는 것이 일반적이다. 즉, 당기순이익에 포함되지 않지만 세법에서 인정하는 익금과 손금을 당기순이익에 가산(익금산입, 손금산입)하고, 당기순이익에는 포함되지만 세법에서 허용하지 않는 익금과 손금을 각각 제외(익금불산입, 손금불산입)하여 각 사업연도 소득을 계산하는 것이다. 이렇게 당기순이익에서 출발하여 각 사업연도 소득을 계산하는 과정을 **세무조정**이라 한다. 요약하면 다음 〈그림 13-2〉와 같다. 구체적 내용은 후술한다.

그림 13-2 세무조정

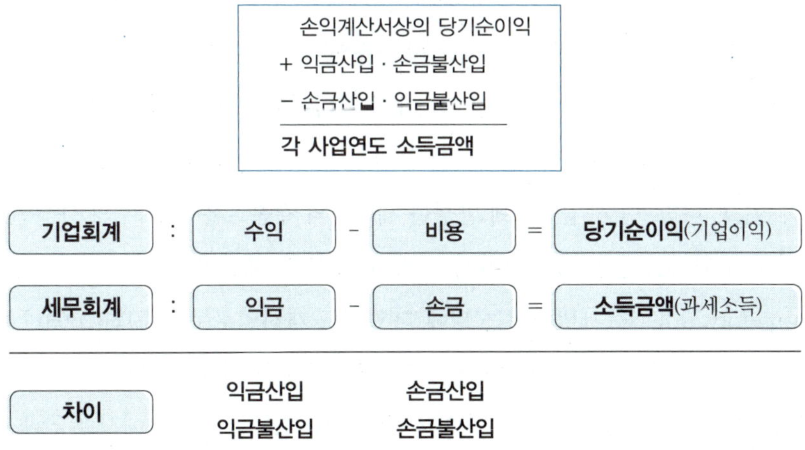

3.2 과세표준의 계산

법인세는 세율을 적용하여 결정되는데 이 세율이 적용되는 금액이 과세표준이다. 만일 법인에 이월결손금, 비과세소득, 소득공제 중 어느 항목도 없다면 각 사업연도 소득이 바로 과세표준이 되겠지만, 그렇지 않다면, 각 사업연도 소득에서 이 세 항목을 순차적으로 차감한 것이 과세표준이 된다(〈그림 13-3〉 참조). 이 세 항목의 의미는 다음과 같다.

그림 13-3 과세표준의 결정

각 사업연도 소득금액
− 이월결손금
− 비과세소득
− 소득공제
과 세 표 준

1) 이월결손금

이월결손금은 전기(前期)에 세법상 총익금보다 총손금이 많아서 결손이 발생한 금액이다.

세법은 기업에 과세소득이 없을 때는 세금을 부과하지 않는다. 그런데 형평성 기준에서 보면 과세소득이 있는 경우에는 세금을 납부하였으면 결손금이 발생한 경우에 세금을 환급받는 것이 합당할 것이다. 그런데 우리나라에서는 결손금이 발생해도 과거소득이 있었을 때 이미 납부한 세금은 되돌려 주지 않는 것이 원칙이다(즉, 소급(carry-backward) 하지 않음). 다만, 한 사업연도에 발생한 세법상의 결손금은 그 이후의 사업연도 소득에서 차감하여 과세표준을 감소시켜서 미래에 납부할 세금을 경감시켜주고 있을 뿐이다(carry-forward). 즉 세법에서는 당해 사업연도 개시일로부터 10년(2008년 12월 31일 이전에 개시한 사업연도에서 발생한 결손금은 소급하여 5년) 이내에 개시한 사업연도에서 발생한 세무상의 결손금으로서 그 이후의 사업연도의 소득금액 계산에서 손금에 산입되지 않았거나 과세표준 계산에서 공제되지 않았으면, 당해 사업연도의 과세표준에서 공제하도록 하고 있다.

그러나 중소기업에 대해서는, 자금난을 세제면에서 지원해주기 위하여 당해 사업연도(1997년 1월1일 이후부터 적용)에 발생하는 결손금은 직전년도 소득에서 소급공제하여 전년도에 이미 납부한 세금을 환급해준다.

2) 비과세소득

비과세소득은 조세정책상 세금을 부과하지 않기로 결정한 소득이다. 세법에 규정된 것으로는 특정 신탁재산에서 생긴 소득이 있는데, 여기서 **신탁**은 재산을 제3자에게 맡기고 제3자가 이를 소정의 목적에 맞게 대신 운영하는 것을 말한다. 비과세소득의 대상이 되는 특정 신탁은 학술, 종교, 제사, 자선, 기예, 기타 공익을 목적으로 하는 것이어야 한다.

3) 소득공제

소득공제는 조세정책상 소득금액 중에서 일정금액을 공세하여 법인세 부담을 덜어주고자 하는 것이다. 현행 소득공제에는 축산업 소득공제(축산업을 장려 목적), 기업구조조정 증권투자회사와 유동화 전문회사 등의 배당소득공제가 있다. 배당소득공제의 취지는, 이러한 회사들의 소득의 일부는 배당금으로 지급되어 그 배당을 받는 자에게 세금(소득세)이 부과되는데 그 배당지급회사들의 소득에 대하여 세금(법인세)을 부과한다면 이중과세가 되므로 이를 법인세 계산단계에서 제거하고자 하는 데 목적이 있다.

3.3 법인세 산출세액의 계산

법인세는 과세표준 금액에 다음 〈표 13-2〉에서 보는 바의 해당 세율을 곱하여 산출된다. 즉, **산출세액** = 과세표준 × 세율.

표 13-2 **법인세 세율표**

과 세 표 준	세 율
2억원 이하	과세표준(과표)금액의 10%
2억원 초과~200억원 이하	20% (2천만원 + 2억원 초과하는 과표금액의 20%)
200억원 초과	22% (39.8억원 + 200억원 초과하는 과표금액의 22%)

제2절 법인세 세무조정

이 절에서는 앞 제1절에서 간략히 다루었던 법인세 세무조정에 대해 세무조정 항목을 중심으로 더 상세히 검토한다. 법인세 계산에서는 세무조정이 핵심이기 때문이다.

1. 세무조정의 의의

앞서 언급했듯이, 만약 당기순이익과 소득금액(과세소득)이 같다면 세무조정이 불필요하다. 그러나 일반적으로 그 둘은 같지 않다. 당기순이익과 소득금액이 같지 않은 이유는 기업회계와 세법의 기본목적이 달라 그 산정규정이 다르기 때문이다. 즉, 기업회계는 기업에 관한 회계정보를 기업의 이해관계자에게 전달하여 이들의 경제적 의사결정을 돕자는 것이 목적인 데 비해, 세법은 정부에서 적정한 조세수입을 확보하고 조세정책을 통하여 경제·산업 정책을 추진하는 것이 기본목적이기 때문이다. 따라서 과세소득을 계산하기 위해 당기순이익에서 출발하여 여러 조정을 거치는 과정이 필요하게 되는데, 이것이 **세무조정**이다.

2. 세무조정의 항목

세무조정의 항목에는 익금산입, 익금불산입, 손금산입, 손금불산입의 네 가지가 있다. 각각의 내용은 다음과 같다.

1) 익금산입

기업회계는 수익으로 보지 않지만 세법은 익금으로 보는 항목이다. 따라서 이 항목에 대해서는 당기순이익에 가산하는 세무조정이 필요하게 된다.

2) 익금불산입

기업회계는 수익으로 보지만 세법은 익금으로 인정하지 않는 항목이다. 이 항목에 대해서는 당기순이익에서 차감하는 세무조정이 필요하게 된다. 기업회계기준에 따라서 적정하게 회계처리한 경우에는 보통 익금불산입 항목이 많지 않다. 대표적인 익금불산입 항목은 다음과 같다.

- **법인세의 환급금과 부가세의 환급액** : 이 항목은 세무서에서 세금의 계산을 잘못하여 기업으로부터 과다하게 세금을 징수했다가 이를 시정하여 도로 기업에게 되돌려 준 금액이다. 따라서 이 금액에 또 다시 세금을 책정한다하면 모순이 될 것이다.
- **국세 또는 지방세 과오납금(過誤納金)의 환급금 이자** : 국세나 지방세를 과다하게 징수하여 이를 되돌려 줄 때 주는 소정의 이자이다. 이 이자에 다시 세금을 책정한다 하면 이 역시 모순이 될 것이다.

3) 손금산입

기업회계는 비용으로 보지 않지만 세법은 손금으로 보는 항목이다. 이 항목에 대해서는 당기순이익에서 차감하는 세무조정이 필요하게 된다.

일반적으로 납세자는 법인세를 가능한 한 적게 납부하고자 한다. 이를 위해서 과세표준을 작게 계상할 목적으로 손금을 가능한 한 많이 계상하려 하므로 손금으로 인정된 것들은 대부분 이미 비용으로 처리한다. 따라서 손금산입 세무조정 대상은 매우 드물어 그 중요성이 크지 않다. 손금산입항목의 예를 들면 특례감가상각비가 있는데 회사에서 이를 비용으로 처리하지 않은 경우에는 세무조정 시 손금산입할 수 있다.

4) 손금불산입

기업회계에서는 비용으로 보지만 세법에서는 손금으로 인정하지 않는 항목이다. 따라서 이 항목에 대해서는 당기순이익에 가산하는 세무조정이 필요하게 된다.

통상 손금불산입이란 세무조정 시 조세회피의 방지, 과소비의 억제 등 조세정책적인 목적으로 기업회계상 인정되는 비용을 세무회계에서는 손금으로 인정하지 않은 항목이다. 그리고 기업은 가능한 한 손금을 많이 계상하여 세금을 줄이고자 하므로, 세법에서는 많은 손금불산입을 규정해 놓고 있는데 이를 다음과 같이 몇 가지로 나누어 살펴본다.

① 기업회계는 비용으로 인정하지만 세법은 손금으로서의 한도액을 설정한 항목

기업회계에서 비록 비용으로 인정되는 항목이라도 세법에서는 기업의 조세회피방지나 기업의 과소비를 제한할 목적으로 손금으로 계상할 수 있는 최대금액, 즉 한도액을 설정하고, 그 한도를 초과하면 손금으로 인정하지 않는 항목이 있다. 그러한 항목은 다음과 같다.

- 임원상여금 중 급여지급규정상의 한도초과액
- 임원퇴직금의 한도초과액
- 감가상각비 한도초과액
- 접대비 한도초과액
- 소비성 서비스업의 광고선전비 한도초과액
- 기부금 한도초과액

위 항목 중, 임원상여금이나 임원퇴직금의 경우, 정관이나 주주총회 또는 이사회의 결의에 의해서 결정된다. 만약 회사에 영향력이 큰 대표이사나 임원이 자신의 영리를 목적으로 상여금이나 퇴직금을 과도하게 책정한다면 이는 바람직한 업무결정이라고 보기 어렵고 또한 기업의 손익계산상 비용이 증가하여 당기순이익이 감소하고 소득금액도 줄어들게 된다. 따라서 세법에서는 임원상여금이나 임원퇴직금의 한도액을 정하고 이 금액을 초과하는 부분은 손금불산입으로 처리하게 하는 것이다.

② 손금으로 인정하기가 불분명한 항목

세법에서는 기업회계가 비록 비용으로 인정해도 그 성질이 불분명하여, 손금으로 인정되면 조세회피의 수단이 될 가능성이 높기 때문에 손금으로 인정하지 않는 항목으로 다음과 같은 것이 있다.

- 업무무관 경비
- 법령에 정하지 않은 공과금
- 채권자가 불분명한 사채이자

③ 공익을 목적으로 손금부인하는 항목

공익 목적상 어떤 항목들의 발생을 억제시키기 위해 손금 처리를 부인하여 과세소득을 증가시킴으로서 기업에게 더욱 불리한 영향을 주려는 조세정책 목적상 정한 것으로 다음과 같은 것이 있다.

- 벌금, 과료, 과태료, 가산금, 체납처분비, 징수불이행 세액과 가산세
- 토지초과이득세와 비업무용 토지에 대한 취득세 중과분

④ 재무구조의 개선을 위하여 손금부인하는 항목

재무구조가 좋지 않은 기업이 기업자금을 생산적인 부문에 사용하지 않고 투기목적으로 사용하는 경우를 예방하기 위하여 자금에 대한 이자비용만큼을 손금으로 인정하지 않는 항목으로서, 다음과 같은 것이 있다.

- **타법인 주식 등 관련이자** : 타법인 주식의 취득은 사실 자신의 영업활동과는 무관한 활동이다. 따라서 세법은 업종별 기준을 초과하는 차입금을 보유하고 있어 재무구조가 좋지 않은 기업이 타법인주식을 취득할 때 소요된 자금과 관련된 금융비용을 손금불산입하고 있다.
- **비업무용부동산 등 관련이자** : 비업무용부동산이란 당해 회사의 업무와 관련이 없거나 부동산 투기를 위한 부동산이므로 이에 관련된 자금의 금융비용은 손금불산입하여 법인세를 중과하고 있다.

회계카페

실무에서는 세무조정을 하기 위하여 『법인세 과세표준 및 세액조정계산서』를 사용하고 있다. 특히 이 중에서 익금산입 및 손금불산입과 손금산입 및 익금불산입은 가장 복잡하고 처리과정이 많아서 다음과 같은 소득금액조정합계표를 사용하고 있다.

소득금액조정합계표

사 업 연 도	소득금액조정합계표		법 인 명
사업자등록번호		법인등록번호	

익금산입 및 손금불산입				손금산입 및 익금불산입			
①과 목		②금 액	③ 처분	④과 목		⑤금 액	⑥ 처분
	01				51		
	02				52		
	03				53		
	04				54		
	05				55		

세무용어

- **예납** : 세금을 낼 금액을 미리 추산하여 추산금액의 일부를 미리 납부하는 것.
- **분납** : 납부할 세액이 많아 일시납부의 부담이 큰 경우 세금을 분할하여 납부하는 것.
- **가산세** : 세법이 규정하는 의무의 성실한 이행을 확보하기 위하여, 의무를 불이행할 경우에 세법에 의해서 산출된 세액에 가산하여 징수하는 금액. (예) 세금을 기한 내에 내지 않거나 필요한 서류를 제대로 구비하지 않았을 경우에 가산세가 붙는다.
- **이연법인세** : 기업회계의 회계처리의 규정과 세법의 차이로 인하여 당기순이익과 소득금액이 서로 다르다. 기업회계에서는 당기순이익에 법인세율을 곱하여 손익계산서의 법인세비용을 계산하는데, 세법에서는 당기순이익에 여러 세무조정을 한 후 소득금액과 산출세액을 계산한다. 당기순이익과 소득금액의 차이 중에서 수익이나 비용의 반영시기가 달라서, 법인세비용과 산출세액에 차이가 나는 금액을 이연법인세(deferred tax)라고 한다. 만약 세무신고 목적으로 기업회계보다 익금을 늦게 반영하거나 손금을 먼저 반영하여 산출세액이 법인세비용보다 적다면, 미래에 그 금액만큼 법인세를 많이 납부하게 되므로 이러한 이연법인세부채는 재무상태표상에 부채로 보고된다. 반면에, 세무신고 목적으로 익금을 먼저, 혹은 손금을 늦게 반영하여 발생하는 산출세액과 법인세비용의 차이는 이연법인세자산으로서, 재무상태표상에 자산으로 보고된다.

제3절 소득세 구조와 소득세 산정

이 절에서는 우리 일반인이 가장 가깝게 접하는 소득세의 구조와 그 계산과정에 대해 알아본다. 특히 종합소득에 해당되는 소득과 종합소득 과세표준에 대해 비교적 자세히 살펴본다.

1. 소득세

소득세는 개인이 벌어들인 소득에 대하여 납부하는 세금으로서, 모든 세금 중에서 가장 기본적인 세금이라고 할 수 있다. 개인은 남녀노소(男女老少)를 막론하고, 어디에서 무엇을 하든지 관계없이 나라에 소득세를 납부할 의무가 있다. 세금은 세리(稅吏)가 자주 등장하는 성서 이전 오래 전부터 존재하였고 앞으로도 존재할 것이다. 왜냐하면 많은 사람들의 복지와 기본적인 공동생활을 하는 데 필수적이기 때문이다.

2. 소득세의 구조

일반 개인이 벌어들이는 소득의 종류는 매우 다양한데, 소득세법에 의하면 소득은 크게 다음과 같은 종합소득과 분류과세소득으로 구성된다.

종합소득 : 여러 개의 소득을 한 데 합해서 소득세가 부과되는 소득. 이자소득, 배당소득, 부동산임대소득, 사업소득, 근로소득, 연금소득, 기타소득(이 각각의 소득에 대해서는 곧 상세히 설명한다)이 여기에 속함.

분류과세소득 : 종합소득에 포함되지 않고 따로 떼어서 각각 별도로 세금이 부과되는 소득. 퇴직소득, 양도소득(한 때 산림소득도 있었으나 2007년 초에 종합소득인 사업소득으로 통합되었음).

퇴직소득 : 근로자가 현실적으로 퇴직함에 따라 받는 소득.

양도소득 : 토지 및 건물 등 부동산에 관한 권리(지상권, 전세권 등), 특정 주식(대주주가 양도하는 것, 증권시장 이외에서 양도하는 것 등) 등의 양도로 인해 발생하는 소득(산출세액에서 차감하는 감면세액이 있음).

3. 소득세의 계산 과정

소득세의 계산방법이나 계산구조는 법인세보다 쉽다고 할 수 있다. 모든 근로소득자는 연말에 연말정산자료를 근무회사에 제출하면, 회사는 각 개인의 세금을 결정하는 **연말정산**을 한다. 근로자는 봉급을 받을 때마다 세금을 **원천징수**하여 떼어놓게 되는데 만약 그동안 원천징수한 세금이 정산한 세금보다 적으면 연말의 소득세 정산에서 세금을 더 내어야 하고, 원천징수로 납부한 세금이 더 많으면 이미 낸 세금을 돌려받게 된다.

소득세를 계산하는 과정은 다음과 같다(〈표 13-3〉 참조).

(1) 먼저 총수입금액에서 필요경비나 해당 소득공제를 차감하여 소득별 소득금액을 계산한다. 소득별 소득금액이 앞서 언급한 종합소득에 속하면 그 소득은 모두 합하여 종합소득으로 계산하고, 분류과세소득인 퇴직소득, 양도소득이면 각각 별개로 계산한다.

(2) 계산된 소득별 소득금액(즉, 종합소득 또는 분류과세소득)에서, 각 소득의 특성에 따라서 소정의 소득공제를 한 후 과세표준을 계산한다.

(3) 이 과세표준에 세율을 적용하여 산출세액을 계산한다.

표 13-3 **소득세의 계산구조**

	종합소득	분류과세소득	
		퇴직소득	양도소득
A. 소득금액	각 소득별 소득금액*의 합계 *각 소득별 소득금액 = 총수입금액 (비과세소득 제외) - 필요경비 또는 해당 소득공제	퇴직소득금액 (당해 연도의 퇴직급여액 합계)	양도소득금액 = 양도차익** - 장기보유특별공제 **양도차익 = 양도금액 - 취득금액 - 필요경비
B. 소득공제	종합소득공제	퇴직소득공제	양도소득기본공제
C. 과세표준 =A - B	과세표준	과세표준	과세표준
D. 세율	세율(종합소득세율)	세율(종합소득세율과 동일)	세율(별도의 양도소득세율)
E. 산출세액 =C×D	산출세액	산출세액	산출세액***

*** 각 산출세액과 관련하여 감면세액이나 세액공제가 있으면 이를 산출세액에서 차감한 세액을 다음 해 5월 31일까지 신고하고 납부한다. 양도소득세의 경우에는 그날 이전에 예정신고와 함께 자진납부해야 하는데, 예정신고 납부세액공제[양도일이 속하는 달의 말일부터(토지, 건물, 전세권 등의 양도 시) 또는 분기의 말일부터(비상장주식 양도, 대주주의 상장주식 양도 등의 경우) 2개월 내 신고, 납부 시 산출세액에서 5% 공제]가 있었으나 2011년부터 폐지되었고, 그 대신 예정신고납부 미이행 시 신고불성실가산세(과소신고 10%, 무신고 20%) 및 납부불성실가산세(1일당 3/10,000)가 도입되어 적용된다.

4. 종합소득의 구성 및 구성소득별 소득금액 산정

종합소득은 우리의 일상생활과 가장 밀접한 관계가 있는 것으로 (1) 이자소득, (2) 배당소득, (3) 부동산임대소득, (4) 사업소득, (5) 근로소득, (6) 연금소득, (7) 기타소득의 7가지로 구성된다.

1) 이자소득

이자소득은 저축성 예금(정기예금, 정기적금 등)이든 보통예금이든 모든 예금의 이자, 채권과 증권의 이자, 채권 또는 증권의 환매조건부매매차액, 저축성 보험의 보험차익 등을 말한다. 여러분이 은행에 갖고 있는 예금에 대해 이자가 붙게 될 경우, 은행은 총이자금액에서 여러분이 내야 할 세금을 떼어놓고, 즉 원천징수하고, 나머지만 여러분에게 지급한다. 그 세금은 은행이 여러분 대신 세무당국에 납부하게 된다. 여기서 **원천징수**(withholding)란 소득을 지급하는 자(회사, 은행과 같은 사업주 등 원천징수 의무자)가 소득을 지급하는 시점에서 그 소득을 받는 자(종업원, 이자소득자)의 조세를 원천적으로 징수하여 정부에 납부하는 제도를 말한다. 이 제도는 국가가 조세채권을 초기에 확보하고 납세자에게 납세의 편의를 도모하기 위해 마련한 것이다. 원천징수의 또 다른 예로, 여러분이 직장에 다니게 되어 급여를 받게 되는 경우를 들 수 있다. 이때 여러분은 급여라는 소득에 부과되는 세금을 차감한 잔액만 받게 된다. 이 세금을 **원천징수세액**이라고 하며, 사업주(사장)가 여러분 대신 세금을 세무서에 납부하게 된다.

이와 같은 **원천징수 대상 소득**(소득세법 제127조~128조)에는 이자, 배당, 사업소득(대통령령에서 규정한 것)에 대한 수입금액, 근로소득금액, 연금소득금액, 기타소득금액, 퇴직소득금액, 봉사료수입금액(대통령령에서 규정한 것) 등이 있다.

그런데 이자소득이나 다음에 설명하는 배당소득은 종합소득이지만, 정책적인 목적으로 두 가지 소득의 합계액이 4천만원까지는 분리과세하고, 4천만원을 초과하면 그 초과금액(**종합과세 대상 금융소득**)에 대해서 종합소득에 산입하여 종합과세한다. 따라서 두 소득의 합계액이 4천만원에 달할 때까지는 원천징수세율인 14%의 세율(주민세 10% 별도)로 과세한다.

여기서 종합과세나 분리과세는 앞에서 설명한 종합소득과 분류과세소득과는 그 의미가 다르다. 즉, **종합과세**는 여러 종류의 소득을 모아서 이에 누진세율을 적용시켜 소득세를 계산하는 것을 말하고, **분리과세**는 특정 항목의 소득에 대해서는 다른 소득과 합하여 과세하지 않고 특정 항목소득에 일정한 세율로 세금을 계산하여 원천징수하는 것을 말한다.

2) 배당소득

배당금(투자한 주식에 대해 이익배당으로 받은 것)으로 받은 소득이다.

> **배당소득세의 이중과세 문제**
>
> 배당소득금액의 계산 시, 배당소득은 개인기업으로부터 받느냐 법인기업으로부터 받느냐에 따라 세금계산이 달라진다. 개인기업으로부터 받는 배당소득의 경우에는 전액을 개인의 소득으로 보아서 세금을 계산한다. 그런데 법인으로부터 받는 배당소득의 경우에는 전액을 개인소득으로 보아서 과세하면 이중(二重)으로 과세하는 결과가 된다. 왜냐하면 법인의 소득에 대해서는 법인세가 부과되므로 개인이 받는 배당소득에 대하여 또 다시 소득세가 부과되면 동일한 소득에 대하여 법인세와 소득세가 중복 과세되기 때문이다. 이러한 문제점을 해결하기 위하여 세법에서는 복잡한 단계를 거쳐서 이중과세를 방지하고 있다.

3) 부동산임대소득

부동산임대소득은 부동산을 임대(부동산이나 부동산에 관한 권리의 대여, 공장재단과 광업재단의 대여, 채굴에 관한 권리의 대여 등)하고 그 대가로 당해연도에 받았거나 받을 금액의 합계를 말한다. 이 소득이 총수입금액이 되고 여기서 필요경비(임대한 부동산의 수리·유지비용 등 부동산임대와 직접 관련되어 발생한 비용)를 차감하여 **부동산임대소득금액**을 계산한다.

그런데, 만약 부동산(주택 제외)을 임대하고 임대보증금 또는 전세금 등을 받은 경우에는 간주임대료를 계산하여 총수입금액에 가산한다. 임대보증금이나 전세금은 임대기간이나 전세기간이 지나면 되돌려 주어야 하기 때문에 그 전부를 소득으로 볼 수는 없을 것이다. 다만, 임대인(상가건물 등의 소유주)은 그 돈을 따로 운용하거나 은행에 예금하여 이자를 받을 수 있을 뿐이므로, 세법에서는 임대보증금이나 전세금을 받으면 그 금액에서 발생하는 이자 상당액을 소득으로 간주하는데 이것이 간주임대료이다. 그 계산은 원칙적으로(즉, 장부기장 시) 다음과 같다.

(전세금, 임대보증금 − 건설비 상당액) × 1년 만기 정기예금 이자율 × 당해 사업연도 보유기간 ÷ 365일 − 보증금 운용에 따른 이자 등 금융수익

이 산식에서 금융수익을 차감해주는 이유는, 임대료 간주액을 운용하여 얻은 금융수익(수입이자와 할인료, 배당금 등)은 소득세법상 별도로 이자, 배당소득으로 과세되기 때문이다.

단, 추계 시(즉, 장부미기장 시)에는 위 식에서 건설비 상당액과 금융수익은 차감하지 아니하여 다음과 같이 계산된다 : 전세금, 임대보증금 × 1년 만기 정기예금 이자율 × 당해 사업연도 보유기간 ÷ 365일

- **공장재단(財團), 광업재단** : 일정한 공장에 들어 있는 각종 물건을 집합체로서 재단(어떤 자의 소유 재산을 채권자나 제3자의 권리보호를 위하여, 그 자의 다른 재산과 법률상 구별하여 취급하는 재산)을 만들어 담보를 설정할 수 있도록 하는 것인데, 이는 다시 대여할 수 있다.
- **임대보증금과 임대료** : 부동산을 임대하는 경우에는 처음에 임대보증금을 목돈으로 받게 되고 정기적으로 임대료를 받게 된다. 임대보증금은 부동산의 임대기간이 끝나면 돌려주어야 한다.
- **전세와 전세금** : 전세란 부동산(토지나 가옥)에 대한 사용권리를 일정기간 주는 것이고, 전세금이란 이러한 권리에 대한 대가인데 전세 계약기간이 끝나면 되돌려 주어야 한다. 일반적으로 가옥의 전세기간은 2년이다.

4) 사업소득

일상생활에서 우리는 여러 가지 사업을 보고 듣고 있지만, 소득세법은 다음과 같은 16가지의 사업소득만을 규정하고 있다. 이 16가지의 사업에서 발생하는 사업소득은 거의 모든 영리활동을 포괄하는 것으로서 여러분이 생각할 수 있는 모든 사업이 포함된다. 단, 연구 및 개발업, 교육법에 의한 학교, 그리고 사회복지사업만은 조세정책적인 목적으로 비과세소득으로 사업소득에서 제외하고 있다.

① 농업, 수렵업 및 임업 ② 어업 ③ 광업 ④ 제조업
⑤ 전기, 가스 및 수도사업 ⑥ 건설업 ⑦ 도·소매 및 소비자용품 수리업
⑧ 숙박 및 음식점업 ⑨ 운수·창고 및 통신업 ⑩ 금융 및 보험업
⑪ 부동산업, 임대업 및 사업서비스업 ⑫ 부동산매매업 ⑬ 교육서비스업
⑭ 보건 및 사회복지사업 ⑮ 사회 및 개인서비스업 ⑯ 가사서비스업

위와 같은 사업소득 총수입금액(비과세소득제외)에서 필요경비를 차감한 것이 **사업소득금액**이다. 사업소득 총수입금액은 당해 사업연도에 수입하였거나 수입할 금액의 합계액(법인소득금액의 계산에서 익금과 개념상 동일)을 말하고, 필요경비는 사업소득과 직접 관련된 모든 비용지출액(법인소득금액의 계산에서 손금과 개념상 동일)을 말한다.

소득세법의 사업소득		법인세법의 법인소득
사업소득금액	↔	각 사업연도 소득금액
사업소득 총수입금액	↔	익 금
필요경비	↔	손 금

5) 근로소득

근로자가 근로를 제공하고 그 대가로 받은 총급여액(급료, 봉급, 상여금, 수당 등 명목여하에 불구하고 모든 근로소득을 포함. 단, 비과세소득은 제외)을 근로소득이라 하는데, 여기서 근로소득공제를 차감하여 **근로소득금액**을 산출한다.

근로소득공제는 총급여액에서 차감하는 일정금액인데, 법리상 근로소득을 얻기 위한 필요경비의 개산(概算)이며 현실적으로 면세점을 설정하는 역할을 한다. 근로소득공제액은 다음 표에서 보듯이 근로소득이 커질수록 절대액은 크지만 그 비율은 작아지도록 되어 있다.

표 13-4 근로소득공제액

연간급여액	공 제 금 액
₩500만 이하	총 급여×70%
₩500만 ~ ₩1,500만 이하	₩350만 + ₩500만 초과액×40% (또는 150만원 + 총급여액×40%)
₩1,500만 ~ ₩4,500만 이하	₩750만 + ₩1,500만 초과액×15% (또는 525만원 + 총급여액×15%)
₩4,500만 ~ ₩1억 이하	₩1,200만 + ₩4,500만 초과액×5% (또는 975만원 + 총급여액×5%)
₩1억 초과	₩1,475만 + ₩1억 초과액×2% (또는 1,275만원 + 총급여액×2%)

6) 연금소득

우리 사회가 노령화 사회로 바뀌어 감에 따라 앞으로 연금(pension)을 받을 인구가 증가하고 개인의 소득 중에서 연금소득이 차지하는 비중이 커질 것이므로, 연금소득에 대해서 과세를 하여 세수도 늘리고 소득 종류 간에 과세 형평성도 높이기 위해, 2000년 말

소득세법 개정 시 과세대상으로 추가된 것이다. 연금을 지급하는 자에게 원천징수 의무가 있다.

근로소득의 경우처럼, 연금소득의 경우에도 연금소득공제가 있다. 연금소득공제 역시 총연금액에서 차감하는 일정금액으로서, 다음 표에서 보듯이 연금소득이 많아질수록 공제율이 줄어드는 방식으로 계산하는데 연 900만원이 한도이다. 그리고 총연금액이 연 600만원 이하인 소득은 분리과세가 가능하다. 연금소득(당해연도에 받은 총연금액)에서 연금소득공제액을 차감한 것이 연금소득금액이다. 연금소득에 대해서는 5% 등의 세율로 원천징수된다.

표 13-5 연금소득공제액

총연금액	연금소득공제
₩350만 이하	총연금액
₩350만 ~ ₩700만 이하	₩350만 + ₩350만 초과액×40%
₩700만 ~ ₩1,400만 이하	₩490만 + ₩700만 초과액×20%
₩1,400만 초과	₩630만 + ₩1,400만 초과액×10%

연금은 다음과 같이 공적(公的)연금과 사적(私的)연금으로 구분된다.

- **공직연금** : 국가가 시행하는 사회보장제도로서 가입대상자가 의무적으로 가입해야 하는 연금. 국민연금, 공무원연금, 군인연금, 사립학교 교직원 연금 등.
- **사적연금** : 은행이나 보험회사가 취급하는 금융상품으로 개인의 의사에 따라서 임의로 가입하는 연금. 퇴직연금, 개인연금 등.

7) 기타소득

기타소득은 법에서 정한 소득의 구분에 들어가지 않은, 즉 지금까지 언급한 6개의 종합소득과 2개 분류과세소득 이외의 소득으로서, 고용관계 없이 독립적으로 일시적·우발적으로 용역을 제공하고 받는 수당 등이다. 소득세법(제21조)은 다음과 같이 기타소득을 열거하고 있다(열거주의 과세방식). 말 그대로 기타의 모든 소득은 아닌 것이다. 기타소득금액은 총수입금액에서 필요경비(실제 액수가 확인되지 않는 경우, 수입금액의 60%(경우에 따라 80%, 90% 가능))를 차감한 금액인데, 연 300만원 이하인 소득금액은 분리과세가 가능하다. 기타소득금액에 대해서는 20%의 세율(주민세 10% 별도)로 원천징수가 이루어진다.

1. 상금, 현상금, 포상금, 보로금 또는 이에 준하는 금품.
2. 복권, 경품권, 기타 추첨권에 의하여 받은 당첨 금품.
3. 사행행위 등 규제 및 처벌 특별법에 규정하는 행위에 참가하여 얻은 재산상의 이익.

(중 략)

15. 문예, 학술, 미술, 음악 또는 사진에 속하는 창작품(번역 포함)에 대한 원작자로서 받은 소득으로서 원고료, 저작권 사용료인 인세 등.

5. 종합소득공제와 그 밖의 공제

앞에서 언급한 7종류의 **소득금액**을 모두 합한 것이 종합소득인데, 이 종합소득을 대상으로 세금을 계산한다. 그런데 과세의 형평을 기하고 많은 저소득자들의 세금부담을 경감시켜주기 위해, 종합소득은 납세의무자의 개인적인 사정을 고려하여 종합소득금액에서 일정금액을 공제하고 과세를 하고 있다. 여기에 종합소득공제와 그 밖의 공제가 있다.

5.1 종합소득공제

종합소득공제에는 다음과 같은 인적공제와 특별공제가 있다. 이 공제 역시 면세점을 설정하는 역할을 한다.

1) 인적공제

인적공제는 납세의무자의 최저생계비에 해당하는 소득을 과세에서 제외하기 위하여 과세소득에서 공제하는 금액이다. 여기에는 기본공제와 추가공제가 있다.

① 기본공제

소득자 본인과 배우자(소득금액 100만원 이하), 그리고 부양가족(생계를 같이 하는 직계존속(60세 이상), 직계비속(20세 이하), 형제자매(20세 이하, 60세 이상))에 대하여 1인당 150만원을 공제한다. 즉,

기본공제액 = 공제인원 수 × 150만원

예를 들어, 소득자가 소득금액과 나이 요건을 갖춘 배우자와 부모, 그리고 자녀가 2명이 있으면 공제인원 수가 6명이 되어 900만원의 기본공제를 받는다.

② 추가공제

기본공제대상자 중에서 장애자가 있으면 200만원, 70세 이상인 노인(경로우대자)이 있는 경우 1인당 100만원, 소득자 본인이 여성으로서 배우자 없이(미혼, 이혼, 사별) 부양가족이 있는 세대주이거나 배우자 있는(배우자 소득유무에 불구) 경우로서 소득금액이 3천만원 미만인 경우 부녀자공제로 50만원을 추가로 공제한다.

2) 연금보험료공제

종합소득이 있는 거주자가 공적연금(국민연금, 공무원연금, 사학연금 등) 보험료(기여금 또는 개인부담금)를 납입한 경우에는 당해연도에 납입한 그 금액 전액을 당해연도의 종합소득금액에서 공제한다.

3) 특별소득공제

근로소득자가 아닌 경우에는 일률적으로 연간 일정금액(예 : 7만원)의 표준세액공제와 기부금특별공제를 받을 수 있다. 그런데 근로소득자의 경우에는 다음 두 가지 항목 모두에 대한 특별소득공제(및 특별세액공제)를 받거나 아니면 그 대신 표준세액공제 13만원을 받을 수 있다.

- **보험료 공제** : 국민건강보험법, 고용보험법 또는 노인장기요양보험법에 따라 근로자가 부담하여 지급한 보험료를 해당 과세기간의 근로소득금액에서 공제.
- **주택자금 공제** : 배우자나 부양가족이 있는 세대주가 주택마련저축을 불입하거나 주택자금을 상환한 경우 저축 불입액과 주택자금 상환액의 40%를 공제. 또는 세대주로서 주택을 취득하고 취득자금을 차입(장기주택저당차입금)한 경우 이자상환액을 공제. 연간 1,000만원이 한도이다.

5.2 그 밖의 소득공제

그 밖의 공제의 종류에는 연금저축공제, 투자조합출자공제, 신용카드 등 사용금액에 대한 소득공제, 연금보험료공제, 주택마련저축공제, 우리사주 출연금 소득공제, 장기주식형 저축 소득공제가 있다.

1) 개인연금저축 및 연금저축공제

2000년 12월 31일까지 개인연금저축에 가입한 자는 연간 불입금액의 40%(연 72만원 한도)를, 2001년 1월 1일 이후 연금저축에 가입한 자는 연간 300만원 한도 내 불입금액을 소득공제한다.

2) 투자조합출자공제

중소기업창업투자조합 등 또는 벤처기업에 출자 또는 투자를 한 거주자는 출자 또는 투자금액의 100분의 15(2007년 1월 1일 이후는 100분의 10)에 해당한 금액과 연간근로소득금액(총급여-근로소득 공제)의 100분 50 상당액 중 적은 금액을 소득공제한다.

3) 신용카드 등 사용금액에 대한 소득공제

본인 및 연간소득이 1백만원 이하인 배우자, 동거하는 직계존비속(배우자의 존속 포함)이 신용카드, 직불카드로 사용한 금액, 현금영수증 사용액, 그리고 전통시장 사용액과 대중교통비는 소득공제한다. 그 소득공제액은 다음과 같이 계산하되, 총급여액의 20%와 300만원 중 작은 금액을 한도로 한다(단, 이 한도액과 별도로, 전통시장 사용액, 대중교통비가 있는 경우에는 각각 100만원 한도 내에서 추가 공제된다).

소득공제액 = [공제대상금액 − 사업관련비용 − (총급여액 × 25%)] × 15%(신용카드 경우)
(+ 현금영수증, 직불 · 선불카드 경우 30%, 전통시장 · 대중교통 이용 경우 40%)

4) 기타

- 주택마련저축 : 주택마련저축에 실제 납입한 금액(연 120만원 한도)의 40%까지 공제.
- 우리사주 출연금 : 우리사주조합 출연금 중 연 400만원을 한도로 소득공제.
- 장기집합투자증권저축 : 장기집합투자증권저축 납입액(연 600만원 한도)의 40%까

지 공제.

6. 소득세의 산출

6.1 종합소득 과세표준 및 산출세액

종합소득에서 종합소득공제와 그 밖의 공제를 차감한 금액이 **종합소득 과세표준**이다. 이 과세표준에 다음 표에서 보는 바의 해당 종합소득세율(누진율)을 적용하여 **산출세액**을 구한다.

표 13-6 종합소득세 세율표

과 세 표 준	세 율
₩1,200만 이하	6% (누진공제 없음)
₩1,200만 초과 ~ ₩4,600만 이하	₩72만 + ₩1,200만 초과액×15% (즉, 누진공제 ₩108만)[2]
₩4,600만 초과 ~ ₩8,800만 이하	₩582만 + ₩4,600만 초과액×24% (즉, 누진공제 ₩522만)
₩8,800만 초과 ~ ₩1.5억 이하	₩1,590만 + ₩8,800만 초과액×35% (즉, 누진공제 ₩1,490만)
₩1.5억 초과 ~ ₩3억 이하	₩3,760만 + ₩1.5억 초과액×38% (즉, 누진공제 ₩1,940만)
₩3억 초과 ~ ₩5억 이하	₩9,460만 + ₩3억 초과액×40% (즉, 누진공제 ₩2,540만)
₩5억 초과	₩17,460만 + ₩5억 초과액×42% (즉, 누진공제 ₩3,540만)

6.2 세액공제 및 소득세 결정세액

위 산출세액에서 세액감면 사항(소득세법, 조세특례제한법 상)이나 다음과 같은 **세액공제** 사항이 있으면 그 금액을 차감하여 **소득세 결정세액**을 계산한다. 이 금액이 최종 소득세인데 여기에 주민세 10%가 추가된다.

---

2. '누진공제' 란 말은 누진적인 세율체계에서, 과세표준에 해당 구간의 세율을 단순히(마치 누진율체계가 아닌 듯) 곱한 세액에서, 더 낮은 세율구간의 금액에 해당하는 세금만큼 줄여주어야 하는 금액이다. 예를 들어보자. 이 표에서 과세표준이 ₩4,600만인 경우 해당 누진세율 15%를 단순히 곱하면 세액이 ₩690만이다. 그런데 그 ₩4,600만의 첫 구성부분인 ₩1,200만에 대해서는 15%가 아니라 6%의 세율이 적용되므로 ₩1,200만의 9%(두 세율 차이)를 곱하여 감액시켜야 한다. 이 감액부분이 누진공제이다. ₩1,200만~₩4,600만 구간의 과세표준에 대해서는 무조건 15%를 곱한 후, ₩108만의 누진공제를 차감하면 산출세액이 계산된다. 다른 누진공제 금액도 이와 같은 논리가 적용되어 계산된 것이다.

1) 근로소득 세액공제

산출세액이 130만원 이하이면 산출세액 55%를, 산출세액이 130만원 초과하면 715,000원 + (130만원 초과금액 × 30%)를 세액공제하는데, 50만원을 초과할 수 없다.

2) 주택자금 차입금이자 세액공제

1995년 10월 31일 현재 미분양주택(주택건설업자로부터 최초로 분양받은 것)임을 확인한 주택을 1995년 11월 1일부터 1997년 12월 31일까지의 기간 중에 취득하고 취득자금을 차입한 경우에 해당 차입금에 대한 이자상환액의 30%를 세액공제한다.

3) 특별 세액공제

- **보장성 보험료 공제** : 생명보험, 손해(자동차, 상해)보험 등의 보장성보험료(100만원 한도)의 12%를 세액공제.
- **의료비 공제** : 세대주는 가족을 위하여 부담한 의료비 중에서 급여액의 3%를 초과하는 의료비 지출액의 15%를 세액공제. 단, 본인, 경로우대자(65세 이상), 장애인 외에는 연간 700만원이 공제대상지출액 한도.
- **교육비 공제** :
  - 근로자 본인 및 그 부양가족들의 교육비지출액의 15%를 세액공제
  - 장애인 특수교육비(근로소득자(일용근로자 제외)가 기본공제제대상자인 장애인의 재활을 위하여 사회복지시설과 장애인 재활교육 실시 비영리법인(보건복지부 장관이 인정하는 기관)에 지급하는 특수 교육비) 전액(한도 없음)의 15%를 세액공제.
- **기부금 공제** : 당해 연도에 지출한 정치자금기부금, 법정기부금과 지정기부금을 공제. 지정기부금은 종합소득금액을 기준으로 공제액의 한도가 있음.
  - 정치자금기부금 : 거주자가 정당(후원회, 선관위)에 기부한 정치자금은 10만원까지는 100/110을 곱한 금액을 세액공제(10만원을 초과하는 금액은 15%, 3천만원 초과분은 30%로 소득공제). 이렇게 계산된 세액공제액에는 주민세 10%가 더불어 공제되므로 결국 110/110(= 전액)이 공제된다. 즉 10만원까지는 기부액 전액을 되돌려 받는 셈이 된다.
  - 법정기부금(대학 등에 장학금, 시설비, 연구비로 기부, 국방헌금 등) : 기부금액의 15%를 세액공제.
  - 지정기부금(불우이웃 돕기 등 사회복지, 종교단체에 기부) : 기부금액의 25%를 세액 공제

표 13-7 **근로소득자 소득 · 세액공제신고서 양식 [일부]**

근로소득자 소득 · 세액공제신고서 (년소득에 대한 연말정산용) (안)			
소득자 성명		주민등록번호	–
근무처 명칭		사업자등록번호	– –
세대주 여부	[ ] 세대주 [ ] 세대원	국적	(국적 코드 :)
근무기간	~	감면기간	~
거주구분	[ ] 거주자 [ ] 비거주자	거주지국	(거주지국 코드 : 년도)
인적공제항목 변동 여부	[ ] 전년과 동일 [ ] 변동	※인적공제 항목이 전년과 동일한 경우에는 주민등록표등본을 제출하지 않습니다.	

I. 인적공제 및 소득·세액공제명세	인적공제 항목						각종 소득 · 세액 공제 항목											
	관계코드	성명	기본공제		경로우대	자료구분	보험료		의료비	교육비	신용카드 등 사용액					기부금
	내·외국인	주민등록번호	부녀자	한부모	장애인		건강·고용 등	보장성			신용카드 (전통시장·대중교통비 제외)	직불카드 등 (전통시장·대중교통비 제외)	현금영수증 (전통시장·대중교통비 제외)	전통시장 사용액	대중교통 이용액	
	인적공제 항목에 해당하는 인원 수 적습니다. (자녀 : 명)					국세청	■									
						기타							■			
	0		○			국세청	■									
		(근로자 본인)				기타							■			
						국세청	■									
						기타							■			
						국세청	■									
						기타							■			
						국세청	■									
						기타							■			

구분		지출명세			지출구분	금액	한도액	공제액
II. 연금보험료 공제	연금 보험료 (국민연금, 공무원연금, 군인연금, 교직원 연금 등)	국민연금보험료		종(전) 근무지	보험료		전액	
				주(현) 근무지	보험료		전액	
		국민연금보험료 외의 공적연금보험료		종(전)근무지	보험료		전액	
				주(현)근무지	보험료		전액	
		연금보험료 계						
III. 특별소득공제	보험료	국민건강보험 (노인장기요양보험 포함)		종(전) 근무지	보험료		전액	
				주(현) 근무지	보험료		전액	
		고용보험료		종(전)근무지	보험료		전액	
				주(현)근무지	보험료		전액	
		보험료 계			■			
	주택자금	주택임차차입금		대출기관차입	원리금 상환액		작성방법참조	
				거주자차입				
		장기주택저당 차입금	2011년 이전 차입분	15년 미만	이자상환액		작성방법참조	
				15년~29년				
				30년 이상				
			2012년 이후 차입금(15년 이상)	고정금리 · 비거치 상환대출				
				기타대출				
		주택자금 공제액 계						

요약

제1절 조세의 체계와 법인세 산정

- 조세의 체계(분류) : [국세(관세, 내국세), 지방세], [보통세(직접세, 간접세), 목적세]
- 법인세 : 법인의 사업연도소득에 대한 세금 : 산출세액 = 과세표준 × 법인세 세율
- 법인세의 계산 절차 :
  - 과세표준 = 사업연도 소득금액 − 이월결손금 − 비과세소득 − 소득공제
  - 각 사업연도 소득금액 = 손익계산서상의 당기순이익 + 익금산입·손금불산입 − 손금산입·익금불산입

제2절 법인세 세무조정

- 세무조정 : 기업회계기준상의 당기순이익이 법인세법상의 과세대상 소득과 불일치하므로 당기순이익으로부터 과세대상 소득(각 사업연도 소득금액)을 계산
- 세무조정의 항목 : 익금산입, 손금불산입, 손금산입, 익금불산입

제3절 소득세의 구조와 소득세 산정

- 소득세 : 개인이 벌어들인 소득에 대해 납부하는 세금
- 소득세의 구조 :
  - 종합소득 : 여러 개의 소득을 한 데 합해서 소득세가 부과되는 소득

    7종류 : 이자소득, 배당소득, 부동산임대소득, 사업소득, 근로소득, 연금소득, 기타소득
  - 분류과세소득 : 종합소득에 포함되지 않고 별도로 세금이 부과되는 소득 : 퇴직소득, 양도소득
- 소득세의 계산과정 :

  1) 소득별 소득금액 = 총수입금액 − 필요경비 또는 해당 소득공제
  2) 과세표준 = 소득별 소득금액(종합소득 또는 분류과세소득 별) − 각 소득에 따른 소득공제
  3) 산출세액 = 과세표준 × 소득세 세율
- 종합소득세 결정세액 = 종합소득 산출세액 − 세액감면액 − 세액공제(근로소득 세액공제, 기부금 세액공제 등)
  - 종합소득 산출세액 : 종합소득 과세표준에 종합소득세율 적용
  - 종합소득 과세표준 = 종합소득 − 종합소득공제(인적공제, 특별공제) − 그 밖의 공제

    인적공제 : 본인·부양가족 등 기본공제, 70세 이상 노인 등 추가공제

    특별소득공제 : 근로소득자 경우 일정액의 표준세액공제 또는 보험료 등 소득공제

    그 밖의 소득공제 : 연금저축공제, 신용카드 등 사용금액에 대한 소득공제 등

연습문제

서술형

01. 직접세와 간접세의 차이는 무엇인지 설명하시오.

02. 법인의 각 사업연도 소득금액은 어떻게 산출되는 것인지 당기순이익 개념을 이용하여 간략히 서술하시오.

03. 기업회계상의 수익과 비용이 세법상의 익금과 손금과 어떻게 다른지, 그리고 세무조정이 왜 필요한지 간결하게 서술하시오.

04. 기업회계는 비용으로 인식되지만 세법에서는 손금으로 인정되지 않는 항목을 2~3가지 나열해보시오.

05. 분류과세소득과 종합소득의 차이는 무엇인지 간략히 설명하시오.

06. 분류과세소득에 속하는 소득을 열거해보시오.

07. 종합소득을 구성하는 7가지 소득을 열거해보시오.

08. 원천징수란 무엇인지 간략히 설명하시오.

09. 종합과세와 분리과세의 차이점을 서술하시오.

10. 근로소득공제는 무엇이고 그 역할은 무엇인지 기술하시오.

11. 기타소득의 의미에 대해 간략히 설명하시오.

12. 종합소득공제 중 인적공제에 속하는 세 가지 공제를 말해보시오.

13. 종합소득공제에서 특별공제에는 어떤 것이 있는지 나열해보시오.

14. 과제표준이 무엇인지 설명하시오.

15. 종합소득세의 결정세액 계산 시 세액공제에 대해 설명해보시오.

객관식

01. 우리나라 조세의 구조(체계)상, 다음 조세 종류의 묶음 중 내국세, 보통세, 지방세와 각각 대조되는(즉, 반대되는) 것으로만 묶인 것은?

① 국외세, 특별세, 도시계획세　　② 국외세, 목적세, 국세
③ 관세, 특별세, 도시계획세　　④ 관세, 목적세, 국세

02. 다음 중 조세납부자가 조세를 부담하지 않은 세금으로 묶인 것은?

① 법인세, 상속세　　② 주세, 특별소비세
③ 취득세, 등록세　　④ 자동차세, 인지세

03. 다음 익금(益金)과 손금(損金)에 대해 옳게 진술한 것은?

① 익금은 유상증자를 포함하여 기업의 순자산(총자산에서 총부채를 차감한 잔액)을 증가시키는 거래에서 나타나는 금액이다.
② 익금총액에서 손금총액을 차감한 잔액이 법인의 당기순이익이다.
③ 익금, 손금은 각각 재무회계에서의 수익, 원가와 대응되는 개념이다.
④ 익금, 손금은 법인세에서 사용되는 개념이지 소득세에서 사용되는 개념이 아니다.

04. 법인세 계산절차와 관련하여 옳게 진술한 것은?

① 법인세는 각 사업연도 소득을 기초로 하여 부과한다.
② 각 사업연도 소득 = 총익금 − 총손금 − 이월결손금, 비과세소득, 및 소득공제.
③ 각 사업연도 소득에서 출발하여 과세표준을 계산하는 과정을 세무조정이라 한다.
④ 우리나라의 모든 법인은 당해 사업연도에 발생하는 결손금을 전년도 소득에서 소급

공제하여 전년도에 이미 납부한 세금을 환급받을 수 있다.

05. 기업회계에서는 비용으로 보지만 세법에서는 손금으로 보지 않는 항목에 대해서 바르게 말한 것은?

① 당기순이익에 가산하는 세무조정이 필요하다.
② 당기순이익에서 차감하는 세무조정이 필요하다.
③ 세무조정과 관련이 없는 것이다.
④ 손금산입 항목이다.

06. 다음 중 세무당국과 납세의무자인 기업의 속성 또는 목적, 그리고 현실적 상황을 고려할 때, 가장 많은 항목이 있게 되는 세무조정 항목은 어느 것이라 보는가?

① 익금산입　② 익금불산입
③ 손금산입　④ 손금불산입

07. 소득세법에 의하면, 소득은 크게 종합소득과 무엇으로 구성되어 있는가?

① 비종합소득　② 분리과세소득
③ 분류과세소득　④ 개별과세소득

08. 모든 근로소득자는 연말에 __a__ 자료를 근무회사에 제출하면, 회사는 각 개인의 세금을 결정하는 __a__을(를) 한다. 근로자는 봉급을 받을 때마다 세금을 __b__ 하여 떼어 놓게 되는데 만약 그동안 __b__한 세금이 정산한 세금보다 더 많으면 이미 낸 세금을 돌려받게 된다. 위 빈칸 a, b에 들어 갈 세무용어로 적절한 것은?

① a. 종합과세　b. 분리징수　② a. 연말정산　b. 원천징수
③ a. 종합과세　b. 원천징수　④ a. 연말정산　b. 분리징수

09. 종합소득에는 이자소득, 부동산임대소득, __a__ , __b__ , 연금소득, 기타소득 등이 있고, 종합소득에 속하지 않은 것에는 __c__ 등 두 가지가 있다. 위 빈칸 a, b, c 각각에 들어갈 소득으로 적절한 것으로만 묶인 것은?

① 사업소득, 근로소득, 양도소득　② 사업소득, 양도소득, 배당소득
③ 근로소득, 양도소득, 배당소득　④ 이자소득, 사업소득, 근로소득

10. 다음 글은 신문기사에서 발췌한 것이다. "조세연구원 … 20××년 귀속분 … 분석한 결과, 근로소득세는 과세표준이 ₩8,000만을 넘는 최상위 고소득층 0.2%가 총결정세액 ₩6조 9천억의 17.3%인 ₩1조2천억을 냈고, 1.1%의 차상위 계층이 16.4%, ₩1,000만 초과 ₩4,000만까지 16.2%의 계층이 55.5%를 각각 부담했다. 종합소득세를 총납세인원 416만 명으로 나눈 1인당 세액은 ₩138만, 과세미달자를 제외한 1인당 세액은 ₩286만으로 각각 집계됐다."

이 글에서 밑줄 친 과세표준은 무엇을 말하는가?

① 근로자 개인이 근로로 벌어들인 총급여액.
② 총급여액에서 근로소득공제를 차감한 것.
③ '근로소득금액' 을 말한다.
④ '근로소득금액' 에서 인적공제와 특별공제 등을 차감한 것이다.

부 록

화폐의 시간가치 표

한국채택국제회계기준 제·개정 목록 및 국제회계기준 대비

기업회계기준서 제1001호 '재무제표 표시'

〈표 A-1〉 목돈(단일금액) 1원의 미래가치 $FV_s(r, n) = (1 + r)^n$ 기간이자율(r)

기간수 (n)	1%	2%	3%	4%	5%	6%	7%	8%	9%	10%
1	1.0100	1.0200	1.0300	1.0400	1.0500	1.0600	1.0700	1.0800	1.0900	1.1000
2	1.0201	1.0404	1.0609	1.0816	1.1025	1.1236	1.1449	1.1664	1.1881	1.2100
3	1.0303	1.0612	1.0927	1.1249	1.1576	1.1910	1.2250	1.2597	1.2950	1.3310
4	1.0406	1.0824	1.1255	1.1699	1.2155	1.2625	1.3108	1.3605	1.4116	1.4641
5	1.0510	1.1041	1.1593	1.2167	1.2763	1.3382	1.4026	1.4693	1.5386	1.6105
6	1.0615	1.1262	1.1941	1.2653	1.3401	1.4185	1.5007	1.5869	1.6771	1.7716
7	1.0721	1.1487	1.2299	1.3159	1.4071	1.5036	1.6058	1.7138	1.8280	1.9487
8	1.0829	1.1717	1.2668	1.3686	1.4775	1.5938	1.7182	1.8509	1.9926	2.1436
9	1.0937	1.1951	1.3048	1.4233	1.5513	1.6895	1.8385	1.9990	2.1719	2.3579
10	1.1046	1.2190	1.3439	1.4802	1.6289	1.7908	1.9672	2.1589	2.3674	2.5937
11	1.1157	1.2434	1.3842	1.5395	1.7103	1.8983	2.1049	2.3316	2.5804	2.8531
12	1.1268	1.2682	1.4258	1.6010	1.7959	2.0122	2.2522	2.5182	2.8127	3.1384
13	1.1381	1.2936	1.4685	1.6651	1.8856	2.1329	2.4098	2.7196	3.0658	3.4523
14	1.1495	1.3195	1.5126	1.7317	1.9799	2.2609	2.5785	2.9372	3.3417	3.7975
15	1.1610	1.3459	1.5580	1.8009	2.0789	2.3966	2.7590	3.1722	3.6425	4.1772
16	1.1726	1.3728	1.6047	1.8730	2.1829	2.5404	2.9522	3.4259	3.9703	4.5950
17	1.1843	1.4002	1.6528	1.9479	2.2920	2.6928	3.1588	3.7000	4.3276	5.0545
18	1.1961	1.4282	1.7024	2.0258	2.4066	2.8543	3.3799	3.9960	4.7171	5.5599
19	1.2081	1.4568	1.7535	2.1068	2.5270	3.0256	3.6165	4.3157	5.1417	6.1159
20	1.2202	1.4859	1.8061	2.1911	2.6533	3.2071	3.8697	4.6610	5.6044	6.7275
21	1.2324	1.5157	1.8603	2.2788	2.7860	3.3996	4.1406	5.0338	6.1088	7.4002
22	1.2447	1.5460	1.9161	2.3699	2.9253	3.6035	4.4304	5.4365	6.6586	8.1403
23	1.2572	1.5769	1.9736	2.4647	3.0715	3.8197	4.7405	5.8715	7.2579	8.9543
24	1.2697	1.6084	2.0328	2.5633	3.2251	4.0489	5.0724	6.3412	7.9111	9.8497
25	1.2824	1.6406	2.0938	2.6658	3.3864	4.2919	5.4274	6.8485	8.6231	10.835
26	1.2953	1.6734	2.1566	2.7725	3.5557	4.5494	5.8074	7.3964	9.3992	11.918
27	1.3082	1.7069	2.2213	2.8834	3.7335	4.8223	6.2139	7.9881	10.245	13.110
28	1.3213	1.7410	2.2879	2.9987	3.9201	5.1117	6.6488	8.6271	11.167	14.421
29	1.3345	1.7758	2.3566	3.1187	4.1161	5.4184	7.1143	9.3173	12.172	15.863
30	1.3478	1.8114	2.4273	3.2434	4.3219	5.7435	7.6123	10.063	13.268	17.449
35	1.4166	1.9999	2.8139	3.9461	5.5160	7.6861	10.676	14.785	20.414	28.102
40	1.4889	2.2080	3.2620	4.8010	7.0400	10.286	14.974	21.725	31.409	45.259
45	1.5648	2.4379	3.7816	5.8412	8.9850	13.765	21.002	31.920	48.327	72.891
50	1.6446	2.6916	4.3839	7.1067	11.467	18.420	29.457	46.902	74.358	117.39
60	1.8167	3.2810	5.8916	10.520	18.679	32.988	57.946	101.26	176.03	304.48

기간이자율(r)

기간수 (n)	11%	12%	13%	14%	15%	16%	17%	18%	19%	20%
1	1.1100	1.1200	1.1300	1.1400	1.1500	1.1600	1.1700	1.1800	1.1900	1.2000
2	1.2321	1.2544	1.2769	1.2996	1.3225	1.3456	1.3689	1.3924	1.4161	1.4400
3	1.3676	1.4094	1.4429	1.4815	1.5209	1.5609	1.6016	1.6430	1.6852	1.7280
4	1.5180	1.5735	1.6305	1.6890	1.7490	1.8106	1.8739	1.9388	2.0053	2.0736
5	1.6851	1.7623	1.8424	1.9254	2.0114	2.1003	2.1924	2.2878	2.3864	2.4883
6	1.8704	1.9738	2.0820	2.1950	2.3131	2.4364	2.5652	2.6996	2.8398	2.9860
7	2.0762	2.2107	2.3526	2.5023	2.6600	2.8262	3.0012	3.1855	3.3793	3.5832
8	2.3045	2.4760	2.6584	2.8526	3.0590	3.2784	3.5115	3.7589	4.0214	4.2998
9	2.5580	2.7731	3.0040	3.2519	3.5179	3.8030	4.1084	4.4355	4.7854	5.1598
10	2.8394	3.1058	3.3946	3.7072	4.0456	4.4114	4.8068	5.2338	5.6947	6.1917
11	3.1518	3.4785	3.8359	4.2262	4.6524	5.1173	5.6240	6.1759	6.7767	7.4301
12	3.4985	3.8960	4.3345	4.8179	5.3503	5.9360	6.5801	7.2876	8.0642	8.9161
13	3.8833	4.3635	4.8980	5.4924	6.1528	6.8858	7.6987	8.5994	9.5964	10.699
14	4.3104	4.8871	5.5348	6.2613	7.0757	7.9875	9.0075	10.147	11.420	12.839
15	4.7846	5.4736	6.2543	7.1379	8.1371	9.2655	10.539	11.974	13.589	15.407
16	5.3109	6.1304	7.0673	8.1372	9.3576	10.748	12.330	14.129	16.172	18.488
17	5.8951	6.8660	7.9861	9.2765	10.761	12.468	14.427	16.672	19.244	22.186
18	6.5436	7.6900	9.0243	10.575	12.375	14.463	16.879	19.673	22.901	22.623
19	7.2633	8.6128	10.197	12.056	14.232	16.777	19.748	23.214	27.252	31.948
20	8.0623	9.6463	11.523	13.743	16.367	19.461	23.106	27.393	32.429	38.338
21	8.9492	10.804	13.021	15.668	18.822	22.574	27.034	32.324	38.591	46.005
22	9.9336	12.100	14.714	17.861	21.645	26.186	31.629	38.142	45.923	55.206
23	11.026	13.552	16.626	20.362	24.891	30.376	37.006	45.008	54.648	66.247
24	12.239	15.179	18.788	23.212	28.625	35.236	43.297	53.109	65.032	79.497
25	13.586	17.000	21.231	26.462	32.919	40.874	50.658	62.669	77.388	95.396
26	15.080	19.040	23.991	30.167	37.857	47.414	59.270	73.949	92.092	114.48
27	16.738	21.325	27.109	34.390	34.535	55.000	69.345	87.260	109.56	137.37
28	18.580	23.884	30.634	39.204	50.066	63.800	81.134	102.97	130.41	164.84
29	20.624	26.750	34.617	44.693	57.575	74.009	94.927	121.50	155.19	197.81
30	22.892	29.960	39.116	50.950	66.212	85.850	111.06	143.37	184.67	237.38
35	38.575	52.800	72.068	98.100	133.18	180.31	243.56	327.99	440.70	590.67
40	65.001	93.051	132.78	188.88	267.86	378.72	533.86	750.38	1051.6	1469.8
45	109.53	163.99	244.64	363.68	538.77	795.44	1170.5	1716.7	2509.6	3657.3
50	184.56	289.00	450.74	700.23	1083.7	1670.7	2566.2	3927.4	5988.9	9100.4
60	524.06	897.60	1530.1	2595.9	4384.0	7370.2	12335.	20555.	34105.	56347.

* F_n > 52.999

〈표 A-2〉 목돈(단일금액) 1원의 현재가치 $PV_s = \frac{1}{(1+r)^n}$ 기간이자율(r)

기간수 (n)	1%	2%	3%	4%	5%	6%	7%	8%	9%	10%
1	.9901	.9704	.9709	.9615	.9524	.9434	.9346	.9259	.9174	.9091
2	.9803	.9612	.9426	.9246	.9070	.8900	.8734	.8573	.8417	.8264
3	.9706	.9423	.9151	.8890	.8638	.8396	.8163	.7938	.7722	.7513
4	.9610	.9238	.8885	.8548	.8227	.7921	.7629	.7350	.7084	.6830
5	.9515	.9057	.8626	.8219	.7835	.7473	.7130	.6806	.6499	.6209
6	.9420	.8880	.8375	.7903	.7462	.7050	.6663	.6302	.5963	.5645
7	.9327	.8706	.8131	.7599	.7107	.6651	.6227	.5835	.5470	.5132
8	.9235	.8535	.7894	.7307	.6768	.6274	.5820	.5403	.5019	.4665
9	.9143	.8368	.7664	.7026	.6446	.5919	.5439	.5002	.4604	.4241
10	.9053	.8203	.7441	.6756	.6139	.5584	.5083	.4632	.4224	.3855
11	.8963	.8043	.7224	.6496	.5847	.5268	.4751	.4289	.3875	.3505
12	.8874	.7885	.7014	.6246	.5568	.4970	.4440	.3971	.3555	.3186
13	.8787	.7730	.6810	.6006	.5303	.4688	.4150	.3677	.3262	.2897
14	.8700	.7579	.6611	.5775	.5051	.4423	.3878	.3405	.2992	.2633
15	.8613	.7430	.6419	.5553	.4810	.4173	.3624	.3152	.2745	.2394
16	.8528	.7284	.6232	.5339	.4581	.3936	.3387	.2919	.2519	.2176
17	.8444	.7142	.6052	.5134	.4363	.3714	.3166	.2703	.2311	.1978
18	.8360	.7002	.5874	.4936	.4155	.3503	.2959	.2502	.2120	.1799
19	.8277	.6864	.5703	.4746	.3957	.3305	.2765	.2317	.1945	.1635
20	.8195	.6730	.5537	.4564	.3769	.3118	.2584	.2145	.1784	.1486
21	.8114	.6598	.5375	.4388	.3589	.2942	.2415	.1987	.1637	.1351
22	.8034	.6468	.5219	.4220	.3418	.2775	.2257	.1839	.1502	.1228
23	.7954	.6324	.5067	.4057	.3256	.2618	.2109	.1703	.1378	.1117
24	.7876	.6217	.4919	.3901	.3101	.2470	.1971	.1577	.1264	.1015
25	.7798	.6095	.4776	.3751	.2953	.2330	.1842	.1460	.1160	.0923
26	.7720	.5976	.4637	.3604	.2812	.2198	.1722	.1352	.1064	.0839
27	.7644	.5859	.4502	.3468	.2678	.2074	.1609	.1252	.0976	.0763
28	.7568	.5744	.4371	.3335	.2551	.1956	.1504	.1159	.0895	.0693
29	.7493	.5631	.4243	.3207	.2429	.1846	.1406	.1073	.0822	.0630
30	.7419	.5521	.4120	.3083	.2314	.1741	.1314	.0994	.0754	.0573
35	.7059	.5000	.3554	.2534	.1813	.1301	.0937	.0676	.0490	.0356
40	.6717	.4529	.3066	.2083	.1420	.0972	.0668	.0460	.0318	.0221
45	.6391	.4102	.2644	.1712	.1113	.0727	.0476	.0313	.0207	.0137
50	.6080	.3715	.2281	.1407	.0872	.0543	.0339	.0213	.0134	.0085
60	.5504	.3048	.1697	.0951	.0535	.0303	.0173	.0099	.0057	.0033

기간이자율(r)

기간수 (n)	11%	12%	13%	14%	15%	16%	17%	18%	19%	20%
1	.9009	.8929	.8850	.8772	.8696	.8621	.8547	.8475	.8403	.8333
2	.8116	.7972	.7831	.7695	.7561	.7432	.7305	.7182	.7062	.6944
3	.7312	.7118	.6931	.6750	.6575	.6407	.6244	.6086	.5934	.5787
4	.6587	.6355	.6133	.5921	.5718	.5523	.5337	.5158	.4987	.4323
5	.5935	.5674	.5428	.5194	.4972	.4761	.4561	.4371	.4190	.4019
6	.5346	.5066	.4803	.4556	.4323	.4104	.3898	.3704	.3521	.3349
7	.4817	.4523	.4251	.3996	.3759	.3538	.3332	.3139	.2959	.2791
8	.4339	.4039	.3762	.3506	.3269	.3050	.2848	.2660	.2487	.2326
9	.3909	.3606	.3329	.3075	.2843	.2630	.2434	.2255	.2090	.1938
10	.3522	.3220	.2946	.2697	.2472	.2267	.2080	.1911	.1756	.1615
11	.3173	.2875	.2607	.2366	.2149	.1954	.1773	.1619	.1476	.1346
12	.2858	.2567	.2307	.2076	.1869	.1685	.1520	.1372	.1240	.1122
13	.2575	.2292	.2042	.1821	.1625	.1452	.1299	.1163	.1042	.0935
14	.2320	.2046	.1807	.1597	.1413	.1252	.1110	.0985	.0876	.0779
15	.2090	.1827	.1599	.1401	.1229	.1079	.0949	.0835	.0736	.0649
16	.1883	.1631	.1415	.1229	.1069	.0930	.0811	.0708	.0618	.0541
17	.1696	.1456	.1252	.1073	.0929	.0802	.0693	.0600	.0520	.0451
18	.1523	.1300	.1103	.0946	.0803	.0691	.0592	.0508	.0437	.0376
19	.1377	.1161	.0981	.0829	.0703	.0596	.0506	.0431	.0367	.0313
20	.1240	.1037	.0863	.0723	.0611	.0514	.0433	.0365	.0303	.0261
21	.1117	.0926	.0768	.0633	.0531	.0443	.0370	.0309	.0259	.0217
22	.1007	.0326	.0680	.0560	.0462	.0382	.0316	.0262	.0218	.0181
23	.0907	.0738	.0601	.0491	.0402	.0329	.0270	.0222	.0183	.0151
24	.0817	.0659	.0532	.0431	.0349	.0284	.0231	.0188	.0154	.0126
25	.0736	.0588	.0471	.0378	.0304	.0245	.0197	.0160	.0129	.0105
26	.0663	.0525	.0417	.0331	.0264	.0211	.0169	.0135	.0109	.0087
27	.0597	.0469	.0369	.0291	.0230	.0182	.0144	.0115	.0091	.0073
28	.0538	.0419	.0325	.0255	.0200	.0157	.0123	.0097	.0077	.0061
29	.0485	.0374	.0289	.0224	.0174	.0135	.0105	.0082	.0064	.0051
30	.0437	.0334	.0256	.0196	.0151	.0116	.0090	.0070	.0054	.0042
35	.0259	.0189	.0139	.0102	.0075	.0055	.0041	.0030	.0023	.0017
40	.0154	.0107	.0075	.0053	.0037	.0026	.0019	.0013	.0010	.0007
45	.0091	.0061	.0041	.0027	.0019	.0013	.0009	.0006	.0004	.0003
50	.0054	.0035	.0022	.0014	.0009	.0006	.0004	.0003	.0002	.0001
60	.0019	.0011	.0007	.0004	.0002	.0001	.00008	.00005	.00003	.00002

〈표 A-3〉 정상연금 1원의 미래가치 $FV_A(r, n) = \sum_{t=1}^{n}(1+r)^{n-1}$ 기간이자율(r)

기간수 (n)	1%	2%	3%	4%	5%	6%	7%	8%	9%	10%
1	1.0000	1.0000	1.0000	1.0000	1.0000	1.0000	1.0000	1.0000	1.0000	1.0000
2	2.0100	2.0200	2.0300	2.0400	2.0500	2.0600	2.0700	2.0800	2.0900	2.1000
3	3.0301	3.0604	3.0909	3.1216	3.1525	3.1836	3.2149	3.2464	3.2781	3.3100
4	4.0604	4.1216	4.1836	4.2465	4.3101	4.3746	4.4399	4.5061	4.5731	4.6410
5	5.1010	5.2040	5.3091	5.4163	5.5256	5.6371	5.7507	5.8666	5.9847	6.1051
6	6.1520	6.3081	6.4684	6.6330	6.8019	6.9753	7.1533	7.3359	7.5233	7.7156
7	7.2135	7.4343	7.6625	7.8983	8.1420	8.3938	8.6540	8.9228	9.2004	9.4872
8	8.2857	8.5830	8.8923	9.2142	9.5491	9.8975	10.260	10.637	11.028	11.436
9	9.3685	9.7546	10.159	10.583	11.027	11.491	11.978	12.488	13.021	13.579
10	10.462	10.950	11.464	12.006	12.578	13.181	13.816	14.487	15.193	15.937
11	11.567	12.169	12.808	13.486	14.207	14.972	15.784	16.645	17.560	18.531
12	12.683	13.412	14.192	15.026	15.917	16.870	17.888	18.977	20.141	21.384
13	13.809	14.680	15.618	16.627	17.713	18.882	20.141	21.495	22.953	24.523
14	14.947	15.974	17.086	18.292	19.599	21.015	22.550	24.215	26.019	27.975
15	16.097	17.293	18.599	20.024	21.579	23.276	25.129	27.152	29.361	31.772
16	17.258	18.639	20.157	21.825	25.657	25.673	27.888	30.324	33.003	35.950
17	18.430	20.012	21.762	23.698	25.840	28.213	30.840	33.750	36.974	40.545
18	19.615	21.412	23.414	25.645	28.132	30.906	33.999	37.450	41.301	45.599
19	20.811	22.841	25.117	27.671	30.539	33.760	37.379	41.446	46.018	51.159
20	22.019	24.297	26.870	29.778	33.066	36.786	40.995	45.762	51.160	57.275
21	23.239	25.783	28.676	31.969	35.719	39.993	44.865	50.423	56.765	64.002
22	24.472	27.299	30.537	34.248	38.505	43.392	49.006	55.457	62.873	71.403
23	25.716	28.845	32.453	36.618	41.430	46.996	53.436	60.893	69.532	79.543
24	26.973	30.422	34.426	39.083	44.502	50.816	58.177	66.765	76.790	88.497
25	28.243	32.030	36.459	41.646	47.727	54.865	63.249	73.106	84.701	98.347
26	29.526	33.671	38.553	44.312	51.113	59.156	68.676	79.954	93.324	109.18
27	30.821	35.344	40.710	47.084	54.669	63.706	74.484	87.351	102.72	121.10
28	32.129	37.051	42.931	49.968	58.403	68.528	80.698	95.339	112.97	134.21
29	33.450	38.792	45.219	52.966	62.323	73.640	87.347	103.97	124.14	148.63
30	34.785	40.568	47.575	56.085	66.439	79.058	94.461	113.28	136.31	164.49
35	41.660	49.994	60.462	73.652	90.320	111.43	138.24	172.32	215.71	271.02
40	48.886	60.402	75.401	95.026	120.80	154.76	199.64	269.06	337.88	442.59
45	56.481	71.893	92.720	121.03	159.70	212.74	285.75	386.51	525.86	718.90
50	64.463	84.579	112.80	152.67	209.35	290.34	406.53	573.77	815.08	1163.9
60	81.671	114.05	163.05	237.99	353.58	533.13	813.52	1253.2	1944.8	3034.8

기간이자율 (r)

기간수 (n)	11%	12%	13%	14%	15%	16%	17%	18%	19%	20%
1	1.0000	1.0000	1.0000	1.0000	1.0000	1.0000	1.0000	1.0000	1.0000	1.0000
2	2.1100	2.1200	2.1300	2.1400	2.1500	2.1600	2.1700	2.1800	2.1900	2.2000
3	3.3421	3.3744	3.4069	3.4396	3.4725	3.5056	3.5389	3.5724	3.6061	3.6400
4	4.7097	4.7793	4.8498	4.9211	4.9934	5.0665	5.1405	5.2154	5.2913	5.3680
5	6.2278	6.3528	6.4803	6.6101	6.7424	6.8771	7.0144	7.1542	7.2966	7.4416
6	7.9130	8.1152	8.3230	8.5355	8.7537	8.9775	9.2068	9.4420	9.6830	9.9299
7	9.7830	10.089	10.405	10.730	11.067	11.414	11.772	12.142	12.523	12.916
8	11.859	12.300	12.757	13.233	13.727	14.240	14.773	15.327	15.902	16.499
9	14.163	14.776	15.416	16.085	16.786	17.519	18.285	19.086	19.923	20.799
10	16.722	17.549	18.419	19.337	20.304	21.321	22.393	23.521	24.709	25.959
11	19.561	20.655	21.814	23.045	24.349	25.733	27.199	28.755	30.404	32.150
12	22.713	24.133	25.650	27.271	29.002	30.850	32.823	34.931	37.180	39.581
13	26.211	28.029	29.984	32.089	34.352	36.786	39.404	42.219	45.244	48.497
14	30.095	32.393	34.883	37.581	40.505	43.672	47.103	50.818	54.841	59.196
15	34.405	37.280	40.418	43.842	47.580	51.660	56.110	60.965	66.261	72.035
16	39.199	42.753	46.672	50.980	55.717	60.925	66.649	72.939	79.850	87.442
17	44.501	48.884	53.739	59.118	65.075	71.673	78.979	87.068	96.022	105.93
18	50.396	55.750	61.725	68.394	75.836	84.141	93.406	103.74	115.26	128.12
19	56.939	63.440	70.749	78.969	88.212	98.603	110.29	123.41	138.16	154.74
20	64.203	70.052	80.947	91.025	102.44	115.38	130.03	146.63	165.42	186.69
21	72.265	81.699	92.469	104.77	118.81	134.84	153.14	174.02	197.85	225.03
22	81.214	92.503	105.49	120.44	137.63	157.41	180.17	206.34	236.44	271.03
23	91.148	104.60	120.20	138.30	159.28	183.60	211.80	244.49	282.36	326.24
24	102.17	118.16	136.83	158.66	184.17	213.98	248.81	289.49	337.01	392.48
25	114.41	133.33	155.62	181.87	212.79	249.21	292.10	342.60	402.04	471.98
26	127.99	150.33	176.85	208.33	245.71	290.09	342.76	405.27	497.43	567.38
27	143.08	169.37	200.84	238.50	283.57	337.50	402.03	479.22	571.52	681.85
28	159.82	190.70	227.95	272.89	327.10	392.50	471.38	566.48	681.11	819.22
29	178.39	214.58	258.58	312.09	377.17	456.30	552.51	669.45	811.52	984.07
30	199.02	241.33	293.19	356.79	434.75	530.31	647.44	790.95	966.71	1181.9
35	341.59	431.66	546.68	693.57	881.17	1120.7	1426.4	1816.7	2314.2	2948.3
40	581.83	767.09	1013.7	1342.0	1779.1	2360.8	3134.5	4163.2	5529.8	7343.9
45	986.64	1358.3	1874.2	2590.6	3585.1	4965.3	6879.2	9531.6	13203.	18281.
50	1668.7	2400.0	3459.5	4994.5	7217.7	10436.	15089.	21813.	31515.	45497.
60	4755.1	7471.6	11762.	18535.	29220.	46057.	72555.	114189.	179494.	281737.

〈표 A-4〉 정상연금 1원의 현재가치 $PV_A(r, n) = \sum_{t=1}^{n} \frac{1}{(1+r)^t}$ 기간이자율(r)

기간수 (n)	1%	2%	3%	4%	5%	6%	7%	8%	9%	10%
1	0.9901	0.9804	0.9616	0.9615	0.9524	0.9434	0.9346	0.9259	0.9174	0.9091
2	1.9704	1.9416	1.9165	1.8861	1.8594	1.8334	1.8080	1.7833	1.7591	1.7355
3	2.9410	2.8839	2.8286	2.7751	2.7232	2.6730	2.6243	2.5771	2.5313	2.4868
4	3.9020	3.8077	3.7171	3.6299	3.5460	3.4651	3.3872	3.3121	3.2397	3.1699
5	4.8534	4.7135	4.5797	4.4518	4.3295	4.2124	4.1002	3.9927	3.8897	3.7908
6	5.7955	5.6014	5.4172	5.2421	5.0757	4.9173	4.7665	4.6229	4.4859	4.3553
7	6.7282	6.4720	6.2303	6.0021	5.7864	5.5824	5.3893	5.2064	5.0330	4.8684
8	7.6517	7.3255	7.0197	6.7327	6.4632	6.2098	5.9713	5.7466	5.5348	5.3349
9	8.5660	8.1622	7.7861	7.4353	7.1078	6.8017	6.5152	6.2469	5.9952	5.7590
10	9.4713	8.9826	8.5302	8.1109	7.7217	7.3601	7.0236	6.7101	6.4177	6.1446
11	10.368	9.7868	9.2526	8.7605	8.3064	7.8869	7.4987	7.1390	6.8052	6.4951
12	11.255	10.575	9.9540	9.3851	8.8633	8.3838	7.9427	7.5361	7.1607	6.8137
13	12.134	11.348	10.635	9.9856	9.3936	8.8527	8.3577	7.9038	7.4869	7.1034
14	13.004	12.106	11.296	10.563	9.8986	9.2950	8.7455	8.2442	7.7862	7.3667
15	13.865	12.849	11.938	11.118	10.380	9.7122	9.1079	8.5595	8.0607	7.6061
16	14.718	13.578	12.561	11.652	10.838	10.106	9.4466	8.8514	8.3136	7.8237
17	15.562	14.292	13.166	12.166	11.274	10.477	9.7632	9.1216	8.5436	8.0216
18	16.398	14.992	13.756	12.659	11.690	10.828	10.059	9.3719	8.7556	8.2014
19	17.226	15.679	14.324	13.134	12.085	11.158	10.336	9.6036	8.9501	8.3649
20	18.046	16.351	14.877	13.590	12.462	11.470	10.594	9.8181	9.1285	8.5136
21	18.857	17.011	15.415	14.029	12.821	11.764	10.835	10.017	9.2922	8.6487
22	19.660	17.658	15.937	14.451	13.163	12.042	11.061	10.201	9.4424	8.7715
23	20.456	18.292	16.444	14.857	13.489	12.303	11.272	10.371	9.5802	8.8832
24	21.243	18.914	16.935	15.247	13.799	12.550	11.469	10.529	9.7066	8.9847
25	22.023	19.524	17.413	15.622	14.094	12.783	11.654	10.675	9.8266	9.0770
26	22.795	21.121	17.877	15.983	14.375	13.003	11.826	10.810	9.9290	9.1609
27	23.560	20.707	18.327	16.330	14.643	13.210	11.987	10.935	10.027	9.2372
28	24.316	21.281	18.764	16.663	14.898	13.406	12.137	11.051	10.116	9.3066
29	25.066	21.844	19.188	16.984	15.141	13.591	12.278	11.158	10.198	9.3696
30	25.808	22.397	19.600	17.292	15.373	13.765	12.409	11.258	10.274	9.4269
35	29.409	24.999	21.487	18.665	16.374	14.498	12.948	11.655	10.567	9.6442
40	32.835	27.356	23.115	19.793	17.159	15.046	13.332	11.925	10.757	9.7791
45	36.095	29.490	24.519	20.720	17.774	15.456	13.605	12.108	10.881	9.8628
50	39.196	31.424	25.730	21.482	18.256	15.762	13.801	12.233	10.962	9.9148
60	44.955	34.761	27.676	22.623	18.929	16.161	14.039	12.376	11.048	9.9671

기간이자율(r)

기간수 (n)	11%	12%	13%	14%	15%	16%	17%	18%	19%	20%
1	0.9009	0.8929	0.8850	0.8772	0.8696	0.8621	0.8547	0.8475	0.8403	0.8333
2	1.7125	1.6901	1.6681	1.6467	1.6257	1.6052	1.5852	1.5656	1.5465	1.5278
3	2.4437	2.4018	2.3612	2.3216	2.2832	2.2459	2.2096	2.1743	2.1399	2.1065
4	3.1024	3.0373	2.9745	2.9137	2.8550	2.7982	2.7432	2.6901	2.6386	2.5887
5	3.6959	3.6048	3.5172	3.4331	3.3522	3.2743	3.1993	3.1272	3.0576	2.9906
6	4.2305	4.1114	3.9975	3.8887	3.7845	3.6847	3.5892	3.4976	3.4098	3.3255
7	4.7122	4.5638	4.4226	4.2883	4.1604	4.0386	3.9224	3.8115	3.7057	3.6046
8	5.1461	4.9676	4.7988	4.6389	4.4873	4.3436	4.2072	4.0776	3.9544	3.8372
9	5.5370	5.3282	5.1317	4.9464	4.7716	4.6065	4.4506	4.3030	4.1633	4.0310
10	5.8892	5.6502	5.4262	5.2161	5.0188	4.8332	4.6586	4.4941	4.3389	4.1925
11	6.2065	5.9377	5.6869	5.4527	5.2337	5.0286	4.8364	4.6560	4.4865	4.3271
12	6.4924	6.1944	5.9176	5.6603	5.4206	5.1971	4.9884	4.7932	4.6105	4.4392
13	6.7499	6.4235	6.1218	5.8424	5.5831	5.3423	5.1183	4.9095	4.7147	4.5327
14	6.9819	6.6282	6.3025	6.0021	5.7245	5.4675	5.2293	5.0081	4.8023	4.6106
15	7.1909	6.8109	6.4624	6.1422	5.8474	5.5755	5.3242	5.0916	4.8759	4.6755
16	7.3792	6.9740	6.6039	6.2651	5.9542	5.6685	5.4053	5.1624	4.9377	4.7296
17	7.5488	7.1196	6.7291	6.3729	6.0472	5.7487	5.4746	5.2223	4.9897	4.7746
18	7.7016	7.2497	6.8399	6.4674	6.1280	5.8178	5.5339	5.2732	5.0333	4.8122
19	7.8393	7.3658	6.9380	6.5504	6.1982	5.8775	5.5845	5.3162	5.0700	4.8435
20	7.9633	7.4694	7.0248	6.6231	6.2593	5.9288	5.6278	5.3527	5.1009	4.8696
21	8.0751	7.5620	7.1015	6.6870	6.3125	5.9731	5.6648	5.3837	5.1263	4.8913
22	8.1757	7.6446	7.1695	6.7429	6.3587	6.0113	5.6964	5.4099	5.1486	4.9094
23	8.2664	7.7184	7.2297	6.7921	6.3988	6.0442	5.7234	5.4321	5.1668	4.9245
24	9.3481	7.7843	7.2829	6.8351	6.4338	0.0726	6.7465	5.4509	5.1822	4.9371
25	8.4217	7.8431	7.3300	6.8729	6.4641	6.0971	5.7662	5.4669	5.1951	4.9476
26	8.4881	7.8957	7.3717	6.9061	6.4906	6.1182	5.7831	5.4804	5.2060	4.9563
27	8.5478	7.9426	7.4086	6.9352	6.5135	6.1364	5.7975	5.4919	5.2151	4.9636
28	8.6016	7.9844	7.4412	6.9607	6.5335	6.1520	5.8099	5.5016	5.2223	4.9697
29	8.6501	8.0218	7.4701	6.9830	6.5509	6.1656	5.8024	5.5093	5.2292	4.9747
30	8.6938	8.0552	7.4957	7.0027	6.5660	6.1772	5.8294	5.5168	5.2347	4.9789
35	8.8552	8.1755	7.5856	7.0700	6.6166	6.2153	5.8582	5.5386	5.2512	4.9915
40	8.9511	8.2433	7.6344	7.1050	6.6418	6.2335	5.8713	5.5482	5.2582	4.9966
45	9.0079	8.2825	7.6609	7.1232	6.6543	6.2421	5.8773	5.5523	5.2611	4.9986
50	9.0417	8.3045	7.6572	7.1327	6.6605	6.2463	5.8801	5.5541	5.2623	4.9995
60	9.0736	8.3240	7.6873	7.1401	6.6651	6.2491	5.8819	5.5553	5.2630	4.9999

한국채택국제회계기준(K-IFRS) 제·개정 목록 및 국제회계기준(IFRS) 대비

한국채택국제회계기준		국제회계기준	
개념체계	재무보고를 위한 개념체계	*Framework*	Framework for Financial Reporting
제1001호	재무제표 표시	IAS 1	Presentation of Financial Statements
제1002호	재고자산	IAS 2	Inventories
제1007호	현금흐름표	IAS 7	Statement of Cash Flows
제1008호	회계정책, 회계추정의 변경 및 오류	IAS 8	Accounting Policies, Changes in Accounting Estimates and Errors
제1010호	보고기간후사건	IAS 10	Events after the Reporting Period
제1011호	건설계약 (제1115호에 의해 대체)	IAS 11	Construction Contracts (Replaced by IFRS 15)
제1012호	법인세	IAS 12	Income Taxes
제1016호	유형자산	IAS 16	Property, Plant and Equipment
제1017호	리스 (제1116호에 의해 대체)	IAS 17	Leases (Replaced by IFRS 16)
제1018호	수익 (제1115호에 의해 대체)	IAS 18	Revenue (Replaced by IFRS 15)
제1019호	종업원급여	IAS 19	Employee Benefits
제1020호	정부보조금의 회계처리와 정부지원의 공시	IAS 20	Accounting for Government Grants and Disclosure of Government Assistance
제1021호	환율변동효과	IAS 21	The Effects of Changes in Foreign Exchange Rates
제1023호	차입원가	IAS 23	Borrowing Costs
제1024호	특수관계자공시	IAS 24	Related Party Disclosures
제1026호	퇴직급여제도에 의한 회계처리와 보고	IAS 26	Accounting and Reporting by Retirement Benefit Plans
제1027호	별도재무제표	IAS 27	Separate Financial Statements
제1028호	관계기업과 공동기업에 대한 투자	IAS 28	Investments in Associates and Joint Ventures
제1029호	초인플레이션 경제에서의 재무보고	IAS 29	Financial Reporting in Hyperinflationary Economies
제1032호	금융상품: 표시	IAS 32	Financial Instruments: Presentation
제1033호	주당이익	IAS 33	Earnings per Share
제1034호	중간재무보고	IAS 34	Interim Financial Reporting

한국채택국제회계기준		국제회계기준	
제1036호	자산손상	IAS 36	Impairment of Assets
제1037호	충당부채, 우발부채 및 우발자산	IAS 37	Provisions, Contingent Liabilities and Contingent Assets
제1038호	무형자산	IAS 38	Intangible Assets
제1039호	금융상품: 인식과 측정 (제1109호에 의해 대체)	IAS 39	Financial Instruments: Recognition and Measurement (Replaced by IFRS 9)
제1040호	투자부동산	IAS 40	Investment Property
제1041호	농림어업	IAS 41	Agriculture
제1101호	한국채택국제회계기준의 최초채택	IFRS 1	First time Adoption of International Financial Reporting Standards
제1102호	주식기준보상	IFRS 2	Share based Payment
제1103호	사업결합	IFRS 3	Business Combinations
제1104호	보험계약	IFRS 4	Insurance Contracts
제1105호	매각예정비유동자산과 중단영업	IFRS 5	Non current Assets Held for Sale and Discontinued Operations
제1106호	광물자원의 탐사와 평가	IFRS 6	Exploration for and Evaluation of Mineral Resources
제1107호	금융상품: 공시	IFRS 7	Financial Instruments: Disclosures
제1108호	영업부문	IFRS 8	Operating Segments
제1109호	금융상품	IFRS 9	Financial Instruments
제1110호	연결재무제표	IFRS 10	Consolidated Financial Statements
제1111호	공동약정	IFRS 11	Joint Arrangements
제1112호	타 기업에 대한 지분의 공시	IFRS 12	Disclosure of Interests in Other Entities
제1113호	공정가치 측정	IFRS 13	Fair Value Measurement
제1114호	규제이연계정	IFRS 14	Regulatory Deferral Accounts
제1115호	고객과의 계약에서 생기는 수익	IFRS 15	Revenue from Contracts with Customers
제1116호	리스	IFRS 16	Leases
제2010호	정부지원: 영업활동과 특정한 관련이 없는 경우	SIC-10	Government Assistance – No Specific Relation to Operating Activities
제2015호	운용리스: 인센티브 (제1116호에 의해 대체)	SIC-15	Operating Leases – Incentives (Replaced by IFRS 16)

한국채택국제회계기준		국제회계기준	
제2025호	법인세: 기업이나 주주의 납세지위 변동	SIC-25	Income Taxes – Changes in the Tax Status of an Entity or its Shareholders
제2027호	법적 형식상의 리스를 포함하는 거래의 실질에 대한 평가 (제1116호에 의해 대체)	SIC-27	Evaluating the Substance of Transactions Involving the Legal Form of a Lease (Replaced by IFRS 16)
제2029호	민간투자사업: 공시	SIC-29	Service Concession Arrangements: Disclosures
제2031호	수익: 광고용역의 교환거래	SIC-31	Revenue – Barter Transactions Involving Advertising Services
제2032호	무형자산: 웹 사이트 원가	SIC-32	Intangible Assets – Web Site Costs
제2101호	사후처리 및 복구관련 충당부채의 변경	IFRIC 1	Changes in Existing Decommissioning, Restoration and Similar Liabilities
제2102호	조합원 지분과 유사 지분	IFRIC 2	Members' Shares in Co operative Entities and Similar Instruments
제2104호	약정에 리스가 포함되어 있는지의 결정 (제1116호에 의해 대체)	IFRIC 4	Determining whether an Arrangement contains a Lease (Replaced by IFRS 16)
제2105호	사후처리, 복구 및 환경정화를 위한 기금의 지분에 대한 권리	IFRIC 5	Rights to Interests arising from Decommissioning, Restoration and Environmental Rehabilitation Funds
제2106호	특정 시장에 참여함에 따라 발생하는 부채 : 폐전기 · 전자제품	IFRIC 6	Liabilities arising from Participating in a Specific Market – Waste Electrical and Electronic Equipment
제2107호	기업회계기준서 제1029호 '초인플레이션 경제에서의 재무보고' 에서의 재작성 방법의 적용	IFRIC 7	Applying the Restatement Approach under IAS 29
제2109호	내재파생상품의 재검토	IFRIC 9	Reassessment of Embedded Derivatives
제2110호	중간재무보고와 손상	IFRIC 10	Interim Financial Reporting and Impairment
제2112호	민간투자사업	IFRIC 12	Service Concession Arrangements
제2113호	고객충성제도	IFRIC 13	Customer Loyalty Programmes

한국채택국제회계기준		국제회계기준	
제2114호	기업회계기준서 제1019호: 확정급여자산한도, 최소적립요건 및 그 상호작용	IFRIC 14	IAS 19 — The Limit on a Defined Benefit Asset, Minimum Funding Requirements and their Interaction
제2115호	부동산건설약정	IFRIC 15	Agreements for the Construction of Real Estate
제2116호	해외사업장순투자의 위험회피	IFRIC 16	Hedges of a Net Investment in a Foreign Operation
제2117호	소유주에 대한 비현금자산의 분배	IFRIC 17	Distributions of Non-cash Assets to Owners
제2118호	고객으로부터의 자산이전	IFRIC 18	Transfers of Assets from Customers
제2119호	지분상품에 의한 금융부채의 소멸	IFRIC 19	Extinguishing Financial Liabilities with Equity Instruments
제2120호	노천광산 생산단계의 박토원가	IFRIC 20	Stripping Costs in the Production Phase of a Surface Mine
제2121호	부담금	IFRIC 21	Levies
제2122호	외화 거래와 선지급 선수취 대가	IFRIC 22	Foreign Currency Transactions and Advance Consideration

기업회계기준서 제1001호

재무제표 표시

개 요

제정의 이유

한국회계기준원 회계기준위원회는 국제회계기준위원회가 제정한 국제회계기준을 채택하여 기업회계기준의 일부로 구성하기로 한 정책에 따라 이 기준서를 제정하였다.

이 기준서는 전기재무제표 및 다른 기업의 재무제표와 비교할 수 있도록 일반목적 재무제표의 표시에 관한 기준을 정하기 위하여 제정하였다.

이 기준서의 주요 특징

[생략]

국제회계기준과의 관계

기업회계기준서 제1001호와 국제회계기준 제1호(IAS 1)

기업회계기준서 제1001호는 국제회계기준위원회가 제정한 국제회계기준 제1호(IAS 1) '재무제표 표시(Presentation of Financial Statements)' 에 대응하는 기준이다.

한국의 법률체계와 일관성을 유지하기 위하여 형식적인 부분이 제한적으로 수정되었다. 즉, 한국채택국제회계기준의 의무적용대상기업과 적용시기를 명시하기 위하여 문단 한2.1, 한139.1, 한139.2가 추가되었으며, 한국채택국제회계기준을 준수하여 작성된 재무제표는 국제회계기준을 준수하여 작성된 재무제표임을 공시할 수 있도록 문단 한16.1이 추가되었다. 적용시기 이후 최초채택기업으로서 이 기준서를 적용하게 됨에 따라 시행일과 경과규정, 기준서 등의 대체와 관련된 문단 139, 139B, 139C, 140이 삭제되었다. 이러한 수정을 명시적으로 표시하기 위하여 동 국제회계기준에 추가한 문단은 관련된 국제회계기준 문단번호에 '한' 이라는 접두어를 붙여 구분 표시하였다. 그리고 동 국제회계기준의 문단을 삭제한 경우는 관련된 국제회계기준 문단번호 옆에 '[한국회계기준원 회계기준위원회가 삭제함]' 이라고 표시하였다.

국제회계기준 제1호(IAS 1)의 준수

형식과 관련하여 수정된 위의 문단들을 제외하고는 기업회계기준서 제1001호가 IAS 1의 내용에 근거하여 제정되었기 때문에 기업회계기준서 제1001호를 준수하면 동시에 IAS 1을 준수하는 것이 된다.

기업회계기준서 제1001호
재무제표 표시

목적

1 이 기준서는 과거기간의 재무제표나 다른 기업의 재무제표와 비교가능하도록 일반목적 재무제표의 표시에 관한 기준을 정한다. 이 기준서는 재무제표의 표시에 관한 전반적인 요구사항, 재무제표의 구조에 대한 지침과 재무제표의 내용에 대한 최소한의 요구사항을 규정한다.

적용

한2.1 이 기준서는 '주식회사의 외부감사에 관한 법률' 의

적용대상기업 중 '자본시장과 금융투자업에 관한 법률'에 따른 주권상장법인의 회계처리에 적용한다. 또한 이 기준서는 재무제표의 작성과 표시를 위해 한국채택국제회계기준의 적용을 선택한 기업('한국채택국제회계기준 적용선택기업')의 회계처리에도 적용한다.

적용범위

2 이 기준서는 한국채택국제회계기준에 따라 작성하고 표시하는 일반목적 재무제표에 적용한다.

3 구체적인 거래나 그 밖의 사건에 대한 인식, 측정 및 공시에 대한 요구사항은 다른 한국채택국제회계기준서에서 정한다.

4 이 기준서는 기업회계기준서 제1034호 '중간재무보고'에 따라 작성되는 요약중간재무제표의 구조와 내용에는 적용하지 아니한다. 다만, 문단 15~35는 요약중간재무제표에도 적용한다. 이 기준서는 기업회계기준서 제1027호 '연결재무제표와 별도재무제표'에서 정의하는 연결재무제표나 별도재무제표를 보고하는 기업을 포함하여 모든 기업에 동일하게 적용한다.

5 이 기준서는 공기업을 포함한 영리기업에 적합한 용어를 사용한다. 민간부문 또는 공공부문의 비영리활동을 영위하는 조직이 이 기준서를 적용하고자 하는 경우에는 재무제표의 특정 항목의 명칭과 재무제표 명칭의 수정이 필요할 수 있다.

6 아울러 기업회계기준서 제1032호 '금융상품: 표시'에서 정의하는 자본이 없는 기업(예: 일부 뮤추얼펀드)과 납입자본이 자본의 정의를 충족하지 못하는 기업(예: 일부 조합)은 조합원이나 지분보유자의 지분을 재무제표에 적절히 수정하여 표시하는 것이 필요할 수 있다.

용어의 정의

7 이 기준서에서 사용하는 용어의 정의는 다음과 같다.

일반목적 재무제표(이하 '재무제표'라 한다): 특정 필요에 따른 특수보고서의 작성을 기업에 요구할 수 있는 위치에 있지 아니한 재무제표이용자의 정보요구를 충족시키기 위해 작성되는 재무제표

실무적으로 적용할 수 없는: 기업이 모든 합리적인 노력을 했어도 요구사항을 적용할 수 없는 경우에 그 요구사항은 실무적으로 적용할 수 없다.

한국채택국제회계기준: 한국회계기준원 회계기준위원회가 국제회계기준을 근거로 제정한 회계기준으로 다음과 같이 구성된다.
(1) 기업회계기준서
(2) 기업회계기준해석서

중요한: 어떠한 항목의 누락이나 왜곡표시가 개별적으로 또는 집합적으로 재무제표에 기초한 재무제표이용자의 경제적 의사결정에 영향을 미치는 경우 그 항목의 누락이나 왜곡표시는 중요하다. 중요성은 관련 상황을 고려하여 누락이나 왜곡표시의 크기와 성격에 따라 결정된다. 그 항목의 크기나 성격 또는 두 요소의 결합이 결정요소가 될 수 있다.

누락이나 왜곡표시가 재무제표이용자의 경제적 의사결정에 미치는 영향이 중요한지 여부를 평가할 때에는 재무제표이용자의 특성을 고려해야 한다. 재무제표의 작성과 표시를 위한 개념체계(이하 '개념체계'라 한다)의 문단 25에서는 '이용자는 경영 및 경제활동과 회계에 대한 합리적인 지식을 가지고 있으며 관련 정보를 분석하기 위하여 합리적인 노력을 기울일 의지가 있는 것으로 가정한다'라고 규정하고 있다. 따라서 위와 같은 재무제표이용자가 경제적 의사결정을 할 때 받을 영향을 합리적으로 예상하여 중요성 평가에 고려하여야 한다.

주석: 재무상태표, 포괄손익계산서, 별개의 손익계산서(표시하는 경우), 자본변동표 및 현금흐름표에 표시하는 정보에 추가하여 제공된 정보. 주석은 상기 재무제표에 표시된 항목을 구체적으로 설명하거나 세분화하며, 상기 재무제표 인식요건을 충족하지 못하는 항목에 대한 정보를 제공한다.

기타포괄손익: 다른 한국채택국제회계기준서에서 요구하거나 허용하여 당기손익으로 인식하지 않은 수익과 비용항목(재분류조정 포함)을 포함한다.

기타포괄손익은 다음의 항목을 포함한다.

(1) 재평가잉여금의 변동(기업회계기준서 제1016호 '유형자산' 과 기업회계기준서 제1038호 '무형자산' 참조)
(2) 기업회계기준서 제1019호 '종업원급여' 의 문단 93A에 따라 인식된 확정급여제도의 보험수리적손익
(3) 해외사업장의 재무제표 환산으로 인한 손익(기업회계기준서 제1021호 '환율변동효과' 참조)
(4) 매도가능금융자산의 재측정 손익(기업회계기준서 제1039호 '금융상품: 인식과 측정' 참조)
(5) 현금흐름위험회피의 위험회피수단의 평가손익 중 효과적인 부분(기업회계기준서 제1039호 참조)

소유주: 자본으로 분류되는 금융상품의 보유자

당기순손익: 수익에서 비용을 차감한 금액(기타포괄손익의 구성요소 제외)

재분류조정: 당기나 과거 기간에 기타포괄손익으로 인식되었으나 당기손익으로 재분류된 금액

총포괄손익: 거래나 그 밖의 사건으로 인한 기간 중 자본의 변동(소유주로서의 자격을 행사하는 소유주와의 거래로 인한 자본의 변동 제외)

총포괄손익은 '당기순손익' 과 '기타포괄손익' 의 모든 구성요소를 포함한다.

8 이 기준서에서는 '기타포괄손익', '당기순손익', '총포괄손익' 이라는 용어를 사용하고 있지만 의미가 명확하다면 그러한 합계를 표현하기 위하여 다른 용어를 사용할 수 있다. 예를 들어, 당기순손익을 표현하기 위하여 '순이익' 이라는 용어를 사용할 수 있다.

8A 다음의 용어는 기업회계기준서 제1032호 '금융상품: 표시' 에 기술하고 있으며 이 기준서에서는 기업회계기준서 제1032호에서 정하고 있는 의미로 사용된다.
(1) 지분상품으로 분류되는 풋가능 금융상품(기업회계기준서 제1032호 문단 16A와 16B에 기술됨)
(2) 발행자가 청산되는 경우에만 거래상대방에게 지분비율에 따라 발행자 순자산을 인도해야 하는 의무를 발행자에게 부과한 금융상품으로서 지분상품으로 분류되는 금융상품(기업회계기준서 제1032호 문단 16C와 16D에 기술됨)

재무제표

재무제표의 목적

9 재무제표는 기업의 재무상태와 재무성과를 체계적으로 표현한 것이다. 재무제표의 목적은 광범위한 정보이용자의 경제적 의사결정에 유용한 기업의 재무상태, 재무성과와 재무상태변동에 관한 정보를 제공하는 것이다. 또한 재무제표는 위탁받은 자원에 대한 경영진의 수탁책임 결과도 보여준다. 이러한 목적을 충족하기 위하여 재무제표는 다음과 같은 기업 정보를 제공한다.
(1) 자산
(2) 부채
(3) 자본
(4) 차익과 차손을 포함한 광의의 수익과 비용
(5) 소유주로서의 자격을 행사하는 소유주에 의한 출자와 소유주에 대한 배분
(6) 현금흐름

이러한 정보는 주석에서 제공되는 정보와 함께 재무제표이용자가 기업의 미래현금흐름, 특히 그 시기와 확실성을 예측하는 데 도움을 준다.

전체 재무제표

10 **전체 재무제표는 다음을 모두 포함하여야 한다.**
(1) 기말 재무상태표
(2) 기간 손익과 기타포괄손익계산서
(3) 기간 자본변동표
(4) 기간 현금흐름표
(5) 주석(유의적인 회계정책의 요약 및 그 밖의 설명으로 구성)
(6) 회계정책을 소급하여 적용하거나, 재무제표의 항목을 소급하여 재작성 또는 재분류하는 경우 가장 이른 비교기간의 기초 재무상태표

이 기준서에서 사용하는 재무제표의 명칭이 아닌 다른 명칭을 사용할 수 있다.

예를 들어, '손익과기타포괄손익계산서' 라는 명칭 대신에 '포괄손익계산서' 라는 명칭을 사용할 수 있다.

한10.1 문단 10에도 불구하고 재무제표의 명칭은 「주식회사의 외부감사에 관한 법률」제1조의 2의 규정에 따른다. 따라서, 이 기준서의 문단 10 이외의 다른 문단 및 다른 기준서에서 '손익과기타포괄손익계산서' 라

는 명칭은 사용하지 않고 '포괄손익계산서' 라는 명칭만을 사용한다.

10A 당기손익과 기타포괄손익은 단일의 포괄손익계산서에 두 부분으로 나누어 표시할 수 있다. 이 두 부분은 당기손익 부분을 먼저 표시하고 바로 이어서 기타포괄손익 부분을 표시함으로써 함께 표시한다. 당기손익 부분을 별개의 손익계산서에 표시할 수 있다. 그러한 경우, 별개의 손익계산서는 포괄손익을 표시하는 보고서(이 보고서는 당기순손익으로부터 시작한다) 바로 앞에 위치한다.

11 **각각의 재무제표는 전체 재무제표에서 동등한 비중으로 표시한다.**

12 문단 81에서 허용하듯이 당기순손익의 구성요소를 단일 포괄손익계산서의 일부로 표시하거나 별개의 손익계산서에 표시할 수 있다. 손익계산서를 표시하는 경우 그 손익계산서는 전체 재무제표의 일부이며 포괄손익계산서의 바로 앞에 표시한다.

13 많은 기업은 재무제표 이외에도 그 기업의 경영성과와 재무성과의 주요특성 및 기업이 직면한 주요 불확실성을 설명하는 경영진의 재무검토보고서를 제공한다. 이러한 보고서는 다음 항목에 대한 검토를 포함할 수 있다.

(1) 재무성과의 주요 결정 요인과 영향. 이에는 기업이 처한 영업환경의 변화, 그 변화와 영향에 대한 기업의 대응계획 및 재무성과를 유지하고 향상시키기 위한 기업의 투자정책 및 배당정책을 포함한다.
(2) 기업의 자금 조달원천과 자본 대 부채의 목표비율
(3) 한국채택국제회계기준에 따라 재무상태표에 인식되지 아니한 기업의 자원

14 또한 많은 기업은 특히 환경 요인이 유의적인 산업에 속해 있는 경우나 종업원이 주요 재무제표이용자인 경우에 재무제표 이외에도 환경보고서나 부가가치보고서와 같은 보고서를 제공한다. 재무제표 이외의 보고서는 한국채택국제회계기준의 적용범위에 해당하지 않는다.

일반사항

공정한 표시와 한국채택국제회계기준의 준수

15 **재무제표는 기업의 재무상태, 재무성과 및 현금흐름을 공정하게 표시해야 한다. 공정한 표시를 위해서는 '개념체계'에서 정한 자산, 부채, 수익 및 비용에 대한 정의와 인식요건에 따라 거래, 그 밖의 사건과 상황의 효과를 충실하게 표현해야 한다. 한국채택국제회계기준에 따라 작성된 재무제표(필요에 따라 추가공시한 경우 포함)는 공정하게 표시된 재무제표로 본다.**

16 **한국채택국제회계기준을 준수하여 재무제표를 작성하는 기업은 그러한 준수 사실을 주석에 명시적이고 제한없이 기재한다. 재무제표가 한국채택국제회계기준의 요구사항을 모두 충족한 경우가 아니라면 한국채택국제회계기준을 준수하여 작성되었다고 기재하여서는 아니 된다.**

한16.1 **한국채택국제회계기준을 준수하여 작성된 재무제표는 국제회계기준을 준수하여 작성된 재무제표임을 주석으로 공시할 수 있다.**

17 거의 모든 상황에서 공정한 표시는 관련 한국채택국제회계기준을 준수함으로써 달성된다. 또한 공정한 표시를 위해 다음과 같은 사항이 준수되어야 한다.

(1) 기업회계기준서 제1008호 '회계정책, 회계추정의 변경 및 오류'를 준수하여 회계정책을 선택하고 적용한다. 기업회계기준서 제1008호는 구체적으로 적용할 한국채택국제회계기준이 없는 경우 경영진이 고려할 관련 기준의 우선순위를 규정하고 있다.
(2) 회계정책을 포함하여 목적적합하고, 신뢰할 수 있고, 비교가능하며 이해가능한 정보를 표시한다.
(3) 한국채택국제회계기준의 구체적인 요구사항을 준수하더라도 특정거래, 그 밖의 사건 및 상황이 기업의 재무상태와 재무성과에 미치는 영향을 재무제표이용자가 이해하기에 충분하지 않은 경우 추가공시를 제공한다.

18 **부적절한 회계정책은 이에 대하여 공시나 주석 또는 보충 자료를 통해 설명하더라도 정당화될 수 없다.**

19 **극히 드문 상황으로서 한국채택국제회계기준의 요구사항을 준수하는 것이 오히려 '개념체계'에서 정하고 있는 재무제표의 목적과 상충되어 재무제표이용자의 오해를 유발할 수 있다고 경영진이 결론을 내리는 경우에는, 관련 감독체계가 이러한 요구사항으로부터의**

일탈을 의무화하거나 금지하지 않는다면, 문단 20에서 정하는 방법으로 요구사항을 달리 적용한다.

20 기업이 문단 19에 따라 한국채택국제회계기준의 요구사항을 달리 적용하는 경우, 다음 모든 항목을 공시한다.

(1) 재무제표가 기업의 재무상태, 재무성과 및 현금흐름을 공정하게 표시하고 있다고 경영진이 결론을 내렸다는 사실

(2) 공정한 표시를 위해 특정 요구사항을 달리 적용하는 것을 제외하고는 한국채택국제회계기준을 준수했다는 사실

(3) 기업이 달리 적용하는 해당 한국채택국제회계기준의 제목, 그 한국채택국제회계기준에서 요구하는 회계처리의 방법과 이에 대한 일탈의 내용, 그러한 회계처리가 해당 상황에서 재무제표이용자의 오해를 유발할 수 있어 '개념체계' 에서 정한 재무제표의 목적과 상충되는 이유, 그리고 실제로 적용한 회계처리방법

(4) 표시된 각 회계기간에 대해, 한국채택국제회계기준 요구사항으로부터의 일탈이 이를 준수하였다면 보고되었을 재무제표의 각 항목에 미치는 재무적 영향

21 과거기간에 한국채택국제회계기준의 요구사항을 달리 적용한 결과 그러한 일탈이 당기 재무제표의 인식금액에 영향을 미친 경우, 문단 20(3)과 (4)의 항목을 공시한다.

22 예를 들어, 과거기간에 자산이나 부채의 측정에 대해 한국채택국제회계기준의 요구사항을 달리 적용하여 그러한 일탈이 당기 재무제표에 인식된 자산과 부채의 변동금액 측정에 영향을 미치는 경우에는 문단 21을 적용한다.

23 극히 드문 상황으로서 한국채택국제회계기준의 요구사항을 준수하는 것이 '개념체계' 에서 정한 재무제표의 목적과 상충되어 재무제표이용자의 오해를 유발할 수 있다고 경영진이 결론을 내렸지만, 관련 감독체계가 요구사항으로부터의 일탈을 금지하는 경우에는, 기업은 다음 사항을 공시하여 오해를 유발할 수 있는 가능성을 최대한으로 줄여야 한다.

(1) 의문의 여지가 있는 한국채택국제회계기준의 제목, 요구사항의 성격, 요구사항을 준수하는 것이 해당 상황에서 재무제표이용자의 오해를 유발하여 '개념체계' 에서 정한 재무제표의 목적과 상충된다고 경영진이 결론을 내린 이유

(2) 표시된 각 회계기간에 대해, 공정한 표시를 위해 필요하다고 경영진이 결론을 내린 재무제표의 각 항목에 대한 조정내용

24 문단 19~23과 관련하여, 제공된 정보가 표시하려고 의도하거나 표시할 것이라고 합리적으로 기대되는 거래, 그 밖의 사건 및 상황을 충실히 표현하지 못하여, 결과적으로 재무제표이용자의 경제적 의사결정에 영향을 미칠 가능성이 높은 경우, 그러한 정보는 재무제표의 목적과 상충될 것이다. 한국채택국제회계기준의 특정 요구사항을 준수하면, '개념체계' 에서 정한 재무제표의 목적과 상충될 정도로 재무제표이용자의 오해를 유발할 수 있는지를 평가할 때에는 경영진은 다음 사항을 모두 고려한다.

(1) 특정상황에서 재무제표의 목적이 달성되지 못하는 이유

(2) 당해 기업의 상황이 요구사항을 준수하고 있는 다른 기업의 상황과 다를 경우 그 내용. 비슷한 상황에 있는 다른 기업이 요구사항을 준수하고 있다면, 당해 기업이 요구사항을 준수하는 것이 '개념체계' 에서 정하고 있는 재무제표의 목적과 상충될 정도로 재무제표이용자의 오해를 유발하는 것이 아닐 수도 있다는 반증가능한 가정이 된다.

계속기업

25 경영진은 재무제표를 작성할 때 계속기업으로서의 존속가능성을 평가해야 한다. 경영진이 기업을 청산하거나 경영활동을 중단할 의도를 가지고 있지 않거나, 청산 또는 경영활동의 중단 외에 다른 현실적 대안이 없는 경우가 아니면 계속기업을 전제로 재무제표를 작성한다. 계속기업으로서의 존속능력에 유의적인 의문이 제기될 수 있는 사건이나 상황과 관련된 중요한 불확실성을 알게 된 경우, 경영진은 그러한 불확실성을 공시하여야 한다. 재무제표가 계속기업의 기준하에 작성되지 않는 경우에는 그 사실과 함께 재무제표가 작성된 기준 및 그 기업을 계속기업으로 보지 않는 이유를 공시하여야 한다.

26 계속기업의 가정이 적절한지의 여부를 평가할 때 경영진은 적어도 보고기간말로부터 향후 12개월 기간에 대하여 이용가능한 모든 정보를 고려한다. 각 상황의 사실내용에 따라 고려의 정도를 결정한다. 기업이 상

당 기간 계속 사업이익을 보고하였고, 보고기간말 현재 경영에 필요한 재무자원을 확보하고 있는 경우에는 자세한 분석이 없이도 계속기업을 전제로 한 회계처리가 적절하다는 결론을 내릴 수 있다. 그렇지 않은 경우 경영진은 계속기업의 전제가 적절하다고 판단하기 전에, 현재와 미래의 기대 수익성, 부채상환계획 및 대체적 자본조달의 잠재적 원천과 관련된 다양한 요소를 고려할 필요가 있다.

발생기준 회계

27 **기업은 현금흐름 정보를 제외하고는 발생기준 회계를 사용하여 재무제표를 작성한다.**

28 발생기준 회계를 사용하는 경우, 각 항목이 '개념체계' 의 정의와 인식요건을 충족할 때 자산, 부채, 자본, 광의의 수익 및 비용(재무제표의 요소)으로 인식한다.

중요성과 통합표시

29 **유사한 항목은 중요성 분류에 따라 재무제표에 구분하여 표시한다. 상이한 성격이나 기능을 가진 항목은 구분하여 표시한다. 다만 중요하지 않은 항목은 성격이나 기능이 유사한 항목과 통합하여 표시할 수 있다.**

30 수많은 거래와 그 밖의 사건은 성격이나 기능에 따라 범주별로 통합되어 재무제표에 표시된다. 통합 및 분류의 마지막 단계는 재무제표에 각 개별 항목으로 나타내기 위하여 관련 자료를 요약하고 분류하여 표시하는 것이다. 개별적으로 중요하지 않은 항목은 상기 재무제표나 주석의 다른 항목과 통합한다. 상기 재무제표에는 중요하지 않아 구분하여 표시하지 않은 항목이라도 주석에서는 구분 표시해야 할 만큼 충분히 중요할 수 있다.

31 중요하지 않은 정보일 경우 한국채택국제회계기준에서 요구하는 특정 공시를 제공할 필요는 없다.

상계

32 **한국채택국제회계기준에서 요구하거나 허용하지 않는 한 자산과 부채 그리고 수익과 비용은 상계하지 아니한다.**

33 자산과 부채, 그리고 수익과 비용은 구분하여 표시한다. 상계표시로 거래나 그 밖의 사건의 실질이 반영되는 경우를 제외하고는, 포괄손익계산서, 재무상태표, 별개의 손익계산서(표시하는 경우)에서의 상계표시는 발생한 거래, 그 밖의 사건과 상황을 이해하고 기업의 미래현금흐름을 분석할 수 있는 재무제표이용자의 능력을 저해한다. 재고자산에 대한 재고자산평가충당금과 매출채권에 대한 대손충당금과 같은 평가충당금을 차감하여 관련 자산을 순액으로 측정하는 것은 상계표시에 해당하지 아니한다.

34 기업회계기준서 제1018호 '수익' 에서는 수익을 정의하고 있으며, 기업이 제공하는 매매할인이나 수량할증을 고려하여 받거나 받을 대가의 공정가치로 수익을 측정한다고 규정하고 있다. 기업은 정상적인 영업활동 과정에서 수익을 창출하지는 않지만 주요 수익창출 활동에 부수적인 그 밖의 거래를 할 수 있다. 동일 거래에서 발생하는 수익과 관련비용의 상계표시가 거래나 그 밖의 사건의 실질을 반영한다면 그러한 거래의 결과는 상계하여 표시한다. 예를 들면 다음과 같다.

(1) 투자자산 및 영업용자산을 포함한 비유동자산의 처분손익은 처분대금에서 그 자산의 장부금액과 관련처분비용을 차감하여 표시한다.

(2) 기업회계기준서 제1037호 '충당부채, 우발부채 및 우발자산' 에 따라 인식한 충당부채와 관련된 지출을 제3자와의 계약관계(예: 공급자의 보증약정)에 따라 보전 받는 경우, 당해 지출과 보전받는 금액은 상계하여 표시할 수 있다.

35 또한 예를 들어, 외환손익 또는 단기매매 금융상품에서 발생하는 손익과 같이 유사한 거래의 집합에서 발생하는 차익과 차손은 순액으로 표시한다. 그러나 그러한 차익과 차손이 중요한 경우에는 구분하여 표시한다.

보고빈도

36 **전체 재무제표(비교정보를 포함)는 적어도 1년마다 작성한다. 보고기간종료일을 변경하여 재무제표의 보고기간이 1년을 초과하거나 미달하는 경우 재무제표 해당 기간뿐만 아니라 다음 사항을 추가로 공시한다.**

(1) 보고기간이 1년을 초과하거나 미달하게 된 이유

(2) 재무제표에 표시된 금액이 완전하게 비교가능하지는 않다는 사실

37 일반적으로 재무제표는 일관성 있게 1년 단위로 작성한다. 그러나 실무적인 이유로 어떤 기업은 예를 들어 52주의 보고기간을 선호한다. 이 기준서는 이러한 보고관행을 금지하지 않는다.

비교정보

38 한국채택국제회계기준이 달리 허용하거나 요구하는 경우를 제외하고는 당기 재무제표에 보고되는 모든 금액에 대해 전기 비교정보를 공시한다. 당기 재무제표를 이해하는 데 목적적합하다면 서술형 정보의 경우에도 비교정보를 포함한다.

39 비교정보를 공시하는 기업은 적어도 두 개의 재무상태표와 두 개씩의 그 밖의 재무제표 및 관련 주석을 표시해야 한다. 회계정책을 소급하여 적용하거나 재무제표의 항목을 소급하여 재작성 또는 재분류하는 경우에는 적어도 세 개의 재무상태표, 두 개씩의 그 밖의 재무제표 및 관련 주석을 표시해야 한다. 재무상태표는 다음 시점을 기준으로 표시한다.
(1) 당기말
(2) 전기말(당기초와 동일)
(3) 가장 이른 비교기간의 기초

40 어떤 경우에는 전기 재무제표에 공시된 서술형 정보가 당기에도 계속 관련될 수 있다. 예를 들어, 법률 분쟁의 결과가 직전기 보고기간말 현재 불확실하였고 당기에도 아직 해결되지 않은 경우에는 그 상세한 내용을 당기에 공시한다. 재무제표이용자에게 직전기 보고기간말 현재 불확실성이 존재하였다는 사실과 당기에 그러한 불확실성을 해소하기 위하여 취한 절차에 대한 정보는 유용하다.

41 재무제표 항목의 표시나 분류를 변경하는 경우 실무적으로 적용할 수 없는 것이 아니라면 비교금액도 재분류해야 한다. 비교금액을 재분류할 때 다음 사항을 공시한다.
(1) 재분류의 성격
(2) 재분류된 개별 항목이나 항목군의 금액
(3) 재분류의 이유

42 비교금액을 실무적으로 재분류할 수 없는 경우 다음 사항을 공시한다.
(1) 해당 금액을 재분류하지 아니한 이유
(2) 해당 금액을 재분류한다면 이루어 질 수정의 성격

43 정보의 기간별 비교가능성이 제고되면 특히 예측을 위한 재무정보 추세분석이 가능하여 재무제표이용자의 경제적 의사결정에 도움을 준다. 그러나 당기와의 비교가능성을 제고하기 위해 특정 과거기간 비교정보를 실무적으로 재분류 할 수 없는 경우가 있다. 예를 들어, 재분류가 가능한 방법으로 과거기간의 정보를 수집하지 못했거나, 실무적으로 정보를 재생시킬 수 없는 경우이다.

44 기업회계기준서 제1008호는 회계정책 변경이나 오류의 수정에 필요한 비교정보의 수정을 규정하고 있다.

표시의 계속성

45 재무제표 항목의 표시와 분류는 다음의 경우를 제외하고는 매기 동일하여야 한다.
(1) 사업내용의 유의적인 변화나 재무제표를 검토한 결과 다른 표시나 분류방법이 더 적절한 것이 명백한 경우. 이 경우 기업회계기준서 제1008호에서 정하는 회계정책의 선택 및 적용요건을 고려한다.
(2) 한국채택국제회계기준에서 표시방법의 변경을 요구하는 경우

46 예를 들어, 유의적인 인수나 매각, 또는 재무제표의 표시에 대해 검토한 결과 재무제표를 다른 방법으로 표시할 필요가 있을 수 있다. 기업은 변경된 표시방법이 재무제표이용자에게 신뢰성 있고 더욱 목적적합한 정보를 제공하며, 변경된 구조가 지속적으로 유지될 가능성이 높아 비교가능성을 저해하지 않을 것으로 판단할 때에만 재무제표의 표시방법을 변경한다. 표시방법을 변경할 때에는 문단 41과 42에 따라 비교정보(문단 38~41 참조)를 재분류한다.

구조와 내용

개요

47 이 기준서는 재무상태표, 포괄손익계산서, 별개의 손익계산서(표시하는 경우) 또는 자본변동표에 표시되는 특정한 공시사항을 규정하고 있고, 그리고 상기 재무제표나 또는 주석에 그 밖의 개별 항목의 공시사항을 규정하고 있다. 기업회계기준서 제1007호 '현금흐름표'는 현금흐름 정보의 표시에 대한 요구사항을 규정하고 있다.

48 이 기준서에서는 '공시'라는 용어를 넓은 의미에서 종종 사용하고 있는데, 이러한 공시는 재무제표에 표시되는 항목을 포괄한다. 또한 다른 한국채택국제회계기준서에서도 공시사항을 규정하고 있다. 이 기준서나 다른 한국채택국제회계기준서에서 달리 규정하지 않는다면, 그러한 공시사항은 각 재무제표에 표시할 수 있다.

재무제표의 식별

49 재무제표는 동일한 문서에 포함되어 함께 공표되는 그 밖의 정보와 명확하게 구분되고 식별되어야 한다.

50 한국채택국제회계기준은 오직 재무제표에만 적용하며 연차보고서, 감독기구 제출서류 또는 다른 문서에 표시되는 그 밖의 정보에 반드시 적용하여야 하는 것은 아니다. 따라서 한국채택국제회계기준을 준수하여 작성된 정보와 한국채택국제회계기준에서 요구하지 않지만 유용한 그 밖의 정보를 재무제표이용자가 구분할 수 있는 것이 중요하다.

51 각 재무제표와 주석은 명확하게 식별되어야 한다. 또한 다음 정보가 분명하게 드러나야 하며, 정보의 이해를 위해서 필요할 때에는 반복 표시하여야 한다.

(1) 보고기업의 명칭 또는 그 밖의 식별 수단과 전기 보고기간말 이후 그러한 정보의 변경내용

(2) 재무제표가 개별 기업에 대한 것인지 연결실체에 대한 것인지의 여부

(3) 재무제표나 주석의 작성대상이 되는 보고기간종료일 또는 보고기간

(4) 기업회계기준서 제1021호에 정의된 표시통화

(5) 재무제표의 금액 표시를 위하여 사용한 금액 단위

52 문단 51의 요구사항에 따라 페이지, 재무제표, 주석, 항목 등의 적절한 제목을 표시한다. 어떤 방법이 그러한 정보를 표시하는 가장 좋은 방법인지를 결정하는 데는 판단이 요구된다. 예를 들어, 재무제표가 전자문서로 제공될 때, 페이지가 분리되는 것이 항상 유용하지는 않다. 이러한 경우 재무제표에 포함되는 정보를 이해할 수 있도록 위 항목을 표시한다.

53 흔히 재무제표의 표시통화를 천 단위나 백만 단위로 표시할 때 더욱 이해가능성이 제고될 수 있다. 이러한 표시는 금액 단위를 공시하고 중요한 정보가 누락되지 않는 경우에 허용될 수 있다.

재무상태표

재무상태표에 표시되는 정보

54 재무상태표에는 적어도 다음에 해당하는 금액을 나타내는 항목을 표시한다.

(1) 유형자산

(2) 투자부동산

(3) 무형자산

(4) 금융자산(단, (5), (8) 및 (9)는 제외)

(5) 지분법에 따라 회계처리하는 투자자산

(6) 생물자산

(7) 재고자산

(8) 매출채권 및 기타 채권

(9) 현금및현금성자산

(10) 기업회계기준서 제1105호 '매각예정비유동자산과 중단영업'에 따라 매각예정으로 분류된 자산과 매각예정으로 분류된 처분자산집단에 포함된 자산의 총계

(11) 매입채무 및 기타 채무

(12) 충당부채

(13) 금융부채(단, (11)과 (12)는 제외)

(14) 기업회계기준서 제1012호 '법인세'에서 정의된 당기 법인세와 관련한 부채와 자산

(15) 기업회계기준서 제1012호에서 정의된 이연법인세부채 및 이연법인세자산

(16) 기업회계기준서 제1105호에 따라 매각예정으로 분류된 처분자산집단에 포함된 부채

(17) 자본에 표시된 비지배지분

(18) 지배기업의 소유주에게 귀속되는 납입자본과 적립금

55 기업의 재무상태를 이해하는 데 목적적합한 경우 재무상태표에 항목, 제목 및 중간합계를 추가하여 표시한다.

56 기업이 재무상태표에 유동자산과 비유동자산, 그리고 유동부채와 비유동부채로 구분하여 표시하는 경우, 이연법인세자산(부채)은 유동자산(부채)으로 분류하지 아니한다.

57 이 기준서는 표시되어야 할 항목의 순서나 형식을 규정하지 아니한다. 문단 54는 단순히 재무상태표에 구분 표시하기 위해 성격이나 기능면에서 명확하게 상이한 항목명을 제시하고 있다. 또한,

(1) 한 항목 또는 통합된 유사 항목의 크기, 성격 또는 기능상 기업의 재무상태를 이해하기 위해 구분표시가 필요한 경우 그러한 항목을 추가로 재무상태표에 포함한다.
(2) 기업의 재무상태를 이해하는 데 목적적합한 정보를 제공하기 위해 기업과 거래의 성격에 따라 사용된 용어와 항목의 순서, 또는 유사 항목의 통합방법을 변경할 수 있다. 예를 들어, 금융회사는 금융회사의 영업목적에 적합한 정보를 제공하기 위해 상기 용어를 변경할 수 있다.

58 추가 항목으로 구분하여 표시할지 여부는 다음 요소를 고려하여 판단한다.
(1) 자산의 성격 및 유동성
(2) 기업 내에서의 자산 기능
(3) 부채의 금액, 성격 및 시기

59 상이하게 분류된 자산에 대해 상이한 측정기준을 사용하는 것은 그 자산의 성격이나 기능이 상이하여 별도 항목으로 구분하여 표시해야 함을 의미한다. 예를 들어, 상이하게 분류된 유형자산에 대해서는 기업회계기준서 제1016호에 따라 원가 또는 재평가금액을 장부금액으로 할 수 있다.

유동과 비유동의 구분

60 **유동성 순서에 따른 표시방법이 신뢰성 있고 더욱 목적적합한 정보를 제공하는 경우를 제외하고는 문단 66~76에 따라 유동자산과 비유동자산, 유동부채와 비유동부채로 재무상태표에 구분하여 표시한다. 유동성 순서에 따른 표시방법을 적용할 경우 모든 자산과 부채는 유동성의 순서에 따라 표시한다.**

61 **어느 표시방법을 채택하더라도 자산과 부채의 각 개별 항목이 다음의 기간에 회수되거나 결제될 것으로 기대되는 금액이 합산하여 표시되는 경우, 12개월 후에 회수되거나 결제될 것으로 기대되는 금액을 공시한다.**
(1) 보고기간 후 12개월 이내와
(2) 보고기간 후 12개월 후

62 기업이 명확히 식별 가능한 영업주기 내에서 재화나 용역을 제공하는 경우, 재무상태표에 유동자산과 비유동자산 및 유동부채와 비유동부채를 구분하여 표시한다. 이는 운전자본으로서 계속 순환되는 순자산과 장기 영업활동에서 사용하는 순자산을 구분함으로써 유용한 정보를 제공하기 때문이다. 이는 또한 정상영업주기 내에 실현될 것으로 예상되는 자산과 동 기간 내에 결제 기일이 도래하는 부채를 구분하여 보여준다.

63 금융회사와 같은 일부 기업의 경우에는 오름차순이나 내림차순의 유동성 순서에 따른 표시방법으로 자산과 부채를 표시하는 것이 유동성/비유동성 구분법보다 신뢰성 있고 더욱 목적적합한 정보를 제공한다. 이러한 기업은 재화나 서비스를 명확히 식별 가능한 영업주기 내에 제공하지 않기 때문이다.

64 문단 60을 적용할 때, 신뢰성 있고 더욱 목적적합한 정보를 제공한다면 자산과 부채의 일부는 유동성/비유동성 구분법으로, 나머지는 유동성 순서에 따른 표시방법으로 표시하는 것이 허용된다. 이러한 혼합표시방법은 기업이 다양한 사업을 영위하는 경우에 필요할 수 있다.

65 자산과 부채의 실현 예정일에 대한 정보는 기업의 유동성과 부채상환능력을 평가하는 데 유용하다. 기업회계기준서 제1107호 '금융상품: 공시'는 금융자산과 금융부채의 만기에 대한 공시를 요구하고 있다. 금융자산은 매출채권 및 기타 채권을 포함하고, 금융부채는 매입채무 및 기타 채무를 포함한다. 자산과 부채가 유동 또는 비유동으로 구분되는지의 여부와 관계없이, 재고자산과 같은 비화폐성 자산의 회수 예정일과 충당부채와 같은 부채의 결제 예정일에 대한 정보도 역시 유용하다. 예를 들어, 기업은 보고기간 후 12개월 후에 회수될 것으로 기대되는 재고자산 금액을 공시한다.

유동자산

66 **자산은 다음의 경우에 유동자산으로 분류한다.**
(1) 기업의 정상영업주기 내에 실현될 것으로 예상하거나, 정상영업주기 내에 판매하거나 소비할 의도가 있다.
(2) 주로 단기매매 목적으로 보유하고 있다.
(3) 보고기간 후 12개월 이내에 실현될 것으로 예상한다.
(4) 현금이나 현금성자산(기업회계기준서 제1007호의 정의 참조)으로서, 교환이나 부채 상환 목적으로의 사용에 대한 제한 기간이 보고기간 후 12개월

이상이 아니다.
그 밖의 모든 자산은 비유동자산으로 분류한다.

67 이 기준서에서는 유형자산, 무형자산 및 장기의 성격을 가진 금융자산을 포함하여 '비유동' 이라는 용어를 사용하고 있다. 만약 의미가 명확하다면 대체적인 용어를 사용하는 것을 금지하지는 않는다.

68 영업주기는 영업활동을 위한 자산의 취득시점부터 그 자산이 현금이나 현금성자산으로 실현되는 시점까지 소요되는 기간이다. 정상영업주기를 명확히 식별할 수 없는 경우에는 그 기간이 12개월인 것으로 가정한다. 유동자산은 보고기간 후 12개월 이내에 실현될 것으로 예상되지 않는 경우에도 재고자산 및 매출채권과 같이 정상영업주기의 일부로서 판매, 소비 또는 실현되는 자산을 포함한다. 또한 유동자산은 주로 단기매매목적으로 보유하고 있는 자산(예: 기업회계기준서 제1039호에 따라 단기매매항목으로 분류되는 일부 금융자산 포함)과 비유동금융자산의 유동성 대체 부분을 포함한다.

유동부채

69 **부채는 다음의 경우에 유동부채로 분류한다.**
(1) 정상영업주기 내에 결제될 것으로 예상하고 있다.
(2) 주로 단기매매 목적으로 보유하고 있다.
(3) 보고기간 후 12개월 이내에 결제하기로 되어 있다.
(4) 보고기간 후 12개월 이상 부채의 결제를 연기할 수 있는 무조건의 권리를 가지고 있지 않다.
그 밖의 모든 부채는 비유동부채로 분류한다.

70 매입채무 그리고 종업원 및 그 밖의 영업원가에 대한 미지급비용과 같은 유동부채는 기업의 정상영업주기 내에 사용되는 운전자본의 일부이다. 이러한 항목은 보고기간 후 12개월 후에 결제일이 도래한다 하더라도 유동부채로 분류한다. 동일한 정상영업주기가 기업의 자산과 부채의 분류에 적용된다. 기업의 정상영업주기가 명확하게 식별되지 않는 경우 그 주기는 12개월인 것으로 가정한다.

71 기타 유동부채는 정상영업주기 이내에 결제되지는 않지만 보고기간 후 12개월 이내에 결제일이 도래하거나 주로 단기매매목적으로 보유한다. 이에 대한 예로는 기업회계기준서 제1039호에 따라 단기매매항목으로 분류된 일부 금융부채, 당좌차월, 비유동금융부채의 유동성 대체 부분, 미지급배당금, 법인세 및 기타 지급채무 등이 있다. 장기적으로 자금을 조달하며 (즉, 기업의 정상영업주기내에 사용되는 운전자본의 일부가 아닌 경우) 보고기간 후 12개월 이내에 만기가 도래하지 아니하는 금융부채는 비유동부채이다. 이 경우 문단 74와 75의 규정을 충족하여야 한다.

72 다음 모두에 해당하는 경우라 하더라도 금융부채가 보고기간 후 12개월 이내에 결제일이 도래하면 이를 유동부채로 분류한다.
(1) 원래의 결제기간이 12개월을 초과하는 경우
(2) 보고기간 후 재무제표 발행승인일 전에 장기로 차환하는 약정 또는 지급기일을 장기로 재조정하는 약정이 체결된 경우

73 기업이 기존의 대출계약조건에 따라 보고기간 후 적어도 12개월 이상 부채를 차환하거나 연장할 것으로 기대하고 있고, 그런 재량권이 있다면, 보고기간 후 12개월 이내에 만기가 도래한다 하더라도 비유동부채로 분류한다. 그러나 기업에게 부채의 차환이나 연장에 대한 재량권이 없다면(예를 들어, 차환약정이 없는 경우), 차환가능성을 고려하지 않고 유동부채로 분류한다.

74 보고기간말 이전에 장기차입약정을 위반했을 때 대여자가 즉시 상환을 요구할 수 있는 채무는 보고기간 후 재무제표 발행승인일 전에 채권자가 약정위반을 이유로 상환을 요구하지 않기로 합의하더라도 유동부채로 분류한다. 그 이유는 기업이 보고기간말 현재 그 시점으로부터 적어도 12개월 이상 결제를 연기할 수 있는 무조건적 권리를 가지고 있지 않기 때문이다.

75 그러나 대여자가 보고기간말 이전에 보고기간 후 적어도 12개월 이상의 유예기간을 주는 데 합의하여 그 유예기간 내에 기업이 위반사항을 해소할 수 있고, 또 그 유예기간 동안에는 대여자가 즉시 상환을 요구할 수 없다면 그 부채는 비유동부채로 분류한다.

76 유동부채로 분류된 차입금의 경우 다음과 같은 사건이 보고기간말과 재무제표 발행승인일 사이에 발생하면 그러한 사건은 기업회계기준서 제1010호 '보고기간후사건' 에 따라 수정을 요하지 않는 사건으로 주석에 공시한다.
(1) 장기로 차환

(2) 장기차입약정 위반사항의 해소
(3) 보고기간 후 적어도 12개월 이상 장기차입약정 위반사항을 해소할 수 있는 유예기간을 대여자로부터 부여받음

재무상태표 또는 주석에 표시되는 정보

77 **기업은 재무제표에 표시된 개별항목을 기업의 영업활동을 나타내기에 적절한 방법으로 세분류하고, 그 추가적인 분류 내용을 재무상태표 또는 주석에 공시한다.**

78 세분류상의 세부내용은 한국채택국제회계기준의 요구사항, 당해 금액의 크기, 성격 및 기능에 따라 달라진다. 문단 58에서 정하는 요소도 세분류 기준을 결정할 때 이용한다. 공시의 범위는 각 항목별로 다르며, 예를 들면 다음과 같다.
(1) 유형자산 항목은 기업회계기준서 제1016호에 따른 분류로 세분화한다.
(2) 채권은 일반상거래 채권, 특수관계자 채권, 선급금과 기타 금액으로 세분화한다.
(3) 재고자산은 기업회계기준서 제1002호 '재고자산'에 따라 상품, 소모품, 원재료, 재공품 및 제품 등으로 세분화한다.
(4) 충당부채는 종업원급여 충당부채와 기타 항목 충당부채로 세분화한다.
(5) 납입자본과 적립금은 자본금, 주식발행초과금, 적립금 등과 같이 다양한 분류로 세분화한다.

79 **재무상태표, 자본변동표 또는 주석에 다음 항목을 공시한다.**
(1) 주식의 종류별로 다음의 사항
(가) 수권주식수
(나) 발행되어 납입 완료된 주식수와 발행되었으나 부분 납입된 주식수
(다) 주당 액면가액 또는 무액면주식이라는 사실
(라) 유통주식수의 기초 수량으로부터 기말 수량으로의 조정내역
(마) 배당의 지급 및 자본의 환급에 대한 제한을 포함하여 각 종류별 주식에 부여된 권리, 우선권 및 제한사항
(바) 발행주식 중 당해 기업, 종속기업 또는 관계기업이 소유하고 있는 주식
(사) 옵션과 주식 매도 계약에 따라 발행 예정된 주식(조건과 금액 포함)
(2) 자본을 구성하는 각 적립금의 성격과 목적에 대한 설명

80 **파트너십이나 신탁과 같이 자본금이 없는 경우는 문단 79(1)의 규정에 상응하는 정보를 공시한다. 따라서 지분의 각 범주별로 해당 기간 중 변동내용과 그 지분에 부여된 권리, 우선권과 제한사항을 공시한다.**

80A **기업이 다음의 금융상품을 금융부채와 자본 간에 재분류하는 경우에는, 각 범주(금융부채나 자본)간에 재분류된 금액, 재분류의 시기와 이유를 공시한다.**
(1) 지분상품으로 분류되는 풋가능 금융상품
(2) 발행자가 청산되는 경우에만 거래상대방에게 지분비율에 따라 발행자 순자산을 인도해야 하는 의무를 발행자에게 부과한 금융상품으로서 지분상품으로 분류되는 금융상품

포괄손익계산서

81 [국제회계기준위원회에 의하여 삭제됨]

81A **포괄손익계산서에 당기손익 부분과 기타포괄손익 부분에 추가하여 다음을 표시한다.**
(1) 당기순손익
(2) 총기타포괄손익
(3) 당기손익과 기타포괄손익을 합한 당기포괄손익
별개의 손익계산서를 표시하는 경우, 포괄손익을 표시하는 보고서에는 당기손익 부분을 표시하지 않는다.

81B **당기손익 부분과 기타포괄손익 부분에 추가하여 다음을 당기손익과 당기기타포괄손익의 배분 항목으로서 표시한다.**
(1) 다음에 귀속되는 당기순손익
(가) 비지배지분
(나) 지배기업의 소유주
(2) 다음에 귀속되는 당기포괄손익
(가) 비지배지분
(나) 지배기업의 소유주
당기순손익을 별개의 보고서에 표시하는 경우, 위 (1)을 그 보고서에 표시한다.

당기손익 부분 또는 손익계산서에 표시되는 정보

82 **당기손익 부분이나 손익계산서에는 다른 한국채택국**

제회계기준서가 요구하는 항목에 추가하여 당해 기간의 다음 금액을 표시하는 항목을 포함한다.

(1) 수익

(2) 금융원가

(3) 지분법 적용대상인 관계기업과 공동기업의 당기순손익에 대한 지분

(4) 법인세비용

(5) [국제회계기준위원회에 의하여 삭제됨]

(5-1) 중단영업의 합계를 표시하는 단일금액(기업회계기준서 제1105호 참조)

(6)~(9) [국제회계기준위원회에 의하여 삭제됨]

기타포괄손익 부분에 표시되는 정보

82A 기타포괄손익 부분에는 당해 기간의 기타포괄손익의 금액을 표시하는 항목을 성격별로 분류(지분법 적용대상 관계기업과 공동기업의 기타포괄손익에 대한 지분 포함)하고, 다른 한국채택국제회계기준서에 따라 다음의 집단으로 묶어 표시한다.

(1) 후속적으로 당기손익으로 재분류되지 않는 항목

(2) 특정 조건을 충족하는 때에 후속적으로 당기손익으로 재분류되는 항목

83 [국제회계기준위원회에 의하여 삭제됨]

84 [국제회계기준위원회에 의하여 삭제됨]

85 기업의 재무성과를 이해하는 데 목적적합한 경우에는 당기손익과 기타포괄손익을 표시하는 보고서(들)에 항목, 제목 및 중간합계를 추가하여 표시한다.

86 기업의 다양한 활동, 거래 및 그 밖의 사건의 영향은 빈도, 손익의 가능성 및 예측가능성의 측면에서 상이하기 때문에, 재무성과의 구성요소에 대한 공시는 재무제표이용자가 달성된 재무성과를 이해하고 미래 재무성과를 예측하는데 도움을 준다. 재무성과의 구성요소를 설명하는데 필요하다면 추가 항목을 당기손익과 기타포괄손익을 표시하는 보고서(들)에 포함하고 사용된 용어와 항목의 배열을 수정한다. 이 때 중요성, 수익과 비용 항목의 성격 및 기능 등의 요소를 고려한다. 예를 들어, 금융회사는 금융회사의 사업목적에 적합한 정보를 제공하기 위해 용어를 수정할 수 있다. 문단 32의 요건을 충족하지 않는다면 수익과 비용은 상계하지 아니한다.

87 수익과 비용의 어느 항목도 당기손익과 기타포괄손익을 표시하는 보고서(들) 또는 주석에 특별손익 항목으로 표시할 수 없다.

당기순손익

88 한 기간에 인식되는 모든 수익과 비용 항목은 한국채택국제회계기준이 달리 정하지 않는 한 당기손익으로 인식한다.

89 일부 한국채택국제회계기준서는 특정항목을 당기손익 이외의 항목으로 인식하는 상황을 규정하고 있다. 기업회계기준서 제1008호는 그러한 두 가지 상황으로서 오류의 수정과 회계정책의 변경 효과를 규정하고 있다. 다른 한국채택국제회계기준서에서는 '개념체계'의 수익 또는 비용에 대한 정의를 충족하는 기타포괄손익의 구성요소를 당기손익에서 제외할 것을 요구하거나 허용한다(문단 7 참조).

기타포괄손익

90 기타포괄손익의 항목(재분류조정 포함)과 관련한 법인세비용 금액은 포괄손익계산서나 주석에 공시한다.

91 기타포괄손익의 항목은 다음 중 한 가지 방법으로 표시할 수 있다.

(1) 관련 법인세 효과를 차감한 순액으로 표시

(2) 기타포괄손익의 항목과 관련된 법인세 효과 반영 전 금액으로 표시하고, 각 항목들에 관련된 법인세 효과는 단일 금액으로 합산하여 표시

대안 (2)를 선택하는 경우, 법인세는 후속적으로 당기손익 부분으로 재분류되는 항목과 재분류되지 않는 항목간에 배분한다.

92 기타포괄손익의 구성요소와 관련된 재분류조정을 공시한다.

93 다른 한국채택국제회계기준서는 과거기간에 기타포괄손익으로 인식한 금액을 당기손익으로 재분류할지 여부와 그 시기에 대하여 규정하고 있다. 그러한 재분류를 이 기준서에서는 재분류조정으로 규정하고 있다. 재분류조정은 그 조정액이 당기손익으로 재분류되는 기간의 기타포괄손익의 관련 구성요소에 포함된다. 예를 들어, 매도가능금융자산의 처분으로 실현된 이익은 당기손익에 포함된다. 이러한 금액은 당기나

과거기간에 미실현이익으로 기타포괄손익에 인식되었을 수도 있다. 이러한 미실현이익은 총포괄손익에 이중으로 포함되지 않도록 미실현이익이 실현되어 당기손익으로 재분류되는 기간의 기타포괄손익에서 차감되어야 한다.

94 재분류조정은 포괄손익계산서나 주석에 표시할 수 있다. 재분류조정을 주석에 표시하는 경우에는 관련 재분류조정을 반영한 후에 기타포괄손익의 항목을 표시한다.

95 예를 들어, 재분류조정은 해외사업장을 매각할 때(기업회계기준서 제1021호 참조), 매도가능금융자산을 제거할 때(기업회계기준서 제1039호 참조), 위험회피예상거래가 당기손익에 영향을 미칠 때(현금흐름 위험회피와 관련하여 기업회계기준서 제1039호 문단 100 참조) 발생한다.

96 재분류조정은 기업회계기준서 제1016호나 제1038호에 따라 인식한 재평가잉여금의 변동이나 기업회계기준서 제1019호 문단 93A에 따라 인식한 확정급여제도의 보험수리적손익에 의해서는 발생하지 않는다. 이러한 구성요소는 기타포괄손익으로 인식하고 후속 기간에 당기손익으로 재분류하지 않는다. 재평가잉여금의 변동은 자산이 사용되는 후속 기간 또는 자산이 제거될 때 이익잉여금으로 대체될 수 있다(기업회계기준서 제1016호와 제1038호 참조). 보험수리적손익은 기타포괄손익으로 인식된 기간에 이익잉여금으로 보고된다(기업회계기준서 제1019호 참조).

포괄손익계산서 또는 주석에 표시되는 정보

97 **수익과 비용 항목이 중요한 경우, 그 성격과 금액을 별도로 공시한다.**

98 수익과 비용 항목의 별도 공시가 필요할 수 있는 상황은 다음을 포함한다.

(1) 재고자산을 순실현가능가치로 감액하거나 유형자산을 회수가능액으로 감액하는 경우의 그 금액과 그러한 감액의 환입
(2) 기업 활동에 대한 구조조정과 구조조정 충당부채의 환입
(3) 유형자산의 처분
(4) 투자자산의 처분
(5) 중단영업
(6) 소송사건의 해결
(7) 기타 충당부채의 환입

99 **기업은 비용의 성격별 또는 기능별 분류방법 중에서 신뢰성 있고 더욱 목적적합한 정보를 제공할 수 있는 방법을 적용하여 당기손익으로 인식한 비용의 분석내용을 표시한다.**

100 문단 99의 분석내용은 당기손익과 기타포괄손익을 표시하는 보고서(들)에 표시할 것을 권장한다.

101 비용은 빈도, 손익의 발생가능성 및 예측가능성의 측면에서 서로 다를 수 있는 재무성과의 구성요소를 강조하기 위해 세분류로 표시한다. 분석내용은 두 가지 형태 중 하나로 제공된다.

102 분석의 첫 번째 형태는 성격별 분류이다. 당기손익에 포함된 비용은 그 성격(예: 감가상각비, 원재료의 구입, 운송비, 종업원급여와 광고비)별로 통합하며, 기능별로 재배분하지 않는다. 비용을 기능별 분류로 배분할 필요가 없기 때문에 적용이 간단할 수 있다. 비용의 성격별 분류의 예는 다음과 같다.

수익		X
기타 수익		X
제품과 재공품의 변동	X	
원재료와 소모품의 사용액	X	
종업원급여비용	X	
감가상각비와 기타 상각비	X	
기타 비용	X	
총 비용		(X)
법인세비용차감전순이익		X

103 분석의 두 번째 형태는 기능별 분류법 또는 '매출원가' 법으로서, 비용을 매출원가, 그리고 물류원가와 관리활동원가 등과 같이 기능별로 분류한다. 이 방법에서는 적어도 매출원가를 다른 비용과 분리하여 공시한다. 이 방법은 성격별 분류보다 재무제표이용자에게 더욱 목적적합한 정보를 제공할 수 있지만 비용을 기능별로 배분하는데 자의적인 배분과 상당한 정도의 판단이 개입될 수 있다. 비용의 기능별 분류의 예는 다음과 같다.

수익	X
매출원가	(X)

매출총이익	X
기타 수익	X
물류원가	(X)
관리비	(X)
기타 비용	(X)
법인세비용차감전순이익	X

104 비용을 기능별로 분류하는 기업은 감가상각비, 기타 상각비와 종업원급여비용을 포함하여 비용의 성격에 대한 추가 정보를 공시한다.

105 비용의 기능별 분류 또는 성격별 분류에 대한 선택은 역사적, 산업적 요인과 기업의 성격에 따라 다르다. 두 방법 모두 기업의 매출 또는 생산 수준에 따라 직접으로 또는 간접으로 연계하여 변동함을 시사한다. 각 방법이 상이한 유형의 기업별로 장점이 있기 때문에 이 기준서는 신뢰성 있고 보다 목적적합한 표시방법을 경영진이 선택하도록 하고 있다. 그러나 비용의 성격에 대한 정보가 미래현금흐름을 예측하는 데 유용하기 때문에, 비용을 기능별로 분류하는 경우에는 추가 공시가 필요하다. 문단 104에서의 '종업원급여' 는 기업회계기준서 제1019호에서의 의미와 동일하다.

자본변동표

자본변동표에 표시되는 정보

106 문단 10에서 요구하는 바에 따라 자본변동표를 작성한다. 자본변동표에는 다음 정보를 포함한다.

(1) 지배기업의 소유주와 비지배지분에게 각각 귀속되는 금액으로 구분하여 표시한 해당 기간의 총포괄손익

(2) 자본의 각 구성요소별로, 기업회계기준서 제1008호에 따라 인식된 소급적용이나 소급재작성의 영향

(3) [국제회계기준위원회에 의하여 삭제됨]

(4) 자본의 각 구성요소별로 다음의 각 항목에 따른 변동액을 구분하여 표시한, 기초시점과 기말시점의 장부금액 조정내역

(가) 당기순손익

(나) 기타포괄손익

(다) 소유주로서의 자격을 행사하는 소유주와의 거래(소유주에 의한 출자와 소유주에 대한 배분, 그리고 지배력을 상실하지 않는 종속기업에 대한 소유지분의 변동을 구분하여 표시)

자본변동표나 주석에 표시되는 정보

106A 자본의 각 구성요소에 대하여 자본변동표나 주석에 기타포괄손익의 항목별 분석 내용을 표시한다(문단 106(4)(나) 참조).

107 자본변동표나 주석에 당해 기간 동안에 소유주에 대한 배분으로 인식된 배당금액과 주당배당금을 표시한다.

108 문단 106에서 자본의 구성요소는 각 분류별 납입자본, 각 분류별 기타포괄손익의 누계액과 이익잉여금의 누계액 등을 포함한다.

109 보고기간시작일과 종료일 사이의 자본의 변동은 당해 기간의 순자산 증가 또는 감소를 반영한다. 소유주로서의 자격을 행사하는 소유주와의 거래(예: 출자, 기업자신의 지분상품의 재취득 및 배당) 및 그러한 거래와 직접 관련이 있는 거래원가에서 발생하는 변동을 제외하고는, 한 기간 동안이 자본의 총 변동은 그 기간 동안 기업 활동에 의해 발생된 차익과 차손을 포함한 수익과 비용의 총 금액을 나타낸다.

110 기업회계기준서 제1008호는 다른 한국채택국제회계기준서의 경과규정에서 달리 규정하는 경우를 제외하고, 실무적으로 적용할 수 있는 범위까지 회계정책의 변경효과에 대해 소급법의 적용을 요구하고 있다. 기업회계기준서 제1008호는 또한 오류수정에 대해서도 실무적으로 적용할 수 있는 범위까지 소급법을 적용하여 재작성할 것을 요구하고 있다. 한국채택국제회계기준이 자본의 다른 구성요소의 소급 수정을 요구하는 경우를 제외하고는 소급법을 적용한 수정과 재작성은 자본의 변동은 아니지만 이익잉여금 기초잔액의 수정을 초래한다. 문단 106(2)는 회계정책변경에 따른 각 자본항목의 수정사항 총액과 오류수정으로 인한 수정사항 총액을 각각 구분하여 자본변동표에 공시하도록 요구하고 있다. 이러한 수정사항은 과거의 각 기간과 당해 기간의 기초에 대하여 공시한다.

현금흐름표

111 현금흐름정보는 기업의 현금및현금성자산 창출능력과 기업의 현금흐름 사용 필요성에 대한 평가의 기초를 재무제표이용자에게 제공한다. 기업회계기준서

제1007호는 현금흐름 정보의 표시와 공시에 대한 요구사항을 규정하고 있다.

주석

구조

112 주석은 다음의 정보를 제공한다.

(1) 재무제표 작성 근거와 문단 117 124에 따라 사용한 구체적인 회계정책에 대한 정보

(2) 한국채택국제회계기준에서 요구하는 정보이지만 재무제표 어느 곳에도 표시되지 않는 정보

(3) 재무제표 어느 곳에도 표시되지 않지만 재무제표를 이해하는 데 목적적합한 정보

113 주석은 실무적으로 적용 가능한 한 체계적인 방법으로 표시한다. 재무상태표, 포괄손익계산서, 별개의 손익계산서(표시하는 경우), 자본변동표 및 현금흐름표에 표시된 개별 항목은 주석의 관련 정보와 상호 연결시켜 표시한다.

114 주석은 재무제표이용자가 재무제표를 이해하고 다른 기업의 재무제표와 비교하는 데 도움을 줄 수 있도록 일반적으로 다음 순서로 표시한다.

(1) 한국채택국제회계기준을 준수하였다는 사실(문단 16 참조)

(2) 적용한 유의적인 회계정책의 요약(문단 117 참조)

(3) 재무상태표, 포괄손익계산서, 별개의 손익계산서(표시하는 경우), 자본변동표 및 현금흐름표에 표시된 항목에 대한 보충정보. 재무제표의 배열 및 각 재무제표에 표시된 개별 항목의 순서에 따라 표시한다.

(4) 다음을 포함한 기타 공시

(가) 우발부채(기업회계기준서 제1037호 참조)와 재무제표에서 인식하지 아니한 계약상 약정사항

(나) 비재무적 공시항목, 예를 들어 기업의 재무위험관리목적과 정책(기업회계기준서 제1107호 참조)

115 경우에 따라 주석 내 개별 항목 배열순서의 변경이 필요하거나 바람직할 수 있다. 예를 들어, 금융상품의 공정가치 변동에 대한 정보는 당기손익과 기타포괄손익을 표시하는 보고서(들)와 관련되어 있고, 금융상품의 만기에 대한 정보는 재무상태표와 관련되어 있다 하더라도, 이 두 정보를 금융상품의 만기정보에 통합하여 표시할 수 있다. 그럼에도 불구하고 주석의 체계적인 구조는 실무적으로 적용가능한 한 유지하여야 한다.

116 재무제표의 작성 기준과 구체적 회계정책에 대한 정보를 제공하는 주석은 재무제표의 별도 부분으로 표시할 수 있다.

회계정책의 공시

117 유의적인 회계정책의 요약으로 다음 항목을 공시한다.

(1) 재무제표를 작성하는 데 사용한 측정기준

(2) 재무제표를 이해하는 데 목적적합한 기타의 회계정책

118 재무제표이용자에게 재무제표 작성의 기초가 된 측정기준(예: 역사적 원가, 현행원가, 순실현가능가치, 공정가치 또는 회수가능액)에 관한 정보를 제공하는 것은 중요하다. 왜냐하면 재무제표의 작성기준은 재무제표이용자의 분석에 유의적인 영향을 미치기 때문이다. 재무제표에 하나 이상의 측정기준을 사용한 경우, 예를 들어 특정 자산 집단을 재평가하는 경우, 각 측정기준이 적용된 자산과 부채의 범주를 표시한다.

119 경영진은 특정 회계정책의 공시 여부를 결정할 때 공시가 거래, 그 밖의 사건 및 상황이 보고된 재무성과와 재무상태에 어떻게 반영되었는지를 재무제표이용자가 이해하는 데 도움이 되는지를 고려한다. 특정 회계정책이 한국채택국제회계기준에서 허용되는 여러 대안 중에서 선택된 경우에 그러한 회계정책의 공시는 특히 재무제표이용자에게 유용하다. 참여자가 공동지배기업 투자지분의 인식방법으로 비례연결을 사용하는지 또는 지분법을 사용하는지에 대한 공시를 한 예로 들 수 있다(기업회계기준서 제1031호 '공동기업 투자지분' 참조). 일부 한국채택국제회계기준서는 동 기준서가 허용하는 상이한 회계정책에 대한 경영진의 선택을 포함하여, 구체적으로 특정 회계정책의 공시를 요구한다. 예를 들어, 기업회계기준서 제1016호는 유형자산의 분류별로 사용된 측정기준의 공시를 요구한다.

120 재무제표이용자가 당해 기업의 유형에서 공시할 것이라고 기대하는 사업내용과 정책을 고려하여 공시한다. 예를 들어, 재무제표이용자는 법인세 납부대상 기업이 이연법인세 부채 및 자산을 포함한 법인세에 대

한 회계정책을 공시할 것으로 기대한다. 기업이 유의적인 해외사업을 수행하거나 외화거래를 하는 경우에는 외환손익의 인식에 대한 회계정책의 공시를 기대할 것이다.

121 회계정책은 당기 및 과거기간의 금액이 중요하지 않은 경우에도 사업의 성격 때문에 유의적일 수 있다. 또 한국채택국제회계기준에서는 구체적으로 요구하지 않더라도 기업회계기준서 제1008호에 따라 선택하여 적용하는 유의적인 회계정책은 공시하는 것이 적절하다.

122 **회계정책을 적용하는 과정에서 추정에 관련된 공시와는 별도로(문단 125 참조), 재무제표에 인식되는 금액에 유의적인 영향을 미친 경영진이 내린 판단은 유의적인 회계정책의 요약 또는 기타 주석 사항으로 공시한다.**

123 경영진은 추정과는 별도로 기업의 회계정책을 적용하는 과정에서 재무제표에 인식되는 금액에 유의적인 영향을 미칠 수 있는 다양한 판단을 한다. 예를 들어, 경영진은 다음 사항의 결정을 위해 판단과정을 거친다.
(1) 금융자산이 만기보유 투자자산인지의 여부
(2) 금융자산과 리스자산의 소유권에 대한 대부분의 유의적인 위험과 효익이 실질적으로 다른 기업에 이전되었는지의 여부
(3) 특정 매출이 실질적으로 차입거래이며 수익을 창출하지 않는 거래인지의 여부

124 문단 122에 따라 작성되는 공시사항의 일부는 다른 한국채택국제회계기준서에서도 요구한다. 예를 들어, 기업회계기준서 제1027호는 의결권 또는 잠재적인 의결권의 과반수를 직접으로 또는 종속기업을 통하여 간접으로 소유하고 있음에도 불구하고 종속기업이 아닌 피투자자로 보는 경우 기업의 소유지분이 지배관계를 형성하지 않는 이유를 공시하도록 요구하고 있다. 기업회계기준서 제1040호 '투자부동산'은 부동산의 분류가 어려운 경우, 자가사용부동산이나 정상영업활동에서 판매하기 위한 부동산과 구별하기 위하여 사용한 분류기준을 공시하도록 요구하고 있다.

추정 불확실성의 원천

125 **미래에 대한 가정과 보고기간말의 추정 불확실성에 대한 기타 주요 원천에 대한 정보를 공시한다. 이러한 가정과 추정 불확실성에 대한 기타 주요 원천은 다음 회계연도에 자산과 부채의 장부금액에 대한 중요한 조정을 유발할 수 있는 유의적인 위험을 내포하고 있다. 따라서 이로부터 영향을 받을 자산과 부채에 대하여 다음 사항 등을 주석으로 기재한다.**
(1) 자산과 부채의 성격
(2) 보고기간말의 장부금액

126 일부 자산과 부채의 장부금액은 불확실한 미래 사건이 보고기간말의 자산과 부채에 미치는 영향을 추정하여 결정해야 한다. 예를 들어, 유형자산의 분류별 회수가능액, 재고자산에 대한 기술적 진부화의 영향, 진행 중인 소송사건의 미래 결과에 따라 변동되는 충당부채, 그리고 퇴직연금채무와 같은 장기 종업원급여부채를 측정할 때 최근에 관측된 시장가격이 존재하지 않는 경우에는 미래지향적인 추정에 의존하게 된다. 이러한 추정을 할 때 현금흐름 또는 할인율에 대한 위험조정, 급여의 미래변동 및 그 밖의 원가에 영향을 미치는 가격의 미래변동과 같은 항목에 대한 가정이 필요하다.

127 문단 125에 따라 공시한 가정과 추정 불확실성에 대한 기타 원천은 경영진에게 가장 어렵고 주관적이고 복잡한 판단을 요구하는 추정과 관련이 있다. 불확실성에 대한 미래 해소가능성에 영향을 주는 변수와 가정이 증가할수록 그러한 판단은 더욱 주관적이고 복잡해진다. 그에 따라 결과적으로 자산과 부채 장부금액의 중요한 조정 가능성은 일반적으로 증가하게 된다.

128 다음 회계연도에 장부금액이 중요하게 변동될 수 있는 유의적인 위험이 있는 자산과 부채라 할지라도 최근에 관측된 시장가격에 기초하여 보고기간말의 공정가치를 측정한 경우에는 문단 125에서 요구하는 공시를 하지 아니한다. 그러한 공정가치가 다음 회계연도에 중요하게 변동될 수도 있지만 그러한 변동은 보고기간말의 가정 또는 추정 불확실성에 대한 기타 원천에서 발생한 것은 아니다.

129 문단 125의 공시사항은 미래와 추정 불확실성에 대한 기타 원천에 대해 경영진이 내린 판단을 재무제표이용자가 이해하는 데 도움을 줄 수 있도록 표시한다. 제공하는 정보의 성격과 범위는 가정 및 그 밖의 상황의 성격에 따라 다르다. 그러한 공시사항의 예는 다음과 같다.
(1) 가정 또는 기타 추정 불확실성의 성격

(2) 계산에 사용된 방법, 가정 및 추정에 따른 장부금액의 민감도와 그 이유
(3) 불확실성의 영향을 받는 자산 및 부채의 장부금액과 관련하여 다음 회계연도 내에 예상되는 불확실성의 해소방안과 합리적으로 발생가능한 결과의 범위
(4) 불확실성이 계속 미해소 상태인 경우, 해당 자산 및 부채에 대하여 과거에 사용한 가정과의 차이에 대한 설명

130 이 기준서는 문단 125의 공시사항으로 예산정보 또는 미래예측을 공시하도록 요구하지 않는다.

131 보고기간말의 가정 또는 추정 불확실성의 기타 원천에 대한 잠재적 영향의 정도를 실무적으로 공시할 수 없는 경우가 있다. 이 경우 현재 알려진 정보에 의하면 다음 회계연도 중에 가정과 다른 결과가 발생하여 그 영향을 받는 자산과 부채의 장부금액이 중요하게 수정될 수도 있다는 사실을 공시해야 한다. 어떠한 경우라도 기업은 가정에 의해 영향을 받는 개별 자산이나 부채(또는 자산이나 부채의 집단)의 성격과 장부금액을 공시해야 한다.

132 회계정책을 적용하는 과정에서 경영진이 내린 특정 판단에 대한 문단 122의 공시는 문단 125의 추정 불확실성의 원천에 대한 공시와는 관련이 없다.

133 문단 125에서 요구하였을 가정 중 일부에 대한 공시를 다른 한국채택국제회계기준서에서 다루고 있다. 예를 들어, 기업회계기준서 제1037호는 특정 상황에서 유형별 충당부채에 영향을 미치는 미래 사건에 대한 주요 가정의 공시를 요구하고 있다. 기업회계기준서 제1107호는 공정가치를 장부금액으로 하는 금융자산 및 금융부채의 공정가치 추정에 사용한 유의적인 가정에 대해 공시를 요구하고 있다. 기업회계기준서 제1016호는 유형자산 중 재평가된 항목의 공정가치 추정에 사용한 유의적인 가정에 대해 공시를 요구하고 있다.

자본

134 **재무제표이용자가 자본관리를 위한 기업의 목적, 정책 및 절차를 평가할 수 있도록 관련 정보를 공시한다.**

135 문단 134를 준수하기 위해 다음 항목을 공시한다.

(1) 자본관리를 위한 기업의 목적, 정책 및 절차에 대한 비계량적 정보(다음 사항을 포함한다)
(가) 자본으로 관리하고 있는 항목에 대한 설명
(나) 외부적으로 부과된 자본유지요건이 있는 경우, 그러한 요건의 내용과 그 요건이 자본관리에 어떻게 반영되고 있는지에 대한 내용
(다) 자본관리의 목적을 어떻게 달성하고 있는지에 대한 내용
(2) 자본으로 관리하고 있는 항목에 대한 계량적 자료의 요약. 일부 기업은 특정 금융부채(예: 일부의 후순위채무)를 자본의 일부로 간주한다. 또 다른 기업은 어떤 지분의 구성요소(예: 현금흐름위험회피에서 발생하는 구성요소)를 자본의 개념에서 제외하기도 한다.
(3) 전기 이후 (1)과 (2)의 변경사항
(4) 외부적으로 부과된 자본유지요건을 회계기간동안 준수하였는지의 여부
(5) 외부적으로 부과된 자본유지요건을 준수하지 아니한 경우, 그 미준수의 결과

이러한 공시는 기업의 주요 경영진에게 내부적으로 제공된 정보에 기초한다.

136 기업은 다양한 방법으로 자본을 관리할 수 있으며 여러 가지 상이한 자본유지요건이 있을 수 있다. 예를 들어, 어떤 대기업 집단은 보험업과 은행업을 영위하는 기업을 포함할 수 있으며, 그러한 기업은 여러 국가에서 운영될 수도 있다. 자본유지요건과 자본이 어떻게 관리되는지에 대한 통합 공시가 유용한 정보를 제공하지 못하거나 기업의 자본 원천에 대한 재무제표이용자의 이해를 왜곡시키는 경우, 기업은 각각의 자본유지요건별로 분리하여 정보를 공시한다.

자본으로 분류되는 풋가능 금융상품

136A **지분상품으로 분류되는 풋가능 금융상품에 대하여 다음 사항을 공시한다(단, 다른 곳에서 공시되지 않은 사항).**

(1) 자본으로 분류되는 금액에 대한 양적요약자료
(2) 금융상품 보유자가 재매입 또는 상환을 요구할 때, 그 의무를 관리하기 위한 목적, 정책 및 절차(전기 이후의 변경사항 포함)
(3) 이러한 종류의 금융상품의 상환이나 재매입시 기대되는 현금유출액
(4) 상환이나 재매입시 기대되는 현금유출액의 결정 방법에 관한 정보

기타 공시

137 주석에는 다음 사항을 공시한다.

(1) 재무제표 발행승인일 전에 제안 또는 선언되었으나 당해 기간 동안에 소유주에 대한 분배금으로 인식되지 아니한 배당금액과 주당배당금

(2) 미인식 누적우선주배당금

138 다음 항목이 재무제표와 함께 공표된 기타 정보에 공시되지 않았다면 주석으로 공시한다.

(1) 기업의 소재지와 법적 형태, 설립지 국가 및 등록된 본점사무소(또는 등록된 본점사무소와 상이하다면, 주요 사업 소재지)의 주소

(2) 기업의 영업과 주요 활동의 내용에 대한 설명

(3) 지배기업과 연결실체 최상위 지배기업의 명칭

(4) 존속기간이 정해진 기업의 경우 그 존속기간에 관한 정보

한138.1 상법 등 관련 법규에서 이익잉여금처분계산서(또는 결손금처리계산서)의 작성을 요구하는 경우에는 재무상태표의 이익잉여금(또는 결손금)에 대한 보충정보로서 이익잉여금처분계산서(또는 결손금처리계산서)를 주석으로 공시한다.

한138.2 기업은 수익에서 매출원가 및 판매비와관리비(물류원가 등을 포함)를 차감한 영업이익(또는 영업손실)을 포괄손익계산서에 구분하여 표시한다. 다만 영업의 특수성을 고려할 필요가 있는 경우(예: 매출원가를 구분하기 어려운 경우)나 비용을 성격별로 분류하는 경우 영업수익에서 영업비용을 차감한 영업이익(또는 영업손실)을 포괄손익계산서에 구분하여 표시할 수 있다.

한138.3 영업이익(또는 영업손실) 산출에 포함된 주요항목과 그 금액을 포괄손익계산서 본문에 표시하거나 주석으로 공시한다.

한138.4 문단 한138.2에 따른 영업이익(또는 영업손실)에 포함되지 않은 항목 중 기업의 영업성과를 반영하는 그 밖의 수익 또는 비용 항목이 있다면 이러한 항목을 추가하여 조정영업이익(또는 조정영업손실) 등의 명칭을 사용하여 주석으로 공시할 수 있으며, 이 경우 다음 내용을 포함한다.

(1) 추가한 주요항목과 그 금액

(2) 이러한 조정영업이익(또는 조정영업손실) 등은 해당 기업이 자체 분류한 영업이익(또는 영업손실)이라는 사실

시행일과 경과규정

[다음 문단 외 생략]

한139K.1 2012년 9월에 문단 한138.2를 개정하고 한138.3과 한138.4를 추가하였다. 이 개정은 2012년 12월 31일부터 시행하며, 시행일 이후 최초로 종료하는 회계연도부터 적용하되 조기적용을 허용한다. 조기적용하는 경우 그 사실을 공시한다.

기업회계기준서 제1001호의 제정에 대한 회계기준위원회의 의결

기업회계기준서 제1001호 '재무제표 표시'의 제정(2007.11.23.)은 회계기준위원회 위원 7인 전원의 찬성으로 의결하였다.

회계기준위원회 위원 : 이효익(위원장)
서정우(상임위원)
김성남
윤순석
최상태
황성식
황인태

기업회계기준서 제1001호의 개정에 대한 회계기준위원회의 의결

[중 략]

기업회계기준서 제1001호 '재무제표 표시'의 개정(2012.9.28.)은 회계기준위원회 위원 7인 중 6인의 찬성으로 의결하였다. 최신형 위원은 개정에 반대하였다.

회계기준위원회 위원 : 임석식(위원장)
김찬홍(상임위원)
고완석
권수영
안영규
전 괄
최신형

기업회계기준서 제1001호 '재무제표 표시'의 실무적용지침

이 실무적용지침은 기업회계기준서 제1001호에 첨부되지만, 이 기준서의 일부를 구성하는 것은 아니다.

재무제표 구조의 예시

IG1 기업회계기준서 제1001호는 재무제표의 구성요소와 재무상태표, 포괄손익계산서 및 자본변동표의 공시에 관한 최소한의 요구사항을 정하고 있다. 또한 관련 재무제표의 본문이나 주석에 표시할 수 있는 추가 항목을 규정한다. 이 실무적용지침은 재무상태표, 포괄손익계산서 및 자본변동표의 표시에 관한 기업회계기준서 제1001호의 요구사항을 충족하는 간단한 사례를 제시한다. 특정한 상황에 적합하도록 하는 것이 필요한 경우에는 표시순서, 보고서의 명칭 및 각 항목에 사용된 설명을 변경하여야 한다.

IG2 실무적용지침은 세 부분으로 되어 있다. 문단 IG3 IG6은 재무제표 표시의 사례를 제시한다. 문단 IG7 IG9는 IAS 39에 따른 매도가능금융자산의 재분류조정 결정의 사례를 제공한다. 문단 IG10과 IG11은 자본 공시의 사례를 제시한다.

IG3 예시된 재무상태표는 유동항목과 비유동항목을 구분하여 표시할 수 있는 한 방법을 보여준다. 유동항목과 비유동항목의 구분이 명확하다면 다른 형식을 사용할 수도 있다.

IG4 예시는 당기손익과 기타포괄손익의 모든 항목의 총계를 '포괄손익'이라는 용어로 칭한다. 예시는 포괄손익에 포함되지만 당기손익에서는 제외되는 수익과 비용을 '기타포괄손익'이라는 용어로 칭한다. 기업회계기준서 제1001호는 기업이 이러한 용어를 재무제표에 사용하도록 요구하지 않는다.

IG5 두 개의 포괄손익계산서를 제시하여, 단일 포괄손익계산서 또는 두 개의 보고서에 수익과 비용의 대체적인 표시를 예시한다. 포괄손익계산서는 당기손익 내 수익과 비용의 기능별분류를 예시한다. 별개의 보고서(이 사례에서 '손익계산서')는 당기손익 내 수익과 비용의 성격별 분류를 예시한다.

IG5A 두 조의 포괄손익계산서가 예시되어 있다. 이 중의 한 사례는 기업회계기준서 제1039호 '금융상품 : 인식과 측정'이 여전히 유효하여 적용된 경우 포괄손익계산서의 표시를 예시하며, 다른 사례는 (가칭) 기업회계기준서 제1109호*가 적용된 경우의 표시를 예시한다.

IG6 다음의 사례에서 한국채택국제회계기준의 모든 사항을 예시하려는 것은 아니다. 또한 다음의 사례에서는 현금흐름표, 유의적인 회계정책의 요약 및 그 밖의 설명을 포함하는 전체 재무제표를 보여주지도 않는다.

---

* 'IFRS 9 'Financial Instruments' (2009)에 대응하여 향후 국내 공표예정인 기준서로서 해당 내용은 그 기준서의 공표시점 이후 적용될 수 있다.

제I부 : 재무제표 표시의 예시

XYZ 그룹 – 20×7년 12월 31일 현재의 연결재무상태표

(단위: 천원)

	20×7년 12월 31일	20×6년 12월 31일
자산		
비유동자산		
유형자산	350,700	360,020
영업권	80,800	91,200
기타무형자산	227,470	227,470
관계기업투자	100,150	110,770
매도가능금융자산	142,500	156,000
	901,620	945,460
유동자산		
재고자산	135,230	132,500
매출채권	91,600	110,800
기타유동자산	25,650	12,540
현금및현금성자산	312,400	322,900
	564,880	578,740
자산총계	1,466,500	1,524,200
자본 및 부채		
지배기업의 소유주에게 귀속되는 자본		
납입자본	650,000	600,000
이익잉여금	243,500	161,700
기타자본구성요소	10,200	21,200
	903,700	782,900
비지배지분	70,050	48,600
자본총계	973,750	831,500
비유동부채		
장기차입금	120,000	160,000
이연법인세	28,800	26,040
장기충당부채	28,850	52,240
비유동부채합계	177,650	238,280
유동부채		
매입채무와 기타미지급금	115,100	187,620
단기차입금	150,000	200,000
유동성장기차입금	10,000	20,000
당기법인세부채	35,000	42,000
단기충당부채	5,000	4,800
유동부채합계	315,100	454,420
부채총계	492,750	692,700
자본 및 부채 총계	1,466,500	1,524,200

기업회계기준서 제1039호 '금융상품 : 인식과 측정'을 적용한 경우 포괄손익계산서 예시

XYZ 그룹 – 20×7년 12월 31일로 종료하는 회계연도의 연결포괄손익계산서

(당기손익과 기타포괄손익을 단일의 보고서에 표시하고 당기손익 내 비용을 기능별로 분류하는 예시)

(단위: 천원)

	20×7년	20×6년
수익	390,000	355,000
매출원가	(245,000)	(230,000)
매출총이익	145,000	125,000
기타수익	20,667	11,300
물류원가	(9,000)	(8,700)
관리비	(20,000)	(21,000)
기타비용	(2,100)	(1,200)
금융원가	(8,000)	(7,500)
관계기업의 이익에 대한 지분[(1)]	35,100	30,100
법인세비용차감전순이익	161,667	128,000
법인세비용	(40,417)	(32,000)
계속영업이익	121,250	96,000
중단영업손실	–	(30,500)
당기순이익	121,250	65,500
기타포괄손익:		
당기손익으로 재분류되지 않는 항목		
자산재평가차익	933	3,367
확정급여제도의 보험수리적손익	(667)	1,333
관계기업의 자산재평가차익(차손)에 대한 지분[(3)]	400	(700)
당기손익으로 재분류되지 않는 항목과 관련된 법인세[(4)]	(166)	(1,000)
	500	3,000
후속적으로 당기손익으로 재분류될 수 있는 항목		
해외사업장환산외환차이[(2)]	5,334	10,667
매도가능금융자산[(2)]	(24,000)	26,667
현금흐름위험회피[(2)]	(667)	(4,000)
당기손익으로 재분류되지 않는 항목과 관련된 법인세[(4)]	4,833	(8,334)
	(14,500)	25,500
법인세비용차감후기타포괄손익	(14,000)	28,000
총포괄이익	107,250	93,500
당기순이익의 귀속:		
지배기업의 소유주	97,000	52,400
비지배지분	24,250	13,100
	121,250	65,500
총포괄이익의 귀속:		
지배기업의 소유주	85,800	74,800
비지배지분	21,450	18,700
	107,250	93,500

주당이익(단위: 원):		
기본 및 희석	0.46	0.30

대체적인 방법으로, 기타포괄손익의 항목은 포괄손익계산서에 세후금액으로 표시될 수 있다.

법인세비용차감후기타포괄손익:	**20×7년**	**20×6년**
당기손익으로 재분류되지 않는 항목:		
자산재평가차익	600	2,700
확정급여제도의 보험수리적손익	(500)	1,000
관계기업의 자산재평가차익(차손)에 대한 지분	400	(700)
	500	3,000
후속적으로 당기손익으로 재분류될 수 있는 항목:		
해외사업장환산외환차이	4,000	8,000
매도가능금융자산	(18,000)	20,000
현금흐름위험회피	(500)	(3,000)
	(14,500)	25,000
법인세비용차감후기타포괄손익[(4)]	(14,000)	28,000

(1) 관계기업의 소유주에게 귀속되는 관계기업 이익에 대한 지분을 의미한다(즉, 관계기업에 대한 세후의 비지배지분이다).

(2) 당기의 차손익과 재분류조정에 대한 공시를 주석에 표시하는 누적표시를 예시한다. 대체적인 방법으로 총계표시가 사용될 수 있다.

(3) 관계기업의 소유주에게 귀속되는 관계기업의 자산재평가차익(차손)에 대한 지분을 의미한다(즉, 관계기업에 대한 세후의 비지배지분이다).

(4) 기타포괄손익의 각 항목과 관련된 법인세는 주석에 공시한다.

XYZ 그룹 – 20×7년 12월 31일로 종료하는 회계연도의 연결손익계산서
(당기손익과 기타포괄손익을 두 개의 보고서에 표시하고 당기손익 내 비용을 성격별로 분류하는 예시)

(단위: 천원)

	20×7년	20×6년
수익	390,000	355,000
기타수익	20,667	11,300
제품과 재공품의 변동	(115,100)	(107,900)
기업이 수행한 용역으로서 자본화되어 있는 부분	16,000	15,000
원재료와 소모품의 사용액	(96,000)	(92,000)
종업원급여비용	(45,000)	(43,000)
감가상각비와 기타 상각비	(19,000)	(17,000)
유형자산손상차손	(4,000)	–
기타비용	(6,000)	(5,500)
금융원가	(15,000)	(18,000)
관계기업의 이익에 대한 지분(5)	35,100	30,100
법인세비용차감전순이익	161,667	128,000
법인세비용	(40,417)	(32,000)
계속영업이익	121,250	96,000
중단영업손실	–	(30,500)
당기순이익	121,250	65,500
당기순이익의 귀속:		
지배기업의 소유주	97,000	52,400
비지배지분	24,250	13,100
	121,250	65,500
주당이익 (단위: 원):		
기본 및 희석	0.46	0.30

(5) 관계기업의 소유주에게 귀속되는 관계기업 이익에 대한 지분을 의미한다(즉, 관계기업에 대한 세후의 비지배지분이다).

XYZ 그룹 - 20×7년 12월 31일로 종료하는 회계연도의 연결포괄손익계산서
(당기손익과 기타포괄손익을 두 개의 보고서에 표시하는 예시)

(단위: 천원)

	20×7년	20×6년
당기순이익	121,250	65,500
기타포괄손익:		
당기손익으로 재분류되지 않는 항목:		
자산재평가차익	933	3,367
확정급여제도의 보험수리적손익	(667)	1,333
관계기업의 자산재평가차익(차손)에 대한 지분[6]	400	(700)
재분류되지 않는 항목과 관련된 법인세[7]	(166)	(1,000)
	500	3,000
후속적으로 당기손익으로 재분류될 수 있는 항목:		
해외사업장환산외환차이	5,334	10,667
매도가능금융자산	(24,000)	26,667
현금흐름위험회피	(667)	(4,000)
당기손익으로 재분류될 수 있는 항목과 관련된 법인세[7]	4,833	(8,334)
	(14,500)	25,000
법인세비용차감후기타포괄손익	(14,000)	28,000
총포괄이익	107,250	93,500
총포괄이익의 귀속:		
지배기업의 소유주	85,800	74,800
비지배지분	21,450	18,700
	107,250	93,500

대체적인 방법으로, 기타포괄손익의 구성요소는 세후금액으로 표시될 수 있다. 단일의 보고서상 수익과 비용의 표시를 예시하는 포괄손익계산서를 참조.

(6) 관계기업의 소유주에게 귀속되는 관계기업의 자산재평가차익(차손)에 대한 지분을 의미한다(즉, 관계기업에 대한 세후의 비지배지분이다).

(7) 기타포괄손익의 각 항목과 관련된 법인세는 주석에 공시한다.

(가칭) 기업회계기준서 제1109호 '금융상품'을 적용한 경우 포괄손익계산서 예시

[이하 생략]

찾아보기(국문)

Fundamental Accounting

fifth edition

Index

ㄱ

가격표준 560
가산세 596
가속상각법(accelerated depreciation method) 306
가중평균 유통보통주식 수 452
가중평균법(weighted average method) 146, 272, 270
가치사슬(value chain) 546
각 사업연도 소득 588
간접노무원가 538
간접대응 186
간접법(indirect method) 212
간접세 585
간접소비세 586
간접원가 534
간접원가집합 534
간접원가(indirect cost, overhead cost) 533
간접재료원가 538
감가상각(depreciation) 301
감가상각누계액 105
감가상각대상금액(depreciable amount) 301
감가상각방법의 변경 309
감가상각비(depreciation expense) 105, 302
감사보고서 42, 43
감사의견(audit opinion) 40
감사인(auditor) 39
감자(減資) 440
개발단계 349
개발활동 350
개별소비세 586
개별원가계산 537
개별재무제표 190
개별취득(separate acquisition) 347
개인기업(sole proprietorship) 5
거래(transactions) 65
건물(buildings) 296
건설중인자산(construction in progress) 296
검증가능성(verifiability) 34
결산수정사항 121
결손금(deficit) 451
결손금 전보 449
결정세액 607
경영자 주장(management assertions) 39
경제사회적 기능 16
경제적 내용연수(economic life) 304
경제적 부가가치(EVA : economic value added) 564, 565
경제적 실질(economic substance) 48
계산의 연계성(articulation) 113
계속기록법(perpetual inventory system) 147, 273
계속기업(going concern) 71, 188
계속영업이익(profit for the period from continuing operations) 207

계약상 합의(contractual agreement) 361
계정(account) 64, 77
계정잔액의 산출 102
고정원가(fixed cost) 532
공동기업(joint ventures) 361
공동지배력(joint control) 361
공모(public offering) 20
공(空)어음 249
공인회계사(CPA : certified public accountant) 38, 40
공장재단 601
공적연금 603
공정가치(fair value) 180
공정원가계산(process costing) 537
공채(公債) 22
공통규모(common size) 재무제표분석 487
공헌이익(contribution margin) 553
과세표준 589
관계기업(associates) 362, 364
관계기업투자(investments in associates) 361
관련범위(relevant range) 556
관리비(administrative expenses) 206
관리회계(managerial accounting) 45
관세 584
광업재단 601
교환 321, 322
구조조정(restructuring) 416
구조조정충당부채(restructuring provision) 416
국세 584
국제회계기준(IFRS) 37
국제회계기준위원회(IASB : International Accounting Standards Board) 37
국채(國債) 22
근로소득 602
근로소득금액 602
근본적 질적 특성(fundamental qualitative characteristics) 32
금융부채(financial liabilities) 230
금융상품(financial instruments) 230
금융원가(financial cost) 207
금융자산(financial assets) 230
금융자산의 분류 234
금융자산처분손익 245
금융투자회사(investment bank) 48
기간대응 186
기간법(periodic inventory system) 146
기능별(by function) 분류법 205
기대신용손실(expected credit loss) 255, 257
기말재공품(ending WIP) 537
기본가정(basic assumptions) 71
기본공제 604
기본적 분석(fundamental analysis) 478
기본적 분석의 절차 479
기술적 분석(technical analysis) 478
기업어음(CP : commercial paper) 211, 234
기업특유가치(entity-specific value) 320
기중거래의 분개 78
기초변수(underlying variable) 232
기초재공품(beginning WIP) 537
기타비용(other expenses) 207
기타소득 603
기타수익(other income) 206
기타자본구성요소 201, 430, 455
기타포괄손익(other comprehensive income) 207, 216, 456
기타포괄손익-공정가치 측정(FVOCI) 231, 356, 357
기타포괄손익누계액(accumulated other comprehensive income) 201, 456
기타포괄손익 부분(the other comprehensive

income section) 203

ㄴ

납입자본(contributed capital) 430, 434
내국세 584
내부거래 191
내부이해관계자 14
내용연수(useful life) 301
누적적 우선주(cumulative preferred stock) 431

ㄷ

단기금융자산(short-term financial assets) 235
단기대여금(short-term loans) 264
단기매매(held for trading) 234, 240
단기매매금융부채(financial liabilities held for trading) 234, 392
단기매매금융자산(financial assets held for trading) 234
단기매매항목(financial assets/liabilities held for trading) 240
단기차입금 264
단위당 공헌이익(unit contribution margin) 553
단일 포괄손익계산서 203
담보부 사채(secured bond) 391
당기근무원가 current service cost) 414
당기손익-공정가치측정(FVPL) 231, 356, 392
당기손익-공정가치(FVPL)측정 금융부채(financial liabilities measured at fair value through profit or loss) 392
당기손익-공정가치측정(FVPL) 금융자산(financial assets measured at fair value through profit or loss) 240
당기손익 부분(profit or loss section) 203
당기손익인식금융부채 231
당기손익인식금융자산 231
당기순손익(profit or loss for the period) 59
당기순이익(profit for the period 또는 net income) 207
당기순이익의 추정 497
당기제품제조원가 등식 538
당기총제조원가(TMC : total manufacturing costs) 537
당좌예금(checking account) 238
당좌자산(quick asset) 199
당좌차월(overdraft) 238
대기(credit entry) 67
대리문제(agency problem) 11
대리이론(agency theory) 11
대리인(agent) 11
대변(Credit, Cr., Creditor) 67
대손(貸損, bad debt) 254
대손비용(bad debt expense) 256
대손상각비(bad debt expense) 255, 257
대손위험(default risk) 19
대손충당금(allowance for bad debts) 255, 257
대여금(loans) 264
대여금 및 수취채권 231
대여조건(lending conditions) 19
대차평형의 원리 68
대체(transfer) 368
대출심사 499
도덕적 위험(moral hazard), 도덕적 해이 11
도착지 인도조건(FOB Destination) 267
독립된 감사인의 감사보고서 43
독립성(獨立性) 40
독립세 585

ㄹ

레버리지 효과(leverage effect) 202, 491

ㅁ

마감(closing) 117
마감분개 125
만기보유금융자산(held-to-maturity financial assets) 231
만기상환 401
만기상환사채(term bond) 392
만기일(maturity date) 18
매각예정자산(assets held for sale) 199
매도가능금융자산(available-for-sale financial assets) 231
매입 147, 148
매입대금(purchase invoice price) 152
매입부대비용 152
매입세액 587
매입소각 440
매입에누리(purchase allowances) 153
매입채무(trade payables) 248
매입할인(purchase discount) 154
매입환출(purchase returns) 153
매입환출및에누리 153
매출세액 587
매출액(sales) 206
매출액순이익률(ROS : Return on Sales) 486, 504
매출액의 추정 496
매출액증가율 485, 507
매출에누리(sales allowances) 154
매출원가(cost of sales 또는 cost of goods sold) 141, 144, 206
매출원가 등식 538
매출채권(trade receivables) 248
매출채권 회수기간(collection period) 506
매출채권회전율(accounts receivable turnover) 506
매출총이익(gross profit) 141, 206
매출할인(sales discount) 154
매출환입(sales returns) 154
매출환입및에누리 154
명목계정(nominal account) 116
목돈(lump-sum money) 387
목적세 584
목적적합성(relevance) 32, 33
무담보부 사채(unsecured bond) 391
무보증 사채(unguaranteed bond 또는 debenture) 391
무상각 342
무상감자 442
무상소각 442
무상증자 439
무이자부어음(non-interest bearing note) 249
무한(infinite) 352
무한책임(unlimited liability) 5
무한책임사원(general partner) 5
무형자산(intangible assets) 200, 343
무형자산의 종류 345
무형자산 정의 343
물류원가(distribution costs) 206
물세 586
미결제수표(outstanding check) 238
미래가치(future value) 384
미래경제적효익(future economic benefit) 297
미래 순현금유입(future net cash inflows) 15
미수수익 108
미지급비용(accruals, accrued expenses)

108, 407
미지급이자 107
미착품(goods in transit) 267
미처분이익잉여금 117, 459
민감도 분석(sensitivity analysis) 557

ㅂ

받을어음(notes receivable) 248
발생(accrual) 72, 108
발생가능성 인식기준(probability recognition criterion) 347
발생기준(accrual basis) 72, 104, 182
발생기준 회계 188
발행기업(issuing firm) 24
발행주식(issued shares 또는 issued stock) 432
배당 437
배당건설이자 448
배당금 117
배당 기준일(record date) 437
배당소득 600
배당평균적립금(reserves for dividend equalization) 449
배부(allocation) 534
배부기준(allocation base) 540
배서(endorsement) 251
버크셔 해서웨이(Berkshire Hathaway) 27
법인(法人) 588
법인세(法人稅) 588
법인세비용(income tax expense) 207
법인세비용차감전 순이익(profit before tax) 205, 207
법인세 세무조정 592
법적실체(legal entity) 190
법적의무(legal obligations) 406
법정자본금(legal capital) 432
법정적립금(legal reserves) 448
변동원가(variable cost) 532
별개의 보고서(separate statement) 203
별개의(separate) 손익계산서(statement of profit or loss, income statement) 59
보강적 질적 특성(enhancing qualitative characteristics) 33
보고빈도 189
보수적 입장(conservatism) 274
보수주의(conservatism) 32
보증사채(guaranteed bond) 391
보통세 584
보통주(common stock) 431
보험수리적 가정(actuarial assumptions) 413
보험수리적 위험(actuarial risk) 413
복식부기(double-entry bookkeeping) 63
복식회계제도(double-entry accounting system) 63
본인(本人 principal) 11
부가가치세 586, 587
부가가치원가(value-adding costs) 550
부가계정(adjunct account) 393
부가세 585
부도수표(NSF : non-sufficient fund check) 238
부동산임대소득 600
부동산임대소득금액 600
부분제거법 323, 324
부의 영업권(negative goodwill) 339
부적정의견(adverse opinion) 40
부채(liability) 57
부채비율 491
부채의 인식기준 181
부채자본(debt capital) 16, 18, 20
분개(journal entry) 67, 74

분개장(journal) 67
분납 596
분류과세소득 597
분류변경 244
분리가능(separable) 344
분리과세 600
블루칩(Blue Chip) 482
비과세소득 590
비교가능성(comparability) 33
비교정보 189
비례적 조정법 315, 323, 324
비밀적립금(secret reserve) 301
비부가가치원가(non-value adding costs) 550
비용(expense) 60
비용의 인식기준 182
비용화 300
비유동부채(non-current liabilities) 115, 200
비유동자산(non-current assets) 200
비재무적 요소, 비재무적 요소 분석 501, 509, 512
비지배지분(non-controlling interests) 191, 204
비한정(indefinite) 352

ㅅ

사모(private placements) 26
사업결합(business combination) 338
사업소득 601
사업소득금액 602
사외적립자산(plan assets) 414
사용가치(value in use) 311
사용목적 변경(change of use) 368
사적연금 603
사채발행차금 397
사채발행차금 상각(환입) 396, 398, 403
사채상환손익(gains or losses on bond redemption) 404
사채의 상환 401
사채의 할인발행, 할증발행 393
사채할인발행차금 393, 396
사채할인발행차금 상각 398
사채할증발행차금 393
사채할증발행차금 환입 398
산출세액 607
상각(amortization) 352, 354
상각후가치(amortised value) 394
상각후대체원가(depreciated replacement cost) 315
상각후원가(amortised cost) 245
상각후원가 측정(AC : amortised cost) 231, 356, 392
상각후원가측정금융부채(financial liabilities measured at amortised cost) 231, 392
상계금지 189
상기업(merchandising firm) 140
상기업의 결산 155
상기업의 손익계산서 143
상업어음 249
상업은행(commercial bank) 48
상업적 실질(commercial substance) 320, 321, 322
상장회사(listed company) 6
상품(goods sold) 144
상품매매기업(merchandising firms) 4
상한가 495
상환우선주(redeemable preferred stock) 432
생물자산(biological assets) 196
생산량비례법 303
서비스기업의 손익계산서 141
서비스기업(service firm) 4, 140
선급비용 109

선급임차료 106
선수수익 109
선수용역수익 83, 108
선입선출법(FIFO : first-in-first-out) 146, 268, 270, 271
선택적 재평가(selective revaluations) 314
성격별(by nature) 분류법 205
성장성 분석 484, 507
성장성(growth) 484
세금계산서 586, 587
세무조정 588, 589, 592
세무회계(tax accounting) 47
세액공제 607
소구권 없는 배서양도(endorse without recourse) 252
소구권 있는 배서양도(endorse with recourse) 252
소극적 적립금 449
소급(carry-backward) 590
소급공제 590
소급재작성(retrospective restatement) 436
소급적용(retrospective application) 435
소득공제 591
소득금액 604
소득세 596
소득세의 계산구조 598
소액현금제도(petty cash system) 236
소유주지분(owners' equity) 57
손금(損金) 588
손금불산입 593
손금산입 593
손상(impairment) 255
손상검사(impairment test) 342
손상률(대손율) 256, 261
손상차손(impairment loss) 255, 257, 311, 316, 352
손상차손누계액 312, 317
손상차손환입(reversal of impairment losses) 312
손실부담계약(onerous contract) 415
손실충당금(loss allowance) 255, 257
손실충당금(의) 환입 262, 263
손익계산서(statement of profit or loss) 59, 203
손익계산서 등식 60
손익분기점(BEP : break-even point) 555
수권자본금(authorized capital stock) 432
수권자본제도 432
수량표준 560
수익(income) 59
수익(revenue) 206
수익과 비용의 기간별 배분(allocation) 109
수익과 비용의 대응 184
수익 · 비용 대응의 원칙(matching principle) 186
수익 · 비용의 직접대응(direct matching) 184
수익성(profitability) 208, 486
수익성 분석 486, 504
수익의 인식기준 182
수익인식의 5단계 183
수익적 지출(revenue expenditure) 300
수익중심점(revenue center) 560
수정(adjustment) 76
수정분개(adjusting entries) 76, 105, 122
수정분개의 전기 110
수정사항의 파악 104
수정의 유형 110
수정전시산표 102, 103
수정후시산표 112, 124
수직분석(vertical analysis) 486
수취채권 255
수평분석(horizontal analysis) 484

수행의무 183
순공정가치(fair value less costs to sell) 311
순매각금액(net disposal proceeds) 317
순실현가능가치(NRV : net realizable value) 257, 274
순자산(net assets, net worth) 27, 64
순현금흐름(net cash flows) 212
시가(時價)총액(market capitalization) 10
시계열분석(time series analysis) 484
시산표등식 103, 104
시산표(trial balance) 75, 102
시송품(試送品) 268
시용판매(sales on approval) 268
시장이자율(market interest rate) 22
식별가능성(identifiability) 344
식별가능성 조건 344
식별가능한 비화폐성자산(identifiable non-monetary assets) 343
신뢰성(reliability) 32
신용분석(credit analysis) 498, 499
신용분석의 절차 500
신용손실(credit loss) 254, 256, 257
신의성실 40
신주인수권(preemptive right) 431
신주인수권부사채(BW : bond with warrant) 391
신탁 590
실권주(Forfeited Shares) 495
실수금(net proceeds) 252
실재성(existence) 39
실지재고조사법 147, 270, 273
실질계정(real account) 117
실질적 증자 437, 439
실현가능가치(realizable value) 180
12개월 기대신용손실 257

ㅇ

안정성 분석 490, 504
액면금액(face value, par value) 22, 393, 398, 430
액면발행(issue at par) 393, 433
약속어음(promissory notc) 249
양도(transfer) 251
양도소득 597
어음 248
어음의 부도 250
어음할인(note discounting) 251
여신심사 499, 502
역사적원가(historical cost) 179
역사적 현금수취액 180
연결재무상태표 192
연결재무제표(consolidated financial statements) 191
연계관계(articulation) 215
연계성(articulation) 458
연구개발(R&D : research and development) 349
연구단계 349
연구활동 350
연금(annuity) 387
연금(pension) 387, 602
연금소득 602
연금소득금액 603
연령분석법(aging schedule) 261
연말정산 597
연속상환사채(serial bond) 392
연수합계법(SYD : sum of the years' digits method) 307
염가매수차익(gain on bargain purchase) 339
영구계정(permanent account) 116

영업권(goodwill) 338
영업이익(operating income) 206
영업주기(operating cycle) 194, 246, 506
영업현금 부채비율 507
영업활동(operating activities) 211
예납 596
예정배부율(pre-determined rate) 540
예측가치(predictive value) 32
완성품 원가(cost of finished goods) 537
완전성(completeness) 39
완전제거법 323
완전한 서술(complete depiction) 33
외관상 독립성(independence in appearance) 40
외부감사 37, 38
외상매입금(accounts payable) 248
외상매출금(accounts receivable) 248
용역수익 106
우발부채(contingent liability) 407, 408
우발자산(contingent asset) 408
원가(cost) 297, 530
원가결정(cost determination) 267
원가결정요인(cost determinant) 546
원가계산(costing) 533, 535
원가(계산)대상 531
원가대상(cost object) 533
원가동인(cost driver) 546
원가모형(cost model) 299
원가배부기준(cost allocation base) 534
원가배분(cost allocation) 302
원가시스템 533, 534
원가시스템의 구성요소 535
원가유발요인(cost generator) 546
원가-조업도-이익(CVP : cost-volume-profit) 552
원가중심점(cost center) 559
원가집합(cost pool) 534
원가차이(cost variance) 560
원가흐름(cost flow) 145, 268
원금(principal) 18
원재료(raw materials) 142
원천징수 597, 599
원천징수세액 599
위탁품(consignment goods) 267
위험과 보상(risks and rewards 251
위험-이익 상충관계(risk-return trade-off) 19
유가증권(securities) 234, 240, 248
유동부채(current liabilities) 115, 197
유동/비유동 구분법 114, 194, 197, 233
유동비율 504
유동성(liquidity) 194, 201
유동성 배열법 114, 195, 197
유동성 순서에 따른 표시방법 194
유동자산(current assets) 115, 197
유보이익 201
유상감자 440
유상증자 439
유용한 재무정보의 질적 특성(qualitative characteristics of useful financial information) 31
유의적 영향력(significant influence) 361, 362
유통시장 28
유통시장거래(secondary market trade) 24
유통주식(outstanding shares) 444
유한책임사원(limited partner) 6
유한한(finite) 352
유형자산(PP&E : property, plant, and equipment) 200, 296
유효이자율 181, 317
유효이자율법(effective interest method)

397, 400
융통어음 249
은행계정조정(bank reconciliation) 239
의견거절(disclaimer of opinion) 40
의도와 능력 394
의사결정(DM : decision-making) 551
의제의무(constructive obligations) 406
이동(가중)평균법(moving average method) 272
이연(deferral) 72, 109
이연법인세 596
이연법인세 자산 194
이월결손금 449, 590
이익(return) 4, 14
이익계획(profit planning) 552
이익잉여금(retained earnings) 115, 201, 430, 434, 447
이익잉여금처분계산서(statement of appropriation of retained earnings) 459
이익잉여금처분액 460
이익중심점(profit center) 560
이입 450
이자보상비율 504
이자부어음(interest bearing note) 249
이자비용 107
이자소득 599
이전가능(transferable) 344
이전대가 339, 340
이중과세 문제 600
이중성(duality) 66
이중 영향(dual effect) 66
이중체감잔액법(DDB : double declining balance) 306
이차적 시장(secondary market) 28
이해가능성(understandability) 33
이해관계자(stakeholders) 8, 11
이행가치(settlement value) 180
익금(益金) 588
익금불산입 592
익금산입 592
인세 586
인식(recognition) 67, 178
인식기준 178
인식시점 이후의 측정(Measurement after Recognition) 299
인식시점에서의 측정(Measurement at Recognition) 297
인적공제 604
일관성(consistency) 189, 303
일반목적 재무제표(general-purpose financial statements) 35, 187
일반사항 187
일반소비세 586
일반적으로 인정된 회계기준(GAAP : generally accepted accounting principles) 36
일반정보 분석 481
일차적 시장(primary market) 28
임대보증금 601
임시계정(temporary account) 116
임의적립금(voluntary reserves) 449
임의적립금이입액 459
잉여금 434

ㅈ

자가보험적립금(reserves for self-insurance) 449
자가사용 부동산(owner occupied property) 366
자기검증 103
자기신용(own credit risk) 232
자기자본(自己資本) 18
자기자본비율 491, 504

자기자본이익률(ROE : Return on Equity) 489
자기자본회전율 489
자기주식(treasury shares, treasury stock) 444
자기주식처분이익(paid-in capital from treasury stock transactions) 444
자동상쇄오류(counter-balancing errors) 267
자본(capital, owners' equity) 57, 115
자본금(capital stock, share capital) 115, 200, 430
자본금 변동 439
자본금의 감소 440
자본금전입 439
자본변동표(statement of changes in equity) 116, 209, 456
자본시장(capital market) 28
자본잉여금(capital surplus) 201, 430, 434
자본잠식(impairment of capital) 438
자본적 지출(capital expenditure) 300
자본전입 440
자본조정 455
자본화 300
자산(asset) 57
자산 인식기준(recognition criteria) 181, 300, 343
자산차감계정(contra-asset account) 303, 312, 406
자원배분(resource allocation) 16
잔여이익(RI : residual income) 562
잔존가치(residual value) 301
장기금융자산(long-term financial assets) 235, 357
장기대여금(long-term loans) 264
장기성매입채무 402
장기성외상매입금 402
장기성 이자부어음(long-term interest-bearing note) 388
장기성지급어음 402
장기지급능력(solvency) 201
장기차입금(long-term debt) 402
장부금액(carrying amount, book value) 115, 257, 299
재고(inventory) 140
재고자산(inventory) 199
재고자산 측정 266
재고자산평가손실 275
재고자산평가충당금 275
재고자산회전율(inventory turnover) 506
재공품(WIP : work-in-process) 142, 536
재무구조(financial structure) 202
재무구조개선적립금 449
재무보고를 위한 개념체계(Framework for Financial Reporting) 15, 37
재무비율 483, 503
재무비율 분석 483
재무상태(financial position) 10, 193
재무상태표(statement of financial position) 15, 56
재무상태표 등식 58, 63, 64
재무성과(financial performance) 10
재무위험(financial risk) 491
재무제표(財務諸表 financial statements) 9
재무제표 분석(financial statements analysis) 480, 502, 512
재무제표의 목적 190
재무제표의 작성과 표시를 위한 개념체계(Framework for the Preparation and Presentation of Financial Statements) 37
재무주기(financing cycle) 246
재무활동(financing activities) 211
재무회계(financial accounting) 45
재분류(reclassification) 244, 360

재평가 314
재평가감소액(revaluation decrease) 312
재평가금액(revalued amount) 314, 315
재평가모형(revaluation model) 299
재평가잉여금(revaluation surplus) 314
재평가차익 207, 315
저가법(lower of cost and NRV) 274
적격성(適格性) 40
적극적 적립금 449
적립(reserve) 448
적시성(timeliness) 34
적정의견(unqualified opinion) 40
전기(posting) 75, 87, 110
전기(前期)오류(prior-period errors) 436
전망(prospects) 15
전보(塡補) 449, 451
전진적용(prospective application) 310, 436
전체기간 기대신용 257
전환(conversion) 536
전환사채(CB : convertible bond) 20
전환우선주(convertible preferred stock) 431
정률법(fixed percentage) 306
정보의 비대칭 혹은 편재(偏在 information asymmetry) 11
정산표(worksheet) 119
정상영업주기(normal operating cycle) 197
정신적(사실적) 독립성(independence in fact) 40
정액법(straight line method) 303, 305, 353, 403
정의(definition) 343
정형화된 금융기관 취급 상품 357
제각(write-off) 258
제거(derecognition) 244, 317, 359
제거법 315, 323
제조간접원가(manufacturing overhead costs) 539
제조간접원가 배부기준 542
제조기업(manufacturing firms) 4, 140
제조기업의 손익계산서 143
제품(products, finished goods) 140, 142
제품대응 184
제품보증충당부채 410, 411
제품제조원가(COGM : cost of goods manufactured) 537
제한적 약정(restrictive covenants) 19
조기상환 404
조기상환사채(callable bond) 392
조세의 체계 584
존속가능성 188
종가세 585
종량세 585
종속기업(subsidiary) 191
종합과세 599
종합소득 597
종합소득공제 604
종합소득 과세표준 607
종합원가계산 537
주가 분석 492
주가-영업현금흐름 비율 493
주가이익비율(PER : Price Earnings Ratio) 489, 493
주가이익비율(PER)의 추정 497
주가-장부금액 비율 493
주가 추정 480, 498
주당이익(EPS : earnings per share) 207, 452, 489, 490
주당장부금액(BPS : Book value Per Share) 490
주당현금흐름(CPS : Cash-flows Per Share) 490
주문별 원가계산(job-order costing) 537
주석(notes) 214

주식배당(stock dividend) 437
주식병합(consolidation of stocks) 446
주식분할(stock split) 446
주식시장의 기원(起源) 29
주식회사(corporation) 6
주식(share, stock) 431
주요 이용자(primary users) 14, 35
주재무제표 190
주주총수익률 (TRS : Total Return to Shareholder) 495
중단영업관련손익(profit or loss from discontinued operations) 207
중립적 서술(neutral depiction) 33
중요성(materiality) 32, 178, 188
즉시 상각 342
증자 439
지급어음(notes payable) 248
지방세 584
지배기업(parent) 191
지배기업주주지분 191
지분법(equity method) 361, 362
지분상품(equity instruments) 230
지분자본(equity capital) 18, 25
지분증권(equity securities) 25, 240, 356
직접 관련(귀속)되는 원가(directly attributable costs) 298
직접노무원가(direct labor costs) 538, 539
직접대응 184, 186
직접 대체 322
직접법(direct method) 212
직접세 585
직접소비세 586
직접원가(direct cost) 533, 534
직접재료원가(direct material costs) 537, 539
직접적 관련성 184
직접제각법(direct write-off method) 256
직접 추적(tracing) 534
진부화(obsolescence) 304
진성어음 249
질적 특성(qualitative characteristics) 33
징후(indications) 352

ㅊ

차감계정(contra account) 257, 393
차기(debit entry) 67
차기이월 118
차변(Debit, Dr., Debtor) 67
차손(loss) 317
차익(gain) 317
차입금(borrowing, loans payable) 264
참가적 우선주(participating preferred stock) 431
채권 22
채권자(creditors) 11
채무증권(debt securities) 24, 240, 356
책임중심점(responsibility center) 559
처분대가(consideration) 317
처분 부대원가(costs to sell) 311
처분이익 또는 손실(gains or losses on disposal) 318
체감잔액법(diminishing balance method) 303, 306
총가중평균법 270
총계정원장(general ledger) 75, 77
총기타포괄손익 203
총손금 588
총액기준(portfolio basis) 275
총익금 588
총자산회전율(total assets turnover) 485, 505
총장부금액(gross carrying value) 315

총포괄손익, 총포괄이익(total comprehensive income) 203, 207, 216, 455
최소필수이익률(minimum required rate of return) 562
최초원가(initial costs) 297
최초인식 342, 347, 367
최초 측정 (Initial Measurement) 241
추가공제 605
추세분석(trend analysis) 484
충당금 설정법(allowance method) 256
충당부채(provisions, estimated liability) 406
충실한 표현(faithful representation) 32
취득원가(acquisition cost) 180
취득자(acquirer) 339
측정(measurement) 67, 178, 179
측정기준 179, 181

ㅌ

타인자본(他人資本) 18
토지(land) 296
통제(control) 344
퇴직급여 412
퇴직급여관련 의무(채무) 414
퇴직급여제도(post-employment benefit plan) 412
퇴직소득 597
투자부동산(investment property) 366
투자사채 392
투자위험(investment risk) 413
투자이익률(ROI : return on investment) 561
투자자(investors) 9, 11
투자자산(investments) 356
투자중심점(investment center) 560
투자활동(investing activities) 211
특별소득공제 605
특별손익 204

ㅍ

파생상품(derivatives) 232
판매가능 상품량 149
판매가능 상품원가(cost of goods available for sale) 149
팩토링(factoring) 251
평가(evaluation) 39
평가이익 · 손실 242
포괄손익계산서(statement of comprehensive income) 59, 113, 202
포괄손익계산서 등식 60
포괄적 제약요인(pervasive constraint) 31
표시의 계속성 189
표시항목(line items) 194, 195, 203
표준(standard) 560
표준감사보고서 41
피취득자(acquiree) 339
피투자기업 363, 364

ㅎ

하한가 495
한국채택국제회계기준(K-IFRS) 37
한국회계기준위원회(KASB : Korean Accounting Standards Board) 37
한정의견(qualified opinion) 40
할부판매(instalment sales) 268
할인거래(sell at a discount) 24
할인료 252
할인발행(issue at a discount) 24, 396, 433
할증거래(sell at a premium) 23

할증발행(issue at a premium) 23, 397, 433
합명회사(general partnership) 5
합자회사(limited partnership) 6
항목별 기준(item-by-item basis) 275
현가 384
현금(cash) 235
현금가격상당액(cash price equivalent) 297, 317
현금및현금성자산(cash and cash equivalents) 210
현금배당(cash dividend) 437
현금성자산(cash equivalents) 210, 235
현금할인(cash discount) 154
현금흐름표(statement of cash flows) 116, 210
현재가치(present value) 180, 384
현재의무 406, 407
현행원가(current cost) 180
형식적 증자 437, 440
혼수자본(watered capital) 301
화폐의 시간가치(time value of money) 384
확인가치(confirmatory value) 32
확장된 회계등식(expanded accounting equation) 61
확정급여부채(defined benefit liability) 414
확정급여제도(DB : defined benefit plans) 413
확정급여채무(defined benefit obligation) 414
확정기여제도(DC : defined contribution plans) 412
환어음(bill of exchange) 249
활동기준 원가계산(ABC : activity-based costing) 543, 546, 550
활동성(activity) 분석 485
활동원가(activity cost) 546
활성시장(active market) 352
회계감사(auditing) 39, 47
회계기준(accounting standards) 36
회계등식(accounting equation) 58, 63
회계변경(accounting change) 309
회계의 기본등식(fundamental equation of accounting 63
회계정책의 변경 309, 435
회계책임(accountability) 559
회계추정의 변경 309, 354, 436
회수가능액(recoverable amount) 311
회피불가능원가(unavoidable cost) 558
횡단면분석(cross-sectional analysis) 486
후속원가(subsequent costs) 300
후속 측정(Subsequent Measurement) 241, 242
후입선출법(LIFO : last-in first-out) 146, 270, 271, 272
희석주당계속영업이익 454
희석주당이익 454

찾아보기(영문)

Fundamental Accounting

fifth edition
Index

A

ABC, activity-based costing 543, 546
AC(amortised cost) 231, 232, 242, 393, 395
accelerated depreciation method 306
account 64, 77
accountability 559
accounting change 309
accounting equation 58
accounting standards 36
accounts payable 248
accounts receivable 248
accounts receivable turnover 506
accrual 72, 108
accrual basis 72, 182
accruals, accrued expenses 407
accumulated other comprehensive income 201, 456
acquiree 339
acquirer 339
acquisition cost 180
active market 352
activity 485
activity-based costing, ABC 543
activity cost 546
actuarial assumptions 413
actuarial risk 413
adjunct account 393
adjusting entries 76
adjustment 76
administrative expenses 206
adverse opinion 40
agency problem 11
agency theory 11
agent 11
aging schedule 261
allocation 109, 534
allocation basc 540
allowance for bad debts 257
allowance method 256
amortised cost 245
amortised value 394
amortization 352
annuity 387
articulation 113, 215, 458
asset 57
Assets Held for Sale 199
associates 362
audit opinion 40
auditing 39, 47
auditor 39
authorized capital stock 432

B

bad debt 254

bad debt expense 256, 257
bank reconciliation 239
basic assumptions 71
Bear market 482
beginning WIP 537
BEP, break-even point 555
Berkshire Hathaway 27
bill of exchange 249
biological assets 196
Blue Chip 482
bond with warrant, BW 391
book value 115
Book value Per Share, BPS 490
borrowing 264
BPS, Book value Per Share 490
break-even point, BEP 555
buildings 296
Bull market 482
business combination 338
BW, bond with warrant 391
by function 205
by nature 205

C

callable bond 392
capital 57, 430
capital expenditure 300
capital market 28
capital stock 200, 430
capital surplus 201
carry-backward 590
carrying amount 115, 299
cash 235
cash and cash equivalents 210
cash discount 154
cash dividend 437
cash equivalents 210, 235
Cash-flows Per Share, CPS 490
cash price equivalent 298
CB, convertible bond 20
certified public accountant, CPA 38
change of use 368
checking account 238
closing 117
COGM, cost of goods manufactured 537
COGS, cost of goods sold 144
collection period 506
commercial bank 48
commercial paper, CP 211
commercial substance 320
common stock 431
comparability 33
complete depiction 33
completeness 39
confirmatory value 32
conservatism 32, 274
consideration 317
consignment goods 267
consistency 303
consolidated financial statements 191
consolidation of stocks 446
construction in progress 296
constructive obligations 406
contingent asset 408
contingent liability 408
contra account 257, 393
contra-asset account 303, 406
contributed capital 430
contribution margin 553

control 344
conversion 536
convertible bond, CB 20
convertible preferred stock 431
corporation 6
cost 297, 530
cost allocation 302
cost allocation base 534
cost center 559
cost determinant 546
cost determination 267
cost driver 546
cost flow 145, 268
cost generator 546
cost model 299
cost object 533
cost of finished goods 537
cost of goods available for sale 149
cost of goods manufactured, COGM 537
cost of goods sold, COGS 144, 206
cost of sales 206
cost pool 534
cost variance 560
cost-volume-profit, CVP 552
costing 533
costs to sell 311
counter-balancing errors 267
CP, commercial paper 211
CPA, certified public accountant 38
CPS, Cash-flows Per Share 490
credit analysis 499
credit entry 67
credit loss 254
Credit, Cr., Creditor 67
creditors 11
cross-sectional analysis 486
cumulative preferred stock 431
current assets 197
current cost 180
current liabilities 197
current service cost 414
CVP, cost-volume-profit 552

D

DB, defined benefit plans 413
DC, defined contribution plans 412
debenture 391
Debit, Dr., Debtor 67
debit entry 67
debt capital 16, 20
debt securities 24, 240
decision-making, DM 551
default risk 19
deferral 72, 109
deficit 451
defined benefit liability 414
defined benefit obligation 414
defined benefit plans, DB 413
defined contribution plans, DC 412
definition 343
depreciable amount 301
depreciated replacement cost 315
depreciation 301
depreciation expense 302
derecognition 359
derivatives 232
diminishing balance method 306
direct cost 533
direct labor costs 538, 539

direct matching 184
direct material costs 537, 539
direct method 212
direct write-off method 256
directly attributable costs 298
disclaimer of opinion 40
distribution costs 206
dividend in cash 437
dividend in stock 437
DM, decision-making 551
double declining balance(DDB) method 306
double-entry accounting system 63
double-entry bookkeeping 63
dual effect 66
duality 66

E

earnings per share, EPS 207, 452, 489, 490
economic life 304
economic substance 48
economic value added, EVA 564
effective interest method 397
ending WIP 537
endorse with recourse 252
endorse without recourse 252
endorsement 251
enhancing qualitative characteristics 33
entity-specific value 320
EPS, earnings per share 207, 452, 489, 490
equity capital 25
equity instruments 230
equity method 361, 362
equity securities 25, 240
EVA, economic value added 564
evaluation 39
existence 39
expanded accounting equation 61
expected credit loss 255, 257
expense 60

F

face value 22
factoring 251
fair value 180
fair value less costs to sell 311
fair value through other comprehensive income (FVOCI) 231, 232, 242, 357
fair value through profit or loss (FVPL) 231, 232, 240, 242, 357, 392
faithful representation 32
FIFO, first-in first-out 146, 270, 271
financial accounting 45
financial assets 230
financial assets measured at amortised cost 231
financial assets measured at fair value through other comprehensive income 231, 357
financial assets measured at fair value through profit or loss 231, 240
financial cost 207
financial instruments 230
financial liabilities 230
financial liabilities held for trading 392
financial liabilities measured at amortised cost 392
financial liabilities measured at fair value through profit or loss 392
financial performance 10

financial position 10, 193
financial risk 491
financial statements 9
financial statements analysis 502
financial structure 202
financing activities 211
financing cycle 246
finished goods 140, 142
finite 352
first-in first-out, FIFO 146, 270, 271
fixed cost 532
fixed percentage 306
FOB Destination 267
Forfeited Shares 495
Framework for Financial Reporting 15, 31
Framework for the Preparation and Presentation of Financial Statements 37
fundamental analysis 478
fundamental equation of accounting 63
fundamental qualitative characteristics 32
future economic benefit 297
future net cash inflows 15
future value 384
FVOCI (fair value through other comprehensive income) 231, 232, 242, 357
FVPL (fair value through profit or loss) 231, 232, 240, 242, 357, 392

G

GAAP, generally accepted accounting principles 36
gain 317
gain on bargain purchase 339
gains or losses on bond redemption 404
gains or losses on disposal 318
general ledger 75, 77
general partner 5
general partnership 5
general-purpose financial statements 35
generally accepted accounting principles, GAAP 36
going concern 71
goods in transit 267
goodwill 338
gross carrying value 315
gross profit 141, 206
growth 484
guaranteed bond 391

H

historical cost 179
horizontal analysis 484

I

IASB : International Accounting Standards Board 37
identifiability 344
identifiable non-monetary assets 343
IFRS 37
impairment 255
impairment loss 255, 257, 311, 352
impairment of capital 438
impairment test 342
income 59
income statement 59
income tax expense 207
indefinite 352

independence in appearance 40
independence in fact 40
indications 352
indirect cost, overhead cost 533
indirect method 212
infinite 352
information asymmetry 11
initial costs 297
Initial Measurement 241
instalment sales 268
intangible assets 200, 343
interest bearing note 249
International Accounting Standards Board, IASB 37
inventory 140, 199
inventory turnover 506
investing activities 211
Investment Bank 48
investment center 560
investment property 366
investment risk 413
investments 356
investments in associates 361
investments in joint ventures 361
investors 11
issue at a discount 433
issue at a premium 433
issue at par 433
issued shares 432
issued stock 432
issuing firm 24
item-by-item basis 275

J

job-order costing 537
joint control 361
joint ventures 361
journal 67
journal entry 67, 74

K

K-IFRS 37
KASB, Korean Accounting Standards Board 37
Korean Accounting Standards Board, KASB 37

L

land 296
last-in first-out, LIFO 146, 270, 272
legal capital 432
legal entity 190
legal obligations 406
legal reserves 448
lending conditions 19
leverage effect 202
liability 57
LIFO, last-in first-out 146, 270, 272
limited partner 6
limited partnership 6
line items 195
liquidity 194, 201
listed company 6
loans 264
loans payable 264

long-term debt 402
long-term financial assets 235
long-term interest-bearing note 388
long-term loans 264
loss 317
loss allowance 255, 257
lower of cost and NRV 274
lump-sum money 387

M

management assertions 39
managerial accounting 45
manufacturing firms 4, 140
manufacturing overhead costs 539
market capitalization 10
market interest rate 22
matching principle 186
materiality 32, 178
maturity date 18
measurement 67, 179
Measurement after Recognition 299
Measurement at Recognition 297
merchandising firm 4, 140
minimum required rate of return 562
moral hazard 11
moving average method 272

N

negative goodwill 339
net assets 27, 64
net cash flows 212
net disposal proceeds 317
net income 207
net proceeds 252
net realizable value, NRV 257, 274
net worth 27, 64
neutral depiction 33
nominal account 116
non-controlling interests 191
non-current assets 200
non-current liabilities 200
non-interest bearing note 249
non-sufficient fund check, NSF 238
non-value adding costs 550
normal operating cycle 197
note discounting 251
notes 214
notes payable 248
notes receivable 248
NRV, net realizable value 257, 274
NSF, non-sufficient fund check 238

O

obsolescence 304
onerous contract 415
operating activities 211
operating cycle 246, 506
operating income 206
other comprehensive income 207, 215, 456
other comprehensive income section 203
other expenses 207
other income 206
outstanding check 238
outstanding shares 444
overdraft 238
owner occupied property 366
owners' equity 57

P

paid-in capital from treasury stock transactions 444
par value 22, 430
parent 191
participating preferred stock 431
PBR, Price Book-value Ratio 493
PCR, Price Cash-flow Ratio 493
pension 387, 602
PER, Price Earnings Ratio 489, 493
periodic inventory system 146
permanent account 116
perpetual inventory system 147
pervasive constraint 31
petty cash system 236
plan assets 414
portfolio basis 275
post-employment benefit plan 412
posting 75
PP&E, property, plant, and equipment 200, 296
pre-determined rate 540
predictive value 32
preemptive right 431
present value 180, 384
Price Book-value Ratio, PBR 493
Price Cash-flow Ratio, PCR 493
Price Earnings Ratio, PER 489, 493
primary market 28
primary users 14, 35
principal 11, 18
prior-period errors 436
private placements 25
probability recognition criterion 347
process costing 537
products 140
profit before tax 207
profit center 560
profit for the period 207
profit for the period from continuing operations 207
profit or loss for the period 59
profit or loss from discontinued operations 207
profit or loss section 203
profit planning 552
profitability 208, 486
promissory note 249
property, plant, and equipment, PP&E 200, 296
prospective application 310, 436
prospects 15
provisions, estimated liability 406
public offering 20
purchase allowances 153
purchase discount 154
purchase invoice price 152
purchase returns 153

Q

qualified opinion 40
qualitative characteristics 33
qualitative characteristics of useful financial information 31
quick asset 199

R

R&D, research and development 349
raw materials 142
real account 117
realizable value 180
reclassification 244
recognition 67, 178
recognition criteria 343
record date 437
recoverable amount 311
redeemable preferred stock 432
reflecting effective yield on the receivable 317
relevance 32, 33
relevant range 556
reliability 32
remote 408
research and development, R&D 349
reserve 448
reserves for dividend equalization 449
reserves for self-insurance 449
residual income, RI 562
residual value 301
resource allocation 16
responsibility center 559
restrictive covenants 19
restructuring 416
restructuring provision 416
retained earnings 201, 430, 447
retrospective application 435
retrospective restatement 436
return 4
Return on Equity, ROE 489
Return on Investment, ROI 561
Return on Sales, ROS 486
revaluation decrease 312
revaluation model 299
revaluation surplus 314
revalued amount 314
revenue 206
revenue center 560
revenue expenditure 300
reversal of impairment losses 312
RI, residual income 562
risk-return trade-off 19
risks and rewards 251
ROE, Return on Equity 489
ROI, Return on Investment 561
ROS, Return on Sales 486

S

sales 206
sales allowances 154
sales discount 154
sales on approval 268
sales returns 154
secondary market 28
secondary market trade 24
secret reserve 301
secured bond 391
securities 234, 240
selective revaluations 314
sell at a discount 24
sell at a premium 23
sensitivity analysis 557
separable 344
separate acquisition 347
separate statement 203
serial bond 392

service firm 4, 140
settlement value 180
share 431
share capital 200, 430
short-term financial assets 235
short-term loans 264
significant influence 361
sole proprietorship 5
solvency 201
stability 490
stakeholders 8, 11
standard 560
statement of appropriation of retained earnings 459
statement of cash flows 210
statement of changes in equity 209, 456
statement of comprehensive income 59, 202
statement of financial position 56
statement of profit or loss 59, 203
stock 431
stock dividend 437
stock split 446
straight line method 305, 403
subsequent costs 300
Subsequent Measurement 240, 241
subsidiary 191
sum of the years' digits method, SYD 307
SYD, sum of the years' digits method 307

T

T-account 87
tax accounting 47
technical analysis 478
term bond 392
time series analysis 484
time value of money 384
timeliness 34
TMC, total manufacturing costs 537
total assets turnover 485
total comprehensive income 207, 216, 455
total manufacturing costs, TMC 537
Total Return to Shareholder , TRS 495
tracing 534
trade payables 248
trade receivables 248
transactions 65
transfer 251
transferable 344
treasury shares, treasury stock 444
trend analysis 484
trial balance 75, 102
TRS, Total Return to Shareholder 495

U

unavoidable cost 558
underlying resource 344
underlying variable 232
understandability 33
unguaranteed bond 391
unit contribution margin 553
unlimited liability 5
unqualified opinion 40
unsecured bond 391
useful life 301

V

value-adding costs 550

value chain 546
value in use 311
variable cost 532
verifiability 34
vertical analysis 486
voluntary reserves 449

W

watered capital 301
weighted average method 146, 270, 272
WIP, work-in-process 142, 536
work-in-process, WIP 142, 536
worksheet 119
write-off 258

| 지은이 |

고완석

현, 한국외국어대학교 명예교수
경영학박사, 미국 오하이오 주립대학교
경영학사, 서울대학교
한국외국어대학교 교수
미국 퍼듀대학교 교수
미국 댈러스대학교(Univ. of Texas at Dallas) 교환교수
미국 워싱턴대학교(Univ. of Washington) 교환교수
한국회계기준원, 회계기준위원회 위원
한국관리회계학회 회장
한국회계기준원 자문위원
공인회계사 출제위원
행정고시, 세무사 시험위원
기획재정부, 정부투자기관 경영평가위원

김흥식

현, 충남대학교 경영학부 명예교수
경영학박사, 고려대학교
경영학석사, 서울대학교
경영학사, 고려대학교
충남대학교 경영학부 교수
미국 일리노이대학교 방문교수
캐나다 브리티시 컬럼비아대학교 방문교수
한국관리회계학회 회장
공인회계사 출제위원
행정고시, 세무직 공무원 시험위원
기획재정부, 정부투자기관 경영평가위원
문화체육관광부, 경영평가위원
서울특별시 투자기관 경영평가위원

홍용식

현, 한성대학교 명예교수
경영학박사, 미국 미시간 주립대학교
경영학석사, 미국 미시간 주립대학교
법학학사, 서울대학교
한성대학교 교수
미국 미시간 주립대학교 교환교수
감정평가사 출제위원
주택관리사보 출제위원
기아경제연구소 경영분석실장

제5판

한국채택국제회계기준(K-IFRS) 반영

회계원론

초　판	1쇄 발행	2009년	3월	30일
개정판	1쇄 발행	2010년	3월	8일
개정증보판	1쇄 발행	2010년	9월	6일
제3판	1쇄 발행	2012년	3월	5일
제4판	1쇄 발행	2013년	8월	14일
제5판	1쇄 발행	2017년	2월	28일
제5판	7쇄 발행	2022년	2월	2일

지은이 고완석 · 김홍식 · 홍용식

펴낸이 박기남

펴낸곳 **율곡출판사**

08590 서울시 금천구 가산디지털1로 84(에이스하이엔드 8차), 803호

전화 (代) 02) 718-9872/3

팩스 02) 718-9874

home-page www.yulgokbooks.co.kr

e-mail yulgokbook@naver.com

등록 1989.11.10. 제2014-000031호

ISBN 979-11-87897-03-3 93320

정가 34,000원